Jakob Fuchs
Claudio Caduff
(Hrsg.)

Verlag Fuchs AG

Staat
Volkswirtschaft
Recht

mit Ökologie und Ethik

Das wichtigste Grundwissen in einem Buch

2012/13

©Verlag Fuchs AG
Höchweid 14
6023 Rothenburg
Telefon 041 280 62 66
Telefax 041 280 60 45
E-Mail: info@verlag-fuchs.ch
www.verlag-fuchs.ch

8. überarbeitete Auflage 2012

Abdruck und Vervielfältigung sowie Erstellen von Kopien irgendwelcher Art zu irgendwelchen Zwecken ist – auch nur auszugsweise – nur mit Bewilligung des Verlages gestattet.

ISBN: 978-3-03743-406-2
«Staat/Volkswirtschaft/Recht»
Grundlagenbuch

ISBN 978-3-03743-428-4
«Staat/Volkswirtschaft/Recht»
Übungsbuch
4. überarbeitete Auflage 2012

Konzept und Gestaltung:
Springrolls AG, Luzern

Illustrationen:
Christof Schürpf, Shift2 Luzern

Fotos:
– Andri Pol
 (Umschlag, Kapiteltitel)
– SPB Swiss Picture Base AG
– RDB/SI/Kurt Reichenbach
– Christian Lanz RDB
– Springrolls / Renato Regli
 S. 205, 274, 317, 327, 331,
 373, 403
– Gesellschaft für ökologische
 Forschung e.V., S. 360
– Keystone/L. M. Ulander, S. 406
– Wikipedia, S. 93, S. 381,
 382, 383, 384, 385,

Digitale Ausgabe zum Buch «Staat/Volkswirtschaft/Recht»
Ihren Zugangscode zur Online-Version finden Sie auf dem Beiblatt am Ende dieses Buches.

Die Web-App zum Buch «Staat/Volkswirtschaft/Recht»
Als ideale Ergänzung zum Grundlagenbuch gibt es eine Web-App mit über 350 Testaufgaben. Die Lösungen enthalten Seitenverweise aufs Buch und hilfreiche Zusatzinformationen.

Die Web-App zum «Rechnen»
Die Web-App enthält die Theorie und einen systematischen Lösungsweg. Es gibt 200 Aufgaben zum interaktiven Lösen.

Beide Apps sind im Übungsbuch inbegriffen.
Testen Sie die Demo-Version: **verlag-fuchs.ch/grundwissen**

1. Das Recht

1.1. Einführung ins Recht

- Einführung ins Recht: Übersicht — 10
- Regeln für die Gesellschaft — 11
- Rechtsquellen — 12
- Geschriebenes Recht — 13
- Rechtsgrundsätze — 14
- Das Zivilgesetzbuch (ZGB) — 15
- Begriffe zum Personenrecht — 16
- Das Obligationenrecht — 18
- Form der Verträge — 19
- Vertragsmängel — 20
- Lösen von Rechtsfällen — 21

1.2. Arbeit

- Arbeit – Übersicht — 24
- Arbeitsverträge – Überblick — 25
- Das Berufsbildungssystem der Schweiz — 26
- Der Lehrvertrag — 28
- Der Einzelarbeitsvertrag (EAV) — 31
  - Stellenbewerbung — 32
  - Form und Entstehung des EAV — 34
  - Rechte und Pflichten des Arbeitnehmers — 35
  - Rechte und Pflichten des Arbeitgebers — 37
- Die Beendigung des Einzelarbeitsvertrags — 42
- Der Gesamtarbeitsvertrag (GAV) — 44
- Der Normalarbeitsvertrag (NAV) — 45
- Das Arbeitsgesetz (ArG) — 46

1.3. Familie

- Familie – Übersicht — 50
- Familie / Zusammenleben — 51
- Das Konkubinat — 52
- Die Ehe — 54
- Das Güterrecht — 56
- Die Scheidung — 59
- Das Kindesrecht — 60
- Die Adoption — 63
- Der Erwachsenenschutz — 64
- Das Erbe — 67
- Die Erbschaft — 68
- Todesfall – Massnahmen — 72

1.4. Kauf

- Kauf – Übersicht — 74
- Begriffe — 75
- Der Ablauf eines Kaufs — 76
- Vertragsverletzungen — 78
- Verschiedene Kaufarten — 81
- Das Konsumkreditgesetz (KKG) — 85
  - Die 4 Kreditarten im Überblick — 86
  - Der Leasingvertrag — 88
- Die Betreibung — 89
  - Die Betreibung auf Pfändung — 90
  - Die Betreibung auf Konkurs — 91
  - Der Privatkonkurs — 92
  - Die Verschuldung — 93
- Das Budget — 94
- Der einfache Auftrag — 98
- Der Werkvertrag — 99

1.5. Miete

- Miete – Übersicht — 102
- Die Gebrauchsüberlassung — 103
- Die Miete — 104
- Wohnungsmiete — 105
  - Pflichten des Vermieters — 106
  - Pflichten des Mieters — 107
  - Die Beendigung der Miete — 109
  - Der Mieterschutz — 111

1.6. Steuern

- Steuern – Übersicht — 114
- Steuerhoheit / Steuerpflicht / Steuerzwecke — 115
- Steuerarten — 116
- Die Verrechnungs- und die Mehrwertsteuer — 117
- Steuerbares Einkommen — 118
- Steuerbares Vermögen — 119
- Progression — 120
- Steuervergehen — 121
- Rechtsmittel zur Steuerveranlagung — 122
- Die Einnahmen des Bundes — 123
- Die Ausgaben des Bundes — 124

1.7. Versicherungen

- Versicherungen – Übersicht — 126
- Das Prinzip der Versicherungen — 127
- Wichtige Grundbegriffe — 128
- Personenversicherungen — 129
  - Die Krankenversicherung — 130
  - Die Unfallversicherung — 134
  - Die AHV — 136
  - Die IV — 137
  - Ergänzungsleistungen — 138
  - Die EO — 139
  - Die Arbeitslosenversicherung — 140
  - Berufliche Vorsorge — 142
  - Private Vorsorge / 3. Säule — 144
  - Angebote von Lebensversicherungen — 145
  - Das Drei-Säulen-Konzept — 146
- Haftpflichtversicherungen — 147
- Sachversicherungen — 148

Sachwortregister — 377

2. Der Staat

2.1. Willensbildung

– Politik / Pluralismus	152
– Aufgaben der Massenmedien	153
– Die öffentliche Meinung	154
– Die politischen Parteien	155
– Wichtige Parteien im Bundesparlament	156
– Das Links-Rechts-Schema	159
– Die Verbände	160
– Vergleich: Politische Partei – Verband	161
– Stimmen, Wählen	162
– Verschiedene Arten von Mehr	163
– Das Majorzwahlverfahren	164
– Das Proporzwahlverfahren	165
– Möglichkeiten beim Proporz	166
– Gültige Wahl beim Nationalratsproporz	167
– Die Sitzverteilung beim Proporz	168

2.2. Institutionen

– Der Staat / Die 3 Staatsformen	170
– Die Bundesverfassung (BV)	172
– Die Gewaltenteilung	173
– Die Bundesversammlung	174
– Das Zweikammersystem	175
– Die Parteien im Bundesparlament	176
– Wichtige Aufgaben beider Räte	177
– Die Fraktionen der Bundesversammlung	178
– Die Kommissionen	179
– Die Vereinigte Bundesversammlung	180
– Der Bundesrat	181
– Kollegialsystem / Departementalprinzip	182
– Die Zuständigkeiten des Bundesrates	183
– Bundespräsidentin / Bundespräsident	184
– Die Zusammensetzung des Bundesrates	185
– Die Bundesverwaltung / Die Bundeskanzlei	186
– Die 7 Departemente des Bundes	187
– Die Rechtsprechung	188
– Die Gerichtsarten	189
– Die Gerichte des Bundes	190
– Der richterliche Instanzenweg	191
– Straffall – Zivilfall – Verwaltungsfall	192
– Straftaten und ihre Folgen	193
– Die Strafarten im Einzelnen	194
– Das Jugendstrafrecht	195
– Die 26 Kantone	196
– Die kantonalen Parlamente und Regierungen	198
– Die Gemeinden	200

2.3. Rechtsetzung / Rechte und Pflichten

– Die Rangordnung der Rechtserlasse	202
– Entstehung eines Gesetzes	203
– Das Referendum	204
– Die Initiative	206
– Vorstösse aus dem Parlament	208
– Vorstoss aus dem Volk	209
– Die Einteilung unserer Rechte	210
– Die politischen Rechte	211
– Die staatsbürgerlichen Rechte	212
– Grundrechte im Einzelnen	215
– Pflichten	220

2.4. Regierungsformen

– Die Demokratie	222
– Konkordanzdemokratie und Konkurrenzdemokratie	223
– Die Diktatur / Die Monarchie	224

2.5. Die Schweiz und die Welt

– Neutralität	226
– Die Neutralitätspolitik der Schweiz	227
– Die UNO	228
– Der Europarat	230
– Die Europäische Union (EU)	231
– Überblick	232
– Die wichtigsten Institutionen der EU	233
– Die Schweiz und die EU	235
– Freier Personenverkehr	236
– Die NGOs	237
– Migration	238
– Migration und die Schweiz	240
– Politische Weltkarte	242
– Politische Europakarte	244

Sachwortregister   377

3. Die Volkswirtschaft

3.1. Grundlagen

– Bedürfnisse	246
– Güter zur Bedürfnisbefriedigung	248
– Das ökonomische Prinzip	249
– Der einfache Wirtschaftskreislauf	250
– Der erweiterte Wirtschaftskreislauf	252
– Das Bruttoinlandprodukt (BIP)	254
– Das Wirtschaftswachstum	255
– Das BIP im nationalen Vergleich	256
– Das BIP im internationalen Vergleich	257
– Das Volkseinkommen	258
– Der Produktionsfaktor Boden	259
– Der Produktionsfaktor Arbeit	260
– Die Arbeitslosigkeit	261
– Der Produktionsfaktor Kapital	262
– Die 3 Wirtschaftssektoren	264
– Der Markt – Die Preisbildung	266
– Wirtschaft und Umwelt	268
– Wirtschaftswachstum – Zielkonflikte	270
– Wohlstand – Wohlfahrt	272
– Wirtschaftsordnungen	273
– Die soziale Marktwirtschaft	274
– Magisches Sechseck	275
– Finanzierung der AHV	276

3.2. Geld und Konjunktur

– Das Geld	278
– Die Börse	279
– Der Wechselkurs	280
– Kursverschlechterung	282
– Kursverbesserung	283
– Die Banken	284
– Geldanlagen	286
– Geldanlageformen	288
– Kontoauszug	291
– Geld ausgeben: Direkte Zahlung	292
– Geld ausgeben: Indirekte Zahlung	293
– Der Landesindex der Konsumentenpreise	294
– Der ab 2000 gültige Warenkorb	295
– Die Inflation	296
– Ursachen der Inflation	297
– Folgen der Inflation	299
– Der Konjunkturzyklus	300

3.3. Wirtschaftsbeziehungen nach aussen

– Globalisierung der Wirtschaft	304
– Die Zahlungsbilanz	305
– Die WTO	306
– Die Entwicklungszusammenarbeit	308
– Der EU-Binnenmarkt	309
– Die Europäische Währungsunion (EWU)	310
– Handelsverhältnis Schweiz – EU	312

3.4. Das Unternehmen

– Das Unternehmensmodell	314
– Zielkonflikte eines Unternehmens	317
– Das Unternehmen: Teil der Volkswirtschaft	318

Sachwortregister   377

4. Ethik

4.1. Grundlagen

– Begriffe	320
– Freiheit	322
– Gerechtigkeit	323
– Ethische Grundprinzipien	324

4.2. Angewandte Ethik

– Angewandte Ethik	326
– Moralische Dilemmas	329
– Das Gewissen	330

4.3. Die 5 Weltreligionen

– Das Christentum	331
– Das Judentum	332
– Der Islam	333
– Der Hinduismus	334
– Der Buddhismus	335
– Goldene Regel/Weltethos	336

Sachwortregister 377

5. Ökologie

5.1. Grundlagen

– Begriffe	338
– Ökologische Aspekte: Probleme / Ursachen	339
– Ökobilanz und Energieeffizienz	340
– Ressourcenverbrauch und Abfall	341
– Die Abfallstrategie in der Schweiz	342

5.2. Energie und Klima

– Die Energieträger	344
– Energieverbrauch	346
– Der Treibhauseffekt	347
– Die Erwärmung der Erde	348
– Massnahmen zum Klimaschutz	349

5.3. Die natürlichen Lebensbedingungen der Menschen

– Luft	350
– Die wichtigsten Luftemissionen	351
– Wasser	353
– Boden	355
– Biodiversität (Artenvielfalt)	356

Sachwortregister 377

6. Gesundheit

6. Gesundheit

– Gesundheit	358
– Stress	359
– Sucht und suchtgeprägte Verhaltensweisen	360
– Alkohol	362
– Rauchen	364
– Kiffen, Cannabis-Konsum	365
– Ess-Störungen	366

Sachwortregister 377

7. Anhang

7. Anhang

– Korrespondenz	368
– Die grafische Darstellung	374

Sachwortregister 377

Abkürzungen

BV	Bundesverfassung
AHVG	Alters- und Hinterlassenen-Versicherungsgesetz
ArG	Arbeitsgesetz
AVIG	Arbeitslosen- und Insolvenz-Versicherungsgesetz
BBG	Bundesgesetz über die Berufsbildung (Berufsbildungsgesetz)
BVG	Bundesgesetz über die berufliche Vorsorge (Berufliches Vorsorgegesetz)
DSG	Datenschutzgesetz
HR	Handelsregister
HRegV	Verordnung zum Handelsregister
IVG	Invalidenversicherungsgesetz
JStGB	Jugendstrafgesetzbuch
KKG	Konsumkreditgesetz
KVG	Krankenversicherungsgesetz
OBG	Ordnungsbussengesetz
OBV	Ordnungsbussenverordnung
OR	Obligationenrecht
PaRG	Bundesgesetz über Pauschalreisen (Pauschalreisegesetz)
PrHG	Produktehaftpflichtgesetz
SchKG	Schuldbetreibungs- und Konkursgesetz
SHAB	Schweizerisches Handelsamtsblatt
StGB	Strafgesetzbuch
SVG	Strassenverkehrsgesetz
USG	Bundesgesetz über den Umweltschutz (Umweltschutzgesetz)
UVG	Unfallversicherungsgesetz
UWG	Bundesgesetz gegen den unlauteren Wettbewerb
ZGB	Zivilgesetzbuch

Gebrauchsanweisung

→
www.verlag-fuchs.ch/recht
www.verlag-fuchs.ch/staat
www.verlag-fuchs.ch/vwl
www.verlag-fuchs.ch/oeko
www.verlag-fuchs.ch/ethik

Grundwissen
– Das Grundwissen gliedert sich in 6 Kapitel. Jedem Kapitel ist eine eigene Farbe zugeordnet.
– Jedes Kapitel umfasst mehrere Unterkapitel, welche klar strukturiert sind:
    a) Begriffe werden zuerst definiert.
    b) Dann werden sie erklärt und die Sachverhalte näher beschrieben.
    c) Wenn Sie die nebenstehenden Seite im Internet anwählen, gelangen Sie auf ein übersichtliches Verzeichnis mit vielen nützlichen Links, die weiterführende Informationen beinhalten.

Sachwortregister
Das Sachwortregister erleichtert die Suche nach bestimmten Begriffen und Inhalten. Alle Definitionen sind fett gedruckt, ebenso die Seitenzahlen, auf denen ein Inhalt hauptsächlich behandelt wird.

Einsatzmöglichkeiten
Das Buch kann vielfältig eingesetzt werden:
a) Im Selbststudium
b) Als Nachschlagewerk
c) Als Arbeitsbuch und Lehrmittel im Schulunterricht

Hinweis zur Sprache
– Das Buch basiert auf der neuen Rechtschreibung (Duden 2006).
– Es wurde darauf geachtet, möglichst einfache Formulierungen zu verwenden, damit die Inhalte gut verstanden werden.
– Die vielen Beispiele sollen nicht nur den Bezug von der Theorie zur Realität herstellen, sie ermöglichen auch ein leichteres Lernen der theoretischen Inhalte.

Zur Farbführung
Zusammenhängende Inhalte wurden aus didaktischen Gründen mit der gleichen Farbe versehen.

www.verlag-fuchs.ch
– Produkteinformation
– Online-Bestellung
– Glossar
– Unterrichtsmaterialien

CiviCampus

Nachdem die Parlamentsdienste der Bundesversammlung sich an den Inhalten der 1996 vom Verlag Fuchs entwickelten CD-ROM interessiert gezeigt haben, wurden alle wichtigen Theorieteile und die dazugehörenden Fragen auf die Webseite übertragen. Im Oktober 2005 erfolgte ein Redesign und die Inhalte wurden erweitert. Buch und CiviCampus sind aufeinander abgestimmt und ergänzen sich somit ideal. Über die Homepage des Verlags Fuchs gelangen Sie unter anderem auch zu CiviCampus.

Die Zeitschrift «anthrazit» hat CiviCampus als eine der 200 besten Websites des Jahres 2010 ausgezeichnet.

Dank

Dank

An dieser Stelle gebührt all meinen Kolleginnen und Kollegen, die mich tatkräftig unterstützt haben, ein herzliches Dankeschön. Ganz herzlich danke ich:

den Mitautorinnen
- Esther Kessler, lic. oec., PhD, Research Associate, University College London (UCL), London, UK.
- Christina Mihajlovic-Wachter, dipl. Ing. agr. ETH, dipl. Berufsfachschullehrerin für Allgemeinbildung, dipl. Qualitätsmanagerin HF, selbständige Beratungstätigkeit.

den Mitautoren
- Claudio Caduff, lic. phil. I, Dozent PHZH/Sekundarstufe 2 und PHZ Luzern
- Roman Capaul, Prof. Dr. oec., Titularprofessor an der Universität St. Gallen
- Max Eder, Berufsfachschullehrer
- Christoph Fuchs, lic. iur., Rothenburg
- Otto Hirschi, Berufsfachschullehrer
- Martin Keller, Dr. oec. HSG, dipl. Handelslehrer, wissenschaftlicher Mitarbeiter am Institut für Wirtschaftspädagogik der Universität St. Gallen
- André Langenegger, lic. oec. HSG, dipl. Handelslehrer, Geschäftskundenberater, Dozent in der Erwachsenenbildung
- Gregor Schläpfer, lic. phil. I, Berufsfachschullehrer für Deutsch und Allgemeinbildung
- Roman Steiner, lic. iur., Anwalt, Leiter Rechtsdienst im Bildungs- und Kulturdepartement des Kantons Luzern
- Thomas von Burg, lic. theol., Dozent für Kommunikation an der Berner Fachhochschule für Technik und Informatik in Biel, Dozent für Wirtschaft und Gesellschaft in den Lehrwerkstätten Bern
- Stefan Wüest, lic. iur., für die Erarbeitung der Texte zu den richterlichen Behörden und zum Strafrecht
- Thomas Zeller, Berufsfachschullehrer

für das Korrektorat
- Thomas Schafroth, lic. phil. I
- Sylvia von Piechowski, lic. phil. I

für die Gestaltung, Fotografien und Illustrationen
Armin und Simon Meienberg, Pierina Bucher (Springrolls) für die grafische Gestaltung, Renato Regli für die Fotografien sowie Christof Schürpf für die Illustrationen.

Rothenburg/Luzern, März 2012 Jakob Fuchs

1.1. Das Recht: Einführung

Roman Steiner
Max Eder
Christoph Fuchs
Jakob Fuchs
Otto Hirschi
Thomas Zeller

Übersicht

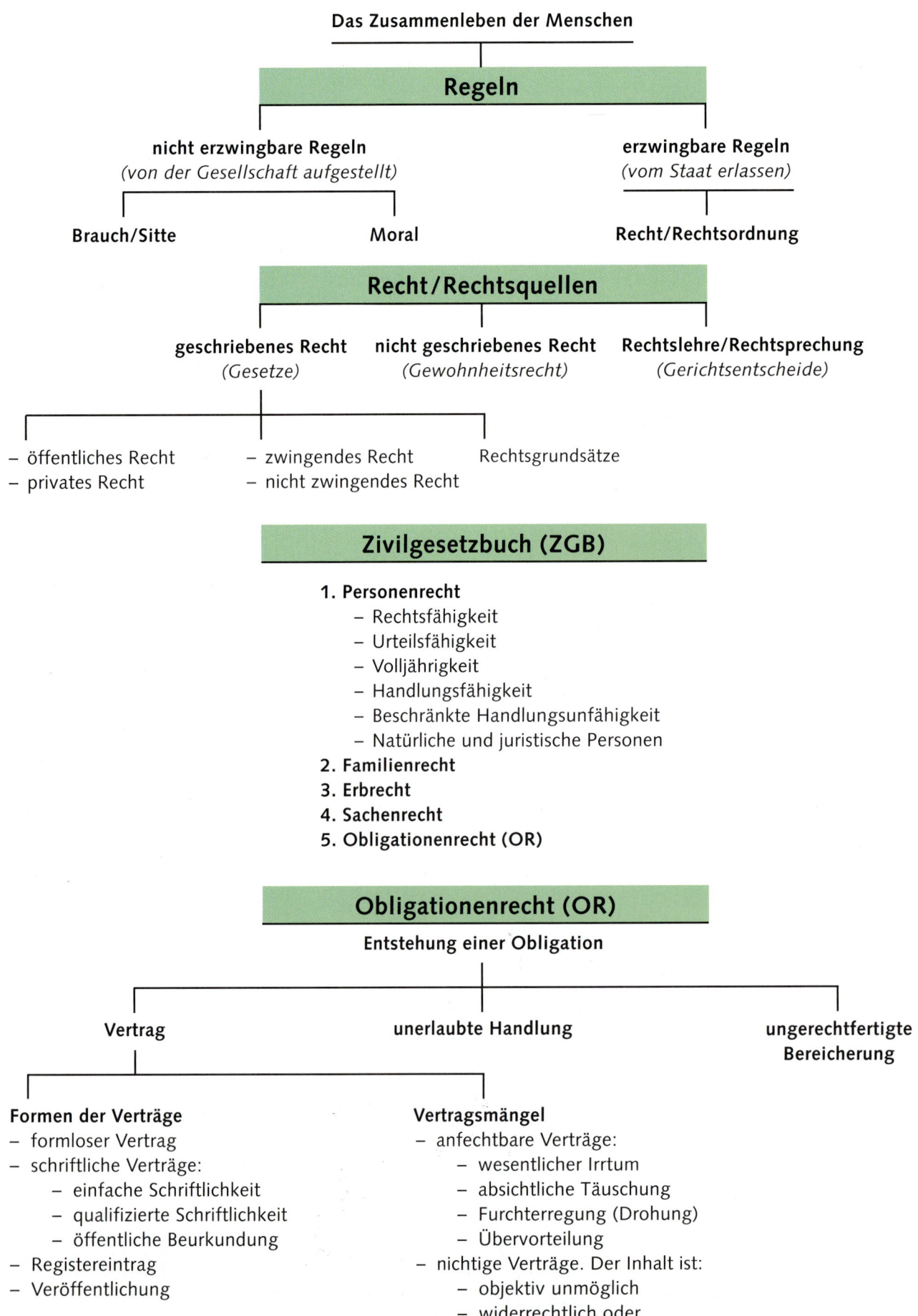

Regeln für die Gesellschaft

Wo Menschen zusammenleben, entsteht eine Gemeinschaft, eine Gesellschaft. Da der einzelne Mensch den Drang verspürt, seine Bedürfnisse, seine Ideen und Überzeugungen durchzusetzen, braucht es in einer Gemeinschaft Regeln, damit dieses Zusammenleben funktioniert und kein Chaos entsteht.

Diese Regeln schränken den Einzelnen zwar ein, geben ihm aber auch Sicherheit. Nur dort, wo der Mensch bereit ist, seine Freiheiten und Rechte einzuschränken, sie mit anderen zu teilen, kann jeder in grösstmöglicher Freiheit leben.

■ Nicht erzwingbare Regeln

Es gibt Regeln, die im täglichen Zusammenleben der Menschen entstanden sind. Das sind Sitten/Bräuche und die Moral. Auch wenn die Einhaltung dieser «Verpflichtungen» nicht mit staatlicher Gewalt durchsetzbar ist, kennt die Gesellschaft eine Vielfalt von «Sanktionen», wenn jemand diese Regeln nicht beachtet: Man wird gemieden, aus der Gruppe ausgeschlossen, benachteiligt usw.

Sitte/Brauch

> **Sitte / Brauch:** *Sitte/Brauch bezeichnet ein zur Gewohnheit (Tradition) gewordenes Verhalten des Menschen. Dieses Verhalten bezieht sich auf die äusseren Umgangsformen in der Gesellschaft. (Die Begriffe Sitte und Brauch werden meist identisch verwendet: «Es ist Sitte/Brauch, dass...», «Andere Länder, andere Sitten/Bräuche»)*

Beispiele: Weihnachtsfest, jährlicher Betriebsausflug, Fasnachtsumzug, «Sechseläuten» in Zürich.

Eine Sitte wird ohne zu überlegen und zu hinterfragen akzeptiert.
Sitten sind unabhängig von Werten (z.B. Gerechtigkeit) und sind von Gesellschaftsgruppe zu Gesellschaftsgruppe verschieden.

Moral

> **Moral:** *Bezieht sich auf das Zusammenleben in der Gesellschaft und orientiert sich an Grundwerten wie Gerechtigkeit, Fürsorge und Wahrheit.*

Beispiele: Man ist gegenüber dem Mitmenschen ehrlich. Man kümmert sich um kranke Familienangehörige.

In fast allen Kulturen hat die Moral ihren Ursprung in der Religion und ist von dieser stark beeinflusst. Man spricht auch von Sittlichkeit.

■ Erzwingbare Regeln

Jeder Staat regelt, wie sich die Menschen innerhalb des Staatsgebietes verhalten müssen und welche Regeln Gültigkeit haben. Diese Regeln werden unter dem Begriff «Recht» bzw. «Rechtsordnung» zusammengefasst.

Recht

> **Recht:** *Sammelbegriff für alle vom Staat erlassenen Regeln (Gesetze) und für anerkannte Regeln (Gewohnheitsrecht, Rechtslehre), die von staatlichen Organen (Gerichte) auch durchgesetzt werden.*

> **Rechtsordnung:** *Alle Rechtsregeln, die für ein Volk eines Staates gelten.*

In einem Rechtsstaat werden diese Regeln von der Gesellschaft selber bestimmt, während in einer Diktatur solche Regeln durch einen einzelnen oder mehrere uneingeschränkte Machthaber festgelegt werden.

Rechtsquellen

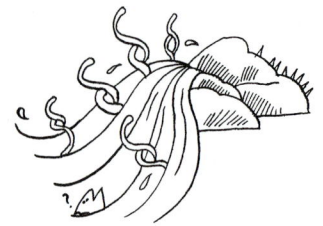

> **Rechtsquellen:** *Orte, wo man das Recht findet.*

Es gibt drei Arten von Rechtsquellen:
- geschriebenes Recht
- Gewohnheitsrecht
- Rechtslehre und Rechtsprechung

Geschriebenes Recht

> **Geschriebenes Recht:** *Alle Rechtsregeln, die von der dafür zuständigen Behörde erlassen worden sind.*

Diese Regeln liegen schriftlich vor und sind unter anderem in Gesetzbüchern festgehalten.

Gesetze werden von einem Parlament erlassen. Verordnungen dagegen sind Sache der Regierung (siehe S. 202).

Gewohnheitsrecht

> **Gewohnheitsrecht:** *Ungeschriebene Regeln, die nach langer Zeit der Anwendung zu Recht geworden sind, weil die Gesellschaft sie als Recht anerkannt hat.*

Ein typisches Beispiel von Gewohnheitsrecht ist die Höhe des Finderlohns. Zwar hält ZGB 722^2 fest, dass jemand, der etwas findet, unter Umständen Anspruch auf einen angemessenen Finderlohn hat, wenn die Sache zurückgegeben werden konnte. Wie hoch dieser Lohn angesetzt wird, steht jedoch nirgends. Das Gewohnheitsrecht hat den Finderlohn auf 10% festgelegt.

In seltenen Fällen wird auch auf den Ortsgebrauch verwiesen.

> **Ortsgebrauch:** *Die an einem Ort übliche Handlungsweise. Der Ortsgebrauch kann bei Gerichtsverfahren allenfalls als Entscheidungshilfe dienen.*

Der Ortsgebrauch wird unter anderem im Mietrecht angewendet (OR 266c).

Rechtslehre und Rechtsprechung

> **Rechtslehre:** *Die von den Rechtsgelehrten geäusserten Meinungen, die in der rechtswissenschaftlichen Literatur anerkannt sind.*

Diese Meinungen helfen den Richtern bei der Urteilsfindung.

> **Rechtsprechung als Präjudiz:** *Die Urteilsbegründung eines übergeordneten Gerichts (meistens Bundesgericht) ist für ein untergeordnetes Gericht wegweisend, wenn es einen ähnlichen Rechtsfall zu beurteilen hat. Daraus entsteht eine einheitliche Rechtsprechung.*

Wenn ein oberes Gericht ein wegweisendes Urteil fällt, stützen sich untergeordnete Gerichte in der Folge auf dieses Urteil und übernehmen die Begründung des oberen Gerichts.

Geschriebenes Recht

Das geschriebene Recht kann unter anderem unterteilt werden in
- öffentliches Recht und privates (ziviles) Recht.
- zwingendes Recht und nicht zwingendes (dispositives) Recht.

■ Öffentliches und privates Recht

Öffentliches Recht: *Rechtsbeziehungen zwischen dem Staat einerseits und Personen anderseits.*

Privates (ziviles) Recht: *Rechtsbeziehungen zwischen Personen untereinander (privat = zivil).*

Grundsatz
- Subordination, d.h. die Person ist dem Staat untergeordnet
- Dient dem Schutz und der Wahrnehmung öffentlicher Interessen

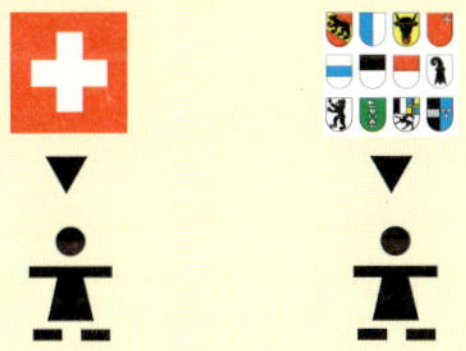

Anwendung
- Wird in der Regel von Amtes wegen angewendet (z.B. durch Polizei oder ein Gericht)

Beispiele von öffentlichem Recht
- Bundesverfassung (BV, siehe S. 172)
- Strafgesetzbuch (StGB)
- Strassenverkehrsgesetz (SVG)
- Umweltschutzgesetz (USG)

Grundsatz
- Koordination, d.h. Gleichwertigkeit der betroffenen Personen
- Betrifft nur die beteiligten Personen
- Aushandlung des Rechts; gewisse Vorschriften müssen eingehalten werden

Anwendung
- Wird nur auf Klage einer Partei beurteilt
- Führt zu einem Zivilfall / Zivilprozess (siehe S. 188 ff.)

Beispiele von privatem Recht
- Zivilgesetzbuch (ZGB)
- Obligationenrecht (OR)

■ Zwingendes und nicht zwingendes Recht

"sofern nichts anderes vereinbart wird"

Zwingendes Recht:
Die Rechtsregeln sind zwingend, d.h. sie sind durch den Parteiwillen nicht veränderbar.

Nicht zwingendes Recht (dispositives Recht):
Die gesetzlichen Regeln gelten, wenn nichts anderes vereinbart worden ist. Die Parteien dürfen aber etwas Abweichendes vereinbaren.

Öffentliches Recht ist in der Regel immer zwingendes Recht (Man muss sich daran halten).
Aber auch im Privatrecht gibt es zwingende Bestimmungen. Dabei unterscheidet man:
- absolut zwingende Regeln: Die Bestimmungen sind gegenüber beiden Parteien nicht veränderbar (siehe OR 361).
- relativ zwingende Regeln: Zugunsten der schwächeren Partei (z.B. Arbeitnehmer) dürfen Änderungen gemacht werden, nicht aber zu deren Ungunsten.
Beispiel: Nach dem 20. Altersjahr hat ein Arbeitnehmer 4 Wochen bezahlte Ferien zugut. Der Arbeitgeber darf ihm mehr, aber nicht weniger Ferien gewähren.

Der Gesetzgeber hat Regeln aufgestellt für den Fall, dass nichts vereinbart wird.
Beispiele:
- Jemand stirbt und es fehlt ein Testament, also gelten die Bestimmungen des ZGB.
- Der Miet- wie der Arbeitsvertrag können mündlich abgeschlossen werden. Die mündlichen Vereinbarungen sind oft lückenhaft. Entsteht Streit über diese Lücken, gelten die Artikel aus dem OR. In gegenseitiger Absprache können aber auch Änderungen gegenüber dem Gesetz vereinbart werden.
Beispiel: In einem Einzelarbeitsvertrag wird die Kündigungsfrist während der Probezeit auf 5 Arbeitstage festgelegt.

Rechtsgrundsätze

> **Rechtsgrundsatz:** *Rechtsbestimmung, die eine grosse Bedeutung hat und in verschiedenen Rechtsgebieten Anwendung findet.*

Gewisse Rechtsgrundsätze sind in der Bundesverfassung festgehalten. Auch die Einleitungsartikel im ZGB gelten grundsätzlich für die gesamte Rechtsordnung.

■ Rechtsgleichheit (BV 8)

Die Rechtsgleichheit bedeutet:
– Vor dem Gesetz sind alle gleich.
– Mann und Frau sind gleichberechtigt.
– Niemand darf diskriminiert werden.
Das Gesetz, die Gesetzgeber, die Anwender des Gesetzes (Richter) dürfen niemanden bevorzugen.

■ Reihenfolge der Rechtsquellen (ZGB 1)

In einem Rechtsfall muss zuerst das geschriebene Recht mit seiner Auslegung herangezogen werden. Wenn sich darin keine Vorschrift befindet, hat das Gericht Gewohnheitsrecht zu berücksichtigen. Wo auch solches fehlt, hat das Gericht nach der Regel zu urteilen, die es als Gesetzgeber aufstellen würde.

■ Richterliches Ermessen (ZGB 4)

Wo dem Gericht eigenes Ermessen eingeräumt wird, muss es sämtliche Umstände des konkret zu beurteilenden Falles beachten, um den besonderen Verhältnissen auch tatsächlich gerecht zu werden.

■ Treu und Glauben (ZGB 2[1] und BV 9)

Der Gesetzgeber verlangt, dass jedermann immer nach bestem Wissen und Gewissen handelt. Es wird also erwartet, dass man in seinem Handeln ehrlich und fair ist. Ein Zusammenleben ist nur möglich, wenn man davon ausgehen darf, dass man vom Gegenüber nicht belogen oder betrogen wird. Dasselbe Verhalten wird aber auch von einem selbst erwartet.

■ Rechtsmissbrauchsverbot (ZGB 2[2])

Missbraucht jemand sein Recht offensichtlich, wird dieser Missbrauch nicht geschützt (*Beispiel:* Nur um den Nachbarn zu ärgern und diesem vorsätzlich die Aussicht zu nehmen, darf man keine Mauer bauen, die sonst keinen Zweck hat.)

■ Beweislast (ZGB 8)

Wer etwas behauptet und daraus etwas zu seinen Gunsten ableiten will, muss seine Behauptung auch beweisen. Beweisen heisst: Man muss das Gericht von der Richtigkeit einer behaupteten Tatsache überzeugen.

ARBEITSUNFALL IM GERICHT

Das Zivilgesetzbuch (ZGB)

Zivilgesetzbuch (ZGB): *Es enthält privates (ziviles) Recht.*

Eines der wichtigsten Gesetzeswerke im Bereich des privaten Rechts ist das ZGB.

Die Einteilung des ZGB

Das ZGB regelt viele Bereiche des Lebens, von der Geburt bis zum Tod. Es geht dabei unter anderem um die Namensgebung, die Erziehung, das Zusammenleben, die Eheschliessung (siehe S. 54), die Trennung und die Scheidung (siehe S. 59), um das Eigentum (siehe S. 75), das Erbe (siehe S. 67 ff.) und um Verträge (z.B. Lehrvertrag, S. 28 ff.; Arbeitsvertrag, S. 31 ff.; Kaufvertrag, S. 74 ff.; Mietvertrag, S. 102 ff.).

Die 5 Teile des ZGB
Das ZGB ist in folgende fünf Teile gegliedert:
1. Personenrecht
2. Familienrecht (siehe S. 54 ff.)
3. Erbrecht (siehe S. 67 ff.)
4. Sachenrecht (siehe z.B. S. 75, Eigentum, Besitz)
5. Obligationenrecht (siehe S. 18)

Aus dem 5. Teil, dem Obligationenrecht, hat man einen selbständigen Teil gemacht (ein eigenes Gesetzbuch, das wieder mit dem Artikel 1 beginnt). Daher spricht man auch vom ZGB und vom OR. Dennoch gehört das OR inhaltlich zum ZGB und die Einleitungsartikel 1–10 des ZGB gelten auch für das OR (siehe S. 18).

Im Folgenden werden wichtige Begriffe aus dem Personenrecht erklärt.

Begriffe zum Personenrecht

■ Rechtsfähigkeit

Rechtsfähigkeit (ZGB 11): *Fähigkeit, Rechte und Pflichten zu haben.*

Alle Menschen sind rechtsfähig. Sie haben unter anderem das Recht, dass ihre Persönlichkeit geschützt wird (z.B. vor Gewalt) und dass sie Eigentum (siehe S. 75) erwerben oder erben können. Jedermann hat aber auch die Pflicht, die Persönlichkeit des anderen zu respektieren.

Rechtsfähig ist man unabhängig vom Alter und unter gewissen Voraussetzungen schon vor der Geburt und in beschränkter Weise bis über den Tod hinaus. Schon der Fötus ist bedingt rechtsfähig: Nach Ablauf der 12-Wochen-Frist (Abtreibungsverbot ab 12. Schwangerschaftswoche) hat er das Recht auf Persönlichkeitsschutz und, unter der Bedingung, dass er lebend geboren wird, ist er auch fähig zu erben.

Nach dem Tod steht jedermann das Recht auf ein schickliches Begräbnis zu.

■ Urteilsfähigkeit

Urteilsfähigkeit (ZGB 16): *Fähigkeit, vernunftgemäss zu handeln.*

Diese Fähigkeit erreicht man etwa mit 13 bis 14 Jahren. Wer geistig behindert ist, erlangt die Urteilsfähigkeit nicht, bleibt urteilsunfähig.

■ Volljährigkeit

Volljährigkeit (ZGB 14): *Mit Vollendung des 18. Altersjahres (also am 18. Geburtstag) wird man volljährig (Bis zu diesem Zeitpunkt gilt man als minderjährig.).*

Sonderregelung: Mit 16 Jahren erreicht man die religiöse Volljährigkeit (ZGB 303), das heisst, man kann die Religionszugehörigkeit selbständig bestimmen.

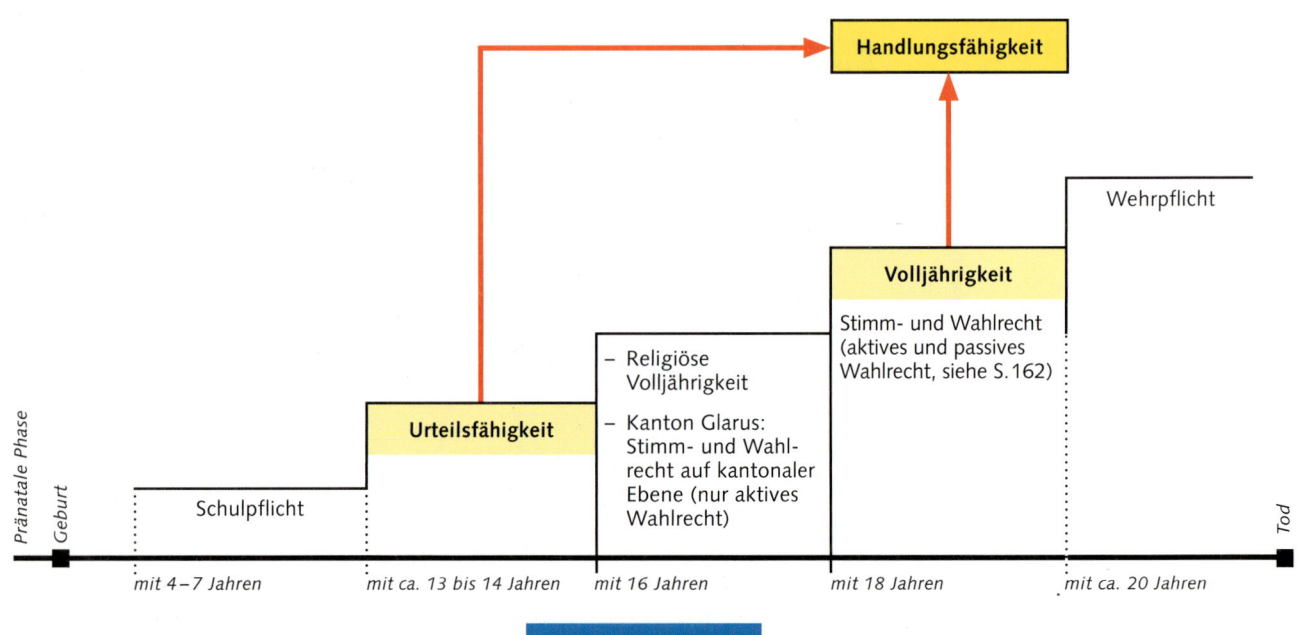

Handlungsfähigkeit

> **Handlungsfähigkeit (ZGB 12/13):** *Fähigkeit, durch seine eigenen Handlungen Rechte und Pflichten zu begründen (ZGB 12).*
> *Voraussetzung: Urteilsfähigkeit und Volljährigkeit (ZGB 13)*

Urteilsfähigkeit
+ Volljährigkeit

= Handlungsfähigkeit

Die Handlungsfähigkeit umfasst die:
- **Geschäftsfähigkeit**, d.h. durch eigene Handlungen können Rechtsgeschäfte gültig getätigt werden (Verträge abschliessen, siehe S. 34 ff., 76 ff., 105 ff. usw.) und
- **Deliktsfähigkeit**, d.h. durch rechtswidriges Verhalten kann man zivilrechtlich zur Verantwortung gezogen werden (siehe S. 147 und 188 ff.). Deliktsfähig im strafrechtlichen Sinne wird man aber bereits vom 10. Altersjahr an (siehe S. 195).

Wer handlungsfähig ist, kann z.B. heiraten (siehe S. 54 ff.) oder ein Testament errichten (siehe S. 71) sowie auf eidgenössischer Ebene stimmen und wählen.

Beschränkte Handlungs<u>un</u>fähigkeit

> **Beschränkte Handlungs<u>un</u>fähigkeit (ZGB 19):** *Fähigkeit, nur mit Zustimmung des gesetzlichen Vertreters (Eltern, Beistand, Vormund) Verpflichtungen einzugehen.*

Beschränkt handlungs<u>un</u>fähig sind urteilsfähige Minderjährige und urteilsfähige Personen unter umfassender Beistandschaft (siehe S. 65 ff.).

Beschränkt handlungsfähig sind urteilsfähige Volljährige, deren Handlungsfähigkeit durch eine Massnahme des Erwachsenenschutzes eingeschränkt worden ist (siehe S. 65).

Natürliche Personen

> **Natürliche Person (ZGB 11 ff.):** *Jeder einzelne Mensch gilt rechtlich gesehen als natürliche Person. Die natürliche Person hat Rechte und Pflichten.*

Auch Juristen, Anwälte oder Richter sind einzelne Menschen. Daher gelten auch sie als natürliche Personen.

NATÜRLICHE PERSON

Juristische Personen

> **Juristische Personen (ZGB 52 ff.):** *Sind Personenverbindungen, die selbständig Rechte erwerben und Pflichten haben können.*

Die «juristischen Personen» sind Gebilde des Rechts (daher die Bezeichnung «juristisch»). Auch wenn sie sich häufig aus einzelnen Menschen bzw. natürlichen Personen zusammensetzen, werden sie rechtlich als eine Einheit, als eine Person behandelt.
Beispiele: Vereine, Aktiengesellschaften, Genossenschaften.

Der Gesetzgeber verleiht den juristischen Personen unter bestimmten Voraussetzungen die Rechts- und die Handlungsfähigkeit.
Beispiel: Eine Aktiengesellschaft macht Schulden. Den Gläubigern gegenüber haftet die Aktiengesellschaft mit dem Gesellschaftsvermögen. Die einzelnen Aktionäre haften aber nicht mit ihrem Privatvermögen.

Auch das Steuerrecht kennt natürliche und juristische Personen (siehe S. 115).

JURISTISCHE PERSON

Das Obligationenrecht (OR)

> **Obligationenrecht (OR):** *Es enthält ziviles Recht und ist der 5. Teil des ZGB.*

Der Begriff Obligation hat zwei Bedeutungen:
– «Obligation» ist ein Wertpapier.
– «Obligation» ist ein Schuldverhältnis.
Im Folgenden versteht man unter dem Begriff Obligation ein Schuldverhältnis.

> **Obligation:** *Schuldverhältnis zwischen zwei Personen oder Parteien. Die eine Partei (Schuldner) ist verpflichtet, etwas zu leisten, und die andere Partei (Gläubiger) ist berechtigt, diese Leistung zu fordern. Eine Obligation enthält immer mindestens ein Recht und eine Pflicht.*

Entstehung einer Obligation
Eine Obligation kann entstehen durch:
– Vertrag,
– unerlaubte Handlung oder
– ungerechtfertigte Bereicherung.

■ Obligation durch Vertrag (OR 1 ff.)

Ein Schuldverhältnis entsteht durch Vertrag. Zwei Parteien teilen einander ihren Willen mit. Die Willensäusserungen stimmen überein. Eine Partei verpflichtet sich zu einer Leistung (z.B. Lieferung einer Ware), und die andere Partei verpflichtet sich zur Gegenleistung (z.B. Bezahlung dieser Ware).

■ Obligation durch unerlaubte Handlung (OR 41 ff.)

Wer einem anderen widerrechtlich (unerlaubt) Schaden zufügt, muss der geschädigten Partei den Schaden ersetzen (Haftpflichtverhältnis siehe S. 147). Das Schuldverhältnis betrifft sowohl Personen- wie Sachschäden.

Beispiel: Jemand fährt auf der Skipiste aus Unachtsamkeit in eine andere Person und diese Person erleidet einen Schienbeinbruch und ihre Skis sind beschädigt. Die unachtsame Person wird haftpflichtig.

■ Obligation durch ungerechtfertigte Bereicherung (OR 62 ff.)

Erhält jemand zu Unrecht Geld, muss er dieses Geld zurückerstatten.

Beispiel: Aus Versehen erhält jemand den 13. Monatslohn doppelt ausbezahlt. Dieser muss zurückgezahlt werden.

Formen der Verträge

> **Vertrag:** *Gegenseitig übereinstimmende Willensäusserung von Parteien (OR 1). Im Obligationenrecht sind die verschiedenen Vertragsarten geregelt (Mietvertrag, Arbeitsvertrag, Kaufvertrag usw.)*

Der Gesetzgeber spricht absichtlich von Parteien und nicht von Personen. Es können nämlich auf der einen oder auf beiden Seiten mehrere Personen bei der Entstehung eines Vertrages mitwirken.

Verträge können formlos entstehen oder an eine bestimmte Form gebunden sein.

■ Formloser Vertrag

> **Formloser Vertrag:** *Die Vereinbarung ist an keine Form gebunden. Formlos (auch formfrei genannt) ist der Oberbegriff für mündlich und stillschweigend.*

Die weitaus meisten Verträge kommen formlos zustande (OR 11).

■ Formgebundener Vertrag (Schriftlichkeit)

> **Formgebundener Vertrag:** *Diese Vereinbarung ist an eine Form gebunden.*

Man unterscheidet drei Formen von Schriftlichkeit:

Einfache Schriftlichkeit	Der Inhalt des Vertrages kann von Hand oder mit dem Computer erfasst werden. Der Gesetzgeber verlangt nur, dass die Unterschriften von Hand geschrieben werden. Die elektronische Signatur ist der eigenhändigen Unterschrift gleichgestellt.
Qualifizierte Schriftlichkeit	Zur Gültigkeit verlangt das Gesetz, dass nebst der Unterschrift noch weitere Teile eigenhändig eingesetzt werden oder dass bestimmte Voraussetzungen erfüllt sind. *Beispiele:* – Beim eigenhändigen Testament verlangt der Gesetzgeber, dass der Verfasser den gesamten Inhalt von Hand niederschreiben muss (siehe auch S. 71). – Bei einer Mietzinserhöhung verlangt das Gesetz, dass der Vermieter ein vom Kanton dafür vorgeschriebenes Formular mit Rechtsbelehrung verwendet (siehe S. 111).
Öffentliche Beurkundung	Der Inhalt des Vertrages ist von weitreichender Bedeutung. Der Gesetzgeber verlangt daher, dass eine urkundsberechtigte Person, z.B. ein Notar, den Vertrag prüft, ob alle gesetzlichen Vorschriften eingehalten worden sind. Ist das der Fall, bezeugt der Notar dies auf dem Vertrag mit seiner Unterschrift und einem Stempel.

■ Registereintrag und Veröffentlichung

Registereintrag	Gewisse Rechtsgeschäfte müssen nebst der öffentlichen Beurkundung auch noch in ein Register eingetragen werden. *Beispiel:* Ein Hauskauf muss ins Grundbuch und die Gründung einer Aktiengesellschaft ins Handelsregister eingetragen werden.
Veröffentlichung	Noch weiter gehende Bestimmungen verlangen, dass gewisse Rechtsvorgänge zu veröffentlichen sind, um sie jedermann bekannt zu machen, z.B. im Kantonsblatt (Haus- oder Grundstückskauf).

Tipp	*Unterschreiben Sie nie einen Vertrag, den Sie nicht bis in alle Details gelesen und dessen Inhalt Sie nicht verstanden haben.*

Vertragsmängel

In gewissen Fällen kann ein Vertrag angefochten werden oder er ist gar nichtig.

■ Anfechtbare Verträge

> **Anfechtbarer Vertrag:** *Der Inhalt eines Vertrages entspricht nicht dem effektiven Willen einer Partei (Vertragsmangel).*

Die Partei, für die der Vertrag mangelhaft ist, kann diesen beim Gericht anfechten. Anfechtungsgründe sind:

Wesentlicher Irrtum (OR 23 f.)	Damit das Gericht einen Irrtum als wesentlich einstuft, gelten hohe Anforderungen. *Beispiel:* Ein teures Kunstwerk stellt sich im Nachhinein als billige Kopie heraus, obwohl der Käufer bei Vertragsabschluss von der Echtheit ausgegangen ist. Blosse Rechnungsfehler gelten z.B. nicht als wesentlicher Irrtum. Sie müssen zwar korrigiert werden, der Vertrag ist aber trotzdem verbindlich.
Absichtliche Täuschung (OR 28)	Ein Vertragspartner macht wissentlich falsche Angaben oder er verheimlicht Tatsachen, von denen er Kenntnis hat. *Beispiel:* Ein Unfallwagen wird vom Verkäufer als unfallfrei verkauft, obwohl er weiss, dass es ein Unfallwagen ist.
Furchterregung (Drohung) (OR 29 f.)	Einem der Vertragspartner wird das Erleiden eines erheblichen Übels angedroht, falls er den Vertrag nicht abschliesst. *Beispiel:* Jemand weiss von Steuerhinterziehung eines andern. Er fordert von ihm den Verkauf eines Bildes und droht, sonst werde er ihn wegen Steuerhinterziehung anzeigen.
Übervorteilung (OR 21)	Man benachteiligt jemanden, um für sich einen unangemessenen Vorteil zu erlangen. *Beispiel:* Jemand verlangt von einer in der Sache unkundigen Person das Fünffache des üblichen Preises.

Liegt ein Anfechtungsgrund vor, ist der Vertrag gegenstandslos.

■ Nichtige Verträge

> **Nichtiger Vertrag (OR 20):** *Der Vertrag ist mit einem derart schweren Mangel versehen, dass er nichtig ist. «Nichtig» heisst in diesem Zusammenhang: Der Vertrag wird so behandelt, als ob er nicht existieren würde.*

Nichtigkeitsgründe sind:

- **Objektiv unmöglicher Vertragsinhalt**
  Beispiel: Jemand verkauft einer Person den Zürichsee.

- **Widerrechtlicher Vertragsinhalt**
  Beispiel: Der Handwerker verpflichtet sich in seinem Arbeitsvertrag zur Leistung von durchschnittlich 60 Stunden pro Woche.

- **Vertragsinhalt gegen die guten Sitten**
  Beispiel: Jemand schliesst mit einer anderen Person einen Vertrag ab, dass diese bei einer Erbschleicherei mithilft. (Als «Erbschleicher» bezeichnet man eine Person, die auf unredliche oder unmoralische Weise zu einer Erbschaft zu gelangen versucht).

Lösen von Rechtsfällen in vier Schritten

■ Systematisches Vorgehen

Rechtsfragen sind im Alltag meist schwierig zu beurteilen. Die Probleme betreffen häufig verschiedene Rechtsbereiche, die oft nicht klar voneinander abgegrenzt werden können. Die Gesetzesbestimmungen sind abstrakt formuliert und in einer ungewohnten Sprache abgefasst, weshalb die Anwendung dieser Regeln auf den konkreten Fall Schwierigkeiten bereitet. D. h. eine Lösung liegt nicht einfach auf dem Tisch, sondern kann nur mit etlicher Anstrengung angestrebt werden.

Als Hilfsmittel zur «Lösung» von Rechtsfällen empfiehlt sich ein systematisches Vorgehen, z.B. in vier Schritten:

■ Vorgehen in vier Schritten

1. Sachverhalt feststellen	Zuerst muss genau festgehalten werden, was passiert ist. Die «W-Fragen» sind zu stellen: *Wer hat wann, was, wo, wie und warum getan?*
2. Bezug zwischen Sachverhalt und Recht herstellen	Dann gilt es herauszufinden, welche gesetzlichen Regelungen auf den festgestellten Sachverhalt angewendet werden können: *Welche abstrakte Regel passt am besten zum konkreten Sachverhalt?*
3. Rechtsfolgen feststellen	Nachher muss geklärt werden, welche Konsequenzen die Anwendung dieser Regel nach sich zieht: *Welche Rechtsfolge sieht die anwendbare Regel vor?*
4. Durchsetzung des Rechts planen	Nun kann im letzten Schritt konkret geplant werden, was die vom Sachverhalt betroffenen Personen tun müssen, um zu ihrem Recht zu kommen: *Was muss ich tun, damit ich mein Recht durchsetzen kann?*

■ Umgang mit Rechtsfragen (allgemeine Hinweise)

- Rechtsfälle sind oft vielschichtig. Meist sind mehrere Personen beteiligt, die zueinander in unterschiedlichen Rechtsbeziehungen stehen. Eine grafische Darstellung der Situation verschafft Überblick und hilft zur Klärung.
- Häufig werden verschiedene Rechtsgebiete berührt, weshalb Regelungen aus mehreren Gesetzbüchern zur Anwendung kommen. Ein komplexer Fall kann zudem mehrere Prozesse auslösen (z.B. Strafprozess und dann Zivilprozess).
- Für das Verständnis der einzelnen Gesetzesartikel braucht es auch die Kenntnis des gesamten Aufbaus des Gesetzes. Die einzelne Regel muss im Zusammenhang mit den übrigen Bestimmungen des Gesetzes gelesen werden.
- Die Gesetze sind oft in einer umständlichen Sprache geschrieben. Die Rechtsregeln müssen ausgelegt werden. Dabei helfen Fragen wie:
    - Was bezweckt die Regelung?
    - Welches Ziel verfolgte der Gesetzgeber damit?

→ www.verlag-fuchs.ch/recht

Tipp *Ist die Rechtsfrage zu schwierig, bleibt nur noch der Beizug professioneller Hilfe. Viele Gerichte bieten Personen, die ein konkretes Rechtsproblem haben und in ihrem Gerichtskreis wohnen, periodisch eine kostenlose Erstberatung an. Auch die meisten kantonalen Anwaltsverbände kennen ähnliche Dienstleistungen.*

Lösen von Rechtsfällen: Fallbeispiel

Ein 3-jähriges Kind besucht mit seinem Vater ein Kaufhaus. Als der Vater das Kind kurzfristig unbeaufsichtigt lässt, zerstört das Kind beim Ballspielen eine teure Porzellanvase.
Gegen wen hat der Ladenbesitzer und Eigentümer der Vase allenfalls einen Anspruch (Versicherungen ausgenommen)?

■ Vorgehen in vier Schritten

1. Sachverhalt feststellen

Wer?
– 3-jähriges Kind
– Ladenbesitzer (Eigentümer der Vase)
– Vater des Kindes

Was und wann?
– Vater und Kind besuchen ein Kaufhaus.
– Vater beaufsichtigt das Kind vorübergehend nicht.
– Kind spielt mit einem Ball.
– Kind zerstört eine Vase (Sachschaden).

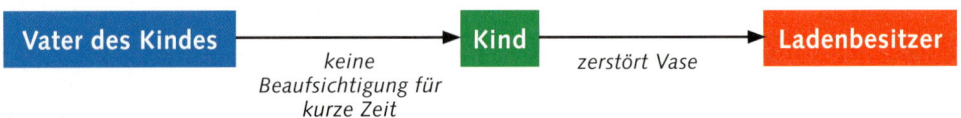

2. Bezug zwischen Sachverhalt und Recht herstellen

Es kommen zwei Haftpflichtige in Frage:
– Das Kind: Das Zerstören von Eigentum ist widerrechtlich, weshalb das Kind aufgrund unerlaubter Handlung nach OR 41 ff. haftbar sein kann. Problem: Das Kind ist urteilsunfähig.
– Der Vater: Haftung des Familienhauptes nach ZGB 333 wegen Vernachlässigung der Aufsichtspflicht.

Die Haftung des Kindes ist kaum durchsetzbar (OR 41 verlangt Urteilsfähigkeit), weshalb sich der Eigentümer der Vase auf ZGB 333 berufen und gegen den Vater vorgehen wird.

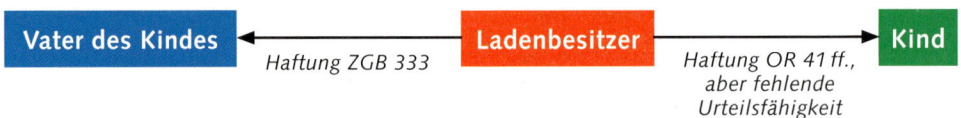

3. Rechtsfolgen feststellen

ZGB 333: Haftung für den entstandenen Schaden (siehe S. 147).

4. Durchsetzung des Rechts planen

– Der Eigentümer der Vase muss den entstandenen Schaden (Wert der Vase oder Kosten für Reparatur, falls möglich) und die Ursache des Schadens beweisen.
– Der Eigentümer hat die Verjährungsfrist zu beachten (OR 60).
– Für die Haftung ist weder ein Verschulden des Kindes noch ein eigenes Verschulden des Vaters am Schaden nötig. Der Vater kann sich aber von der Haftung befreien, wenn er nachweist, dass er seine Aufsichtspflicht nicht verletzt hat.

1.2. Arbeit

1.2. Arbeit

Arbeit: Übersicht

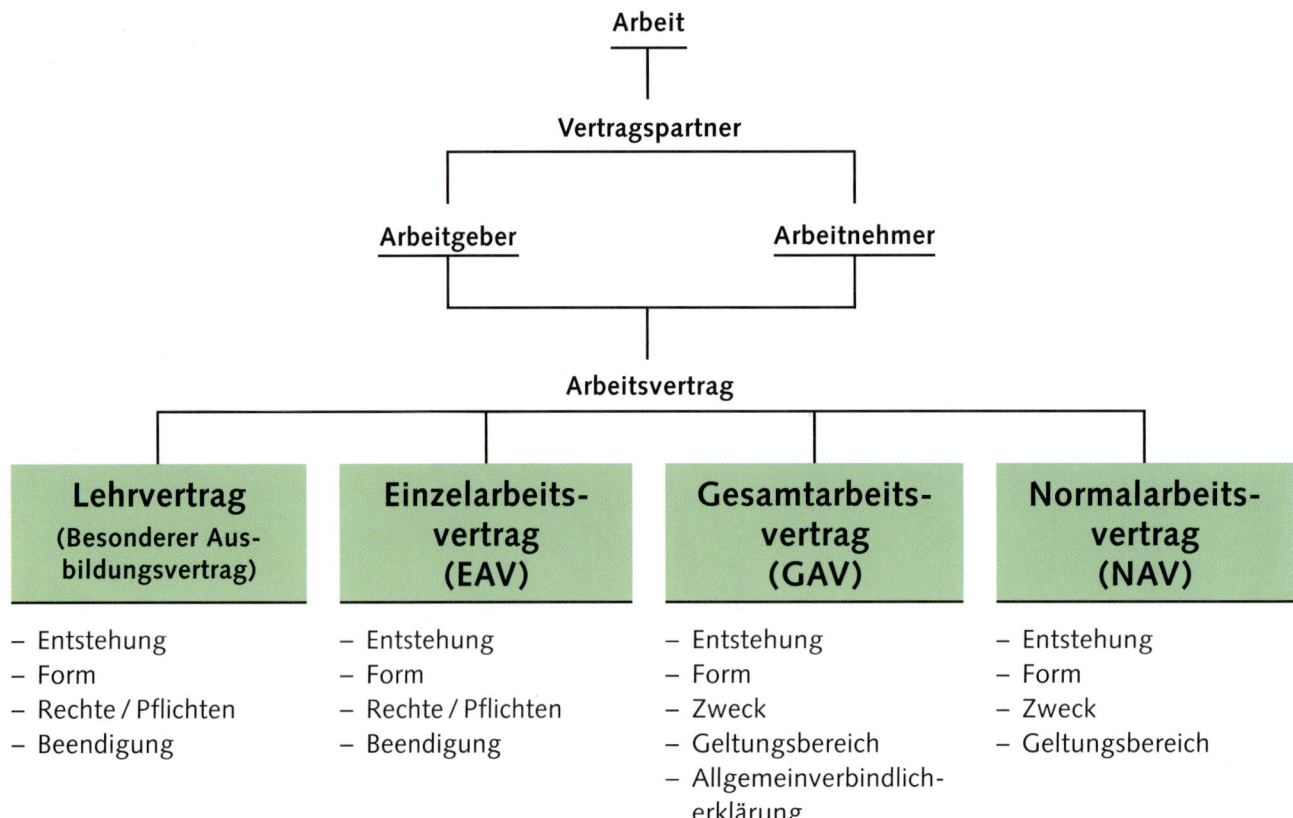

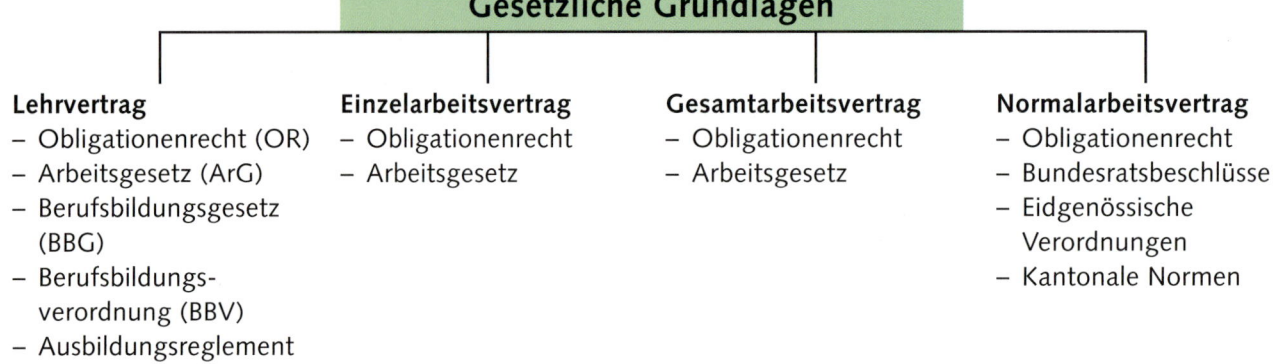

Lehrvertrag
- Obligationenrecht (OR)
- Arbeitsgesetz (ArG)
- Berufsbildungsgesetz (BBG)
- Berufsbildungsverordnung (BBV)
- Ausbildungsreglement
- Lehrplan

Einzelarbeitsvertrag
- Obligationenrecht
- Arbeitsgesetz

Gesamtarbeitsvertrag
- Obligationenrecht
- Arbeitsgesetz

Normalarbeitsvertrag
- Obligationenrecht
- Bundesratsbeschlüsse
- Eidgenössische Verordnungen
- Kantonale Normen

Arbeitsverträge – Übersicht

Der Überblick zeigt knapp das Wichtigste der verschiedenen Arbeitsverträge. Auf den folgenden Seiten werden diese genauer erläutert.

Der Lehrvertrag
(siehe S. 28 ff.)

Vertragspartner
Der Lehrvertrag wird abgeschlossen zwischen einer lernenden Person (und bei deren Minderjährigkeit zusätzlich dem gesetzlichen Vertreter) und einem Arbeitgeber.

Form
Der Lehrvertrag muss schriftlich abgeschlossen werden. Er bedarf zusätzlich der Genehmigung durch das kantonale Amt für Berufsbildung.

Zweck
Beim Lehrvertrag steht die fachgerechte Ausbildung der lernenden Person im Vordergrund.

Der Einzelarbeitsvertrag (EAV)
(siehe S. 31 ff.)

Vertragspartner
Der Einzelarbeitsvertrag wird zwischen einem einzelnen Arbeitgeber und einem einzelnen Arbeitnehmer abgeschlossen.

Form
Der Einzelarbeitsvertrag kann formlos (also mündlich oder stillschweigend) abgeschlossen werden (die Schriftlichkeit empfiehlt sich aber).

Zweck
Beim Einzelarbeitsvertrag steht die Arbeitsleistung des Arbeitnehmers im Dienste eines Arbeitgebers im Vordergrund.

Der Gesamtarbeitsvertrag (GAV)
(siehe S. 44)

Vertragspartner
Der Gesamtarbeitsvertrag wird zwischen einem Arbeitnehmerverband (meistens ist dies eine Gewerkschaft) und einem einzelnen Arbeitgeber bzw. einem Arbeitgeberverband abgeschlossen.

Form
Der Gesamtarbeitsvertrag muss schriftlich abgeschlossen werden. Die dem Gesamtarbeitsvertrag unterstellten Arbeitsverträge sind Einzelarbeitsverträge.

Zweck
Es geht darum, den Arbeitsfrieden zu erhalten, für Konfliktfälle einheitliche Regeln aufzustellen und den Arbeitnehmer zu schützen.

Der Normalarbeitsvertrag (NAV)
(siehe S. 45)

Vertragspartner
Beim Normalarbeitsvertrag handelt es sich um gesetzliche Bestimmungen für gewisse Berufsbranchen.

Form
Der Gesetzgeber muss beim Erlassen von Normalarbeitsverträgen die vorgeschriebene Form der Veröffentlichung einhalten.

Zweck
Es geht um das Aufstellen einheitlicher Regeln und den Schutz von Arbeitnehmern, insbesondere von denjenigen, die nicht unter das Arbeitsgesetz fallen.

→ www.verlag-fuchs.ch/recht

Das Berufsbildungssystem der Schweiz

Das duale Berufsbildungssystem

Duales Berufsbildungssystem: *In diesem System werden die Lehrlinge einerseits im Lehrbetrieb und anderseits in der Berufsfachschule ausgebildet.*

Der Lehrling steht dem Lehrbetrieb während 3 bis 4 Tagen in der Woche für die praktische Ausbildung zur Verfügung. Während 1 bis 2 Tagen werden theoretische und allgemeinbildende Inhalte in der Berufsfachschule vermittelt.

Die nachfolgende Grafik zeigt, wo die Berufsbildung im gesamten schweizerischen Bildungssystem einzuordnen ist. Sie macht auch deutlich, wie viele Möglichkeiten zur Bildung oder zur Weiterbildung auf der tertiären Stufe den Berufsleuten offenstehen.

Die Berufsbildung im gesamten Bildungssystem

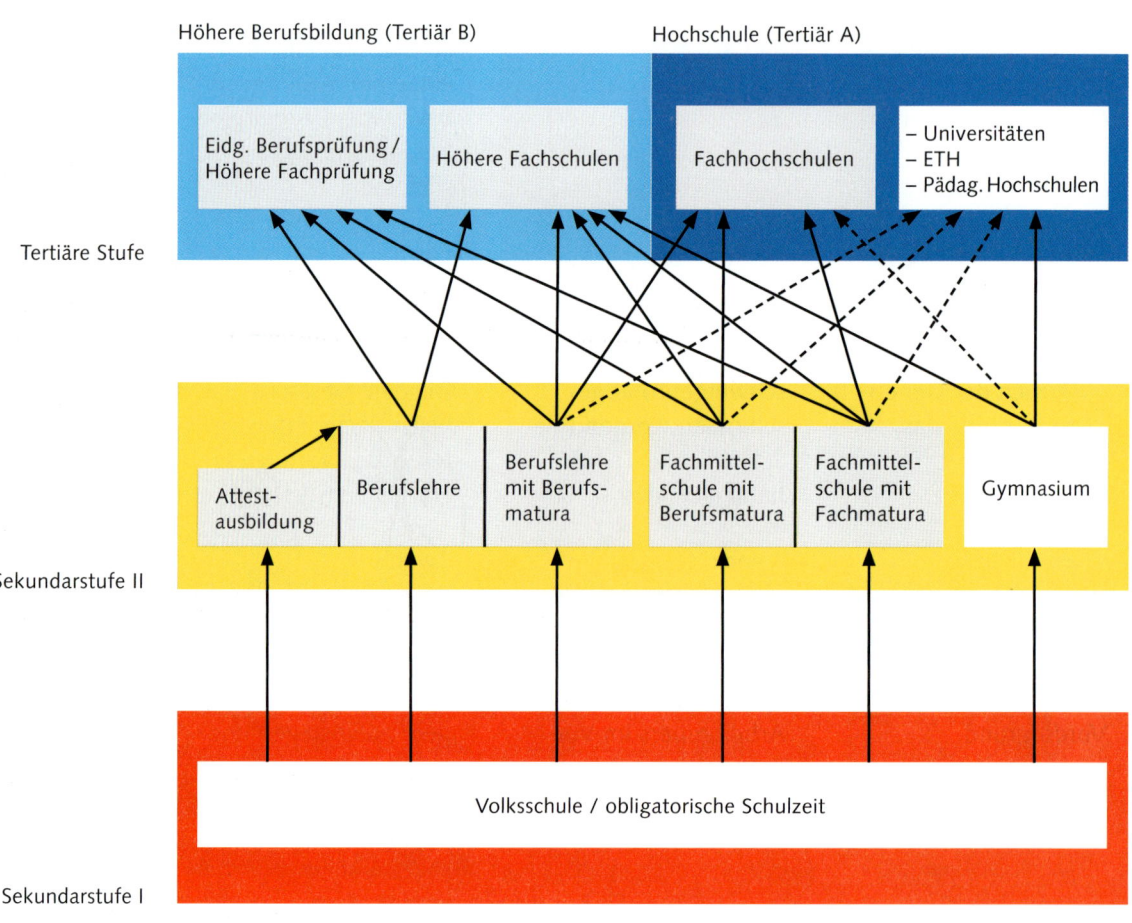

betrifft die Berufsbildung

Berufliche Grundbildung auf der Sekundarstufe II

Sie führt zu einer beruflichen Qualifikation und ist die Basis für lebenslanges Lernen.

Grundbildung (3- oder 4-jährig) mit eidgenössischem Fähigkeitszeugnis
Wer diese Grundausbildung erfolgreich abschliesst, erhält die Qualifikation zur Ausübung eines bestimmten Berufes. Sie ermöglicht auch den Zugang zur höheren Berufsbildung.

Grundbildung (2-jährig) mit eidgenössischem Attest
Diese Grundbildung ermöglicht schulisch Schwächeren einen anerkannten eidgenössischen Abschluss. Im Gegensatz zur Grundbildung mit eidg. Fähigkeitszeugnis ermöglicht die Attestausbildung die Qualifikation für ausgewählte Teilbereiche des Berufes. Attest-Absolventen steht immer noch der Zugang zu einer 3- oder 4-jährigen Grundbildung mit eidg. Fähigkeitszeugnis offen.

Eidgenössische Berufsmaturität (BM)
Sie ergänzt die Grundbildung (eidg. Fähigkeitszeugnis) mit einer erweiterten Allgemeinbildung (Berufslehre mit Berufsmatura). Der erfolgreiche Abschluss der BM ermöglicht den Zugang zu den Fachhochschulen. Die BM kann lehrbegleitend bzw. nach der Lehre in Vollzeit oder berufsbegleitend absolviert werden.

Fachmittelschulen
Die Fachmittelschulen basieren auf der Anerkennung der Erziehungsdirektorenkonferenz (EDK). In der Regel bestehen sie aus einer 3-jährigen schulischen Ausbildung und einem anschliessenden 1-jährigen Praktikum. Die Fachmittelschule «Gesundheit / Soziales» führt zur Berufsmatura. Die Fachmittelschule mit den Profilen Pädagogik und Musik schliesst man mit der Fachmatura ab.

Berufsbildung auf der tertiären Stufe

Höhere Fachprüfung
Sie verbindet solide praktische Fähigkeiten mit vertieften theoretischen Fachkenntnissen und bereitet auf Führungsfunktionen vor. Dabei unterscheidet man zwischen Berufsprüfungen und Fachprüfungen.

Nach erfolgreichem Abschluss der Ausbildung erhält man einen eidg. anerkannten Titel (z.B. Buchhalter, Automobildiagnostiker, Schreinermeister, Verkaufsleiter), wobei die höheren Fachprüfungen höhere Anforderungen an die Absolventen stellen als die Berufsprüfungen.

Höhere Fachschulen
Die Bildungsgänge an höheren Fachschulen (z.B. Technikerschulen, Tourismusfachschulen, Höhere Fachschule Gesundheit) führen zu einem eidg. anerkannten Diplom (z.B. Techniker TS, Tourismusfachfrau, diplomierte Pflegefachfrau). Sie basieren auf klaren, staatlich kontrollierten Mindestvorgaben und sind untereinander vergleichbar.

Fachhochschulen
Für den Zugang an die Fachhochschulen ist die BM oder die Fachmatura erforderlich. Die sieben Fachhochschulen der Schweiz bieten praxisorientierte Studiengänge in vielen Bereichen an (z.B. Wirtschaft, Technik, Musik, Kunst, Soziales). Das Studium schliesst man mit einem Bachelor- oder einem Master-Titel ab.

Der Lehrvertrag

> **Lehrvertrag (OR 344 ff.):** *Ausbildungsvertrag zwischen einem Lehrbetrieb (Arbeitgeber, in der Folge Lehrmeister genannt) und einer lernenden Person (in der Folge Lehrling genannt). Der Lehrling erbringt Arbeitsleistung und wird fachgemäss für bestimmte Berufstätigkeiten ausgebildet.*

Die Berufslehre ist die am häufigsten gewählte Ausbildung. Über 60% der Jugendlichen absolvieren nach der obligatorischen Volksschulzeit eine zwei- bis vierjährige Berufslehre.

Gesetzliche Grundlagen

In Artikel 63[1] der Bundesverfassung wird der Bund ermächtigt, im Bereich der Berufsbildung Vorschriften aufzustellen.

Abgestützt auf diese Ermächtigung hat der Bund das Berufsbildungsgesetz (BBG) erlassen. Zusätzliche Bestimmungen zum Lehrvertrag stehen in OR 344 ff. und im Arbeitsgesetz (ArG).

Entstehung und Form des Lehrvertrags

Im Gegensatz zum gewöhnlichen Einzelarbeitsvertrag muss der Lehrvertrag, um gültig zu sein, schriftlich abgeschlossen werden (OR 344a). Das Gesetz umschreibt den Mindestinhalt des Vertrages:
– die Berufsbezeichnung
– die exakte Dauer der Berufsausbildung im Betrieb
– Lohn (Lohnabrechnung siehe S. 37 und 40 f.)
– Probezeit
– wöchentliche Arbeitszeit
– Ferien

Es können weitere Bestimmungen in den Vertragstext aufgenommen werden, wie z.B. die Übernahme von Versicherungsprämien, die der Lehrmeister nicht von Gesetzes wegen tragen muss, oder die Beschaffung von Berufswerkzeugen oder Beiträge an Unterkunft bzw. an Verpflegung.

Der Lehrvertrag trägt die Unterschrift des Lehrmeisters und des Lehrlings. Ist der Lehrling noch nicht volljährig, muss der Vertrag vom gesetzlichen Vertreter (Inhaber der elterlichen Sorge oder Vormund, siehe S. 66) mitunterschrieben werden.

Der Lehrvertrag muss dem kantonalen Amt für Berufsbildung zur Überprüfung eingereicht werden. Dieses bestätigt mit seiner Unterschrift die Gültigkeit der getroffenen Vereinbarungen (BBG 14).

→ www.verlag-fuchs.ch/recht

Pflichten von Lehrmeister und Lehrling

Die Ausbildung des Lehrlings und die Lernzielerreichung sind die zentralen Ziele des Lehrvertrages.

Der Lehrling erhält einen geringen Lohn, da er seine Arbeitsleistung in erster Linie für eine fachgemässe Ausbildung und nicht gegen Bezahlung erbringt.

Nachfolgend werden die Pflichten des Lehrmeisters und jene des Lehrlings einander gegenübergestellt. Es ist klar, dass viele Pflichten der einen Seite als Rechte der anderen Seite angesehen werden können.

Pflichten des Lehrmeisters

- den Lehrling für einen bestimmten Beruf fachgemäss ausbilden (OR 344)
- den Lehrling fachgemäss ausbilden oder ihn von einer qualifizierten Fachkraft ausbilden lassen (OR 345a[1])
- dem Lehrling den Lohn bezahlen (der Lehrling hat Anspruch auf eine detaillierte Lohnabrechnung! OR 322[1], OR 323b[1])
- den Lehrling ohne Lohnabzug für den Besuch der Berufsfachschule, für überbetriebliche Kurse und die Lehrabschlussprüfung freistellen (OR 345a[2])
- den Lehrling nur für Arbeiten heranziehen, die mit dem zu erlernenden Beruf im Zusammenhang stehen (OR 345a[4])
- dem Lehrling den Besuch der Berufsmaturitätsschule ermöglichen (Voraussetzung: Leistungen im Betrieb und in der Schule erlauben dies; BBG 17[2+4])
- dem Lehrling zum Besuch von Freifächern bis zu einem halben Tag ohne Lohnabzug frei geben (Voraussetzung: Leistungen im Betrieb und in der Schule erlauben dies; BBG 22[3] und BBV 20)
- dem Lehrling Überstunden durch Freizeit von gleicher Dauer ausgleichen oder mit 25% Lohnzuschlag entschädigen (OR 321c[1-3])
- bis zum Erreichen des 20. Lebensjahrs 5 Wochen Ferien gewähren (OR 329a), davon zwei zusammenhängend (OR 329c)
- das Amt für Berufsbildung bei Auflösung des Lehrverhältnisses orientieren (BBG 14[4])
- am Ende der Lehre ein Lehrzeugnis ausstellen (OR 346a)

Pflichten des Lehrlings

- Arbeit im Dienste des Lehrmeisters leisten (OR 344)
- alles tun, um die Lernziele zu erreichen (OR 345[1])
- Anordnungen des Lehrmeisters befolgen (OR 321d)
- die übertragenen Arbeiten gewissenhaft ausführen (OR 321a[1])
- den Unterricht in der Berufsfachschule besuchen (BBG 21[3])
- die Geräte und Materialien sorgfältig behandeln (Sorgfaltspflicht; OR 321a[2])
- obligatorisch an Berufsfachkursen und an der Lehrabschlussprüfung teilnehmen (BBG 23[2])

Beendigung der Lehre

Vertragsauslauf
Beim Lehrvertrag handelt es sich um einen befristeten Vertrag. Das genaue Eintrittsdatum sowie das genaue Enddatum der Lehre sind im Lehrvertrag festgehalten. Daher endet der Vertrag durch Zeitablauf und kann grundsätzlich nicht einseitig gekündigt werden (Ausnahmen nachstehend). In gegenseitigem Einverständnis kann der Lehrvertrag aber jederzeit aufgelöst werden (Meldung ans Amt für Berufsbildung obligatorisch).

Beendigung während der Probezeit
Das Lehrverhältnis kann während der Probezeit jederzeit mit einer Kündigungsfrist von sieben Tagen aufgelöst werden.

Falls nichts anderes im Lehrvertrag vereinbart wurde, gilt eine Probezeit von drei Monaten. Die Probezeit darf durch schriftliche Vereinbarung geändert werden, aber nicht weniger als einen Monat betragen. Auf begründetes Gesuch hin kann das Amt für Berufsbildung in Ausnahmefällen einer Verlängerung der Probezeit auf 6 Monate zustimmen.

Auflösung der Lehre aus wichtigem Grund
Sowohl der Lehrmeister als auch der Lehrling hat das Recht, den Lehrvertrag vorzeitig und einseitig aufzulösen, wenn wichtige Gründe vorliegen.

Gründe, die den Lehrling zur Kündigung berechtigen
- Der Lehrmeister bietet keine Gewähr mehr für eine erfolgreiche Ausbildung des Lehrlings (Mangel an Arbeit, Konkurs usw.).
- Dem Lehrmeister oder seinem Vertreter mangelt es an pädagogischen oder menschlichen Fähigkeiten, so dass eine ordentliche Ausbildung nicht mehr gewährleistet ist.
Beispiele:
Schikanöser Führungsstil, Tätlichkeiten oder sexuelle Belästigung am Arbeitsplatz.

Gründe, die den Lehrmeister zur Kündigung berechtigen
- Dem Lehrmeister ist die Fortführung des Lehrverhältnisses nach Treu und Glauben (ZGB 2) nicht mehr zuzumuten (z.B. der Lehrling hat einen Diebstahl begangen, er lügt oder er hat betrogen).
- Der Lehrling ist den körperlichen oder geistigen Anforderungen für einen erfolgreichen Lehrabschluss nicht gewachsen.
Beispiele:
Farbenschwacher Grafikerlehrling, Maurerlehrling mit Rückenbeschwerden.

Disziplinlosigkeit oder Faulheit gelten jedoch erst nach mehrmaligen Verwarnungen als wichtige Gründe für eine fristlose Kündigung.

Tipp | **Lösen von Problemen im Lehrbetrieb**
Tauchen Probleme im Lehrbetrieb auf, so empfiehlt sich folgendes Vorgehen:
- *Als Lehrling sucht man zuerst das Gespräch unter vier Augen mit der betreffenden Person. Zu diesem Gespräch tritt man vorbereitet an, erstellt vorgängig Notizen, um alle Punkte ansprechen und Beispiele nennen zu können.*
- *Führt dies nicht zum Erfolg, ist ein Gespräch unter Beizug des gesetzlichen Vertreters notwendig.*
- *Sollte auch dies nichts nützen, gelangt man ans Amt für Berufsbildung.*

Der Einzelarbeitsvertrag (EAV)

> **Einzelarbeitsvertrag (EAV; OR 319 ff.):** *Der Arbeitnehmer verpflichtet sich gegen Lohn zur Leistung von Arbeit. Der Einzelarbeitsvertrag kann auf eine festgelegte Dauer oder auf unbegrenzte Zeit abgeschlossen werden.*

Regelungen zum EAV

Bestimmungen finden sich in vielen Gesetzen und Regelungen.
Die aufgeführten Regeln sind nur die wichtigsten.

- **Obligationenrecht (OR)**
  In OR 319–343 finden sich die wichtigsten privatrechtlichen Bestimmungen zum Einzelarbeitsvertrag. Neben den zwingenden Normen (siehe S. 13), die in OR 361 f. aufgelistet sind, enthält dieser Abschnitt im OR auch dispositive Regelungen (siehe S. 13). Lässt sich unter den besonderen Bestimmungen über den Einzelarbeitsvertrag keine zutreffende Regel finden, bieten oft die Regeln des Allgemeinen Teils des OR eine Antwort.

- **Arbeitsgesetz (ArG)**
  Das Arbeitsgesetz (siehe S. 46 ff.) enthält vorwiegend öffentlich-rechtliche Bestimmungen zum Schutz der Gesundheit des Arbeitnehmers. Daneben bestehen verschiedene Verordnungen, welche die Regeln des ArG genauer bestimmen.

- **Gesamtarbeitsverträge (GAV)**
  Für bestimmte Gruppen von Arbeitnehmern und Arbeitgebern gelten Gesamtarbeitsverträge (siehe S. 44). Sie werden durch Vertreter der Arbeitgeber- und Arbeitnehmerseite ausgehandelt. Die Gesamtarbeitsverträge enthalten Regeln, welche die dispositiven (nicht zwingenden) OR-Normen über den Einzelarbeitsvertrag ersetzen oder daneben Genaueres ausführen.

- **Normalarbeitsverträge (NAV)**
  Die Normalarbeitsverträge (siehe S. 45) haben den Schutz der Arbeitnehmer zum Zweck und dienen der Rechtsvereinheitlichung. Sie werden durch Behörden erlassen und gelten nur für bestimmte Branchen. Sie enthalten dispositives Recht.

- **Betriebsreglemente**
  Grössere Betriebe stellen in internen Reglementen häufig gemeinsame Regeln für alle Arbeitnehmer auf. Die einzelnen Arbeitsverträge enthalten nur noch die speziellen Bestimmungen oder Abweichungen vom Betriebsreglement. Die Betriebsreglemente dürfen nicht gegen zwingendes Recht verstossen.

- **Sozialversicherungsgesetze**
  Die meisten Gesetze im Bereich der Sozialversicherungen (AHVG, UVG, BVG, AVlG) verpflichten Arbeitnehmer und Arbeitgeber zu obligatorischen Beiträgen. Daneben werden die Leistungen der Versicherungen festgelegt. Die dazugehörenden Verordnungen enthalten Ausführungsbestimmungen zu den Gesetzen.

- **Datenschutzgesetz (DSG)**
  Das Datenschutzgesetz will den Missbrauch von Personendaten verhindern. Sowohl Arbeitgeber als auch Arbeitnehmer, die in ihrer beruflichen Tätigkeit Personendaten bearbeiten oder erfahren, müssen die Normen des DSG beachten.

→ www.verlag-fuchs.ch/recht

1.2. Arbeit

Stellenbewerbung

Dem Vertragsabschluss geht in der Regel ein Bewerbungsverfahren (siehe S. 403 ff.) voraus, das häufig durch eine Stellenausschreibung des Arbeitgebers eingeleitet wird.

▪ Stellenausschreibung

Stellenausschreibungen gibt es in lokalen, regionalen, nationalen oder sogar in internationalen Medien, z.B. in Tages- und Wochenzeitungen, in Verbandsjournalen, in Fachzeitschriften, in Amtsblättern und vor allem auch im Internet. Viele Stellen werden allerdings nicht ausgeschrieben, weshalb sich «blinde» Bewerbungen, die sich nicht auf eine ausgeschriebene Bewerbung beziehen, lohnen können.

In der heutigen angespannten Arbeitsmarktsituation ist es sehr wichtig, selber aktiv zu werden und sich ein persönliches Netzwerk aufzubauen, indem man mit Freunden und Bekannten spricht und diese Beziehungen nutzt.

▪ Bewerbung

Es ist wichtig, dass eine Bewerbung vollständig ist. Sie enthält:

Bewerbungsbrief (Motivationsschreiben)	Lebenslauf (Curriculum Vitae/CV)	Beilagen

– mit PC schreiben, wenn erforderlich von Hand
– auf Inserat eingehen
– persönliche Voraussetzungen für diese Stelle beschreiben und mit den eigenen Kenntnissen und Fähigkeiten werben
– Motivation der Bewerbung speziell für diese Stelle darlegen (sich zuvor über das Unternehmen informieren)
– keine Standardbewerbung verwenden (persönlich gefärbten Bewerbungsbrief verfassen)
– natürlich schreiben
– Wiederholungen (zum Personalblatt) vermeiden
– sachlich und ehrlich bleiben
– sich kurz fassen (max. eine A4-Seite)
	– mit PC schreiben
	– tabellarische Form verwenden
	– Übersicht über alle wissenswerten Einzelheiten geben:
	  – Personalien
	  – Ausbildung
	  – berufliche Tätigkeiten
	  – besondere Fähigkeiten
	  – Referenzen, z.B. ehemaliger Chef, Ausbildner oder Lehrer (vorher um Erlaubnis fragen, dessen Funktion und Erreichbarkeit angeben)
	  – Zeitpunkt des Eintritts
	  – aktuelle Foto (eines Profifotografen) neueren Datums beilegen
		– Zeugnisse (Arbeitszeugnisse, evtl. Schulzeugnisse) und Diplome (immer nur Fotokopien)
		– evtl. Handschriftenprobe (Diese Schriftprobe wird vom Arbeitgeber für ein grafologisches Gutachten verwendet. Über die Schrift wird der Charakter des Bewerbenden beurteilt.)

Der Bewerbungsbrief und der Lebenslauf (auch Personalblatt genannt) sind die Visitenkarte. Man achte auf eine fehlerfreie, saubere Gestaltung und auf eine Präsentation, die den möglichen zukünftigen Arbeitgeber anspricht.

E-Recruiting

Viele Arbeitgeber nutzen die einfache und kostengünstige Möglichkeit, das Bewerbungsverfahren auf elektronischem Weg über das Internet abzuwickeln (E-Recruiting). Gerade bei der Online-Bewerbung hat der Stellensuchende besonders darauf zu achten, dass er sich genügend Zeit nimmt.

Weiter ist zu beachten, dass bei vielen Online-Bewerbungen die persönlichen Unterlagen nur im Rich-Text-Format beigefügt werden können. Die mit viel Aufwand und Sorgfalt erstellten Dokumente kommen beim Empfänger entsprechend «verunstaltet» an.

Im Allgemeinen gilt: Vorsicht beim elektronischen Versand von Personendaten. Man sollte nur vertrauenswürdige Adressen bedienen.

Vorstellungsgespräch

Wer zum auserwählten Kreis jener gehört, die zum Vorstellungsgespräch eingeladen werden, hat bereits einen wichtigen Schritt zur Anstellung getan. Über das persönliche Gespräch wählt der Arbeitgeber diejenige Person aus, die ihm am geeignetsten für die Besetzung der Stelle erscheint. Dieser entscheidende Moment will also gut vorbereitet sein.

Tipp

- Sammeln Sie Informationen über den Arbeitgeber und sein Unternehmen (z.B. via Internet) und machen Sie sich ein Bild. Der Arbeitgeber erwartet eine klare Antwort auf die Frage nach Ihren Beweggründen für die Bewerbung.
- Setzen Sie sich mit sich selber kritisch auseinander und überlegen Sie, wo Ihre Stärken, aber auch, wo Ihre Schwächen liegen.
- Bereiten Sie sich auf mögliche Fragen vor, aber wirken Sie natürlich und nicht aufgesetzt. Auswendig gelernte Antworten machen keinen guten Eindruck.
- Überlegen Sie sich, welche Fragen geklärt werden müssen (z.B. Arbeitszeiten, Tätigkeitsbereich, Überstundenregelung, Ferien).
- Bleiben Sie sich selbst. Die meisten Arbeitgeber lassen einen Teil des Vorstellungsgesprächs durch geschulte und erfahrene Personalberater leiten, die sich nicht täuschen lassen.
- Zu einem Vorstellungsgespräch erscheint man pünktlich, weder zu spät noch viel zu früh.
- Bedenken Sie, dass Sie im World Wide Web Spuren hinterlassen und dass das Internet nicht vergisst. Stellen Sie deshalb nicht unbedacht Informationen über Ihre Person auf Internetplattformen wie facebook, myspace usw. Ein zukünftiger Arbeitgeber könnte im Zusammenhang eines Bewerbungsverfahrens Ihre Personalien «googeln» und dabei auf unvorteilhafte Fotos, Videos oder Texte stossen und so von Ihnen einen Eindruck gewinnen, der Ihrer beruflichen Zukunft schaden könnte.

→ www.verlag-fuchs.ch/recht

Form und Entstehung des EAV

■ Form

Der Einzelarbeitsvertrag kann ohne besondere Form (also auch mündlich) abgeschlossen werden (OR 320). Für den Abschluss von bestimmten Arten von Einzelarbeitsverträgen gibt es allerdings Formvorschriften (z.B. OR 344a[1] für den Lehrvertrag oder OR 347a für den Handelsreisendenvertrag).

Arbeitnehmer und Arbeitgeber können auch freiwillig Formvorschriften vorsehen. So gibt es in Einzelarbeitsverträgen oft die Bestimmung, dass Vertragsabänderungen nur in schriftlicher Form gültig sind.

■ Entstehung

Zugunsten des Arbeitnehmers nimmt OR 320[2] bereits dann einen Vertragsabschluss an, wenn der Arbeitnehmer aufgrund der Umstände eine Entlöhnung erwarten durfte. Selbst wenn sich der Vertrag im Nachhinein als ungültig herausstellt, muss der Arbeitgeber dem Arbeitnehmer für die geleistete Arbeit einen Lohn zahlen (OR 320[3]).

Beispiel:
Ein Arbeitgeber stellt einen ausländischen Arbeitnehmer ohne Arbeitsbewilligung an. Im Gegensatz zum Arbeitnehmer ist sich der Arbeitgeber bewusst, dass der Abschluss dieses Einzelarbeitsvertrags eine öffentlich-rechtliche Bewilligung brauchen würde. Obwohl das Arbeitsverhältnis ungültig ist und durch behördlichen Eingriff unterbunden wird, hat der Arbeitnehmer einen Entlöhnungsanspruch für geleistete Arbeit.

■ Nichtantreten der Stelle (OR 337d)

Tritt der Arbeitnehmer seine Stelle überhaupt nicht an, begeht er eine Vertragsverletzung. Dadurch entsteht dem Arbeitgeber häufig ein Schaden: Er erleidet einen Verlust, da keine andere Arbeitskraft die Arbeit verrichten kann. Er muss auch Aufwendungen für die Neubesetzung der Stelle in Kauf nehmen. Deshalb sieht OR 337d vor, dass der Arbeitnehmer dem Arbeitgeber einen Schadenersatz von einem Viertel des vereinbarten Monatslohns zahlen muss, falls der Arbeitnehmer die Stelle ohne wichtigen Grund nicht antritt.

■ Probezeit (OR 335b)

Wird nicht etwas anderes vereinbart, gilt der erste Monat ab Stellenantritt als Probezeit (OR 335b[1]; zu den Kündigungsfristen während der Probezeit siehe S. 42). Die Dauer der Probezeit kann auf maximal drei Monate festgelegt werden (OR 335b[2]).

Tipp — *Es empfiehlt sich, den Einzelarbeitsvertrag in schriftlicher Form abzufassen. Ein guter schriftlicher Vertrag sorgt für klare Verhältnisse und gegenseitiges Vertrauen. Er hilft, Streitigkeiten zu vermeiden.*

Rechte und Pflichten des Arbeitnehmers

▇ Arbeitsleistung (OR 321)

Hauptpflicht des Arbeitnehmers ist die Erledigung der ihm zugeteilten Arbeit. Der Arbeitnehmer hat aber nicht alle ihm übertragenen Aufgaben zu akzeptieren: Was klar nicht zu seinem Aufgabenbereich gehört, muss er nicht ausführen. So begeht z.B. der kaufmännische Angestellte keine Vertragsverletzung, wenn er sich weigert, sein eigenes Büro zu streichen. Aber das Aufräumen seines Arbeitsplatzes gehört als Nebenpflicht zu seinem Aufgabenbereich.

Persönliche Arbeitspflicht
Die Arbeitsleistung ist durch den Arbeitnehmer selber, also persönlich, zu erbringen. Eine Übertragung an eine andere Person ist nur zulässig, wenn sie vorgesehen ist.

Beschäftigungspflicht
Damit der Arbeitnehmer seine Arbeitsleistung erbringen kann, hat der Arbeitgeber eine Beschäftigungspflicht: Er muss dem Arbeitnehmer im Rahmen der betrieblichen Möglichkeiten auch tatsächlich Arbeit zuteilen.

▇ Sorgfaltspflicht bei der Arbeitsleistung

Der Arbeitnehmer muss die ihm zugewiesenen Arbeiten so sorgfältig wie möglich erledigen (siehe OR 321a[1]).

Haftung
Arbeitet er unsorgfältig, hat er dem Arbeitgeber den entstandenen Schaden zu ersetzen (OR 321e). Dabei gilt: Jeder wird nach seinen Ellen gemessen. Von einem erfahrenen Arbeitnehmer wird deshalb ein höheres Mass an Sorgfalt erwartet als von einem unerfahrenen. Ist der Arbeitnehmer mit einer Aufgabe überfordert und weiss dies der Arbeitgeber, so hat dieser den Schaden selbst zu verantworten.

▇ Treuepflicht (OR 321a)

Zwischen Arbeitnehmer und Arbeitgeber besteht eine enge Beziehung. Einzelarbeitsverträge sind deshalb stark von gegenseitigem Vertrauen geprägt. Damit Vertrauen möglich ist, legt das Gesetz Schutzpflichten fest. Wichtigstes Beispiel dafür ist aufseiten des Arbeitnehmers die Treuepflicht.

Der Arbeitnehmer hat auf die Interessen des Arbeitgebers zu achten. Er darf nicht ohne Grund gegen diese handeln.

Verbot der Konkurrenztätigkeit
Die Treuepflicht kann auch einen Einfluss auf die Freizeit haben. So ist es dem Arbeitnehmer untersagt, ohne Erlaubnis des Arbeitgebers einer Nebentätigkeit im gleichen Arbeitsbereich bei einem Konkurrenten nachzugehen (siehe OR 321a[3]).

Schweigepflicht
Selbst nach Beendigung des Vertrages kann die Treuepflicht Nachwirkungen haben: Geschäftsgeheimnisse, die der Arbeitgeber im Dienst und während seiner Vertragszeit erfahren hat, darf er ohne besondere Umstände weder selber auswerten noch anderen weitergeben (siehe OR 321a[4]).

Von der Treuepflicht abgeleitete Pflichten
Viele Pflichten des Arbeitgebers sind aus der Treuepflicht abgeleitet, so z.B. die Pflicht, Arbeitsgeräte und Betriebseinrichtung fachgerecht und sorgfältig zu benutzen (OR 321a[2]), für den Arbeitgeber eingenommene Geldbeträge zu melden und herauszugeben (OR 321b), besondere Weisungen des Arbeitgebers zu befolgen (OR 321d[2]), selbst die Pflicht, in einem gewissen Mass Überstunden zu leisten (OR 321c).

Überstundenarbeit

> **Überstundenarbeit (OR 321c):** *Arbeitsleistung des Arbeitnehmers, die über den vertraglich festgelegten Arbeitsstunden liegt.*

Liegen besondere Umstände vor, wie z.B. Personalausfall oder ausserordentlicher Arbeitsanfall, ist der Arbeitnehmer verpflichtet, mehr Arbeitsstunden zu leisten, als vertraglich oder durch Gesamt- bzw. Normalarbeitsvertrag (siehe S. 44 f.) vorgesehen sind. Die Pflicht, Überstunden zu erbringen, unterliegt aber Einschränkungen. So müssen die Überstunden dem Arbeitnehmer zumutbar sein: Ausgewiesene körperliche Gebrechen oder familiäre Notsituationen befreien den Arbeitnehmer von seiner Pflicht.

Lohnzuschlag
Überstunden sind in der Regel mit einem Lohnzuschlag von mindestens 25% zu vergüten. Ist der Arbeitnehmer einverstanden, können sie auch durch Freizeit von mindestens gleicher Dauer kompensiert werden.

Spesenersatz

> **Spesen (OR 327a):** *Auslagen, die der Arbeitnehmer im Interesse des Arbeitgebers macht.*

Der Arbeitnehmer ist berechtigt, für alle notwendigen Spesen eine Vergütung zu verlangen. Als notwendig gelten Spesen, die in direktem Zusammenhang mit der Arbeitsleistung stehen und die dem Arbeitnehmer nicht in erster Linie persönlich zugutekommen.

Beispiele:
– Die Ausgaben für spezielle Arbeitskleider sind zu ersetzen. Aber Mehrzweckbekleidung, die der Arbeitnehmer auch in seiner Freizeit trägt, müssen vom Arbeitgeber nicht vergütet werden.
– Besondere Fahrtkosten für Arbeitseinsätze ausserhalb des normalen Arbeitsorts sind zu entschädigen.

Die Spesen können durch eine Pauschale abgegolten werden. Doch die Pauschale darf den Arbeitnehmer nicht schlechter stellen. Er muss also mit der Pauschale mindestens gleich viel erhalten wie bei separater Vergütung der einzelnen Spesen. Zudem kann eine Pauschalvergütung nur durch schriftliche Vereinbarung oder durch Gesamt- oder Normalarbeitsvertrag gültig vereinbart werden.

Spesenersatz ist nicht Arbeitslohn und muss auch nicht versteuert werden.

Rechte und Pflichten des Arbeitgebers

Lohn

Lohn (OR 322): *Ist die vertragliche Gegenleistung des Arbeitgebers für die Arbeitsleistung des Arbeitnehmers.*

Die Höhe des Lohnes kann durch Übereinkunft zwischen Arbeitnehmer und Arbeitgeber frei festgelegt werden. Gesamt- und Normalarbeitsverträge hingegen können Mindestlöhne vorschreiben.
Üblicherweise ist der Lohn in Geld geschuldet. Aber auch die Leistung von Naturalien (z.B. Kost und Logis, Kleidung) kann Lohn sein (sogenannter Naturallohn, siehe OR 322[2]). Auch Mischformen von Geld- und Naturallohn kommen vor.
In der Regel hat der Arbeitgeber den Lohn jeweils am Ende eines Monats nach geleisteter Arbeit zu entrichten (siehe OR 323[1]).

Lohnvorschuss — Ist der Arbeitnehmer in einer finanziellen Notlage, hat der Arbeitgeber nach seinen Möglichkeiten einen Vorschuss zu leisten (OR 323[4]).

13. Monatslohn — Viele Einzelarbeitsverträge verpflichten den Arbeitgeber zur Leistung eines zusätzlichen 13. Monatslohnes. Dieser wird in der Regel am Ende des Kalenderjahres ausbezahlt. Ist die Stelle im Verlauf des Kalenderjahres angetreten oder verlassen worden, ist der 13. Monatslohn im Verhältnis zur Anstellungsdauer im Kalenderjahr geschuldet (d.h. Anspruch «pro rata temporis»).

Gratifikation — Die Gratifikation (OR 322d) ist eine Sondervergütung. Ob, wann und wie eine Gratifikation ausgerichtet wird, ist dem Arbeitgeber überlassen. Der Arbeitnehmer hat in der Regel keinen Anspruch auf Gratifikation. Selbst wenn eine Gratifikation vereinbart worden ist, hat der Arbeitnehmer (ohne anderslautende Abmachung) keinen Anspruch pro rata temporis, wenn er die Stelle vorzeitig verlässt.

Lohnabrechnung (OR 323b)

Ist Geldlohn geschuldet, muss der Arbeitgeber dem Arbeitnehmer bei jeder einzelnen Zahlung eine schriftliche Abrechnung übergeben mit einer detaillierten Auflistung der Vergütungen und der Abzüge (siehe konkretes Beispiel S. 40 f.).

Grundlohn
+ Lohnzuschlag für Überstunden
+ evtl. Gratifikation
+ evtl. Provision
+ evtl. Anteil am Geschäftsergebnis
= *AHV-pflichtiger Bruttolohn*
+ Kinder- und Familienzulagen (nicht AHV-pflichtig)

= Bruttolohn

− AHV/IV/EO-Beitrag
− BVG-Beitrag
− ALV-Beitrag
− NBU-Beitrag
− Krankentaggeld
− evtl. Quellensteuer

= Nettolohn

+ Spesenentschädigung

= ausbezahlter Lohn

Tipp — *Kontrollieren Sie Ihre Lohnabrechnung genau.*

Lohnfortzahlungspflicht

> **Lohnfortzahlung (OR 324a):** *Zahlung des Lohnes, wenn der Arbeitnehmer aus unverschuldeten persönlichen Gründen nicht arbeiten kann.*

Ist es dem Arbeitnehmer aus persönlichen Gründen (aufgrund von Krankheit, Unfall oder einer gesetzlichen Pflicht, z.B. Einvernahme als Zeuge vor einem Gericht) nicht möglich zu arbeiten, hat der Arbeitgeber den Lohn für diese Zeit trotzdem auszurichten. Allerdings muss die Verhinderung unverschuldet sein. So hat der Arbeitnehmer, der wegen einer Straftat verhaftet wurde, keinen Anspruch auf Lohnfortzahlung.

Die Lohnfortzahlungspflicht ist je nach Dauer der Anstellung bemessen: Je länger die Anstellung bereits angedauert hat, umso länger ist auch der Lohn auszurichten. Bei der Berechnung der Anstellungsdauer ist die ununterbrochene Gesamtdauer beim gleichen Arbeitgeber massgebend. So wird die Lehrzeit zum direkt anschliessenden Einzelarbeitsvertrag hinzugerechnet, wenn es sich um denselben Arbeitgeber handelt.

Für die Lohnfortzahlungspflicht hat die Rechtsprechung drei verschiedene Mindestdauern festgelegt, die sich je nach Arbeitsregion unterscheiden (Basler, Berner und Zürcher Skala, siehe Internetseite).

Bei Schwangerschaft und bei Niederkunft der Arbeitnehmerin hat der Arbeitgeber die gleiche Lohnfortzahlungspflicht. Seit 2005 hat die Arbeitnehmerin zudem einen neuen öffentlich-rechtlichen Erwerbsersatzanspruch. Erwerbstätige Mütter erhalten nach der Geburt eines Kindes während 14 Wochen 80% des durchschnittlichen Erwerbseinkommens vor der Geburt, maximal aber CHF 196.– pro Tag (1.1.2012).

Anspruchsberechtigt sind erwerbstätige Frauen, die vor der Geburt mindestens 9 Monate bei der AHV versichert waren und davon mindestens 5 Monate gearbeitet haben. Das Arbeitspensum ist dabei nicht massgebend.

Fürsorgepflicht

> **Fürsorgepflicht (OR 328):** *Der Arbeitgeber hat die Persönlichkeit des Arbeitnehmers so gut wie möglich zu achten und zu schützen.*

Die Fürsorgepflicht zwingt den Arbeitgeber, die persönlichen Interessen des Arbeitnehmers zu achten. So hat der Arbeitgeber z.B. dafür zu sorgen, dass das Eigentum des Arbeitnehmers am Arbeitsplatz keinen grossen Gefahren ausgesetzt ist. Der Arbeitgeber ist jedoch nicht verpflichtet, für die persönlichen Gegenstände des Arbeitnehmers eine Versicherung abzuschliessen.

→ www.verlag-fuchs.ch/recht

Viele Pflichten des Arbeitgebers sind aus der Fürsorgepflicht abgeleitet, so z.B. ein «wohlwollendes» Arbeitszeugnis auszustellen (OR 330a), dem Arbeitnehmer tatsächlich Arbeit zuzuweisen (Beschäftigungspflicht).

Tipp *Ist nicht klar, welche Skala zur Anwendung gelangt oder wie lange die aktuelle Lohnfortzahlungspflicht dauert, geben die Gerichte am Arbeitsort Auskunft (aufgeschobene Krankentaggeldversicherung).*

Ferien

> **Ferien (OR 329a):** *Entlöhnte Freizeit, die dem Arbeitnehmer zur Erholung dient.*

Der Arbeitgeber muss dem Arbeitnehmer jedes Jahr mindestens 4 Wochen Ferien geben, davon mindestens zwei Wochen zusammenhängend. Bis zum 20. Geburtstag hat der Arbeitnehmer Anspruch auf fünf Wochen Ferien pro Jahr.
Ist der Zweck der Ferien (Erholung) ohne Verschulden des Arbeitnehmers nicht möglich (z.B. durch Krankheit, Unfall), hat er Anspruch auf ein Nachholen der Ferien. Krankheit oder Unfall sind vom Arbeitnehmer nachzuweisen (Arztzeugnis).
Den Zeitpunkt der Ferien bestimmt der Arbeitgeber. Die Wünsche des Arbeitnehmers sind so weit als möglich zu berücksichtigen.

Urlaub für ausserschulische Jugendarbeit (OR 329e)
Für Jugendarbeit (z.B. Pfadilager), Jugendausbildung und Jugendweiterbildung (z.B. J+S-Kurse) hat der Arbeitnehmer bis zu seinem 30. Lebensjahr Anspruch auf eine Arbeitswoche Urlaub pro Dienstjahr. Urlaub ist aber nicht zu verwechseln mit Ferien. Während des Urlaubs erhält der Arbeitnehmer keinen Lohn.
Wird der Jugendurlaub mindestens zwei Monate vor Bezug angemeldet, muss der Arbeitgeber den Urlaub gewähren.

Arbeitszeugnis

> **Arbeitszeugnis (OR 330a):** *Gibt Auskunft darüber, während welcher Zeitspanne der Arbeitnehmer was und in welcher Weise gearbeitet hat.*

Auf Verlangen hat der Arbeitgeber jederzeit ein Arbeitszeugnis auszustellen («Jederzeit» heisst nicht immer, sondern immer dann, wenn ein guter Grund vorhanden ist).
Arbeitsbestätigung: Wird es vom Arbeitnehmer ausdrücklich gewünscht, hat sich das Zeugnis bloss auf die Dauer und den Inhalt der Arbeit zu beschränken.
Reine Arbeitsbestätigungen werden im Berufsalltag meistens negativ bewertet.

Inhalt eines Zeugnisses
Ein vollständiges Arbeitszeugnis beinhaltet in der Regel:
– Dauer der Anstellung (beim Zwischenzeugnis: Anstellungsbeginn)
– Arbeitsort
– Funktion
– Pflichtenheft, Aufzählung der Aufgabenbereiche, allfällige Beförderungen, Aus- und Weiterbildungen während der Anstellung (intern und extern)
– Qualität der Arbeitsleistung, Arbeitsweise, Fachwissen und Engagement
– Verhalten gegenüber Mitarbeitern, Vorgesetzten und Kunden, Teamfähigkeit
– Austrittsgrund

Ein Arbeitszeugnis muss «wohlwollend» formuliert sein. Einmalige oder unbedeutende Verfehlungen dürfen bei der Gesamtbeurteilung nicht erwähnt werden. «Wohlwollend» heisst aber nicht, dass ein Zeugnis nichts Negatives enthalten darf.

Interpretation
Genaue Regeln, wie ein Arbeitszeugnis abzufassen ist, gibt es nicht. Und da Sprache immer ungenau ist, können auch Arbeitszeugnisse je nach Leser verschieden verstanden werden.

Tipp
– Bestehen Sie auf jährlichen Beurteilungen.
– Reagieren Sie sofort, wenn Sie mit einem Zeugnis nicht einverstanden sind, und unterbreiten Sie dem Arbeitgeber einen schriftlichen Gegenvorschlag.

Die Lohnabrechnung

Ende Monat wird den Arbeitnehmern Lohn ausbezahlt (OR Art. 323). Je nach Vertrag erhält man einen Jahreslohn in 12 oder in 13 Teilen oder einen vereinbarten Stundenlohn. Entscheidend ist immer die Jahreslohnsumme.

Lohnabrechnung

Mit dem Lohn muss der Arbeitgeber den Arbeitnehmern eine schriftliche Abrechnung übergeben, die eine Auflistung der Vergütungen und Abzüge (mit Prozentangaben) enthält. Die Lohnabrechnung muss so lange nicht mehr zugestellt werden, wie Lohn und Abzüge unverändert bleiben.

Beispiel einer Lohnabrechnung

Technika AG, Feinmechanik, 8337 Beltikon

Herr	Pers. Nr.: 5413
Fritz Dober	AHV-Nr.: 756.9217.0769.85
Elfenaustrasse 27	
8274 Erzwil	

Lohnabrechnung Juni 2012

Bezeichnung	Basis	Ansatz	Betrag CHF	Total CHF
Jahreslohn brutto	79 300.00			
AHV-pflichtiger Monatslohn 1/13				6100.00
Kinderzulagen (2 Kinder)	200.00			400.00
Bruttolohn				**6500.00**
Abzug AHV/IV/EO	6100.00	5,15%	314.15	
ALV	6100.00	1,10%	67.10	
BVG	4226.15	7,50%	316.95	
NBU	6100.00	1,30%	79.30	
Krankentaggeldversicherung	6100.00	1,00%	61.00	
Abzüge			838.50	838.50
Nettolohn				**5661.50**
Spesen			250.00	250.00
Ausbezahlter Lohn				**5911.50**

Überweisung an BEZB Bezirksbank AG, Zürich; Kto Nr. 14-7223-8

1.2. Arbeit

■ AHV / IV / EO (siehe S. 136 ff.)

Diese drei Versicherungen sind für alle Personen, die in der Schweiz wohnen oder erwerbstätig sind, obligatorisch. Die Beitragspflicht beginnt für Erwerbstätige am 1. Januar nach vollendetem 17. Altersjahr.
Der jährliche AHV / IV / EO-Mindestbeitrag für Selbständigerwerbende und Nichterwerbstätige beträgt CHF 475.– (damit keine Zahlungslücken entstehen).

■ ALV (Arbeitslosenversicherung) (siehe S. 140 f.)

Dem Arbeitnehmer wird bis zu einem Jahresverdienst von CHF 126 000.– vom Lohn 1,10 % ALV abgezogen (ab CHF 126 001.– bis CHF 315 000.– zusätzlich 0,5 %).

■ BVG (Pensionskasse) (siehe S. 142)

Ab 1. Januar nach vollendetem 24. Altersjahr werden von einem Jahreseinkommen über CHF 20 880.– (Stand 2012) obligatorisch Pensionskassenabzüge getätigt. Die Basis wird wie folgt berechnet: Vom Jahresbruttolohn zieht man den Koordinationsabzug von momentan CHF 24 360.– ab. Den Rest dividiert man durch die Anzahl Monatsauszahlungen.

Beispiel:

Jahreslohn brutto:	CHF	79 300.00
Koordinationsabzug:	CHF	– 24 360.00
Versicherter Jahreslohn:	CHF	54 940.00
Basis: CHF 54 940.– : 13 =	CHF	4 226.15

Die Abzüge sind je nach Arbeitgeber unterschiedlich hoch.

■ Berufsunfall-Versicherung (BU) (siehe S. 134)

Die Prämien der Berufsunfallversicherung für die Arbeitnehmer bezahlt in jedem Fall der Arbeitgeber.

■ Nichtberufsunfall-Versicherung (NBU) (siehe S. 134)

Als Nichtberufsunfälle gelten alle Unfälle, die dem Arbeitnehmer während der Freizeit oder während des Urlaubs passieren. Die Abzüge sind je nach Tätigkeit (Branche) unterschiedlich hoch. Die Nichtberufsunfallversicherung gilt für Anstellungen mit einem wöchentlichen Pensum von mindestens 8 Stunden.
Der Arbeitgeber muss für seinen Arbeitnehmer gleichzeitig mit der BU-Prämie auch die NBU-Prämie bezahlen. Diesen Betrag darf er dem Arbeitnehmer aber vollumfänglich am Lohn abziehen.

■ Krankentaggeldversicherung (KTV) (siehe S. 131)

Diese freiwillige Versicherung garantiert bei Krankheit eine längere Lohnfortzahlung als es das gesetzliche Minimum verlangt.

■ Kinderzulagen

Für Kinder bis zum vollendeten 18. und für Kinder in Ausbildung bis zum vollendeten 25. Lebensjahr werden Zulagen ausgerichtet. (Kinderzulagen: im Minimum CHF 200.–; Ausbildungszulagen: im Minimum CHF 250.–. Die Kantone können aber höhere Zulagen festlegen.)

Die Beendigung des Einzelarbeitsvertrags

Kündigung (OR 335)

Die Auflösung eines unbefristeten Vertrags bedarf einer Kündigung. Ein befristeter Vertrag dagegen endet auf den festgelegten Zeitpunkt, und dies, ohne dass eine Kündigung ausgesprochen werden muss. Vor diesem Zeitpunkt kann der befristete Vertrag nur beendet werden, wenn ein wichtiger Grund vorliegt.

Eine Kündigung ist formlos gültig, muss aber auf Verlangen schriftlich begründet werden (OR 335[2]). Es empfiehlt sich aber dem Arbeitgeber die Kündigung mittels eingeschriebenem Brief zuzustellen.
Achtung: Kündigung rechtzeitig schicken, da das Datum des Poststempels nicht gilt.

Kündigungsfrist

> **Kündigungsfrist:** *Der Zeitraum, der zwischen der Mitteilung der Kündigung und der Beendigung des Arbeitsverhältnisses liegen muss (z.B. 3 Monate).*

Kündigung während der Probezeit
Während der Probezeit beträgt die Kündigungsfrist sieben Arbeitstage (d.h. arbeitsfreie Tage zählen nicht mit).

Kündigung nach der Probezeit
Nach der Probezeit bemisst sich die Kündigungsfrist je nach Anstellungsdauer:
– Im ersten Anstellungsjahr beträgt sie einen Monat,
– im zweiten bis und mit neunten Anstellungsjahr zwei Monate,
– danach beträgt sie drei Monate (OR 335c[1]).

Die Kündigungsfristen können durch schriftliche Vereinbarung, Gesamt- oder Normalarbeitsvertrag verkürzt oder verlängert werden. Für Arbeitnehmer und Arbeitgeber dürfen dabei keine unterschiedlichen Fristen festgelegt werden. Nach der Probezeit darf die Kündigungsfrist nur in einem Gesamtarbeitsvertrag und nur für das erste Anstellungsjahr unter einen Monat herabgesetzt werden.

Kündigungstermin

> **Kündigungstermin:** *Zeitpunkt, auf den das Arbeitsverhältnis beendet wird (z.B. auf den 30. April).*

Anders als während der Probezeit hat die Kündigung danach immer auf Ende eines Monats (Kündigungstermin) zu erfolgen. Für die Rechtzeitigkeit ist der Empfang der Kündigung ausschlaggebend. Um sicherzugehen, dass die Kündigung rechtzeitig erfolgt, empfiehlt es sich deshalb, vom beabsichtigten Beendigungszeitpunkt zurückzurechnen.
Wurde die Kündigungsfrist nicht eingehalten, ist die Kündigung nicht einfach ungültig, vielmehr verschiebt sie sich auf den nächstmöglichen Zeitpunkt. Eine Ausnahme bildet die Kündigung, die während einer Sperrzeit ausgesprochen worden ist. Sie ist nichtig bzw. nicht zu beachten.

Missbräuchliche Kündigung (OR 336)
Eine Kündigung kann unter Umständen missbräuchlich sein. Das Gesetz zählt in OR 336 auf, wann das der Falls ist (z.B. weil der Arbeitnehmer obligatorischen Zivilschutzdienst leistet). Eine missbräuchliche Kündigung ist aber trotzdem gültig. Sie beendet das Anstellungsverhältnis. Wer missbräuchlich kündigt, hat auf Klage hin eine Geldstrafe von maximal 6 Monatslöhnen zu bezahlen (OR 336a).

Sperrfristen für die Kündigung

> **Sperrfrist:** *Zeitlich begrenzter Kündigungsschutz, um Notlagen zu verhindern. Die Sperrfristen gelten erst nach Ablauf der Probezeit.*

Kündigungen, die während einer solchen Sperrfrist ausgesprochen werden, gelten als nicht erfolgt bzw. nichtig. Sie sind überhaupt nicht zu beachten. Liegt der Empfang der Kündigung aber vor Beginn einer Sperrfrist, wird nur der Lauf der Kündigungsfrist bis zum Ende der Sperrzeit unterbrochen.

Sperrfristen für den Arbeitgeber (OR 336c)
Der Arbeitgeber darf unter anderem nicht kündigen (OR 336c):
- während der Arbeitnehmer schweizerischen obligatorischen Militär-, Zivilschutz- oder zivilen Ersatzdienst leistet. Dauert der Dienst mehr als elf Tage, wird die Sperrzeit auf vier Wochen davor und vier Wochen danach ausgedehnt.
- während der Arbeitnehmer unverschuldet durch Krankheit oder Unfall nicht arbeiten kann. Diese Sperrfrist ist im ersten Anstellungsjahr auf 30, ab zweitem bis und mit fünftem Anstellungsjahr auf 90 und ab dem sechsten auf 180 Kalendertage beschränkt.
- während der Schwangerschaft und 16 Wochen nach Niederkunft der Arbeitnehmerin.

Die Sperrfristen können zugunsten des Arbeitnehmers verlängert werden.

Sperrfristen für den Arbeitnehmer
Übernimmt ein Arbeitnehmer eine Stellvertretung für eine vorgesetzte Person, die einen schweizerischen obligatorischen Militär-, Zivilschutz- oder zivilen Ersatzdienst leistet, so darf der Arbeitnehmer während dieser Zeit nicht kündigen.
Dauert der Dienst mehr als elf Tage, umfasst die Sperrfrist auch je vier Wochen davor und danach (OR 336d).

Fristlose Kündigung (OR 337)

Liegen ausreichende Gründe vor (d.h. die Zusammenarbeit ist unzumutbar), kann der Einzelarbeitsvertrag ohne Einhaltung einer Kündigungsfrist oder eines Kündigungstermins aufgelöst werden. Auch die fristlose Kündigung ist formlos gültig, muss aber auf Verlangen schriftlich begründet werden.

Eine fristlose Kündigung, die ohne ausreichenden Grund ausgesprochen wurde, ist trotzdem gültig. Sie beendet also das Arbeitsverhältnis. Dem Betroffenen bleibt nur die Klage auf Schadenersatz und Geldstrafe (für den Arbeitnehmer: OR 337c; für den Arbeitgeber: OR 337d).

Tipp *Ist ein Arbeitnehmer der Meinung, ihm sei ungerechtfertigt fristlos gekündigt worden, so soll er unverzüglich dem Arbeitgeber einen eingeschriebenen Brief, «Einschreiben (R)», mit folgendem Inhalt zukommen lassen:*
- *Kündigungsgrund zurückweisen*
- *Bereitschaft erklären, weiter zu arbeiten*

In gewissen Kantonen gibt das Arbeitsgericht in solchen und anderen Fällen Auskunft. (Streitigkeiten aus Arbeitsverhältnissen werden vom Arbeitsgericht geschlichtet und/oder beurteilt.)

Der Gesamtarbeitsvertrag (GAV)

> **Gesamtarbeitsvertrag (GAV; OR 356[1]):** *Vereinbarung zwischen einem einzelnen Arbeitgeber oder einem Arbeitgeberverband und einem Arbeitnehmerverband über eine gemeinsame Regelung der Einzelarbeitsverträge.*

Form (OR 356c)

Damit ein Gesamtarbeitsvertrag gültig ist, muss er schriftlich abgeschlossen werden (OR 356c[1]). In der Regel wird bei einer Änderung des GAV nicht ein vollständig neuer Vertragstext angefertigt, sondern es werden nur die neuen Regelungen aufgeführt. So bestehen oft verschiedene Dokumente nebeneinander, was verwirren kann. Da der Arbeitgeber keine gesetzliche Pflicht hat, den Arbeitnehmer über Neuerungen zu informieren, muss dieser sich immer selber auf dem Laufenden halten.

Zweck

Neben der Vereinheitlichung der Einzelarbeitsverträge bezwecken Gesamtarbeitsverträge vor allem die Sicherung des sozialen Friedens. Sie legen fest, wie in Krisensituationen zu verfahren ist, und helfen so, langwierige, für das Wohlergehen der gesamten Bevölkerung schädliche Arbeitskämpfe zu vermeiden. Weil die Gesamtarbeitsverträge nicht einseitig festgelegt, sondern durch Arbeitnehmer- und Arbeitgeberseite gemeinsam erarbeitet werden, haben sie eine grosse Akzeptanz.

Inhalt (OR 356)

Die Gesamtarbeitsverträge regeln häufig jene Bereiche genauer, in denen das OR keine oder nur allgemeine Vorschriften aufstellt (z.B. Umfang der Lohnfortzahlungspflicht, Freizeitbezug, Spesenersatz, Mindestlöhne, Teuerungsausgleich). Die meisten Gesamtarbeitsverträge schreiben den eigentlichen Vertragsparteien (Arbeitgeber- und Arbeitnehmerorganisationen) die Friedenspflicht vor, d.h. die Arbeitnehmer verzichten auf Kampfmassnahmen (Streiks) und die Arbeitgeber verzichten auf Aussperrung der Arbeitnehmer. Zudem werden spezielle Schlichtungsverfahren bei Streitigkeiten eingesetzt.

Geltungsbereich

Üblicherweise gilt ein Gesamtarbeitsvertrag nur für die Mitglieder der Arbeitnehmer- und Arbeitgeberorganisationen, die den Gesamtarbeitsvertrag abgeschlossen haben. Einem bestehenden Gesamtarbeitsvertrag kann aber beigetreten werden, sofern die Vertragsparteien damit einverstanden sind (OR 356b).

Allgemeinverbindlicherklärung (AVE)

Unter genau festgelegten Voraussetzungen kann der Geltungsbereich eines Gesamtarbeitsvertrags auf sämtliche Beteiligten einer Berufsbranche (also auch auf Nichtmitglieder von Arbeitgeber- und Arbeitnehmerorganisationen) ausgedehnt werden. Es können nur Bestimmungen des Einzelarbeitsvertrags als allgemeinverbindlich erklärt werden.
Der Bundesrat kann einen GAV für die ganze Schweiz allgemeinverbindlich erklären, während kantonale Regierungen (Regierungsrat) dies für ihre Kantone tun können.

Beispiel:
Um die Arbeitnehmer besser zu schützen, hat der Bundesrat den ersten branchenübergreifenden GAV für Temporärarbeiter für allgemeinverbindlich erklärt. Er gilt ab 1.1.2012 und legt u.a. Mindestlöhne von CHF 16.45 bis CHF 23.59 fest.

Der Normalarbeitsvertrag (NAV)

> **Normalarbeitsvertrag (NAV; OR 359[1]):** *Gesetzliche Vorschriften über den Inhalt von Einzelarbeitsverträgen für bestimmte Berufszweige.*

Form

Entgegen ihrem Namen sind Normalarbeitsverträge keine Verträge, sondern durch eine Behörde erlassene Vorschriften. Erstrecken sie sich auf mehrere Kantone, ist der Bundesrat zuständig, in allen anderen Fällen der jeweilige Kanton (OR 359a[1]).

Vernehmlassung und Veröffentlichung

Damit ein Normalarbeitsvertrag anwendbar wird, d.h. von den betroffenen Berufszweigen auch einzuhalten ist, muss er das vorgeschriebene Verfahren durchlaufen. So muss der voraussichtliche Inhalt des Normalarbeitsvertrags den betroffenen Kreisen zur Stellungnahme (Vernehmlassung) unterbreitet werden (OR 359a[2]). Der daraufhin beschlossene Text wird amtlich publiziert (OR 359a[3]).

Zweck

In Normalarbeitsverträgen werden einheitliche Regeln aufgestellt, um jene Arbeitnehmer zu schützen, die nicht unter das Arbeitsgesetz fallen.

Die Kantone sind verpflichtet, für die land- und hauswirtschaftlichen Angestellten Normalarbeitsverträge zu erlassen (OR 359[2]). Für die anderen Branchen, die ebenfalls nicht dem Arbeitsgesetz unterstehen, hat der Bundsrat Normalarbeitsverträge aufgestellt (z.B. für das Pflegepersonal sowie für die Assistenzärzte).

Inhalt

Normalarbeitsverträge können alles beinhalten, was in Einzelarbeitsverträgen geregelt wird. Die Bestimmungen eines NAV dürfen nicht gegen zwingendes Recht verstossen. Von ihnen kann in der Regel durch Vereinbarung abgewichen werden (Ausnahme: Mindestlohnbestimmungen nach OR 360a ff. sind relativ zwingend, d.h. sie können nicht zuungunsten des Arbeitnehmers abgeändert werden).

Mindestlohnregelung (OR 360a ff.)

Weil mit dem freien Personenverkehr aus der EU ein Lohndruck auf die inländischen Arbeitnehmer befürchtet wird, sieht OR 360a unter gewissen Voraussetzungen vor, dass Mindestlöhne festgelegt werden können.

Beispiel: Mindestlohn für Hausangestellte in privaten Haushalten

Im neuen Normalarbeitsvertrag, der vom 1.1.2011 bis 31.12.2013 gilt, hat der Bundesrat alle Hausangestellten eingeschlossen, die mindestens 5 Stunden pro Woche beim gleichen Arbeitgeber arbeiten. Dieser Normalarbeitsvertrag enthält drei verschiedene Ansätze. Der Mindestlohn beträgt:
– CHF 22.– pro Stunde für gelernte Hausangestellte mit einer 3-jährigen beruflichen Grundausbildung und einem eidgenössischen Fähigkeitszeugnis.
– CHF 20.– pro Stunde für gelernte Hausangestellte mit einem Berufsattest für eine 2-jährige Berufsbildung sowie für Ungelernte mit vier Jahren Berufserfahrung in der Hauswirtschaft.
– CHF 18.20 pro Stunde für Ungelernte ohne Berufserfahrung in der Hauswirtschaft.

1.2. Arbeit

Das Arbeitsgesetz (ArG)

> **Arbeitsgesetz:** *Zum Schutz des Arbeitnehmers aufgestellte Mindestvorschriften, von denen nicht abgewichen werden darf (zwingendes Recht, siehe S. 13).*

■ Zweck

Die Arbeitnehmer machen rund 90% der erwerbstätigen Personen aus. Es besteht deshalb nicht nur das persönliche Interesse der Arbeitnehmer, sondern ein allgemeines Interesse der gesamten Bevölkerung an der guten Gesundheit der Arbeitnehmer (öffentliches Interesse).

Das Arbeitsgesetz hat eine Doppelfunktion: Zum einen richtet sich das Arbeitsgesetz als öffentlich-rechtlicher Erlass vorwiegend an die Arbeitgeber und verpflichtet diese direkt dem Staat gegenüber. Mit Bussen und anderen Massnahmen kann der Staat die Arbeitgeber dazu zwingen, das Arbeitsgesetz einzuhalten. Zum anderen verleihen die Bestimmungen dem Arbeitnehmer direkte privatrechtliche Ansprüche gegenüber dem Arbeitgeber.

Beispiel: Der Arbeitgeber hält eine Gesundheitsvorschrift aus dem ArG nicht ein. Der Staat kann den Arbeitgeber büssen und der Arbeitnehmer kann ihn auf Einhaltung der Schutzbestimmung einklagen.

■ Geltungsbereich (ArG 1)

Die Vorschriften des Arbeitsgesetzes sind grundsätzlich auf sämtliche Betriebe und alle Arbeitnehmer anwendbar. Aber gewisse Betriebe und gewisse Gruppen von Arbeitnehmern sind vom Geltungsbereich des Arbeitsgesetzes ausgenommen.

■ Allgemeiner Gesundheitsschutz (ArG 6)

Bereits aufgrund ihrer Fürsorgepflicht müssen die Arbeitgeber die Gesundheit der Arbeitnehmer schützen (OR 328). Mit der Umschreibung dieser Pflicht im Arbeitsgesetz kann der Staat den Schutz der Arbeitnehmer direkt durchsetzen.

Genauer umschrieben wird die Schutzpflicht in einer speziellen Verordnung. Darin wird unter anderem vorgeschrieben, wie die Arbeitsräumlichkeiten zu gestalten sind (z.B. Massnahmen gegen Kälte, Hitze, Lärm; Nichtraucherschutz; sanitäre Mindesteinrichtungen).

→ www.verlag-fuchs.ch/recht

Arbeitszeitvorschriften

Kernstück des ArG bilden die Bestimmungen über die Arbeits- und die Ruhezeiten. Es werden insbesondere wöchentliche Höchstarbeitszeiten, Mindestpausen und Mindestruhezeiten festgelegt.

Als Arbeitszeit nach Arbeitsgesetz gilt die Zeit, während der sich der Arbeitnehmer zur Verfügung des Arbeitgebers halten muss. Der übliche Arbeitsweg gilt also nicht als Arbeitszeit.

Arbeitszeitrahmen pro Tag
Der betriebliche Arbeitszeitrahmen liegt zwischen 6 und 23 Uhr (Ausnahme: Vor- oder Nachverschiebung um maximal eine Stunde) und beträgt 17 Stunden. Innerhalb dieses Zeitraums unterscheidet das ArG zwischen Tages- (6–20 Uhr) und Abendarbeit (20–23 Uhr). Beide Arbeitsarten sind bewilligungsfrei. Der persönliche Arbeitszeitrahmen jedes Arbeitnehmers darf inklusive Pausen und Überzeit 14 Stunden nicht überschreiten (ArG 10).

Wöchentliche Höchstarbeitszeit
Das ArG schreibt wöchentliche Höchstarbeitszeiten vor, die nur ausnahmsweise überschritten werden dürfen (siehe ArG 12[1]).

Die wöchentliche Höchstarbeitszeit beträgt 45 Stunden für Angestellte von industriellen Betrieben, für Büropersonal, für technische und andere Angestellte sowie für das Verkaufspersonal in Grossbetrieben des Detailhandels. Für alle übrigen Arbeitnehmer (also vor allem Handwerker und das Verkaufspersonal in kleineren Detailhandelsbetrieben) gilt eine wöchentliche Höchstarbeitszeit von 50 Stunden (ArG 9).

Ruhezeitvorschriften

Das ArG regelt drei verschiedene Arten von Ruhezeiten, nämlich die Pausen, die tägliche Ruhezeit und die wöchentliche Ruhezeit.

Pausen
Die Arbeit ist durch folgende Mindestpausen zu unterbrechen (ArG 15):
– 15 Minuten bei einer Arbeitszeit von mehr als 5½ Stunden
– 30 Minuten bei einer Arbeitszeit von mehr als 7 Stunden
– 60 Minuten bei einer Arbeitszeit von mehr als 9 Stunden
Den Zeitpunkt der Pausen bestimmt grundsätzlich der Arbeitgeber. Er muss dabei auf die Bedürfnisse des Arbeitnehmers achten. Darf der Arbeitnehmer seinen Arbeitsplatz während einer Pause nicht verlassen, gilt diese Zeit nicht als Pause, sondern als Arbeitszeit (ArG 15[2]).

Tägliche Ruhezeit
Alle Arbeitnehmer haben Anspruch auf eine tägliche Ruhezeit von mindestens 11 aufeinanderfolgenden Stunden (ArG 15a).

Wöchentliche Ruhezeit
Die wöchentliche Mindestruhezeit besteht aus dem Sonntag (ArG 18) und einem zusätzlichen freien Halbtag (ArG 21). Das ArG schreibt also vor, dass eine Arbeitswoche nicht mehr als 5½ Tage umfassen darf.

Nacht- und Sonntagsarbeit

> **Nachtarbeit:** *Arbeit ausserhalb des täglichen Arbeitszeitrahmens.*
> **Sonntagsarbeit:** *Arbeit von Samstag, 23 Uhr, bis Sonntag, 23 Uhr.*

Sowohl die Nacht- als auch die Sonntagsarbeit sind grundsätzlich verboten (siehe ArG 16 bzw. 18). Ausnahmen bedürfen einer behördlichen Bewilligung und brauchen das Einverständnis des Arbeitnehmers.

Die Voraussetzungen für die Erteilung einer Bewilligung sind für die Nachtarbeit in ArG 17 und für die Sonntagsarbeit in ArG 19 geregelt. Der Arbeitgeber muss in beiden Fällen ein Bedürfnis nachweisen.

Hat der Arbeitnehmer bewilligte Nacht- oder Sonntagsarbeit zu leisten, muss ihm ein Lohnzuschlag von mindestens 25% (bei Nachtarbeit) bzw. 50% (bei Sonntagsarbeit) bezahlt werden.

Bei dauernder Nachtarbeit erhält der Arbeitnehmer anstelle des Lohnzuschlags eine Zeitgutschrift von 10% (ArG 17b^2).

Da Nachtarbeit erhöhte gesundheitliche Belastungen mit sich bringt, sieht das Arbeitsgesetz zum Schutz des Arbeitnehmers besondere Bestimmungen vor (z.B. für spezielle medizinische Untersuchungen und Beratungen, für Transportmöglichkeiten zum Arbeitsplatz).

Sondervorschriften

Jugendliche (ArG 29–32)
Bis zum 15. Altersjahr sind Anstellungen grundsätzlich verboten.
Bis zum 18. Altersjahr trifft den Arbeitgeber eine verstärkte Fürsorgepflicht und die tägliche Höchstarbeitszeit beträgt 9 Stunden innerhalb eines Zeitraums von 12 Stunden.

Schwangerschaft / stillende Mütter
Die Gesundheit von Frau und Kind darf durch die Arbeit nicht beeinträchtigt werden. Die einzelnen Schutzbestimmungen schreiben vor allem Beschäftigungsverbote und Beschäftigungseinschränkungen vor.

Arbeitnehmer mit Familienpflichten
Arbeitnehmer mit Familienpflichten (z.B. Erziehung von Kindern bis 15 Jahren, Betreuung pflegebedürftiger Angehöriger) müssen gegen ihren Willen keine Überzeit leisten und haben Anspruch auf eine Mittagspause von mindestens 1½ Stunden (ArG 36).

1.3. Familie

1.3. Familie

Familie: Übersicht

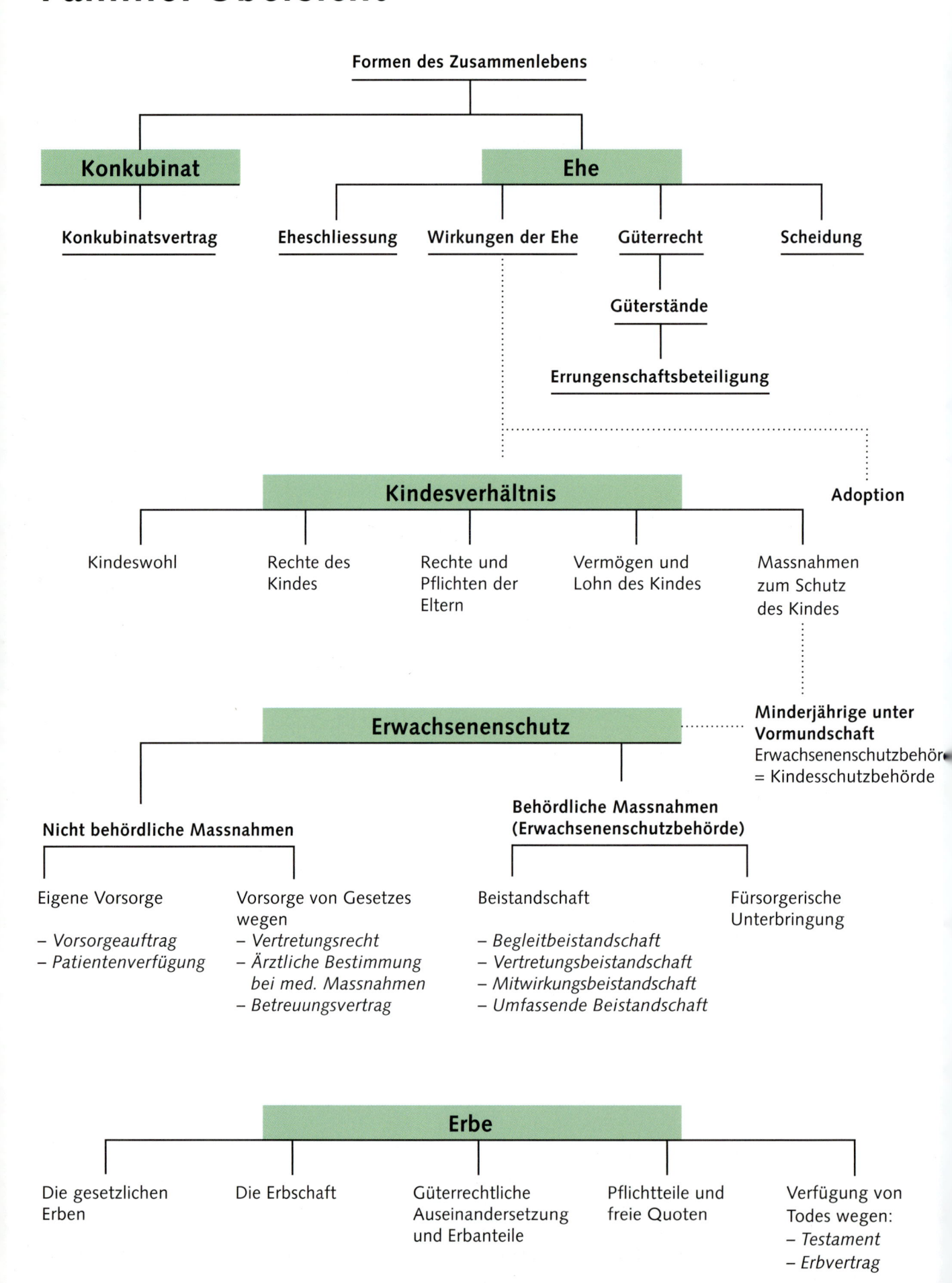

Formen des Zusammenlebens

- **Konkubinat**
  - Konkubinatsvertrag
- **Ehe**
  - Eheschliessung
  - Wirkungen der Ehe
  - Güterrecht
    - Güterstände
      - Errungenschaftsbeteiligung
  - Scheidung

Kindesverhältnis
- Kindeswohl
- Rechte des Kindes
- Rechte und Pflichten der Eltern
- Vermögen und Lohn des Kindes
- Massnahmen zum Schutz des Kindes

Adoption

Erwachsenenschutz

Minderjährige unter Vormundschaft
Erwachsenenschutzbehörde = Kindesschutzbehörde

Nicht behördliche Massnahmen
- Eigene Vorsorge
  - *Vorsorgeauftrag*
  - *Patientenverfügung*
- Vorsorge von Gesetzes wegen
  - *Vertretungsrecht*
  - *Ärztliche Bestimmung bei med. Massnahmen*
  - *Betreuungsvertrag*

Behördliche Massnahmen (Erwachsenenschutzbehörde)
- Beistandschaft
  - *Begleitbeistandschaft*
  - *Vertretungsbeistandschaft*
  - *Mitwirkungsbeistandschaft*
  - *Umfassende Beistandschaft*
- Fürsorgerische Unterbringung

Erbe
- Die gesetzlichen Erben
- Die Erbschaft
- Güterrechtliche Auseinandersetzung und Erbanteile
- Pflichtteile und freie Quoten
- Verfügung von Todes wegen:
  - *Testament*
  - *Erbvertrag*

Familie / Zusammenleben

Funktion der Familie

Die Familie hatte früher vor allem eine Schutz- und eine Ordnungsfunktion. Die Familie als soziale Gemeinschaft, in der mehrere Generationen lebten, bot Schutz in wirtschaftlicher Not, bei Krankheit und im Alter.

Der Wandel der Gesellschaft hat unter anderem dazu geführt, dass sich die Familie stark verändert hat: Mann und Frau leben oft in unverheiratetem Zustand zusammen. Die Zahl der Ehescheidungen nimmt zu, und das nicht nur bei jungen Leuten. Alleinerziehende Väter und Mütter sind nichts Aussergewöhnliches. Männer führen den Haushalt. Frauen arbeiten für den Unterhalt der Familie. Die Zahl der Alleinstehenden wächst.

Unabhängig von staatlichen und privaten Versicherungen, die fast in allen Lebensbereichen für finanzielle Sicherheit sorgen, besteht das Bedürfnis nach Schutz und Geborgenheit in einer Familie jedoch auch heute noch.

Formen des Zusammenlebens

Klassische Familie
Darunter versteht man ein verheiratetes Paar mit einem oder mehreren gemeinsamen Kindern.

Konkubinatsfamilie
Die äussere Form ist dieselbe wie bei der klassischen Familie. Die Eltern sind jedoch nicht verheiratet und haben gemeinsame Kinder.

Kinderlose Paare
Sie sind verheiratet oder leben im Konkubinat.

Patchworkfamilie
Beide Elternteile haben Kinder aus früheren Beziehungen und zum Teil gemeinsame Kinder.

Adoptionsfamilie / Adoptionseltern
Ein verheiratetes Paar oder eine unverheiratete Person adoptiert ein Kind. Adoptionsfamilien sind vor dem Gesetz der klassischen Familie gleichgestellt.

Alleinerziehende
Die Mutter oder der Vater sorgt allein für die Kinder.

Gleichgeschlechtliche Paare
2007 trat das neue Partnerschaftsgesetz in Kraft. Danach können gleichgeschlechtliche Paare ihre Partnerschaft im Zivilstandsregister eintragen lassen. Die eingetragene Partnerschaft wird in verschiedener Hinsicht der Ehe angeglichen. So erhalten gleichgeschlechtliche Paare mit der Eintragung das gleiche gesetzliche Erbrecht wie Eheleute. Auch im Bereich der Steuern, der Sozialversicherungen und der beruflichen Vorsorge wird die eingetragene Partnerschaft der Ehe gleichgesetzt. Für sie gelten auch die gleichen Hindernisse wie für eine Eheschliessung (siehe S. 54).

Die gemeinsame Adoption bleibt aber eingetragenen Paaren verwehrt. Sie können hingegen in Gemeinschaft mit eigenen Kindern leben oder Kinder aus früheren Beziehungen in ihre Gemeinschaft aufnehmen.
Gleichgeschlechtliche Paare sind auch nicht berechtigt, einen gemeinsamen Namen zu führen.

→ www.verlag-fuchs.ch/recht

Das Konkubinat

> **Konkubinat:** *Auf Dauer angelegtes Zusammenleben von zwei Partnern, die nicht miteinander verheiratet sind, auch «Ehe ohne Trauschein» genannt.*

Das Konkubinat ist oft eine erste Form des Zusammenlebens und eine Testphase für ein dauerhaftes Zusammenleben. Heute leben Menschen aller Altersgruppen mit und ohne Kinder im Konkubinat zusammen.

Das Konkubinat ist im Gesetz nicht ausdrücklich geregelt. Fehlt ein Konkubinatsvertrag, greift der Richter bei Streitigkeiten oft auf die Bestimmungen über die einfache Gesellschaft zurück (OR 530–551).

■ Der Konkubinatsvertrag

> **Konkubinatsvertrag:** *Vertrag zwischen zwei Partnern (verschiedenen oder gleichen Geschlechts), der vor allem die finanziellen Verhältnisse während der Dauer des Zusammenlebens, die Rechte und die Pflichten der Partner und die Auflösung des Konkubinats regelt.*

Möglicher Inhalt eines Konkubinatsvertrages

1. **Einleitung**
   Hier stehen die Namen und persönlichen Daten der Vertragsparteien.
2. **Inventar**
   Dies ist eine Liste über das Eigentum an allen Wertsachen und Gegenständen im Haushalt. Diese Liste muss man bei Neuanschaffungen laufend aktualisieren.
3. **Lebensunterhalt**
   Wer bezahlt wie viel an die laufenden Kosten (z.B. Nahrungsmittel) und die gemeinsamen Versicherungen?
4. **Mietverhältnis**
   Wie werden der Mietzins, die Nebenkosten, die Reparaturen usw. aufgeteilt?
5. **Arbeit im Haushalt**
   Wer erledigt welche Arbeiten im Haushalt? Wer bezahlt wem und wie viel für die Mehrarbeit im Haushalt?
6. **Änderung der Verhältnisse**
   Was gilt, wenn ein Partner z.B. arbeitslos oder krank wird oder eine Weiterbildung machen will?
7. **Todesfall**
   Die Partner verpflichten sich, einander im Todesfall zu begünstigen.
8. **Auflösung**
   Wie werden das gemeinsame Mobiliar und andere Werte aufgeteilt? Wer bezahlt allfällige gemeinsame Schulden? Kann evtl. eine Entschädigung für speziell geleistete Arbeit verlangt werden?
9. **Schlussbestimmungen**
   Wie wird bei Konflikten vorgegangen? Welches ist der Gerichtsstand? Welche Beratungsstellen werden aufgesucht?
10. **Ort, Datum Unterschriften**

Tipp: – Falls Sie im Konkubinat leben, schliessen Sie unbedingt einen Vertrag ab.
– Einen guten Überblick über die Vertragsmuster gibt www.konkubinat.ch

Vorteile und Nachteile des Konkubinats

Da die meisten Konkubinatspaare jung, kinderlos und beide Partner erwerbstätig sind, tragen sie auch weniger Verantwortung, und manche Nachteile fallen deshalb nicht so stark ins Gewicht.

Vorteile	Nachteile
- Die Gründung und die Auflösung sind ohne amtliche Formalitäten möglich. - Das Konkubinat ist eine Probezeit für die Ehe. - Man bezahlt in der Regel etwas weniger Steuern. - Witwen und Witwer behalten grundsätzlich ihre Renten, wenn sie ihren neuen Partner nicht heiraten. - Im Alter erhält man allenfalls mehr AHV-Rente, weil zwei einfache Altersrenten (2 x 100%) höher sind als eine Ehepaar-Altersrente (1 x 150%). - Eine Wohnung für zwei ist billiger als zwei Wohnungen für Alleinstehende. - Der Lebensunterhalt für ein Paar ist billiger als für zwei Einzelpersonen.	- Man ist vom Gesetz schlecht geschützt (daher ist ein Vertrag sehr empfehlenswert). - Jeder Partner kann die Verbindung jederzeit auflösen. - Es besteht kein Anspruch auf Renten, wenn ein Partner stirbt. - Der überlebende Partner hat keine gesetzlichen Erbansprüche. - Ärzte informieren in der Regel nur die nächsten Verwandten. - Sofern Kinder vorhanden sind, liegt das elterliche Sorgerecht und damit auch die ganze Verantwortung allein bei der Mutter. Es sei denn, die Kindesschutzbehörde hat einer gemeinsamen Sorge zugestimmt. - Konkubinatskinder sind gesellschaftlich noch nicht überall ehelichen Kindern gleichgestellt.

Kinder im Konkubinat

- Das Kind erhält den Namen und das Bürgerrecht der Mutter (ZGB 271).
- Die Mutter allein hat das elterliche Sorgerecht. Die Konkubinatspartner können bei der Kindesschutzbehörde allerdings die Erteilung eines gemeinsamen Sorgerechts beantragen (ZGB 298a).

Die Kindesanerkennung

Erst mit einer Kindesanerkennung vor dem Zivilstandsamt oder durch ein richterliches Urteil wird die Unterhaltspflicht des Vaters und das Erbrecht gegenüber dem Vater für das Kind begründet (ZGB 260).

Der Vater muss zur Anerkennung des Kindes persönlich bei einem der folgenden Zivilstandsämter erscheinen:
- Zivilstandsamt des Wohnorts oder Heimatorts des Vaters
- Zivilstandsamt des Wohnorts oder Heimatorts der Mutter
- Zivilstandsamt des Geburtsorts des Kindes

Eine Kindesanerkennung kann auch durch letztwillige Verfügung (Testament) erfolgen (siehe S. 71): Der Vater anerkennt auf diese Weise das Kind erst nach dem Tod. Dadurch wird das Kind zum gesetzlichen Erben.

BIENE   KONKUBIENE

1.3. Familie

Die Ehe

■ Die Ehefreiheit

Ehefreiheit: *Niemand kann gezwungen werden, jemanden zu heiraten, den er nicht heiraten will, und niemand kann eine Ehe verbieten, wenn die gesetzlichen Voraussetzungen für eine Heirat erfüllt sind und Ehehindernisse fehlen. BV 14 garantiert die Ehefreiheit (siehe auch S. 216).*

■ Die Eheschliessung (Heirat)

Voraussetzungen
Ehefähig ist man, wenn man urteilsfähig (siehe S. 16) und volljährig ist, also das 18. Altersjahr vollendet hat (siehe S. 16 f.).

Um Scheinehen vorzubeugen, dürfen Ausländerinnen und Ausländer ab 1.1.2011 in der Schweiz nur noch heiraten, wenn sie dem Standesamt beweisen können, dass sie ein Bleiberecht haben (z.B. Niederlassungsbewilligung, ein gültiges Visum).

Ehehindernisse
– *Verwandtschaft und Stiefkindverhältnis:* Verboten ist die Ehe zwischen Verwandten in gerader Linie (z.B. zwischen Grossvater und Enkelin oder Grossmutter und Enkel; nicht aber zwischen Cousin und Cousine, siehe S. 67) und zwischen Geschwistern und Halbgeschwistern. Dabei ist unerheblich, ob es sich um eine Blutsverwandtschaft oder eine Verwandtschaft durch Adoption (siehe S. 63) handelt.
– *Frühere Ehe:* Bevor neu geheiratet werden kann, müssen frühere Ehen ungültig erklärt oder aufgelöst worden sein (ZGB 96).

Verlobung
Gemäss ZGB 90 ff. ist verlobt, wer sich die Ehe verspricht (bloss zusammenleben, gilt nicht als verlobt). Die Verlobung ist an keine besondere Form gebunden (z.B. ein Fest oder Schriftlichkeit), ist gesetzlich auch keine Voraussetzung für eine Ehe, und kann auch wieder aufgelöst werden. Wichtig: Die Verlobung begründet die Treuepflicht.

Vorbereitung der Ehe
Die Eheleute stellen ein Gesuch beim Zivilstandsamt des Bräutigams oder der Braut (ZGB 98). Dazu müssen sie persönlich erscheinen mit folgenden Unterlagen:
– *Wohnsitzbestätigung* (Diese ist bei der Wohngemeinde einzuholen.)
– *Personenstandsausweis* (Auszug aus dem Familienregister, das für jeden Schweizer Bürger beim Zivilstandsamt seines Heimatorts geführt wird.)
– *Heimatschein* (Er ist der Bürgerrechtsausweis der Schweizer Staatsangehörigen im Inland.)
– *Familienbüchlein* (Es dient dem Beweis der Familienverhältnisse gegenüber den Behörden und gibt Auskunft über die familienrechtliche Stellung der Familienmitglieder und über den Zivilstand der Eltern.)

Zivilstandsamt
Das Zivilstandsamt stellt die Ehefähigkeit der Brautleute fest und teilt ihnen die Fristen für die zivile Trauung mit (frühestens 10 Tage und spätestens drei Monate ab Entscheid). Unter Umständen erteilt es den Brautleuten auch eine Erlaubnis, die Trauung vor einem anderen Zivilstandsamt in der Schweiz vorzunehmen (ZGB 99/100). Bei der Ziviltrauung wird den Brautleuten ein Trauschein ausgestellt.

Kirchliche Trauung
Vor einer allfälligen kirchlichen Trauung muss zuerst die zivile Trauung vorgenommen werden (ZGB 97). Dem Priester ist der Trauschein von der Ziviltrauung vorzuweisen.

Die Wirkungen der Ehe

Familienname (Neues Namensrecht, im September 2011 von den eidg. Räten beschlossen)
Grundsatz: Jeder Ehegatte behält nach der Trauung seinen Ledigennamen (ZGB 160).

Beispiel: P. Gick und S. Kunz heiraten. Es gibt folgende Möglichkeiten:	Frau	Mann	Kinder
1. – Die Brautleute bestimmen, dass sie nach der Heirat den Ledigennamen weiterführen. – Sie bestimmen bei der Trauung, wie die Kinder heissen: Kunz *oder* Gick – Ab der Geburt des 1. Kindes haben die Eltern die Möglichkeit, innert eines Jahres auf ihren Entscheid zurückzukommen und den Kindern den Namen des anderen Elternteils zu geben (ZGB 270).	Frau S. Kunz	Herr P. Gick	Kunz *oder* Gick
2. – Die Brautleute entscheiden: Der Name des Ehemannes wird zum Familiennamen. – Allianzname*	S. Gick S. Gick – Kunz	P. Gick P. Gick – Kunz	Gick
3. – Die Brautleute entscheiden: Der Name der Ehefrau wird zum Familiennamen. – Allianzname*	S. Kunz S. Kunz-Gick	P. Kunz P. Kunz-Gick	Kunz

* **Allianzname:** Er ist aus der Tradition (Gewohnheit) entstanden und wird mit Bindestrich geführt. Obwohl es sich beim Allianznamen nicht um einen amtlichen Namen handelt, darf er im alltäglichen Rechtsverkehr geführt und auch im Pass eingetragen werden.

– Nach dem Tod eines Partners (ZGB 30a) oder nach einer Scheidung (ZGB 119) kann die Rückkehr zum Ledigennamen jederzeit beim Zivilstandsamt erfolgen, und zwar ohne Gesuch.
– Die Namensgebung gilt auch für eingetragene gleichgeschlechtliche Paare (Partnerschaftsgesetz 12a).

Bürgerrecht — Jeder Ehegatte behält sein Kantons- und Gemeindebürgerrecht (ZGB 161). Die Kinder erhalten das Kantons- und Gemeindebürgerrecht, dessen Namen sie tragen (ZGB 271).

Gegenseitiger Beistand — Durch die Eheschliessung verpflichten sich die Eheleute, gemeinsam für ihr Wohl und das ihrer Kinder zu sorgen (ZGB 159).

Wohnung — Den Wohnsitz bestimmen die Eheleute gemeinsam. Die Kündigung einer gemeinsamen Wohnung setzt die ausdrückliche Zustimmung beider Partner voraus (ZGB 162).

Unterhalt der Familie — Mann und Frau sorgen gemeinsam für den Unterhalt der Familie. Sie sprechen sich ab, welchen Beitrag jeder zu leisten hat, sei es durch Geldzahlungen oder Leistungen im Haushalt, im eigenen Betrieb oder die Betreuung der Kinder (ZGB 163).

Betrag zur freien Verfügung — Der Ehegatte, der die Kinder betreut und den Haushalt besorgt, hat Anrecht auf einen angemessenen Betrag zur freien Verfügung, der ihm periodisch ausgerichtet wird. Dieser Betrag (Taschengeld) richtet sich nach den finanziellen Möglichkeiten des erwerbstätigen Partners (ZGB 164).

Ausübung des Berufs — Die Ehepartner nehmen bei der Ausübung des Berufes aufeinander und auf die Kinder Rücksicht (ZGB 167).

Auskunftspflicht — Jeder Ehepartner hat das Recht, vom andern Auskunft über dessen finanzielle Verhältnisse wie Einkommen, Vermögen und Schulden zu verlangen (ZGB 170).

Vertretung der Gemeinschaft — Jeder Ehepartner hat das Recht, die eheliche Gemeinschaft gegen aussen zu vertreten. Dies gilt aber nur für die Befriedigung laufender Bedürfnisse. Grössere Anschaffungen (z.B. teure Möbel, Auto) müssen gemeinsam beschlossen werden. Was kleinere oder grössere Anschaffungen sind, richtet sich nach den finanziellen Möglichkeiten des Paares (ZGB 166[1] und 166[2]).

Haftung für Schulden — Für Verpflichtungen zur Deckung der laufenden Bedürfnisse (Nahrungsmittel, Kleider, gemeinsame Ferien) haften die Ehepartner solidarisch, auch wenn sie von einem Partner ohne das Wissen des anderen eingegangen worden sind (ZGB 166[3]).

Das Güterrecht

Wer eine Ehe eingeht, geht mit der Lebensgemeinschaft zugleich auch eine Einkommens- und eine Vermögensgemeinschaft ein.

> **Güterrecht (ZGB 181 ff.):** *Es bestimmt, was während der Ehe wem gehört und wie das Vermögen bei Scheidung oder bei Tod unter den Ehegatten aufgeteilt wird. (Es empfiehlt sich daher, bei der Heirat ein Inventar zu erstellen.)*

Die drei Güterstände

Die Errungenschaftsbeteiligung (ZGB 196 ff.)
Die Errungenschaftsbeteiligung (siehe S. 57) ist der häufigste Güterstand (auch ordentlicher Güterstand genannt). Er kommt immer dann zur Anwendung, wenn nichts Besonderes vereinbart worden ist.

Die Gütergemeinschaft (ZGB 221 ff.)
Es existieren drei Vermögensmassen:
– eine Vermögensmasse, die der Ehefrau allein gehört,
– eine Vermögensmasse, die dem Ehemann allein gehört, und
– eine Vermögensmasse, die beiden zusammen gehört.
Dieser Güterstand wird von Eheleuten gewählt, die den Gemeinschaftsgedanken in den Vordergrund stellen. Oftmals sind dies kinderlose Ehepaare.
Die Gütergemeinschaft ist sehr selten.

Die Gütertrennung (ZGB 247 ff.)
Es existiert kein gemeinsames Vermögen. Jedem Ehegatten gehört sein ganzes Vermögen alleine. Dieser Güterstand wird gewählt, wenn z.B. ein Ehegatte ein Geschäft führt. (Damit bleiben bei der Auflösung der Ehe alle Einkünfte beim Geschäftsinhaber.)

Keinen Einfluss hat die Gütertrennung auf die Steuererklärung. Die Einkommen werden gemeinsam erfasst. Somit werden Ehepaare, die unter einem anderen Güterstand leben, nicht benachteiligt (Steuerprogression, siehe S. 120).

Auch keinen Einfluss hat die Gütertrennung auf die finanzielle Haftung der Ehegatten gegenüber Dritten. Das heisst: Eheleute müssen auch bei Gütertrennung für Schulden einstehen die der Partner während des Zusammenlebens für die laufenden Bedürfnisse der Familie eingegangen ist. Für Geschäftsschulden des Ehepartners muss der andere Ehepartner jedoch nicht einstehen.

Der Ehevertrag

Durch Eheverträge können die ausserordentlichen Güterstände (Gütergemeinschaft oder Gütertrennung) selbst bestimmt werden.

Innerhalb von gesetzlichen Schranken können zudem besondere Vereinbarungen getroffen werden (z.B. können gewisse Teile der Errungenschaft dem Eigengut eines Partners übertragen werden).

Form der Eheverträge (ZGB 184)
Eheverträge bedürfen zu ihrer Gültigkeit der öffentlichen Beurkundung (siehe S. 19).

Allgemein gilt: Wenn Vermögen nicht klar zugeordnet werden kann, wird Miteigentum angenommen.

1.3. Familie

Die Errungenschaftsbeteiligung

> **Errungenschaftsbeteiligung (ZGB 196 ff.):** *Güterstand, der ohne besondere Vereinbarungen gilt (also ohne Ehevertrag), auch ordentlicher Güterstand genannt.*

■ Das Eigengut (ZGB 198 ff.)

Das Eigengut umfasst grundsätzlich alles,
– was den Eheleuten zum Zeitpunkt der Heirat separat gehört (z.B. Ersparnisse),
– was ihnen während der Ehe unentgeltlich zukommt (z.B. Erbschaft, Schenkungen) und
– was ausschliesslich zu ihrem persönlichen Gebrauch dient (z.B. Kleider, Schmuck).

■ Die Errungenschaft (ZGB 197)

Die Errungenschaft ist in der Regel alles, was die Eheleute während der Ehe erwirtschaften, z.B.:
Lohn, Leistungen von Sozialversicherungen, Leistungen von Pensionskassen, Erträge des Eigenguts, Ersatzanschaffungen für die Errungenschaft

Beispiel: *Pirmin und Lena heiraten, ohne einen Ehevertrag abzuschliessen. Lena besitzt ein Sparkonto von CHF 50 000.– und Pirmin Aktien im Wert von CHF 60 000.–. Nach der Geburt des 1. Kindes arbeitet Lena noch Teilzeit. Vier Jahre nach der Heirat erhält Pirmin ein Erbe und eine Schenkung in der Höhe von CHF 90 000.–. Durch seinen Lohn und die Erträge aus seinen Wertschriften wächst seine Errungenschaft innerhalb von fünf Jahren auf CHF 130 000.– an. Lena erreicht nach fünf Jahren eine Errungenschaft von CHF 50 000.– aus ihrer Teilzeitarbeit.*

■ Die Errungenschaftsbeteiligung in der Übersicht

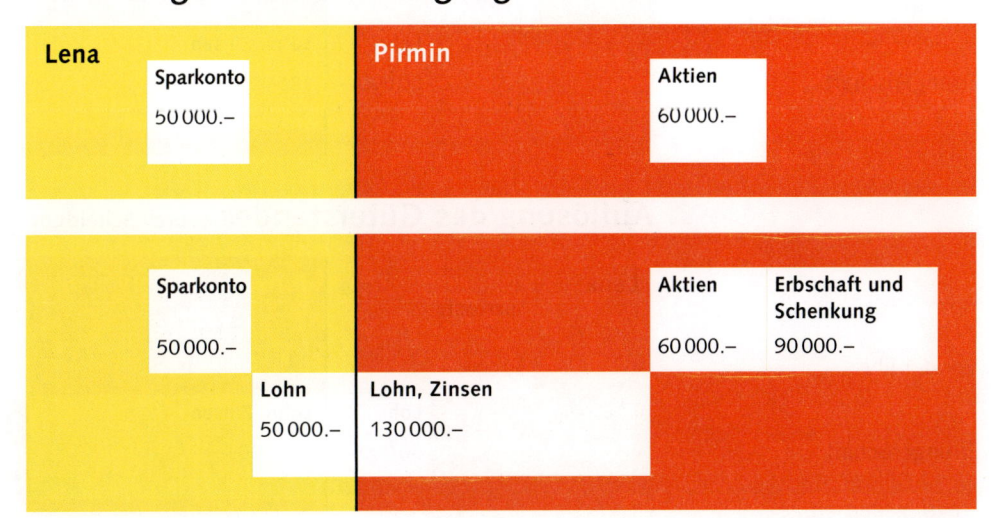

	Lena		Pirmin	
Vor der Ehe	Sparkonto 50 000.–		Aktien 60 000.–	
Heirat				
Eigengut	Sparkonto 50 000.–		Aktien 60 000.–	Erbschaft und Schenkung 90 000.–
Errungenschaft		Lohn 50 000.–	Lohn, Zinsen 130 000.–	

■ Verwaltung – Nutzung – Verfügung

Bei der Errungenschaftsbeteiligung verwaltet und nutzt jeder Ehegatte sein Eigengut und seine Errungenschaft selber und verfügt auch selber darüber. Jeder Ehegatte kann alle Handlungen, die in Zusammenhang mit seinem Vermögen stehen, grundsätzlich selber vornehmen (ZGB 201).

Im Gegenzug haftet jeder Ehepartner für seine Schulden mit seinem ganzen Vermögen selber (ZGB 202).

1.3. Familie

■ Die güterrechtliche Auseinandersetzung

Durch Tod, Scheidung, gerichtliche Trennung, Vereinbarung eines andern Güterstandes oder Gütertrennung durch Richterspruch wird die Errungenschaftsbeteiligung aufgelöst. Bei der Errungenschaft wird wie folgt vorgegangen:

1. Es erfolgt die gegenseitige schuldrechtliche Auseinandersetzung: Jeder Partner begleicht die Schulden beim andern (ZGB 205³).
2. Beide erhalten ihr Eigengut.
3. Von der Errungenschaft jedes Partners werden die mit der Errungenschaft im Zusammenhang stehenden Schulden abgezogen. Das Ergebnis nennt man Vorschlag. Wurde während der Ehe nichts erspart oder sind die Schulden grösser als die Errungenschaft, beträgt der Vorschlag null.
4. Die beiden Vorschläge werden zusammengezählt und je zur Hälfte unter den Partnern geteilt.

Beispiel: *Pirmin verunglückt nach fünfjähriger Ehe mit dem Auto tödlich. Er hinterlässt seine Gattin Lena und zwei Kinder. Nun folgt zuerst die güterrechtliche Auseinandersetzung, um die Vermögensteile beider Partner zu errechnen.*

	Lena		Pirmin	
Vor der Ehe	Sparkonto 50 000.–			Aktien 60 000.–

Heirat

	Lena		Pirmin	
Eigengut	Sparkonto 50 000.–		Aktien 60 000.–	Erbschaft und Schenkung 90 000.–
Errungenschaft		Lohn 50 000.–	Lohn, Zinsen 130 000.–	

■ Auflösung des Güterstandes (durch Scheidung, Tod, Ehevertrag oder Richter)

	Lena		Pirmin	
Vor der Ehe	Sparkonto 50 000.–		Aktien 60 000.–	Erbschaft und Schenkung 90 000.–
Errungenschaft		Lohn 50 000.–	Lohn, Zinsen 130 000.–	
– evtl. gegenseitige Schulden = Vorschlag		50 000.–	130 000.–	
Gesamter Vorschlag: hälftig teilen			180 000.–	
Anteile der Partner: jetzt neues Eigengut	Sparkonto 50 000.–	90 000.–	90 000.–	Eigengut 150 000.–
	← 140 000.– →		← 240 000.– →	

1.3. Familie

Die Scheidung

> **Scheidung (ZGB 111 ff.):** *Auflösung der Ehe vor dem Richter.*

Voraussetzungen und Verfahren

Scheidung darf nicht mit Trennung verwechselt werden. Mit der Trennung löst ein Ehepaar lediglich den gemeinsamen Haushalt auf.

Viele Ehepaare nutzen die Trennungszeit als Besinnungszeit, um sich über das Schicksal ihrer Ehe klar zu werden. Die Statistiken der letzten Jahre zeigen aber, dass sich heute über 50% aller Ehepaare scheiden lassen.

Eheschutzmassnahmen: Das Gericht erlässt auf Verlangen eines Ehegatten Massnahmen zum Schutz der Ehe (ZGB 172 ff.).

Voraussetzungen und Verfahren

Die Schuldfrage spielt für die Auflösung der Ehe keine Rolle. Eine Scheidung kann auf gemeinsames Begehren der Eheleute erfolgen. Wenn der gemeinsame Scheidungswille fehlt, kann ein Ehepartner die Scheidung einseitig beantragen.

Scheidung auf gemeinsames Begehren

Verlangen die Ehegatten gemeinsam die Scheidung und reichen sie die vollständige Vereinbarung über die Scheidungsfolgen (z.B. Unterhaltszahlungen) mit gemeinsamen Anträgen hinsichtlich der Kinder ein, so hört das Gericht sie getrennt und zusammen an. Es überprüft, ob das Scheidungsbegehren und die Vereinbarung auf freiem Willen und auf reiflicher Überlegung beruhen und ob die Vereinbarung hinsichtlich der Kinder genehmigt werden kann (ZGB 111). Trifft dies zu, spricht das Gericht die Scheidung aus.

Scheidungsfolgen (ZGB 119 ff.)

Güter- und Erbrecht

Das eheliche Vermögen wird durch güterrechtliche Auseinandersetzung zwischen Mann und Frau aufgeteilt. Geschiedene Eheleute haben einander gegenüber kein gesetzliches Erbrecht mehr (ZGB 120).

Berufliche Vorsorge/AHV

Die während der Ehe erzielten Pensionskassenansprüche werden gemäss Freizügigkeitsgesetz ermittelt und je zur Hälfte auf die Eheleute aufgeteilt (ZGB 122). Das gleiche Vorgehen gilt für die AHV (siehe S. 136).

Nachehelicher Unterhalt

Ist einem Ehegatten nicht zuzumuten, dass er für seinen Lebensunterhalt selbst aufkommt, so hat ihm der andere einen angemessenen Beitrag auszurichten. Dabei sind unter anderem die Dauer der Ehe, die Aufgabenteilung während der Ehe, der Umfang und die Dauer der Kinderbetreuung sowie Einkommen, Vermögen, berufliche Ausbildung und Erwerbsaussichten der Ehegatten zu berücksichtigen (ZGB 125).

Kinder: Elternrechte und Elternpflichten

Neu: Der Bundesrat hat entschieden, dass die Eltern künftig in der Regel das gemeinsame Sorgerecht ausüben. Einzig wenn die Interessen des Kindes geschützt werden müssen, soll die elterliche Sorge einem Elternteil vorenthalten werden.

→ www.verlag-fuchs.ch/recht

Das Kindesrecht

> **Kindesrecht:** *Gesetzliche Bestimmungen über Rechte und Pflichten der Eltern gegenüber ihren Kindern und der Kinder gegenüber ihren Eltern.*

In der Umgangssprache versteht man unter «Eltern» stets die leiblichen, also biologischen, Eltern. In der Realität ist diese biologische Beziehung (vor allem zum Vater) nicht immer bekannt oder umstritten. Um diese Ungewissheit zu verringern und möglichst einfache Verhältnisse zu schaffen, definiert das Gesetz die «rechtlichen» Eltern. In der Folge ist vom Verhältnis zwischen den «rechtlichen» Eltern und den Kindern die Rede.

Die Entstehung des Kindesverhältnisses (ZGB 252 ff.)

Zur Mutter

Das Kindesverhältnis zur Mutter entsteht durch die Geburt oder durch die Adoption des Kindes (ZGB 252 / 264; siehe S. 63).

Zum Vater

Ist die Mutter bei der Geburt des Kindes verheiratet, gilt der Ehemann als Vater des Kindes. Stirbt der Ehemann vor der Geburt, gilt er trotzdem als Vater, wenn das Kind innerhalb von 300 Tagen nach seinem Tod geboren wird. Diese gesetzlichen Vaterschaftsvermutungen aufgrund der Ehe zur Mutter können vom Ehemann und (unter gewissen Voraussetzungen) vom Kind angefochten werden.

Ist die Mutter nicht verheiratet, kann der leibliche Vater das Kind anerkennen (siehe S. 53). Das Kindesverhältnis zum Vater und zur Mutter kann auch durch Adoption entstehen.

Mutter und Kind können auf Feststellung der Vaterschaft klagen. Das Gericht muss bei den Abklärungen mithelfen (evtl. erfolgt eine DNA-Analyse).

Kindeswohl

Das Kindeswohl ist der oberste Grundsatz im Kindesrecht und muss von den Eltern, aber auch von den Behörden in kindesrechtlichen Angelegenheiten beachtet werden. Das Kindeswohl wird in vielen Bestimmungen im Kindesrecht erwähnt, ohne genau definiert zu werden.

Am genauesten umschrieben wird das Kindeswohl in ZGB 302:
Das Kind hat Anrecht auf körperliche, geistige und sittliche Entfaltung, gemessen an seinen Neigungen und Fähigkeiten.

Diese Ausrichtung des Gesetzes auf das Kindeswohl heisst aber nicht, dass Kinder immer machen können, was sie wollen: Was dem Kind in Anbetracht der gesamten Situation und auch mit Blick auf die Zukunft am besten dient, muss nicht mit dem momentanen Willen des Kindes übereinstimmen.

Das Gesetz auferlegt dem Kind auch verschiedene Pflichten:
– Das minderjährige Kind schuldet den Eltern grundsätzlich Gehorsam (ZGB 301[2]).
– Es darf ohne elterliche Einwilligung in der Regel nicht selber über seinen Aufenthaltsort bestimmen (ZGB 301[3]).

Aus dem Kindeswohl sind viele Rechte des Kindes abgeleitet.

Rechte des Kindes

Mitbestimmung in der Erziehung
Die Eltern gewähren dem Kind bei wichtigen Entscheiden im Rahmen seiner Urteilsfähigkeit das Mitbestimmungsrecht (ZGB 301).

Angemessene Freiheit
Die Eltern lassen dem Kind bei seiner Lebensgestaltung einen Freiraum, der seiner Reife entspricht (ZGB 301). In diesem Zusammenhang stellen sich viele Fragen, die nicht generell beantwortet werden können, zum Beispiel:
– Wie lange darf ein 13-jähriges Kind in den Ausgang gehen?
– Welchen Bildungsweg soll ein Kind einschlagen?

Unterhalt
Das Kind hat gegenüber seinen Eltern Anspruch auf Unterhalt (ZGB 276 f.).

Religion
Bis zum vollendeten 16. Altersjahr bestimmen die Eltern über die religiöse Erziehung des Kindes. Mit 16 Jahren kann es seinen Glauben selber bestimmen (ZGB 303).

Rechte und Pflichten der Eltern

Elterliche Sorge
Die Kinder haben das Recht auf elterliche Sorge, solange sie minderjährig sind. Die elterliche Sorge wird von den verheirateten Eltern gemeinsam ausgeübt. Sind Vater und Mutter nicht verheiratet, liegt die Sorgepflicht in der Regel bei der Mutter. Mit Zustimmung der Kindesschutzbehörde (siehe S. 66) können die Eltern aber ein gemeinsames Sorgerecht vereinbaren. Die Zustimmung macht die Kindesschutzbehörde vom Kindeswohl abhängig (ZGB 296 ff.).

Pflege und Erziehung
Als Konsequenz der Sorgepflicht haben die Eltern die vielseitige Aufgabe, die körperliche und geistige Entwicklung ihrer Kinder zu fördern und zu schützen. Sie müssen die Eignung und die Neigungen der Kinder den Verhältnissen entsprechend unterstützen und ihnen dabei behilflich sein, eine Ausbildung zu absolvieren (ZGB 302).

Gesetzliche Vertretung
Die Eltern vertreten im Rahmen der Sorgepflicht das minderjährige Kind (ZGB 304). Ist das Kind urteilsfähig (siehe S. 16 f.), haben die Eltern bei der Vertretung Rücksicht auf die Meinung des Kindes zu nehmen.

Unterhaltspflicht der Eltern
Die Eltern müssen für den Unterhalt des Kindes aufkommen, bis dieses das 18. Altersjahr vollendet oder eine Erstausbildung abgeschlossen hat (ZGB 276/277).

Beispiel:
Die Eltern sind grundsätzlich verpflichtet, ein Kind bis zum ordentlichen Abschluss seines Studiums zu unterstützen, auch wenn es beim Abschluss des Studiums bereits über 24 Jahre alt ist. Das Kind muss aber nach seinen Möglichkeiten mithelfen, das Studium zu finanzieren.

Vermögen und Lohn des Kindes

Kindesvermögen
Hat ein Kind Vermögen, so haben die Eltern dieses im Rahmen ihrer Sorgepflicht zu verwalten.

Die Eltern dürfen in der Regel nur die Erträge (Zinsen, Gewinne) dieses Vermögens für den Unterhalt und die Ausbildung des Kindes gebrauchen. Die Verwendung des eigentlichen Vermögens bedarf im Normalfall der Bewilligung durch die Kindesschutzbehörde (ZGB 318–320).

Schutz des Kindesvermögens
Wird das Kindesvermögen durch einen Lotteriegewinn, durch eine Erbschaft usw. sehr gross, kann die Kindesschutzbehörde von den Eltern periodisch Rechenschaft über die Verwaltung des Kindesvermögens verlangen (ZGB 318³). Im Übrigen kann die Kindesschutzbehörde immer dann eingreifen, wenn die Eltern das Kindesvermögen nicht sorgfältig verwalten (ZGB 324).

Lohn des Kindes
Hat ein Kind ein Arbeitseinkommen, bevor es volljährig ist, kann es dieses selber verwalten und nutzen. Im Umfang dieses Einkommens ist es voll handlungsfähig. Lebt es noch bei den Eltern, so können sie verlangen, dass es einen Teil an seinen Unterhalt beisteuert (ZGB 323).

Haftung
Ist ein Kind urteilsfähig (siehe S. 16), aber nicht volljährig, kann es nur mit Zustimmung des gesetzlichen Vertreters Verträge abschliessen (ZGB 19¹).

Für Schäden, die das urteilsfähige minderjährige Kind durch unerlaubte Handlung jemandem zufügt, haftet es (bzw. sein Vermögen) aber selber (ZGB 19³). Daneben steht dem Geschädigten ein Anspruch auf Schadenersatz gegen die Eltern zu, die ihre Aufsichtspflicht über das Kind verletzt haben (ZGB 333). Ist das Kind allerdings urteilsfähig, ist selten eine Verletzung der Aufsichtspflicht gegeben.

Massnahmen zum Schutze des Kindes

Ist das Kindeswohl gefährdet, kann die Kindesschutzbehörde (siehe S. 66) sämtliche Massnahmen treffen, die zum Schutz des Kindes nötig sind. Eine Massnahme zum Schutze des Kindes bedeutet immer auch einen Eingriff in die Rechte der Eltern. Die Kindesschutzbehörde hat deshalb eine Interessenabwägung vorzunehmen.

Entziehung der elterlichen Sorge (Entzug der Obhut)
Sind die Eltern überhaupt nicht in der Lage, ihre Pflichten zu erfüllen, oder misshandeln sie ihr Kind oder lassen es verwahrlosen, so kann ihnen die Kindesschutzbehörde die elterliche Sorge entziehen. Das Kind erhält einen Vormund (siehe S. 66) und wird nötigenfalls in einer Pflegefamilie untergebracht. Die Eltern müssen in diesem Fall aber weiterhin finanziell für ihr Kind aufkommen, soweit das ihnen möglich ist (ZGB 311/312).

Kindesschutz im Strafrecht
Das Strafgesetzbuch (StGB) sieht verschiedene Bestimmungen zum Schutz des Kindes vor, insbesondere bei Vernachlässigung der Unterhaltspflicht (StGB 217), bei Verletzung der Fürsorge und Erziehungspflicht (StGB 219) und bei sexueller Ausbeutung (StGB 187–188).

www.verlag-fuchs.ch/recht

Die Adoption

> **Adoption (ZGB 264 ff.):** *Eine minderjährige, volljährige oder eine Person unter umfassender Beistandschaft (Adoptivperson) wird von Ehegatten (Adoptiveltern) oder von einer Einzelperson (adoptierende Person) als Kind angenommen.*

Bei der Adoption entsteht ein Eltern-Kind-Verhältnis ohne Rücksicht auf die biologische Abstammung.

■ Die Voraussetzungen für die Adoption

Der entscheidende Gesichtspunkt für eine Adoption ist das Wohl des Kindes (ZGB 268 f.). Seine Entwicklung und Entfaltung müssen gewährleistet sein. Eine Adoption ist nur auf Gesuch hin möglich. Die zuständige Kindesschutzbehörde überprüft, ob alle Voraussetzungen für eine Adoption erfüllt sind.

Gemeinschaftliche Adoption

Es ist nur Ehepaaren erlaubt, eine Person gemeinschaftlich zu adoptieren. Weitere Voraussetzungen sind:
- Das Kind muss von den zukünftigen Eltern als Pflegekind ein Jahr lang betreut worden sein.
- Die Ehegatten müssen bereits fünf Jahre verheiratet sein oder das 35. Altersjahr zurückgelegt haben.

Mit diesen Vorschriften will man erreichen, dass sich Ehepaare nicht leichtfertig zu einer Adoption entschliessen (ZGB 264 / 264a).

Einzeladoption

Unverheiratete Personen können nur adoptieren, wenn sie das 35. Altersjahr zurückgelegt haben (ZGB 264b). Will eine verheiratete Person ein nicht gemeinsames Kind adoptieren, ist nicht das Alter entscheidend, sondern die Ehe muss nach Gesetz mindestens 5 Jahre gedauert haben.

Adoptivkind

Wird ein Kind adoptiert, muss es mindestens 16 Jahre jünger sein als die Adoptiveltern und es muss seine Zustimmung zur Adoption geben, falls es bereits urteilsfähig ist (ZGB 265).

Zustimmung der Eltern

Sind die Eltern des zu adoptierenden Kindes bekannt, müssen sie in der Regel ihre Zustimmung zur Adoption geben. Dies darf frühestens sechs Wochen nach der Geburt des Kindes erfolgen und kann während der nachfolgenden sechs Wochen widerrufen werden. Ist ein Elternteil unbekannt, genügt die Zustimmung des anderen (ZGB 265 ff.). Die Adoptiveltern dürfen den ehemaligen Eltern des Kindes nicht bekannt gegeben werden (ZGB 268b).

■ Die Wirkung der Adoption

Mit der Adoption entsteht zwischen Adoptivperson und adoptierender Person ein neues Kind-Eltern-Verhältnis. Die Betroffenen sind durch die Adoption miteinander verwandt und das adoptierte Kind hat die gleichen Rechte, wie wenn das Kindesverhältnis durch Geburt, Anerkennung oder gerichtliche Feststellung entstanden wäre. Das Kindesverhältnis zu den «alten» Eltern erlischt (ZGB 267).

Name und Bürgerrecht

Das Adoptivkind erhält den Familiennamen und das Bürgerrecht der Adoptiveltern. Diese können ihm auch einen neuen Vornamen geben (ZGB 267 f.).

Der Erwachsenenschutz: Die Vorsorge

> **Erwachsenenschutz:** *Schützt die persönlichen oder vermögensrechtlichen Interessen von volljährigen Personen, wenn deren Selbständigkeit durch gewisse Schwächezustände eingeschränkt ist.*

■ Die eigene Vorsorge

In gesunden Tagen kann zum eigenen Schutz ein Vorsorgeauftrag oder eine Patientenverfügung gemacht werden.

Der Vorsorgeauftrag (ZGB 360 ff.)

Für den Fall, dass eine handlungsfähige Person einmal handlungsunfähig werden sollte, kann sie mittels eines Vorsorgeauftrags eine natürliche oder juristische Person (siehe S. 17) bestimmen, damit diese dann für sie die entsprechenden Entscheidungen trifft (z.B. Verlegung in ein Pflegeheim, Auflösung der Wohnung, Verwaltung des Vermögens).

Der Vorsorgeauftrag muss von Hand geschrieben, mit Datum versehen und unterzeichnet oder dann öffentlich beurkundet (siehe S. 19) werden.

Die Patientenverfügung (ZGB 370 ff.)

Für den Fall, dass eine urteilsfähige Person einmal urteilsunfähig werden sollte (wegen Krankheit oder Unfall), kann sie mittels einer Patientenverfügung Vorschriften bezüglich medizinischer Massnahmen erlassen (z.B. es dürfen keine lebensverlängernden Massnahmen getroffen werden). Sie kann darin auch eine Vertrauensperson einsetzen, die dann im medizinischen Bereich Entscheidungen treffen kann.

Die Patientenverfügung muss schriftlich verfasst, datiert und unterzeichnet werden.

■ Die Vorsorge von Gesetzes wegen

Hat jemand weder einen Vorsorgeauftrag noch eine Patientenverfügung erlassen, noch eine entsprechende Beistandschaft errichtet (siehe S. 65), gelten die gesetzlichen Regeln. Diese umfassen:

– **Vertretungsrecht des Ehegatten oder des eingetragenen Partners**
  Eine urteilsunfähige Person wird durch den Ehegatten oder den eingetragenen Partner vertreten (ZGB 374 ff.). Dieses Vertretungsrecht umfasst Rechnungen bezahlen, Kleider besorgen, das Öffnen von Briefen oder von E-Mails usw.)

– **Ärztliche Bestimmung bei medizinischen Massnahmen**
  Der behandelnde Arzt bestimmt über die medizinischen Massnahmen (ZGB 377 ff.) Er muss die zur Vertretung berechtige Person beiziehen. Diese kann die Zustimmung zur Behandlung erteilen oder verweigern.

– **Betreuungsvertrag**
  Befindet sich eine urteilsunfähige Person für längere Dauer in einer Pflege-/Wohneinrichtung, so muss ein Betreuungsvertrag erstellt werden (ZGB 382 ff.). Darin wird geregelt, ob z.B. ein Altersheim oder ein Pflegeheim in Frage kommt sowie die Höhe der Kosten. Die Wünsche der betroffenen Person sind, soweit möglich, zu berücksichtigen.

■ Die Erwachsenenschutzbehörde

Die Erwachsenenschutzbehörde ist eine Fachbehörde und wird von den Kantonen bestimmt. Sie fällt ihre Entscheide mit mindestens drei Mitgliedern. Gleichzeitig ist sie auch Kindesschutzbehörde und erfüllt so diese Aufgaben (ZGB 440).

Je nach Grösse der Kantone setzen diese dafür eine einziges Gremium oder wenige Fachstellen ein. Diese Behörden bestehen aus diversen Fachpersonen (z.B. aus dem Bereich Recht, Sozialarbeit, Pädagogik/Psychologie, Medizin/Psychiatrie).

Erwachsenenschutz: Behördliche Massnahmen

Die Erwachsenenschutzbehörde ordnet eine behördliche Massnahme an, wenn die eigene Vorsorge, die Vorsorge von Gesetzes wegen (siehe S. 64) oder andere Unterstützungsleistungen (z.B. durch die Familie) nicht mehr ausreichen (ZGB 388 f.). Zu den behördlichen Massnahmen zählen:
– die Beistandschaft und
– die fürsorgerische Unterbringung (siehe S. 66).

Die Beistandschaft

Beistandschaft: *Schutzmassnahmen für eine volljährige Person, die ihre Angelegenheiten nicht mehr ganz oder nur noch teilweise selber regeln kann (ZGB 390).*

Dies ist der Fall: Bei einer geistigen Behinderung (eine Beeinträchtigung im koginitiven Bereich), bei einer psychischen Störung (z.B. Psychosen, Demenz, Suchtkrankheit) oder bei einem starken Schwächezustand (z.B. schwere Lähmung).
Die Erwachsenenschutzbehörde errichtet die Beistandschaft auf Antrag der betroffenen Person, einer ihr nahestehenden Person oder von Amtes wegen.

Beistand

Der Beistand wird von der Erwachsenenschutzbehörde ernannt. Beistand kann eine natürliche Person sein (siehe S. 17), die persönlich sowie fachlich geeignet ist und die erforderliche Zeit einsetzen kann (ZGB 400).
Für wichtige Geschäfte (z.B. den Kauf eines Hauses) muss er die Zustimmung der Erwachsenenschutzbehörde einholen (siehe Katalog ZGB 416 f.).

Man unterscheidet vier Arten der Beistandschaft:

Begleitbeistandschaft (ZGB 393)

Die Begleitbeistandschaft wird mit Zustimmung der hilfsbedürftigen Person errichtet, wenn diese begleitende Unterstützung braucht (z.B. Organisieren der Spitex). Die Handlungsfähigkeit bleibt bei dieser Massnahme vollständig gewahrt.

Vertretungsbeistandschaft (ZGB 394)

Die hilfsbedürftige Person kann bestimmte Angelegenheiten nicht mehr erledigen und muss deshalb vertreten werden, z.B. wenn sie Kinder hat, die sie nicht mehr selbständig erziehen kann.
Die Handlungsfähigkeit kann in einzelnen Situationen punktuell eingeschränkt werden.
Die Vermögensverwaltungsbeistandschaft (Art. 395 ZGB) ist eine Unterart der Vertretungsbeistandschaft. Sie betrifft nur das Vermögen und das Einkommen des Verbeiständeten. Die Erwachsenenschutzbehörde bestimmt dabei die vom Beistand zu verwaltenden Vermögenswerte.

Mitwirkungsbeistandschaft (ZGB 396)

Bestimmte Handlungen der hilfsbedürftigen Person brauchen die Zustimmung des Beistands (z.B. Zustimmung zu allen Abzahlungsgeschäften).
Die Handlungsfähigkeit ist bei diesen bestimmten Handlungen von Gesetzes wegen beschränkt.

Umfassende Beistandschaft (ZGB 398)

Wenn eine besondere Hilfsbedürftigkeit, z.B. wegen dauernder Urteilsunfähigkeit besteht, wird eine umfassende Beistandschaft errichtet.
Die verbeiständete Person ist von Gesetzes wegen vollständig handlungsunfähig.

Kombinationen von Beistandschaften
Um eine bedürfnisgerechte Fürsorge sicherzustellen, können die Begleitbeistandschaft, die Vertretungsbeistandschaft und die Mitwirkungsbeistandschaft beliebig miteinander kombiniert werden (ZGB 397).

Fürsorgerische Unterbringung

Die fürsorgerische Unterbringung regelt die Unterbringung einer Person, die an einer psychischen Störung oder an geistiger Behinderung leidet oder schwer verwahrlost ist (ZGB 426 ff.).

Die fürsorgerische Unterbringung wird verordnet, wenn
– eine Person Widerstand leistet, bzw. eine urteilsfähige Person ihre Zustimmung zur Unterbringung nicht erteilt oder
– eine urteils*un*fähige Person in einer psychiatrischen Klinik untergebracht werden soll (ZGB 380).

Die fürsorgerische Unterbringung ist nur zulässig, wenn keine weniger einschneidende Massnahme der betroffenen Person genügenden Schutz bietet.

Die Erwachsenenschutzbehörde ist zuständig für Anordnung der Unterbringung und später für die Entlassung. Die Kantone dürfen jedoch Ärzte bezeichnen, die eine Unterbringung für eine vom Kanton bestimmte Dauer, jedenfalls von höchstens sechs Wochen, anordnen können.

Minderjährige unter Vormundschaft

Steht eine minderjährige Person nicht unter elterlicher Sorge (z.B. weil beide Elternteile gestorben sind), ernennt die Kindesschutzbehörde für das Kind einen Vormund (ZGB 327a ff.).
Die Erwachsenenschutzbehörde ist auch gleichzeitig Kindesschutzbehörde.
Der Vormund hat die gleichen Rechte wie die Eltern. Muss das Kind in einer geschlossenen Einrichtung oder in einer psychiatrischen Klinik untergebracht werden, so sind die entsprechenden Bestimmungen des Erwachsenenschutzes sinngemäss anwendbar.

Das Erbe

> **Erbrecht:** *Regelt, wem das Vermögen und die Schulden eines Erblassers bei dessen Tod zukommen.*

■ Begriffe

Der Nachlass

Das gesamte Vermögen und alle Schulden des Erblassers bilden die Erbschaft, den sogenannten Nachlass. Rechte, Forderungen und Schulden gehören dazu, ebenso wie Grundstücke oder Gegenstände. War der Erblasser zum Zeitpunkt des Todes verheiratet, muss zuerst die güterrechtliche Auseinandersetzung (siehe S. 58) erfolgen, bevor der Nachlass bestimmt werden kann.

Die Erben

Die Erben erwerben durch den Tod des Erblassers automatisch den Nachlass zu gemeinsamem Eigentum (ZGB 560). Sie können bis zur Verteilung der Erbschaftsgegenstände unter sich nur gemeinsam über den Nachlass verfügen (Erbengemeinschaft).

■ Die gesetzlichen Erben (ZGB 457 ff.)

Erbe wird man aufgrund
– gesetzlicher Vorschrift (gesetzliche Erben) oder
– Testament (siehe S. 71) und
– Erbvertrag (eingesetzte Erben).

Das ZGB erklärt bestimmte Verwandte und den überlebenden Ehegatten zu gesetzlichen Erben. Der überlebende Ehegatte ist stets erbberechtigt. Die übrigen gesetzlichen Erben sind aufgrund ihrer Verwandtschaftsnähe zum Erblasser erbberechtigt. Die Erbschaft der Verwandten basiert auf dem Stammessystem (auch Parentelsystem genannt). Die Stämme sind wie folgt gegliedert:

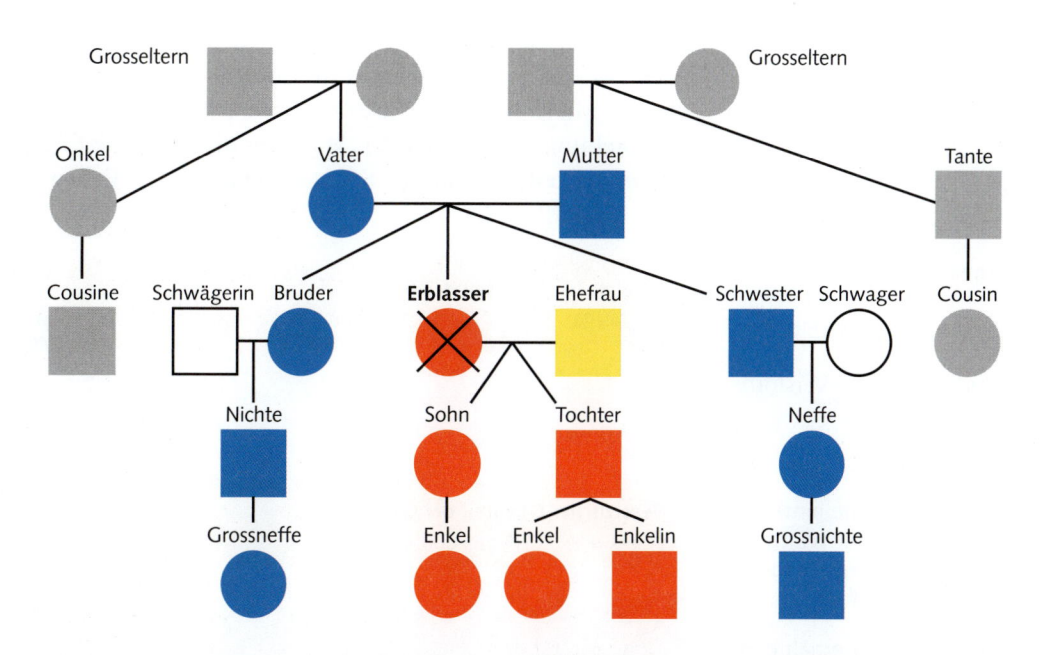

– Den ersten Stamm bildet der Erblasser mit seinen Nachkommen (die Kinder, Enkel, Grossenkel usw.).
– Den zweiten Stamm bilden die Eltern des Erblassers mit ihren Nachkommen (auch elterlicher Stamm oder Parentel genannt).
– Den dritten Stamm bilden die Grosseltern des Erblassers mit ihren Nachkommen (auch grosselterlicher Stamm oder Parentel genannt).

1.3. Familie

Die Erbschaft

■ Rangfolge und Anteile

Erster Stamm

Die nächsten gesetzlichen Erben des Erblassers sind seine Nachkommen. Sie erben untereinander zu gleichen Teilen. Ist ein Nachkomme vorverstorben, treten dessen Nachkommen an seine Erbstelle (ZGB 457). Der überlebende Ehegatte muss den Nachlass mit Erben aus dem ersten Stamm hälftig teilen (ZGB 462).

Beispiel: *Bei der güterrechtlichen Auseinandersetzung auf S. 58 wurden die Anteile von Lena und Pirmin errechnet. Das Resultat ergab, dass Lena Eigentümerin von CHF 140 000.– ist und der Nachlass des verunglückten Pirmin CHF 240 000.– beträgt. Dieser wird nun laut Gesetz geteilt, weil kein Testament oder kein Erbvertrag vorhanden ist (= gesetzlicher Erbanspruch).*

Vom Nachlass werden zuerst die Todesfallkosten von CHF 20 000.– abgezogen. Der Rest wird geteilt.

Nachlass des Verstorbenen	CHF 240 000.–	
– Todesfallkosten		20 000.–
= verfügbare Erbschaft (Nachlass)	CHF 220 000.– = 100% oder 1/1	
Der Verstorbene hinterlässt Gattin und zwei Kinder.	**Gesetzlicher Erbanteil von Lena** 1/1 x 1/2 = 1/2 CHF 110 000.–	**Gesetzlicher Erbanteil der Kinder** 1/1 x 1/2 = 1/2 CHF 110 000.–
		1. Kind 1/2 x 1/2 = 1/4 CHF 55 000.– / **2. Kind** 1/2 x 1/2 = 1/4 CHF 55 000.–

Zweiter Stamm

Sind im ersten Stamm keine Erben vorhanden, gelangt der Nachlass an die Erben des zweiten Stammes. Vater und Mutter des Erblassers erben zu gleichen Teilen. Ist ein Elternteil des Erblassers vorverstorben, treten dessen Nachkommen in seine Erbstellung ein (ZGB 458). Muss der überlebende Ehegatte mit Erben des zweiten Stammes teilen, erhält er ¾ des Nachlasses, die Erben des zweiten Stammes erhalten ¼ (ZGB 462²).

Annahme: Der Verstorbene hinterlässt Gattin und beide Eltern. Beide Eltern des Verstorbenen erhalten je 1/8.	**Gesetzlicher Erbanteil der Gattin** 1/1 x 3/4 = 3/4	**Gesetzlicher Erbanteil der Eltern** 1/1 x 1/4 = 1/4 — 1/2 x 1/4 = 1/8 / 1/2 x 1/4 = 1/8
Annahme: Der Verstorbene hinterlässt die Gattin, seine Mutter und eine Schwester (der Vater ist vorverstorben). Die Schwester erhält den Erbanteil des vorverstorbenen Vaters.	**Gesetzlicher Erbanteil der Gattin** 1/1 x 3/4 = 3/4 CHF 165 000.–	**Mutter** 1/8 **Vater †** → **Schwester** 1/8

Mit dem 3. Stamm endet die gesetzliche Erbschaftsberechtigung der Verwandten. Finden sich keine Erben im 3. Stamm und besteht kein Testament, so fällt das Erbe an den Staat.

1.3. Familie

■ Güterrechtliche Auseinandersetzung und Erbanteile

Im Todesfall eines Ehepartners geht der Erbschaft die güterrechtliche Auseinandersetzung voraus (siehe S. 58). Erst wenn diese stattgefunden hat, ist der Nachlass bekannt. An diesem bestehen die Erbanteile.

Fall: *Zum besseren Verständnis übernehmen wir wiederum den Fall des Ehepaares Pirmin und Lena (siehe Seiten 57 und 58) und zeigen in einer ganzheitlichen Übersicht den Weg der Einkommen und der Vermögen von der Bekanntschaft bis zum Tod von Pirmin und die nachfolgenden erbrechtlichen Varianten.*

Auflösung des Güterstandes durch Scheidung, Tod, Ehevertrag oder Richter

	Lena		Pirmin		
Eigengut		Sparkonto 50 000.–		Aktien 60 000.–	Erbschaft und Schenkung 90 000.–
Errungenschaft		Lohn 50 000.–	Lohn, Zinsen 130 000.–		
– evtl. gegenseitige Schulden			in unserem Beispiel: CHF 0.–		
= Vorschlag		50 000.–	130 000.–		
Gesamter Vorschlag: hälftig teilen			180 000.–		
Anteile der Partner: jetzt neues Eigengut	Sparkonto 50 000.–	90 000.–	90 000.–	Eigengut 150 000.–	
	140 000.–		240 000.–		

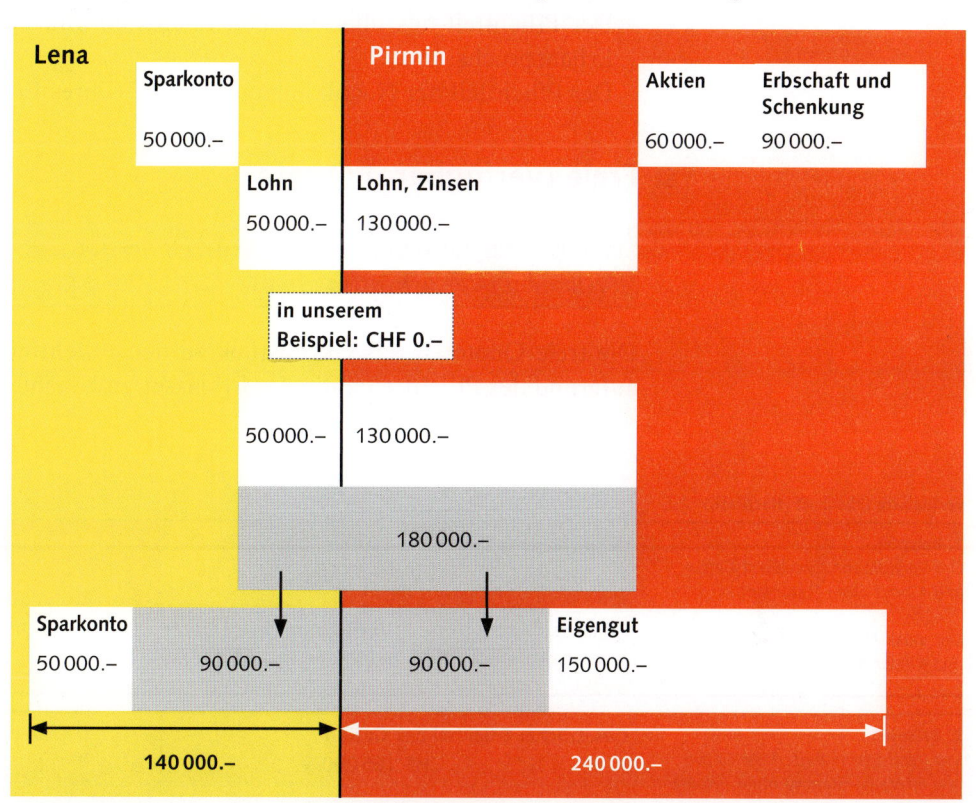

■ Die Erbteilung

Nachlass (Erbmasse) des Verstorbenen	CHF 240 000.–
– Todesfallkosten CHF 20 000.–	
= verfügbare Erbschaft (Teilungsmasse)	CHF 220 000.– = 100 % oder ¹⁄₁
gesetzlicher Anspruch (ohne Testament) der Gattin und der Kinder	½ Gattin | ½ Nachkommen

Pflichtteile und freie Quote

Der Erblasser kann über seinen Nachlass nicht völlig frei verfügen. Gewisse gesetzliche Erben, nämlich seine Nachkommen, sein Ehegatte oder seine Eltern (wenn sie erbberechtigt sind) besitzen einen sogenannten Pflichtteilsschutz (ZGB 470 f.).

Pflichtteile

Pflichtteil (ZGB 471): *Ist der Teil eines Erbanspruchs, den der Erblasser den gesetzlichen Erben nicht vorenthalten darf.*

Der Pflichtteil wird vom Gesetz als Bruchteil des gesetzlichen Erbanspruchs festgelegt:
– Der Pflichtteil des überlebenden Ehegatten und der Eltern beträgt je ½ ihres Erbanspruchs.
– Der Pflichtteil der Nachkommen beträgt ¾ ihres Erbanspruchs.

Freie (verfügbare) Quote

Freie (verfügbare) Quote (ZGB 470): *Ist der Teil des Nachlasses, über den durch Testament oder Erbvertrag frei verfügt werden kann.*

Die freie Quote ist das Gegenstück zu den Pflichtteilen. Ihre Grösse ergibt sich aufgrund der Pflichtteile, die der Erblasser zu beachten hat.

verfügbare Erbschaft (Nachlass)	⅛	⅛	⅛	⅛	⅛	⅛	⅛	⅛
	CHF 220 000.– = 100% oder ⅟₁							
1. Beispiel: Der Verstorbene hinterlässt Gattin und Kinder **ohne** Testament.	Gesetzlicher Erbanteil des Gatten ⅟₁ × ½ = ½ CHF 110 000.–				Gesetzlicher Erbanteil der Nachkommen ⅟₁ × ½ = ½ CHF 110 000.–			
Der Verstorbene hinterlässt Gattin und Kinder **mit** Testament.	Pflichtteil Gatte ½ × ½ = ¼ (²⁄₈)		Verfügbare (freie) Quote = ⅜ CHF 82 500.–			Pflichtteil Nachkommen ½ × ¾ = ⅜		
2. Beispiel: Der Verstorbene hinterlässt Gattin und Eltern (2. Stamm) **ohne** Testament.	Gesetzlicher Erbanteil des Gatten ⅟₁ × ¾ = ¾ CHF 165 000.–						Gesetzlicher Erbanteil der Eltern ⅟₁ × ¼ = ¼	
Der Verstorbene hinterlässt Gattin und Eltern **mit** Testament.	Pflichtteil Gatte ½ × ¾ = ⅜			Verfügbare Quote ⁴⁄₈ (½) CHF 110 000.–				Pflichtteil Eltern ⅛
3. Beispiel: Der Verstorbene hinterlässt Gattin und Geschwister (2. Stamm) **ohne** Testament.	Gesetzlicher Erbanteil des Gatten ⅟₁ × ¾ = ¾ CHF 165 000.–						Geschwister ⅟₁ × ¼ = ¼	
Der Verstorbene hinterlässt Gattin und Geschwister (2. Stamm) **mit** Testament.	Pflichtteil Gatte ½ × ¾ = ⅜			Verfügbare Quote laut Testament ⅝ = CHF 137 500.–				

Die Enterbung (ZGB 477 ff.)

Das Gesetz sieht die Möglichkeit der Enterbung vor und nennt zwei Gründe:
– Der Erbe hat gegen den Erblasser oder gegen eine ihm nahestehende Person eine schwere Straftat verübt (ZGB 477).
– Der Erbe hat eine familienrechtliche Pflicht gegenüber dem Erblasser oder gegenüber einem seiner Angehörigen schwer verletzt, z.B. ein Kind hat sich Jahre lang nicht um den pflegebedürftigen Erblasser gekümmert.

Die Enterbung muss in einem Testament festgehalten werden. Dort muss auch der Enterbungsgrund genannt werden, damit die Enterbung wirksam wird (ZGB 479).

→ www.verlag-fuchs.ch/recht

Verfügungen von Todes wegen

Ein Erblasser, der handlungsfähig ist (siehe S. 17), kann mit einem Testament (letztwillige Verfügung) oder einem Erbvertrag über seinen Nachlass bestimmen und so von der gesetzlichen Erbfolge abweichen. Er kann also bis zu einem gewissen Grad (siehe Pflichtteile) zwischen den gesetzlichen Erben eine andere Beteiligung an der Erbschaft vorsehen oder andere Personen als Erben einsetzen.

Das Testament

Testament (ZGB 498 ff.): *Ist eine einseitige Willenserklärung des Erblassers über die Verteilung seines Nachlasses.*

Eigenhändiges Testament
– Das Testament muss vom Erblasser vollständig von Hand geschrieben sein.
– Es muss das Datum der Niederschrift (Tag, Monat, Jahr) enthalten.
– Der Erblasser muss das Testament unterschreiben.

Ist eine dieser Vorschriften nicht erfüllt, besteht ein Formmangel. Anders als bei Formmängeln üblich, wird ein Testament durch einen Formmangel nicht einfach nichtig. Das Testament wird nur auf Klage hin für ungültig erklärt (ZGB 520).

Vorteil: Es ist mit keinen Kosten verbunden und jederzeit änderbar.
Nachteil: Das eigenhändige Testament kann leicht verloren gehen, vergessen oder nicht mehr gefunden werden. Die Kantone sind deshalb verpflichtet, Amtsstellen einzurichten, welche die Aufbewahrung übernehmen (ZGB 505^2).

Öffentliches Testament
Das öffentliche Testament muss unter Mitwirkung einer Urkundsperson (meistens Notar) und zwei Zeugen erstellt werden (ZGB 499). Die Zeugen müssen den Inhalt des Testaments nicht kennen. Sie müssen nur bezeugen, dass der Erblasser das Testament gelesen hat, dass er damit über seinen Nachlass verfügen will und dass er in diesem Moment urteilsfähig war.

Vorteil: Die Urkundsperson muss ein Exemplar sicher aufbewahren und dieses auch beim Tod des Erblassers der zuständigen Amtsstelle übergeben.
Nachteil: Die Erstellung ist mit Kosten verbunden.

Der Erbvertrag

Der Erbvertrag verteilt die Erbschaft anders als das Gesetz es vorsieht.

Erbvertrag (ZGB 512 ff.): *Ist eine Vereinbarung (gegenseitige übereinstimmende Willenserklärung) der Vertragsparteien über ihren Nachlass.*

Ein Erbvertrag muss wie ein öffentliches Testament unter Mitwirkung einer Urkundsperson und zweier Zeugen erstellt werden (ZGB 512). Da es sich um einen Vertrag handelt, kann er (anders als das Testament) grundsätzlich nicht von einer Partei einseitig widerrufen werden: Dazu ist eine schriftliche Übereinkunft von allen Vertragsparteien nötig (ZGB 513).

Beispiel: Ein Pflegebedürftiger, der keine Nachkommen hat und nicht verheiratet ist, setzt seine langjährige Pflegerin gegen weitere Pflegeleistungen bis zu seinem Ableben als Alleinerbin ein.

Tipp
– *Testamente und Erbverträge sollten an einem sicheren Ort aufbewahrt werden. Notare, Rechtsanwälte und auch die Gemeinde stellen sich für diese Dienstleistung zur Verfügung.*
– *Besonders wichtig ist, dass Änderungen in einem Testament auch am Aufbewahrungsort nachgetragen werden.*

Todesfall – Massnahmen

■ Benachrichtigung der Behörden

Todesfall am Wohnort
Zuerst muss ein Arzt beigezogen werden, damit dieser den Tod bescheinigen kann. Dann erfolgt die Meldung beim Zivilstandsamt der Wohngemeinde mit der Todesbescheinigung des Arztes und mit dem Familienbüchlein.

Todesfall ausserhalb des Wohnortes
Auch hier ist zuerst ein Arzt beizuziehen. Die Todesmeldung erfolgt jedoch beim Zivilstandsamt des Todesortes.

Unfalltod
In diesem Fall ist zur Abklärung des Unfalls die Polizei zu benachrichtigen.

Weitere Schritte
Je nach Religionszugehörigkeit ist das entsprechende Pfarramt zu benachrichtigen. Auf Wunsch übernimmt in den meisten Gemeinden das Zivilstandsamt die Organisation der Bestattung (Termine, Art der Bestattung usw.).

Nachlassregelung
Dem Teilungsamt der Gemeinde muss ein allfälliges Testament übergeben werden. Das Teilungsamt unterstützt die Hinterbliebenen bei der Regelung des Nachlasses der verstorbenen Person.

■ Private Massnahmen

Man hat die Wahl, ein Bestattungsunternehmen mit Aufgaben, die im Zusammenhang mit einer Beerdigung anfallen, zu betrauen oder diese Aufgaben selbst zu erledigen:
- Leidzirkulare verfassen, drucken lassen und versenden
- Todesanzeige in der Zeitung aufgeben
- Einsargung und Überführung der Leiche veranlassen
- Mit der Friedhofsverwaltung bezüglich Grabstätte Kontakt aufnehmen
- Die Bestattungsfeierlichkeiten (Musik, gemeinsames Essen nach der Beerdigung usw.) organisieren

---

Tipp — *Fast alle Gemeinden geben ein Merkblatt zu diesem Thema heraus. Dieses ist unter der Internet-Adresse der Gemeinde zu finden oder bei den Gemeindekanzleien erhältlich.*

1.4. Kauf

Kauf: Übersicht

Ablauf eines Kaufvertrags (Kauf Zug um Zug)

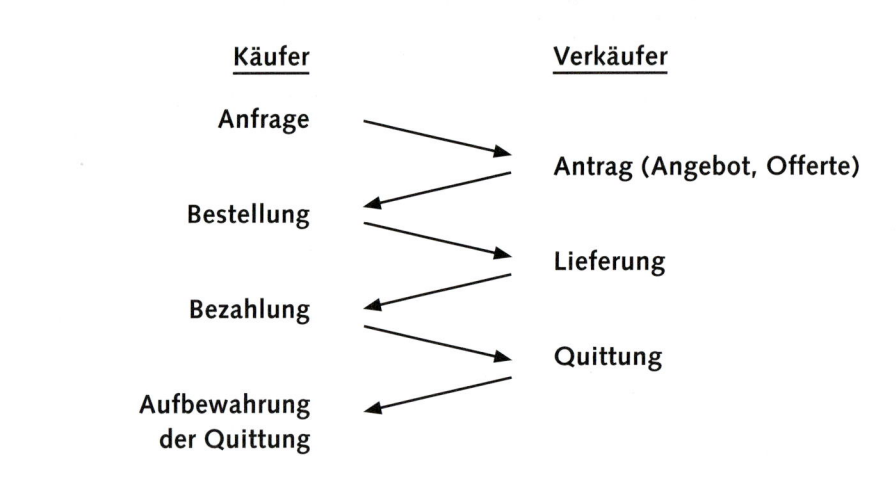

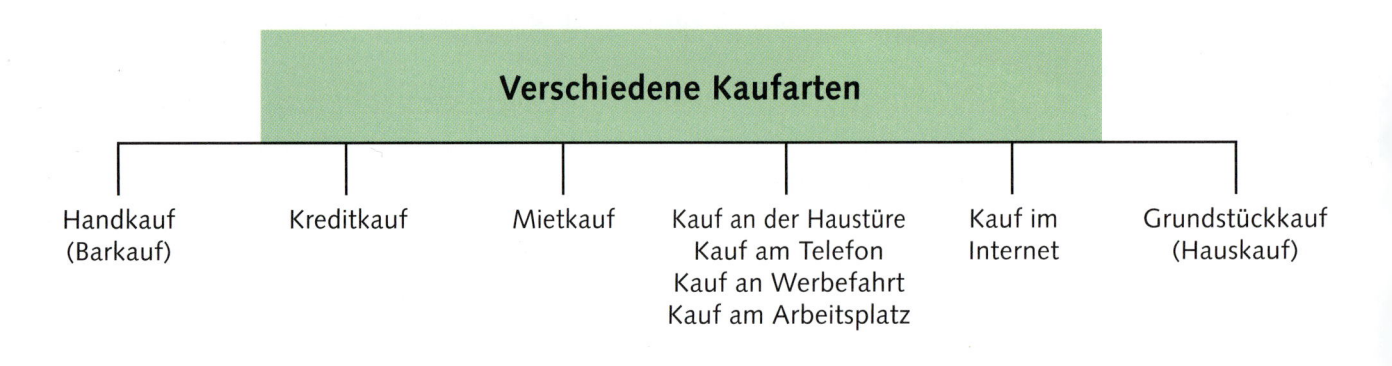

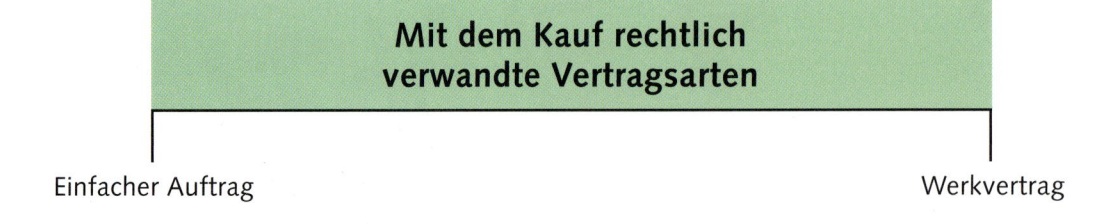

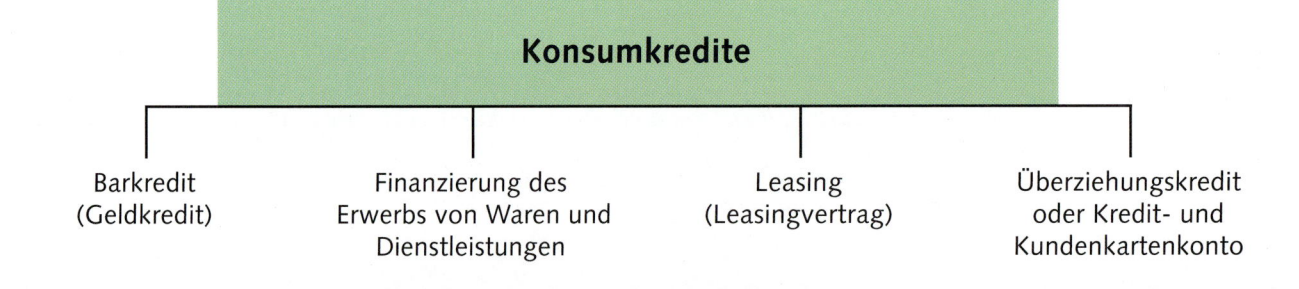

Käufer	Verkäufer
Anfrage →	
	← Antrag (Angebot, Offerte)
Bestellung →	
	← Lieferung
Bezahlung →	
	← Quittung
Aufbewahrung der Quittung	

Störungen im Ablauf eines Kaufvertrags (Vertragsverletzungen)

- Lieferverzug
- Annahmeverzug
- Mangelhafte Ware
- Zahlungsverzug

Verschiedene Kaufarten

- Handkauf (Barkauf)
- Kreditkauf
- Mietkauf
- Kauf an der Haustüre / Kauf am Telefon / Kauf an Werbefahrt / Kauf am Arbeitsplatz
- Kauf im Internet
- Grundstückkauf (Hauskauf)

Mit dem Kauf rechtlich verwandte Vertragsarten

- Einfacher Auftrag
- Werkvertrag

Konsumkredite

- Barkredit (Geldkredit)
- Finanzierung des Erwerbs von Waren und Dienstleistungen
- Leasing (Leasingvertrag)
- Überziehungskredit oder Kredit- und Kundenkartenkonto

Begriffe aus ZGB (Sachenrecht) und aus OR

Eigentum

> **Eigentum (ZGB 641 ff.):** *Der Eigentümer einer Sache kann nach seinem Belieben über diese Sache verfügen. Er muss aber die Rechtsordnung beachten.*

Über eine Sache nach Belieben verfügen heisst u.a.: Man kann die Sache verkaufen, verschenken, verändern oder gar zerstören. Die Rechtsordnung setzt dem Belieben aber Grenzen.

Beispiel:
Bauvorschriften verbieten es, ohne Bewilligung das Haus aufzustocken.
Das Umweltschutzgesetz bzw. das Abfallentsorgungsreglement lassen es nicht zu, das eigene Fahrrad im Wald zu entsorgen.

Eigentumsübertragung

Eine Eigentumsübertragung kann je nach Gegenstand z.B. durch blosse Übergabe (bewegliche Sache) oder Eintragung im Grundbuch (unbewegliche Sache) erfolgen. Der Grund einer Eigentumsübertragung kann
– ein vertraglicher, z.B. Kauf, Tausch (OR 237 f.), Schenkung (OR 239 ff.),
– oder ein gesetzlicher, z.B. Erbschaft (ZGB 560; siehe S. 68 ff.), sein.

Der Eigentümer kann seine Sache auch jemand anderem zum Gebrauch überlassen (siehe S. 103). Er bleibt weiterhin Eigentümer. Die andere Person wird dann (unselbständiger) Besitzer der Sache. Der unselbständige Besitzer muss mit der Sache sorgfältig umgehen und sie wieder dem Eigentümer auf dessen Verlangen zurückgeben.

Besitz

> **Besitz (ZGB 919 ff.):** *Der Besitzer einer Sache hat die tatsächliche Gewalt über diese Sache.*

In der Regel sind Eigentümer und Besitzer dieselben Personen (man spricht von selbständigem Besitz).
Beispiele, in denen Eigentümer und Besitzer in der Regel nicht identisch sind (unselbständiger Besitz): Miete, Leihe, Leasing

Gattungskauf (Gattungsware)

> **Gattungskauf:** *Nur die Art oder die Eigenschaft des Kaufgegenstandes ist bestimmt.*

Meistens handelt es sich um vertretbare (ersetzbare) Sachen, die in der Regel nach Zahl, Mass oder Gewicht bestimmt werden.
Beispiele: Äpfel, Benzin, Stoff.
Üblicherweise trifft beim Gattungskauf der Verkäufer die Auswahl (siehe OR 71).

Spezieskauf (Speziesware)

> **Spezieskauf (Stückkauf):** *Der Kaufgegenstand ist individuell bestimmt.*

Beim Spezieskauf trifft der Käufer die Auswahl.
Beispiele: Occasionsauto, Kunstwerk (Original)

1.4. Kauf

Der Ablauf eines Kaufs

> **Kaufvertrag (OR 184 ff.):** *Der Verkäufer verpflichtet sich, dem Käufer gegen Bezahlung des Kaufpreises das Eigentum an einer Sache oder an einem Recht zu übertragen.*

Form
Grundsätzlich können Kaufverträge formlos, d.h. mündlich oder stillschweigend, abgeschlossen werden. (Ausnahme: Immobilienkauf, siehe S. 84).

Kaufgegenstand
Der Kaufgegenstand kann ein Recht (z.B. Geldforderung), eine unbewegliche Sache (z.B. Grundstück) oder eine bewegliche Sachen (z.B. iPod, Mountainbike, Personenwagen) sein. Letzteres wird Fahrniskauf genannt. Im Alltag hat man es vor allem mit Fahrniskäufen zu tun. Ohne anderen Hinweis versteht man in der Folge unter «Kauf» deshalb den Fahrniskauf (Grundstückkauf, siehe S. 84).

■ Anfrage

Mit der Anfrage will sich der Käufer Informationen beschaffen. So interessieren u.a. Qualität, Quantität, Preis sowie Liefer- und Zahlungsbedingungen.

■ Antrag (Angebot/Offerte) OR 3 ff.

Der Verkäufer nennt die Bedingungen, zu denen er sich verpflichtet, die Ware zu liefern.

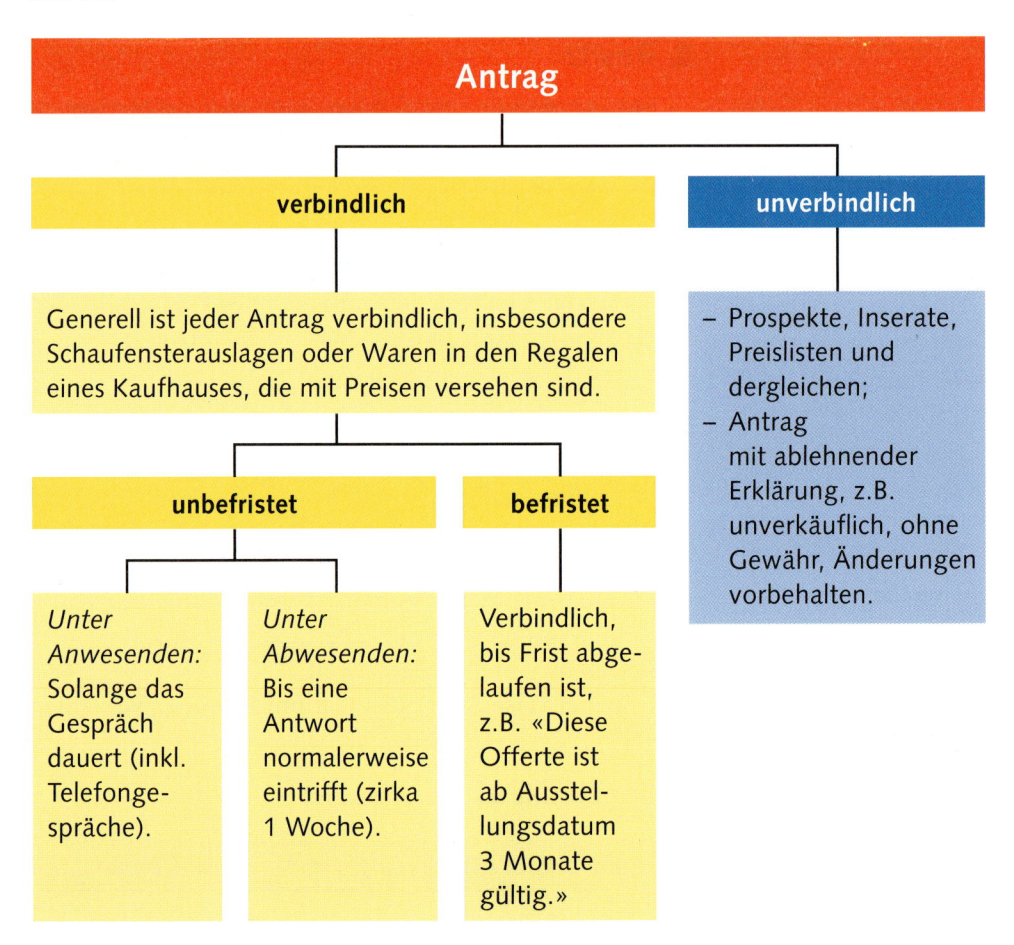

Antrag

- **verbindlich**
  - Generell ist jeder Antrag verbindlich, insbesondere Schaufensterauslagen oder Waren in den Regalen eines Kaufhauses, die mit Preisen versehen sind.
  - **unbefristet**
    - *Unter Anwesenden:* Solange das Gespräch dauert (inkl. Telefongespräche).
    - *Unter Abwesenden:* Bis eine Antwort normalerweise eintrifft (zirka 1 Woche).
  - **befristet**
    - Verbindlich, bis Frist abgelaufen ist, z.B. «Diese Offerte ist ab Ausstellungsdatum 3 Monate gültig.»
- **unverbindlich**
  - Prospekte, Inserate, Preislisten und dergleichen;
  - Antrag mit ablehnender Erklärung, z.B. unverkäuflich, ohne Gewähr, Änderungen vorbehalten.

Die Zustellung unbestellter Ware (siehe S. 83) wird nicht als Antrag angesehen (OR 6a[1]).

1.4. Kauf

■ Bestellung (Annahme des Angebots)

- Eine Bestellung ist mündlich oder schriftlich möglich.
- Erfolgt die Bestellung aufgrund einer verbindlichen Offerte, gilt der Kaufvertrag als zustande gekommen. Die gegenseitigen Willensäusserungen stimmen überein (OR 1). Käufer wie auch Verkäufer können auf der Erfüllung der vereinbarten Bedingungen beharren.
- Bestellte Ware muss angenommen werden.
- Grundsätzlich gilt: gekauft ist gekauft (Ausnahme: Die Ware ist mangelhaft.).

Beispiel:
In einem Möbelgeschäft ist eine Matratze für CHF 480.– bestellt worden. Man hat vereinbart, dass diese Matratze in vier Wochen abgeholt und gleich bezahlt wird. Beim Holen der Matratze stellt man fest, dass dasselbe Produkt inzwischen zum Aktionspreis von CHF 350.– angeboten wird. Der Verkäufer kann auf Bezahlung von CHF 480.– beharren.
Ist die Matratze in der Zwischenzeit jedoch teurer geworden und kostet nun CHF 550.–, muss der Käufer nur die vereinbarten CHF 480.– bezahlen.

■ Nutzen und Gefahr

Der Zeitpunkt des Übergangs von Nutzen und Gefahr muss nicht mit der Eigentumsübertragung zusammenfallen. Nach dem Übergang von Nutzen und Gefahr gehören die geldwerten Vorteile dem Käufer, z.B. die Erträge. Der Käufer trägt aber auch das Risiko, den Kaufpreis trotzdem bezahlen zu müssen, falls der Kaufgegenstand beschädigt wird.

Beispiel:
Jemand kauft ein Haus mit Mietwohnungen. Nach dem Übergang von Nutzen und Gefahr gehören die Mietzinse dem Käufer. Wird die Wohnung durch eine Schlammlawine zerstört, hat der Käufer dennoch den ganzen Kaufpreis zu bezahlen.

Übergang von Nutzen und Gefahr

Ist nichts anderes vereinbart, gelten folgende Regelungen bezüglich des Zeitpunkts des Übergangs von Nutzen und Gefahr:
- *Gattungskauf:* wenn die Ware vom Rest getrennt ist bzw. wenn sie zur Versendung abgegeben ist (OR 185)
- *Spezieskauf:* beim Vertragsabschluss

■ Lieferung

Der Verkäufer schickt oder übergibt dem Käufer die Ware. Ist nichts anderes vereinbart, wird der Käufer mit der Übergabe der Ware Eigentümer dieser Ware, auch wenn er sie noch nicht bezahlt hat (ZGB 714).

Ort der Erfüllung (Holschulden)

Warenschulden sind in der Regel Holschulden. Das heisst, der Käufer muss die Ware beim Verkäufer abholen (OR 74).

Ist nichts anderes vereinbart worden, trägt der Käufer die Kosten für den Transport der Ware vom Erfüllungs- zum Bestimmungsort (OR 189).

Tipp *Obwohl der Kaufvertrag grundsätzlich formlos gültig ist, soll man sich wichtige Bestellungen schriftlich bestätigen lassen oder man schreibt die Vereinbarung gleich selbst auf.*

Vertragsverletzungen

■ Lieferverzug

Regelfall (Mahngeschäft)

Liefert der Verkäufer nicht rechtzeitig, wird er in der Regel durch die Mahnung des Käufers in Verzug gesetzt. Gleichzeitig mit der Mahnung kann eine angemessene Frist zur nachträglichen Lieferung gesetzt werden. Aus Beweisgründen werden solche Liefermahnungen eingeschrieben geschickt.

Verstreicht auch diese Nachfrist ungenutzt, kann der Käufer auf der Lieferung beharren und zusätzlich Schadenersatz verlangen. Er kann aber auch auf die Lieferung verzichten (und verlangen, dass er wirtschaftlich so gestellt wird, wie wenn der Verkäufer die Vereinbarung rechtzeitig erfüllt hätte) oder er kann vom Vertrag zurücktreten (OR 102 und 107).

Spezialfälle (OR 108)

Der Käufer muss keine Nachfrist ansetzen, wenn
– sich der Verkäufer von vornherein zu liefern weigert,
– eine Nachlieferung für den Käufer unnütz ist,
– ein genauer Stichtag für die Lieferung festgelegt wurde.
Er kann dann ohne Nachfristansetzung auf die Lieferung verzichten oder vom Vertrag zurücktreten.

Beispiel:
Für eine Geburtstagsparty wurden bei einem Metzger auf den 4. September 100 Bratwürste bestellt. Kann der Metzger nicht termingerecht liefern, darf sofort auf eine nachträgliche Lieferung verzichtet werden. Kauft man die Würste an einem anderen Ort zu einem höheren Preis, muss der Metzger den Mehrpreis übernehmen.

■ Annahmeverzug

Der Käufer muss die rechtzeitig gelieferte Ware annehmen. Weigert er sich, kann der Verkäufer die Ware auf Kosten des Käufers hinterlegen, z.B. in einem Lagerhaus (OR 92).

■ Gewährleistung (Garantie)

Die verkaufte Ware muss einwandfrei geliefert werden. Das heisst, sie darf keine Mängel haben, die den Wert vermindern oder die Funktionstüchtigkeit einschränken. Dafür haftet der Verkäufer (OR 197).
Ist nichts anderes abgemacht, dauert diese sogenannte Gewährleistung (Garantie) ein Jahr ab Lieferdatum (OR 210). Sind Verkäufer und Käufer einverstanden, kann auf jegliche Garantieansprüche verzichtet werden oder man kann eine beliebige Garantiedauer vereinbaren.

Bei Gebäuden dauert die Garantiezeit 5 Jahre (OR 219).

Die Garantie gilt auch für gebrauchte Waren. Oft wird die Gewährleistung aber ausgeschlossen.

Ein generelles Umtauschrecht gibt es nicht.

Beispiel:
Eine Kundin kauft einen einwandfreien Pullover. Zu Hause stellt sie fest, dass die Farbe nicht zu den dafür vorgesehenen Hosen passt. Es hängt nun allein von der Kulanz (dem Entgegenkommen) des Verkäufers ab, ob sie den Pullover umtauschen kann. Um die Kundin nicht zu verlieren, stellt ihr der Verkäufer oft einen Gutschein aus, falls nichts Passendes gefunden wird.

1.4. Kauf

■ Mangelhafte Ware

Der Käufer ist verpflichtet, die Ware nach Erhalt zu prüfen und einen offensichtlichen Mangel mittels Mängelrüge sofort dem Verkäufer zu melden (OR 201).

> **Mängelrüge:** *Mitteilung des Käufers an den Verkäufer, welche Mängel die Ware aufweist und dass die Mängel nicht akzeptiert werden.*

Mit der Mängelrüge stellt der Käufer auch einen Gewährleistungsanspruch. Ohne andere Abmachung hat er dabei die Wahl zwischen zwei (beim Stückkauf) oder drei (beim Gattungskauf) Möglichkeiten:

Ersatzlieferung (OR 206)	Preisminderung (OR 205)	Wandelung (OR 205)
Bei der Ersatzlieferung wird die defekte Sache gegen eine einwandfreie umgetauscht.	Durch die Preisminderung wird der Kaufpreis reduziert. Die Reduktion erfolgt um die verhältnismässige Werteinbusse, die der Kaufgegenstand aufgrund des Mangels hat.	Mit der Wandelung wird der Kaufvertrag rückgängig gemacht. Dabei gibt der Käufer die Ware zurück und erhält vom Verkäufer das bereits gezahlte Geld zurück. In diesem Fall darf der Käufer auf Bargeld beharren. Er muss keinen Gutschein akzeptieren.
Die Ersatzlieferung kann nur beim Gattungskauf beantragt werden.	Die Preisminderung ist beim Gattungs- und beim Spezieskauf möglich (Stückkauf siehe S. 75).	Die Wandelung ist beim Gattungs- und beim Spezieskauf möglich, jedoch nur, wenn ein erheblicher Mangel vorliegt.

Reparatur
Eine Reparatur sieht das Gesetz nicht vor. Aufgrund der Vertragsfreiheit (OR 19) kann jedoch vereinbart werden, dass dem Käufer bei Vorliegen eines Mangels als vierte Wahlmöglichkeit ein Reparaturanspruch zusteht.
Treten im Nachhinein sogenannte versteckte Mängel auf, hat der Käufer diese umgehend dem Verkäufer zu melden (siehe Mängelrüge). Werden diese versteckten Mängel während der Garantiezeit entdeckt und gerügt, stehen dem Käufer wiederum die Gewährleistungsrechte (Garantierechte) zu

Korrespondenz: Mängelrüge
1. Vermerk: Eine Mängelrüge eingeschrieben schicken.
2. Brieftitel: «Ihre Lieferung vom ...» oder «Artikel xy ...»
3. Inhalt:
   – Bestätigung, dass man Ware am (Datum) erhalten hat.
   – Hinweis, dass die Ware sofort geprüft und folgender Mangel festgestellt worden ist (Mangel genau beschreiben).
   – Vorschlag zur Erledigung der Angelegenheit unterbreiten (Ersatzlieferung usw.).
   – Hinweis, dass Ware abgeholt werden kann (Ware nicht von sich aus zurückschicken).

Ein Beispiel einer Mängelrüge ist auf Seite 369 zu finden.

Zahlungsverzug

Der Käufer muss innerhalb der vereinbarten Frist den abgemachten Kaufpreis bezahlen. Kommt er dieser Pflicht nicht nach, kann er vom Verkäufer gemahnt werden. Mit der Mahnung befindet sich der Käufer im Verzug und schuldet dem Verkäufer nebst dem Kaufpreis auch einen Verzugszins. Wurde nichts anderes vereinbart, beträgt dieser 5% pro Jahr (OR 104). Ebenfalls gehen zur Eintreibung der Schuld notwendige Auslagen zulasten des Käufers (OR 103, z.B. allfällige weitere Mahngebühren nach der ersten Mahnung).

Gemäss Gesetz reicht eine einzige Mahnung, um den Käufer in Verzug zu setzen (OR 102). In der Praxis haben sich jedoch drei Mahnungen eingebürgert.

Ort der Erfüllung (Bringschulden)

Geldschulden sind in der Regel Bringschulden. Der Käufer muss dem Verkäufer das Geld ohne anderslautende Vereinbarung an dessen Wohnort überbringen (OR 74).

Rechnung

Eine vollständige Rechnung enthält: Name und Adresse des Ausstellers und des Empfängers, Bezeichnung der Ware oder der Dienstleistung, Betrag, Zahlungsbedingungen und Datum der Rechnungsstellung. Eine Rechnung sollte nicht unterschrieben werden, es sei denn, es handelt sich um eine quittierte Rechnung.

Quittung (Zahlungsbestätigung)

> **Quittung:** *Schriftliche Bestätigung des Verkäufers, dass der Käufer die Ware bezahlt hat.*

Jeder Käufer hat das Recht, eine Quittung zu verlangen (OR 88).

Üblicher Inhalt:

Vorname und Name des Käufers
Betrag in Zahlen und Worten
Kaufgegenstand
Ort und Datum
Unterschrift des Verkäufers

Quittung

Die unterzeichnende Person bestätigt, von

Manuela Fischer, Hinterbachstrasse 30, 3186 Düdingen

CHF 500.– (fünfhundert) für:

1 Occasionsmofa (Allegro Alex) erhalten zu haben.

Fribourg, 16. Mai 2012

Peter Hammer

Aufbewahrung der Quittung

Da bei den meisten Käufen der Vertragsabschluss, die Übergabe des Kaufgegenstandes und die Kaufpreiszahlung zeitlich zusammenfallen, sollte die Quittung unbedingt aufbewahrt werden.

Will man nämlich Garantieansprüche geltend machen, muss man den Kauf beweisen können.

Verjährungsfrist beim Kaufvertrag

Bis zum Ablauf der Verjährungsfrist muss der Käufer belegen können, dass er den Kaufpreis bezahlt hat. Die Verjährungsfrist dauert bei den meisten Kaufverträgen mit privatem Zweck 5 Jahre (OR 128) als Ausnahme zur Regeldauer von 10 Jahren (OR 127). Man sollte daher über ein Ordnungssystem verfügen, so dass alle Quittungen der letzten fünf Jahre wieder auffindbar sind.

Verschiedene Kaufarten

Handkauf (Barkauf)

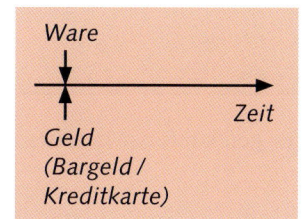

Handkauf: *Die Bezahlung erfolgt gleichzeitig mit der Übergabe des Kaufgegenstandes.*

Ohne gegenteilige Abmachung ist jeder Kauf ein Handkauf: Käufer und Verkäufer erbringen ihre Leistungen gleichzeitig (Zug um Zug; OR 184).

Vorteile
Käufer
– Hat besseren Überblick über die Ausgaben
– Erhält allenfalls einen Barzahlungsrabatt

Verkäufer
– Kann sofort über Geld verfügen

Nachteil
Käufer
– Hoher Kaufpreis bedeutet allenfalls ein Sicherheitsrisiko (viel Bargeld in der Tasche)

Kreditkauf

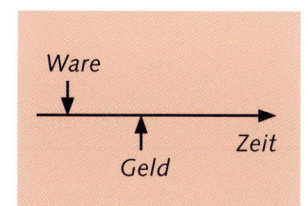

Kreditkauf: *Die Bezahlung erfolgt mit einer zeitlichen Verzögerung (z.B. 30 Tage) nach der Übergabe der Ware.*

Das Wort «Kredit» kommt vom Lateinischen «credere», was so viel wie glauben oder vertrauen bedeutet. Der Verkäufer vertraut darauf, dass ihm der Käufer die Ware bezahlt, obwohl er nicht mehr Eigentümer der Ware ist (siehe unten: Nachteile). Der Verkäufer übergibt dem Käufer die Ware mit Rechnung. Diese ist vom Käufer innerhalb der vereinbarten Frist zu begleichen.

Vorteile
Käufer
– Muss kein Bargeld auf sich tragen
– Erhält Zahlungsaufschub

Nachteile
Käufer
– Bekommt keinen Barzahlungsrabatt (aber allenfalls Skonto bei Bezahlung innert kurzer Frist, z.B. innert 8 Tagen)

Verkäufer
– Erhält das Geld erst mit zeitlicher Verzögerung.
– Mit der Übergabe der Sache geht zumindest der Besitz (siehe S. 75) an den Käufer über, in der Regel aber auch das Eigentum daran. Bezahlt der Käufer die Ware nicht, kann diese vom Verkäufer nicht einfach zurückgefordert werden (OR 214³). Der Verkäufer muss den Weg über die Betreibung beschreiten (siehe S. 89 ff.).

1.4. Kauf

■ Mietkauf

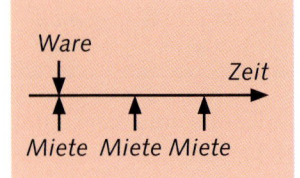

Mietkauf: *Ein Gegenstand wird gemietet. Nach Vertrag kann der Mietgegenstand zu einem späteren Zeitpunkt zu Eigentum erworben werden.*

Diese Vertragsart ist gesetzlich nicht geregelt. Die bereits geleisteten Mietzinse werden beim Mietkauf teilweise zum Kaufpreis gerechnet.

Wird der Mieter beim Vertragsabschluss verpflichtet, das Eigentum am Mietobjekt zu erwerben, handelt es sich nicht um einen Mietkauf, sondern um einen Kreditkauf.

Vorteile
Käufer
– Der Käufer muss nicht den gesamten Kaufpreis auf einmal entrichten.
– Der Käufer kann die Ware, z.B. ein Musikinstrument, gebührend testen.

Verkäufer
– Der Verkäufer kann allenfalls Waren verkaufen, die sich der Käufer beim Handkauf nicht leisten könnte.

Nachteile
Käufer
– Der Endpreis ist meist massiv höher als beim Handkauf.
– Es besteht die Gefahr der Überschuldung bei mehreren gleichzeitig laufenden Mietkauf-Verträgen.

Verkäufer
– Es besteht das Risiko, dass der Käufer nach einer gewissen Zeit die Mieten nicht mehr bezahlt.

Mietkauf-Verträge und Kreditkaufverträge unterstehen je nach ihrer Ausgestaltung dem Konsumkreditgesetz (siehe S. 85 ff.).

■ Weitere Kaufarten

Kauf an der Haustüre, am Telefon, auf einer Werbefahrt, am Arbeitsplatz
Für diese Vertragsarten gibt es gesetzliche Vorschriften zum Schutz des Konsumenten:

– Der Kunde kann den Vertragsabschluss innerhalb von 7 Tagen schriftlich (am besten eingeschrieben) widerrufen. Es gilt das Datum des Poststempels (OR 40b und 40e).
– Der Verkäufer muss den Kunden schriftlich über dieses Widerrufsrecht informieren (OR 40d). Die Frist zum Widerruf beginnt nicht zu laufen, solange der Verkäufer den Käufer nicht über das Widerrufsrecht informiert hat (OR 40e).

Diese Schutzbestimmungen gelten nicht, falls
– die Kaufsumme unter CHF 100.– liegt (OR 40a);
– es sich um Versicherungsverträge handelt (OR 40a);
– der Kunde die Vertragsverhandlungen ausdrücklich gewünscht hat (OR 40c);
– der Kunde den Vertrag an einem Markt- oder Messestand abgeschlossen hat (OR 40c).

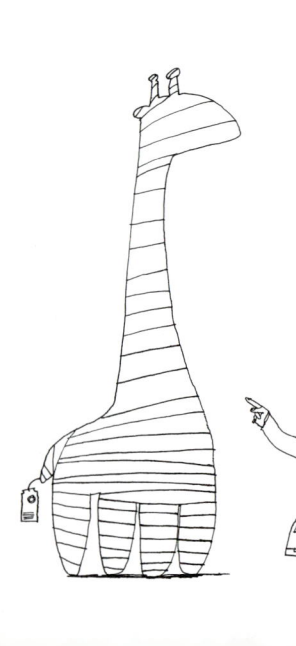

Spezialfall: Nicht bestellte Ware

Erhält eine Person Ware zugeschickt, die sie nicht bestellt hat, so muss sie diese weder aufbewahren noch zurücksenden und darf ohne Gegenleistung frei über diese verfügen (OR 6a).

Beispiel: Jemand erhält von einem Jugendclub zwei CDs geschickt (inkl. Rechnung), die er nie bestellt hat. Der Empfänger darf die CDs benutzen, ohne die Rechnung bezahlen zu müssen.

Liegt ein offensichtlicher Irrtum vor, muss der Empfänger den Absender benachrichtigen (OR 6a).

Beispiel: In der gleichen Strasse wohnen zwei Personen mit demselben Namen, aber unterschiedlichen Hausnummern. Diese Personen wissen voneinander. Nun wird von einem Versandhaus ein komplettes Fondue-Set mit Rechnung und Lieferschein an eine der beiden Personen geschickt, die dieses Set gar nie bestellt hat. In diesem Fall muss das Versandhaus benachrichtigt werden.

Kauf im Internet

Auch beim Internetkauf bestehen grundsätzlich keine Formvorschriften. Warenkäufe können daher mit elektronisch abgegebener Willensäusserung (z.B. mit einfachem Mausklick oder per E-Mail) abgeschlossen werden.
Dasselbe gilt für Internetauktionen (Versteigerungen). Wer am Schluss am meisten geboten hat, muss die Ware annehmen und bezahlen. Ein Rücktrittsrecht gibt es im Normalfall nicht.

Vorteile
- Angebote können einfach miteinander verglichen werden.
- Man ist an keine Ladenöffnungszeiten gebunden.
- Räumliche Distanzen zum Anbieter können einfach und schnell überwunden werden.

Gefahren und Probleme
- Aufgrund vieler Betrüger, die sich im Internet tummeln, lauern beim Internetkauf auch Gefahren. Anbieter, die vor Lieferung Zahlung verlangen (sogenannte Vorkasse), sollten genau geprüft werden, da ansonsten der Kunde unter Umständen vergeblich auf die bestellte Ware wartet.
- Ebenfalls Vorsicht geboten ist bei «Schnäppchen». Oft handelt es sich dabei um gefälschte Produkte, um Auslaufmodelle, um Produkte, bei denen kein Service garantiert wird, oder es ist eine nicht deklarierte, gebrauchte Ware usw. Wenn kein seriöser Grund für den tiefen Preis ersichtlich ist, muss damit gerechnet werden, dass die Quellen zweifelhaft sind.
- Im Internet werden oft gefälschte Markenartikel oder gestohlene Waren angeboten. Wer gestohlene Ware kauft, kann sich selber strafbar machen (StGB 160: Hehlerei).
Beispiel: Es werden 10 Original-Rolexuhren zum Preis von je CHF 700.– angeboten. In diesem Fall lohnt es sich, zuerst beim Hersteller nachzufragen, ob dieses Angebot seriös ist.
- Probleme kann es auch geben, wenn mangelhafte Ware geliefert wird, vor allem aus dem Ausland. In diesem Fall zu seinem Recht zu kommen, ist sehr zeitaufwendig und kostenintensiv, in vielen Fällen gar unmöglich.
- Besonders vorsichtig sollte man bei kostenlosen Angeboten sein. Mit einem einfachen Mausklick kann man in eine Kostenfalle tappen.

1.4. Kauf

■ Grundstückkauf (Hauskauf)

Unter Grundstück versteht man gemäss ZGB 655 u.a.
- Liegenschaften (unbebaute oder bebaute Landflächen)
- in das Grundbuch aufgenommene selbständige und dauernde Rechte (z.B. Wegrecht)
- Miteigentumsanteile an Grundstücken (z.B. Stockwerkeigentum)

Formvorschrift
Damit der Kaufvertrag über ein Grundstück rechtsgültig wird, muss er schriftlich abgefasst und öffentlich beurkundet werden (Mitwirkung eines Notars, OR 216, siehe S. 19).

Eigentumsübertragung
Das Eigentum an einem Grundstück wird erst mit dem Eintrag ins Grundbuch übertragen (ZGB 656).

Handwerkerpfandrecht
Beim Kauf eines neu erstellten Hauses ist das Handwerkerpfandrecht (ZGB 839 ff.) zu beachten. Dies ist eine Sicherheit für die Handwerker, falls der Bauherr die Rechnungen nicht bezahlen kann. Damit das Handwerkerpfandrecht seine Wirkung erreichen kann, muss es im Grundbuch eingetragen werden.

Beispiel:
Ein Bauunternehmen erstellt auf seinem Grundstück unter Mithilfe eines Handwerkers ein Einfamilienhaus. Zur Sicherung seiner Forderung lässt der Handwerker im Grundbuch ein Handwerkerpfandrecht eintragen. Nach erfolgtem Eintrag des Handwerkerpfandrechts kauft eine Familie das Grundstück und bezahlt den Kaufpreis. Weil das Bauunternehmen die Forderung des Handwerkers nicht bezahlt und einen schlechten Ruf bezüglich Zahlungsfähigkeit hat, betreibt der Handwerker das Bauunternehmen auf Pfandverwertung des Grundstücks. Zur Abwendung der Verwertung bleibt der Familie allenfalls nur die Bezahlung der Handwerkerforderung.

Tipp — *Beim Grundstückkauf sind die Lasten und Rechte, die im Grundbuch eingetragen sind, genau zu prüfen.*

Das Konsumkreditgesetz (KKG)

> **Konsumkreditgesetz (KKG):** *Vorschriften über Kreditverträge zum Schutz des privaten Konsumenten. Unter Kreditverträgen werden alle Rechtsgeschäfte verstanden, die eine ähnliche oder gleiche Wirkung haben wie ein Zahlungsaufschub oder ein Darlehen.*

Menschen schliessen häufig Kreditverträge ab, wenn sie Bargeld für private Zwecke brauchen (z.B. Zahlungsverpflichtungen, Ferien) oder Anschaffungen tätigen wollen (z.B. Auto, Möbel), aber über keine flüssigen Mittel verfügen. Sie nehmen dafür oft sehr hohe Zinsen in Kauf.

Ziel des Gesetzes

Das KKG soll den Konsumenten vor Überschuldung schützen.
In den letzten Jahren hat die Überschuldung vor allem bei jungen Erwachsenen massiv zugenommen. Das KKG versucht, die gröbsten Auswüchse zu verhindern.

Schutz des Kreditnehmers

Der Gesetzgeber hat eine ganze Reihe von Vorschriften zum Schutz finanzschwacher Konsumenten aufgestellt:
- Vor Vertragsabschluss muss die Kreditgeberin eine vorgeschriebene Kreditfähigkeitsprüfung durchführen (siehe KKG 28 bis 31).
- Die Kreditgeberin ist verpflichtet, einen Konsumkredit, den sie gewähren will, der Informationsstelle für Konsumkredite (IKO) zu melden. Auch gewisse Zahlungsausstände des Konsumenten hat die Kreditgeberin der IKO zu melden.
- Die Kreditgeberin darf den vom Bundesrat festgelegten Höchstzinssatz (zurzeit maximal 15% inkl. Kosten) nicht überschreiten.
- Dem Kreditnehmer wird ein Rücktrittsrecht von 7 Tagen nach Erhalt der Vertragskopie eingeräumt. Der Poststempel ist massgebend.

Bereichsausnahmen (KKG 7)

Nicht unter das KKG fallen:
- zins- und gebührenfreie Kredite
- Kreditverträge unter CHF 500.– und über CHF 80 000.–
- Vier-Raten-Kredit, der innerhalb von 12 Monaten liegt
- Kredit, dessen Rückzahlung innert höchstens dreier Monate erfolgt
- grundpfandgesicherte Kredite
- Kredite, die durch bankenübliche Sicherheiten (z.B. Faustpfand) abgedeckt, und Kredite, die durch hinterlegtes Vermögen gesichert sind
- Verträge über fortgesetzte Erbringung von Dienstleistungen oder Leistungen von Versorgebetrieben (Wasserwerk, Elektrizitätswerk)

Die 4 Arten von Konsumkrediten (KKG 9–12)

Das Gesetz unterscheidet vier Kreditarten:
- KKG 9: Barkredite
- KKG 9 und 10: Verträge zur Finanzierung des Erwerbs von Waren und Dienstleistungen
- KKG 11: Leasingverträge
- KKG 12: Überziehungskredit auf laufendem Konto oder Kredit- und Kundenkartenkonto mit Kreditoption

Die 4 Kreditarten...

	Bar- bzw. Geldkredit	Finanzierung des Erwerbs von Waren und Dienstleistungen
Inhalt, Funktion	Die Kreditgeberin gewährt einem Konsumenten einen Bar- bzw. einen Geldkredit zu privaten Zwecken, ohne dass sie den Verwendungszweck des Kredites vorschreibt.	Die Kreditgeberin schliesst mit einem Konsumenten einen Kreditvertrag ab, um den Kauf einer bestimmten Ware oder Dienstleistung für den privaten Konsum vorzufinanzieren. Die Rückzahlung erfolgt üblicherweise in Form von monatlichen Ratenzahlungen.
Formvorschriften	Das KKG schreibt Schriftlichkeit mit zwingenden Angaben über die Ausgestaltung des Kredits vor und verlangt die Zustellung der Vertragskopie an den Konsumenten.	Das KKG schreibt Schriftlichkeit mit zwingenden Angaben über den Vertragsinhalt vor und verlangt die Zustellung der Vertragskopie an den Konsumenten.
Pflichten der Kreditgeberin	– Kreditfähigkeitsprüfung – Meldung des Kreditvertrages an IKO – Meldung an IKO auch bei Ausstehen von grösseren Teilzahlungen	– Kreditfähigkeitsprüfung – Meldung des Kreditvertrages an IKO – Meldung an IKO auch bei Ausstehen von grösseren Teilzahlungen
Recht des Konsumenten	Vorzeitige Erfüllung des Vertrages mit Kosteneinsparung	Vorzeitige Erfüllung des Vertrages mit Kosteneinsparung
Vertragsauflösung	– Widerrufsrecht des Konsumenten innert 7 Tagen – Rücktrittsrecht der Kreditgeberin bei Ausstehen von grösseren Teilzahlungen – Bei vorzeitiger Rückzahlung des Barkredites besteht Anspruch auf Erlass der Zinsen und auf eine angemessene Ermässigung der Kosten	– Widerrufsrecht des Konsumenten innert 7 Tagen – Rücktrittsrecht der Kreditgeberin bei Ausstehen von grösseren Teilzahlungen – Bei vorzeitiger Rückzahlung (d.h. bei vollständiger Bezahlung der Waren oder der Dienstleistungen) besteht Anspruch auf Erlass der Zinsen und auf eine angemessene Ermässigung der Kosten
Beispiele	Der Barkredit entspricht den sogenannten Kleinkrediten, Kleindarlehen und Konsumkrediten, welche für alle möglichen Verpflichtungen oder Konsumwünsche verwendet werden können.	Waren (z.B. Auto, TV) oder Dienstleistungen (z.B. Ferien, Kurse) werden gekauft oder in Anspruch genommen, welche durch die Kreditgeberin mit dem Barkredit vorfinanziert werden.

...im Überblick

1.4. Kauf

	Leasing	Überziehungskredit oder Kredit- und Kundenkartenkonto
Inhalt, Funktion	Die Leasinggeberin finanziert dem Leasingnehmer die Nutzung einer Leasingsache zu privaten Zwecken.	Die Kreditgeberin gewährt einem Konsumenten zu privaten Zwecken einen Überziehungskredit auf laufendem Konto oder auf einem Kredit- und Kundenkartenkonto mit Kreditoption (d.h. der Kredit kann in Raten zurückbezahlt werden).
Formvorschriften	Das KKG schreibt Schriftlichkeit mit zwingenden Angaben zur Ausgestaltung des Leasings vor und verlangt die Zustellung der Vertragskopie an den Leasingnehmer.	Das KKG schreibt Schriftlichkeit mit zwingenden Angaben zum Vertragsinhalt vor und verlangt die Zustellung einer Vertragskopie an den Konsumenten. Der Konsument muss über jede Änderung des Zinses und der Kosten unverzüglich informiert werden.
Pflichten der Kreditgeberin	– Kreditfähigkeitsprüfung – Meldung des Leasingvertrages an IKO – Meldepflicht an IKO auch bei Ausstehen von drei Leasingraten	– Das Gesetz verlangt nur eine summarische Kreditfähigkeitsprüfung, d.h. die Kreditgeberin stützt sich auf die Angaben der Vermögens- und Einkommensverhältnisse des Kontoinhabers. Bei der IKO gemeldete Kredite sind zu berücksichtigen – Meldung des Überziehungskreditvertrages an IKO bei dreimaligem Überziehen
Vertragsauflösung	– Widerrufsrecht des Konsumenten innert 7 Tagen – Rücktrittsrecht der Leasinggeberin bei Zahlungsrückständen von mehr als drei monatlichen Leasingraten – Der Leasingnehmer kann mit einer Frist von mindestens 30 Tagen auf Ende einer dreimonatigen Leasingdauer kündigen	– Widerrufsrecht des Konsumenten innert 7 Tagen (Bei bestehendem Vertrag löst die Information über die Kontoüberziehung kein Widerrufsrecht aus.) – Rücktrittsrecht der Kreditgeberin bei Ausstehen von grösseren Teilzahlungen
Beispiele	Autoleasing Computerleasing	MasterCard, VISA-Kreditkarte, verschiedene Kundenkarten (z.B. PlusCard von Globus interio)

Der Leasingvertrag

> **Leasingvertrag:** *Der Leasinggeber überlässt dem Leasingnehmer gegen Bezahlung von Leasingraten eine Sache für eine begrenzte Zeitdauer zur Bewirtschaftung (Nutzung) und / oder zum Gebrauch. Der Leasinggeber richtet die Leasingraten nach seinen Anschaffungskosten aus.*

Beim Leasing steht also nicht der Erwerb des Eigentums an einer Sache (siehe S. 75) im Vordergrund, sondern deren Nutzung. Bei vielen Leasingverträgen erwirbt der Leasinggeber auf Anweisung des Leasingnehmers den Leasinggegenstand auf eigene Kosten (Finanzierungsleasing).

Die Vertragspartner beim Finanzierungsleasing

Beim Finanzierungsleasing sind drei Partner beteiligt, wobei nur zwischen dem Leasinggeber und dem Leasingnehmer sowie zwischen dem Leasinggeber und dem Lieferanten ein Vertrag besteht.

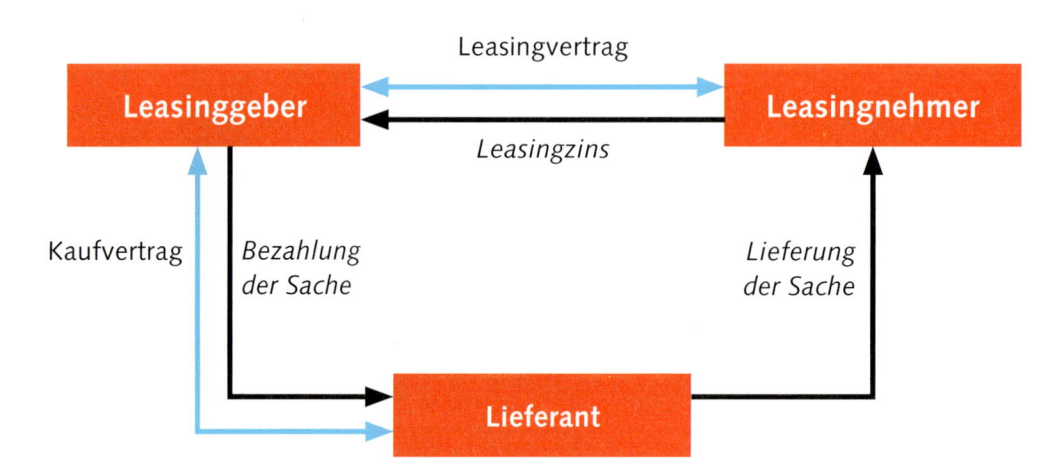

```
                    Leasingvertrag
    Leasinggeber  <------------------>  Leasingnehmer
                <---- Leasingzins

Kaufvertrag   Bezahlung              Lieferung
              der Sache              der Sache
                         Lieferant
```

Wichtige Aspekte beim Autofinanzierungsleasing

- In der Regel führt der Lieferant (der Autohändler) die Verhandlungen mit dem Leasingnehmer und mit dem Leasinggeber. Nachdem der Leasinggeber die Kreditfähigkeit des Leasingnehmers überprüft hat, übergibt der Autohändler das Auto nach einer Wartefrist von ca. 10 Tagen dem Leasingnehmer.
- Der Leasingnehmer muss während der Vertragsdauer den Service und die Reparaturen des Autos beim Lieferanten (oder einer Vertragsgarage) ausführen lassen.
- Der Leasinggeber bleibt während der Vertragsdauer Eigentümer des Autos.
- Meistens muss der Leasingnehmer für die gesamte Dauer des Vertrags eine Vollkaskoversicherung abschliessen.
- Oft ist im Vertrag eine jährliche Kilometerzahl festgelegt, die nicht überschritten werden darf. Allfällige Mehrkilometer müssen bei Vertragsende zusätzlich bezahlt werden.
- Die Leasingraten können von Privatpersonen nicht von den Steuern abgezogen werden.
- Nach Ablauf der vereinbarten Laufzeit stehen dem Leasingnehmer in der Regel drei Möglichkeiten offen:
  - Er gibt dem Lieferanten das Auto in tadellosem Zustand zurück.
  - Er schliesst für das gleiche Auto einen neuen Leasingvertrag ab. Die Leasingraten werden günstiger, da das Fahrzeug einen geringeren Wert hat.
  - Er bezahlt dem Leasinggeber den Restwert und wird Eigentümer des Autos.

→ www.verlag-fuchs.ch/recht

1.4. Kauf

Die Betreibung

> **Betreibung:** *Verfahren, um Geldforderungen zwangsweise einzutreiben. Die Betreibung wird vom Gläubiger eingeleitet und durch den Staat vollzogen. Geregelt ist die Betreibung im Bundesgesetz über Schuldbetreibung und Konkurs (SchKG).*

Schuldet man Geld, wird man normalerweise zuerst gemahnt. Begleicht man seine Schulden immer noch nicht, kann der Gläubiger am Wohnort des Schuldners das Betreibungsverfahren einleiten. Dies macht er, indem er beim entsprechenden Betreibungsamt ein Betreibungsbegehren einreicht. Das entsprechende Formular erhält man beim Betreibungsamt. Danach stellt das Betreibungsamt dem Schuldner einen Zahlungsbefehl zu.

Der Gläubiger kann die Betreibung einleiten, ohne zuvor gemahnt zu haben. Ebenso wenig hat er bei der Einleitung der Betreibung seine Forderung nachzuweisen.

■ Betreibungsarten

	Betreibung auf Pfändung	**Betreibung auf Konkurs**	**Betreibung auf Pfandverwertung**
Artikel im SchKG	42; 89–150	39; 159–176; 197–270	41; 151–158
Wer wird betrieben?	Schuldner, die nicht im Handelsregister eingetragen sind (praktisch alle Privatpersonen).	Schuldner, die im Handelsregister eingetragen sind (z.B. Inhaber einer Einzelfirma, Aktiengesellschaft, Verein).	Schuldner, die eine pfandgesicherte Schuld begleichen müssen. Das heisst, der Gläubiger hat seine Forderung durch ein Recht an einem Pfand (z.B. ein Grundstück als Grundpfand oder Schmuck als Faustpfand) abgesichert.
Wie viel wird gepfändet?	Es wird nur so viel gepfändet, wie zur Deckung der Schulden inklusive Zinsen und Betreibungskosten notwendig ist (SchKG 97).	Das gesamte pfändbare Vermögen kommt in die Konkursmasse. Daraus werden die Schulden bezahlt (SchKG 197).	Es wird nur das Pfand, das die Forderung sichert, verwertet. Aus dem Erlös werden die Kosten für das Betreibungsverfahren und die Schulden beim Gläubiger beglichen (SchKG 157).
Was passiert, wenn der Erlös zur Tilgung der Schulden nicht ausreicht?	Zuerst vollzieht das Betreibungsamt eine Nachpfändung. Reicht deren Erlös immer noch nicht aus und kann nichts mehr gepfändet werden, erhält der Gläubiger einen Verlustschein, der als Schuldanerkennung gilt. Die in einem Verlustschein aufgeführten Forderungen verjähren nach 20 Jahren, gegenüber den Erben des Schuldners nach einem Jahr. (SchKG 145 und 149 f.)	Der Gläubiger erhält einen Verlustschein. Die im Verlustschein aufgeführte Forderung verjährt nach 20 Jahren, gegenüber den Erben des Schuldners nach einem Jahr. Der Gläubiger kann den Schuldner aber erst wieder betreiben, wenn dieser zu neuem Vermögen gekommen ist (SchKG 265). Der Konkurs einer juristischen Person führt zu deren Auflösung.	Der Gläubiger erhält einen Pfandausfallschein. Danach hat er die Möglichkeit, den Schuldner auf Pfändung oder auf Konkurs zu betreiben (SchKG 158).

Die Betreibung auf Pfändung

> **Betreibung auf Pfändung:** *Sie ermöglicht die Zwangsdurchsetzung einer Geldforderung gegen Personen, die nicht im Handelsregister eingetragen sind.*

■ Ablauf der Betreibung auf Pfändung

Betreibungsbegehren an Betreibungsamt
Um jemanden zu betreiben, muss man zunächst beim Betreibungsamt am Wohnort des Schuldners ein Betreibungsbegehren stellen (SchKG 69).

Zahlungsbefehl des Betreibungsamtes an den Schuldner
Ist das Betreibungsbegehren gestellt, überreicht das Betreibungsamt dem Schuldner einen Zahlungsbefehl. Der Schuldner wird aufgefordert, innert 20 Tagen zu bezahlen; andernfalls wird die Betreibung fortgesetzt (SchKG 69–73).

Die betriebene Person hat drei Möglichkeiten zu reagieren:

Die Forderung bezahlen (der Fall ist abgeschlossen)

Nicht reagieren

Rechtsvorschlag erheben
Wer betrieben wird, kann innert 10 Tagen Rechtsvorschlag erheben. Dies kann sehr einfach erfolgen, indem man z.B. direkt auf den Zahlungsbefehl das Wort «Rechtsvorschlag» schreibt und diesen, versehen mit Datum und Unterschrift, dem Zustellbeamten wieder mitgibt (SchKG 74–78).

Rechtsöffnung
Der Gläubiger kann den Rechtsvorschlag aufheben lassen. Dazu braucht er eine Schuldanerkennung oder ein Urteil über die Forderung. Hat er dies nicht, muss er in einem Zivilprozess beweisen, dass ihm die Forderung (das Geld) zusteht.

Fortsetzungsbegehren
Frühestens 20 Tage und spätestens 1 Jahr nach Zustellung des Zahlungsbefehls kann der Gläubiger beim Betreibungsamt eine Fortsetzung der Betreibung verlangen (SchKG 88).

Pfändung
Unmittelbar nach dem Fortsetzungsbegehren erscheint der Betreibungsbeamte beim Schuldner und pfändet so viele Vermögensteile (Bargeld, Möbel, Lohn usw.), dass mit deren Erlös die Schuld bezahlt werden kann. Nicht gepfändet werden darf, was für den Schuldner und seine Familie «unbedingt notwendig» zum Überleben ist («Existenzminimum», siehe S. 93, darf nicht unterschritten werden; SchKG 89–115).

Pfandverwertung
Frühestens einen Monat nach Pfändungsvollzug kann der Gläubiger verlangen, dass die Pfandgegenstände verwertet werden. Diese werden dann in der Regel versteigert. Mit dem Erlös wird die Schuld bezahlt (SchKG 116–150).
Mit dem Erlös wird die Schuld bezahlt. Für den Rest erhält der Gläubiger einen Verlustschein. Die im Verlustschein aufgeführten Forderungen verjähren nach 20 Jahren, gegenüber den Erben des Schuldners aber schon nach einem Jahr.

1.4. Kauf

Die Betreibung auf Konkurs

> **Betreibung auf Konkurs:** *Zwangsweises Eintreiben von Geldforderungen gegenüber Schuldnern, die im Handelsregister eingetragen sind.*

Bis und mit dem Fortsetzungsbegehren läuft die Betreibung auf Konkurs gleich ab wie die Betreibung auf Pfändung.
Nach Erhalt des Fortsetzungsbegehrens schickt jedoch das Betreibungsamt dem Schuldner die Konkursandrohung. Anschliessend fordert der Gläubiger die Weiterführung des Verfahrens mit dem Konkursbegehren. Nachdem das Konkursgericht die Unterlagen geprüft hat, eröffnet es den Konkurs. Das Konkursamt nimmt alle Vermögenswerte auf (Inventur) und erlässt einen Schuldenruf. Nun haben zusätzliche Gläubiger die Möglichkeit sich zu melden.

Kollokationsplan (SchKG 146)

> **Kollokationsplan:** *Die vom Betreibungsamt aufgestellte Rangfolge der Gläubiger, wenn nicht alle Gläubiger bei der Verteilung des Erlöses befriedigt werden können.*

Die Gläubiger werden gemäss SchKG 219 in folgender Reihenfolge befriedigt:

A) Pfandgesicherte Forderungen

Ein Pfand (beim Grundpfand die Immobilie) wird zuerst durch das Betreibungs- oder das Konkursamt verwertet. Sofern nach der Deckung der pfandgesicherten Forderungen noch Geld aus dem Erlös der ganzen übrigen Konkursmasse vorhanden ist, kommen die nicht pfandgesicherten Forderungen zum Zug. Sie werden in drei Klassen eingeteilt.

B) Nicht pfandgesicherte Forderungen

1. Klasse	– Forderungen der Arbeitnehmer (Löhne und Entschädigungen bis sechs Monate vor der Konkurseröffnung) – Forderungen der Pensionskassen (2. Säule) usw.
2. Klasse	– Beitragsforderungen der Sozialversicherungen (AHV, IV usw.) – Prämien- und Kostenbeteiligungsforderungen der sozialen Krankenversicherung usw.
3. Klasse	Alle übrigen Forderungen, Darlehen, Warenlieferungen usw.

Die Gläubiger der gleichen Klasse erhalten alle denselben prozentualen Anteil ihrer anerkannten Forderungen. Die Gläubiger der nachfolgenden Klasse werden erst berücksichtigt, wenn die Gläubiger der vorhergehenden Klasse vollständig befriedigt sind.
Für die nicht gedeckten Forderungen erhalten die Gläubiger einen Verlustschein. Die im Verlustschein aufgeführten Forderungen verjähren nach 20 Jahren, gegenüber den Erben des Schuldners aber schon nach einem Jahr.

Sonderfall von Kundenguthaben beim Konkurs einer Schweizer Bank: Ein gesetzlicher Einlegerschutz laut Bankengesetz sichert alle Kundenguthaben bis CHF 100 000.– pro Kunde (z. B. Lohnkonto, Sparkonto) und Vorsorgeguthaben (Säule 3a) nochmals mit CHF 100 000.–. Höhere Forderungen fallen in die 3. Konkursklasse.

WER NOCH NIE KONKURS GEGANGEN IST, DER HAT DOCH EINFACH KEINE AHNUNG VOM GESCHÄFTSLEBEN.

GENAU!

Der Privatkonkurs

> **Privatkonkurs:** *Eine Privatperson kann bei Zahlungsunfähigkeit (Insolvenz) beim zuständigen Gericht (Amts- bzw. Bezirksgericht) die Konkurseröffnung beantragen (Insolvenzerklärung, SchKG 191).*

■ Voraussetzungen

Damit der Richter den Privatkonkurs eröffnet, müssen vier Voraussetzungen erfüllt sein:

– **Keine Aussicht auf einvernehmliche Schuldensanierung**
Dies ist unter anderem dann der Fall, wenn die Schulden so hoch sind, dass sie bei einer Lohnpfändung innerhalb von 24 Monaten nicht getilgt werden können, oder wenn ein Gläubiger einer aussergerichtlichen Schuldensanierung nicht zustimmt.

– **Bezahlter Kostenvorschuss**
Die überschuldete Person muss die Kosten des Verfahrens vorschiessen. Die Kosten sind kantonal verschieden. Sie betragen zirka CHF 3000.– bis CHF 5000.–.

– **Keine «Einrede des mangelnden neuen Vermögens» hängig**
Besitzt ein Gläubiger aus einem früheren Konkurs einen Verlustschein, kann er den Schuldner wieder betreiben, falls dieser zu neuem Vermögen gekommen ist. Der Schuldner kann sich gegen die erneute Betreibung wehren, indem er erklärt, gar kein neues Vermögen zu besitzen. Ist eine solche Einrede hängig, kann er nicht selber den Privatkonkurs beantragen (SchKG 265b).

– **Kein rechtsmissbräuchlicher Privatkonkurs**
Ein rechtsmissbräuchlicher Konkurs liegt dann vor, wenn es dem Schuldner nicht darum geht, einen wirtschaftlichen Neuanfang zu machen, sondern nur darum, unangenehme Gläubiger loszuwerden.

■ Durchführung des Privatkonkurses

Nachdem der Konkursrichter den Privatkonkurs eröffnet hat, nimmt das Konkursamt das Inventar auf, d.h. es werden alle Vermögenswerte aufgelistet. Eine allfällige Lohnpfändung wird aufgehoben, alle laufenden Betreibungen werden gestoppt. Anschliessend erfolgt der Schuldenruf. Es können sich alle Personen, die vom Schuldner noch Geld zugut haben, melden.
Abgesehen von den unpfändbaren Vermögensstücken (Kompetenzstücke, siehe SchKG 92) wird alles versteigert. Aus dem Erlös erhalten die Gläubiger einen Teil ihrer Forderungen und für den Rest einen Verlustschein.

1.4. Kauf

Die Verschuldung

In unserer Gesellschaft ist Kaufen und Konsumieren ein Verhalten, das erwünscht und gefördert wird. Die Werbung verspricht leichtes Geld. Von der Rückzahlung und den Zinsen spricht man nicht.
Mit dieser Einstellung wächst seit Jahren die Verschuldung der Privathaushalte.

■ Fakten und Zahlen

Der typische Schweizer Schuldner (im Jahre 2008):
– war zwischen 18 und 30 Jahre alt.
– wohnte in einer Stadt (vorwiegend der Romandie oder des Tessins).
– lebte in einem Quartier mit hohem Ausländeranteil.
– arbeitete in einem Beruf mit eher tiefem Einkommen.
– wechselte häufig die Adresse. (Quelle: intrum justitia)

■ Ursachen der Verschuldung und Schuldenfallen

– Arbeitslosigkeit
– Familiäres Umfeld, Scheidung
– Missglückte Geschäftsgründung, fehlende Finanzplanung
– Einfache Finanzierungsmöglichkeiten (Leasing, Kreditkarten)
– Steigerung des Selbstwertgefühls durch Konsum, neue Trends, Gruppendruck
– Konsumzwang durch Werbung, Kaufkontrollprobleme, Kaufsucht
– Verkettung verschiedener Ereignisse (z.B. Arbeitslosigkeit, Unfall, Scheidung)

■ Folgen der Verschuldung

Das Schuldenmachen ist heute beinahe salonfähig geworden. Trotzdem belasten Schulden das tägliche Leben, bewusst oder unbewusst.
– Schulden rauben den Schlaf.
– Sie belasten Beziehungen zu Freunden, denen man die Schulden nicht zurückzahlen kann.
– Partnerschaften, Ehen gehen wegen Schulden in die Brüche.
– Rechnungen, Mahnungen, Betreibungen und Privatkonkurse belasten die Psyche und wirken sich auf die Leistungsfähigkeit aus.
– Betreibungen bleiben auch nach Abschluss nicht folgenlos. Einträge im Betreibungsregister wirken sich negativ aus, u.a. bei der Wohnungs- und bei der Stellensuche.

■ Beispiel: Berechnung des Existenzminimums

Fritz Dober, Vater von zwei Kindern, verdient im Monat netto CHF 5900.–.
Er hat CHF 5000.– Schulden, für die er betrieben und deshalb auf das Existenzminimum gesetzt wird. Seine Frau ist nicht erwerbstätig.

Einkommen	Nettolohn		5900.–
Monatlicher Grundbetrag	Ehepaare	1550.–	
	2 Kinder unter 10 Jahren je 350.–	700.–	
	Mietzins	1800.–	
	Krankenkasse, Versicherungen	800.–	4850.–
Monatl. Berufsauslagen	Fahrkosten	100.–	
	auswärtige Verpflegung	180.–	280.–
Ausserordentliche Betreuungskosten Kinder	Schulmaterial		60.–
Betreibungsrechtliches Existenzminimum			5190.–
Pfändbarer Betrag			**710.–**

(Quelle: www.my-money.ch, Stand 1.1.2012)

Beispiel Kanton Luzern. Die Zahlen können aber von Kanton zu Kanton variieren.
Steuern sind bei der Berechnung des betreibungsrechtlichen Existenzminimums nicht zu berücksichtigen (BGE 95 III 42 E.3).

1.4. Kauf

Das Budget (Haushaltsbudget)

> **Budget (Haushaltsbudget):** *Plan, bei dem die zu erwartenden Einnahmen sowie die zu erwartenden Ausgaben für ein Haushaltsjahr aufgelistet und einander gegenübergestellt werden.*

Mithilfe dieses Finanzplans gewinnt man einen Überblick über die eigenen finanziellen Verhältnisse (Einnahmen und Ausgaben) und man kann bestimmen, wofür man wie viel Geld ausgeben will.

Ein Haushaltsbudget erstellen

Bei der Erstellung des Haushaltsbudgets muss man auf wichtige Punkte achten:
- Geld muss zuerst eingenommen werden, bevor es ausgegeben werden kann.
- Sinnvollerweise setzt man nur realistische Zahlen ins Budget ein.
- Wer Übersicht über seine finanzielle Lage haben will, muss mit seinen eigenen Zahlen rechnen.
- Jedes Budget ist ein Spezialbudget. Der Lebensstil eines jeden Menschen ist individuell. Die einen gehen gerne essen, andere legen mehr Wert auf schöne Kleider. Wieder andere gehen gerne in den Ausgang, und weitere Personen bleiben am liebsten zu Hause.
- Disziplin und Ehrlichkeit sind von grosser Bedeutung beim Thema Budget. Wer es ständig überzieht, strapaziert seinen Haushaltsplan und auch seine Nerven.

Massnahmen ergreifen

Je nachdem, wie das Budget aussieht, müssen Massnahmen ergriffen werden.

«Plus» nach dem Budgetieren
Man nimmt mehr ein, als man ausgibt. Nun gibt es zwei angenehme Möglichkeiten. Entweder kann man sich mehr leisten oder man kann mehr sparen. Die Finanzen stimmen, weil die Ansprüche nach den finanziellen Möglichkeiten ausgerichtet sind.

Die Einnahmen entsprechen den Ausgaben
Einem solchen Budget fehlt der Spielraum. Bei der nächstgrösseren, unvorhergesehenen Ausgabe ist dieser Haushaltsplan aus dem Lot und in den roten Zahlen. Die Aufgabe ist es nun, dieses Budget nach möglichen Ausgabeposten zu durchsuchen, die reduziert oder gar gestrichen werden können.

«Minus» nach dem Budgetieren
Die Ausgaben übertreffen die Einnahmen. Die Budgetposten müssen einzeln überdacht und ein mögliches Sparpotenzial muss ausfindig gemacht werden, denn ein Budgetdefizit kann nur dann wirksam bekämpft werden, wenn die Ursachen bekannt sind.

Sparen

Sparen heisst verzichten (siehe S. 262). Weil gespart wird, kann aber auch investiert werden (siehe S. 263). Einerseits verzichtet man, um später mehr ausgeben zu können, z.B. für eine Investition im eigenen Interesse. Anderseits wird Geld, das man einer Bank als Spareinlage übergibt, in die Wirtschaft investiert.

Man unterscheidet zwischen freiwilligem Sparen und Zwangssparen (siehe S. 262).

■ Wichtige Gründe für das freiwillige Sparen

Defizit im Budget	Im Budget sind die Ausgaben grösser als die Einnahmen (siehe S. 94).
Grössere Anschaffungen	Motorfahrzeug, Wohnungseinrichtung, Grundstock für ein Eigenheim usw.
Luxusgüter	Zweitwagen, teurere Ferienreisen, teure Hobbies usw.
Sicherheit	Vorsorge für das Alter, für Verdienstausfall bei Krankheit oder bei Unfall trotz Versicherungsschutz
Familiengründung	Wenn Kinder zur Welt kommen, steht evtl. nur noch ein Lohn für alle zur Verfügung.
Geldvermehrung	Investitionen in Sparguthaben, Wertpapiere usw.

Gefahren der Konsumgesellschaft

Vielen Leuten gelingt es nicht zu sparen, weil sie zu leicht den Verlockungen der Konsumgesellschaft erliegen. Die Gefahr besteht vor allem im Grundsatz:
Kaufe heute, zahle morgen!
Gefördert wird dieser Grundsatz durch: Kreditkarten, Leasingverträge, Ratenzahlungen usw.

■ Sparpotenzial und Ratschläge beim Kauf von Gütern

Sparpotenzial findet sich vor allem bei den variablen Kosten und den persönlichen Auslagen (siehe S. 96).

- Notwendigkeit des Kaufes eines Artikels hinterfragen
- Folgekosten budgetieren (z.B. beim Autokauf: Amortisation, Versicherungsprämien, Servicekosten, Reparaturen, Parkplatzkosten usw.)
- Preisvergleiche machen www.preissuchmaschine.ch
- Spontankäufe vermeiden / zuerst überlegen (nicht einkaufen, nur weil es billig ist)
- Aktionen benützen
- auf Barzahlung achten (oft billiger)

Tipp
- *Das Budget gilt für ein ganzes Jahr und wird nur bei grösseren Einnahmen oder massiven Ausgabenverpflichtungen angepasst.*
- *Aus der Differenz zwischen Einnahmen und Ausgaben ergibt sich der jeweilige finanzielle Spielraum.*
- *Lassen Sie sich von den Budgetberatungsstellen beraten.*

1.4. Kauf

Zwei Budgetbeispiele

Nettolohn pro Monat	3500.– alleinstehend		6500.– Familie, 2 Kinder	
Feste Verpflichtungen				
Wohnen (Empfehlung: max. 1/3 des Lohns)	1100.–		1900.–	
Steuern	280.–		600.–	
Krankheit, Unfall (Grundversicherung)	280.–		800.–	
Hausrat-, Privathaftpflichtversicherung	30.–		40.–	
Radio, TV, Internet	150.–		150.–	
Zeitungen, Zeitschriften Abo	40.–		40.–	
Total		1880.–		3530.–
Variable Kosten				
Energie	40.–		80.–	
Fahrkosten	100.–		140.–	
Nahrung, Getränke	450.–		1150.–	
Reinigungsmittel + andere Nebenkosten	50.–		200.–	
Total		640.–		1570.–
Persönliche Auslagen				
Kleider, Wäsche, Schuhe	180.–		360.–	
Coiffeur, Freizeit, Sport, Kultur	220.–		300.–	
Total		400.–		660.–
Rückstellungen				
Zahnarzt, Selbstbehalt KK, Optiker	40.–		150.–	
Geschenke	50.–		70.–	
Anschaffungen, Unvorhergesehenes	110.–		250.–	
Total		200.–		470.–
Verfügbarer Betrag				
Sparen, Ferien, Weiterbildung	380.–		270.–	
Total		380.–		270.–
Total aller Ausgaben		3500.–		6500.–

Tipp: – Adressen von Beratungsstellen:
  www.budgetberatung.ch
  Unter diesem Link finden Sie Beratungsstellen in der ganzen Deutschschweiz.
– Kreditgeschäfte aller Art (Barkredite, Leasingverträge, usw.) erschweren die Übersicht über das Budget und die Budgetplanung.

Tipps zum Umgang mit Geld

■ Planung

Budget
Ein Budget zeigt auf, was man jeden Monat bezahlen muss (zum Beispiel: Essen, Handy-Rechnung, Miete, Krankenkasse, Steuern, Telefon usw.) und was zur freien Verfügung übrig bleibt. Somit kann man sich auf seine Möglichkeiten einstellen.

Rückstellungen
Rückstellungen bilden finanzielle Sicherheiten für unerwartete Ausgaben wie Zahnarzt, Ferien und Anschaffungen. Tipp: Dafür ein Extrakonto einrichten.

Steuern
Am besten spart man die Steuern monatlich mit einem Dauerauftrag.
Wichtig: Die Gemeinden zahlen in gewissen Kantonen für vorzeitig entrichtete Steuern manchmal einen höheren Zins als ihn die Banken gewähren.

■ Ausgaben

Mieten
Der Mietzins für eine Wohnung sollte 30% des Nettolohnes nicht übersteigen.

Krankenkassenprämien
Hier kann man sparen.
www.comparis.ch gibt einen Überblick über die günstigsten Kassen und über Prämienreduktionen (siehe auch S. 132 f.).

Kreditkarten
Sie sind praktisch, doch verliert man schnell den Überblick über die Ausgaben. Darum sind Karten ohne Überziehungsmöglichkeiten zu empfehlen.

Handykosten
Diese Kosten werden unterschätzt. Prepaidkarten schützen vor hohen Rechnungen.

Einkaufen
Beim Einkaufen sollte man einen Plan erstellen, Preise vergleichen, das Nötige vom Wünschbaren trennen und auf Unnötiges verzichten.

Leasing
Leasing beim Autokauf ist in jedem Fall sehr teuer. Bei Barzahlung kann man einen Rabatt aushandeln.

Konsumkredite oder Barkredite
Sie verpflichten oftmals zu monate- oder jahrelangen Rückzahlungen. Die Zinsen sind sehr hoch (bis zu 15%).
Tipp: Kredite sollten niemals dazu dienen, andere Kredite zurückzubezahlen.

■ Hilfen bei Geldproblemen

Existenzielle Nöte
Beratungsstellen oder Sozialhilfestellen helfen beim Ordnen der Finanzen, sprechen mit Gläubigern und helfen, eine möglicherweise jahrelange Sanierung der Schulden durchzuhalten.

Nützliche Internetadressen:
www.schulden.ch
www.skos.ch
www.asb-budget.ch
www.postfinance-eventmanager.ch

1.4. Kauf

Der einfache Auftrag

> **Einfacher Auftrag (OR 394 ff.):** *Der Beauftragte besorgt die ihm vom Auftraggeber übertragenen Geschäfte oder Dienste. Dafür erhält der Beauftragte neben der Entschädigung für seine Auslagen in der Regel eine Vergütung.*

Beim einfachen Auftrag steht die Erfüllung einer Dienstleistung im Vordergrund. Typische Beispiele dafür sind:
– einen Zahnarzt oder Arzt konsultieren
– sich beim Coiffeur die Haare schneiden lassen
– bei einem Fahrlehrer Fahrstunden nehmen
– sich von einem Taxichauffeur nach Hause fahren lassen
– sich von einem Anwalt vor Gericht vertreten lassen

■ Formvorschrift

Der einfache Auftrag ist formlos gültig.

■ Persönliche Auftragsausführung

Der Beauftragte muss in der Regel den Auftrag selber ausführen (OR 398). Er darf von dieser Regelung abweichen, wenn er dazu vom Auftraggeber die Erlaubnis hat.

■ Entschädigung

Eine Vergütung muss dann bezahlt werden, wenn sie abgemacht wurde oder üblich ist. Für die notwendigen Auslagen erhält der Beauftragte ohne anderslautende Vereinbarung stets eine Entschädigung.

■ Haftung

Anders als beim Werkvertrag ist beim einfachen Auftrag kein konkretes Resultat, sondern eine sorgfältig ausgeführte Dienstleistung geschuldet. Der Beauftragte haftet deshalb für sorgfältiges Handeln bei der Ausführung des Auftrages.

■ Auflösung

Der einfache Auftrag kann von beiden Vertragsparteien jederzeit aufgelöst werden (OR 404). Geschieht dies jedoch zu einem ungünstigen Zeitpunkt, so ist allenfalls Schadenersatz geschuldet.
Beispiel:
Man hat für Samstagmorgen um 8 Uhr eine Fahrstunde abgemacht. Leider erwacht man erst um 7.45 Uhr. Sofort wird der Fahrlehrer telefonisch über das Missgeschick informiert. Weil es diesem nicht gelingt, in der verbleibenden Viertelstunde einen Ersatz zu finden, muss man die Fahrstunde bezahlen.

Der Werkvertrag

> **Werkvertrag (OR 363 ff.):** *Der Unternehmer errichtet für den Besteller gegen Bezahlung ein Werk.*

Beim Werkvertrag steht die Herstellung eines Werkes, also ein konkretes Resultat, im Vordergrund. Im Gegensatz zum Kaufvertrag, bei dem eine fertige Ware gekauft wird, lässt der Besteller beim Werkvertrag eine Sache nach seinen Wünschen herstellen, abändern oder reparieren. Typische Beispiele dafür sind: Bau eines Hauses, Herstellen einer Spezialkommode, Reparatur eines Autos.

Formvorschrift

Der Werkvertrag ist formlos gültig.

Werkherstellung

Der Unternehmer hat das Werk in der Regel selber herzustellen oder unter seiner persönlichen Leitung herstellen zu lassen.

Entschädigung

Wurde die Höhe der Vergütung im Voraus genau abgemacht (Festpreis), muss dieser Preis bezahlt werden, ungeachtet, ob der Aufwand des Herstellers grösser oder kleiner ist (OR 373). Wurde der Preis nicht oder nur ungefähr bestimmt, muss der Besteller den für die vertragsgemässe Herstellung nötigen Aufwand bezahlen (OR 374).

Haftung

Der Unternehmer haftet für die sorgfältige und termingerechte Ausführung des Werkes (OR 364 und 366). Ebenfalls ist er dafür verantwortlich dafür, dass das Werk die vertraglich zugesicherten Eigenschaften und keine Mängel aufweist (OR 368). Der Besteller muss das vollendete Werk sofort prüfen und dem Unternehmer allfällige Mängel mitteilen (Mängelrüge, siehe S. 79). Bei sehr grossen Mängeln kann er die Annahme verweigern (Wandelung, siehe S. 79). Bei Bauten geht das jedoch nicht. Bei kleineren Mängeln kann der Besteller eine Preisminderung oder eine Nachbesserung fordern (OR 368). Wurde nichts anderes vereinbart, dauert die Garantiezeit 5 Jahre bei Bauwerken (OR 371) und 1 Jahr für alle übrigen Werke (OR 210).

Auflösung

Solange das Werk noch nicht vollendet ist, kann der Besteller jederzeit vom Vertrag zurücktreten. Er muss dem Unternehmer jedoch bereits geleisteten Materialaufwand, Löhne und entgangenen Gewinn bezahlen (OR 377).
Wird der Werkpreis, von dem die Parteien ohne verbindliche Abmachung ausgegangen sind, unverhältnismässig stark (in der Regel um mehr als 10%) überschritten, kann der Besteller auch noch nach der Vollendung des Werkes vom Vertrag zurücktreten (OR 375). Der Besteller hat dem Unternehmer die bereits ausgeführten Arbeiten angemessen zu vergüten.

Tipp	*Man überlege sich genau, ob man einen Festpreis oder eine Vergütung nach Aufwand vereinbaren soll.* *Beim Festpreis weiss man exakt, wie viel man bezahlen muss. Der Unternehmer rechnet im Normalfall jedoch eine Sicherheitsmarge ein. Man bezahlt diesen Betrag, auch wenn der Aufwand kleiner war. Bei der Vergütung nach Aufwand trägt man jedoch ein grösseres Risiko.*

Verträge im Vergleich

	Kaufvertrag (siehe S. 76 ff.)	**Werkvertrag** (siehe S. 99)	**Einfacher Auftrag** (siehe S. 98)	**Arbeitsvertrag** (siehe S. 34 ff.)
Vertragsparteien	Käufer + Verkäufer	Besteller + Unternehmer	Auftraggeber + Beauftragter	Arbeitnehmer + Arbeitgeber
Definition nach OR	OR 184: «Durch den Kaufvertrag verpflichtet sich der Verkäufer, dem Käufer den Kaufgegenstand zu übergeben und ihm das Eigentum daran zu verschaffen, und der Käufer, dem Verkäufer den Kaufpreis zu bezahlen.»	OR 363: «Durch den Werkvertrag verpflichtet sich der Unternehmer zur Herstellung eines Werkes und der Besteller zur Leistung einer Vergütung.»	OR 394: «Durch die Annahme eines Auftrages verpflichtet sich der Beauftragte, die ihm übertragenen Geschäfte oder Dienste vertragsgemäss zu besorgen.»	OR 319: «Durch den Einzelarbeitsvertrag verpflichtet sich der Arbeitnehmer auf unbestimmte oder bestimmte Zeit zur Leistung von Arbeit im Dienste des Arbeitgebers und dieser zur Entrichtung eines Lohnes.»
Entschädigung	Kaufpreis	Werkpreis, Werklohn	Honorar, Vergütung	Arbeitslohn
Merkmale	Das Eigentum am Gegenstand soll übertragen werden.	Ein Werk (Erzeugnis) muss hergestellt und abgeliefert werden.	Eine Dienstleistung soll erbracht werden.	Eine Arbeitsleistung über eine längere Zeit soll erbracht werden.
Pflichten	*Verkäufer:* Die Ware rechtzeitig und frei von Mängeln liefern. *Käufer:* – Kaufpreisleistung – Ware sofort prüfen und allfällige Mängel melden, genau beschreiben und Vorschlag zur Erledigung unterbreiten. Ware aufbewahren.	*Unternehmer:* Das Werk rechtzeitig und sorgfältig erstellen. *Besteller:* – Werkpreisleistung – Das Werk sofort prüfen und allfällige Mängel melden, genau beschreiben und Vorschlag zur Erledigung unterbreiten.	*Beauftragter:* Die Dienstleistung persönlich und sorgfältig erbringen. *Auftraggeber:* – Vergütung für Auslagen und eventuelle Aufwendungen leisten. – Das Ergebnis sofort annehmen, bzw. wenn man nicht einverstanden ist, an Ort und Stelle reklamieren.	*Arbeitgeber:* Dem Arbeitnehmer Arbeiten zuweisen und den Lohn dafür rechtzeitig bezahlen. *Arbeitnehmer:* Die Arbeiten sorgfältig ausführen gemäss den Anweisungen.
Rücktritt	Grundsätzlich: Gekauft ist gekauft. Wenn der Gegenstand rechtzeitig geliefert worden ist und keinen Mangel aufweist, ist kein Rücktritt möglich.	Ein Rücktritt durch den Besteller ist jederzeit möglich. Der Unternehmer hat aber Anspruch auf bereits geleisteten Materialaufwand, bezahlte Löhne und entgangenen Gewinn. Es bestehen keine Kündigungsfristen.	Ein Rücktritt ist jederzeit möglich. Die bis zum Zeitpunkt der Vertragsauflösung geleisteten Auslagen (evtl. auch Aufwendungen) sind zu vergüten. Es bestehen keine Kündigungsfristen.	Bei Vertragsauflösung müssen die Kündigungsfristen beachtet werden. (Nur in ganz besonderen Fällen ist eine fristlose Auflösung möglich.)

1.5. Miete

1.5. Miete

Miete: Übersicht

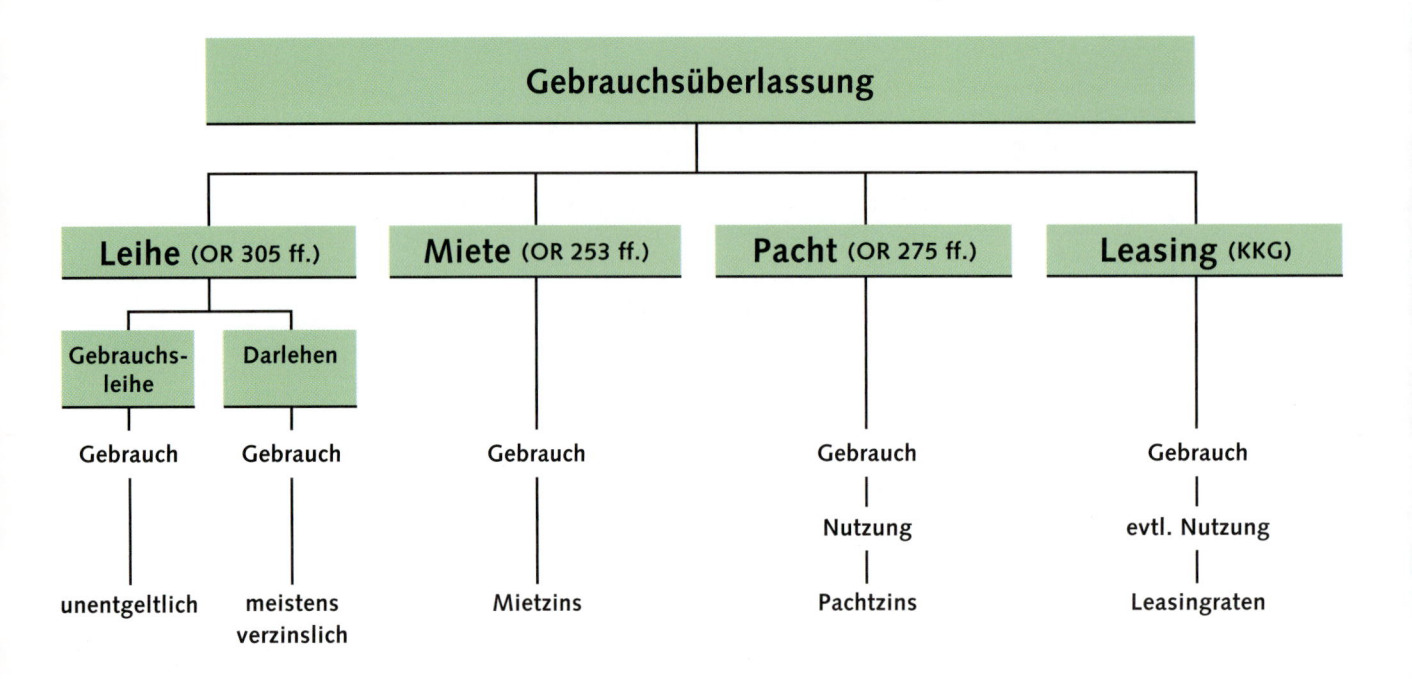

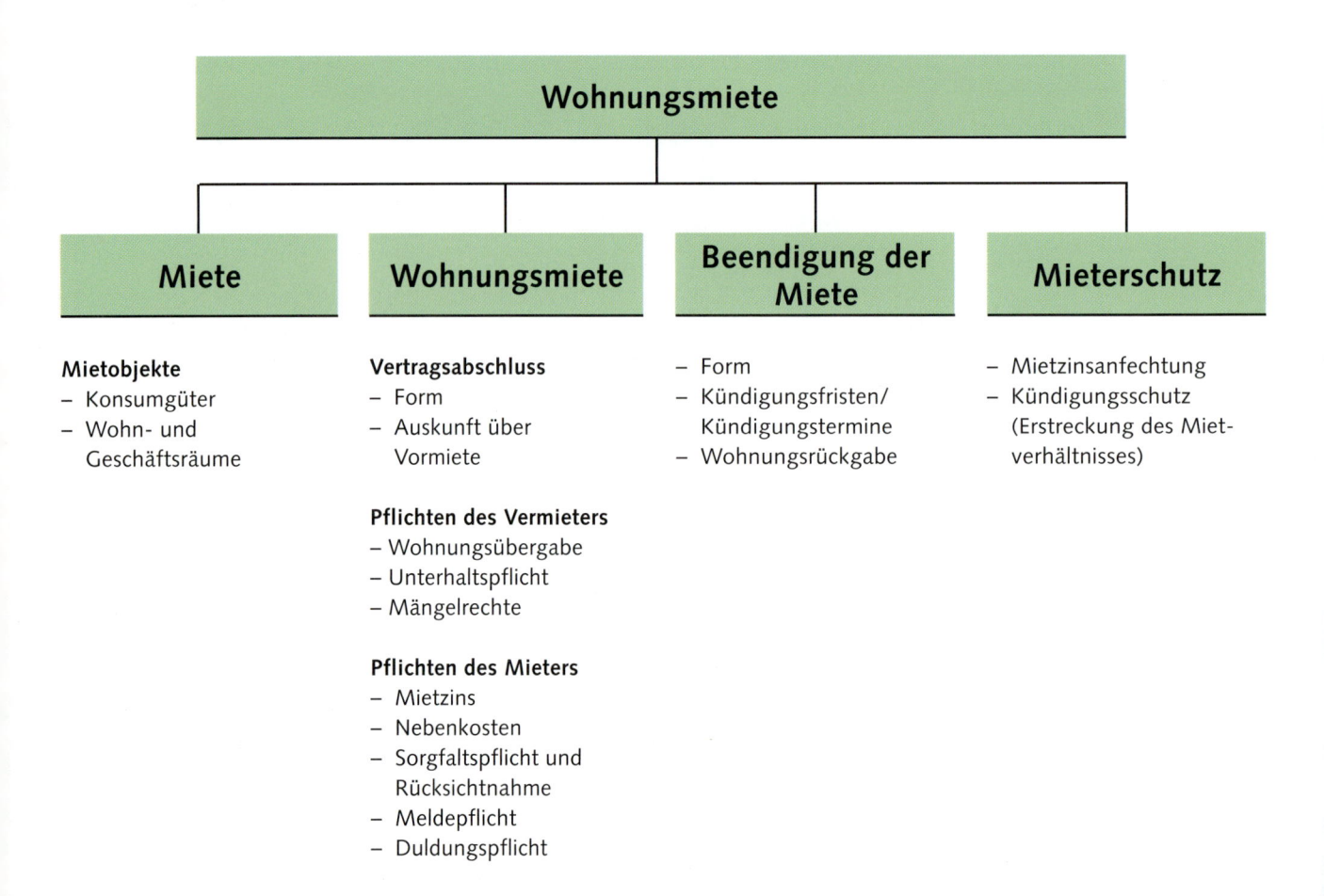

Gebrauchsüberlassung

- **Leihe** (OR 305 ff.)
  - Gebrauchsleihe → Gebrauch → unentgeltlich
  - Darlehen → Gebrauch → meistens verzinslich
- **Miete** (OR 253 ff.) → Gebrauch → Mietzins
- **Pacht** (OR 275 ff.) → Gebrauch → Nutzung → Pachtzins
- **Leasing** (KKG) → Gebrauch → evtl. Nutzung → Leasingraten

Wohnungsmiete

- **Miete**

  Mietobjekte
  - Konsumgüter
  - Wohn- und Geschäftsräume

- **Wohnungsmiete**

  Vertragsabschluss
  - Form
  - Auskunft über Vormiete

  Pflichten des Vermieters
  - Wohnungsübergabe
  - Unterhaltspflicht
  - Mängelrechte

  Pflichten des Mieters
  - Mietzins
  - Nebenkosten
  - Sorgfaltspflicht und Rücksichtnahme
  - Meldepflicht
  - Duldungspflicht

- **Beendigung der Miete**
  - Form
  - Kündigungsfristen/ Kündigungstermine
  - Wohnungsrückgabe

- **Mieterschutz**
  - Mietzinsanfechtung
  - Kündigungsschutz (Erstreckung des Mietverhältnisses)

1.5. Miete

Die Gebrauchsüberlassung (OR 253–318)

> **Gebrauchsüberlassung:** *Eine Sache oder ein Recht wird einer Person zur Bewirtschaftung (Nutzung) und/oder zum Gebrauch überlassen, ohne dass ein Eigentumsübergang stattfindet.*

Die Überlassung kann auf eine festgelegte Dauer oder auf unbestimmte Zeit erfolgen.

Arten von Gebrauchsüberlassung
Die vier wichtigsten Arten von Gebrauchsüberlassung sind:
Leihe (Gebrauchsleihe, Darlehen), Pacht, Miete, Leasing (siehe S. 88)

Die Gebrauchsleihe

> **Gebrauchsleihe (OR 305 ff.):** *Eine Sache wird unentgeltlich zum Gebrauch überlassen (auch nur Leihe genannt).*

Die überlassene Sache kann beweglich (z.B. Buch, CD, DVD-Gerät) oder unbeweglich (z.B. Wohnung, Geschäftsraum, Parkplatz) sein.
Nach dem Gebrauch ist die Sache wieder zurückzugeben (siehe OR 305 ff.)
Ist nichts anderes vereinbart, kann der Verleiher die Sache jederzeit zurückverlangen (OR 310).
Unterleihe ist verboten (OR 306²).

Das Darlehen

> **Darlehen (OR 312 ff.):** *Eine Summe Geld oder eine andere vertretbare Sache (z. B. Wertpapiere) wird dem Borger (meist gegen Zinszahlung) überlassen.*

Ein Darlehen ist nur dann verzinslich, wenn ein Zins verabredet ist. Im kaufmännischen Verkehr sind auch ohne Verabredung Zinse zu bezahlen (OR 313).
Ein Darlehen, für dessen Rückzahlung z.B. weder ein bestimmter Termin noch eine Kündigungsfrist vereinbart wurde, ist innerhalb von sechs Wochen von der ersten Aufforderung an zurück zu bezahlen (OR 318).
Zinsvorschriften sind im OR 314 geregelt.

Die Pacht

> **Pacht (OR 275 ff.):** *Eine Sache oder ein Recht wird gegen Bezahlung des Pachtzinses zum Gebrauch und zur Bewirtschaftung (Nutzung) überlassen.*

Wie bei der Leihe kann die überlassene Sache beweglich oder unbeweglich sein. Zusätzlich muss sie aber nutzbar sein, d.h. sie muss einen Ertrag abwerfen können.
Beispiele:
– Bewegliche Sache, die gepachtet werden kann: Milchkuh
– Unbewegliche Sache, die gepachtet werden kann: Obstgarten
– Recht, das gepachtet werden kann: verzinste Darlehensforderung

Die Pacht ist der Miete sehr nahe. Der Hauptunterschied zur Miete besteht darin, dass der Pächter verpflichtet ist, die überlassene Sache so zu nutzen, dass sie ihre natürlichen Erträge auch tatsächlich abwirft, und dass dies auch in Zukunft so bleibt (OR 283¹). Beispiel: Die Milchkuh muss so gehalten werden, dass sie wirklich Milch gibt. Die Kuh darf während der Pachtzeit aber nicht ausgebeutet werden: der künftige Milchertrag muss garantiert bleiben.

1.5. Miete

Die Miete

> **Miete (OR 253 ff.):** *Eine Sache wird gegen Bezahlung zum Gebrauch überlassen.*

Die Miete kann auf eine festgelegte Dauer oder unbestimmte Zeit erfolgen.
Der Mietvertrag ist formlos gültig. Die Schriftlichkeit wird jedoch empfohlen.

Mietobjekte

Gegenstand der Miete (Mietobjekt) können sein:
- bewegliche Sachen = Fahrnis (z.B. CD, Buch, Snowboard)
- unbewegliche Sachen = Immobilien (z.B. Wohnung, einzelnes Zimmer, Parkplatz, Büroräumlichkeit).

Je nach Mietobjekt sieht das Gesetz verschiedene Regelungen vor.
Die wichtigsten zwei Objektarten im alltäglichen Leben sind die Miete von Konsumgütern und die Miete von Wohn- und Geschäftsräumen:

- **Konsumgüter**
  Unter Konsumgut wird eine bewegliche Sache für den privaten Bedarf verstanden (z.B. Plasma-Bildschirm, Carvingskis).
  Ist der Vermieter ein gewerbsmässiger Anbieter, kann der Mieter unabhängig von der festgelegten Vertragsdauer mit einer Frist von 30 Tagen auf Ende einer 3-monatigen Mietdauer kündigen (OR 266k).

- **Wohn- und Geschäftsräume**
  Weitaus wichtigstes Mietobjekt ist die Wohnung: In der Schweiz leben zirka 60% der Bevölkerung in einer Mietwohnung. In der Folge wird deshalb unter «Miete» die Wohnungsmiete verstanden.

Regeln zur Wohnungsmiete finden sich im OR (253–274g) sowie in der Verordnung über die Miete und Pacht von Wohn- und Geschäftsräumen (VMWG). Die grundsätzlichen Pflichten von Mieter und Vermieter gelten allerdings auch für die anderen Mietarten.

Tipp

Das Recht betreffend die Wohnungsmiete ist unübersichtlich und gerade für den Mieter oft schwer verständlich. Scheuen Sie sich deshalb nicht, bei Unklarheiten und Problemen frühzeitig professionelle Hilfe zu beanspruchen. Die in jedem Kanton und z.T. in grösseren Ortschaften speziell für Miete und Pacht vorgesehenen Schlichtungsbehörden für Mietangelegenheiten sind verpflichtet, Sie ausserhalb eines eigentlichen Streitverfahrens und sogar vor Abschluss eines Mietvertrages zu beraten. Diese Beratungen sind in der Regel kostenlos. Zudem bieten Mieterverbände ihren Mitgliedern oft kostenlose Hilfe an.

→ www.verlag-fuchs.ch/recht

Wohnungsmiete

Der Vertrag über die Wohnungsmiete wird durch die gegenseitig übereinstimmende Willenserklärung der Parteien abgeschlossen, und nicht etwa erst mit der Wohnungsübergabe (Mietantritt).

■ Vertragsabschluss

Ein Mietvertrag ist formlos gültig. Herrscht jedoch Wohnungsmangel (normalerweise weniger als 1% Leerbestand in der betroffenen Wohnungskategorie), können die Kantone für die Mietzinsvereinbarung die Verwendung eines amtlichen Formulars vorschreiben (OR 270[2]).
Schliesst ein Ehepaar ein Mietvertrag für eine Wohnung ab, genügt die Unterschrift eines der beiden Ehegatten.

Formularverträge und Hausordnung
Die meisten Vermieter verwenden die Formulare des Hauseigentümerverbandes als Vertragsgrundlage. Daneben wird meist eine separate Hausordnung für verbindlich erklärt. (Inhalte: z.B. Ruhezeiten, in denen keine lauten Tätigkeiten ausgeübt werden dürfen; Benutzung der allgemeinen Anlagen wie Waschmaschine usw.)

■ Auskunft über Vormiete (OR 256a)

Wurde die Wohnung bereits zuvor vermietet, kann der Mieter Auskunft über die Höhe des vorangegangenen Mietzinses verlangen. Ebenso kann der Mieter verlangen, dass ihm spätestens bei Wohnungsübergabe das Rückgabeprotokoll des Vormieters gezeigt wird, um auf frühere, nicht behobene Mängel aufmerksam zu werden.

■ Kaution (OR 257e) / Mietkautionsversicherung

Wird eine Geldkaution (Sicherheitsleistung) vom Vermieter verlangt, muss er diese auf einem Sparkonto bei einer Bank hinterlegen. Das Konto hat auf den Namen des Mieters zu lauten. Während der Mietdauer ist die Bank nicht berechtigt, die Sicherheitsleistung ohne Zustimmung durch Mieter und Vermieter herauszugeben (rechtskräftiger Zahlungsbefehl oder Gerichtsurteil ausgenommen).
Die Höhe der Sicherheitsleistung ist auf maximal drei Monatzinse beschränkt.
Nach Ablauf eines Jahres seit Beendigung des Vertrags kann der Mieter die Sicherheitsleistung herausverlangen, wenn er nachweist, dass gegen ihn vonseiten des Vermieters kein Betreibungs- oder Gerichtsverfahren hängig ist.

Neu bieten Versicherungen eine Mietkautionsversicherung an. Der Mieter zahlt eine jährliche Prämie und versichert sich damit gegenüber allfälligen Forderungen des Vermieters, beispielsweise für nicht bezahlte Mietzinsen und Nebenkosten sowie für Schäden am Mietobjekt. Dadurch entfällt für den Mieter die Zahlung von mehreren Tausend Franken Kaution zu Beginn des Mietverhältnisses.

Tipp

- *Die Formularverträge sind vor der Unterzeichnung genau zu studieren, gerade weil sie viel «Kleingedrucktes» enthalten und nicht zum Durchlesen einladen.*
- *Nehmen Sie zur Wohnungsübernahme eine standardisierte Mängelliste mit für den Fall, dass der Vermieter kein Übernahmeprotokoll erstellen will. Die Mängelliste muss unbedingt vom Vermieter unterschrieben werden. Diese Liste kann für Sie beim Auszug wichtig sein.*
- *Ungültige Klauseln in Mietverträgen sind unter anderen:*
    - *die Verkürzung der gesetzlichen Kündigungsfristen auf weniger als drei Monate*
    - *ein generelles Untermieterverbot*
    - *das Verbot von Kleintieren wie Hamster oder Kanarienvögel*
    - *Rauchverbot in der Wohnung*
    - *uneingeschränktes Zutrittsrecht des Vermieters ohne Voranmeldung*

→ www.verlag-fuchs.ch/recht

Pflichten des Vermieters

■ Wohnungsübergabe (OR 256)

Der Vermieter muss die Wohnung dem Mieter zum vereinbarten Zeitpunkt übergeben. Der Vermieter hat auch dafür zu sorgen, dass die Wohnung ab Übergabe tatsächlich bewohnbar ist.

Verletzt der Vermieter die Pflicht zur rechtzeitigen Übergabe oder übergibt er die Wohnung in unbewohnbarem Zustand, so kann der Mieter die Wohnungsübernahme verweigern und unter gewissen Voraussetzungen vom Vertrag zurücktreten (OR 258[1]).

■ Unterhaltspflicht (OR 259a ff.)

Der Unterhalt der Wohnung ist grundsätzlich Sache des Vermieters. Ausnahme bildet nur der sogenannte «kleine Unterhalt», der vom Mieter zu besorgen ist. Als Faustregel gilt: Alle Wartungsarbeiten (inkl. Reinigung), die ohne Beizug von Fachleuten selbst ausgeführt werden können, sind «kleiner Unterhalt» (zirka CHF 100.– bis CHF 150.– pro Reparatur).

■ Mängelrechte (OR 259b,d,g)

Kommt der Vermieter seiner Unterhaltspflicht nicht nach oder wird die Wohnqualität in anderer Weise vermindert, kann sich der Mieter wehren, wenn er keine Schuld an der Situation trägt.

– **Beseitigungsanspruch**
Der Mieter kann vom Vermieter die Beseitigung des Mangels verlangen (z.B. Ausfall der Zentralheizung). Unternimmt der Vermieter innerhalb eines vernünftigen Zeitraums nichts, kann der Mieter je nach Grösse des Mangels entweder fristlos kündigen oder den Mangel auf Kosten des Vermieters beseitigen lassen.

– **Mietzinsreduktion**
Der Mieter kann vom Vermieter die verhältnismässige Reduktion des Mietzinses verlangen.
Beispiel: Lärmimmissionen durch Umbau oder Renovation des Miethauses

– **Mietzinshinterlegung**
Der Mieter kann den künftigen Mietzins bei einer vom Kanton vorgesehenen Stelle (meistens von der Schlichtungsbehörde bezeichnete Bank) hinterlegen. Die korrekte Hinterlegung gilt als Mietzinszahlung. Damit die Hinterlegung korrekt erfolgen kann, muss der Mieter den Vermieter schriftlich zur Beseitigung des Mangels innert vernünftiger Frist auffordern und ihm gleichzeitig die Hinterlegung androhen.

→ www.verlag-fuchs.ch/recht

Pflichten des Mieters

Mietzins (OR 253 und 257)

Hauptpflicht des Mieters ist es, den vereinbarten Mietzins zu zahlen. Dieser ist die Gegenleistung für die Überlassung des Mietobjekts zur Bewohnung.

Die Höhe des Mietzinses kann von den Vertragsparteien in der Regel frei bestimmt werden. Der Mieter einer Wohnung wird jedoch unter gewissen Voraussetzungen vor der Bezahlung übersetzter Mietzinsen geschützt (OR 269 ff., siehe S. 111).

Nebenkosten (OR 257a f.)

Nebenkosten sind Kosten, die dem Vermieter im Zusammenhang mit der Gebrauchsüberlassung, also durch den «Betrieb» der Wohnung, entstehen (z.B. Betriebskosten für die zentrale Warmwasseraufbereitungs- oder Heizungsanlage, Hauswartskosten, Kosten für den Betrieb der gemeinsamen Waschmaschine). Das Entgelt für die Nebenkosten ist kein Mietzins.

Nebenkosten sind vom Mieter nur dann zu bezahlen, wenn diese im Mietvertrag für die jeweilige Nebenkostenposition tatsächlich vereinbart worden sind. Die Berechnung der Entschädigung muss für den Mieter transparent sein. Er kann deshalb Einsicht in die Originalbelege verlangen. Ist eine Akontozahlung vereinbart, muss der Vermieter dem Mieter zusätzlich eine jährliche Abrechnung zustellen.

Zahlungsrückstand (OR 257d)

Mietzinse sind in der Regel periodisch auf einen genau festgelegten Termin geschuldet, nämlich auf den letzten Kalendertag eines Monats. Leistet der Mieter einen Zins nicht auf diesen Zeitpunkt, befindet er sich im Zahlungsverzug. Der Vermieter hat dann die Möglichkeit, dem Mieter schriftlich eine 30-tägige Nachfrist zur Zahlung anzusetzen. Mit der Nachfristansetzung kann er die Kündigung für den Fall androhen, dass die Nachzahlung nicht rechtzeitig erfolgt.

Untermiete (OR 262)

Der Mieter darf die Wohnung untervermieten, braucht dazu aber die Zustimmung des Vermieters. Dieser darf die Zustimmung nur unter einem der drei folgenden Gründe verweigern:
– Der Mieter legt die Bedingungen der Untermiete nicht offen.
– Die Bedingungen der Untermiete sind missbräuchlich (vor allem, wenn der Mieter übermässigen Gewinn erzielt).
– Dem Vermieter entsteht durch die Untermiete ein grosser Nachteil.

Der Mieter ist gegenüber dem Vermieter verantwortlich, z.B. für Schäden, die der Untermieter gemacht hat.

→ www.verlag-fuchs.ch/recht

1.5. Miete

■ Sorgfaltspflicht und Rücksichtnahme (OR 257f)

Der Mieter muss mit dem Mietobjekt sorgfältig umgehen und Rücksicht auf die Nachbarn nehmen. Der Mieter ist auch dafür verantwortlich, dass sich seine Mitbewohner und Gäste ebenso verhalten.

Unsorgfalt
Verletzt der Mieter seine Pflicht zur Sorgfalt oder zur Rücksichtnahme, kann ihn der Vermieter mahnen. Hält der Mieter seine Pflichten trotz schriftlicher Mahnung weiterhin nicht ein, kann der Vermieter unter gewissen Voraussetzungen den Vertrag mit einer Frist von 30 Tagen auf Monatsende kündigen.

Schwere Beschädigung
Zerstört der Mieter die Wohnung oder Teile davon sogar mutwillig, kann der Vermieter den Vertrag jederzeit, ohne Mahnung und fristlos kündigen.

■ Meldepflicht (OR 257g)

Damit der Vermieter die Wohnung ausreichend instand halten kann, ist er auf Informationen des Mieters angewiesen. Der Mieter hat deshalb Mängel, die nicht vom ihm selber zu beheben sind (siehe «kleiner Unterhalt», S. 106), dem Vermieter zu melden.

Meldet der Mieter einen Mangel nicht, obwohl es ihm möglich gewesen wäre, begeht er eine Vertragsverletzung: Er kann auf Ersatz des dadurch entstandenen Schadens belangt werden.

■ Duldungspflicht (OR 257h)

Unterhalt und Mängelbeseitigung
Die Instandhaltung und Mängelbeseitigung durch den Vermieter kann oft nur mit Einschränkungen für den Mieter erfolgen. Der Mieter hat deshalb die dazu notwendigen Eingriffe in sein Gebrauchsrecht zu dulden. So hat der Mieter z.B. die mit dem Ersatz einer defekten Toilette oder Badewanne verbundenen Unannehmlichkeiten zu tolerieren.

Besichtigung
Die Besichtigung der Wohnung durch den Vermieter muss geduldet werden, wenn dies notwendig ist (z.B. für Weitervermietung der Wohnung, für Verkauf des Hauses). In der Regel muss sich der Vermieter vorher anmelden (Ausnahme: Notfall).

■ Veränderungen durch den Mieter (OR 260a)

Der Mieter darf Veränderungen an der Wohnung nur vornehmen, wenn der Vermieter dazu schriftlich zugestimmt hat. In diesem Fall kann der Vermieter die Wiederherstellung des ursprünglichen Zustandes nur verlangen, wenn dies ebenfalls schriftlich vereinbart worden ist. Eine Wertsteigerung durch die Veränderung hat der Vermieter zu entschädigen. Wurde die Veränderung aber ohne Zustimmung vorgenommen, besteht kein Entschädigungsanspruch.

Die Beendigung der Miete

■ Form (OR 266l)

- Bei der Wohnungsmiete verlangt das Gesetz eine schriftliche Kündigung.
- Die Kündigung des Vermieters muss dazu auf einem amtlichen Formular erfolgen, das Auskunft über das Vorgehen zur Kündigungsanfechtung oder Erstreckung des Mietverhältnisses gibt. Verletzt eine Kündigung die Formvorschriften, ist sie nichtig und entfaltet keinerlei Wirkung.
- Auf Verlangen ist eine Kündigung zu begründen.
- Bei einer Familienwohnung muss der Vermieter beiden Eheleuten die Kündigung getrennt zustellen.
- Eine Wohnungskündigung durch ein Mieterehepaar muss von beiden unterzeichnet werden.

■ Kündigungsfristen und Kündigungstermine (OR 266 ff.)

- Ein auf eine bestimmte Dauer abgeschlossenes Mietverhältnis endet mit dem Zeitablauf, und zwar ohne dass eine Kündigung ausgesprochen werden muss.
- Ein unbefristetes Mietverhältnis kann unter Einhaltung der gesetzlichen Fristen gekündigt werden. Sofern die Parteien keinen anderen Termin vereinbart haben, hat die Kündigung auf den im OR vorgesehenen Termin zu erfolgen (siehe unten).
- Werden Kündigungsfristen und Kündigungstermine nicht eingehalten, gilt die Kündigung auf den nächstmöglichen Zeitpunkt.

Ordentliche Kündigung (OR 266c)

Wohnungsmieten können vom Vermieter und vom Mieter mit einer Frist von drei Monaten auf einen ortsüblichen Termin gekündigt werden.
Fehlt ein ortsüblicher Termin, ist die Kündigung jeweils auf Ende einer 3-monatigen Mietdauer möglich (3 Monate nach Mietantritt ist der 1. Kündigungstermin, 6 Monate nach Mietantritt ist der 2. Kündigungstermin usw.). An den meisten Orten gilt mit Ausnahme des 31. Dezember der letzte Tag jedes Monats als ortsüblicher Kündigungstermin. Auskunft erteilt die kantonale Schlichtungsbehörde am Wohnort.

Mietobjekt	Kündigungsfrist	Zeitpunkt / Termin
Bewegliche Sache (z.B. Velo) (OR 266f)	3 Tage	auf jeden beliebigen Zeitpunkt
Möbliertes Zimmer (OR 266e)	2 Wochen	auf Ende einer 1-monatigen Mietdauer
Möblierte und unmöblierte Wohnung (OR 266c)	3 Monate	auf Ende einer 3-monatigen Mietdauer

Ausserordentliche Kündigung (OR 266g)

Ist die Fortführung der Wohnungsmiete für eine Partei aus einem triftigen Grund untragbar geworden, kann sie mit einer Frist von drei Monaten kündigen, ohne einen Termin einhalten zu müssen.

Tod des Mieters (OR 266i)

Stirbt der Wohnungsmieter, sind seine Erben berechtigt, das Mietverhältnis ordentlich zu kündigen.

Vorzeitige Rückgabe

Der Mieter kann das Mietverhältnis ohne Einhaltung von Fristen und Terminen auflösen, wenn er einen zumutbaren und zahlungsfähigen Ersatzmieter bringt, der bereit ist, den Vertrag zu den gleichen Konditionen zu übernehmen. Für das Kriterium der Zumutbarkeit gilt als Faustregel: Der Vermieter darf an den Ersatzmieter nicht andere oder höhere Anforderungen stellen, als an den scheidenden Mieter.

→ www.verlag-fuchs.ch/recht

1.5. Miete

■ Wohnungsrückgabe (OR 267)

Zustand nach vertragsgemässem Gebrauch

Der Mieter muss die Wohnung in dem Zustand zurückgeben, wie es nach Vertragsdauer erwartet werden darf. Für die Abnützung durch den normalen Gebrauch hat der Mieter also nicht einzustehen. In der Praxis haben sich Richtwerttabellen entwickelt, welche die Lebensdauer der Mietgegenstände bei normaler Nutzung festhalten (Lebensdauertabelle mit Kommentar siehe unter **www.mieterverband.ch**).

Übergibt der Mieter die Wohnung nicht in korrektem Zustand, haftet er dem Vermieter für den daraus entstandenen Schaden.

Prüfungspflicht durch Vermieter

Der Vermieter muss den Zustand der Wohnung bei der Rückgabe prüfen und die sichtbaren Mängel sofort rügen.

Die Mängelrüge ist formlos möglich. In der Regel dient dazu jedoch ein von beiden Parteien unterzeichnetes Rückgabeprotokoll, von dem der Mieter eine Kopie erhält.

Versteckte Mängel, die erst später entdeckt werden, sind dem Mieter umgehend zu melden.

Tipp

– Der Mieter sollte die Kündigung dem Vermieter mit eingeschriebenem Brief zustellen. Achtung: Kündigung rechtzeitig schicken, weil das Datum des Poststempels nicht gilt.

– Die örtlichen Mieterverbände bieten auch Hilfe bei der Wohnungsübergabe an. Wenn Sie sicher sein wollen, dass bei der Wohnungsabgabe alles rund läuft, können Sie eine Wohnungsabnahme-Fachperson beiziehen. Diese achtet darauf, dass das Protokoll der Wohnungsabnahme korrekt ausgefüllt wird und unterstützt die ausziehende Mietpartei, dass sie nicht ungerechtfertigte Forderungen des Vermieters für Schäden anerkennt. (Kosten für Mitglieder des Mieterverbands ab CHF 130.–, für Nichtmitglieder ab CHF 185.–.)

– Unterschreiben Sie ein Rückgabeprotokoll nur, wenn Sie mit dem Inhalt einverstanden sind. Sind Sie dagegen, den Vermieter für einen bestimmten Mangel zu entschädigen, notieren Sie auf dem Protokoll «nicht einverstanden». Sie können dann das gesamte Protokoll dennoch unterzeichnen. Verlangen Sie zudem unbedingt eine Kopie des Protokolls.

– Falls Sie ein Putzinstitut für die Reinigung engagieren, sollten Sie Preis und Termin für die Reinigung unbedingt schriftlich vereinbaren. Verlangen Sie, dass ein Vertreter der Reinigungsfirma bei der Wohnungsabgabe anwesend ist. Sollte eine Nachreinigung nötig sein, besorgt diese das Putzinstitut dann ohne zusätzliche Kosten für Sie.

– Die meisten Privathaftpflichtversicherungen decken Schäden, die die normale Abnützung übersteigen. Im Schadenfall sollte daher sofort die Versicherung benachrichtigt werden. Viele Mieterverbände offerieren ihren Mitgliedern eine günstige Mieterhaftpflichtversicherung (Prämie: CHF 10.– bis CHF 20.– pro Jahr).

Der Mieterschutz

> **Mieterschutz:** *Gesetzliche Bestimmungen zum Schutz des Mieters als «schwächere Partei».*

Luxus- und Ferienwohnungen sind von den Schutzbestimmungen ausgenommen (OR 253a² und 253b²).

■ Mietzinsanfechtung (OR 270 ff.)

Missbräuchlicher Mietzins
Als missbräuchlich gilt ein Mietzins, wenn sich der Vermieter auf Kosten des Mieters bereichert oder einen übersetzten Kaufpreis der Liegenschaft auf den Mieter überwälzt.

Anfangsmietzins
Der Mietzins kann von den Parteien grundsätzlich frei festgelegt werden.
OR 270¹ regelt die Voraussetzungen für eine Herabsetzung des Anfangsmietzinses:
– Der Mieter befindet sich bei Vertragsabschluss in einer Notlage (persönlich oder aufgrund des Wohnungsmarktes).
– Der vereinbarte Mietzins liegt wesentlich über demjenigen des Vormieters (in der Regel etwa 10% und darüber).

Den Herabsetzungsanspruch hat der Mieter spätestens 30 Tage nach Wohnungsübernahme vor der Schlichtungsbehörde für Mietangelegenheiten einzuklagen.

Veränderte Verhältnisse
Der Mietzins kann während der Mietdauer missbräuchlich werden, wenn sich dessen Berechnungsgrundlage ändert (z.B. starke Hypothekarzinssenkung). Der Mieter muss zuerst beim Vermieter schriftlich um eine Herabsetzung ersuchen. Kommt der Vermieter dem Ersuchen nicht innert 30 Tagen nach, kann der Mieter wiederum innert 30 Tagen die Herabsetzungsklage der Schlichtungsbehörde einreichen.

VERÄNDERTE MIETVERHÄLTNISSE

Mietzinserhöhung
Mietzinserhöhungen können vom Vermieter grundsätzlich immer auf den Zeitpunkt festgelegt werden, auf den die nächste ordentliche Kündigung möglich wäre. Die Ankündigung der Erhöhung muss 10 Tage vor Beginn der Kündigungsfrist beim Mieter eintreffen. Sie hat mit amtlichem Formular zu erfolgen und die Erhöhung muss begründet werden. Fehlt eine der letzten beiden Voraussetzungen oder wird sie mit einer Kündigungsandrohung verbunden, ist die Mietzinserhöhung nichtig.
Eine Mietzinserhöhung kann vom Mieter innert 30 Tagen seit Mitteilung bei der Schlichtungsbehörde als missbräuchlich angefochten werden.

→ www.verlag-fuchs.ch/recht

1.5. Miete

■ Kündigungsschutz

In der Regel braucht eine Kündigung keinen besonderen Grund, um gültig zu sein. Das kann aber vor allem für den Wohnungsmieter einschneidende Folgen haben. Deshalb sieht das Gesetz Schutzbestimmungen vor.

Anfechtung der Kündigung
Verstösst eine Kündigung gegen Treu und Glauben, ist sie missbräuchlich und kann angefochten werden.

Kündigungen sind unter anderen in folgenden Fällen anfechtbar:
- Vergeltungskündigung (z.B. weil der Mieter Mängelrechte geltend gemacht hat)
- Änderungskündigung (Der Vermieter will eine Vertragsänderung zuungunsten des Mieters durchsetzen.)
- Kündigung während eines Schlichtungs- oder Gerichtsverfahrens im Zusammenhang mit dem Mietverhältnis
- Kündigung innert 3 Jahren nach einem Schlichtungs- oder Gerichtsverfahren, in welchem der Vermieter unterlegen war, die Klage zurückzog, auf den Weiterzug ans Gericht verzichtet oder einen Vergleich abgeschlossen hat.

Die Anfechtung hat innert 30 Tagen seit Empfang der Kündigung bei der Schlichtungsbehörde zu erfolgen.

Erstreckung des Mietverhältnisses
Hat die Kündigung für den Mieter schwerwiegende negative Folgen, die in keinem Verhältnis zu den Interessen des Vermieters an der Beendigung des Mietverhältnisses stehen, kann der Mieter eine Erstreckung verlangen. Das Gericht nimmt dabei eine Interessenabwägung vor (z.B. Umstände des Vertragsabschlusses; persönliche, familiäre und wirtschaftliche Verhältnisse der Parteien; Eigenbedarf des Vermieters).

Ausschluss der Erstreckung
Die Erstreckung des Mietverhältnisses ist nur in folgenden Fällen ausgeschlossen:
- Kündigung wegen Zahlungsrückstands des Mieters
- Kündigung wegen schwerer Verletzung der Sorgfaltspflicht des Mieters (z.B. wenn der Mieter zu ständigen berechtigten Klagen Anlass gibt)
- Kündigung wegen Konkurses des Mieters
- Kündigung eines Mietverhältnisses, das wegen eines konkreten Umbaus oder Abbruchs der Wohnung ausdrücklich bis zur Realisierung des Projekts befristet abgeschlossen worden ist.

Dauer der Erstreckung
Eine Wohnungsmiete kann maximal um vier Jahre erstreckt werden.

■ Schlichtungsbehörde für Mietstreitigkeiten

In jedem Kanton gibt es eine Schlichtungsbehörde für Mietstreitigkeiten. Sie ist verpflichtet, Mieter und Vermieter auch dann kostenlos zu beraten, wenn kein Schlichtungsgesuch vorliegt, ganz speziell vor Abschluss eines Mietvertrages.

Bei Streitigkeiten muss zuerst immer die Schlichtungsbehörde mittels eines Schlichtungsgesuchs angerufen werden. Dieses Gesuch kann mündlich oder schriftlich gestellt werden.

Die Schlichtungsbehörde muss in erster Linie versuchen, die Parteien zu versöhnen. Gelingt dies nicht, stellt sie eine Klagebewilligung aus.

1.6. Steuern

Steuern: Übersicht

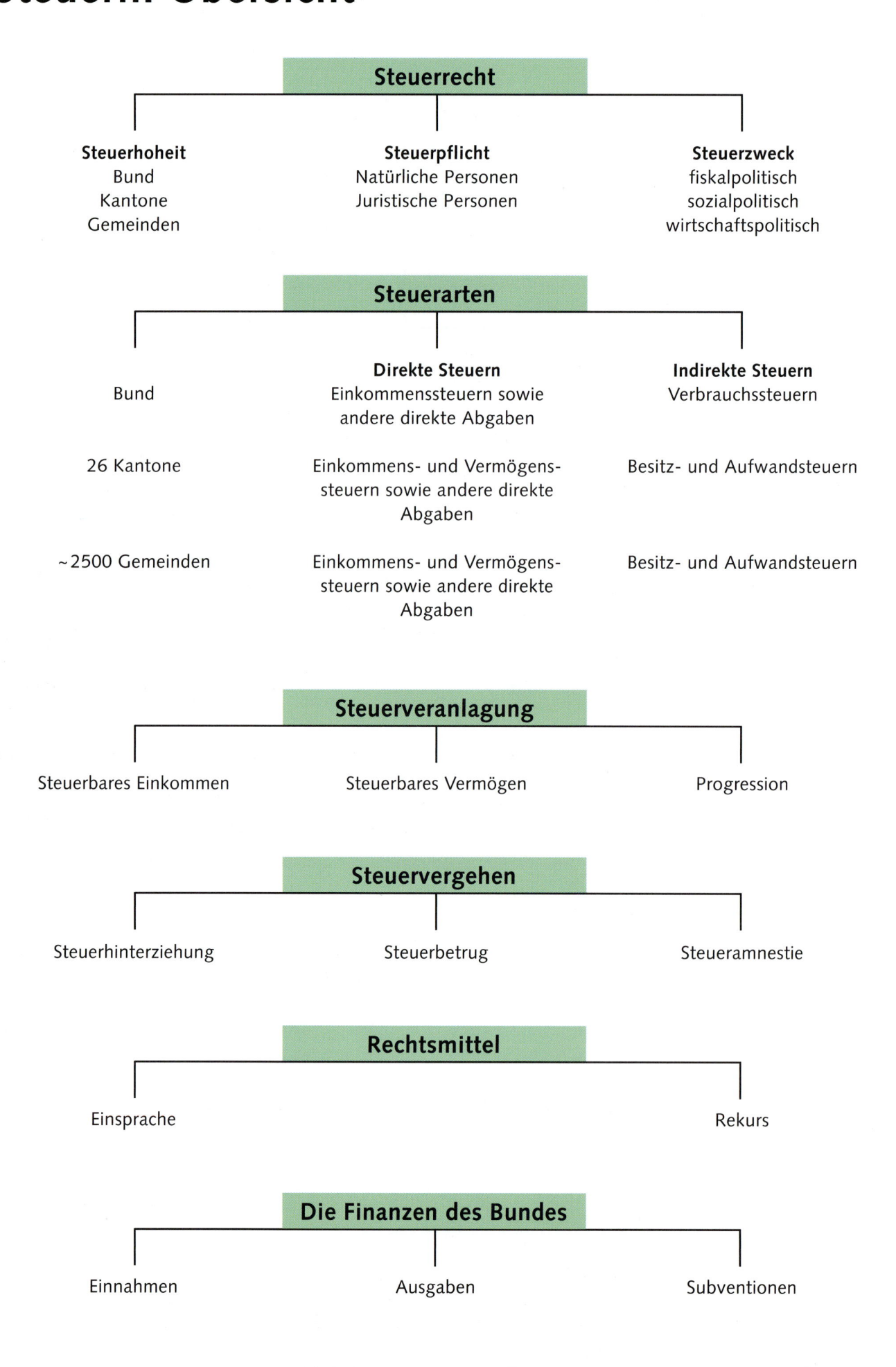

Steuerrecht

Steuerhoheit
Bund
Kantone
Gemeinden

Steuerpflicht
Natürliche Personen
Juristische Personen

Steuerzweck
fiskalpolitisch
sozialpolitisch
wirtschaftspolitisch

Steuerarten

	Direkte Steuern	Indirekte Steuern
Bund	Einkommenssteuern sowie andere direkte Abgaben	Verbrauchssteuern
26 Kantone	Einkommens- und Vermögenssteuern sowie andere direkte Abgaben	Besitz- und Aufwandsteuern
~2500 Gemeinden	Einkommens- und Vermögenssteuern sowie andere direkte Abgaben	Besitz- und Aufwandsteuern

Steuerveranlagung

Steuerbares Einkommen   Steuerbares Vermögen   Progression

Steuervergehen

Steuerhinterziehung   Steuerbetrug   Steueramnestie

Rechtsmittel

Einsprache   Rekurs

Die Finanzen des Bundes

Einnahmen   Ausgaben   Subventionen

Steuerhoheit / Steuerpflicht / Steuerzwecke

> **Steuern:** *Steuern sind Geldleistungen von natürlichen und juristischen Personen, die von der öffentlichen Hand (Bund, Kantone, Gemeinden) erhoben werden.*

Steuern dürfen nur auf der Grundlage der Bundesverfassung und der kantonalen Verfassungen sowie auf der Grundlage von Gesetzen erhoben werden.

Steuerhoheit

> **Steuerhoheit:** *Das Recht, Steuern zu erheben und über den Ertrag zu verfügen. Dieses Recht besitzen der Bund, die Kantone und die Gemeinden.*

Nebst dem Bund erheben auch die 26 Kantone und die rund 2500 Gemeinden Steuern. Dies führt zu vielen unterschiedlichen Gesetzgebungen und vor allem zu grossen Unterschieden bei der Steuerbelastung.

In fast allen Kantonen haben die anerkannten Religionsgemeinschaften (Landeskirchen) das Recht, Kirchensteuern zu erheben, und zwar nur von jenen Personen, die einer anerkannten Kirche angehören. Als Berechnungsgrundlage für die Kirchensteuer dient die Veranlagung der Kantons- und Gemeindesteuern.

Steuerpflicht

Wer ein Einkommen erzielt, ist steuerpflichtig, und zwar unabhängig vom Alter.
- Natürliche Personen, die in der Schweiz ihren Wohnsitz oder ihren Aufenthalt haben, sind unbeschränkt steuerpflichtig.
  - Die Familie bildet bezüglich Einkommen und Vermögen eine wirtschaftliche Einheit. Somit wird das Einkommen, das die Ehefrau erzielt, zum Einkommen des Ehemannes gerechnet (auch bei Gütertrennung).
  - Das Einkommen Minderjähriger wird dem Inhaber der elterlichen Sorge zugerechnet. Eine Ausnahme bildet das Erwerbseinkommen, für welches eine selbständige Steuerpflicht besteht.
- Juristische Personen, die ihren Sitz oder ihre Betriebsstätte in der Schweiz haben, sind steuerpflichtig.

Steuerzwecke

Auf Gemeinde- und Kantonsebene entscheidet das Volk über die Höhe der Steuersätze und oft auch über die Verwendung der Steuererträge. Dies gilt ebenso für die Kirchgemeinde.

Die eingenommenen Steuergelder werden für drei verschiedene Zwecke verwendet:

Fiskalpolitischer Zweck
Er deckt den Bedarf der Allgemeinheit in den Bereichen Schulen, Verkehr, Umweltschutz, Armee usw.

Wirtschaftspolitischer Zweck
Er schützt wirtschaftliche Interessen (Subventionen, Direktzahlungen an die Landwirtschaft, Wirtschaftsförderung usw.).

Sozialpolitischer Zweck
Er erfüllt die sozialen Verfassungsaufträge, z.B. Sozialversicherungen (siehe S. 129 ff.), Spitäler, Verbilligung der Krankenkassenprämien (siehe S. 132 f.).

→ www.verlag-fuchs.ch/recht

1.6. Steuern

Steuerarten

▪ Direkte Steuern

> **Direkte Steuern:** *Diese Steuern werden auf Einkommen, auf Erträgen (z.B. Zinsen aus Erspartem) und auf Vermögen erhoben. Sie werden mit der Steuererklärung erfasst.*

Der Steuersatz ist in der Regel progressiv (siehe S. 120) und nimmt auf die wirtschaftliche Leistungskraft des Steuerpflichtigen Rücksicht.

Direkte Bundessteuern	*Beispiele:* Einkommenssteuer, Verrechnungssteuer, Stempelabgaben, Wehrpflichtersatz
Direkte Kantonssteuern	*Beispiele:* Einkommens- und Vermögenssteuer, Erbschafts- und Schenkungssteuer, Grundstück- und Liegenschaftssteuer
Direkte Gemeindesteuern	*Beispiele:* Einkommens- und Vermögenssteuer, Kopf-, Personal oder Haushaltssteuer, Grundstück- und Liegenschaftssteuer

Die Steuerveranlagung und der Bezug der direkten Bundessteuer werden von den Kantonen für den Bund durchgeführt. (Der Bund erhebt keine Vermögenssteuer.)

▪ Indirekte Steuern

> **Indirekte Steuern:** *Sie belasten den Verbrauch (z.B. Benzin), den Besitz (z.B. das Motorfahrzeug) oder den Aufwand (z.B. Kehrichtgebühren).*

Sie sind für alle gleich hoch. Wer mehr kauft, bezahlt mehr.

Indirekte Bundessteuern	*Beispiele:* Mehrwertsteuer, Tabaksteuer, Mineralölsteuer, Biersteuer, Steuer auf Spirituosen
Indirekte Gemeindesteuern	*Beispiele:* Kehrichtgebühren, Abwassergebühren, Hundesteuer, Vergnügungssteuer
Indirekte Kantonssteuern	*Beispiele:* Motorfahrzeugsteuer, Stempelsteuer, Vergnügungssteuer (Billettsteuer)

▪ Quellensteuer

Die Quellensteuer wird vor der Auszahlung des Lohnes vom Einkommen abgezogen. Dieser Steuer sind alle ausländischen Staatsangehörigen unterworfen, welche die fremdenpolizeiliche Niederlassungsbewilligung (Ausweis C) nicht besitzen.
Der Arbeitgeber muss die Steuer, die diese Personen bezahlen müssen, direkt der Steuerbehörde abliefern.

▪ Kopfsteuer (auch Personal- oder Haushaltssteuer genannt)

Diese Steuer wird meistens zu einem fixen Satz zusätzlich zur Einkommens- und Vermögenssteuer erhoben. Der Ansatz dieser Steuer ist niedrig (z.B. CHF 50.–). Die Kantone AG, AI, BE, BS, BL, JU, NE, SG und TG erheben diese Steuer nicht.

Die Verrechnungs- und die Mehrwertsteuer

Die Verrechnungssteuer (VST)

> **Verrechnungssteuer:** *Eine vom Bund erhobene Steuer auf den Ertrag des beweglichen Kapitalvermögens (Zinsen und Dividenden) und auf schweizerischen Lotteriegewinnen (Sport-Toto, Lotto, Pferdewetten).*

Da in der Schweiz das Bankgeheimnis gilt, kann die öffentliche Hand nicht in Erfahrung bringen, über wie viel Vermögen der Einzelne verfügt. Die Verrechnungssteuer ist somit ein Instrument zur Bekämpfung der Steuerhinterziehung.

Das Prinzip der Verrechnungssteuer

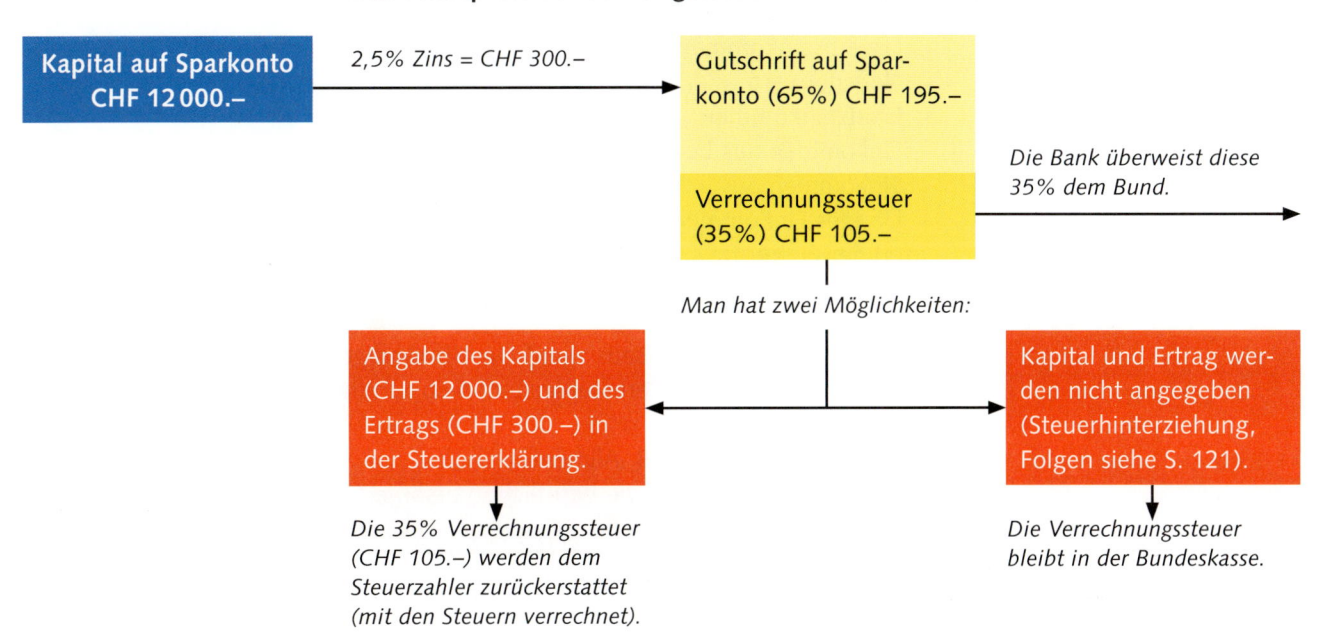

Kapital auf Sparkonto CHF 12 000.– → 2,5% Zins = CHF 300.– → Gutschrift auf Sparkonto (65%) CHF 195.–

Verrechnungssteuer (35%) CHF 105.– → Die Bank überweist diese 35% dem Bund.

Man hat zwei Möglichkeiten:

- Angabe des Kapitals (CHF 12 000.–) und des Ertrags (CHF 300.–) in der Steuererklärung. → *Die 35% Verrechnungssteuer (CHF 105.–) werden dem Steuerzahler zurückerstattet (mit den Steuern verrechnet).*

- Kapital und Ertrag werden nicht angegeben (Steuerhinterziehung, Folgen siehe S. 121). → *Die Verrechnungssteuer bleibt in der Bundeskasse.*

Seit 1.1.2010 sind die Zinsen von allen Kundenguthaben von der Verrechnungssteuer ausgenommen, sofern der Zins im Kalenderjahr CHF 200.– nicht übersteigt. Diese Kundenguthaben dürfen im Kalenderjahr aber nur einmal abgerechnet und dem Kunden vergütet worden sein. Ausnahme: Bei Sport-Toto, Lotto usw. wird schon ab einem Ertrag (bzw. Gewinn) von mehr als CHF 50.– Verrechnungssteuer abgezogen.

Die Mehrwertsteuer (MWST)

> **Mehrwertsteuer:** *Eine allgemeine Verbrauchs- und Konsumsteuer.*

Die Mehrwertsteuer wird vom Konsumenten bezahlt.

Steuersätze (MWST, gültig ab 2011)
Es gibt unterschiedliche Steuersätze. Der Normalsatz beträgt 8%. Lebensmittel, Bücher, Tourismus (Beherbergung) usw. unterliegen einem reduzierten Steuersatz.

Steuerpflicht (MWST)
Wer eine selbständige berufliche oder gewerbliche Tätigkeit ausübt, ist grundsätzlich mehrwertsteuerpflichtig (Ausnahme: Der von der eidg. Steuerverwaltung festgesetzte Umsatz wird nicht erreicht).

Viele Güter werden mehrmals verkauft. Damit für die Sachgüter und die Dienstleistungen nicht mehrfach MWST entrichtet werden muss, gibt es den Vorsteuerabzug. *Beispiel:* Ein Schreiner zahlt von seinem Umsatz 8% MWST Davon kann er die MWST, die er beim Kauf von Holz usw. bezahlt hat, abziehen.

→ www.verlag-fuchs.ch/recht

Steuerbares Einkommen

Einkommenssteuer

> **Einkommenssteuer:** *Sie belastet grundsätzlich einmalige und wiederkehrende Einkünfte (Löhne, Zinsen, Naturalleistungen usw.).*

Jeder Kanton hat seine eigenen Steuerformulare. Grundsätzlich sind sie jedoch alle gleich aufgebaut.

I. Einkünfte
- Erwerbseinkommen aus unselbständiger Erwerbstätigkeit (Nettolohn gemäss Lohnausweis)
- Erwerbseinkommen aus selbständiger Erwerbstätigkeit
- Nebenerwerb
- Ersatzeinkommen (z.B. Renten)
- Einkommen aus beweglichem Vermögen (z.B. Zinsen / Dividenden)
- Einkommen aus unbeweglichem Vermögen (z.B. Eigenmietwert)
- Übriges Einkommen (z.B. Alimente)

Total der Einkünfte

II. Abzüge
- Berufsunkosten (Berufsauslagen) Unselbständigerwerbender
- Gewinnungskosten (Berufsunkosten) Selbständigerwerbender
- Private Schuldzinsen
- Unterhaltsbeiträge (z.B. Alimente)
- Freiwillige Beiträge an die berufliche Vorsorge (2. Säule)
- Beiträge an die gebundene Selbstvorsorge (Säule 3a)
- Versicherungsprämien
- Aufwendungen für Vermögensverwaltung
- Weitere allgemeine Abzüge

Total der Abzüge

III. Reineinkommen
  I. Total der Einkünfte
— II. Total der Abzüge
= **Reineinkommen** (Nettoeinkommen)

IV. Sozialabzüge und weitere Abzüge
- Kinderabzug
- Drittbetreuungsabzug
- Unterstützungsabzug
- Krankheits- und IV-Kosten
- Sonderabzug bei Erwerbstätigkeit beider Ehegatten
- Freiwillige Zuwendungen (z.B. Spenden)

Total Sozialabzüge und weitere Abzüge

V. Steuerbares Einkommen
  III. Reineinkommen
— IV. Sozialabzüge und weitere Abzüge
= **Steuerbares Einkommen**

- Wer die Steuererklärung nicht ausfüllt, wird gemahnt und dann gebüsst. Es erfolgt eine Ermessensveranlagung durch die Steuerbehörde.
- Für Einkünfte und gewisse Abzüge verlangt die Steuerbehörde Belege.

→ www.verlag-fuchs.ch/recht

Steuerbares Vermögen

■ Vermögenssteuer

Vermögenssteuer: *Sie belastet alle Werte, die im Eigentum des Steuerpflichtigen sind.*

Die Vermögenswerte müssen zum Verkehrswert, Lebensversicherungen zum Rückkaufswert versteuert werden. Die meisten dieser Vermögenswerte sind früher einmal als Einkommen versteuert worden (Ausnahmen: Erbschaften und Schenkungen sowie steuerbefreite Einkünfte gemäss den Steuergesetzen).

I. Aktiven
- Grundeigentum
- Geschäftsvermögen
- Wertschriften und sonstige Kapitalanlagen
- Bargeld, Gold und andere Edelmetalle
- Rückkaufsfähige Lebens- und Rentenversicherungen (Rückkaufswert)
- Anteil am Vermögen von Erbengemeinschaften
- Übrige Vermögenswerte (z.B. Auto, Sammlungen)

Total der Aktiven (Bruttovermögen)

II. Passiven
- Private Schulden
- Schulden auf Geschäftsvermögen

Total der Passiven

III. Reinvermögen
   I. Aktiven
— II. Passiven
= **Reinvermögen** (Nettovermögen)

IV. Steuerfreie Beträge
- Persönlicher Abzug / Abzug für Verheiratete
- Kinderabzug

Total steuerfreie Beträge

V. Steuerbares Vermögen
   III. Reinvermögen
— IV. Steuerfreie Beträge
= **Steuerbares Vermögen**

Tipp

– **An die Steuerbehörde einen Dauerauftrag erteilen**
Berechnen Sie, wie viel Steuern Sie pro Monat etwa zahlen müssen. Überweisen Sie jeden Monat einen genügend hohen Betrag per Dauerauftrag an die Steuerbehörde Ihrer Wohngemeinde. (In gewissen Kantonen gewähren die Steuerbehörden einen höheren Zins als die Banken.)

– **Ordner zulegen**
Bewahren Sie alle Steuerunterlagen (in einem Ordner) auf. So können Sie später bei Bedarf darauf zurückgreifen.

– **Steuerabzüge machen**
Im Zweifelsfalle immer einen Steuerabzug machen (z.B. für Weiterbildung; Belege beifügen).

Progression

■ Die Steuerprogression

Steuerprogression: *Prozentuale Zunahme der Steuerbelastung bei steigendem Einkommen.*

Die Steuerprogression führt zu einer unterschiedlichen Steuerlast für verschiedene Einkommen. Diese Last ist an die wirtschaftliche Leistungsfähigkeit der Steuerpflichtigen gebunden. Damit erfolgt eine Umverteilung der Vermögen in der Bevölkerung.

Direkte Bundessteuer für Alleinstehende im Jahre 2010
Steuer für Alleinstehende (CHF)

progressive Steuerbelastung

lineare Steuerbelastung

Steuerbares Einkommen (CHF)

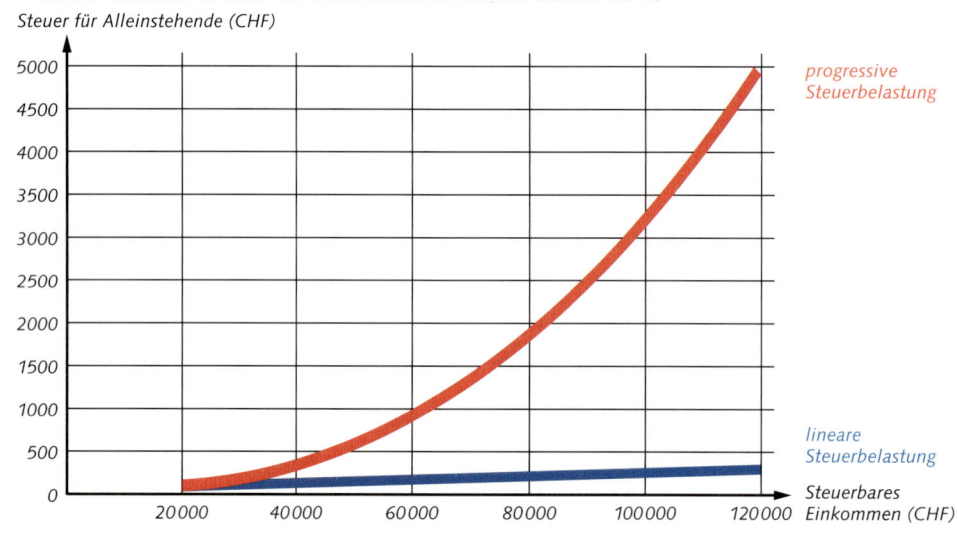

Im Jahr 2010 zahlte eine alleinstehende Person bei einem steuerbaren Einkommen von CHF 20 000.– rund CHF 50.– direkte Bundessteuer. Eine alleinstehende Person mit einem steuerabaren Vermögen von CHF 120 000.– (das 6-fache von CHF 20 000.–) hätte bei linearer Besteuerung rund CHF 300.– (das 6-fache von CHF 50.–) Steuern zahlen müssen. Tatsächlich zahlte sie rund CHF 4900.– (das 98-fache von CHF 50.–).

■ Die kalte Progression

Kalte Progression: *Wird durch die Steuerprogression und durch die Inflation (Teuerung) verursacht.*

Steigen die Lebenshaltungskosten und wird Ende Jahr beim Lohn nur gerade die Teuerung (Inflation) ausgeglichen, so kann man sich bezüglich der Kaufkraft mit diesem «höheren» Lohn nicht mehr leisten als zuvor (da ja durchschnittlich alles teurer geworden ist). Man rutscht aber in eine höhere Einkommensklasse und zahlt somit mehr Steuern.

Beispiel:
Ein alleinstehender Arbeitnehmer erzielte im Jahr 1970 ein steuerbares Einkommen von CHF 48 200.–. Dafür zahlte er 1,5% direkte Bundessteuer (CHF 729.35). In den folgenden Jahren erhielt der Arbeitnehmer jeweils den jährlichen Teuerungsausgleich. Sein Lohn blieb real jedoch gleich hoch. Im Jahre 2000 betrug sein steuerbares Einkommen CHF 89 400.–. Dafür zahlte er 4,34% direkte Bundessteuer (CHF 3087.30). Wegen der höheren Steuerbelastung konnte er sich im Jahre 2000 weniger leisten.

Steuersatz — Der Steuersatz ist der Prozent- oder Promillesatz, zu dem das steuerbare Einkommen bzw. das steuerbare Vermögen besteuert wird.

Steuerfuss — Der Steuerfuss ist variabel. Kantone und Gemeinden legen ihn jährlich fest.

Steuervergehen

In der Schweiz unterscheidet man zwei wichtige Formen von Steuervergehen:
– Steuerhinterziehung
– Steuerbetrug

Steuerhinterziehung

Steuerhinterziehung: *Verschweigen (nicht in der Steuererklärung aufführen) von Einkünften und Vermögensteilen.*

Dieses Vergehen wird allein durch die Steuerbehörde geahndet. Es führt nicht zu einem Gerichtsfall.
Das Gesetz sieht folgende Massnahmen durch die Steuerbehörde vor:

Busse	Die Busse beträgt das Einfache der hinterzogenen Steuer.
+ Nachsteuer	Die hinterzogenen Steuern (einschliesslich Zinsen) müssen nachbezahlt werden (evtl. über mehrere Jahre hinweg).
+ Strafsteuer	Je nach Schwere des Falles kann die Strafsteuer bis das Dreifache der Nachsteuern betragen.

Steuerbetrug

Steuerbetrug: *Fälschen von Dokumenten und Urkunden, die der Steuerveranlagung dienen (Lohnausweis, Bilanz usw.).*

Dieses Verhalten ist strafbar und hat ein Strafverfahren zur Folge. Es wird je nach Schwere des Falles mit einer Freiheitsstrafe oder mit einer Busse geahndet. Das Strafmass wird durch ein Gericht festgelegt.

Auf Druck des Auslandes, das den Unterschied zwischen Steuerhinterziehung und Steuerbetrug nicht kennt, wird in der Schweiz die Abschaffung dieses Unterschieds heftig diskutiert. Im Ausland gelten auch hinterzogene Steuern als Straftatbestand.

Verjährung

Grundsätzlich verjähren Steuerhinterziehung und Steuerbetrug nach 10 Jahren.

Steueramnestie

Steueramnestie: *Erlass von Nach- und Strafsteuern (ist nur bei Steuerhinterziehung möglich).*

Das eidgenössische Parlament kann eine Steueramnestie erlassen. Wer innerhalb der festgelegten Frist sein wahres Einkommen und sein wahres Vermögen deklariert, hat keine Nach- und Strafsteuern und keine Busse zu gewärtigen.

1.6. Steuern

Rechtsmittel zur Steuerveranlagung

■ Einsprache

Der Steuerpflichtige, der seine Veranlagungsverfügung nicht akzeptiert, kann die Überprüfung der Veranlagung verlangen. Dafür muss er einen begründeten Antrag stellen. Dieses Begehren, das meistens als Einsprache bezeichnet wird und welches innert 30 Tagen schriftlich eingereicht werden muss, soll zu einer eingehenden Prüfung der Veranlagung führen.

Der Steuerpflichtige kann auch eine mündliche Einspracheverhandlung bei der Steuerkommission der Gemeinde verlangen.

Einspracheentscheid
Das Ergebnis dieser Prüfung wird dem Steuerpflichtigen in einer neuen Verfügung mit einer Rekurs- oder Beschwerdefrist von wiederum 30 Tagen eröffnet.

■ Rekurs oder Beschwerde

Ist der Steuerpflichtige auch mit dieser Verfügung nicht einverstanden, so kann er als nächstes Rechtsmittel einen Rekurs oder eine Beschwerde an die nächsthöhere Instanz richten (wiederum: begründeten Antrag stellen).

■ Steuerstundungsgesuch

Darunter versteht man den Antrag, die Steuerzahlung zu einem späteren Zeitpunkt erfüllen zu dürfen. In der Regel beantragt der Steuerzahler, die Steuern in Raten abzahlen zu können.

Tipp
- *Nach dem Einreichen der Steuererklärung erhält man eines Tages die Steuerrechnung mit dem Veranlagungsprotokoll zugestellt. Weicht das steuerbare Einkommen gemäss Veranlagungsprotokoll von der Steuererklärung ab, sollte man sich die Änderungen vom Steueramt erklären lassen.*
- *Ist man mit Änderungen, wie sie das Steueramt vorgenommen hat, nicht einverstanden, schreibt man innerhalb der 30-tägigen Frist eine Einsprache, in der man einen begründeten Antrag stellt.*
- *Entdeckt man aber eigene Fehler, korrigiert man sie auf dem Doppel, damit die gleichen Fehler ein Jahr später vermieden werden können.*

Die Bundesfinanzen

■ Die Finanzierungsrechnung

Finanzierungsrechnung: *Widerspiegelt den Zustand der Bundesfinanzen und gibt Auskunft über die Einnahmen und die Ausgaben des Bundes.*

- BV 126–135 regelt die Finanzordnung des Bundes und hält vor allem die Einnahmequellen fest: direkte Bundessteuer, Mehrwertsteuer, Verrechnungssteuer usw.
- In BV 126 ist der Grundsatz festgehalten, wonach der Bund seine Ausgaben und Einnahmen auf die Dauer im Gleichgewicht zu halten hat.
- BV 167 hält fest, dass die Bundesversammlung über die Ausgaben des Bundes beschliesst, den Voranschlag festsetzt und die Staatsrechnung abnimmt.
- BV 183 besagt, dass der Bundesrat den Finanzplan erarbeitet, den Voranschlag entwirft und die Staatsrechnung erstellt.

■ Die Einnahmen

Die wichtigsten Einnahmenbereiche 2011

a) Direkte Steuern:		
– Direkte Bundessteuer[1]	17 891 Mio. CHF	27,8%
– Verrechnungssteuer[2]	4 861 Mio. CHF	7,6%
b) Indirekte Steuern:		
– MwSt	21 642 Mio. CHF	33,7%
– Mineralölsteuer	5 020 Mio. CHF	7,8%
– Stempelabgaben	2 857 Mio. CHF	4,4%
– Zölle	1 046 Mio. CHF	1,6%
– Übrige Fiskaleinnahmen	5 679 Mio. CHF	8,8%
c) Andere Einnahmen	5 249 Mio. CHF	8,2%
Gesamteinnahmen	**64 245 Mio. CHF**	**100,00%**

Übersicht über die wichtigsten Einnahmen

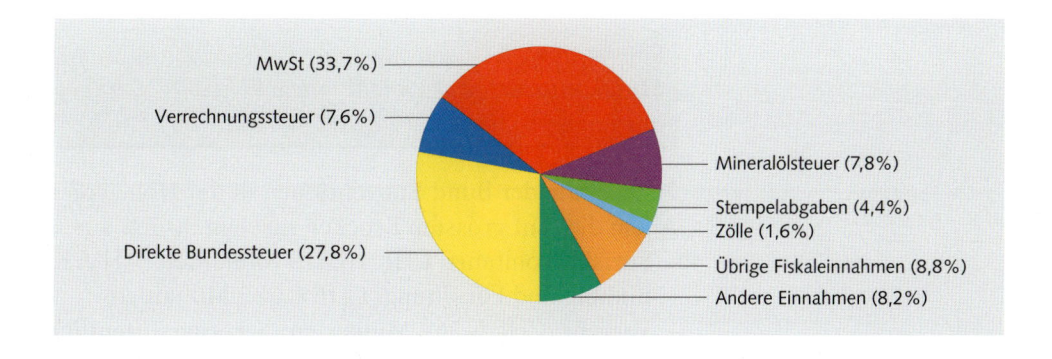

- MwSt (33,7%)
- Verrechnungssteuer (7,6%)
- Mineralölsteuer (7,8%)
- Stempelabgaben (4,4%)
- Zölle (1,6%)
- Direkte Bundessteuer (27,8%)
- Übrige Fiskaleinnahmen (8,8%)
- Andere Einnahmen (8,2%)

---

[1] Die direkte Bundessteuer ist eine Einkommenssteuer für natürliche Personen sowie eine Steuer auf dem Reinertrag für juristische Personen (z.B. Aktiengesellschaften). Rund 54% der Erträge stammen von den natürlichen Personen und 46% von juristischen Personen.

[2] Die Verrechnungssteuer ist eine vom Bund an der Quelle erhobene Steuer auf dem Ertrag von beweglichem Kapitalvermögen (insbesondere Zinsen und Dividenden), auf den Lotteriegewinnen und auf bestimmten Versicherungsleistungen. Mit der Steuer soll die Steuerhinterziehung bekämpft werden. Beim ordnungsgemässen Deklarieren der Verrechnungssteuer in der Steuererklärung wird sie dem Steuerpflichtigen zurückerstattet. Der Steuersatz beträgt 35%.

1.6. Steuern

■ Die Ausgaben

Die wichtigsten Ausgabenbereiche des Bundes 2011

– Soziale Wohlfahrt (AHV, IV, Krankenversicherungen usw.)	22 557 Mio. CHF	33,0%
– Finanzen und Steuern (u.a. Schuldzinsen)	9 954 Mio. CHF	16,0%
– Verkehr	8 062 Mio. CHF	12,9%
– Landesverteidigung	4 533 Mio. CHF	7,3%
– Landwirtschaft und Ernährung	3 663 Mio. CHF	5,9%
– Bildung und Forschung	6 509 Mio. CHF	10,4%
– Beziehungen zum Ausland (u.a. Entwicklungshilfe)	3 214 Mio. CHF	5,2%
– Übrige Ausgaben	5 841 Mio. CHF	9,4%
Gesamtausgaben	**62 333 Mio. CHF**	**100,0%**

Übersicht über die wichtigsten Ausgabengebiete

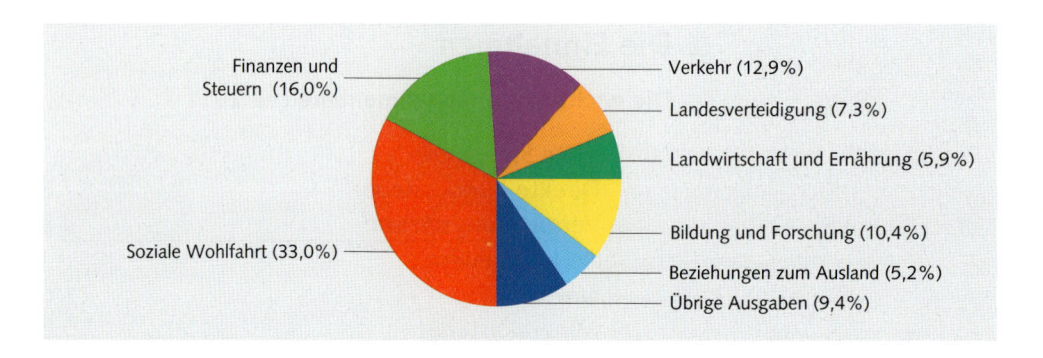

Kreisdiagramm:
- Soziale Wohlfahrt (33,0%)
- Finanzen und Steuern (16,0%)
- Verkehr (12,9%)
- Landesverteidigung (7,3%)
- Landwirtschaft und Ernährung (5,9%)
- Bildung und Forschung (10,4%)
- Beziehungen zum Ausland (5,2%)
- Übrige Ausgaben (9,4%)

Einnahmenüberschuss in der ordentlichen Finanzierungsrechnung 2011
Einnahmen abzüglich Ausgaben ergeben für 2011 einen Überschuss von CHF 1,912 Mrd. (Ende 2011: Gesamtschulden des Bundes brutto: CHF 110,516 Mrd.).

■ Subventionen des Bundes

> **Subvention:** *Zweckgebundene Unterstützung aus öffentlichen Mitteln. Diese Mittel müssen nicht mehr zurückbezahlt werden, dürfen aber nur für den bestimmten Zweck verwendet werden.*

2011 zahlte der Bund Subventionen in der Höhe von CHF 38,105 Mrd.
Allein die fünf grössten Brocken machen 90,7% aus, nämlich:
- Soziale Wohlfahrt: CHF 16,619 Milliarden (AHV, Krankenversicherungen usw.)
- Bildung und Forschung: CHF 6,085 Milliarden
- Verkehr: CHF 5,262 Milliarden (Strassen, öffentlicher Verkehr usw.)
- Landwirtschaft und Ernährung: CHF 3,528 Milliarden (Direktzahlungen usw.)
- Finanzen und Steuern: CHF 3,049 Milliarden

Übersicht über die wichtigsten Subventionsbereiche

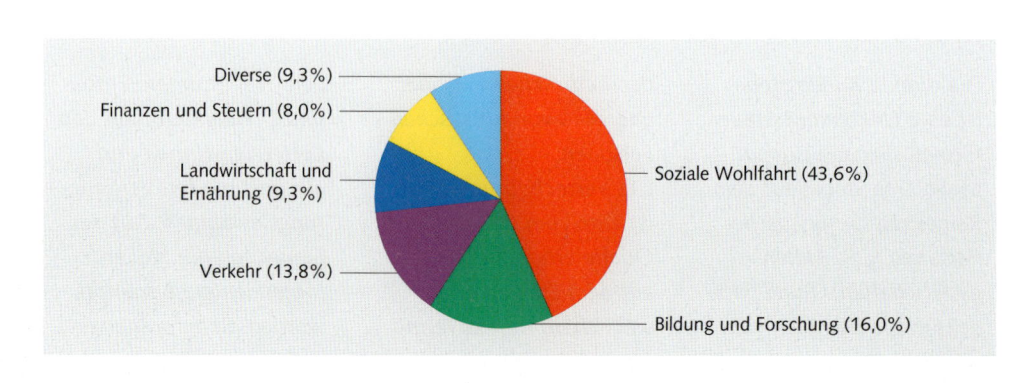

Kreisdiagramm:
- Soziale Wohlfahrt (43,6%)
- Bildung und Forschung (16,0%)
- Verkehr (13,8%)
- Landwirtschaft und Ernährung (9,3%)
- Finanzen und Steuern (8,0%)
- Diverse (9,3%)

1.7. Versicherungen

Versicherungen: Übersicht

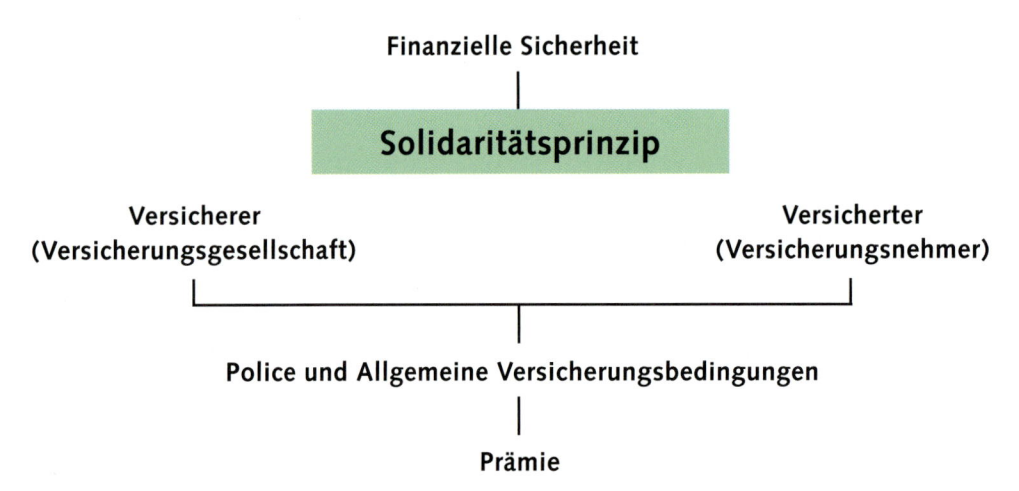

Finanzielle Sicherheit

Solidaritätsprinzip

Versicherer (Versicherungsgesellschaft) — Versicherter (Versicherungsnehmer)

Police und Allgemeine Versicherungsbedingungen

Prämie

Personenversicherungen

Mit den Personenversicherungen kann man ausschliesslich die eigene Person versichern.

eidgenössisch obligatorisch
Sozialversicherungen
- Krankenversicherung
- Unfallversicherung
- Alters- und Hinterlassenenversicherung (AHV)
- Invalidenversicherung (IV)
- Ergänzungsleistungen (EL)
- Erwerbsersatzordnung (EO)
- Arbeitslosenversicherung (ALV)
- Berufliche Alters-, Hinterlassenen- und Invalidenvorsorge (BVG; Pensionskasse)
- Familienausgleichskasse (FAK)
- Militärversicherung (MV)

freiwillig
Private Vorsorge:
z.B. Verschiedene Arten von Lebensversicherungen

Sachversicherungen

Mit den Sachversicherungen kann man ausschliesslich die eigenen Sachen versichern.

kantonal obligatorisch
- Hausratversicherung (Mobiliarversicherung)
- Gebäudeversicherung

freiwillig
- Diebstahl
- Glasbruch
- Fahrzeuge: Teil- und Vollkasko
- Wasserschaden
- Hagelschaden
- Tiere usw.

Haftpflichtversicherungen

Mit den Haftpflichtversicherungen kann man fremde Personen und deren Sachen versichern, denen man selber einen Schaden zugefügt hat.

eidgenössisch obligatorisch
Haftpflichtversicherung für
- Halter von Motorfahrzeugen
- Flugzeuge

kantonal obligatorisch
Haftpflichtversicherung für Wasserfahrzeuge

freiwillig
- Privathaftpflicht
- Hauseigentümerhaftpflicht
- Betriebshaftpflicht usw.

Drei-Säulen-Konzept

| 1. Säule: AHV/IV/EL | 2. Säule: Pensionskasse | 3. Säule: Private Vorsorge |

Das Prinzip der Versicherungen

> **Versicherung:** *Schutz gegen wirtschaftliche Risiken und deren finanzielle Folgen.*

Menschen haben das Bedürfnis, sich gegen die Folgen von finanziellen Risiken aller Art abzusichern.

2010 haben die Einwohner der Schweiz rund CHF 7100.– pro Kopf der Bevölkerung für private Versicherungen ausgegeben, und zwar ohne die Ausgaben der Sozialversicherungen. Damit belegte die Schweiz bei den privaten Versicherungsausgaben hinter Grossbritannien und den Niederlanden den dritten Platz weltweit.

(Quelle: Schweizerischer Versicherungsverband)

Solidaritätsprinzip

> **Solidaritätsprinzip:** *Viele Menschen zahlen regelmässig relativ geringe Versicherungsprämien für all jene Menschen, die teure Leistungen beanspruchen müssen.*

Bedenkt man, welche finanziellen Mittel aufwendige medizinische Operationen, der Eintritt einer Invalidität oder die Folgen von Arbeitslosigkeit erfordern, so hat ein einzelner Mensch kaum mehr die Möglichkeit, seine Risiken finanziell abzudecken. Aus diesem Grund schliessen sich Menschen, die einem gleichartigen Risiko ausgesetzt sind, zu einer «Gefahrengemeinschaft» zusammen, um einander Schutz zu geben nach dem Prinzip «Einer für alle, alle für einen». Dieses Solidaritätsprinzip geht vom Gedanken aus «Wer Glück hat und von negativen Ereignissen verschont bleibt, zahlt für jene, die von negativen Ereignissen betroffen sind».

Tipp

Umgang mit Versicherungsvertretern
- *Vom Vertreter eine Visitenkarte verlangen, um zu wissen, für wen er arbeitet.*
- *Zum Gespräch mit einem Vertreter immer noch eine weitere Person zuziehen.*
- *Sich von den wichtigsten Aussagen des Vertreters Notizen machen.*
- *Sich vom Versicherungsvertreter die Unterlagen aushändigen lassen und sich genügend Zeit nehmen, diese Unterlagen sorgfältig zu studieren. (Sich nie bezüglich einer Unterschrift unter Druck setzen lassen!)*
- *Auch das Kleingedruckte durchlesen und Unverstandenes notieren.*
- *In Anwesenheit eines Vertreters nie etwas unterschreiben, es sei denn, man hat die Unterlagen bereits studiert und Unklarheiten sind ausgeräumt worden.*
- *Sich Versprechungen des Vertreters schriftlich geben lassen.*
- *Um eine unverbindliche Offerte zu bekommen, bedarf es nie einer Unterschrift.*
- *Falls ein Gesundheitsfragebogen ausgefüllt werden muss, diesen immer wahrheitsgetreu ausfüllen – auch wenn der Vertreter etwas anderes sagen sollte.*

Wichtige Grundbegriffe

▪ Versicherer und Versicherter

> **Versicherer:** *Vertragspartei, die sich dem Versicherungsnehmer gegenüber verpflichtet, im Versicherungsfall Leistungen zu erbringen.*

Man spricht in diesem Zusammenhang auch von Versicherungsgesellschaft. Der Versicherer ist für die Entschädigung nach Eintritt eines Schadenfalls zuständig.

> **Versicherter:** *Vertragspartner des Versicherers.*

Er wird auch als Versicherungsnehmer bezeichnet. Der Versicherte erhält beim Abschluss des Vertrages den Versicherungsvertrag in Form einer «Police», die ihn berechtigt, im Schadenfall vom Versicherer Leistungen zu beziehen.

▪ Police

> **Police:** *Dient als Beweisurkunde für den Abschluss eines Versicherungsvertrages, welche die gegenseitigen Rechte und Pflichten der Parteien umschreibt. Werden Leistungen fällig, so ist die Police vorzulegen.*

Im Volksmund wird die Police daher auch als «Versicherungsvertrag» bezeichnet. Darin wird festgehalten, wer Versicherer, wer Versicherungsnehmer, versicherte Person (bzw. versicherte Sache) und wer Begünstigter ist. Das Dokument enthält ebenfalls die versicherte Leistung, deren Fälligkeit sowie die Prämie und deren Fälligkeit. Die Details sind in den «Allgemeinen Versicherungsbedingungen (AVB)» festgehalten.

▪ Allgemeine Versicherungsbedingungen (AVB)

> **Allgemeine Versicherungsbedingungen:** *Regeln, die für alle Vertragsparteien in gleicher Weise gültig sind.*

Die Allgemeinen Versicherungsbedingungen sind ein integrierter Bestandteil des Versicherungsvertrages. Sie unterliegen der Genehmigung durch das Bundesamt für Privatversicherungswesen (BPV).

Da die AVB zum Vertragsinhalt gehören, müssen sie zum Zeitpunkt der Antragstellung dem Versicherungsnehmer abgegeben werden.

▪ Prämie

> **Prämie:** *Preis, den der Versicherte bezahlt, damit der Versicherer im Schadenfall die vereinbarten Leistungen erbringt.*

Prämien können monatlich, halbjährlich oder jährlich geschuldet sein oder als einmalige Einzahlung getätigt werden.

→ www.verlag-fuchs.ch/recht

Personenversicherungen

> **Personenversicherungen:** *Sammelbegriff für Versicherungen, bei denen eine Person versichert ist*
> *– für Heilungskosten (bei Krankheit und bei Unfall),*
> *– gegen vorübergehenden oder dauernden Lohnausfall im erwerbsfähigen Alter,*
> *– gegen den Erwerbsausfall im Alter und*
> *– gegen die finanziellen Folgen beim Tod.*

Die wichtigsten Personenversicherungen in der Schweiz sind die Sozialversicherungen.

Sozialversicherungen

> **Sozialversicherungen:** *Vom Bund als obligatorisch erklärte Versicherungen, um gewisse soziale Risiken abzudecken. Mit Ausnahme der richtet sich die Höhe der Prämien nach der Höhe des Einkommens der Versicherten.*

Folgende 10 Versicherungsbereiche zählt man in der Schweiz zu den Sozialversicherungen:
- Krankenversicherung (KVG: Krankenversicherungsgesetz)
- Unfallversicherung (UVG: Unfallversicherungsgesetz)
- Alters- und Hinterlassenenversicherung (AHV)
- Invalidenversicherung (IV)
- Ergänzungsleistungen (EL)
- Erwerbsersatzordnung (EO)
- Arbeitslosenversicherung (ALV)
- Berufliche Alters-, Hinterlassenen- und Invalidenvorsorge (BVG; auch Pensionskasse genannt)
- Familienausgleichskasse (FAK)
- Militärversicherung (MV)

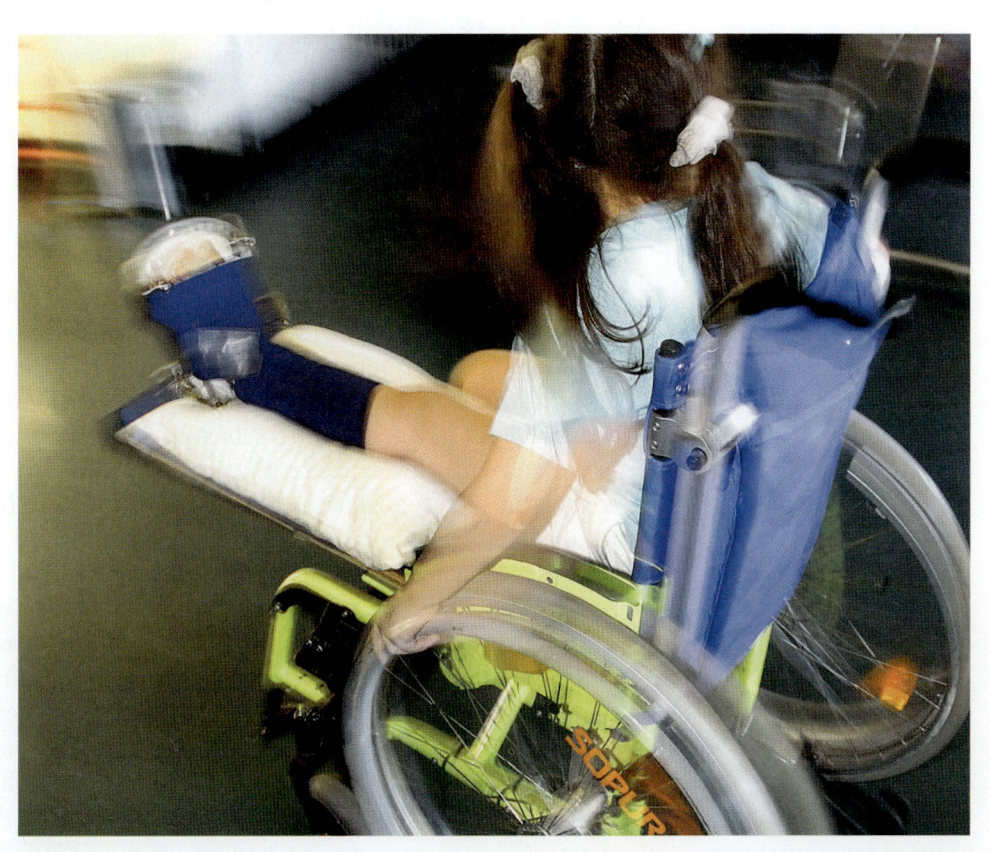

Die Krankenversicherung

> **Krankheit:** *Beeinträchtigung der körperlichen oder der geistigen Gesundheit, die nicht auf einen Unfall zurückzuführen ist.*
> **KVG:** *Krankenversicherungsgesetz*

Die Krankheit darf nicht mit dem Unfall verwechselt werden, obwohl beide dieselben Folgen nach sich ziehen können: ärztliche Behandlung oder Spitalaufenthalt. Die Leistungen bei einem Unfall unterscheiden sich von jenen bei einer Krankheit.

> **Krankenkasse:** *Versicherer, die die obligatorische Krankenpflegeversicherung (Grundversicherung) anbieten. Die Krankenkassen müssen vom Eidgenössischen Departement des Innern (EDI) anerkannt sein.*

- Die Krankenkasse gewährt den notwendigen Versicherungsschutz bei Krankheit und bei Mutterschaft (Schwangerschaftskontrolle, Entbindung usw.).
- Bei einem Unfall zahlt die Krankenkasse dann, wenn keine Unfallversicherung die Kosten übernimmt. Sie behandelt unfallbedingte Kosten aber wie Krankheitskosten. Wer keine obligatorische Unfallversicherung hat, muss bei der Krankenkasse gegen Unfall versichert sein.

Prämien
Jede Person bezahlt ihre eigene Prämie, eine sogenannte «Kopfprämie». Die Prämien sind unabhängig vom Einkommen einer Person und variieren von Kasse zu Kasse und von Kanton zu Kanton und sind sogar regional unterschiedlich.

■ Grundversicherung/Krankenpflegeversicherung

Obligatorium
Die Grundversicherung ist für alle in der Schweiz wohnhaften Personen obligatorisch und ist somit öffentliches Recht. Diese Versicherung gewährleistet eine qualitativ hochstehende und umfassende Grundversorgung. Sie bietet allen Versicherten dieselben Leistungen.
Eltern müssen ihr neugeborenes Kind innerhalb von drei Monaten bei einer Krankenkasse versichern.

Freizügigkeit
Der Versicherte kann die Krankenkasse frei wählen. Diese muss ihn vorbehaltlos aufnehmen (Freizügigkeit).

Leistungen
- Behandlungen, die durch einen Arzt sowie durch anerkannte Leistungserbringer (z.B. Physiotherapeuten, Hebammen, Ernährungsberater) vorgenommen werden.
- Behandlung und Aufenthalt in der allgemeinen Abteilung «Listenspital», das auf einer Liste des Wohnkantons erwähnt ist. Diese Liste gilt für die ganze Schweiz. Aufgrund der tariflichen Unterschiede ist es empfehlenswert, die freie Spitalwahl in der ganzen Schweiz weiterhin zu versichern.
- Kosten für die Medikamente, die in der Arzneimittel- und Spezialitätenliste aufgeführt sind (zurzeit zirka 2500 Medikamente).
- Komplementärmedizin in der Grundversicherung: Die anthroposophische Medizin, die Homöopathie, die Neuraltherapie, die Physiotherapie und die chinesische Medizin werden ab 1.1.2012 bis Ende 2017 unter bestimmten Voraussetzungen vergütet (gilt nur bei Behandlung von Ärzten mit der entsprechenden Zusatzausbildung). Dafür braucht es weiterhin die Zusatzversicherung für Alternativmedizin.
- Kosten verschiedener Massnahmen: Gesundheitsvorsorge (Impfungen, Untersuchungen von Kindern im Vorschulalter, gynäkologische Vorsorgeuntersuchungen, Untersuche zur Erkennung von Brustkrebs), Transport- und Rettungskosten usw.

Zusatzversicherungen

Freiwilligkeit
Die Zusatzversicherungen sind freiwillig und unterstehen dem privaten Recht. Die Krankenkassen können jemandem die Aufnahme verweigern oder einer risikobehafteten Person kündigen. Die Prämien richten sich dementsprechend auch nach dem Risiko einer Person (Alter, bestehende Krankheiten usw.). Mit Zusatzversicherungen kann man wahlweise weitere Behandlungsarten (z.B. Naturheilverfahren, Zahnpflege) und/oder einen gewissen Komfort (halbprivate oder private Abteilung im Spital) abdecken.

Arten
Die bekanntesten Zusatzversicherungen sind:
- Spitalzusatzversicherung: halbprivate (2er-Zimmer) oder private Abteilung (1er-Zimmer) und freie Arztwahl.
- Spitalzusatz «Allgemeine Abteilung ganze Schweiz»
- Zusatzversicherung für Zahnfehlstellungs-Korrekturen bei Kindern
- Zusatzversicherungen für Alternativmedizin
- Zusatzversicherung für nichtärztliche Psychotherapie
- Zusatz für nichtkassenpflichtige Medikamente
- Zusätze für Ambulanz- und Rettungstransporte
- Zusatzversicherung für Auslandsaufenthalte
- Zusatzversicherung für Brillengläser und Kontaktlinsen

Krankentaggeldversicherung
Eine wichtige Zusatzversicherung ist die Krankentaggeldversicherung. Sie erbringt Leistungen (Lohnersatz), falls die Lohnfortzahlungspflicht des Arbeitgebers gemäss Arbeitsvertrag erlischt.

Je länger der Arbeitgeber den Lohn bei überjährigem Arbeitsverhältnis bezahlen muss, desto weiter hinaus kann man die Taggeldversicherung schieben (aufgeschobene Krankentaggeldversicherung), was wiederum die Prämien verbilligt.

Kostenbeteiligung

Ein Teil der Behandlungskosten (ambulante und stationäre Behandlung) geht zulasten der Versicherten. Dieser Teil setzt sich zusammen aus der Jahresfranchise und dem Selbstbehalt.

> **Jahresfranchise:** *Grundbetrag, den eine versicherte Person pro Jahr selber tragen muss. Die Franchise beträgt im Minimum CHF 300.–. (Kinder und Jugendliche bis 18 Jahre bezahlen keine Franchise.)*

> **Selbstbehalt:** *Nach dem Abzug der Jahresfranchise muss der Versicherte zusätzlich 10% des Rechnungsbetrags (Erwachsene max. CHF 700.–/Kinder max. CHF 350.–) pro Kalenderjahr bezahlen. Bei einzelnen Medikamenten (Originalpräparate anstelle von Generika) kann der Selbstbehalt 20% betragen.*

Bei minimaler Jahresfranchise beträgt die ordentliche Kostenbeteiligung somit maximal CHF 1000.– pro Jahr für Erwachsene (CHF 300.– Franchise und max. CHF 700.– Selbstbehalt) und CHF 350.– für Kinder und Jugendliche. Dieser Betrag ändert sich bei freiwilliger Erhöhung der Franchise (siehe: Prämien sparen).

Aufenthalt im Spital
Mit Ausnahme von Kindern, Jugendlichen in Ausbildung und bei Schwangerschaft zahlen alle volljährigen Personen bei einem Spitalaufenthalt CHF 15.– pro Tag.

→ www.verlag-fuchs.ch/recht

1.7. Versicherungen

Weitere Begriffe der Krankenversicherung

Ambulante Behandlung
Der Patient sucht einen Arzt auf oder vereinbart mit einem Spital einen Termin, wird dort behandelt und kann das Spital am selben Tag wieder verlassen.

Stationäre Behandlung
Sobald im Spital übernachtet werden muss, gilt dies als stationärer Spitalaufenthalt. Man benötigt dazu ein Zimmer.

Karenzfrist
Dies ist die Zeitspanne zwischen Eintritt in die Versicherung und dem Beginn der Versicherungsleistungen durch die Krankenkasse.

Die Karenzfrist läuft ab Vertragsbeginn für eine vertraglich vereinbarte Dauer. Diese Frist kann nur bei Zusatzversicherungen festgesetzt werden. Karenzfristen sind beispielsweise im Zusammenhang mit Versicherungsleistungen infolge Mutterschaft von Bedeutung.

Beispiel:
Eine junge Frau stellt einen Antrag auf halbprivate Versicherung beim Spitalaufenthalt. Die Krankenkasse bewilligt diesen Antrag mit der Auflage, dass für die Mutterschaft eine Karenzfrist von neun Monaten besteht. Die Krankenkasse will sichergehen, dass die Frau nicht schon ahnt oder gar weiss, schwanger zu sein und sich noch schnell halbprivat versichern will.

Vorbehalt (Krankenversicherung)
Nur bei Anträgen auf Zusatzversicherungen können die Krankenkassen einen zeitlich befristeten oder einen unbefristeten Vorbehalt anbringen, wenn beim Antragsteller bereits ein gesundheitlich ungünstiges Risiko vorliegt. Dies bedeutet für den Versicherten, dass er für die Behandlung der im Vorbehalt aufgeführten Krankheit keinen Anspruch auf Leistungen hat.

Beispiel:
Ein herzkranker Patient möchte im Falle eines Spitalaufenthaltes neu privat versichert sein. Nun kann die Krankenkasse einen Vorbehalt bei Herzerkrankungen anbringen. Sollte der Versicherte mit einer Herzerkrankung ins Spital eingeliefert werden, zahlt die Krankenkasse die Kosten in der Privatabteilung nicht. Für diesen Fall müsste der Versicherte mit der allgemeinen Abteilung vorliebnehmen, welche durch die Grundversicherung abgedeckt ist.

Hausarzt-Modell
Der Versicherte verpflichtet sich, im Krankheitsfall immer zuerst seinen aus einer Liste gewählten Hausarzt aufzusuchen. Die freie Arztwahl bleibt somit eingeschränkt (Prämienreduktion bis 10%).

HMO-Modell
Die HMO-Praxis ist ein Gesundheitszentrum in städtischen Gebieten mit fest angestellten Ärzten und weiterem medizinischen Personal. Die HMO-Praxen werden vorwiegend von den Krankenkassen betrieben. Im Krankheitsfall wird man immer durch dieses Gesundheitszentrum betreut (Prämienreduktion bis zu 25%).

Prämienverbilligung
Der Bund stellt den Kantonen finanzielle Mittel zur Verfügung, damit diese Familien und Personen mit tiefen Einkommen die Versicherungsprämien verbilligen (eigener Antrag notwendig). Die Verbilligung ist je nach Kanton verschieden geregelt. Informationen erhält man bei der Krankenkasse oder auf der Gemeindekanzlei der Wohngemeinde.

Prämienreduktionen

Je nach Krankenversicherer bestehen folgende Möglichkeiten:
- höhere Kostenbeteiligung durch höhere Jahresfranchise
- Einschränkung der freien Arzt- und Spitalwahl (z.B. HMO-Praxis, Hausarzt-Modell)
- Vergleich von Prämien und allfälliger Wechsel des Krankenversicherungsanbieters

Kündigung der Grundversicherung

a) *Häufigster Fall:*
Bei der obligatorischen Franchise von CHF 300.– kann man mit einer Frist von 3 Monaten immer auf Ende Juni kündigen. Damit die Kündigung gültig ist, muss sie spätestens am 31. März bei der Krankenkasse eingetroffen sein.

Die Kündigung auf Ende Dezember muss bis am 30. November bei der Krankenkasse eingetroffen sein.

b) *Ausnahme:*
Bei höher gewählter Franchise sowie bei anderen Modellen (Hausarzt, HMO) kann nur auf Ende Dezember gekündigt werden. Die Kündigung der obligatorischen Krankenpflegeversicherung muss bis spätestens am 30. November bei der Krankenkasse eingetroffen sein.

Kündigung bei Zusatzversicherungen

Teilt die Krankenkasse eine Prämienerhöhung bei Zusatzversicherungen vor dem 31. Oktober mit, so hat man bis zum 30. November Zeit zu kündigen und einen Kassenwechsel vorzunehmen. Der Kassenwechsel erfolgt mittels eingeschriebenem Kündigungsschreiben. Der neue Versicherer muss die Aufnahme schriftlich bestätigen.

Tipp

- *Alle Rechnungen der Krankenkasse zustellen.*
- *Europäische Krankenversicherungskarte: Krankenkassen geben eine persönliche Versichertenkarte im Kreditkartenformat ab mit den wichtigsten Angaben und Informationen zur Krankenversicherung. Diese Karte kann im Inland (z.B. in einer Apotheke) wie auch in den europäischen Staaten verwendet werden.*
- *Für Mehrkosten (z.B. Spitalaufenthalt in der privaten Abteilung) kann man bei der Krankenkasse die Ferien- und Reiseversicherung abschliessen.*
- *Um Leistungen bei einer Behandlung ausserhalb eines EU / EFTA-Staates abzudecken, sollte man vorgängig mit dem Versicherer Rücksprache nehmen.*
- *Falls man mehr als 8 Stunden pro Woche bei einem Arbeitgeber beschäftigt ist, kann man die Unfalldeckung aus der Krankenversicherung ausschliessen, da man obligatorisch beim Arbeitgeber gegen Berufs- und Nichtberufsunfall versichert ist.*
- *Bevor eine Zusatzversicherung gekündigt wird, soll man die Zusicherung von einem neuen Versicherer einholen, falls man die Zusatzversicherung weiterhin beibehalten will.*
- *Für die Dauer eines längeren Militärdienstes (mehr als 60 Tage) kann die Rückerstattung der Prämien verlangt werden.*

→ www.verlag-fuchs.ch/recht

1.7. Versicherungen

Die Unfallversicherung

> **Unfall:** *Schädigende Einwirkung eines ungewöhnlichen äusseren Faktors auf den menschlichen Körper. Diese Schädigung erfolgt plötzlich und ist nicht beabsichtigt. Dies führt zu einer Beeinträchtigung der körperlichen oder der geistigen Gesundheit oder hat den Tod zur Folge. Den Unfällen gleichgestellt sind unfallähnliche Körperschädigungen (z.B. Knochenbrüche oder Verrenkungen von Gelenken).*
> **UVG:** *Unfallversicherungsgesetz*

■ Die fünf Voraussetzungen für einen Unfall

Damit ein Ereignis als Unfall gilt, müssen fünf Bedingungen erfüllt sein:
– medizinisch feststellbarer Körperschaden (Sachschäden sind ausgeschlossen)
– Einwirkung von aussen
– ungewöhnlicher Vorfall
– plötzlich auftretender Vorfall
– unfreiwilliges Ereignis
Fehlt eine dieser Voraussetzungen, wird das Ereignis nicht als Unfall eingestuft.

Die obligatorische Unfallversicherung befasst sich mit den wirtschaftlichen Folgen von Berufsunfällen, Nichtberufsunfällen und Berufskrankheiten (siehe Leistungen).

■ Berufsunfall (BU)/Nichtberufsunfall (NBU)

> **Berufsunfall (BU):** *Unfall, der sich während der Arbeitszeit oder in Arbeitspausen ereignet, wenn sich der Verunfallte auf dem Betriebsgelände aufhält.*

Jeder Arbeitgeber hat die Pflicht, seine Arbeitnehmer gegen Berufsunfall zu versichern. Er muss die Prämie für diese Versicherung zu 100% selber bezahlen.

Wer gegen Berufsunfall versichert ist, ist automatisch auch gegen Berufskrankheiten versichert.

> **Berufskrankheit:** *Krankheit, die ausschliesslich oder vorwiegend durch das Ausführen einer beruflichen Tätigkeit hervorgerufen wird, verursacht durch schädigende Stoffe oder bestimmte Arbeiten.*

Im Anhang zur Verordnung über die Unfallversicherung (UVV) befindet sich eine Liste schädigender Stoffe. Zudem sind dort auch arbeitsbedingte Erkrankungen wie erhebliche Schädigung des Gehörs, Staublungen usw. erwähnt.

> **Nichtberufsunfall (NBU):** *Jeder Unfall, der nicht zu den Berufsunfällen zählt.*

Gegen NBU sind Arbeitnehmer nur dann obligatorisch versichert, wenn ihre wöchentliche Arbeitszeit bei einem Arbeitgeber mehr als 8 Stunden beträgt.

Der Arbeitgeber schuldet der Unfallversicherung die gesamte Prämiensumme für die Berufs- und die Nichtberufsunfallversicherung. Der Arbeitgeber kann dem Arbeitnehmer die NBU-Prämie ganz oder teilweise vom Bruttolohn abziehen (siehe S. 40).

Arbeitslose
Wer Anspruch auf Arbeitslosenentschädigung hat, ist bei der SUVA (Schweizerische Unfallversicherungsanstalt) obligatorisch gegen Unfall versichert.

Versicherungsbeginn/Versicherungsende

Die Versicherung beginnt am Tag der tatsächlichen Arbeitsaufnahme, spätestens aber, wenn sich die Person auf den Weg zur Arbeit begibt. Sie endet am 30. Tag nach dem Tag, an dem der Anspruch auf mindestens den halben Lohn aufhört.

Abredeversicherung
Nach Ablauf dieser 30 Tage kann sich der Arbeitnehmer freiwillig und sehr günstig (CHF 25.– pro Monat) für maximal weitere 180 Tage beim bisherigen UVG-Versicherer gegen NBU versichern, und zwar auf der bisherigen Lohnbasis.

Leistungen

Heilbehandlungskosten und Hilfsmittel
Die Unfallversicherung kommt für folgende Leistungen auf: Arzt-, Arznei- und Spitalkosten (ohne dass eine Jahresfranchise oder ein Selbstbehalt von 10% wie bei der Krankenversicherung bezahlt werden muss), Hilfsmittel bei Körperschäden, Reise-, Transport- und Rettungskosten, Leichentransport- und Bestattungskosten. Sachschäden sind nur dann versichert, wenn der Schaden in direktem Zusammenhang mit dem Unfall entstanden ist (z.B. Ersatz von Brillen).

Taggeld (Lohnausfallentschädigung)
Ab dem 3. Tag nach dem Unfalltag wird ein Taggeld von 80% des versicherten Verdienstes ausbezahlt.

Invalidenrenten
Nebst der staatlichen IV entrichtet die Unfallversicherung bei Vollinvalidität eine Invalidenrente von höchstens 80% des versicherten Verdienstes. Bei Teilinvalidität wird die Rente entsprechend gekürzt.

Integritätsentschädigung
Erleidet ein Arbeitnehmer durch einen Unfall eine dauernde körperliche oder geistige Schädigung, so hat er Anspruch auf eine einmalige Kapitalzahlung von maximal einem versicherten Jahresverdienst.

Hilflosenentschädigung
Wer infolge eines Unfalls invalid ist und eine dauernde Betreuung benötigt, erhält nebst den übrigen Versicherungsleistungen einen monatlichen Zuschuss.

Hinterlassenenrenten
Der überlebende Ehegatte (Witwer, Witwe) und die Kinder erhalten nebst den Leistungen der AHV zusätzlich eine Hinterlassenenrente.

Tipp
- Falls man mehr als 8 Stunden pro Woche bei einem Arbeitgeber arbeitet, kann man die Unfalldeckung aus der Krankenversicherung ausschliessen, da man obligatorisch beim Arbeitgeber gegen Berufs- und Nichtberufsunfall versichert ist.
- Alle Nichterwerbstätigen (Kinder, Schüler, Studierende, Rentner, Hausfrauen und Erwerbstätige), die weniger als 8 Stunden pro Woche bei einem Arbeitgeber arbeiten, aber auch alle Selbständigerwerbenden sind nicht obligatorisch gegen Unfall versichert. Sie müssen sich selber bei der Krankenkasse oder zusätzlich bei einer Unfallversicherung versichern.
- Die Unfallversicherung kann die Leistung ganz verweigern, wenn man sich in aussergewöhnliche Gefahr begibt (z.B. ausländischer Militärdienst), oder kürzen, wenn man ein Wagnis eingeht (z.B. beim Sport). Man sollte sich bei gewissen Risikosportarten zuvor beim Unfallversicherer erkundigen, ob eine zusätzliche Versicherung abgeschlossen werden sollte.

→ www.verlag-fuchs.ch/recht

Alters- und Hinterlassenenversicherung (AHV)

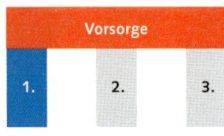

3-Säulen-Konzept (siehe S. 146)

Alters- und Hinterlassenenversicherung (AHV): *Sie soll bei Wegfall des Erwerbseinkommens infolge Alter oder Tod die Existenz sichern. Die AHV erbringt Leistungen im Alter (Altersrente) oder an die Hinterlassenen (Witwen- und Waisenrenten).*

Die AHV ist die staatliche Alters- und Hinterlassenenvorsorge des eidgenössischen Sozialversicherungsnetzes. Sie ist obligatorisch und wird auch 1. Säule genannt.

Die AHV basiert in erster Linie auf der Solidarität zwischen den Generationen, d.h. die heute wirtschaftlich aktive Generation finanziert die heutigen Rentner (Umlageverfahren).

■ Wichtige Aspekte

Beitragspflicht
- Erwerbstätige: ab dem 1. Januar nach erfülltem 17. Altersjahr
- Nichterwerbstätige: ab dem 1. Januar nach erfülltem 20. Altersjahr

Rentenanspruch
- Männer: 65. Altersjahr (ab dem auf den Geburtstag folgenden Monat)
- Frauen: 64. Altersjahr (ab dem auf den Geburtstag folgenden Monat)

Beiträge (ab 2012)

AHV	8,40%
IV	1,40%
EO	0,50%
ALV	2,20%
Total	12,50%
½	6,25%

Wer AHV bezahlt, zahlt auch IV und EO, die Arbeitnehmer zusätzlich ALV.
- *Arbeitnehmer:* Der Beitragssatz für AHV / IV / EO und ALV von derzeit insgesamt 12,5% wird aufgeteilt in ½ Arbeitgeber- und ½ Arbeitnehmerbeitrag, also je 6,25% (siehe auch S. 40 f.).
- *Selbständigerwerbende:* Sie bezahlen für sich den vollen Beitrag selber (abgestuft nach ihrem Einkommen).
- *Nichterwerbstätige:* Sie zahlen Beiträge von zurzeit mindestens CHF 475.– im Jahr.

Leistungen (2012)
Bei vollständiger Beitragsdauer:

– Altersrente	min. CHF	1160.–	max. CHF	2320.–
– Altersrente für rentenberechtigte Ehepaare	min. CHF	1740.–	max. CHF	3480.–
– Witwenrente	min. CHF	928.–	max. CHF	1856.–
– Waisen- und Kinderrente	min. CHF	464.–	max. CHF	928.–

- *Ergänzungsleistungen (EL):* Sie werden auf Gesuch bedürftigen Personen entrichtet, wenn die AHV zur Existenzsicherung nicht ausreicht (siehe S. 138).
- *Hilflosenentschädigung:* Wer in schwerem oder mittlerem Grad hilflos ist, kann sie beziehen (z.B. wer dauernd auf Hilfe von Dritten angewiesen ist).

Der Versicherungsnachweis
Er bestätigt dem Arbeitnehmer, dass er von seinem Arbeitgeber bei der zuständigen Ausgleichskasse **angemeldet** wurde. So hat der Arbeitnehmer die Gewissheit, dass die ausstellende Kasse sein individuelles AHV-Konto führt.

Tipp: – *Achten Sie stets darauf, dass keine Beitragslücken entstehen, sonst erfolgt im Alter eine Kürzung der Rente. Die Ausgleichskassen erteilen Auskunft.*
– *Wenn Sie eine Rente beanspruchen, müssen Sie sich etwa 3–4 Monate vor Erreichen des Rentenalters bei der zuständigen Ausgleichskasse melden.*

→ www.verlag-fuchs.ch/recht

Die Invalidenversicherung (IV)

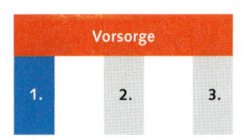

3-Säulen-Konzept (siehe S. 146)

Invalidität: *Als Invalidität gilt die*
- *voraussichtlich bleibende oder*
- *längere Zeit dauernde oder*
- *die teilweise Erwerbsunfähigkeit*

als Folge von Geburtsgebrechen, Krankheit oder Unfall.

Die IV ist eine obligatorische staatliche Versicherung. Zusammen mit der AHV und den EL bildet die IV im Drei-Säulen-Konzept die 1. Säule. Sie basiert ebenfalls auf dem Umlageverfahren (siehe AHV).

Das oberste Ziel der IV ist es, die versicherte Person wieder ins Erwerbsleben einzugliedern. Erst wenn dies nicht möglich ist, erfolgen Rentenzahlungen (Arbeit vor Rente).

Wichtige Aspekte

Beitragspflicht
Die Beitragspflicht ist gleich geregelt wie bei der AHV (siehe S. 136).

Rentenanspruch

Invaliditätsgrad	Rentenanspruch
40 – 49%	Viertelrente
50 – 59%	Halbe Rente
60 – 69%	Dreiviertelrente
ab 70%	Ganze Rente

- Die Rente beginnt frühestens zu dem Zeitpunkt, in dem die versicherte Person während mindestens eines Jahres durchschnittlich zu mindestens 40% arbeitsunfähig gewesen ist und weiterhin mindestens in diesem Ausmass erwerbsunfähig ist.
- Der Anspruch auf IV-Renten erlischt, wenn die Voraussetzungen nicht mehr erfüllt sind, spätestens aber, wenn der IV-Rentner das AHV-Alter erreicht bzw. Anspruch auf die AHV hat (die AHV-Rente löst die IV-Rente in jedem Fall ab).

Leistungen
- *Sachleistungen:* Eingliederungsmassnahmen (schulisch, beruflich) sowie Hilfsmittel (z.B. Rollstuhl)
- *Geldleistungen:* Taggelder (Lohnersatz) während der Eingliederung (z.B. während der Umschulung), Renten (gemäss Invaliditätsgrad) sowie Hilflosenentschädigung und Pflegebeiträge

Tipp: *Ansprüche an die IV müssen bei der IV-Stelle des Wohnkantons angemeldet werden. Eine frühzeitige Anmeldung ist wichtig, möglichst sobald sich abzeichnet, dass die Behinderung von Dauer sein wird.*

www.verlag-fuchs.ch/recht

1.7. Versicherungen

Ergänzungsleistungen (EL)

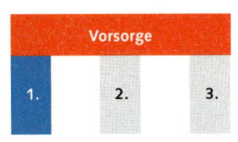

3-Säulen-Konzept (siehe S. 146)

> **Ergänzungsleistungen (EL):** *Leistungen, die in Ergänzung zur AHV oder IV bezahlt werden, sofern diese Renten zusammen mit eigenen Mitteln (Einkommen, Erspartes usw.) die minimalen Lebenskosten nicht zu decken vermögen. Zusammen mit der AHV und der IV bilden die EL die 1. Säule der Alters-, Hinterlassenen- und Invalidenvorsorge.*

Die Ergänzungsleistungen sind Bedarfs- und keine Fürsorgeleistungen. Wer bedürftig ist, hat somit einen Rechtsanspruch auf Ergänzungsleistungen. Rechtmässig bezogene Ergänzungsleistungen sind – im Gegensatz zur Sozialhilfe – nicht rückerstattungspflichtig.

■ Wichtige Aspekte

Voraussetzungen zum Bezug
- Jemand muss Anspruch auf eine AHV- bzw. eine IV-Rente haben
- oder nach vollendetem 18. Altersjahr Anspruch auf eine Hilflosenentschädigung der IV haben
- oder ununterbrochen während mindestens 6 Monaten ein Taggeld der IV beziehen.
- Antragstellende müssen Wohnsitz und gewöhnlichen Aufenthalt in der Schweiz haben.
- Die gesetzlich anerkannten Ausgaben (für Wohnung, Krankenversicherung usw.) müssen die anrechenbaren Einnahmen übersteigen.

Der Betrag, der im Rahmen der Ergänzungsleistungen zur Deckung des allgemeinen Lebensbedarfs vorgesehen ist, beträgt CHF 19 050.– pro Jahr für Alleinstehende und CHF 28 575.– für Ehepaare (Stand 2012).

Ausländer können Ergänzungsleistungen beanspruchen, wenn sie mindestens 10 Jahre ununterbrochen in der Schweiz gelebt haben und die oben angeführten Voraussetzungen erfüllen. Für Flüchtlinge und Staatenlose beträgt diese Frist 5 Jahre. Staatsangehörige von Mitgliedstaaten der EU und der EFTA (Norwegen, Island und Liechtenstein) sind in der Regel von dieser Karenzfrist ausgenommen.

Finanzierung
Die Ergänzungsleistungen werden durch Bund, Kantone und teilweise durch Gemeinden mit Steuermitteln finanziert. Es dürfen keine Lohnprozente erhoben werden.

Arten von Ergänzungsleistungen
Ergänzungsleistungen werden durch die Kantone ausgerichtet. Es bestehen zwei Kategorien von Ergänzungsleistungen:
- jährliche Leistungen, die monatlich ausbezahlt werden
- Vergütung von Krankheits- und Behinderungskosten

Antrag
Wer seinen Anspruch auf eine Ergänzungsleistung geltend machen will, muss sich bei der zuständigen EL-Stelle melden. Diese Stellen befinden sich in der Regel bei den kantonalen Ausgleichskassen (Ausnahmen: Kantone BS, GE, ZH).

→ www.verlag-fuchs.ch/recht

Die Ergänzungsleistungen werden mit dem Ausfüllen des EL-Anmeldeformulars geltend gemacht.

Die Erwerbsersatzordnung (EO)

> **Erwerbsersatzordnung (EO):** *Ersetzt Personen, die Militärdienst, den zivilen Ersatzdienst oder Dienst im Zivilschutz leisten, einen Teil des Verdienstausfalls.*
> *Die EO deckt ebenfalls den Lohnausfall bei Mutterschaft (Mutterschaftsentschädigung).*

Die EO beruht ebenfalls auf dem Solidaritätsprinzip. Sie erfasst die ganze Bevölkerung, auch Ausländerinnen und Ausländer, ohne Rücksicht darauf, ob die Einzelnen je einmal in die Lage kommen werden, Leistungen der EO zu beanspruchen. Beiträge leisten somit all jene Personen, die auch Beiträge an die AHV und die IV entrichten (Arbeitgeber und Arbeitnehmer).

Den Dienstleistenden soll ein Teil des Verdienstausfalls ersetzt werden. Dies gilt auch für Mütter, welche sich nach der Geburt eines Kindes im Mutterschaftsurlaub befinden.

Beitragspflicht
Die Beitragspflicht ist gleich geregelt wie bei der AHV (siehe S. 136).

Wichtige Aspekte

Leistungen
- Es werden Entschädigungen in der Höhe von 80% des versicherten Erwerbseinkommens entrichtet. Die Rekrutenentschädigung sowie die Grundentschädigung für Nichterwerbstätige beträgt CHF 62.– pro Tag. Studierende gelten in der Regel als Nichterwerbstätige.
- Erwerbstätige Mütter erhalten nach der Geburt eines Kindes während 14 Wochen 80% des durchschnittlichen Erwerbseinkommens vor der Geburt, maximal aber CHF 196.– pro Tag (Stand 1. Januar 2012).
Anspruchsberechtigt sind erwerbstätige Frauen, die vor der Geburt mindestens 9 Monate bei der AHV versichert waren und davon mindestens 5 Monate gearbeitet haben. Das Arbeitspensum ist dabei nicht massgebend.

→ www.verlag-fuchs.ch/recht

1.7. Versicherungen

Die Arbeitslosenversicherung (ALV) (Gültig ab 1.4.2011)

> **Arbeitslosenversicherung (ALV):** *Garantiert einen angemessenen Ersatz für Erwerbsausfälle wegen Arbeitslosigkeit, Kurzarbeit, witterungsbedingter Arbeitsausfälle sowie bei Insolvenz (Zahlungsunfähigkeit) des Arbeitgebers.*

Die Versicherung gewährt auch Beiträge an Massnahmen zur Verhütung von Arbeitslosigkeit.

Ziel Die Arbeitslosenversicherung (ALV) hat in erster Linie zum Ziel, Arbeitslose möglichst schnell wieder in den Arbeitsprozess einzugliedern. Zudem will sie die wirtschaftliche Not – entstanden als Folge der Arbeitslosigkeit – lindern.

Versicherte Arbeitnehmerinnen und Arbeitnehmer sind obligatorisch gegen Arbeitslosigkeit versichert. Für Selbständigerwerbende ist diese Versicherung freiwillig.

Anlaufstellen Versicherte Personen können sich an das Gemeindearbeitsamt, ein Regionales Arbeitsvermittlungszentrum (RAV), die Arbeitslosenkasse usw. richten.

■ Wichtige Aspekte

Beitragspflicht
Die Beitragspflicht ist – abgesehen von wenigen Ausnahmen – gleich geregelt wie bei der AHV (siehe S. 40 f. und S. 136). Der höchstversicherte Jahresverdienst beträgt CHF 126 000.– (Stand 2012).

Anspruch auf Arbeitslosenentschädigung
Man muss
– ganz oder teilweise arbeitslos sein und die obligatorische Schulzeit zurückgelegt haben;
– vermittlungsfähig sein, d.h. bereit, berechtigt und in der Lage sein, eine zumutbare (auch unterqualifizierte) Arbeit innert Tagesfrist anzutreten und an Eingliederungsmassnahmen teilzunehmen;
– in der Schweiz wohnen und angemeldet sein;
– innerhalb der letzten 2 Jahre mindestens 12 Monate gearbeitet, d.h. Beiträge entrichtet haben, oder von der Erfüllung der Beitragszeit befreit sein;
– noch nicht im Rentenalter stehen;
– den Aufgeboten und den Anweisungen des Regionalen Arbeitsvermittlungszentrums (RAV) Folge leisten.
– Der Anspruch auf Arbeitslosenleistung beginnt:
　– für Personen mit Kindern nach einer Wartezeit von 5 Tagen kontrollierter Arbeitslosigkeit (Karenzfrist).
　– für Personen ohne Kinder und einem Einkommen bis CHF 60 000.– nach 5 Tagen und nach 10 bis 20 Tagen bei höheren Einkommen.
　– für Schul- und Studienabgänger nach 120 Tagen (Ausnahme: Prämien zahlende Lehrabgänger).

Leistungen/Taggeld
Die Arbeitslosenentschädigung besteht aus einem Taggeld.
– Es beträgt 80% des versicherten Verdienstes, wenn man Unterhaltspflichten gegenüber eigenen Kindern unter 25 Jahren hat, der versicherte Verdienst unter CHF 3797.– pro Monat liegt oder jemand invalid ist.
– In allen übrigen Fällen beträgt es 70%.
– Zum Taggeld kommt ein allfälliger Kinderzuschlag dazu.
– Vom Taggeld müssen die Beiträge an die AHV, die IV, die EO, an die obligatorische NBU sowie Beiträge an die berufliche Vorsorge entrichtet werden.
– Zur Verhütung und Bekämpfung von Arbeitslosigkeit kann die ALV an versicherte Personen Beiträge für Umschulung und Weiterbildung leisten.

1.7. Versicherungen

Arbeitslosenversicherung: Beitragszeit und Bezugsdauer	Taggelder
Von der Beitragspflicht befreite Personen	90
Jünger als 25 Jahre, mind. 12 Beitragsmonate, ohne Unterhaltspflicht	200
Jünger als 25 Jahre, mind. 12 Beitragsmonate, mit Unterhaltspflicht	260
Älter als 25 Jahre, mind. 12 Beitragsmonate	260
Älter als 25 Jahre, mind. 18 Beitragsmonate	400
Älter als 55 Jahre, mind. 22 Beitragsmonate	520

Pro Woche werden 5 Taggelder entrichtet.

Pflichten
– Man muss sich gezielt um eine neue Stelle bemühen, in der Regel in Form einer ordentlichen Bewerbung (Bewerbungsnachweis).
– Man muss eine zugewiesene zumutbare Arbeit annehmen (bis 30-jährig auch Arbeiten, die nicht den Fähigkeiten oder den bisherigen Tätigkeiten entsprechen).

Einstelltage
Verletzt man Pflichten, erhält man eine gewisse Zeit lang keine Taggelder mehr:
– bei leichtem Verschulden: 1 bis 15 Einstelltage
– bei mittelschwerem Verschulden: 16 bis 30 Einstelltage
– bei schwerem Verschulden: 31 bis 60 Einstelltage

Kontrollfreie Tage
Nach 60 Tagen kontrollierter Arbeitslosigkeit hat man eine Woche «Kontrollferien» zugut. Man kann die 5 kontrollfreien Tage auch aufsparen, um z.B. nach 120 Tagen Arbeitslosigkeit zwei Wochen «Kontrollferien» zu beziehen.

Insolvenzentschädigung
Die Insolvenzentschädigung deckt bei Zahlungsunfähigkeit des Arbeitgebers (Insolvenz) Lohnforderungen für maximal 4 Monate. Die Insolvenzentschädigung wird nur für geleistete Arbeit ausbezahlt.

Kurzarbeitsentschädigung
Die Arbeitslosenversicherung deckt den von Kurzarbeit betroffenen Arbeitnehmern über einen gewissen Zeitraum einen Teil der Lohnkosten. Damit soll verhindert werden, dass infolge von vorübergehenden und unvermeidbaren Arbeitsausfällen Kündigungen ausgesprochen werden.

Schlechtwetterentschädigung
Wie bei der Kurzarbeit will die Schlechtwetterentschädigung dazu beitragen, dass Arbeitsverhältnisse nicht gekündigt werden.
Sie wird für Arbeitsausfälle ausbezahlt, die dem Arbeitgeber infolge schlechter Witterung zwingend entstanden sind (besonders in der Baubranche möglich).

Tipp
– Man soll eine Stelle nicht ohne stichhaltigen Grund kündigen und zudem erst dann, wenn man eine neue Stelle auf sicher hat.
– Man sollte sich möglichst frühzeitig, spätestens jedoch am ersten Tag, für den man Leistungen der ALV beansprucht, persönlich bei der Wohngemeinde (oder beim zuständigen RAV) melden und folgende Unterlagen mitbringen:
  Wohnsitzbescheinigung der Gemeinde, amtlicher Personenausweis (ID oder Pass), AHV-Ausweis, Arbeitsvertrag, Kündigungsschreiben, Zeugnisse der letzten Arbeitgeber, Nachweis der Arbeitsbemühungen.
– Man sollte schon während der ganzen Kündigungsfrist eine neue Stelle suchen und Kopien von Bewerbungen bzw. von Absagen aufbewahren.

→ www.verlag-fuchs.ch/recht

Berufliche Vorsorge (BVG) / Pensionskasse

3-Säulen-Konzept (siehe S. 146)

> **Berufliche Vorsorge (auch Pensionskasse oder kurz 2. Säule genannt):** *Soll Betagten, Hinterlassenen und Invaliden zusammen mit der AHV-Rente die Fortsetzung der gewohnten Lebensführung ermöglichen. Versichert werden die Risiken Tod und Invalidität; gleichzeitig wird eine Altersvorsorge aufgebaut.*
> **BVG:** *Bundesgesetz über die berufliche Alters-, Hinterlassenen- und Invalidenvorsorge.*

Im Gegensatz zur AHV beruht die Pensionskasse auf dem sogenannten Kapitaldeckungsverfahren, d.h. auf einem individuellen Sparprozess, der mit dem Erreichen des Rentenalters endet. Das während der Jahre auf dem individuellen Konto der Versicherten angesparte Altersguthaben dient der Finanzierung der Rente.

Zusammen mit der ersten Säule (AHV/IV) soll mit der Pensionskasse ein Renteneinkommen von rund 60% des letzten Lohnes erreicht werden, damit die Versicherten so die gewohnte Lebensführung in angemessener Weise fortsetzen können.

■ Wichtige Aspekte

Beitragspflicht
Für Arbeitnehmer, die einen AHV-pflichtigen Lohn von mehr als CHF 20 880.– (Stand 2012) erzielen, ist die Pensionskasse obligatorisch:
– ab dem 1. Januar nach Vollendung des 17. Altersjahres für die Risiken Tod und Invalidität;
– ab dem 1. Januar nach Vollendung des 24. Altersjahres zusätzlich für das Risiko Alter.

Prämien
Die Arbeitgeber und die Arbeitnehmer zahlen gemeinsam die Lohnbeiträge in die Pensionskasse des Arbeitnehmers ein, wobei der Beitrag der Arbeitgeber mindestens gleich gross sein muss wie die Beiträge der Arbeitnehmer.
Selbständigerwerbende können sich freiwillig versichern.

Rentenanspruch/Leistungen
Zahlungen aus dem angesparten Alterskapital erhalten die Versicherten bei Erwerbsaufgabe infolge Pensionierung oder bei Invalidität. Ebenso erhalten Witwen, Witwer und Waisen Rentenzahlungen.

Tipp

– *Das BVG enthält die minimal zu erfüllenden Bestimmungen, die jede Pensionskasse erfüllen muss. Sie kann aber auch bessere Lösungen treffen. Massgebend für den Einzelfall ist immer das Reglement der betreffenden Pensionskasse. Studieren Sie daher das Reglement Ihrer Pensionskasse.*
– *Es kommt immer wieder vor, dass Arbeitgeber ihre Arbeitnehmer bei einer Pensionskasse nicht versichern. Daher ist es wichtig, dass der Arbeitnehmer regelmässig nachprüft, ob die Pensionskassen-Beiträge auch tatsächlich einbezahlt worden sind. Dies geschieht am besten schriftlich bei der Pensionskasse (aus Datenschutzgründen werden keine telefonischen Auskünfte erteilt).*
Wenn ein Arbeitnehmer nicht mindestens einmal pro Jahr einen Versicherungsausweis von der Pensionskasse erhält, ist dies ein schlechtes Zeichen (möglicherweise hat die Pensionskasse dem Betrieb wegen ausstehender Zahlungen gekündigt).
In diesem Fall verlangt man vom Arbeitgeber den Versicherungsausweis oder zumindest den Namen der Pensionskasse. Verweigert der Arbeitgeber diese Angaben, empfiehlt es sich dringend, bei der AHV-Ausgleichskasse nachzufragen, ob der Betrieb überhaupt eine Pensionskasse hat. Falls er dies nicht hat, sollte der Arbeitnehmer sich sofort bei der Stiftung Auffangeinrichtung melden. (Weitere Hinweise dazu siehe unter: www.aeis.ch)

→ www.verlag-fuchs.ch/recht

Weitere Sozialversicherungen

■ Die Familienausgleichskasse (FAK)

> **Familienausgleichskasse (FAK):** *Zahlt Familien-, Kinder-, Ausbildungs- und zum Teil Geburtszulagen. Dies sind finanzielle Unterstützungen für Ehepaare mit Kindern.*

Die Familienzulagen werden von den Kantonen geregelt (es gibt daher 26 kantonale Gesetzgebungen).

Einzige Ausnahme bilden die Familienzulagen in der Landwirtschaft. Diese werden nach einer einheitlichen Bundeslösung entrichtet:
– Alle Arbeitnehmer haben aufgrund der kantonalen Bestimmungen Anspruch auf Familien- bzw. Kinderzulagen.
– Selbständigerwerbende haben nur in zehn Kantonen Anspruch auf Familienzulagen (AI, AR, GE, GR, LU, SG, SH, SZ, UR und ZG).

Die Familienzulagen werden ausschliesslich durch den Arbeitgeber finanziert (Ausnahme: Kanton VS). Die Ausgleichskasse entrichtet dem Arbeitgeber die Leistungen (entsprechend der Anzahl bezugsberechtigter Arbeitnehmer). Der Arbeitgeber zahlt dann seinerseits auf dem Weg der Lohnzahlung die Zulagen aus.

■ Die Militärversicherung (MV)

> **Militärversicherung (MV):** *Versichert alle Personen, die Militärdienst, Dienst im Zivilschutz oder zivilen Ersatzdienst leisten, gegen Unfall oder Krankheit.*

Darunter fallen auch Personen, die im Auftrag des Bundes Einsätze beim Schweizerischen Katastrophenhilfekorps und bei friedenserhaltenden Aktionen leisten.

Für die Militärversicherung werden keine Beiträge erhoben.
Die Leistungen, die mit jenen der Unfall- und der Krankenversicherung vergleichbar sind, werden zu 100% von der öffentlichen Hand aus Steuergeldern finanziert.

1.7. Versicherungen

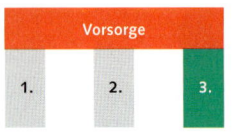

Private Vorsorge/3. Säule

Private Vorsorge / 3. Säule: *Alle finanziellen Vorkehrungen, die eine Person freiwillig trifft, um für Alter, Tod oder Invalidität vorzusorgen.*

Zur 3. Säule gehören alle Sparprozesse und Risikoversicherungen, die als Ergänzung zu den ersten beiden Säulen gedacht sind, um im Vorsorgefall individuelle Wünsche befriedigen zu können. Diese Vorsorgeformen lassen sich in zwei Gruppen aufteilen:
– Gebundene Vorsorge: Säule 3a
– Freie Vorsorge: Säule 3b

■ Gebundene Vorsorge: Säule 3a

Unter der Säule 3a versteht man eine steuerlich begünstigte Vorsorgeform. Selbständigerwerbende sowie Arbeitnehmer mit einer Pensionskasse können sich freiwillig einer Versicherungseinrichtung oder einer Bankstiftung anschliessen und dürfen jährlich einen maximalen Betrag in die Vorsorge 3a einbezahlen. Dieser Betrag kann vom steuerbaren Einkommen abgezogen werden. Auch die Zinsen sind steuerfrei.

Die Spargelder in der Säule 3a sind gebunden, d.h. sie können frühestens 5 Jahre vor dem Erreichen des AHV-Alters bezogen werden.
Vorzeitige Barauszahlungen sind auch möglich, und zwar bei Erwerb von Wohneigentum, bei der Aufnahme einer selbständigen Erwerbstätigkeit, bei endgültigem Verlassen der Schweiz oder wenn eine ganze IV-Rente bezogen wird.

Das Kapital aus der Säule 3a kann als einmaliger Betrag bezogen werden, oder die Auszahlung kann gestaffelt erfolgen. Das ausbezahlte Kapital ist als Einkommen zu versteuern, wobei ein reduzierter Steuersatz angewendet wird, d.h. das Kapital wird gesondert vom übrigen Einkommen besteuert. Zudem entfällt die Vermögenssteuer.

Für Guthaben auf Freizügigkeitskonten sowie auf Vorsorgekonten 3a gilt ein Einlegerschutz von CHF 100 000.– pro Kunde (dies gilt zusätzlich zum Einlegerschutz von ebenfalls CHF 100 000.– für alle Arten von Bankkonten im Falle des Konkurses einer Bank, siehe S. 288).

■ Freie Vorsorge: Säule 3b

Zu den Sparprozessen der Säule 3b gehören alle Vorsorgeformen, über die man frei verfügen kann. Dazu gehören das klassische Sparkonto, Geldanlagen in Aktien und Obligationen, Erwerb von Wohneigentum, Lebensversicherungen.

Angebote von Lebensversicherungen

3-Säulen-Konzept (siehe S. 146)

Die Lebensversicherungen unterteilt man in vier verschiedene Gruppen.

Todesfallrisiko-Versicherung

Stirbt der Versicherte während der Vertragsdauer, zahlt der Versicherer das Kapital an die vom Versicherten begünstigte Person.
Beispiel: Ein Ehemann stirbt. Es erfolgt eine Kapitalzahlung an die Witwe.
Erlebt der Versicherte den Ablauf der Versicherung, erhält er keine Kapitalauszahlung.

Erwerbsunfähigkeitsversicherung

Wenn das Erwerbseinkommen wegen teilweiser oder vollständiger Erwerbsunfähigkeit durch Krankheit oder Unfall wegfällt, kompensiert eine Rente die fehlenden Mittel.

Gemischte Lebensversicherung

Diese Versicherung zahlt sowohl im Todesfall (Summe an die begünstigte Person) wie auch im Fall, dass der Versicherte den Vertragsablauf erlebt, meist an den Versicherungsnehmer selbst. Dieser erhält die Summe der einbezahlten Prämien + einen technischen Zins (ein von der Versicherung festgesetzter Zins) + Überschussanteile.
Mit dieser Versicherung kann jemand z.B. seine Familie im Fall eines vorzeitigen Todes besserstellen, gleichzeitig aber auch Altersvorsorge betreiben.

Rückkaufswert

Eine gemischte Lebensversicherung kann vorzeitig aufgelöst werden. Dem Versicherungsnehmer wird der Rückkaufswert ausbezahlt. Dieser Wert ist jedoch oft geringer als die bereits einbezahlten Prämien.
(Lebensversicherungen müssen zum Rückkaufswert versteuert werden und können bis zur Höhe des Rückkaufswerts als Pfand hinterlegt werden.)

Alters- oder Leibrentenversicherung

Der Versicherte übergibt dem Versicherer ein namhaftes Kapital. Der Versicherer bezahlt dem Versicherten eine lebenslange Rente. Somit kann der Rentenbezüger seine Renten aus der ersten und aus der zweiten Säule mit dieser zusätzlichen Rentenversicherung erhöhen.

Auszahlungsmodus

Entsprechend dem Auszahlungsmodus unterscheidet man bei Lebensversicherungen zwischen:
– Kapitalauszahlung (einmalige Auszahlung eines bestimmten Kapitals) und
– Rentenzahlung (es erfolgt eine periodisch wiederkehrende Leistung, z.B. monatlich).

Das Drei-Säulen-Konzept

> **Drei-Säulen-Konzept:** *In der Verfassung verankertes Konzept zur finanziellen Vorsorge im Alter, für Hinterlassene und bei Invalidität.*

Gemäss Artikel 111 der Bundesverfassung trifft der Bund Massnahmen für eine ausreichende Alters-, Hinterlassenen- und Invalidenvorsorge. Diese beruht auf drei Säulen:

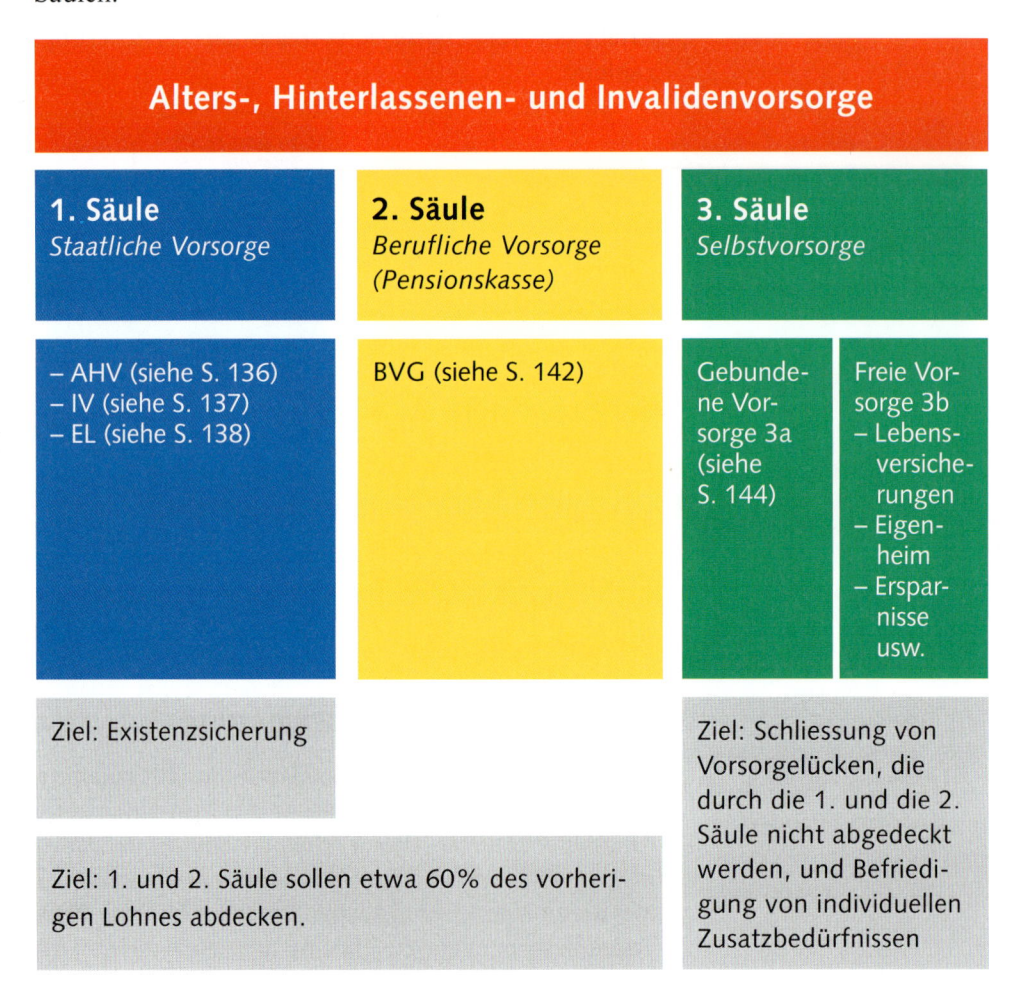

Alters-, Hinterlassenen- und Invalidenvorsorge			
1. Säule *Staatliche Vorsorge*	**2. Säule** *Berufliche Vorsorge (Pensionskasse)*	**3. Säule** *Selbstvorsorge*	
– AHV (siehe S. 136) – IV (siehe S. 137) – EL (siehe S. 138)	BVG (siehe S. 142)	Gebundene Vorsorge 3a (siehe S. 144)	Freie Vorsorge 3b – Lebensversicherungen – Eigenheim – Ersparnisse usw.
Ziel: Existenzsicherung		Ziel: Schliessung von Vorsorgelücken, die durch die 1. und die 2. Säule nicht abgedeckt werden, und Befriedigung von individuellen Zusatzbedürfnissen	
Ziel: 1. und 2. Säule sollen etwa 60% des vorherigen Lohnes abdecken.			

■ Probleme bei der 1. und bei der 2. Säule

Probleme bei der AHV / Pensionskasse

Wie die meisten Länder Europas sieht sich die Schweiz wegen des Geburtenrückgangs und der zunehmenden Lebenserwartung älterer Menschen mit einer Überalterung der Gesellschaft konfrontiert (siehe S. 276). Diese Situation stellt eine enorme Herausforderung dar, weil sie nebst den Auswirkungen auf AHV und BVG auch den Gesundheits- und den Pflegesektor stark betrifft.
Zur Illustration: 1970 kamen auf jeden Rentenbezüger 4,6 Beitragszahlende. 2002 waren es nur noch 3,6 und 2035 werden es noch 2,3 sein.

Probleme bei der IV

Die IV ist wegen der Zunahme der Renten stark verschuldet. Während 1990 drei von 100 Personen im erwerbsfähigen Alter eine IV-Rente bezogen, sind es heute bereits deren fünf. Dies dürfte im Wesentlichen darauf zurückzuführen sein, dass unser Arbeitsmarkt immer anforderungsreicher wird, psychische Krankheiten häufiger zu dauernder Erwerbsunfähigkeit führen und auch unter den Erwerbstätigen der Anteil der älteren Menschen wächst.

Haftpflichtversicherungen

> **Haftung:** *Man muss einstehen für den Schaden, den man einem Dritten zugefügt hat.*
> **Haftpflichtversicherungen:** *Sammelbegriff für Versicherungen, die Schäden decken, die man Drittpersonen und/oder deren Sachen zugefügt hat.*

Als Erstperson gilt man selber. Zweitpersonen sind die Angehörigen (Personen, die im gleichen Haushalt leben wie der Versicherte selber). Alle anderen gelten als Drittpersonen.

Haftungsarten

Man unterscheidet zwei Arten der Haftung:

Verschuldenshaftung
Man haftet, wenn man für ein Ereignis selber Schuld trägt (OR 41). In diesem Fall hat man absichtlich oder fahrlässig jemandem Schaden zugefügt.

Kausalhaftung
Es gibt Fälle, bei denen man haftet, obwohl man selber keine Schuld trägt. Dies nennt man Kausalhaftung (z.B. haften Eltern für ihre Kinder; Tierhalter für Schäden, die ihre Tiere andern gegenüber verursachen usw.).

Regress (Rückgriff)

Grobe Fahrlässigkeit
Verursacht eine Person einen Schaden durch grobe Fahrlässigkeit, kann die Versicherung auf den Versicherten zurückgreifen. Nachdem der Versicherer den Schaden, der einem Dritten zugefügt worden ist, bezahlt hat, verlangt er vom Versicherten Geld zurück (10%–50%).
Grobfahrlässig handelt, wer die einfachsten Vorsichtsmassnahmen verletzt. Besonders streng wird die Beurteilung von leichter bzw. grober Fahrlässigkeit bei Lenkern von Motorfahrzeugen ausgelegt. Wer z.B. ein Rotlicht überfährt, handelt bereits grobfahrlässig.

Absicht
Wird ein Schaden absichtlich herbeigeführt, erbringt die Versicherung keine Leistungen.

Haftpflichtversicherung bei Fahrzeugen

Bei Fahrzeugen ist die Haftpflichtversicherung obligatorisch.
Die Velovignette wurde abgeschafft. Mit dem Velo verursachte Schäden werden durch die private Haftpflichtversicherung abgedeckt. Hat der Unfallverursacher keine private Haftpflichtversicherung oder kann er nicht identifiziert werden, soll der Nationale Garantiefonds Opfer entschädigen.

Privathaftpflichtversicherung

Obwohl die Privathaftpflichtversicherung freiwillig ist, sollte man sie unbedingt abschliessen, denn jedem kann etwas passieren, auch etwas Unbeabsichtigtes.
Für Schäden ihrer Kinder haften weitgehend die Eltern. Wenn die Eltern eine Privathaftpflichtversicherung haben, zahlt diese. Die Privathaftpflichtversicherung kann man mit oder ohne Selbstbehalt abschliessen.

Tipp *Die Haftpflichtversicherungen entbinden nicht von Sorgfalt (siehe «Regress»).*

1.7. Versicherungen

Sachversicherungen

> **Sachversicherungen:** *Sammelbegriff für Versicherungen, die Schäden decken, welche entstanden sind durch:*
> *– Beschädigung, Zerstörung oder Wegnahme von Fahrhabe (bewegliche Sachen) oder*
> *– Beschädigung und Zerstörung an Gebäuden.*
> *Man versichert seine eigenen Sachen.*

Folgende Sachversicherungen sind von allgemeinem Interesse: Gebäudeversicherung, Hausratversicherung (Mobiliar), Diebstahlversicherung sowie Kaskoversicherung bei Fahrzeugen.

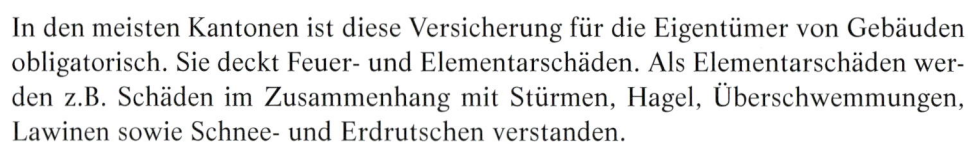

■ Gebäudeversicherung

In den meisten Kantonen ist diese Versicherung für die Eigentümer von Gebäuden obligatorisch. Sie deckt Feuer- und Elementarschäden. Als Elementarschäden werden z.B. Schäden im Zusammenhang mit Stürmen, Hagel, Überschwemmungen, Lawinen sowie Schnee- und Erdrutschen verstanden.
Wasser- und Glasbruchschäden am Gebäude können freiwillig versichert werden.

■ Hausratversicherung (auch Mobiliarversicherung genannt)

> **Hausrat:** *Versichert sind alle beweglichen, dem privaten Gebrauch dienenden Gegenstände des Haushalts, die nicht Bestandteil des Gebäudes und nicht bauliche Einrichtungen (z.B. Einbauschränke) sind.*

Diese Versicherung ist in den meisten Kantonen freiwillig. Sie übernimmt Schäden, die durch Feuer, Wasser, Diebstahl oder Glasbruch am Hausrat entstanden sind.

Diebstahlversicherung
In der Hausratversicherung ist in der Regel eine Diebstahlversicherung enthalten. Gedeckt sind Schäden infolge Einbruchdiebstahls, infolge Beraubung und infolge einfachen Diebstahls.

■ Kaskoversicherung bei Fahrzeugen

Man unterscheidet zwischen Teil- und Vollkaskoversicherung. Beides sind freiwillige Versicherungen. Bei Leasingfahrzeugen ist der Abschluss einer Vollkaskoversicherung jedoch obligatorisch.

Teilkaskoversicherung
Sie deckt im Grunde genommen die vom Fahrer nicht selbst verschuldeten Schäden am Fahrzeug, z.B. Brand, Glasbruch, Diebstahl, Kurzschluss und durch Blitz, Hagel sowie durch Tiere verursachte Schäden.

Vollkaskoversicherung
Nebst den Teilkasko-Schäden deckt sie die Kollisionsschäden am eigenen Auto, die aus eigenem Verschulden entstanden sind.

Tipp
- *Beim Bezug einer eigenen Wohnung sollte man unbedingt eine Hausratversicherung abschliessen.*
- *Es empfiehlt sich, eine Vollkaskoversicherung nur für Neuwagen abzuschliessen, bis diese etwa 3-jährig sind.*
- *Die Wahl eines Selbstbehalts bei Vollkaskoversicherung von CHF 1000.– ist von Vorteil (Prämienreduktion).*

Wichtige Begriffe bei Sachversicherungen

■ Neuwert / Zeitwert

Versichert wird gewöhnlich der Neuwert der Gegenstände.

> **Neuwert:** *Betrag, der notwendig ist, um Gegenstände wieder neu anzuschaffen.*

Der Hausrat wird immer zum Neuwert versichert. Es gibt jedoch Gegenstände, die im Haftpflichtfall nur zum Zeitwert versichert werden können, z.B. Motorfahrzeuge.

> **Zeitwert:** *Betrag, der für die Neuanschaffung von Gegenständen erforderlich ist, abzüglich der Abschreibung (Wertverminderung) infolge Abnützung, Alter oder anderen Gründen.*

■ Überversicherung

Bei Überversicherung lautet die Versicherungssumme auf einen höheren Wert, als der tatsächliche Wert ist.

Beispiel:
Der Hausrat hat einen Wert von CHF 100 000.–. Die Versicherungssumme lautet auf CHF 150 000.–. Wer überversichert ist, bezahlt zu viel Prämie, weil ihm die Versicherungsgesellschaft nur den tatsächlichen Schaden ersetzt.

■ Unterversicherung

Die vereinbarte Versicherungssumme ist tiefer als der tatsächliche Wert der versicherten Sache.

Beispiel:
Der Hausrat hat einen Wert von CHF 100 000.–. Die Versicherungssumme lautet auf CHF 50 000.–. Somit besteht eine Unterversicherung von 50%. Entsteht am Hausrat nun ein Schaden von CHF 20 000.–, wird zuerst abgeklärt, ob eine Unterversicherung besteht. Wenn dies zutrifft, wird die Schadenssumme gemäss der Unterversicherung gekürzt von CHF 20 000.– auf CHF 10 000.–.

■ Doppelversicherung

Die gleichen Sachen werden gegen dieselbe Gefahr gleichzeitig bei mehr als einer Versicherungsgesellschaft versichert (dies ist zum Teil auch bei Personenversicherungen möglich).

Beispiel:
Dasselbe Velo wird bei zwei Gesellschaften für je CHF 1300.– versichert, worauf beide Gesellschaften die Prämie einfordern.
Im Schadenfall bekommt man ein Formular, das mit der Frage endet: «Sind Sie gegen dieses Schadenereignis noch bei einer anderen Gesellschaft versichert? Wenn ja, bei welcher?». Beantwortet man die Frage bei einer Doppelversicherung wahrheitsgetreu, dann wird einem die Schadenssumme nur einmal ausbezahlt. Die beiden Versicherungsgesellschaften teilen sich die Kosten. Antwortet man mit «Nein», ist dies ein Betrug, der strafrechtliche Konsequenzen hat. Eine Doppelversicherung bei Sachversicherungen nützt daher nichts.

Tipp
- *Von Zeit zu Zeit sollte man den Wert des Hausrates neu schätzen lassen, um einem Unterversicherungsverhältnis vorzubeugen.*
- *Bei wertvollen Gegenständen (z.B. Schmuck) bewahrt man die Quittungen auf (Belege gegenüber dem Versicherer).*

Weiteres zu den Versicherungen

■ **Rechtsschutzversicherung**

> **Rechtsschutz:** *Verhilft dem Versicherungsnehmer in einem Schadensfall mit Fachleuten / Juristen zu seinem Recht. Die Rechtsschutzversicherung übernimmt die Kosten für den Anwalt und das Verfahren.*

Recht haben heisst noch lange nicht Recht bekommen!
Beim Rechtsschutz wird zwischen Privat-Rechtsschutz und Verkehrs-Rechtsschutz unterschieden.

Privat-Rechtsschutz

> **Privat-Rechtsschutz:** *Hilft Privatpersonen, Schadenersatzforderungen mit juristischer Hilfe durchzusetzen.*

Bei folgenden Fällen kann die Rechtsschutzversicherung für Privatpersonen eine Hilfe sein:
– bei einem drohenden Strafverfahren
– bei Differenzen mit Versicherungen
– bei nachbarschaftlichen Streitigkeiten

Verkehrs-Rechtsschutz

> **Verkehrs-Rechtsschutz:** *Verteidigt die Rechte bei Streitigkeiten im Zusammenhang mit einem Ereignis im Strassenverkehr.*

Nach einem Verkehrsunfall kann die Unterstützung eines erfahrenen Juristen sehr wichtig sein.

■ **Bonus-Malus**

Die Versicherungsanbieter belohnen oder belegen die Versicherungsnehmer mit dem Bonus-Malus-System.

Versicherte ohne Schadenereignis werden von der Versicherung mit einer Prämienreduktion belohnt. Wer aber eine Leistung der Versicherung beansprucht, muss in der Folge höhere Prämien zahlen.

Beispiel:
Versicherungen im Zusammenhang mit Motorfahrzeugen (Vollkasko- und Haftpflichtversicherung)

■ **Regress** (Rückgriff)

Die Versicherer machen im Bereich Motorfahrzeugversicherung (Haftpflicht und Kasko) am meisten von der Möglichkeit des Regresses (Rückgriff auf den Versicherten) Gebrauch.

Auch bei anderen Versicherungsbranchen (z.B. Unfallversicherung) nehmen die Versicherer bei grobem Verschulden auf den Versicherten Rückgriff, d.h. sie verlangen je nach Situation Geld zurück oder bezahlen weniger Leistungen.

Typische Beispiele:
Unfallfolgen nach dem Überfahren eines Rotlichts oder einer Stoppstrasse, Unfallfolgen wegen übersetzter Geschwindigkeit oder unter Alkoholeinfluss.

Tipp	*Wer ein Motorfahrzeug lenkt, sollte eine Verkehrs-Rechtsschutzversicherung abschliessen.*

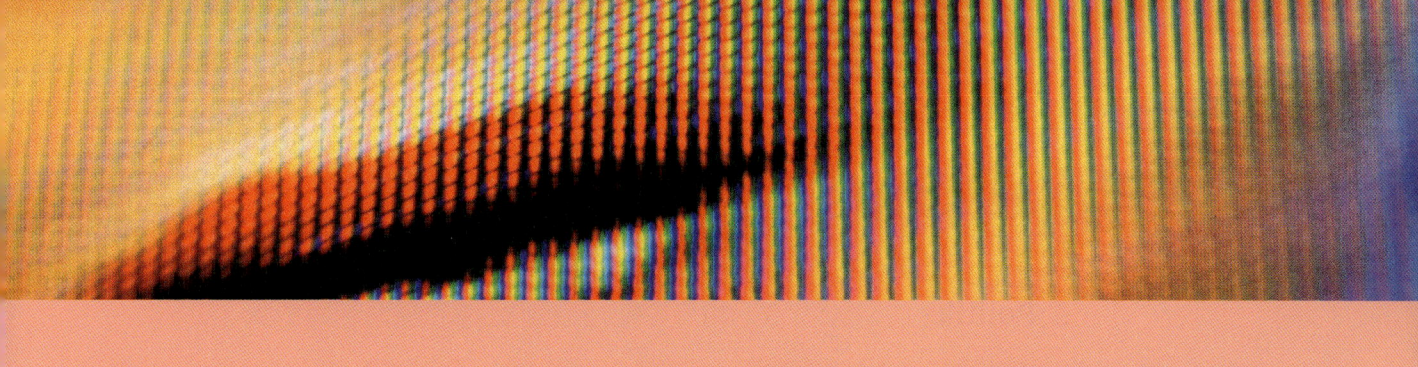

2.1. Der Staat: Willensbildung

Politik/Pluralismus

Politik

> **Politik:** *Menschen versuchen das öffentliche Leben (in Gemeinde, Kanton und Bund) nach ihren Vorstellungen und Interessen zu gestalten.*

Als Teil der «Öffentlichkeit» (zum Beispiel als Arbeitnehmer, als Familienmitglied, als junger Mensch) sollte man Probleme hinterfragen und dann dazu Stellung nehmen, damit auch eigene Interessen verwirklicht werden können.

Durchsetzung von Interessen
In der Politik geht es um die Durchsetzung von Interessen. Dies kann erreicht werden durch folgende Mittel / Massnahmen:
- *Gewalt:* Argumente sind nicht gefragt, die Entscheidung wird erzwungen.
- *Überzeugung:* Die besseren Argumente dringen durch und entscheiden.
- *Kompromiss:* Argumente verschiedener Standpunkte führen im Entscheidungsprozess zu einem Mittelweg, der von beiden Seiten anerkannt wird.

Lösungsfindung
In der Demokratie sind Problemlösungen mittels Gewalt nicht zulässig. Entscheidungen werden von der Mehrheit aufgrund stichhaltiger Argumente errungen, meistens ist die Lösung ein Kompromiss.

Interessengruppen
Um zu einer Mehrheit zu kommen, schliessen sich Leute mit gleichen oder ähnlichen Erwartungen zusammen. Es entstehen Interessengruppen: Parteien, Verbände usw.

Pluralismus

> **Pluralismus:** *Vielfalt, Vielgestaltigkeit*

Seit jeher haben wir in der Schweiz eine Vielfalt von geographischen Strukturen, eine Vielfalt von geschichtlichen, gesellschaftlichen und kulturellen Entwicklungen, eine Vielfalt von politischen und wirtschaftlichen Gruppierungen.

Beispiele für Pluralismus in der Schweiz:
- Städtische Agglomerationen, ländliche Gegenden
- 26 Kantone
- Verschiedene Konfessionen
- Unterschicht, Mittelschicht, Oberschicht
- Schweizerinnen und Schweizer, Ausländerinnen und Ausländer
- 4 Landessprachen mit vielen Dialekten
- Brauchtum
- Massenmedien (Presse, Radio, Fernsehen, Multimedia)
- Parteien

Politischer Pluralismus

> **Politischer Pluralismus:** *Vielfalt von gleichberechtigten Meinungen und Ideen, die auch frei geäussert werden dürfen (Meinungspluralismus).*

Freie Wahlen und die Meinungs- und Informationsfreiheit sowie die Medienfreiheit sind zentrale Bestandteile des politischen Pluralismus.
Das demokratische Prinzip verlangt, dass sich die Minderheit der Mehrheit fügt.

2.1. Willensbildung

Aufgaben der Massenmedien

Massenmedien: *Aktuelle und schnelle Informationsträger, die grosse Massen erreichen können, zum Beispiel Presse, Radio, Fernsehen und Multimedia.*

Für die Demokratie haben die Massenmedien drei Hauptaufgaben:
– Information
– Mitwirkung an der Meinungsbildung
– Kontrolle und Kritik

Information

Die Massenmedien sollen möglichst sachlich, umfassend und verständlich informieren, damit die Konsumenten der Massenmedien das öffentliche Geschehen verfolgen können.

Dank den Informationen aus den Medien können die Bürgerinnen und Bürger die politischen, wirtschaftlichen und sozialen Zusammenhänge verstehen, ihre eigenen Interessenlagen erkennen und über die Absichten und Handlungen aller Personen, die öffentlich tätig sind (besonders die Politikerinnen und Politiker), unterrichtet sein.

Mit dieser Voraussetzung können die Leute selber am öffentlichen Geschehen teilnehmen, sei es als Wählende und Abstimmende, als Mitglieder einer Partei oder als Unterzeichnende von Initiativen, Referenden und Petitionen.

Mitwirkung an der Meinungsbildung

Die Demokratie lebt davon, dass Fragen des öffentlichen Interesses in freier und offener Diskussion erörtert werden. Die Massenmedien bieten dabei die öffentliche Arena, in der dieser Kampf der Meinungen ausgetragen wird, damit die Bürgerinnen und Bürger ihre eigene Meinung bilden können.

In unserer modernen, komplexen Gesellschaft gibt es eine Vielzahl von Interessengruppen, die zum Teil in scharfer Konkurrenz zueinander stehen. Auch hier kommt den Medien die Aufgabe zu, diesen Meinungspluralismus angemessen widerzuspiegeln.

Kontrolle und Kritik

In der Demokratie ist die Kontrolle der staatlichen Institutionen in der Verfassung fest verankert. Dennoch reicht diese häufig nicht aus, um Filz oder gar Korruption zu verhindern. Häufig spüren Massenmedien Ungereimtheiten und Missstände in der Politik auf und machen diese publik.

Die Kontrollfunktion beschränkt sich jedoch nicht nur auf den Staat, sondern sie erstreckt sich auf die gesamte Gesellschaft (z.B. auf die Wirtschaft).

→ www.verlag-fuchs.ch/staat

Neben den oben beschriebenen Funktionen haben die Massenmedien noch weitere Aufgaben (z.B. Unterhaltung und Bildung).

2.1. Willensbildung

Die öffentliche Meinung

Öffentliche Meinung: *Die im Volk vorherrschende Meinung.*

Beispiel: «67% sagen Ja zum AKW-Ausstieg» (05.06.2011)
Gemäss einer repräsentativen Umfrage (1005 Personen) des Gfs.bern zwischen dem 5. und 14. Mai würden 67% der Befragten für einen Atomausstieg stimmen. 65% sind auch bereit, höhere Strompreise für einen AKW-Ausstieg zu bezahlen. Aufgrund der in der Zeitung «Sonntag» publizierten Umfrage wünschen sich aber 84% keine überstürzten Entscheide. Nur 38% sagen Ja zum Einsatz von Gaskombikraftwerken als Zwischenlösung.

Die vorherrschende Meinung wird durch Informationen aus den Massenmedien gebildet. Behörden, Parteien, Verbände und Privatpersonen versuchen dabei, Einfluss auf die Meinungsbildung zu nehmen.

Die Gefahr der einseitigen Beeinflussung

Im Gegensatz zur herkömmlichen Kommunikation (Beispiel: Gespräch zwischen zwei Personen) verläuft der Informationsfluss bei den Massenmedien einseitig:

Der Sender (Interessengruppe, Nachrichtenagentur, Redaktor / Redaktorin) entscheidet, welche Information vermittelt werden soll, und bearbeitet sie nach seiner Vorstellung. Die Empfänger können nicht direkt auf die Information reagieren. Eine direkte Auseinandersetzung mit dem Sender, wie z.B. bei einem Gespräch, ist nicht möglich.

Wenn Empfänger mit dem Inhalt einer Sendung nicht zufrieden sind oder ihnen die Art der Darstellung nicht gefällt, können sie höchstens das Fernsehgerät oder den Radioapparat ausschalten oder einen Leserbrief schreiben.

Da der Sender die Informationen nach seinem Willen bearbeitet, ist die Gefahr der einseitigen Beeinflussung (Manipulation) der Empfänger gross. Nur wer sich vielseitig informiert, ist der Gefahr einseitiger Beeinflussung weniger stark ausgesetzt.

Die «4. Gewalt» im Staat

Die Massenmedien erreichen grosse Teile der Bevölkerung. Daher sind sie ein ernst zu nehmender Machtfaktor. Wirtschaft und Politik nutzen dieses Instrument, um damit das Bewusstsein der Öffentlichkeit möglichst stark zu beeinflussen.

Entsprechend der Art, wie Informationen dargestellt und verbreitet werden, wird die öffentliche Meinung beeinflusst (manipuliert). Nebst dem Parlament (1. Gewalt, siehe S. 173), der Regierung (2. Gewalt) und den Gerichten (3. Gewalt) werden die Massenmedien daher häufig auch als 4. Gewalt im Staat bezeichnet.

2.1. Willensbildung

Die politischen Parteien

(Stand: 11.3.2012)

> **Politische Partei:** *Verein (Verein, siehe ZGB 60 ff.), in dem sich gleichgesinnte Menschen zusammenschliessen mit dem Zweck, an der «Meinungs- und Willensbildung des Volkes mitzuwirken» (BV 137) und wichtige Bereiche des öffentlichen Lebens in Gemeinde, Kanton und Bund nach ihren Vorstellungen und Interessen zu gestalten.*

Aufgaben der Parteien

Die Parteien erfüllen vor allem drei wichtige Aufgaben:
- Die Parteien suchen geeignete Personen (Kandidatinnen und Kandidaten) für öffentliche Ämter (Bundesparlament, Kantonsparlamente, Regierungen, Kommissionen usw.) Das sind schweizweit rund 35 000 Personen.
- Die Parteien leisten einen wesentlichen Beitrag zur politischen Meinungsbildung, indem sie verschiedene Interessen vertreten und die Öffentlichkeit sowie die Medien informieren.
- Die Parteien werden bei der Entstehung eines Gesetzes im sogenannten Vernehmlassungsverfahren angehört.

Anmerkung zu den nachfolgenden Parteiporträts

Die Meinungen, Ziele und Forderungen der von 2011–2015 im National- und im Ständerat vertretenen Parteien werden kurz aufgelistet. Die Parteien werden gemäss ihrer Stärke im Nationalrat und bei gleicher Stärke in alphabetischer Reihenfolge vorgestellt. Die gelb hinterlegten Texte stammen aus: *Schweizerische Bundeskanzlei (Hrsg.): In der Kürze liegt die Würze. Bern 2011.*

Schweizerische Volkspartei (SVP)

Schweizerische Volkspartei

Nationalrat:
54 Mitglieder
(davon 6 Frauen)

Ständerat:
5 Mitglieder

Bundesrat:
1 Mitglied

Wähleranteil 2011:
26,6 %

→ www.verlag-fuchs.ch/staat

Gründung: 1936 wurde die Partei gesamtschweizerisch unter dem Namen Bauern-, Gewerbe- und Bürgerpartei, BGB gegründet und 1971 in SVP umbenannt.

Die SVP nimmt eine rechtsbürgerliche Position ein und ist die stärkste Partei der Schweiz. Sie vertritt Gewerbetreibende, Bauern, Unternehmer, aber auch viele einfache Angestellte. Die SVP setzt auf den Alleingang der Schweiz.

Die SVP vertritt all jene, welchen eine unabhängige, neutrale und freie Schweiz wichtig ist, welche die demokratischen Rechte verteidigen und sich gegen immer mehr staatliche Interventionen und unnötige Gesetze wehren wollen.

> **Unser Rezept**
> Schweizer Qualität nicht nur im Logo:
> Die SVP Schweiz ist die Partei, die ohne Wenn und Aber für die Schweiz einsteht.
> Dazu halten wir fest am abgeschlossenen «Vertrag mit dem Volk»:
> - Wir wollen der Europäischen Union nicht beitreten
> - Wir wollen die kriminellen Ausländer ausschaffen
> - Wir wollen für alle die Steuern senken
>
> Mit dieser klaren, auf bürgerlichen Werten basierenden Politik will die SVP unserem Land Wohlstand, Arbeitsplätze und eine sichere Zukunft in Freiheit garantieren.

2.1. Willensbildung

SP

Sozialdemokratische Partei

Nationalrat:
46 Mitglieder
(davon 22 Frauen)

Ständerat:
11 Mitglieder
(davon 4 Frauen)

Bundesrat:
2 Mitglieder
(davon 1 Frau)

Wähleranteil 2011:
18,7 %

■ Sozialdemokratische Partei (SP)

Gründung: Die Partei wurde gesamtschweizerisch 1888 gegründet.

Die SP vertritt Arbeitnehmerinnen und Arbeitnehmer sowie Leute mit kleineren Einkommen und Renten. Sie ist die grösste nicht bürgerliche Partei.

Die SP Schweiz setzt sich für eine soziale, offene und ökologische Schweiz ein. Die SP will noch mehr Einfluss erhalten in Regierung und Parlament, um sichere Renten, faire Löhne und gerechte Steuern zu garantieren und den notwendigen Reformen für eine moderne Familienpolitik, Chancengleichheit in der Bildung und dem ökologischen Umbau der Wirtschaft zum Durchbruch zu verhelfen.

> **Unser Rezept**
> Dafür setzt sich die SP ein:
> - *Soziale Sicherheit:* Es kann jederzeit passieren, dass jemand nicht mehr für sich selbst aufkommen kann. Dann braucht es ein soziales Netz, das hält. Die SP setzt sich für eine Gesellschaft ein, die niemanden im Stich lässt.
> - *Kaufkraft:* Am Ende des Monats soll auch noch etwas im Portemonnaie übrig sein. Wer arbeitet, soll auch von seinem Lohn leben können. Davon profitieren wir alle – auch die Wirtschaft. Denn auch diese braucht Konsumentinnen und Konsumenten, die sich etwas leisten können.
> - *Energieversorgung:* Mit erneuerbaren Energien und mehr Energieeffizienz können wir auch in Zukunft ein angenehmes Leben führen. Damit stoppen wir den Klimawandel, steigen aus der Atomkraft aus und schaffen neue Arbeitsplätze.

FDP Die Liberalen

FDP. Die Liberalen

Nationalrat:
30 Mitglieder
(davon 7 Frauen)

Ständerat:
11 Mitglieder
(davon 2 Frauen)

Bundesrat:
2 Mitglieder

Wähleranteil 2011:
15,1 %

→ www.verlag-fuchs.ch/staat

■ Freisinnig-Demokratische Partei (FDP). Die Liberalen

Gründung: Die FDP wurde 1894 als gesamtschweizerische Partei gegründet.
Der FDP gehören überdurchschnittlich viele Arbeitgeber, Gewerbetreibende und Kaderleute an, vor allem auch Personen mit einem hohen Einkommen. Sie ist eine bürgerliche Partei.
In ihrer Politik orientiert sich die FDP an den liberalen Grundwerten Freiheit, Verantwortung und Gerechtigkeit.
Die Menschen haben die Freiheit, ihr Glück zu suchen und damit ihr Leben so zu gestalten, wie sie es für richtig halten. Gerechtigkeit stützt sich auf Chancengleichheit jenseits von Herkunft, Geschlecht oder Gesinnung. Damit kann jeder seine Möglichkeiten zum Erfolg nutzen.

> **Unser Rezept**
> - *Mehr Arbeitsplätze:* Die FDP setzt sich für optimale wirtschaftliche Rahmenbedingungen ein. Ein starker Werk-, Finanz- und Forschungsplatz schafft Arbeitsplätze und sichert unseren Wohlstand.
> - *Sichere Sozialwerke:* Ein Schuldenberg von über 20 Milliarden Franken bedroht die Invaliden- und die Arbeitslosenversicherung. Auch die AHV ist in Gefahr. Die FDP kämpft mit Reformen für sichere Sozialwerke.
> - *Schlanker Staat:* Der Staat soll den Bürgern dienen – nicht umgekehrt. Deshalb setzen wir uns für Bürokratieabbau, weniger Einschränkungen und mehr Freiheit ein.

2.1. Willensbildung

■ Christlich-demokratische Volkspartei (CVP)

Christlich-demokratische Volkspartei

Nationalrat:
28 Mitglieder
(davon 8 Frauen)

Ständerat:
13 Mitglieder
(davon 2 Frauen)

Bundesrat:
1 Frau

Wähleranteil 2011:
12,3%

Gründung: Die Partei wurde 1912 unter dem Namen Katholisch Konservative, KK gegründet und 1970 in CVP umbenannt.

Die CVP deckt eine breite Wählerschicht ab: Arbeitnehmer, Arbeitgeber, Bauern, Gewerbetreibende usw. Sie ist eine bürgerliche Partei. Die Mitglieder sind vorwiegend Katholiken.

Die CVP steht ein für eine liberal-soziale Schweiz. Ihre Politik sucht den Ausgleich zwischen Mensch und Gemeinschaft, Eigenverantwortung und Solidarität. Sie gestaltet das Zusammenleben gemäss einem christlichen Menschen- und Gesellschaftsbild.

Die CVP ist die wirtschaftsfreundliche, sozial verantwortliche und eigenständige Kraft im politischen Zentrum.

Unser Rezept
- *Arbeitsplätze erhalten, neue schaffen:* Die CVP fördert den Wirtschaftsstandort Schweiz, setzt auf attraktive Steuern, Innovationskraft und erstklassige Bildung.
- *Familien unterstützen und finanziell entlasten:* Die CVP kämpft für eine bessere Vereinbarkeit von Beruf und Familie. Weiter müssen alle Familien mehr Geld zur Verfügung haben.
- *Soziale Sicherheit auch für kommende Generationen:* Die Finanzierung unserer Sozialwerke ist eine Herausforderung. Die CVP setzt sich mit gezielten Reformen dafür ein.
- *Sorge tragen zu unserer Umwelt:* Die CVP ist die einzige bürgerliche Partei, die eine nachhaltige Umweltpolitik betreibt. Sie setzt auf saubere Energien und fördert Umwelttechnologien.

■ Grüne Partei (GPS)

Grüne Partei der Schweiz

Nationalrat:
15 Mitglieder
(davon 6 Frauen)

Ständerat:
2 Mitglieder

Wähleranteil 2011:
8,4%

Gründung: 1983 unter dem Namen GPS, Grüne Partei der Schweiz gegründet und 1993 in «Grüne» umbenannt. Die Grünen sind ein Sammelbecken verschiedener grüner Gruppierungen aus der ganzen Schweiz.

Die Grünen sind die grösste jener Parteien, die nicht im Bundesrat vertreten sind. Sie stellen eine ökologische, soziale und weltoffene Schweiz ins Zentrum. Die Grünen wollen, dass alle Menschen in einer gesunden Umwelt in Würde und Frieden leben können. Ebenso wichtig ist ihnen aber auch ein respektvolles Zusammenleben zwischen Frauen und Männern, zwischen Jung und Alt und anderen Bevölkerungsgruppen.

Unser Rezept
- *Ökologisch konsequent:* Die Schweiz muss ihre Treibhausgas-Emissionen um 40% senken. Die Grüne Klimainitiative ist das richtige Rezept dafür.
- *Wirtschaftlich nachhaltig:* Die Wirtschaft muss ökologischer werden. Sie kann damit nur gewinnen: Investitionen in erneuerbare Energien und Energieeffizienz schaffen tausende Arbeitsplätze.
- *Sozial engagiert:* Die Grünen kämpfen für starke Sozialversicherungen sowie gleiche Rechte und Chancen für alle, unabhängig von Herkunft, Geschlecht und Religion.
- *Global solidarisch:* Grüne Politik hört nicht an der Staatsgrenze auf. Sie engagiert sich für Friedenspolitik statt Militär und Entwicklungs- statt Rüstungszusammenarbeit.

2.1. Willensbildung

grünliberale

glp
grünliberale partei

Nationalrat:
12 Mitglieder
(davon 4 Frauen)

Ständerat:
2 Mitglieder
(davon 1 Frau)

Wähleranteil 2011:
5,4%

■ Grünliberale Partei (glp)

Gründung: Ehemalige Mitglieder der GPS haben sich 2004 von der Partei abgespalten und im Kanton Zürich die glp gegründet. Heute ist die glp in nahezu allen Kantonen vertreten.

Grünliberale Politik will das Nachhaltigkeitsdreieck Umwelt, Soziales und Wirtschaft im Gleichgewicht halten. Im Gegensatz zu den Grünen sehen sich die Grünliberalen nicht als linke Partei. Sie definieren sich als neue dynamische Kraft in der Mitte des Parteienspektrums, als bürgerliche Partei.

> **Unser Rezept**
> Im Kern grün und im Handeln liberal, suchen wir Wege, Umweltaspekte, Soziales und wirtschaftliche Interessen im Gleichgewicht zu halten. Wir politisieren sachbezogen und mit Respekt. Nicht nur gegenüber der Natur und den Mitmenschen, sondern auch gegenüber den Finanzen. Wir wollen, unabhängig von engen Ideologien, von Religion und Alter oder von links und rechts, Verantwortung wahrnehmen und zeitgemässe Lösungen für heutige und künftige Herausforderungen anbieten. Unser Ziel ist, grünliberale Standpunkte in der Gesellschaft zu vertreten und mit überzeugenden Argumenten Mehrheiten dafür zu gewinnen.

BDP

Bürgerlich-Demokratische Partei

Nationalrat:
9 Mitglieder
(davon 2 Frauen)

Ständerat:
1 Mitglied

Bundesrat:
1 Frau

Wähleranteil 2011:
5,4%

→
www.verlag-fuchs.ch/staat

■ Bürgerlich-Demokratische Partei (BDP)

Gründung: 1. November 2008. Bei den Bundesrats-Erneuerungswahlen im Jahre 2007 wählte das Parlament anstelle des Amtsinhabers (Christoph Blocher) die Bündner SVP-Regierungsrätin Eveline Widmer-Schlumpf. Weil sie die Wahl angenommen hatte, schloss die schweizerische SVP die Bündner Sektion aus der SVP aus. Dies war der Auslöser für die Entstehung der BDP.

Die BDP sagt: «Aus Unmut über den Entscheid der schweizerischen SVP und aus Protest gegen Stillosigkeit im politischen Schlagabtausch wurden verschiedene Kantons- und Ortssektionen gegründet. Die BDP steht für eine bürgerliche Politik ohne Tabuthemen, Berührungsängste und Personenkult.»

> **Unser Rezept**
> Die BDP ist keine Oppositionspartei, sondern kämpft mit anderen bürgerlichen Kräften für tragfähige Lösungen. Sie ist für Wachstum und Fortschritt in der Wirtschaft, aber nicht auf Kosten der Umwelt und der nächsten Generationen. Sie steht zu einer aktiven Mitgliedschaft der Schweiz in der UNO und ist gegen einen EU-Beitritt. Der bilaterale Weg für das Zusammenleben mit der EU ist weiterzuverfolgen. In die erneuerbaren Energiequellen muss weiter investiert werden. Zugleich benötigt die Schweiz moderne Kernkraftwerke, um eine schwerwiegende Versorgungslücke zu vermeiden. Die BDP ist für eine starke und glaubwürdige Sicherheitspolitik. Auslandeinsätze der Armee nach bisherigen Grundsätzen sollen auch in Zukunft möglich sein.

2.1. Willensbildung

Das Links-Rechts-Schema (Beispiel: Nationalrat 2011 – 2015)

Das vorliegende Spektrum versucht, die Parteien zu situieren. Dass die Einordnungen nicht immer stimmen, ist in unserem Staat mit einem Bundes- und 26 Kantonsparlamenten verständlich. Partei X ist im einen Kanton mehr rechts, im anderen mehr links anzusiedeln. Es geht hier also nicht um eine absolut gültige Aussage, sondern um einen groben Überblick, der zum besseren Verständnis beitragen soll.

Tendenzen in der Grundhaltung der Parteien

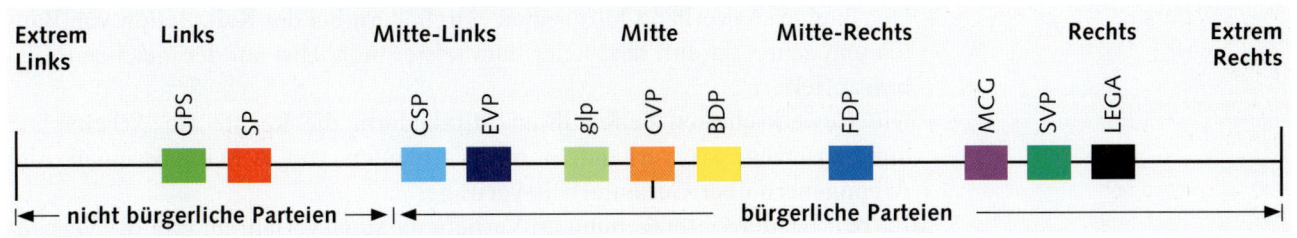

Extrem Links | Links | Mitte-Links | Mitte | Mitte-Rechts | Rechts | Extrem Rechts

Parteien auf der Skala: GPS, SP (Links) | CSP, EVP (Mitte-Links) | glp, CVP, BDP (Mitte) | FDP (Mitte-Rechts) | MCG, SVP, LEGA (Rechts)

← nicht bürgerliche Parteien → | ← bürgerliche Parteien →

Ganz links und ganz rechts wären undemokratische Parteien (z.B. ganz links müsste man die Kommunisten und die Linksextremen und ganz rechts die Faschisten und Nazis ansiedeln).

Links	Rechts
– Sozial (den benachteiligten Menschen helfen, Probleme der Gemeinschaft gezielt angehen)	– Liberal (die Freiheit und die Selbstverantwortung der einzelnen Person erhalten/fördern)
– Progressiv (Neues schaffen)	– Konservativ (bestehende Ordnung bewahren)
– Mehr staatliche Eingriffe und Hilfen	– Staatliche Eingriffe auf das Notwendigste beschränken
– Vermehrt einheitliche Bundeslösungen (Zentralismus)	– Möglichst unabhängige Kantone (Föderalismus)
– Steht auf der Seite von Arbeitnehmerinnen und Arbeitnehmern	– Steht auf der Seite der Arbeitgeberinnen und Arbeitgeber
– Starke Kürzungen der militärischen Ausgaben, vermehrt Friedenspolitik	– Glaubwürdige Landesverteidigung, daher gut gerüstete Armee
– Weitgehende staatliche Vorschriften (Gebote, Verbote) beim Umweltschutz	– Verantwortung der einzelnen Person im Umweltschutz; möglichst wenig staatliche Eingriffe
– Befürwortet eher einen EU-Beitritt	– Lehnt einen EU-Beitritt eher ab
– Wirtschaftsplanung, Protektionismus, Preiskontrolle, Service public	– Freies Unternehmertum, Deregulierung, ökonomische Anreize

– Für die SP sind die rechts von ihr stehenden Parteien (also CVP, FDP, SVP) die «bürgerlichen Parteien». Spannen diese zusammen, spricht sie vom «Bürgerblock».
– Innerhalb jeder Partei gibt es Leute, die nach links oder nach rechts tendieren oder in der Mitte sind. Zuweilen steht ein «linkes CVP-Mitglied» dem «rechten Flügel der SP» nahe und wird in einigen Sachfragen die SP unterstützen.

■ Bürgerliche Parteien

Bürgerliche Parteien ist eine Sammelbezeichnung für die Mitte-Links-, Mitte-, Mitte-Rechts- und die Rechts-Parteien. Sie stehen im Gegensatz zu den hauptsächlich sozialdemokratischen, sozialistischen oder kommunistischen Links-Parteien.
Andere Bezeichnungen für «bürgerliche Parteien» sind «nicht sozialistische Parteien» oder «Rechts-Parteien» (vor allem in England und in den USA gebräuchlich).

2.1. Willensbildung

Verbände

> **Verband:** *Zusammenschluss von Menschen, die auf einem begrenzten Interessengebiet (meist wirtschaftlicher Art) ihre Vorstellungen durchzusetzen versuchen.*

■ Verbandszwecke

1. Gegenseitige Information der Mitglieder
2. Gemeinsame Interessenwahrung gegen aussen. Beispiele sind:
   - Der Baumeisterverband hilft seinen Mitgliedern bei der Kalkulation von Bauten und achtet darauf, dass jeder Baumeister möglichst auf der gleichen Preisbasis offeriert.
   - Die Gewerkschaften helfen ihren Mitgliedern, die Rechte am Arbeitsplatz durchzusetzen; sie verhandeln mit Verbänden von Arbeitgeberinnen und Arbeitgebern über Gesamtarbeitsverträge.
3. Mitarbeit bei der Gesetzgebung im Vernehmlassungsverfahren, d.h. die Verbände dürfen laut BV 147 ihre Stellungnahme zu einem Gesetzesentwurf abgeben. Damit nehmen sie Einfluss auf die Politik; sie betreiben sogenanntes Lobbying.

Politik und Wirtschaft sind eng miteinander verflochten und beeinflussen einander entsprechend stark. Während Parteien die Exponenten in der Politik stellen, vertreten Verbände meistens die Wirtschaft.

Verbände pflegen bei Wahlen keine eigenen Listen aufzustellen, stattdessen delegieren sie ihre Vertreter in ihnen gesinnungsmässig nahestehende Parteien. Dabei werden die eigenen Leute und die entsprechenden Parteien finanziell stark unterstützt, um sie in die Behörden zu bringen.

Unsere Parlamentarierinnen und Parlamentarier vertreten demnach nicht bloss ihre Parteien, sondern sind auch ihren Verbänden verpflichtet. Im Parlament verfolgen die Intressenvertreter der Verbände ihre Ziele und arbeiten dabei parteiübergreifend zusammen.

■ Wichtige Verbände

Arbeitgeberverbände	Arbeitnehmerverbände	Weitere Verbände (Beispiele)
economiesuisse *Verband der Schweizer Unternehmen*	**G** *Schweizerischer Gewerkschaftsbund (SGB), grösster Dachverband*	– Schweizerischer Hauseigentümerverband
sgv usam *Schweizerischer Gewerbeverband*	**UNIA** *Grösste Gewerkschaft innerhalb des SGB*	– Schweizerischer Mieterverband – Pro Natura – Schweizerischer Bund für Naturschutz – diverse Sportverbände – Automobilverbände: ACS, TCS
Schweizerischer Arbeitgeberverband	**Travail.Suisse** *Zweitgrösster Dachverband für Arbeitnehmerorganisationen*	
Schweizerischer Bauernverband	**syna** *Grösste Gewerkschaft innerhalb des Travail.Suisse*	

2.1. Willensbildung

Vergleich: Politische Partei – Verband

	Politische Partei	Verband
Definition	Politischer Verein, in dem sich gleich gesinnte Menschen zusammenschliessen mit dem Zweck, wichtige Bereiche des öffentlichen Lebens in Gemeinde, Kanton und Bund nach ihren Vorstellungen und Interessen zu gestalten.	Zusammenschluss von Menschen, die auf einem begrenzten Interessengebiet (meist wirtschaftlicher Art) ihre Vorstellungen durchzusetzen versuchen.
Organisation	Ortspartei, Kantonalpartei, schweizerische Dachorganisation	Regional und gesamtschweizerisch organisiert
Ziele und Aufgaben	– Stellungnahme zu allen wichtigen politischen Fragen, d.h. die Bürgerinnen und Bürger informieren; das Gesamtwohl steht im Vordergrund – Beteiligung an Wahlen – Mitarbeit bei Gesetzgebung und Regierung	– Teilinteressen vertreten (z.B. Automobilverbände wie TCS, ACS, VCS) und die Interessen der Mitglieder wahrnehmen (gegenseitige Information, gemeinsame Interessenwahrnehmung nach aussen) – Keine selbständige Beteiligung an Wahlen – Mitarbeit bei der Gesetzgebung im Vernehmlassungsverfahren – Verhandlungen mit wirtschaftlichen Partnerinnen und Partnern und mit Behörden
Beitritt	Freiwillig, keine Notwendigkeit (oft aber erforderlich wegen politischer Karriere). Es braucht keine offizielle Beitrittserklärung (Ausnahme: SP).	Meist notwendig, oft gar Verpflichtung
Mitgliederzahl	Gemessen an der Zahl der Bevölkerung: relativ wenig Mitglieder	Auf die Berufsgruppe bezogen: relativ viele Mitglieder
Beiträge	Freiwillige Zuwendungen	Nach Einkommen abgestufte, relativ hohe und für Mitglieder obligatorische Beiträge
Finanzen	Finanzschwach	Finanzkräftig
Leistungen	Die Mitgliedschaft basiert auf einem gemeinsamen Ideal. Daher erfolgen keine direkten materiellen Gegenleistungen.	Die Mitgliedschaft basiert auf einer fühlbaren, oft unentbehrlichen Gegenleistung. In Gesamtarbeitsverträgen werden Mindestlöhne, Reduktion der Wochenarbeitsstunden, Ferien usw. ausgehandelt. Das Mitglied kann sogar unentgeltlich rechtliche Beratung und Vertretung in Anspruch nehmen.

2.1. Willensbildung   162

Stimmen, Wählen

Aktives Wahlrecht
▼
▼
Man kann jemanden wählen.

Stimmen: *Zu einer Sachvorlage als Ganzes Ja oder Nein sagen.*
Wählen: *Personen in ein Amt einsetzen.*

Wer in der Schweiz das Wahlrecht besitzt, hat sowohl das aktive als auch das passive Wahlrecht. (Auf Bundesebene sind rund 5 Millionen Menschen stimm- und wahlberechtigt. Man spricht dabei auch vom Souverän und meint damit diese 5 Millionen Personen.)

Das Stimm- und Wahlrecht (siehe BV 34, 39, 136, 143) ist ein politisches Recht. Von diesem Recht kann in der Schweiz auf Bundes-, Kantons- und Gemeindeebene Gebrauch machen, wer
– das Schweizer Bürgerrecht hat und
– volljährig (mindestens 18 Jahre alt) ist.
  (Im Kanton Glarus: aktives Wahlrecht auf Kantons- und Gemeindeebene bereits ab 16 Jahren)

Passives Wahlrecht
▲
▲
Man kann selbst gewählt werden.

Nicht stimm- und wahlberechtigt sind Personen,
– die dauerhaft urteilsunfähig sind oder
– die durch eine vorsorgebeauftragte Person vertreten werden (siehe S. 65).

■ Stimmabgabe

Stimmen und wählen kann man:
– an der Urne (Öffnungszeiten der Urnenbüros beachten) und
– brieflich (Unterschrift auf der Stimmkarte nicht vergessen).
Im Einvernehmen mit interessierten Kantonen und Gemeinden erlaubt es der Bund, dass diese versuchsweise die elektronische Stimmabgabe einführen (z.B. SMS, Internet). Dieses E-Voting dürfte die Abstimmungsmöglichkeit der Zukunft werden.

→ CiviCampus

2.1. Willensbildung

Verschiedene Arten von Mehr

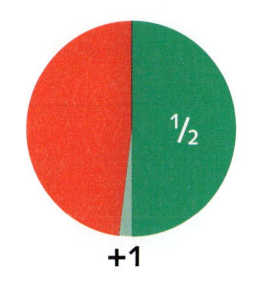

Absolutes Mehr

Absolutes Mehr: *Mindestens die Hälfte aller gültigen abgegebenen Stimmen +1*

Beispiel: 800 Wahlzettel wurden in die Urne gelegt. 12 davon waren ungültig und 37 leer. Von den eingelegten Wahlzetteln werden die ungültigen und die leeren weggezählt.
800 – 12 – 37 = 751 gültige Wahlzettel
751 : 2 = 375,5 (0,5 wird abgerundet). 375 + 1 = 376 **(Absolutes Mehr)**

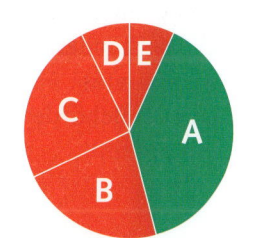

Relatives Mehr

Relatives Mehr: *Wer am meisten Stimmen erhält, ist gewählt.*

Beispiel: Es erhalten Stimmen: A 4085, B 2218, C 2659, D 811 und E 754. Gewählt ist A. Das absolute Mehr wird nicht ermittelt, da es keine Rolle spielt.

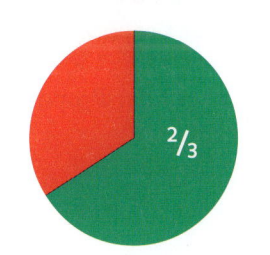

Qualifiziertes Mehr

Qualifiziertes Mehr: *Erforderlich ist eine Zahl, die über dem absoluten Mehr liegt, zum Beispiel eine Mehrheit von 2/3, 3/4, 4/5.*

Beispiel: In Vereinsstatuten kann man oftmals lesen: «Die Statuten können nur geändert werden, wenn 2/3 aller Mitglieder der Änderung zustimmen.»

Volksmehr

Volksmehr: *Die Mehrheit der gültig stimmenden Personen*

Beispiel: Das Abstimmungsresultat zu einer eidgenössischen Vorlage ergibt: 1 557 483 Ja-Stimmen gegen 823 621 Nein-Stimmen.
Zur Annahme eines Gesetzes ist das Volksmehr erforderlich.

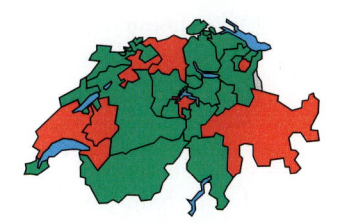

Ständemehr

Ständemehr: *Die Mehrheit der Kantone (Stände)*

Beispiel: Damit das Ständemehr erreicht wird, muss die Summe der Standesstimmen, die die Vorlage bejahen, mindestens 12 betragen.
Das Volksmehr im jeweiligen Kanton entscheidet, ob dieser Kanton als «Ja-Kanton» oder als «Nein-Kanton» gewertet wird. Die Kantone AR, AI, BS, BL, OW und NW zählt man als halbe Stimme (BV 142).
Es gibt keine Abstimmung, bei der nur das Ständemehr allein erforderlich wäre. Ein Unentschieden bei den Ständen bedeutet bereits Ablehnung der Vorlage.

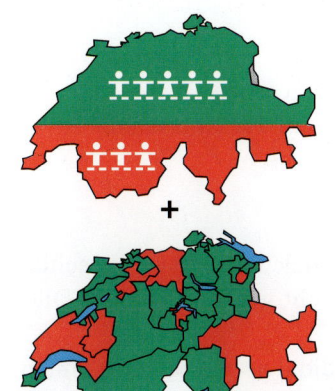

Doppeltes Mehr

Doppeltes Mehr: *Volks- und Ständemehr zusammen*

Beispiel:

Volksmehr:	1 557 483 Ja	gegen 823 621 Nein
Ständemehr:	15½ Kantone Ja	gegen 7½ Kantone Nein

Bei Änderungen der Verfassung (BV 140, 195), bei dringlichen Bundesgesetzen ohne Verfassungsgrundlage (BV 140, 165) und für den Beitritt zu gewissen internationalen Organisationen (BV 140) ist das doppelte Mehr erforderlich.

2.1. Willensbildung

Das Majorzwahlverfahren

> **Majorz:** *Wahlverfahren, bei dem die Mehrheit entscheidet, wer gewählt ist, während die Minderheit nicht berücksichtigt wird.*

■ Anwendung

- Der Majorz wird angewendet, wenn nur ein einziger Sitz zu vergeben ist.
  Beispiele:
    - Bundespräsidentin oder Bundespräsident
    - Bundeskanzlerin oder Bundeskanzler
    - in den Kantonen AR, AI, BS, BL, OW, NW: Mitglied des Ständerates
    - UR, OW, NW, GL, AR, AI: einziges Mitglied des Nationalrates
- Das Majorzwahlverfahren kommt auch zur Anwendung, wenn eine Behörde aus mehreren Mitgliedern besteht. Jedes Mitglied wird aber einzeln gewählt.
  Beispiele:
    - Mitglieder des Bundesrates und des Bundesgerichts
    - Mitglieder einer kantonalen Regierung (Regierungsrat/Staatsrat) (Ausnahmen: In den Kantonen Zug und Tessin gilt der Proporz.)
    - Mitglieder einer Regierung auf Ebene Gemeinde/Stadt
    - Mitglieder des Ständerates (Für Jura und Neuenburg gilt der Proporz.)
- Ein Kandidat darf nur 1× auf den Wahlzettel geschrieben werden.

■ Wer ist gewählt?

- Im Allgemeinen: Wer im 1. Wahlgang das absolute Mehr erreicht, ist gewählt.
- Erreicht niemand im ersten Wahlgang das absolute Mehr, findet ein zweiter Wahlgang statt, bei welchem dann meistens das relative Mehr gilt.
  Ausnahmen:
    - Die Vereinigte Bundesversammlung wählt so oft, bis jemand das absolute Mehr erreicht hat. Grund: Das Wahlprozedere kann ohne grossen Aufwand wiederholt werden. Das Amt ist zudem so bedeutungsvoll, dass die gewählte Person von der Mehrheit getragen werden soll.
    - Bei Nationalratswahlen in kleinen Kantonen mit nur 1 Sitz gilt bereits im 1. Wahlgang das relative Mehr. Es gibt keinen 2. Wahlgang.

■ Vorteile

- Es ist ein sehr einfaches Wahlverfahren.
- Da es sich um Persönlichkeitswahlen handelt, haben auch Leute eine Chance, die keiner Partei angehören.

■ Nachteile

- Starke Parteien werden bevorzugt, Minderheiten gehen leer aus.
- Wenig bekannte Personen haben praktisch keine Aussicht auf eine Wahl.

■ Stille Wahl

Stille Wahlen kann es geben, wenn für eine Wahl nur so viele Personen vorgeschlagen werden, wie Sitze zu verteilen sind, d.h. es muss nicht gewählt werden. Dies in folgenden Fällen:
- bei Nationalratswahlen mit genau gleich vielen Kandidaten wie Sitze in einem Kanton
- auf Kantons- und Gemeindeebene, wenn das kantonale Recht dies zulässt.

→ CiviCampus
→ www.verlag-fuchs.ch/staat

Das Proporzwahlverfahren

> **Proporz:** *Wahlverfahren, bei dem die Sitze annähernd im Verhältnis zu den erzielten Parteistimmen auf die Parteien verteilt werden.*

■ Anwendung

Der Proporz kommt mit ganz wenigen Ausnahmefällen dann zur Anwendung, wenn das Volk seine Vertreterinnen und Vertreter ins Parlament wählt. Im Proporz werden folgende Behörden gewählt:

- **Nationalrat** (Volksvertretung auf Bundesebene, BV 149)
  Grundsatz: Jeder Kanton hat gemäss BV Anspruch auf mindestens einen Sitz. Die Kantone AR, AI, OW, NW, UR und GL können aufgrund ihrer Einwohnerzahl nur ein Mitglied in den Nationalrat entsenden; es wird im Majorzwahlverfahren gewählt.

- **Grosser Rat/Kantonsrat/Landrat** (Volksvertretung auf Kantonsebene)
  Je nach Kanton heisst das Parlament Grosser Rat, Kantonsrat oder Landrat. (Die Kantone AI, AR und GR wählen ihr Kantonsparlament noch im Majorz.)

- **Einwohnerrat/Grosser Gemeinderat/Grosser Stadtrat** (Volksvertretung auf Gemeindeebene)

■ Wer ist gewählt?

Zwei Voraussetzungen sind notwendig:
- Die Partei muss prozentual genügend Parteistimmen erhalten, um einen oder mehrere Sitze zu erobern.
- Innerhalb der Partei erhalten jene Kandidatinnen und Kandidaten die Sitze, welche am meisten Kandidatenstimmen erzielt haben.

■ Vorteile

- Das Abbild des Volkes im Parlament ist beim Proporzwahlverfahren genauer.
- Auch kleine Parteien haben eine Chance, Sitze zu gewinnen.
- Es ist nur ein einziger Wahlgang nötig.

■ Nachteile

- Es ist ein kompliziertes Wahlverfahren.
- Für die Wählenden ist es meistens unmöglich, alle vorgeschlagenen Kandidatinnen und Kandidaten persönlich zu kennen.

■ Begriffe beim Proporzwahlverfahren

Parteistimmen
Stimmen, die alle Kandidatinnen und Kandidaten einer Partei zusammen erhalten plus die Zusatzstimmen.

Kandidatenstimmen
Stimmen, die für eine Kandidatin oder einen Kandidaten abgegeben werden. Wichtig: Jede kandidierende Person ist gleichzeitig auch Trägerin einer Stimme für ihre Partei.

Zusatzstimmen
Stimmen, die auf keine Kandidatin oder keinen Kandidaten lauten, aber der Partei gegeben werden. Leere oder durchgestrichene Zeilen gelten für die Partei als Zusatzstimmen, sofern der Wahlzettel eine Parteibezeichnung trägt.

2.1. Willensbildung

Möglichkeiten beim Proporzwahlverfahren

Liste 1	Partei A
1.1	Otto E.
1.2	Fritz B.
1.3	Werner I.

Keine Veränderung

Man legt einen vorgedruckten Wahlzettel (Parteiliste) unverändert in die Wahlurne ein.

Stimmen erhalten:
Partei A: 3 Parteistimmen
Jeder Kandidat: 1 Kandidatenstimme

Liste 2	Partei B
2.1	Pia H.
~~2.2~~	~~Karl E.~~
2.3	Regina T.

Streichen

Man darf auf dem vorgedruckten Wahlzettel einen Namen streichen. Der Wahlzettel muss aber mindestens eine wählbare Person enthalten.

Stimmen erhalten:
Partei B: 3 Parteistimmen
Pia H. und Regina T.: je 1 Kandidatenstimme
Die nun leere Zeile verbleibt der Partei B als eine Parteistimme (Zusatzstimme).

Liste 3	Partei C
3.1	Sandra K.
3.2	Jürg W.
~~3.3~~	~~Judith E.~~
3.2	*Jürg W.*

Kumulieren

Man darf auf dem vorgedruckten Wahlzettel handschriftlich einen Namen ein zweites Mal aufführen oder den Namen beim Panaschieren zweimal hinschreiben. (Sofern keine leeren Zeilen vorhanden sind, müssen Sie zuvor aber noch einen Namen streichen.)

Stimmen erhalten:
Partei C: 3 Parteistimmen
Kandidatenstimmen: für Jürg W. 2, für Sandra K. 1.
Judith E. erhält keine Kandidatenstimme mehr.

Liste 4	Partei D
4.1	Heiri S.
~~4.2~~	~~Ernst B.~~
4.3	Walter P.
1.1	*Otto E.*

Panaschieren

Man schreibt einen Namen, der auf einer anderen Liste steht, auf die ausgewählte vorgedruckte Liste.

Stimmen erhalten:
Partei D: 2 Parteistimmen
Partei A: 1 Parteistimme
Jeder Kandidat: 1 Kandidatenstimme (ausgenommen Ernst B.)
Partei D verliert somit eine Parteistimme an die Partei A des Kandidaten Otto E.

2.2	*Karl E.*

Leere Liste ohne Parteibezeichnung

Stimmen erhalten:
Partei B: 1 Parteistimme
Karl E.: 1 Kandidatenstimme
Die zwei leeren Zeilen gelten als «verloren», da die Liste keine Parteibezeichnung trägt. Die Stimmkraft wurde nicht voll ausgenützt.

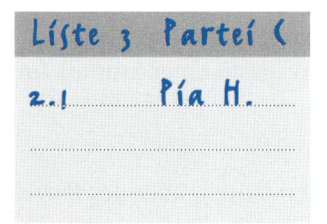

Liste 3	*Partei C*
2.1	*Pia H.*

Leere Liste mit Parteibezeichnung

Stimmen erhalten:
Partei C: 2 Parteistimmen
Partei B: 1 Parteistimme
Pia H.: 1 Kandidatenstimme
Die leere Liste trägt eine Parteibezeichnung. Daher werden die leeren Zeilen dieser Partei zugerechnet (= Zusatzstimmen).

→ CiviCampus

2.1. Willensbildung

Gültige Wahl beim Nationalratsproporz

■ Vorschriften

- Man darf nur einen amtlich gedruckten (offiziellen) Wahlzettel verwenden.
- Man darf den Wahlzettel nur handschriftlich ausfüllen oder verändern.
- In Kantonen mit mehreren Sitzen sind nur die Namen gültig, die auf einem der vorgedruckten Wahlzettel stehen.
- Auf jeder Liste muss mindestens ein gültiger Kandidatenname stehen.
- Es dürfen nicht mehr Kandidatennamen aufgeführt sein, als im Kanton Mitglieder für den Nationalrat zu wählen sind. (Überzählige Namen werden von Amtes wegen gestrichen, und zwar beginnt man damit zuunterst auf der Liste.)
- Bei allen Kandidatennamen, die von Hand eingesetzt werden, muss man klar angeben, wen man meint (Name und Vorname, wenn nötig Adresse, Beruf usw.), um Verwechslungen auszuschliessen.
- Sind leere Zeilen vorhanden, so kann darauf kumuliert und / oder panaschiert werden, ohne dass dabei ein anderer Name gestrichen werden muss.
- Beim Kumulieren dürfen keine Gänsefüsschen ("), «dito» und dergleichen verwendet werden.
- Kein Kandidatenname darf mehr als zweimal aufgeführt werden.

Hinweis: Änderungen und Ergänzungen mit Bleistift sind gültig.

■ Ungültige Wahlzettel

- Wahlzettel mit ehrverletzenden Äusserungen
- Wahlzettel mit offensichtlichen Versuchen einer Verletzung des Stimmgeheimnisses (offensichtliche Kennzeichnungen)
- Unterschriebene Wahlzettel
- Wahlzettel ohne einen gültigen Kandidatennamen
- Verwendung eines nicht offiziellen (nicht amtlichen) Wahlzettels
- Mechanisch (z.B. mit Schreibmaschine) veränderte Wahlzettel
- Mehr als ein Wahlzettel in einem Wahlcouvert

→ **CiviCampus**

Die Verteilung der 200 Nationalratssitze ab 2003:

Kanton	Sitze	Kanton	Sitze	Kanton	Sitze
Zürich	34	Basel-Landschaft	7	Schaffhausen	2
Bern	26	Wallis	7	Jura	2
Waadt	18	Freiburg	7	Uri	1
Aargau	15	Thurgau	6	Obwalden	1
St. Gallen	12	Basel-Stadt	5	Nidwalden	1
Genf	11	Graubünden	5	Glarus	1
Luzern	10	Neuenburg	5	Appenzell AR	1
Tessin	8	Schwyz	4	Appenzell IR	1
Solothurn	7	Zug	3		

In den Kantonen Uri, Obwalden, Nidwalden, Glarus, Appenzell Innerrhoden und Appenzell Ausserrhoden wird das Mitglied des Nationalrates im Majorzwahlverfahren gewählt.

2.1. Willensbildung

Die Sitzverteilung beim Proporz (Beispiel)

■ Annahme

Ein Kanton hat 3 Nationalratssitze zu vergeben. Um diese 3 Sitze bewerben sich 3 Parteien mit insgesamt 8 Kandidatinnen und Kandidaten. Sie haben folgende Stimmenzahlen erhalten:

Liste 1	Partei X	Liste 2	Partei Y	Liste 3	Partei Z
Romy D.	11 204	Josef F.	8 444	Werner J.	6 534
Judith S.	13 400	Ruth K.	5 519	Heidi K.	6 009
Peter M.	9 412			Hans M.	4 421
Zusatzstimmen	1 523	Zusatzstimmen	402	Zusatzstimmen	1 189
Total Parteistimmen:	35 539	Total Parteistimmen:	14 365	Total Parteistimmen:	18 153

■ Sitzverteilung

Die Sitzverteilung erfolgt nach folgender Berechnung:

1. Das Total aller Parteistimmen wird ermittelt.

Partei X	Partei Y	Partei Z	Total Parteistimmen
35 539 +	14 365 +	18 153 =	68 057

2. Das Total aller Parteistimmen wird durch die Anzahl der zu vergebenden Sitze + 1 dividiert. 68 057 : (3+1) = 17 014.25.
   Die nächsthöhere ganze Zahl ist dann die Verteilerzahl: 17 015.

3. Die Verteilung der Sitzzahl wird errechnet, indem das Total der jeweiligen Parteistimmen durch die Verteilerzahl dividiert wird.

Parteistimmen		Verteilerzahl		Anzahl Sitze
Partei X 35 539	:	17 015	=	2 Sitze
Partei Y 14 365	:	17 015	=	kein Sitz
Partei Z 18 153	:	17 015	=	1 Sitz
68 057	: (3+1) =	17 014,25		

■ Gewählte

Sofern die Partei Sitze erhalten hat, sind die Kandidatinnen und Kandidaten mit den höchsten Stimmenzahlen gewählt.

Partei X	Partei Y	Partei Z
Judith S.	niemand	Werner J.
Romy D.		

■ Fazit

Beim Proporzwahlverfahren werden in erster Linie Parteien und innerhalb der Parteien die Kandidatinnen und Kandidaten mit der höchsten Stimmenzahl gewählt, während die Majorzwahl stark personenbezogen ist, bei der ausschliesslich Kandidatinnen und Kandidaten gewählt werden.

2.2. Institutionen

2.2. Institutionen

Der Staat / Die 3 Staatsformen

Staat: *Staatsvolk, Staatsgebiet und Staatsgewalt ergeben zusammen völkerrechtlich einen Staat.*

Ein Volk (Staatsvolk) schliesst sich innerhalb eines bestimmten Gebietes (Staatsgebiet) zusammen. Für das Zusammenleben muss jemand Gesetze aufstellen, diese Gesetze dann ausführen und Handlungen gegen die Gesetze ahnden. Dies ist die Aufgabe der Staatsgewalt. Sie ist das entscheidendste der drei Elemente. Hier wird bestimmt, ob ein Volk Rechte hat, sich frei fühlen und sich frei äussern kann oder ob es unterdrückt und ausgebeutet wird.

■ Der Einheitsstaat

Einheitsstaat: *Staat, der von einem Zentrum aus einheitlich regiert wird (daher auch «Zentralstaat» genannt). Im ganzen Land gibt es nur eine einzige Regierung. Überall gelten die gleichen Gesetze.*

Die staatliche Organisation beruht auf dem Zentralismus.

Zentralismus: *Der Staat ist bestrebt, von seinem politischen Zentrum aus möglichst alle bedeutenden Aufgaben in eigener Kompetenz zu lösen. Er wird einheitlich gelenkt und verwaltet. Es existiert eine einheitliche Gesetzgebung.*

Vorteile:
– Leicht zu regieren
– Alle Aufgaben werden einheitlich gelöst (Klarheit).
– Entscheide können schneller gefällt und ausgeführt werden.

Nachteile:
– Die Regierung vernachlässigt oft Minderheiten im Staat (Sprache, Religion, wirtschaftliche Randgebiete).
– Grosser, wenig übersichtlicher Verwaltungsapparat

Beispiele: Frankreich, Italien, Norwegen, Schweden, Portugal, Griechenland, Japan, Volksrepublik China

■ Der Bundesstaat

Bundesstaat: *Zusammenschluss von Teilstaaten, die nach aussen einen Gesamtstaat bilden.*

Die einzelnen Teilstaaten können nicht mehr aus dem Gesamtstaat austreten; sie würden militärisch daran gehindert. (Ausnahme: Die anderen Teilstaaten sind einverstanden, dass ein Teil austritt.) Aufgrund eines Vertrages (foedus = Bündnis) werden die Aufgabenbereiche zwischen dem Gesamtstaat und den Teilstaaten aufgeteilt. Der Gesamtstaat löst Aufgaben, die im Interesse aller Teilstaaten liegen (Auswärtige Angelegenheiten, Geld- und Währungspolitik, Zölle usw.).

Die Teilstaaten haben sich aber Aufgabenbereiche vorbehalten, die sie in eigener Kompetenz lösen wollen, zum Beispiel das Schulwesen, die Steuerhoheit, die Polizeihoheit. Nebst der Regierung des Gesamtstaates besteht in jedem Teilstaat eine eigene Regierung und eine eigene Verfassung.

Grundsätzlich geht das Recht des Gesamtstaates dem Recht der Teilstaaten vor. Daher ist jeder Teilstaat nur so weit selbständig, als dies mit dem Recht des Gesamtstaates vereinbar ist. Diese staatliche Organisation beruht auf dem Föderalismus.

2.2. Institutionen

Föderalismus: *Die Teilstaaten innerhalb eines Gesamtstaates sind bestrebt, möglichst selbständig zu bleiben und ihre Eigenart zu bewahren.*

Vorteile:
- Jeder Teilstaat kann seine Interessen besonders zur Geltung bringen.
- Ein föderalistisch regierter Staat kann Rücksicht auf Minderheiten nehmen.
- Die Verwaltung ist persönlicher, übersichtlicher, volksnaher (zum Beispiel kleinere Wahlkreise, Kandidatinnen und Kandidaten sind besser bekannt).

Nachteile:
- Die Vielfalt in den Teilstaaten kompliziert das Zusammenleben (zum Beispiel verschiedene Schulsysteme) und wird bis zu einem gewissen Grad auch als ungerecht empfunden (zum Beispiel verschieden hohe Steuerbelastungen).
- Ein föderalistisch organisierter Staat arbeitet langsamer, schwerfälliger. Entscheide müssen erst durchdiskutiert und mit Kompromissen errungen werden.

Beispiele:
- Schweiz (26 Kantone)
- Deutschland (16 Bundesländer)
- Österreich (9 Bundesländer)
- USA (50 Staaten)

■ Der Staatenbund

Staatenbund: *Zusammenschluss von selbständigen Staaten, die eine oder mehrere Aufgaben (zum Beispiel wirtschaftliche, militärische) gemeinsam lösen wollen. Die miteinander verbündeten Staaten bleiben grundsätzlich souverän.*

Der Staatenbund besteht nicht aus einem einzigen, in sich abgeschlossenen Staatsgebiet und ist daher auch kein eigentlicher Staat.
Die einzelnen Staaten können wieder aus dem Staatenbund austreten, indem sie den Vertrag kündigen. Jeder Staat entscheidet auch allein darüber, welche Befugnisse er dem Staatenbund abtreten will. Die Beschlüsse des Staatenbundes sind für die einzelnen Mitgliedstaaten nicht verbindlich. Die nationalen Parlamente müssen Beschlüsse im Nachhinein genehmigen, damit diese rechtskräftig werden.

Die 12 OPEC-Staaten

- Algerien
- Angola
- Ecuador
- Irak
- Iran
- Katar
- Kuwait
- Libyen
- Nigeria
- Saudi-Arabien
- Vereinigte Arabische Emirate
- Venezuela

Vorteile:
- Aufgaben können effizienter gelöst werden (z.B. wirtschaftliche, siehe OPEC).
- Gegenüber den am Staatenbund nicht beteiligten Staaten kann stärker aufgetreten werden.

Nachteile:
- Entscheidungen sind für die einzelnen Staaten nicht bindend. Es können daher trotz Bündnis uneinheitliche Lösungen bestehen bleiben.
- Um tragfähige Lösungen zu finden, einigt man sich oftmals auf den kleinsten gemeinsamen Nenner. Somit werden Probleme nur langsam gelöst.

Beispiele:
- UNO (Vereinte Nationen, siehe S. 228 f.)
- Europarat (Europäischer Staatenbund, siehe S. 230)
- NATO (Nordatlantikpakt; westliches Militärbündnis)
- OPEC (Organisation Erdöl exportierender Länder)
- Commonwealth (Gemeinschaft der Staaten des ehemaligen britischen Weltreichs)
- AU (Afrikanische Union)

→ **CiviCampus**
→ www.verlag-fuchs.ch/staat

Die Bundesverfassung (BV)

> **Bundesverfassung:** *Sie ist das Grundgesetz unseres Staates, gleichermassen das rechtliche Fundament.*

■ Merkmale

Die BV ordnet das öffentliche Leben in grossen Zügen und nicht in allen Einzelheiten:
- Sie bestimmt die Träger der Macht (Volk, Stände, Parlament, Regierung, Gerichte) und deren Verhältnis zueinander.
- Sie sorgt für die Ausbalancierung der Gewalten.
- Sie ist das Grundinstrument, um Macht an Recht zu binden.
- Sie garantiert den Bürgerinnen und Bürgern Rechte und Freiheiten und auferlegt ihnen Pflichten.
- Sie verteilt die Kompetenzen (Wer macht was?) zwischen
    - Bund und Kantonen
    - den Bundesbehörden.
- Sie ist die Basis für alle Gesetzbücher. Sie erteilt dem Bund die Erlaubnis, Gesetze zu schaffen, wie das Zivilgesetzbuch (ZGB, in BV 122), das Obligationenrecht (OR, in BV 122), das Strassenverkehrsgesetz (SVG, in BV 82), das Strafgesetzbuch (StGB, in BV 123), das Berufsbildungsgesetz (BBG, in BV 63), das Arbeitslosenversicherungsgesetz (in BV 114) usw.

■ Aufbau

Präambel		
Allgemeine Bestimmungen	BV	1 – 6
Grundrechte, Bürgerrechte und Sozialziele	BV	7 – 41
1. Kapitel: Grundrechte 2. Kapitel: Bürgerrechte und politische Rechte 3. Kapitel: Sozialziele		
Bund, Kantone und Gemeinden	BV	42 – 135
1. Kapitel: Verhältnis von Bund und Kantonen 2. Kapitel: Zuständigkeiten 3. Kapitel: Finanzordnung		
Volk und Stände	BV	136 – 142
1. Kapitel: Allgemeine Bestimmungen 2. Kapitel: Initiative und Referendum		
Die Bundesbehörden	BV	143 – 191
1. Kapitel: Allgemeine Bestimmungen 2. Kapitel: Bundesversammlung 3. Kapitel: Bundesrat und Bundesverwaltung 4. Kapitel: Bundesgericht		
Revision der Bundesverfassung	BV	192 – 195
1. Kapitel: Revision 2. Kapitel: Übergangsbestimmungen		

→ CiviCampus
→ www.verlag-fuchs.ch/staat

2.2. Institutionen

Die Gewaltenteilung

> **Gewaltenteilung:** *Die Ansammlung von zu grosser Machtfülle in der Hand einer einzelnen Person soll verhindert werden, indem die Staatsgewalt aufgeteilt und drei voneinander unabhängigen Funktionsträgern zugeordnet wird.*

■ Zweck der Gewaltenteilung

Die Erfahrung zeigt: Macht führt zu Machtmissbrauch. Macht ist jedoch ein wichtiges Element der Politik. Damit Machtmissbrauch vermieden werden kann, müssen verschiedene Mächte einander begrenzen und kontrollieren.

	Staatsgewalt		
	Parlament (Legislative) (Rechtsetzung)	**Regierung** (Exekutive) (Rechtsanwendung)	**Gerichte** (Judikative) (Rechtsprechung)
	– Gesetze geben – Kontrolle von Regierung/Verwaltung	– Gesetze ausführen – regieren – Staat lenken	– richten – strafen – schlichten
Bund	**Bundesversammlung** (Nationalrat mit 200 und Ständerat mit 46 Mitgliedern)	**Bundesrat** (7 Mitglieder)	**Bundesgericht** (35–45 Mitglieder)
Kanton	– Grosser Rat – Kantonsrat – Landrat – Landsgemeinde	– Regierungsrat – Staatsrat (5–7 Mitglieder)	– Obergericht – Kantonsgericht
			– Amtsgericht – Bezirksgericht – Kreisgericht
Gemeinde	– Gemeindeversammlung – Einwohnerrat – Grosser Gemeinderat – Grosser Stadtrat	– Gemeinderat – Kleiner Stadtrat	**Schlichtungsbehörde** (Friedensrichter/in oder Vermittler/in)

Im modernen Staatsrecht spricht man nicht mehr von Legislative, Exekutive und Judikative/Justiz. Diese Begriffe werden ersetzt durch Parlament, Regierung und Gerichte.

Der Grund liegt darin, dass die Gewalten nicht strikte voneinander getrennt sind (daher reden wir ja auch von Gewaltenteilung) und weil jede der drei Staatsgewalten auch vereinzelt Funktionen der anderen Gewalten wahrnimmt.

Beispiele:
– Die Bundesversammlung wirkt mit an der Legislaturplanung der Regierung (Staatsleitungsfunktion) oder erteilt Konzessionen an AKWs (Verwaltungsfunktion).
– Der Bundesrat erlässt Verordnungen zu den Gesetzen des Parlaments. (Dies ist eine parlamentarische Tätigkeit.)
– Das Bundesgericht wählt die Angestellten der Gerichtsverwaltung, wie Gerichtsschreiber usw. (Dies ist eigentlich eine Tätigkeit der Regierung.)

→ CiviCampus
→ www.verlag-fuchs.ch/staat

2.2. Institutionen

Die Bundesversammlung

Bundesversammlung: *Höchste gesetzgebende Behörde auf Bundesebene, die sich aus zwei gleichberechtigten Kammern zusammensetzt (BV 148 ff.), dem National- und dem Ständerat. Andere Bezeichnungen für die Bundesversammlung sind: Schweizer Parlament oder Eidgenössische Räte.*

■ Halbamtsparlament

Halbamtsparlament: *Parlamentarierinnen und Parlamentarier üben ihr politisches Mandat halbamtlich aus (50 – 70% Beschäftigung).*

In den meisten Ländern ist das Parlamentarieramt ein Vollamt. Die Schweiz und Liechtenstein gehören zu jenen wenigen Ländern Europas, die nicht mit Berufsparlamenten arbeiten.

■ Legislaturperiode

Legislaturperiode: *Amtsdauer eines Parlaments.*

– Beim Nationalrat dauert die Legislaturperiode 4 Jahre.
– Der Ständerat kennt keine Gesamterneuerungswahl und demnach auch keine Legislaturperiode (bezüglich der Wahl gilt kantonales Recht: BV 150).

■ Sessionen (BV 151)

Session: *Sitzungsdauer eines Parlaments.*

Ordentliche Session
Die Eidgenössischen Räte versammeln sich regelmässig zu ordentlichen Sessionen. Pro Jahr finden 4 ordentliche Sessionen zu 3 Wochen statt, jeweils von Montagabend bis Donnerstag / Freitag Vormittag. Es müssen beide Räte zusammentreten.

Frühjahrssession (März)	Herbstsession (September)
Sommersession (Juni)	Wintersession (November / Dezember)

– Die beiden Räte tagen jeweils gleichzeitig, aber in verschiedenen Räumen (BV 156). Gesetze und wichtige Beschlüsse müssen von jeder Kammer beraten werden.
– Die Verhandlungen in den Räten sind in der Regel öffentlich (BV 158). Es stehen Tribünen für Journalisten sowie für Besucher zur Verfügung.
– Im National- und im Ständerat müssen bei Verhandlungen mindestens 101 bzw. 24 Parlamentsmitglieder anwesend sein (BV 159).

Sondersession
Jeder Rat entscheidet selbst für sich, ob er zusätzlich zu den ordentlichen Sessionen noch eine weitere Session abhalten will. Dies geschieht, wenn die ordentlichen Sessionen zum Abbau der Geschäfte nicht ausreichen.

Ausserordentliche Session
Sie ist durch die Verfassung definiert (BV 151). Es müssen beide Räte zusammentreten. Mindestens 50 Mitglieder des Nationalrates oder 12 Mitglieder des Ständerates können mit ihrer Unterschrift eine ausserordentliche Session verlangen. Ebenso kann dies der Bundesrat verlangen.

→ CiviCampus
→ www.verlag-fuchs.ch/staat

2.2. Institutionen

Das Zweikammersystem

Das Schweizer Parlament besteht aus zwei gleichberechtigten Kammern, dem National- und dem Ständerat.

Der Nationalrat (BV 149)
(Die Grosse Kammer, die Volksvertretung)

200 Abgeordnete des Volkes
- Die Sitze werden auf die Kantone gemäss ihrer Einwohnerzahl (inkl. Ausländer) verteilt.
- Die Bundesverfassung schreibt vor, dass jeder Kanton Anspruch auf mindestens einen Sitz im Nationalrat hat.
- Im Nationalrat stellen die 5 volksreichsten Kantone (Zürich, Bern, Waadt, Aargau, St. Gallen) mehr als die Hälfte der Abgeordneten, nämlich 105.

Proporzwahlverfahren (seit 1919)
Ausnahme: AI, AR, GL, NW, OW, UR entsenden je ein Mitglied in den Nationalrat, welches im Majorzwahlverfahren gewählt wird.

Es gilt das eidgenössische Recht:
- Die Wahlen finden alle 4 Jahre jeweils am zweitletzten Sonntag im Oktober statt. Jeder Kanton bildet einen Wahlkreis.
- Die Amtsdauer beträgt 4 Jahre (BV 145), Wiederwahl ist möglich.
- Tritt ein Mitglied vorzeitig zurück oder stirbt es, rückt automatisch jene Person auf der entsprechenden Parteiliste nach, die bei den Wahlen das beste Resultat der Nichtgewählten erzielt hatte. Es erfolgt kein Urnengang.

Der Ständerat (BV 150)
(Die Kleine Kammer, die Kantonsvertretung)

46 Abgeordnete der Kantone
- 20 Kantone stellen je 2 Mitglieder.
  Je ein Mitglied des Ständerates stellen: Obwalden, Nidwalden, Basel-Stadt, Basel-Landschaft, Appenzell Ausserrhoden und Appenzell Innerrhoden.
- Der Ständerat wurde als Ausgleich zum Nationalrat geschaffen. Hier sind die 5 volksreichsten Kantone mit 10 Ständeratsmitgliedern in der Minderheit.

Majorzwahlverfahren
Ausnahmen: Die Kantone Jura und Neuenburg bestimmen ihre Vertretung im Proporzwahlverfahren.

Es gelten die kantonalen Vorschriften:
- Die Kantone bestimmen ihre Abgeordneten in den Ständerat am gleichen Tag wie jene in den Nationalrat.
- Ausnahme: Der Kanton Appenzell Innerrhoden wählt sein Ständeratsmitglied an der Landsgemeinde im April vor den Nationalratswahlen.
- Die Amtsdauer beträgt 4 Jahre, Wiederwahl ist möglich.
- Beim vorzeitigen Rücktritt eines Ständerates oder in einem Todesfall findet für den Rest der Amtsperiode eine Ersatzwahl statt.

■ Das höchste Amt in der Schweiz

Das Amt der Nationalratspräsidentin bzw. des Nationalratspräsidenten ist das höchste in der Schweiz zu vergebende Amt (Präsidium der Volksvertretung, BV 148); es ist aber nicht mit mehr Macht ausgestattet.
Sie bzw. er gibt bei Stimmengleichheit im Rat den Stichentscheid.

Jeder der beiden Räte wählt seinen Präsidenten bzw. seine Präsidentin selber.

2.2. Institutionen

Die Parteien im Bundesparlament (Stand: 11.3.2012)

Die Eidgenössischen Räte setzen sich parteipolitisch wie folgt zusammen:

1. Der Nationalrat (200 Mitglieder)

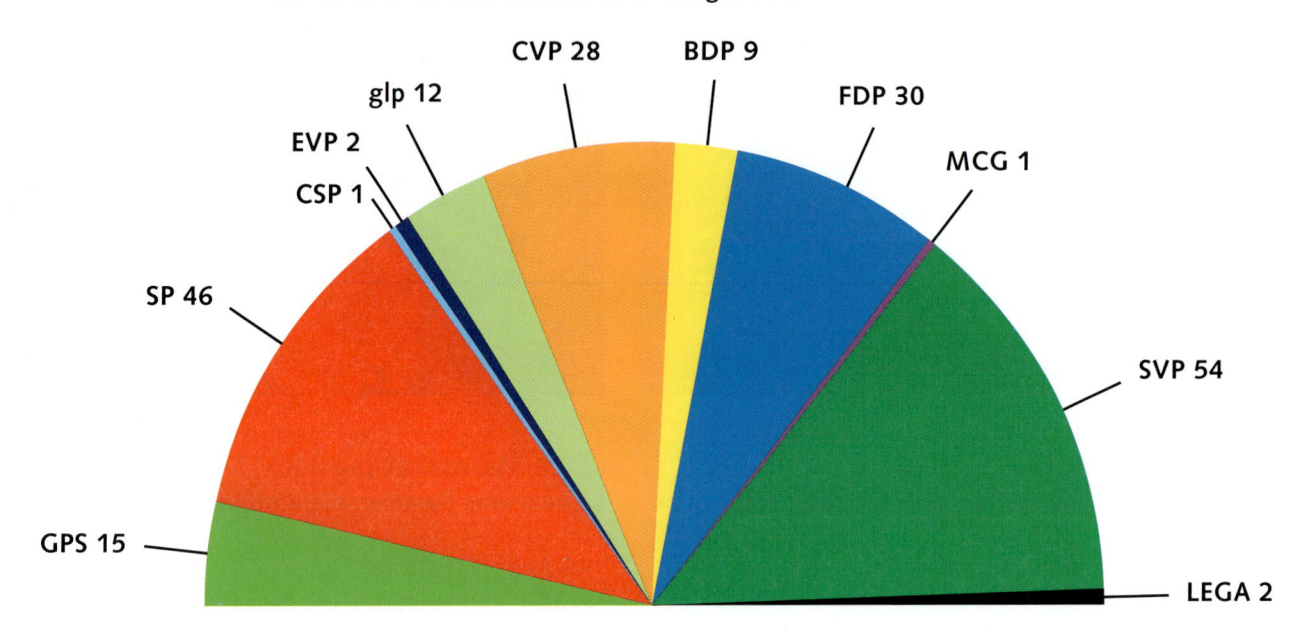

- CVP 28
- BDP 9
- glp 12
- FDP 30
- EVP 2
- MCG 1
- CSP 1
- SP 46
- SVP 54
- GPS 15
- LEGA 2

- 79% aller Abgeordneten im Nationalrat gehören den vier grössten Parteien SVP, SP, FDP und CVP an.
- 58 Mitglieder sind Frauen, das entspricht 29% (Stand 11.3.2012).
- Das Durchschnittsalter im Nationalrat betrug bei der Wahl 2011: 50 Jahre.
- Jüngstes Mitglied bei der Wahl 2011: 24-jährig (Mitglied der SP, Wallis)
- Ältestes Mitglied bei der Wahl 2011: 80-jährig (Mitglied der CVP, Waadt)

2. Der Ständerat (46 Mitglieder)

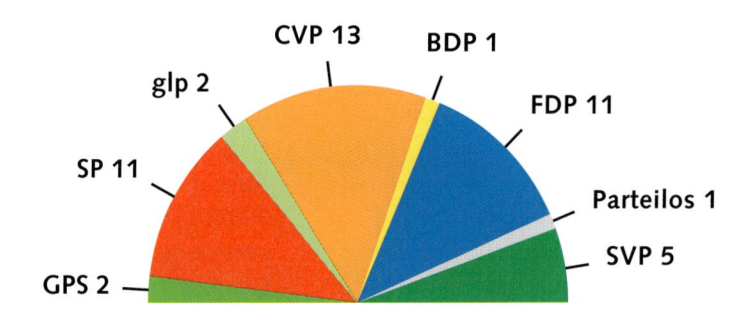

- CVP 13
- BDP 1
- glp 2
- FDP 11
- SP 11
- Parteilos 1
- GPS 2
- SVP 5

- 40 von 46 Abgeordneten des Ständerates gehören zu den vier grössten Parteien CVP, FDP, SP, SVP,
- 9 Mitglieder sind Frauen, das entspricht 19,6% (Stand 11.3.2012).
- Das Durchschnittsalter im Ständerat betrug bei der Wahl 2011: 55 Jahre.
- Jüngstes Mitglied bei der Wahl 2011: 32-jährig (Mitglied der FDP, Neuenburg)
- Ältestes Mitglied bei der Wahl 2011: 66,5-jährig (Mitglied der FDP, Obwalden)

→ www.verlag-fuchs.ch/staat

Wichtige Aufgaben beider Räte

■ Gesetzgebung (BV 164/165)

Die Mitglieder von National- und Ständerat beraten Gesetze und fassen dazu Beschlüsse. Zur Zustimmung genügt die Mehrheit der anwesenden Mitglieder des National- und des Ständerates.
Wenn ein Gesetz wegen ausserordentlicher Umstände unbedingt sofort wirksam werden muss, können die Räte auch ein «dringliches Bundesgesetz» beschliessen. Dazu bedarf es der Zustimmung der absoluten Mehrheit beider Räte, d.h. mindestens 101 Mitglieder des National- und mindestens 24 Mitglieder des Ständerates müssen der Dringlichkeit des Gesetzes zustimmen.

■ Beziehungen zum Ausland / völkerrechtliche Verträge (BV 166)

Die Bundesversammlung gestaltet die Aussenpolitik mit und genehmigt Bündnisse und Verträge mit dem Ausland.

■ Finanzen (BV 167)

Die Räte beraten das Budget und befinden darüber. Sie nehmen zudem die vom Bundesrat vorgelegte Staatsrechnung ab.

■ Oberaufsicht (BV 169)

National- und Ständerat üben die politische Kontrolle über den Bundesrat und die Bundesverwaltung aus. Das Parlament kann Genugtuung oder Kritik äussern oder auch Empfehlungen für künftiges Handeln abgeben. Die kontrollierten Behörden dürfen keine Auskunft mit dem Argument der Geheimhaltungspflicht verweigern.

■ Überprüfung der Wirksamkeit (BV 170)

Die Räte können veranlassen, dass Massnahmen des Bundes auf ihre Wirksamkeit überprüft werden.

■ Beziehungen zwischen Bund und Kantonen (BV 172)

Das Parlament pflegt die Beziehungen zwischen Bund und Kantonen. Es ist dafür zuständig, Interventionen zum Schutz der Aufrechterhaltung der verfassungsmässigen Ordnung in einem Kanton zu beschliessen. Die Bundesversammlung gewährleistet die Kantonsverfassungen. Dadurch soll sichergestellt werden, dass kantonales Verfassungsrecht dem Bundesrecht nicht widerspricht (BV 51).

■ Planung (BV 173[1g])

Das Parlament wirkt bei der Planung von Staatstätigkeiten mit, indem es
– Planungsberichte des Bundesrates berät,
– dem Bundesrat Aufträge erteilt, eine Planung vorzunehmen oder die Schwerpunkte einer Planung zu ändern,
– Grundsatz- und Planungsbeschlüsse fasst.

■ Einzelakte (BV 173[1h])

Das Parlament erlässt Einzelakte. Darunter versteht man eine einmalige Handlung bzw. eine einmalige Massnahme. Einzelakte sind z.B. Genehmigung der Staatsrechnung, Bewilligung für Atomanlagen usw.

2.2. Institutionen

Die Fraktionen der Bundesversammlung

> **Fraktion:** *Zusammenschluss von Ratsmitgliedern gleicher Parteizugehörigkeit. Parteilose und Angehörige unterschiedlicher Parteien können, sofern sie eine ähnliche politische Ausrichtung haben, eine Fraktion bilden.*
> *(«fractio» = Bruchteil. Jede Partei ist ein Bruchteil des gesamten Parlaments.)*

■ Voraussetzung zur Bildung einer Fraktion

BV 154 sagt: «Die Mitglieder der Bundesversammlung können Fraktionen bilden.» Zur Bildung einer Fraktion braucht es mindestens 5 Ratsmitglieder aus einem Rat.

■ Bedeutung einer Fraktion

- Fraktionen haben das Recht, parlamentarische Initiativen, Vorstösse, Anträge und Wahlvorschläge einzureichen.
- Die Fraktionen haben vor allem im Nationalrat eine grosse Bedeutung. Ihre Präsidenten sind Mitglieder des Büros des Nationalrates (siehe S. 57).
- Eine Fraktion hat mehr politisches Gewicht als einzelne Parlamentarierinnen und Parlamentarier.

■ Die Fraktionen 2011–2015 (dargestellt von Links nach Rechts)

Fraktion GPS
Nationalrat:	15
Ständerat:	2
Total Mitglieder:	**17**

Fraktion SP
Nationalrat:	46
Ständerat:	11
Total Mitglieder:	**57**

Fraktion glp
Nationalrat:	12
Ständerat:	2
Total Mitglieder:	**14**

Fraktion CVP/EVP/CSP
Nationalrat:	
– CVP	28
– EVP	2
– CSP	1
Total Nationalrat	31
Ständerat:	
– CVP	13
Total Ständerat	13
Total Mitglieder:	**44**

Fraktion BDP
Nationalrat:	9
Ständerat:	1
Total Mitglieder:	**10**

Fraktion FDP
Nationalrat:	30
Ständerat:	11
Total Mitglieder:	**41**

Fraktion SVP/LEGA
Nationalrat:	
– SVP	54
– Lega	2
Total Nationalrat	56
Ständerat:	
– SVP	5
– Parteilos	1
Total Ständerat	6
Total Mitglieder:	**62**

Fraktionslos ist im Nationalrat das einzige Mitglied des MCG.

■ Zweck einer Fraktion

- Nur wer einer Fraktion angehört, kann Einsitz in Kommissionen nehmen und dort seinen Einfluss geltend machen.
- In den Fraktionssitzungen werden die Ratsgeschäfte und die Wahlen vorbesprochen. Die Kommissionsmitglieder informieren ihre Fraktionskolleginnen und Fraktionskollegen über die entsprechenden Vorlagen. Dabei wird versucht, zu einer einheitlichen Fraktionsaussage zu gelangen, was bisweilen dann schwierig ist, wenn die Partei vielfältig zusammengesetzt ist. (Die CVP hat z.B. in ihren Reihen Unternehmerinnen und Unternehmer, Bäuerinnen und Bauern, Angestellte, Arbeitnehmerinnen und Arbeitnehmer.)

→ **CiviCampus**
→ www.verlag-fuchs.ch/staat

2.2. Institutionen

Die Kommissionen

> **Kommission:** *Parlamentarischer Ausschuss, der ein Geschäft, z.B. einen Gesetzesentwurf oder die Finanzausgaben, prüft und im Detail berät.*
> *Jeder Rat setzt seine eigenen Kommissionen ein (BV 153).*

■ Zweck von Kommissionen

- Kommissionen werden gebildet, weil nicht alle 246 Parlamentarierinnen und Parlamentarier sich mit jeder Vorlage umfassend auseinander setzen können.
- Aufgrund der Beratungen soll die Kommission ihrem Rat einen Antrag stellen. Folgende Anträge können gestellt werden:
    - Auf das Geschäft nicht eintreten.
    - Auf das Geschäft eintreten.
    - Das Geschäft an den Bundesrat oder die Kommission zurückweisen.

■ Die Zusammensetzung der Kommissionen

- Die parteipolitische Verteilung der Kommissionssitze richtet sich nach der Grösse der Fraktionen: Je mehr Mitglieder eine Fraktion hat, desto mehr Sitze erhält sie. Entsprechend sind die Kommissionen Abbilder des Parlaments. Daher folgen die Räte sehr oft den Anträgen ihrer Kommissionen.
- In die entsprechenden Kommissionen delegieren die Fraktionen ihre «Spezialisten».
- In beiden Räten gibt es:
    - **Zwei Aufsichtskommissionen:**
    Die Finanzkommission und die Geschäftsprüfungskommission
    - **Neun Legislativkommissionen:**
    Aussenpolitische Kommission / Kommission für Wissenschaft, Bildung und Kultur / Kommission für soziale Sicherheit und Gesundheit / Kommission für Umwelt, Raumplanung und Energie / Sicherheitspolitische Kommission / Kommission für Verkehr und Fernmeldewesen / Kommission für Wirtschaft und Abgaben / Staatspolitische Kommission / Kommission für Rechtsfragen.

Kommissionen im Nationalrat
Sie setzen sich aus je 25 Mitgliedern zusammen:

Fraktion SVP/LEGA	stellt 7 Mitglieder	und präsidiert	4 Kommissionen
Fraktion SP	stellt 5–6 Mitglieder	und präsidiert	3 Kommissionen
Fraktion CVP/EVP/CSP	stellt 3–4 Mitglieder	und präsidiert	2 Kommissionen
Fraktion FDP	stellt 3–4 Mitglieder	und präsidiert	2 Kommissionen
Fraktion GPS	stellt 1–2 Mitglieder	und präsidiert	1 Kommission
Fraktion glp	stellt 1–2 Mitglied	und präsidiert	keine Kommission
Fraktion BDP	stellt 1–2 Mitglied	und präsidiert	keine Kommission

Kommissionen im Ständerat
Sie setzen sich aus je 13 Mitgliedern zusammen:

CVP	stellt 3–4 Mitglieder	und präsidiert	4 Kommissionen
FDP	stellt 3–4 Mitglieder	und präsidiert	3 Kommissionen
SP/GPS	stellt 3–4 Mitglieder	und präsidiert	3 Kommissionen
SVP/Parteiloser	stellt 1–2 Mitglieder	und präsidiert	1 Kommission
glp	stellt 1–0 Mitglied	und präsidiert	keine Kommission
BDP	stellt 1–0 Mitglied	und präsidiert	keine Kommission

Bestehen nach 3 Beratungen in jedem Rat noch Differenzen bei einem Geschäft, so findet eine Einigungskonferenz mit je 13 Mitgliedern der entsprechenden Kommission statt.

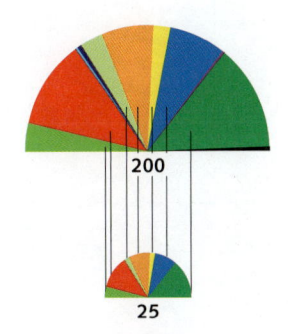

2.2. Institutionen

Die Vereinigte Bundesversammlung

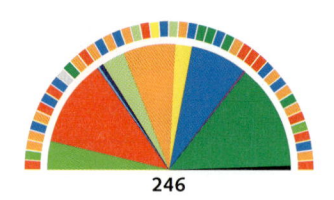

Vereinigte Bundesversammlung: *Gemeinsame Sitzung beider Räte unter dem Vorsitz der Nationalratspräsidentin oder des Nationalratspräsidenten (BV 157).*

Für bestimmte Aufgaben tagen die beiden Räte gemeinsam im Nationalratssaal (in der Regel am 2. Mittwoch einer Session).

■ Aufgaben der Vereinigten Bundesversammlung

– **Wahlen vornehmen**
Sie wählt Mitglieder des Bundesrates und des Bundesgerichts, den Bundespräsidenten oder die Bundespräsidentin, den Bundeskanzler oder die Bundeskanzlerin, den Bundesanwalt oder die Bundesanwältin und im Kriegsfall den General.

– **Begnadigungen aussprechen**
Die Vereinigte Bundesversammlung kann Strafen aus Urteilen, die von einem der Bundesgerichte gefällt worden sind, ganz oder teilweise erlassen.

– **Zuständigkeitskonflikte entscheiden**
Treten zwischen den Bundesbehörden (Parlament / Bundesrat / Bundesgericht) Zuständigkeitskonflikte auf (Wer ist wofür zuständig?), so entscheidet die Vereinigte Bundesversammlung endgültig.

→ **CiviCampus**

Die Vereinigte Bundesversammlung versammelt sich ausserdem bei besonderen Anlässen und zur Entgegennahme von Erklärungen des Bundesrates.

Die Vereinigte Bundesversammlung: An der Rückwand (ohne Pult) haben sich die Ständerätinnen und Ständeräte eingefunden.

2.2. Institutionen

Der Bundesrat

Bundesrat: *Oberste vollziehende und leitende Behörde der Schweiz, die sich aus 7 Mitgliedern zusammensetzt und von der Vereinigten Bundesversammlung gewählt wird.*
Der Bundesrat ist unsere Landesregierung (BV 174).

2012, der Gesamtbundesrat (von links nach rechts): Die Bundesräte Johann Schneider-Ammann, Didier Burkhalter, Ueli Maurer, Bundespräsidentin Eveline Widmer-Schlumpf, die Bundesrätinnen Doris Leuthard und Simonetta Sommaruga, Bundesrat Alain Berset und Bundeskanzlerin Corina Casanova

■ Regieren

In einem demokratischen Staat heisst «regieren» nicht nur Parlamentsbeschlüsse ausführen, sondern den Staat auch lenken und führen, also Ideen und Ziele für die Zukunft entwickeln, gemeinsame Werte schaffen, Koalitionen bilden und Menschen überzeugen sowie motivieren. Zudem vertritt die Regierung den Staat nach innen und nach aussen.

■ Planen

Legislaturplanung Zu Beginn der Legislaturperiode unterbreitet der Bundesrat der Bundesversammlung einen Bericht über die Legislaturplanung. Die Legislaturplanung besteht aus den Richtlinien der Regierungspolitik und dem Legislaturfinanzplan. (Die Richtlinien legen die politischen Leitlinien und die wichtigsten Ziele dar, die der Bundesrat in der neuen Legislaturperiode verfolgt.) Die Bundesversammlung nimmt von der Legislaturplanung nicht bloss Kenntnis, sondern sie fasst Beschluss zum Entwurf des Bundesrates über die Ziele der Legislaturplanung.

Jahresziele Zu Beginn der Wintersession gibt der Bundesrat der Bundesversammlung seine Jahresziele für das nächste Jahr bekannt. Diese sind auf die Legislaturplanung abgestimmt.

Geschäftsbericht Der Bundesrat unterbreitet der Bundesversammlung spätestens am 31. März die Berichte über seine Geschäftsführung im vorhergehenden Jahr.

Kollegialsystem und Departementalprinzip

■ Der Bundesrat als Kollegialbehörde (BV 177)

Kollegialbehörde: *Behörde, die einen gemeinsamen Willen bildet, nach aussen als Einheit auftritt und die Verantwortung auch gemeinsam trägt.*

Kollegialsystem

Kein Mitglied hat mehr Rechte als ein anderes. Jedes Mitglied vertritt nach aussen die Meinung der Mehrheit, auch wenn es an der Sitzung selber anderer Meinung gewesen ist (siehe Konkordanzdemokratie, S. 223).
So können die Bundesratsmitglieder ihre Entscheidungen freier treffen, ohne dabei Rücksicht auf die Medien und ihre Parteien nehmen zu müssen. Zudem kann Druckversuchen von aussen eher begegnet werden. Anderseits darf ein Bundesratsmitglied, das anderer Meinung ist, diese nach aussen nicht kund tun. Unter Umständen kommt es dabei zu einem grossen seelischen Konflikt.

Vorteile:
– Ein Mitglied einer Regierung (Behörde wie Bundesrat, Regierungsrat, Gemeinderat usw.) kann seine Entscheidungen freier treffen, ohne dabei Rücksicht auf die Medien und seine Partei nehmen zu müssen. (Kompromisse sind so eher möglich.)
– Druckversuchen von aussen kann somit eher begegnet werden.
– Auch stehen der Einheitsgedanke und die Geschlossenheit im Vordergrund, was vor allem bei heiklen Entscheiden besseres Durchsetzungsvermögen bewirkt.

Nachteile:
– Wenn ein Mitglied einer Regierung anderer Meinung ist, darf es dies nach aussen nicht kundtun. Somit kann dieses Mitglied unter Umständen in einen grossen seelischen Konflikt kommen, vor allem wenn es sich um Grundsatzfragen handelt.
– Die einzelnen Mitglieder können sich nach aussen weniger profilieren.

Auch die Kantons- und Gemeinderegierungen sind Kollegialbehörden.

■ Departemente/Direktionen

Departement/Direktion: *Ein Sektor in der Verwaltung, der eine Fülle von Aufgaben umfasst (siehe S. 187). Gewisse Kantone sprechen nicht von Departementen, sondern die Mitglieder der Regierung führen sogenannte Direktionen.*

Departementalprinzip

Die Mitglieder des Bundesrates sind Vorsteher eines Departements (BV 177).
Das Departementalprinzip verteilt die Fülle von Aufgaben auf die einzelnen Mitglieder des Bundesrates und legt die Zuständigkeiten fest. Die Departemente bereiten die Geschäfte zuhanden des Kollegiums vor und führen die Beschlüsse des Kollegiums aus.

Das Kollegialprinzip hat gegenüber dem Departementalprinzip Vorrang, d.h. die Entscheide des Kollegiums gehen den Entscheiden des Departementschefs vor.

2.2. Institutionen

Die Zuständigkeiten des Bundesrates

■ Regierungspolitik (BV 180)

Der Bundesrat muss vor allem regieren, d.h. vorausblicken, zukünftige Probleme erkennen und abklären, welches die Bedürfnisse der nächsten Jahre sein werden. Er erarbeitet Lösungsvorschläge und unterbreitet diese dann dem Parlament. Zu Beginn einer Legislaturperiode (4-jährige Amtszeit, siehe S. 174) veröffentlicht der Bundesrat das Regierungsprogramm (Legislaturplanung, siehe S. 181), worin er seine Politik darlegt. Grundsätzlich muss der Bundesrat die Öffentlichkeit rechtzeitig und umfassend informieren.

■ Initiativrecht (BV 181)

Der Bundesrat leitet die vorparlamentarische Phase bei der Entstehung eines Gesetzes (siehe S. 203). Dabei kann er aus eigenem Antrieb oder auf parlamentarischen Auftrag hin der Bundesversammlung Vorschläge zu Verfassungsänderungen, Bundesgesetzen und Bundesbeschlüssen unterbreiten.

■ Rechtsetzung und Vollzug (BV 182)

– Soweit er dazu ermächtigt ist, erlässt der Bundesrat nähere Ausführungsbestimmungen zu einzelnen Gesetzesartikeln, sogenannte Verordnungen.
– Der Bundesrat ist verantwortlich für den Vollzug (die Ausführung) der Gesetze.
– Er legt den Termin für die Inkraftsetzung eines Gesetzes fest. Meistens sind dies der 1. Januar und der 1. Juli.

■ Finanzen (BV 183)

Der Bundesrat ist zuständig für:
– die Finanzplanung (Ein Staat muss mehrjährige Finanzpläne erstellen.)
– den Budgetentwurf (Über den Entwurf stimmt die Bundesversammlung ab, ohne an die Anträge des Bundesrates gebunden zu sein.)
– die Erstellung der Staatsrechnung (Diese hat er dem Parlament vorzulegen.)
– eine ordnungsgemässe Haushaltführung

■ Beziehungen zum Ausland (BV 184)

– Der Bundesrat vertritt die Schweiz nach aussen. Er allein darf gegenüber anderen Staaten und internationalen Organisationen rechtsverbindliche Erklärungen abgeben.
– Der Bundesrat bestimmt und koordiniert die schweizerische Aussenpolitik und setzt sie um.
– Er handelt Verträge mit dem Ausland aus, unterzeichnet (ratifiziert) sie und legt sie zur Genehmigung der Bundesversammlung vor.

■ Äussere und innere Sicherheit (BV 185)

a) Äussere Sicherheit: Der Bundesrat muss für die Unabhängigkeit sowie für die Neutralität der Schweiz sorgen.
b) Innere Sicherheit. Es geht um den Schutz der Polizeigüter (insbesondere Leben, Freiheit, Gesundheit, Sittlichkeit), aber auch um den Schutz der Natur.
In dringenden Fällen darf der Bundesrat Truppen bis 4000 Personen aufbieten.

■ Beziehungen zwischen Bund und Kantonen (BV 186)

Der Bundesrat pflegt die Beziehungen zu den Kantonen.
Er überprüft interkantonale Verträge.

2.2. Institutionen

Die Bundespräsidentin/der Bundespräsident

Bundespräsidentin/Bundespräsident: *Führt den Vorsitz im Bundesrat; von der Vereinigten Bundesversammlung jeweils für ein Jahr gewählt (BV 176).*

Ihre/seine Stellung ist nicht vergleichbar mit jener eines Staatschefs oder einer Staatspräsidentin im Ausland. Sie/er hat nicht mehr Machtbefugnisse als die übrigen Bundesratsmitglieder. Sie/er ist «prima/primus inter pares», was so viel heisst wie «Erste/Erster unter Gleichen».

■ Aufgaben

- Die Bundesratssitzungen leiten. Diese Aufgabe verlangt das Aktenstudium aller Geschäfte, wobei die Bundeskanzlerin oder der Bundeskanzler behilflich ist.
- Bei Sachentscheiden: Wenn an Bundesratssitzungen Stimmengleichheit herrscht, den Stichentscheid geben;
- Repräsentationsaufgaben erfüllen wie Vorsitzende anderer Staaten sowie Botschafterinnen und Botschafter empfangen;
- sich an besonderen Tagen an die Bevölkerung wenden (Neujahr, 1. August, Tag der Kranken);
- in beiden Räten den Geschäftsbericht des Bundesrates vertreten.

Da zudem auch noch das Departement geführt werden muss, ist die Bundespräsidentin oder der Bundespräsident während des Präsidialjahres mit grosser Mehrarbeit belastet.

Ueli Maurer, Vizepräsident 2012

Eveline Widmer-Schlumpf, Bundespräsidentin 2012

■ Die Reihenfolge der Präsidentschaft

Die Mitglieder des Bundesrates übernehmen der Reihe nach die Präsidentschaft. Dabei gilt folgende Regel:
Ein Mitglied des Bundesrates muss unter der Präsidentschaft aller Kolleginnen und Kollegen gedient haben, bis sie Präsidentin bzw. er Präsident wird.

Die Vereinigte Bundesversammlung wählt im Dezember (Wintersession) die Vizepräsidentin/den Vizepräsidenten für das folgende Jahr zur Bundespräsidentin/ zum Bundespräsidenten.

- Bundespräsidentin 2012: Eveline Widmer-Schlumpf
- Bundespräsident 2013: Ueli Maurer

Die Zusammensetzung des Bundesrats

■ Grundregeln der Bundesratswahlen

- In den Bundesrat wählbar ist, wer das Schweizer Bürgerrecht hat, volljährig und urteilsfähig ist.
- Die Vereinigte Bundesversammlung wählt die Mitglieder des Bundesrates (im Majorzwahlverfahren) jeweils im Dezember des Jahres, in welchem die Nationalratswahlen durchgeführt worden sind, und zwar für 4 Jahre (BV 175).
- Die Wiederwahl ist möglich und auch üblich.
- Während der vierjährigen Amtsdauer kann ein Mitglied des Bundesrates weder abgewählt noch zum Rücktritt gezwungen werden, doch kann es freiwillig zurücktreten.

■ Politische Einschränkungen

Bundesratswahlen sind politisch kompliziert, weil die Auswahl eingeengt ist:
- BV 175 verlangt, dass die Landesgegenden und die Sprachregionen angemessen vertreten sind (allgemeine Rücksichtsklausel). Somit können 2 Mitglieder des Bundesrates aus dem gleichen Kanton stammen.
- Die staatspolitische Gerechtigkeit und Klugheit will es, dass zwei bis drei Mitglieder des Bundesrates aus der Westschweiz oder dem Tessin stammen.
- Traditionell stellen die 3 bevölkerungsreichsten Kantone Zürich, Bern und Waadt fast immer ein Mitglied des Bundesrates.
- Zudem sollen beide Geschlechter angemessen im Bundesrat vertreten sein.

■ Konkordante Zusammensetzung des Bundesrats

Von 1960 bis 2003 setzte sich der Bundesrat nach der sogenannten Zauberformel zusammen. Die drei wählerstärksten Parteien erhielten je 2 und die viertgrösste Partei erhielt einen Vertreter: 2 FDP-, 2 CVP-, 2 SP- und 1 SVP-Vertreter (siehe «Konkordanzdemokratie», S. 223). Mit der starken Veränderung der Parteienlandschaft und der Veränderung der Parteienstärke seit Ende des 20. Jahrhunderts wurde die Zauberformel zunehmend in Frage gestellt.
Ab 2004 wurde die parteipolitische Zusammensetzung des Bundesrats erstmals seit über 40 Jahren verändert.
Seit der Nichtwiederwahl von Christoph Blocher Ende 2007 ist die Konkordanz auf Bundesebene umstritten.

Die Zusammensetzung des Bundesrats seit 1848

	FDP	KK / CVP	BGB / SVP	SP	BDP
1848–1891	7				
1892–1919	6	1			
1920–1929	5	2			
1930–1943	4	2	1		
1944–1952	3	2	1	1	
1953	4	2	1		
1954–1959	3	3	1		
1960–2003	2	2		2	
2004–2007	2	1	2	2	
2008	2	1		2	2
ab 2009	2	1	1	2	1

2.2. Institutionen

Die Bundesverwaltung/Die Bundeskanzlei

> **Verwaltung:** *Alle Angestellten, die im Dienste des Parlaments, der Regierung und der Gerichte beschäftigt sind.*

Die Parlaments- und die Gerichtsverwaltung sind allgemein verschwindend klein neben der Verwaltung, die im Dienste der Regierung tätig ist.

Die drei Verwaltungsebenen
Man unterscheidet:
– Bundesverwaltung (auch «eidgenössische Verwaltung» genannt)
– kantonale Verwaltungen
– Gemeindeverwaltungen

■ Die Gliederung der Bundesverwaltung

Die Bundesverwaltung gliedert sich in
– 7 Departemente
– die Bundeskanzlei
– die Parlamentsdienste (Parlamentsverwaltung) und
– die Verwaltung der Bundesgerichte

Jedes Mitglied des Bundesrates ist für ein Departement verantwortlich. Ihm steht innerhalb und ausserhalb des Bundeshauses eine grosse Anzahl von Angestellten zur Seite.

■ Die Bundeskanzlerin/der Bundeskanzler

> **Bundeskanzlerin/Bundeskanzler:** *Stabschefin bzw. Stabschef des Bundesrates, mit der Leitung der Bundeskanzlei betraut (BV 179). Der offizielle Titel lautet «Kanzler der Schweizerischen Eidgenossenschaft».*

Die Bundeskanzlerin oder der Bundeskanzler wird von der Vereinigten Bundesversammlung gewählt und wie die Mitglieder des Bundesrates alle 4 Jahre bestätigt; mehr als diese ist sie/er zu politischer Neutralität verpflichtet und muss ohne Rücksicht auf die eigene Parteizugehörigkeit jedem Bundesratsmitglied die gleichen Dienste leisten.

Die Bundeskanzlerin oder der Bundeskanzler nimmt an Bundesratssitzungen mit beratender Stimme teil; das heisst, sie/er darf sich zu allen Geschäften äussern, am Schluss jedoch nicht abstimmen.

Bundeskanzlerin Corina Casanova

Die Bundeskanzlei ist die oberste Stabsstelle des Bundesrates. In ihr laufen gewissermassen alle Fäden zusammen (BV 179)

Wichtige Aufgaben der Bundeskanzlei
– Die Sitzungen des Bundesrates vorbereiten und das Protokoll führen
– Die Bundespräsidentin oder den Bundespräsidenten bei der Leitung der Regierungsgeschäfte unterstützen
– Die Öffentlichkeit über Absichten und Entscheide des Bundesrates informieren
– Für die Verbindung zum Parlament sorgen
– Eidgenössische Wahlen und Abstimmungen durchführen
– Volksinitiativen und Referenden betreuen
– Texte aus der Verwaltung, aus dem Parlament und von Volksinitiativen in die 3 Amtssprachen (Deutsch, Französisch und Italienisch) übersetzen und die Texte sprachlich kontrollieren
– Gesetze, Beschlüsse und Entwürfe des Bundesrates veröffentlichen

2.2. Institutionen

Die 7 Departemente des Bundes

Departement	Wichtige Aufgabenbereiche	Bundesrat / Bundesrätin
Eidgenössisches Departement für auswärtige Angelegenheiten (EDA)	– Beziehungen zum Ausland – Staatsverträge – Entwicklung und Zusammenarbeit – Internationale Organisationen – Völkerrecht – Integrationsbüro für die Europapolitik	**Didier Burkhalter** 1960 / Kanton Neuenburg / FDP / Bundesrat seit 2009
Eidgenössisches Departement des Innern (EDI)	– Sozialversicherungen – Gesundheit – Kultur – Statistik – Landesbibliothek, Landesmuseum, Bundesarchiv – Staatssekretariat für Bildung und Forschung: *ab 2013 (EVD)* – Eidgenössische Technische Hochschule (ETH): *ab 2013 (EVD)* – Meteorologie und Klimatologie	**Alain Berset** 1972 / Kanton Freiburg / SP / Bundesrat seit 2012
Eidgenössisches Justiz- und Polizei-Departement (EJPD)	– Justiz und Polizei – Asyl- und Ausländerfragen – Flüchtlinge – Zuwanderung, Integration und Auswanderung – Geistiges Eigentum – Bundesanwaltschaft	**Simonetta Sommaruga** 1960 / Kanton Bern / SP / Bundesrätin seit 1.11. 2010
Eidgenössisches Departement für Verteidigung, Bevölkerungsschutz und Sport (VBS)	– Landesverteidigung (Generalstab, Heer, Luftwaffe, Rüstung) – Ziviler Bevölkerungsschutz (Zivilschutz, Friedensförderung und Sicherheitskooperation) – Sport (mit Eidg. Turn- und Sportschule) – Landestopografie (swisstopo)	**Ueli Maurer** 1950 / Kanton Zürich / SVP / Bundesrat seit 2009
Eidgenössisches Finanzdepartement (EFD)	– Finanz- und Steuerverwaltung – Bauten und Logistik – Informatik und Telekommunikation – Zollverwaltung – Personalamt – Privatversicherungen	**Eveline Widmer-Schlumpf** 1956 / Kanton Graubünden / BDP / Bundesrätin seit 2008
Eidgenössisches Volkswirtschaftsdepartement (EVD)	– Staatssekretariat für Wirtschaft (seco = Secrétariat d'Etat à l'économie) – Berufsbildung und Technologie (BBT) – Landwirtschaft – Wirtschaftliche Landesversorgung – Wohnungswesen – Zivildienst – Preisüberwacher	**Johann Schneider-Ammann** 1952 / Kanton Bern / FDP / Bundesrat seit 1.11. 2010
Eidgenössisches Departement für Umwelt, Verkehr, Energie und Kommunikation (UVEK)	– Umwelt (Bundesamt für Umwelt: BAFU) – Verkehr – Zivilluftfahrt – Wasser und Geologie – Energie (Bundesamt für Energie: BFE) – Raumentwicklung – Kommunikation – Strassen	**Doris Leuthard** 1963 / Kanton Aargau / CVP / Bundesrätin seit 2006

2.2. Institutionen

Die Rechtsprechung

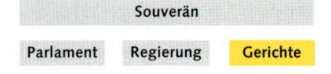

	Souverän	
Parlament	Regierung	**Gerichte**

Gesetze erlassen und anwenden genügt allein noch nicht, sie müssen auch durchgesetzt werden, wenn Menschen gegen sie verstossen, Menschen sich in rechtlichen Angelegenheiten nicht einigen können und eine Entscheidung suchen, Menschen glauben, staatliche Stellen hätten ihre Kompetenzen überschritten.
Gesetze durchsetzen, also Recht sprechen, ist Aufgabe der 3. Gewalt im Staat, der Gerichte. Im Rechtsstaat müssen die Gerichte von den beiden anderen Gewalten (dem Parlament und der Regierung) unabhängig sein.

■ Die Prozessarten

Prozess: *Durchführung eines Gerichtsverfahrens.*

Man unterscheidet drei Prozessarten:

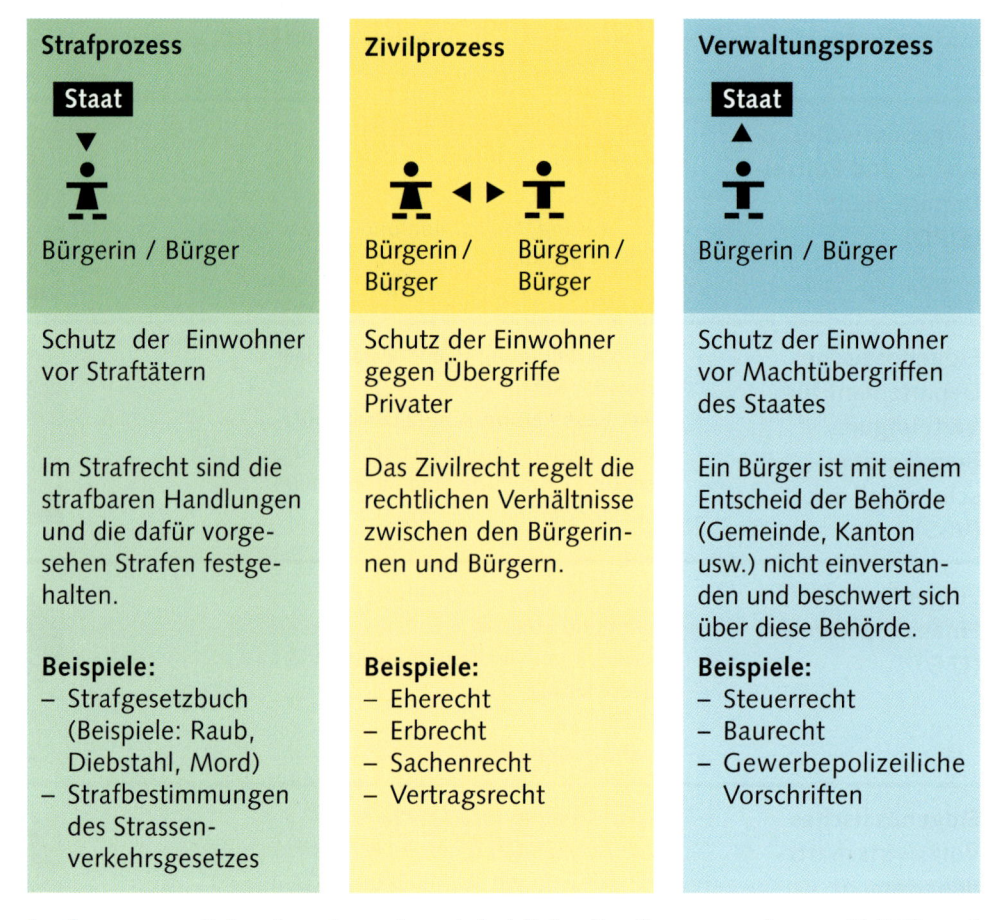

Strafprozess	Zivilprozess	Verwaltungsprozess
Staat ▼ Bürgerin / Bürger	Bürgerin / Bürger ◀▶ Bürgerin / Bürger	Staat ▲ Bürgerin / Bürger
Schutz der Einwohner vor Straftätern	Schutz der Einwohner gegen Übergriffe Privater	Schutz der Einwohner vor Machtübergriffen des Staates
Im Strafrecht sind die strafbaren Handlungen und die dafür vorgesehen Strafen festgehalten.	Das Zivilrecht regelt die rechtlichen Verhältnisse zwischen den Bürgerinnen und Bürgern.	Ein Bürger ist mit einem Entscheid der Behörde (Gemeinde, Kanton usw.) nicht einverstanden und beschwert sich über diese Behörde.
Beispiele: – Strafgesetzbuch (Beispiele: Raub, Diebstahl, Mord) – Strafbestimmungen des Strassenverkehrsgesetzes	**Beispiele:** – Eherecht – Erbrecht – Sachenrecht – Vertragsrecht	**Beispiele:** – Steuerrecht – Baurecht – Gewerbepolizeiliche Vorschriften

In der ganzen Schweiz gelten eine einheitliche Strafprozessordnung (StPO) und eine einheitliche Zivilprozessordnung (ZPO).

■ Informationspflicht der Polizei

Ein Polizist muss einer verhafteten Person gegenüber erklären, dass …

– gegen sie wegen … *(strafbarer Grund nennen)* ein Vorverfahren eingeleitet worden ist;

– sie die Aussage und die Mitwirkung verweigern kann;

– sie jederzeit eine Verteidigung nach freier Wahl und auf eigenes Kostenrisiko beiziehen oder in gewissen Fällen eine amtliche Verteidigung beantragen kann (es gibt Fälle, bei denen zwingend ein Anwalt beigezogen werden muss);

– sie eine Person zum Übersetzen verlangen kann.

2.2. Institutionen

Die Gerichtsarten

■ Die ordentlichen Gerichte

> **Ordentliches Gericht:** *Gericht, das im Regelfall für Straf-, Zivil- oder Verwaltungsrecht zuständig ist, soweit für einen speziellen Bereich kein Fachgericht besteht.*

Strafgericht	Zivilgericht	Verwaltungsgericht
Es ist zuständig, wenn eine Privatperson gegen die vom Staat aufgestellten gesetzlichen Bestimmungen des Strafrechts (Strafgesetzbuch, Strassenverkehrsgesetz usw.) verstossen hat. Nur wer schuldig ist, darf bestraft werden.	Es ist zuständig, wenn es Streitigkeiten über Rechte und Pflichten gibt, die das Verhältnis von Privatpersonen und juristischen Personen untereinander betreffen (Zivilgesetzbuch, Obligationenrecht usw.). Die Richterinnen und Richter sollen entscheiden, wer im Recht oder wer im Unrecht ist.	Es ist zuständig, wenn sich eine Privatperson von einer staatlichen Stelle (der Steuerbehörde, dem Gemeinderat, einem kantonalen Amt usw.) in rechtswidriger Weise behandelt fühlt. Die Privatperson kann in der Regel die Entscheide der Verwaltungsbehörden überprüfen lassen. Nur der Rechtsstaat erlaubt es Privatpersonen, Entscheidungen staatlicher Organe überprüfen zu lassen.

■ Die Fachgerichte (nur auf kantonaler Ebene)

> **Fachgericht:** *Gericht, das für einen ganz bestimmten Sachbereich zuständig ist. Die Richterinnen und Richter sind auf diesem Gebiet gewissermassen «spezialisiert». Dadurch soll die Qualität der Urteile verbessert werden.*

Arbeitsgerichte: Können z.B. ein Arbeitgeber und ein Arbeitnehmer einen arbeitsrechtlichen Streit nicht lösen, rufen sie das Arbeitsgericht an. Dieses muss paritätisch (das heisst zu gleichen Teilen) aus Arbeitgeberinnen und Arbeitgebern sowie Arbeitnehmerinnen und Arbeitnehmern zusammengesetzt sein.

Versicherungsgerichte: Ihre Zuständigkeit umfasst alle sozialversicherungsrechtlichen Fragen wie AHV, IV, EO, ALV usw.

Mietgerichte: Gewisse Kantone haben Mietgerichte. Sie sind zuständig für Streitigkeiten aus Mietverhältnissen.

Handels- und Gewerbegerichte: Nur vier Kantone kennen für Streitigkeiten im Handelsrecht dieses Fachgericht (AG, BE, SG, ZH).

Jugendgerichte: In gewissen Kantonen sind spezielle Jugendgerichte zuständig für Straftaten von Kindern und Jugendlichen bis zum vollendeten 18. Altersjahr. In den anderen Kantonen befassen sich die ordentlichen Gerichte damit.

2.2. Institutionen

Die Gerichte des Bundes

Oberstes Gericht

Bundesgericht

Sitz: Lausanne (und einzelne Abteilungen in Luzern)
Richter: 35–45
Amtsdauer: 6 Jahre
Wahlgremium: Vereinigte Bundesversammlung

Das Bundesgericht ist die oberste Recht sprechende Behörde des Bundes. Seine Entscheide sind endgültig (Ausnahme: Beschwerden an den Europäischen Gerichtshof für Menschenrechte).

Das Bundesgericht beurteilt Beschwerden gegen Urteile des Bundesstrafgerichts und des Bundesverwaltungsgerichts. Der weitaus grössere Teil der Fälle betrifft aber Urteile kantonaler Gerichte (Straf-, Zivil- und Verwaltungsgerichte).

↑ Beschwerde in Strafsachen

↑ Beschwerde in öffentlich-rechtlichen Angelegenheiten

Untere Gerichte

Bundesstrafgericht

Sitz: Bellinzona
Richter: 15–35
Amtsdauer: 6 Jahre
Wahlgremium: Vereinigte Bundesversammlung

Beurteilt nur Strafsachen des Bundes. Weiterzug ans Bundesgericht möglich. (Die allermeisten Straftaten werden von kantonalen Gerichten beurteilt und können von dort direkt ans Bundesgericht weitergezogen werden.)

↑

Die Bundesanwaltschaft führt Ermittlungen in Strafsachen des Bundes durch. Das betrifft etwa Geldfälschung, gewisse Sprengstoffdelikte usw. Gegebenenfalls erhebt sie Anklage.

Es gibt kein eidgenössisches Zivilgericht. Alle zivilrechtlichen Streitigkeiten (also Streitigkeiten unter Privatpersonen) werden zuerst von kantonalen Gerichten beurteilt. Von der letzten kantonalen Instanz können die Fälle direkt weitergezogen werden ans Bundesgericht. Bei vermögensrechtlichen Streitigkeiten ist dies aber nur ab einem Streitwert von CHF 15 000.– in arbeits- und mietrechtlichen Fällen, und ab einem Streitwert von CHF 30 000.– in allen übrigen Fällen zulässig (Bundesgerichtsgesetz Art. 74). Für ein Bundeszivilgericht besteht somit keine Notwendigkeit, da es keine Zivilrechtsstreitigkeiten gibt, die nur auf Bundesebene beurteilt werden.

Bundesverwaltungsgericht

Sitz: St. Gallen
Richter: 50–70
Amtsdauer: 6 Jahre
Wahlgremium: Vereinigte Bundesversammlung

Beurteilt Streitigkeiten, die ein Bundesamt oder ein Departement betreffen (also eine Verwaltungsstelle des Bundes). Die Entscheide können ans Bundesgericht weitergezogen werden.

↑

Bundesämter und eidgenössische Departemente erlassen Verfügungen des Bundes. Gegen diese kann Beschwerde ans Bundesverwaltungsgericht geführt werden.

Begnadigungsgesuche
- Wer vom Bundesgericht verurteilt worden ist, kann bei den Eidgenössischen Räten um Begnadigung nachsuchen. Die Vereinigte Bundesversammlung (siehe S. 180) befindet darüber.
- Wer von einem kantonalen Gericht letztinstanzlich verurteilt worden ist, muss das Gesuch dem entsprechenden kantonalen Parlament einreichen, welches dann darüber entscheidet.

→ www.verlag-fuchs.ch/staat

2.2. Institutionen

Der richterliche Instanzenweg (Grundzüge)

Instanz: *Zuständige Stelle bei Behörden oder Gerichten.*

Die dargestellten Instanzenwege gelten nur im Regelfall und sind grob vereinfacht.

	Strafprozess	**Zivilprozess**	**Verwaltungsprozess**
Letzte, oberste Instanz ▲	Bundesgericht (strafrechtliche Abteilung)	Bundesgericht (zivilrechtliche Abteilung)	Bundesgericht (verwaltungsrechtliche Abteilung)
	Beschwerde in Strafsachen	*Beschwerde in Zivilsachen*	*Beschwerde in öffentlich-rechtlichen Angelegenheiten*
		(subsidiäre Verfassungsbeschwerde)	
Zweite Instanz ▲	Obergericht/ Kantonsgericht	Obergericht/ Kantonsgericht	Kantonales Verwaltungsgericht
	Berufung	*Berufung/Beschwerde*	*Verwaltungsgerichtsbeschwerde*
Erste Instanz ▲	Amtsgericht/ Bezirksgericht/ Kriminalgericht	Amtsgericht/ Bezirksgericht/ Kreisgericht	Regierungsrat/ Rekurskommission/ Amt/Bezirk/Kreis
	Anklage	*Klage*	*Verwaltungsbeschwerde*
	Staatsanwaltschaft	Schlichtungsbehörde (Friedensrichter/ Vermittler)	Gemeinderat/Amtsstelle/Departement usw. erlassen Verfügungen

▇ Rechtsmittel

Rechtsmittel: *Mittel, um Gerichts- oder Verwaltungsentscheide anzufechten und von einer nächsthöheren Instanz beurteilen zu lassen*

In einem Gerichtsentscheid wird erwähnt, bei welcher Instanz welches Rechtsmittel eingereicht werden kann. Daher ist es wichtig, einen Entscheid sorgfältig zu lesen.

Berufung im Straf- wie im Zivilprozess (an Fristen gebunden)
Mit der Berufung kann der Fall umfassend überprüft werden (ob der Sachverhalt vollständig und richtig erfasst bzw. ob das Recht falsch angewendet wurde).
Im Zivilprozess muss zudem die Streitsumme mehr als CHF 10 000.– betragen.

Beschwerde im Zivilprozess (an Fristen gebunden)
Im Gegensatz zur Berufung kann mit der Beschwerde der Sachverhalt nur dann angefochten werden, wenn dieser offensichtlich falsch erfasst worden ist. Eine Beschwerde im Zivilprozess ist bis zu einer Streitsumme von CHF 10 000.– möglich.

Revision (an keine Frist gebunden)
Meist kann ein abgeschlossenes Verfahren (Straf-/Zivil-/Verwaltungsverfahren) beim Auftauchen neuer Tatsachen oder Beweismittel bei der Instanz wieder aufgenommen werden, die zuletzt entschieden hat.

→ **CiviCampus**

2.2. Institutionen

Straffall – Zivilfall – Verwaltungsfall

	Straffall	**Zivilfall**	**Verwaltungsfall**
Gesetzliche Grundlagen	– Strafgesetzbuch (StGB) – Strassenverkehrsgesetz (Strafbestimmungen)	– Zivilgesetzbuch (ZGB) – Obligationenrecht (OR) – Strassenverkehrsgesetz (Haftpflicht)	Die für das betreffende Sachgebiet massgeblichen Verwaltungsgesetze, z.B. Baugesetz, Steuergesetz
Verbindlichkeit der Gesetze	Verbindlich	In der Regel: Nur für den Streitfall verbindlich (sonst Abweichungen möglich)	Verbindlich (Vorbehalt: Ausnahmebewilligungen)
Grund für ein Verfahren	Verstoss gegen das Gesetz	Streit oder Forderung	a) Gesuch um eine Bewilligung b) Verstoss gegen ein Gesetz
Parteien	Staatsanwaltschaft (Anklägerin) und Beschuldigter	Kläger und Beklagter	Beschwerdeführer und Beschwerdegegner
Gerichtsorte	In der Regel: Tatort	In der Regel: Am Wohnort der beklagten Person	Ort der zuständigen Behörde
Beweislast	Staatsanwaltschaft	Kläger	In der Regel: Staat bzw. die zuständige Behörde
Verlauf des Verfahrens	1. Untersuchung (Polizei, Staatsanwaltschaft) – Beschuldigter hat Sachverhalt zugegeben und die Freiheitsstrafe beträgt max. 5 Jahre: Staatsanwaltschaft kann mit dem Beschuldigten / Verteidiger eine Absprache treffen. Diese gilt als Anklage und kann vom Gericht zum Urteil erhoben werden. – In klaren Fällen und bei einem Strafrahmen bis höchstens 6 Monaten: Staatsanwaltschaft erlässt einen Strafbefehl. Dies ist eine Urteilsofferte. Bei Annahme durch Beschuldigten: Strafbefehl erlangt Rechtskraft. Bei Ablehnung: Strafbefehl = Anklage vor Gericht. 2. Gerichtsverhandlung 3. Urteil	Der Kläger muss einen Kostenvorschuss zahlen, wenn er zivilrechtlich gegen jemanden Klage erhebt. 1. Schlichtungsverfahren (in der Regel obligatorisch) evtl. Mediation – Streitwertsumme bis zu CHF 2000.–: Schlichter kann auf Verlangen des Klägers ein Urteil fällen. – Wenn Streitwertsumme weniger als CHF 5000.–: Schlichter kann einen Urteilsvorschlag machen. – Falls Klagebewilligung erteilt: 2. ordentliches oder vereinfachtes Verfahren 3. Gerichtsentscheid	a) Bei Gesuch: 1. Gesuch 2. Abklärung 3. Entscheid b) Bei Gesetzesverstoss: 1. Abklärung 2. Stellungnahme 3. Entscheid
Urteil	Schuldig oder unschuldig? Wenn schuldig, welche Strafe?	Wer ist im Recht, wer im Unrecht? (Wer kann sein Recht beweisen?)	Wurden die Gesetze beachtet?

2.2. Institutionen

Die Straftaten und ihre Folgen im Überblick

Straftaten	Beispiele	Strafart	Strafrahmen
Übertretungen (StGB 103–109)	– Tätlichkeiten, StGB 126 (z.B. Ohrfeige) – Untergeordnete Verkehrsdelikte (z.B. geringfügige Geschwindigkeitsübertretung) – Nachtruhestörung	Busse	CHF 1.– bis CHF 10 000.–
		Gemeinnützige Arbeit (anstelle der Busse)	Bis 360 Stunden Arbeit (mit Zustimmung des Täters)
		Ersatzfreiheitsstrafe (bei Nichtbezahlung der Busse)	1 Tag bis 3 Monate (CHF 100.– Busse ≙ 1 Tag Freiheitsentzug)
Vergehen (StGB 10)	– Fahrlässige Tötung, StGB 117, – Sachbeschädigung, StGB 144 (z.B. absichtliche Beschädigung eines Autos) – Verleumdung, StGB 174	Freiheitsstrafe	Bis 3 Jahre
		Geldstrafe	Bis 360 Tagessätze zu max. je CHF 3000.– (maximale Geldstrafe: 360 x CHF 3000.– = CHF 1 080 000.–)
		Gemeinnützige Arbeit	Anstelle von maximal 6 Monaten Freiheitsstrafe oder 180 Tagessätzen Geldstrafe können maximal 720 Stunden Arbeit angeordnet werden. 1 Tag Freiheitsstrafe ≙ 1 Tagessatz Geldbusse ≙ 4 Stunden Arbeit.
Verbrechen (StGB 10)	Mord, Vergewaltigung, Raub, Freiheitsberaubung und Entführung (StGB 112, 190, 140 und 183)	Freiheitsstrafe	3 Jahre bis 20 Jahre, evtl. lebenslänglich
		Geldstrafe	siehe oben

■ Strafmass

Richterinnen und Richter sind an die Strafart und an den Strafrahmen gebunden, die das Gesetz für eine bestimmte Tat vorsieht. Das Strafgesetz lässt den Richterinnen und Richtern sehr oft grossen Spielraum zwischen der minimal und der maximal auszusprechenden Strafe. Die Höhe der Strafe innerhalb dieses Strafrahmens richtet sich nach dem Verschulden der straffälligen Person, wobei die Richterinnen und Richter die Beweggründe, das Vorleben sowie die persönlichen Verhältnisse der straffälligen Person berücksichtigen müssen (StGB 47 ff.).

■ Verjährung

Nach Ablauf einer bestimmten Frist dürfen Straftaten nicht mehr verfolgt werden, weil ihre Begehung zu lange zurückliegt. Die Fristen sind länger, je schwerer die Straftat war. Die Verjährungsfrist beträgt (StGB 97–101):
– 7 Jahre, wenn die Straftat mit bis zu 3 Jahren Freiheitsstrafe oder einer anderen Strafe bedroht war,
– 15 Jahre bei einer Strafdrohung von mehr als 3 Jahren und
– 30 Jahre bei einer Strafandrohung einer lebenslänglichen Freiheitsstrafe.

Gemäss Bundesrat soll schwerer sexueller Missbrauch von Kindern unter 12 Jahren in Zukunft unverjährbar sein. Das Parlament muss darüber noch befinden.

2.2. Institutionen

Die Strafarten im Einzelnen (Sanktionen)

■ Erklärungen zu den Begriffen in der Tabelle S. 193

Busse — Vor allem kleinere Delikte werden mit Busse bestraft. Mit Busse bedrohte Straftaten heissen Übertretungen. Die Höchstgrenze beträgt CHF 10 000.– (StGB 106).

Geldstrafe — Bei Verbrechen und Vergehen können unter anderem auch Geldstrafen angedroht werden. Hier wird die Geldstrafe in Tagessätzen festgelegt. Je nach Verschulden sind mehr Tagessätze zu bezahlen, maximal 360. Die Grösse eines einzelnen Tagessatzes bemisst sich aber nicht nach dem Verschulden, sondern nach der wirtschaftlichen Leistungsfähigkeit des Täters zum Zeitpunkt des Urteils (Vermögen, Einkommen). Maximal beträgt er aber CHF 3000.– pro Tag (StGB 34–36).

Gemeinnützige Arbeit — Mit Zustimmung des Täters kann statt einer Busse oder einer Geldstrafe gemeinnützige Arbeit angeordnet werden (siehe dazu Tabelle S. 193). In Betracht kommen z.B. Arbeiten in Naturreservaten, zur Beseitigung von Schäden bei Naturkatastrophen oder zur Unterstützung hilfsbedürftiger Personen (StGB 37–39).

Freiheitsstrafe — In Frage kommen Freiheitsstrafen von 1 Tag bis 20 Jahren (unter Umständen lebenslänglich; StGB 40–41). Freiheitsstrafen von weniger als 6 Monaten sind aber nur zulässig, wenn eine Geldstrafe oder eine gemeinnützige Arbeit nicht in Frage kommen. Ein Tagessatz entspricht dann einem Tag Freiheitsstrafe (1 Tagessatz Geldstrafe ≅ 4 Stunden gemeinnützige Arbeit ≅ 1 Tag Freiheitsstrafe; StGB 39).

Bedingte Strafe — Der Vollzug von Geldstrafen, gemeinnütziger Arbeit oder Freiheitsstrafen von 6 bis 24 Monaten kann bedingt gewährt werden. Der Straffällige muss die Geldstrafe bzw. die gemeinnützige Arbeit oder die Freiheitsstrafe nicht verbüssen, wenn er während einer bestimmten Zeit (je nach der Schwere der Tat: 2–5 Jahre) keine weiteren Straftaten begeht (StGB 42). Freiheitsstrafen unter 6 Monaten sollen vermieden werden. Werden sie trotzdem ausgesprochen, können auch sie bei gegebenen Voraussetzungen bedingt gewährt werden.

Teilbedingte Strafe — Das Gericht kann auch bloss einen Teil der Strafe bedingt aussprechen. Der andere Teil muss dann in jedem Fall verbüsst werden (StGB 43).

Unbedingte Strafe — Die Strafe muss in jedem Fall verbüsst werden (StGB 40–41).

Vorzeitige Entlassung — Hat die zu einer Freiheitsstrafe verurteilte Person $2/3$ ihrer Strafzeit verbüsst, kann sie bedingt entlassen werden, sofern sie sich während des Vollzuges gut aufgeführt hat und man annehmen darf, dass sie sich wieder in die Gesellschaft eingliedern kann. Bei «lebenslänglich» Verurteilten kann die bedingte Entlassung frühestens nach 15 Jahren erfolgen. Kann letzterer nicht bedingt entlassen werden (z.B. wegen schlechten Verhaltens in der Strafanstalt), muss er grundsätzlich bis «ans Lebensende» in der Strafanstalt bleiben (StGB 86–89).

■ Der Strafantrag

Eine geschädigte Person kann mittels eines Strafantrages die Bestrafung des Täters fordern (StGB 30–33). Man unterscheidet dabei zwischen Antrags- und Offizialdelikten.

Antragsdelikte: Sind Delikte, vor allem leichterer Art, die nur strafbar sind, wenn jemand einen Antrag auf Strafverfolgung stellt (z.B. Sachbeschädigung).

Offizialdelikte: Sind Straftaten, die vom Staat in jedem Fall verfolgt werden müssen, sobald er davon Kenntnis erhält, ohne dass jemand eine Anzeige machen muss.

Das Jugendstrafrecht

> **Jugendstrafrecht:** *Sonderstrafrecht für Kinder und Jugendliche vom 10. bis 18. Lebensjahr (JStG 1).*

- Kinder unter 10 Jahren werden strafrechtlich nicht verfolgt (JStG 4).
- Nach dem 18. Altersjahr kommt das Erwachsenenstrafrecht zur Anwendung.

Zweck

- Das Jugendstrafrecht will nicht Straftaten vergelten, sondern ausschliesslich die Jugendlichen erziehen und sie von weiteren Straftaten abhalten. Man will den Kindern und Jugendlichen helfen, Schwierigkeiten und Störungen im Entwicklungs- und Reifungsprozess zu überwinden (JStG 2).
- Die gesetzlichen Grundlagen finden sich in einem speziellen Gesetz, dem Jugendstrafgesetz (JStG).

Unterschiede zum Erwachsenenstrafrecht

- Statt Strafen sollen vor allem bessernde Massnahmen angeordnet werden. Bei schuldhaftem Verhalten können aber echte Strafen hinzutreten.
- Um abzuklären, welche Massnahmen die geeignetsten sind, werden die Lebensverhältnisse des Kindes / Jugendlichen genau festgestellt (JStG 2.2 und 9).
- Bei schwersten Delikten können Jugendliche ab dem 16. Altersjahr mit bis zu 4 Jahren Freiheitsentzug bestraft werden (JStG 25–27).
- Im Verhältnis zum Erwachsenenstrafrecht verjähren die Delikte sehr viel schneller (z.B. erfolgt bei Vergehen die Verjährung nach 3 Jahren, anstelle von 7 Jahren im Erwachsenenstrafrecht; JStG 36–37).

Schutzmassnahmen

In erster Linie wird geprüft, ob die straffällige Person (Kind, Jugendlicher) einer besonderen erzieherischen Betreuung oder therapeutischen Behandlung bedarf. Oberstes Ziel ist Erziehung und Besserung. Die in Frage kommenden Massnahmen werden als Schutzmassnahmen bezeichnet. Je nach Vergehen und Erfolgsaussichten können als Massnahmen angeordnet werden (JStG 12–20):
- **Aufsicht:** Der Jugendliche und allenfalls dessen Eltern werden beaufsichtigt.
- **Persönliche Betreuung:** Eltern werden in Erziehungsaufgaben unterstützt; der Jugendliche wird persönlich betreut.
- **Ambulante Behandlung:** Bei psychischen Störungen und Süchten kann eine geeignete Behandlung angeordnet werden.
- **Unterbringung:** In schweren Fällen erfolgt die Einweisung in eine Erziehungs- oder Behandlungseinrichtung (z.B. Erziehungsheim).

Massnahmen enden mit dem Erreichen des 22. Altersjahres.

Echte Strafen

Echte Strafen können zwar zusätzlich ausgesprochen werden, sollen aber untergeordnete Bedeutung haben. In Frage kommen (JStG 21–35):
- **Verweis:** Offizielle Rüge des Jugendlichen für sein Verhalten (JStG 22).
- **Persönliche Leistung:** Verpflichtung zu einer Arbeitsleistung (JStG 23).
- **Busse:** Bis zu CHF 2000.– bei Jugendlichen ab dem 15. Altersjahr (JStG 24).
- **Freiheitsentzug:** Aussprechen von Freiheitsstrafen je nach Alter (JStG 25–27)
    - für Jugendliche ab dem 15. Geburtstag bis zu einem Jahr.
    - ab dem 16. Geburtstag bei schwersten Delikten bis zu vier Jahren.

2.2. Institutionen

Die 26 Kantone

> **Kanton (auch Stand genannt):** *Teilstaat des schweizerischen Bundesstaates. Er besitzt in dem Masse Selbständigkeit, wie sie vom Bund nicht eingeschränkt ist (BV 3).*

26 Kantone bilden in ihrer Gesamtheit die Schweizerische Eidgenossenschaft (BV 1).
– 20 Kantone haben Anspruch auf zwei Sitze im Ständerat.
– 6 Kantone (AI, AR, BS, BL, OW und NW) erhalten einen Sitz im Ständerat (BV 150). Die Standesstimme dieser 6 Kantone zählt bei eidgenössischen Urnengängen zudem als halbe Stimme (BV 142).

**26 Kantone
2495 Gemeinden
(Stand: 1.1.2012)**

■ Kantonsbehörden

Jeder Kanton hat sein Parlament, seine Regierung und seine Gerichte und verfügt – im Rahmen der Bundesverfassung – über eine Kantonsverfassung (BV 51), eine Gesetzgebung und eine Rechtsprechung.

Das Volk wählt:	Das Volk wählt:	Das Parlament wählt:
Parlament (Legislative) (Rechtsetzung)	**Regierung** (Exekutive) (Rechtsanwendung)	**Gerichte** (Judikative) (Rechtsprechung)
Grosser Rat/ Kantonsrat/Landrat/ Landsgemeinde	Regierungsrat/ Staatsrat	Obergericht/ Kantonsgericht

Die kantonalen Behörden sind in ihren Aufgaben und Funktionen in vielerlei Hinsicht direkt vergleichbar mit den Bundesbehörden.

Die kantonalen Parlamente bestehen nur aus einer Kammer. Um Gesetzesvorlagen dennoch gründlich im Rat behandeln zu können, erfolgt dort eine 1. und zu einem späteren Zeitpunkt eine 2. Lesung, in der dann unter Umständen Änderungsvorschläge aus der 1. Lesung berücksichtigt werden.

Zwei Kantone (Appenzell Innerrhoden und Glarus) kennen noch die ursprüngliche Form der Demokratie, die Landsgemeinde. Diese findet einmal jährlich Ende April statt. Die Stimmbürgerinnen und Stimmbürger treten im Freien zusammen, diskutieren über anstehende Geschäfte und stimmen darüber ab.

Viele Kantone sind in Bezirke, Ämter oder Kreise unterteilt. Diese Aufteilung dient rein administrativen Zwecken. Meistens bilden diese Einheiten zudem die erste Instanz im Gerichtswesen (Bezirksgericht/Amtsgericht/Kreisgericht).

■ Konkordate/Staatsverträge

> **Konkordate/Staatsverträge:** *Verträge der Kantone untereinander zur Lösung von gemeinsamen Problemen, meistens Aufgaben von regionalem Interesse (BV 48).*

Kantone können einander gegenseitig helfen oder zusammenarbeiten und über Fragen, die in ihrem Kompetenzbereich liegen, Abkommen treffen. Diese müssen vom Bund überprüft und bewilligt werden.

Beispiele:
– Konkordate im Strafvollzug (nicht jeder Kanton hat eine eigene Strafanstalt)
– Konkordate in Bezug auf Armenunterstützung

Heute werden Konkordate zum Teil auch Staatsverträge genannt.

2.2. Institutionen

Aufgabenteilung zwischen Bund und Kantonen

Über das, was nicht in der BV geregelt ist, können die Kantone selbst bestimmen. Das Bundesrecht geht jedoch dem kantonalen Recht vor.
Man unterscheidet vier Fälle.

Gesetzgebung: Bund	Gesetzgebung: Bund	Geteiltes Gesetzgebungsrecht	Gesetzgebung: Kantone
Ausführung (Vollzug): Bund	Ausführung (Vollzug): Kantone	Daher: geteiltes Vollzugsrecht	Ausführung (Vollzug): Kantone
Bereiche, in denen der Bund allein zuständig ist.	Der Bund stellt die Gesetze auf. Den Kantonen überlässt er die Ausführung.	Zum gleichen Sachbereich gibt es eidgenössische und kantonale Hoheit.	Bereiche, die ausschliesslich von den Kantonen bestimmt werden können.
Beispiele: – BV 54: Auswärtige Angelegenheiten – BV 87: Eisenbahn – BV 90: Kernenergie – BV 99: Geld- und Währungspolitik – BV 133: Zölle	Beispiele: – BV 74: Umweltschutz – BV 76: Wasser – BV 80: Tierschutz – BV 122 und 123: Zivil- und Strafrecht	Beispiele: – BV 62 und 63: Bildung – BV 70: Sprachen – BV 124: Opferhilfe – BV 128: Steuern	Beispiele: – BV 69: Kultur – BV 72: Kirche und Staat – BV 78: Natur- und Heimatschutz Dazu äussert sich die BV nicht: Polizei und Spitäler

Politische Schweizer-Karte

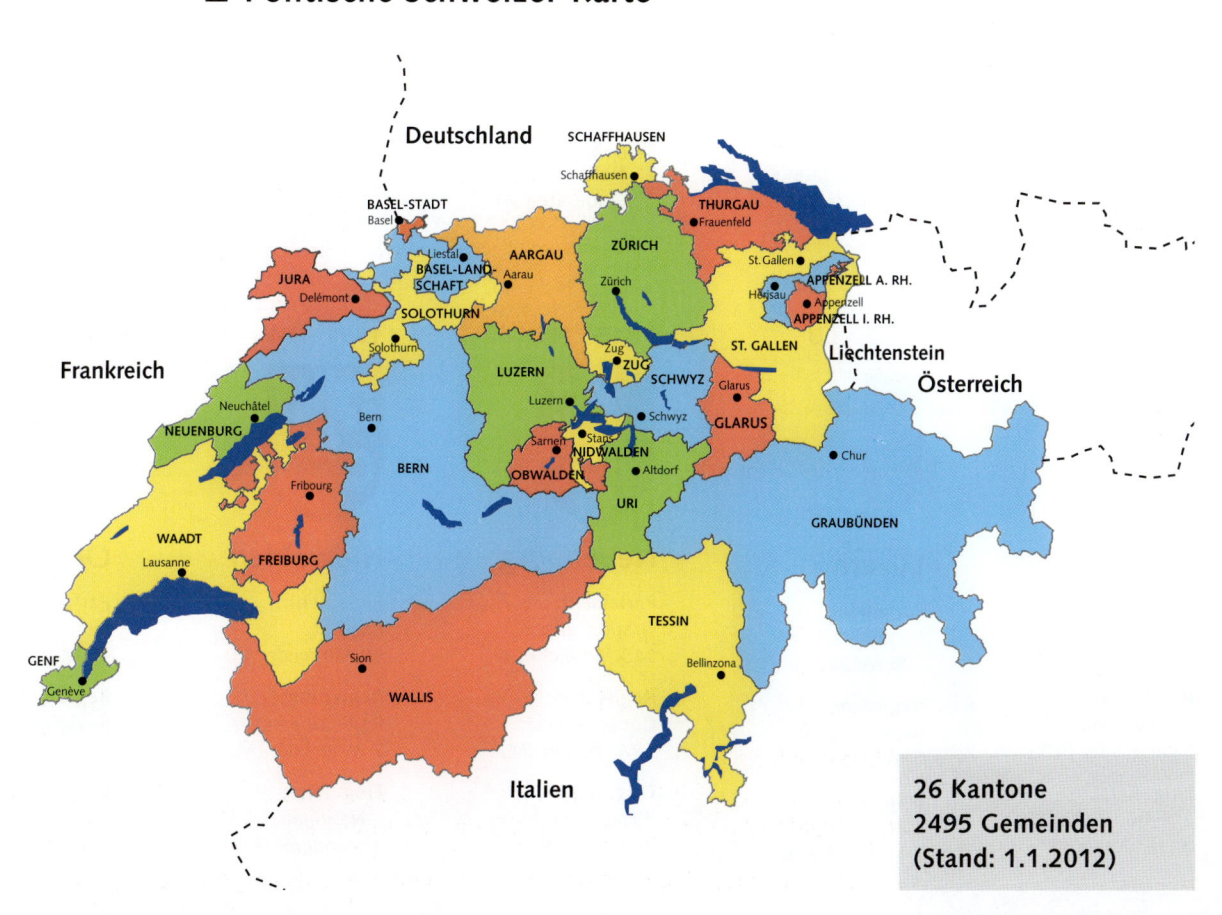

26 Kantone
2495 Gemeinden
(Stand: 1.1.2012)

2.2. Institutionen

Die kantonalen Parlamente und Regierungen

1803* AG

Aargau

Parlament:
Grosser Rat
140 Mitglieder (P)

Regierung:
Regierungsrat
5 Mitglieder (M)

Eidg. Räte:
15 Nationalräte (P)
2 Ständeräte (M)

1513 AR

Appenzell Ausserrhoden

Parlament:
Kantonsrat
65 Mitglieder (M)

Regierung:
Regierungsrat
7 Mitglieder (M)

Eidg. Räte:
1 Nationalrat (M)
1 Ständerat (M)

1513 AI

Appenzell Innerrhoden

Parlament:
Grosser Rat
50 Mitglieder (M)

Regierung:
Standeskommission[1]
7 Mitglieder (M)

Eidg. Räte:
1 Nationalrat (M)
1 Ständerat (M)

1501 BL

Basel-Landschaft

Parlament:
Landrat
90 Mitglieder (P)

Regierung:
Regierungsrat
5 Mitglieder (M)

Eidg. Räte:
7 Nationalräte (P)
1 Ständerat (M)

1501 BS

Basel-Stadt

Parlament:
Grosser Rat
100 Mitglieder (P)

Regierung:
Regierungsrat
7 Mitglieder (M)

Eidg. Räte:
5 Nationalräte (P)
1 Ständerat (M)

1353 BE

Bern

Parlament:
Grosser Rat
160 Mitglieder (P)

Regierung:
Regierungsrat
7 Mitglieder (M)

Eidg. Räte:
26 Nationalräte (P)
2 Ständeräte (M)

1481 FR

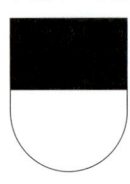

Freiburg

Parlament:
Grosser Rat[2]
110 Mitglieder (P)

Regierung:
Staatsrat[2]
7 Mitglieder (M)

Eidg. Räte:
7 Nationalräte (P)
2 Ständeräte (M)

1815 GE

Genf

Parlament:
Grand Conseil
100 Mitglieder (P)

Regierung:
Conseil d'État
7 Mitglieder (M)

Eidg. Räte:
11 Nationalräte (P)
2 Ständeräte (M)

1352 GL

Glarus

Parlament:
Landrat
80 Mitglieder (P)

Regierung:
Regierungsrat
5 Mitglieder (M)

Eidg. Räte:
1 Nationalrat (M)
2 Ständeräte (M)

1803 GR

Graubünden

Parlament:
Grosser Rat
120 Mitglieder (M)

Regierung:
Regierung
5 Mitglieder (M)

Eidg. Räte:
5 Nationalräte (P)
2 Ständeräte (M)

1979 JU

Jura

Parlament:
Parlement[2]
60 Mitglieder (P)

Regierung:
Gouvernement[2]
5 Mitglieder (M)

Eidg. Räte:
2 Nationalräte (P)
2 Ständeräte (P)

1332 LU

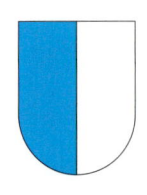

Luzern

Parlament:
Kantonsrat
120 Mitglieder (P)

Regierung:
Regierungsrat
5 Mitglieder (M)

Eidg. Räte:
10 Nationalräte (P)
2 Ständeräte (M)

1815 NE

Neuenburg

Parlament:
Grand Conseil
115 Mitglieder (P)

Regierung:
Conseil d'État
5 Mitglieder (M)

Eidg. Räte:
5 Nationalräte (P)
2 Ständeräte (P)

1291 NW

Nidwalden

Parlament:
Landrat
60 Mitglieder (P)

Regierung:
Regierungsrat
7 Mitglieder (M)

Eidg. Räte:
1 Nationalrat (M)
1 Ständerat (M)

1291 OW

Obwalden

Parlament:
Kantonsrat
55 Mitglieder (P)

Regierung:
Regierungsrat
5 Mitglieder (M)

Eidg. Räte:
1 Nationalrat (M)
1 Ständerat (M)

2.2. Institutionen

1803 SG

Sankt Gallen
Parlament:
Kantonsrat
120 Mitglieder (P)

Regierung:
Regierung
7 Mitglieder (M)

Eidg. Räte:
12 Nationalräte (P)
2 Ständeräte (M)

1501 SH

Schaffhausen
Parlament:
Kantonsrat
60 Mitglieder (P)

Regierung:
Regierungsrat
5 Mitglieder (M)

Eidg. Räte:
2 Nationalräte (P)
2 Ständeräte (M)

1291 SZ

Schwyz
Parlament:
Kantonsrat
100 Mitglieder (P)

Regierung:
Regierungsrat
7 Mitglieder (M)

Eidg. Räte:
4 Nationalräte (P)
2 Ständeräte (M)

1481 SO

Solothurn
Parlament:
Kantonsrat
100 Mitglieder (P)

Regierung:
Regierungsrat
5 Mitglieder (M)

Eidg. Räte:
7 Nationalräte (P)
2 Ständeräte (M)

1803 TI

Tessin
Parlament:
Gran Consiglio
90 Mitglieder (P)

Regierung:
Consiglio di Stato
5 Mitglieder (P)

Eidg. Räte:
8 Nationalräte (P)
2 Ständeräte (M)

1803 TG

Thurgau
Parlament:
Grosser Rat
130 Mitglieder (P)

Regierung:
Regierungsrat
5 Mitglieder (M)

Eidg. Räte:
6 Nationalräte (P)
2 Ständeräte (M)

1291 UR

Uri
Parlament:
Landrat
64 Mitglieder (P)

Regierung:
Regierungsrat
7 Mitglieder (M)

Eidg. Räte:
1 Nationalrat (M)
2 Ständeräte (M)

1803 VD

Waadt
Parlament:
Grand Conseil[2]
150 Mitglieder (P)

Regierung:
Conseil d'État[2]
7 Mitglieder (M)

Eidg. Räte:
18 Nationalräte (P)
2 Ständeräte (M)

1815 VS

Wallis
Parlament:
Grosser Rat
130 Mitglieder (P)

Regierung:
Staatsrat
5 Mitglieder (M)

Eidg. Räte:
7 Nationalräte (P)
2 Ständeräte (M)

1352 ZG

Zug
Parlament:
Kantonsrat
80 Mitglieder (P)

Regierung:
Regierungsrat
7 Mitglieder (P)

Eidg. Räte:
3 Nationalräte (P)
2 Ständeräte (M)

1351 ZH

Zürich
Parlament:
Kantonsrat
180 Mitglieder (P)

Regierung:
Regierungsrat
7 Mitglieder (M)

Eidg. Räte:
34 Nationalräte (P)
2 Ständeräte (M)

Legende:

* Bundeseintritt

M = Majorzwahlverfahren
P = Proporzwahlverfahren

Normalerweise beträgt die Amtsdauer für die Kantonsparlamente und für die Kantonsregierungen bis zur nächsten Wahl 4 Jahre. Ausnahmen sind:
[1] 1-jährige Amtsdauer
[2] 5-jährige Amtsdauer

2.2. Institutionen

Die Gemeinden

Gemeinde: *Kleinstes Element (Zelle) des schweizerischen Bundesstaates*

Am 1.1.2012 zählte die Schweiz 2495 selbständige Gemeinden. Der Begriff «Gemeinde» umfasst Städte wie Dörfer. Erreicht eine Gemeinde 10 000 Einwohner, wird sie Stadt genannt.

1990 lebten in der Schweiz über 60% der Bevölkerung in Städten.

■ Gemeindebehörden

Jede Gemeinde verfügt im Rahmen der Bundes- und der Kantonsverfassung über eine eigene Gemeindeordnung (eine Art Gemeindeverfassung), in der sie Aufgaben selbständig regeln darf. Diese Selbständigkeit wird **Gemeindeautonomie** genannt (BV 50).

Gemeindeparlament	Gemeinderegierung	Schlichtungsbehörde
– In kleineren Gemeinden treffen sich die Stimmberechtigten zur Gemeindeversammlung. – In grösseren Gemeinden wählen die Stimmberechtigten im Proporzwahlverfahren ihre Vertretung in den Einwohnerrat/Grosser Gemeinderat/Grosser Stadtrat.	Gemeinderat/Kleiner Stadtrat Die Stimmberechtigten wählen die Gemeinderegierung normalerweise im Majorzwahlverfahren.	Friedensrichter/Vermittler – Zwei oder mehr Gemeinden können sich zu einem einzigen Friedensrichterkreis zusammenschliessen. – Bevor im Zivilrecht Klage beim Gericht eingereicht werden darf, muss in der Regel obligatorisch ein Schlichtungsverfahren durchgeführt werden.
Aufgaben – Beschlüsse über Ausgaben (Strassenbau, Bau von Schulhäusern, Sportanlagen usw.) – Genehmigung von Gemeindebudget und Rechnung – Wahlen – Festsetzung der Gemeindesteuern	**Aufgaben** – Führung der Gemeindeverwaltung – Ausführung der Beschlüsse der Gemeindeversammlung bzw. des Einwohnerrates/Grossen Gemeinderates/Grossen Stadtrates	**Aufgaben** – Schlichtungsversuch bei Streitigkeiten – Wenn keine Einigung: Klagebewilligung für die erste Gerichtsinstanz – Entscheidungsbefugnis bei Streitsachen im Wert bis CHF 2000.–

In Gemeinden mit Gemeindeversammlung ist die Demokratie sehr direkt verwirklicht. Die Bürgerinnen und Bürger haben die Möglichkeit, offen über Sachgeschäfte zu diskutieren und dann darüber zu befinden. Meist bestimmen sie die Mitglieder des Gemeinderates oder des Stadtrates mit dem Wahlzettel und oft mit dem Handmehr die Mitglieder der Schulpflege und der Kommissionen. Mit all diesen Personen stehen sie in direktem Kontakt und können sich eine eigene Meinung über deren Fähigkeiten bilden. Daher ist es möglich, dass parteiunabhängige Kandidaten, die starke Persönlichkeiten sind, in Gemeindeämter gewählt werden.

→ www.verlag-fuchs.ch/staat

2.3. Rechtsetzung / Rechte und Pflichten

Die Rangordnung der Rechtserlasse

■ Verfassung (Bundesverfassung)

Verfassung: *Grundgesetz eines Staates, welches die Grundordnung, wie der Staat aufgebaut ist, sowie die Grundregeln des Zusammenlebens enthält. Die Verfassung bildet auch die Grundlage für die Schaffung von Gesetzen.*

Bundesebene
Änderungen oder Ergänzungen der Bundesverfassung müssen in jedem Fall von Volk und Ständen (Kantonen) gutgeheissen werden (BV 195).

Kantonsebene
Jeder Kanton hat seine eigene Kantonsverfassung, deren Inhalt aber der Bundesverfassung nicht widersprechen darf. Änderungen oder Ergänzungen müssen nach der Zustimmung durch die jeweilige Kantonsbevölkerung noch von National- und Ständerat gutgeheissen werden (BV 51).

■ Gesetz

Gesetz: *Vom Parlament erlassene nähere Ausführung zu einer Verfassungsbestimmung. Das Gesetz enthält Rechte und Pflichten, Gebote und Verbote.*

Bundesebene
Ein Gesetz wird von National- und Ständerat beschlossen. Das Volk (mittels 50 000 Unterschriften) oder 8 Kantone können danach das fakultative Referendum ergreifen und eine Volksabstimmung erzwingen (BV 141).
Allein das Volksmehr entscheidet, ob das Gesetz angenommen oder abgelehnt wird.

Beispiele von Gesetzen auf Bundesebene sind: ZGB, OR, StGB, SVG, ArG

Kantonsebene
Kantonale Gesetze werden vom jeweiligen Kantonsparlament (Grosser Rat/Kantonsrat/Landrat) erlassen. Da das Kantonsparlament aber nur aus 1 Kammer besteht, erfolgt bei der Beratung eine 1. und zu einem späteren Zeitpunkt eine 2. Lesung, in der dann unter Umständen Änderungsvorschläge aus der 1. Lesung berücksichtigt werden.

Gemeindeebene
Hier spricht man von Reglementen. Das sind Erlasse, die Gesetzescharakter haben.
Beispiele: Organisationsreglement, Kehrichtreglement, Baureglement, Kanalisationsreglement

■ Verordnung

Verordnung: *Verordnungen sind untergeordnete Erlasse, die Recht setzen und die nicht dem Referendum unterstehen. Sie bedürfen einer gesetzlichen Grundlage.*

Bundesebene
Verordnungen werden vom Bundesrat (das ist der Normalfall, BV 182) oder ausnahmsweise vom Parlament selbst (BV 163) erlassen.

Kantonsebene
Neben dem Begriff «Verordnung» wird auf Kantonsebene auch der Begriff «Dekret» verwendet.

2.3. Rechtsetzung / Rechte und Pflichten

Die Entstehung eines Gesetzes (Schematische Darstellung)

1. Anstoss zur Gesetzgebung

Anstoss indirekt
- Interessengruppen
- Kantone
- Medien

Anstoss direkt / Auslösung
- Parlamentsmitglieder mittels Motion
- Bundesrat

→ **CiviCampus**
→ www.verlag-fuchs.ch/staat

2. Vorparlamentarische Phase

Vorentwurf
Verwaltung arbeitet ihn zusammen mit Fachleuten aus.

Vernehmlassung
Die Verfassung schreibt vor, dass der Vorentwurf
– den Kantonen
– den Parteien
– den Verbänden
– und weiteren interessierten Kreisen
zur Stellungnahme geschickt werden muss.

Behandlung im Bundesrat
Definitiver Entwurf wird erstellt.
Der Bundesrat erlässt die Botschaft ans Parlament.
Die Botschaft umfasst den definitiven Entwurf sowie Erklärungen dazu.

Gesetze können auch ohne das Mitwirken der Verwaltung und des Bundesrates entstehen, und zwar wenn es sich um eine parlamentarische Initiative handelt.

Solche Entwürfe werden direkt den Räten zur Behandlung vorgelegt. Der Bundesrat kann dazu Stellung nehmen.

3. Parlamentarische Phase

Behandlung im Erstrat* z.B. Nationalrat
– vorberatende Kommission Erstrat
– Beratung im Erstrat
– Entscheid im Erstrat

Behandlung im Zweitrat z.B. Ständerat
– vorberatende Kommission Zweitrat
– Beratung im Zweitrat
– Entscheid im Zweitrat

evtl. Differenzbereinigung
Bestehen zwischen den beiden Räten Differenzen, so beschränkt sich die Differenzbereinigung auf die strittigen Punkte. Das Verfahren wird bis zur Einigung wiederholt, notfalls findet eine Einigungskonferenz statt.

Schlussabstimmung
Erfolgt im National- und im Ständerat gleichzeitig.

*Die Präsidenten der beiden Kammern legen in eigener Kompetenz fest, welcher Rat welche Geschäfte als Erstrat bzw. als Zweitrat behandelt.

4. Nachparlamentarische Phase

a) Obligatorische Abstimmung
betrifft die Bundesverfassung

Annahme
Volk und Stände stimmen zu.

b) Fakultative Abstimmung
betrifft Gesetze

Annahme
Das Gesetz wir im Bundesblatt veröffentlicht.
a) Referendum wird nicht ergriffen oder kommt nicht zustande.
b) Referendum wird von mind. 50 000 Stimmberechtigten oder von 8 Kantonen innerhalb von 100 Tagen ergriffen und es kommt zustande. Das Volk stimmt dem neuen Gesetz zu.

Inkrafttreten

Änderung der Bundesverfassung:
Sie tritt mit der Annahme durch Volk und Stände sofort in Kraft.

Gesetz:
Der Bundesrat setzt das Gesetz auf einen bestimmten Zeitpunkt in Kraft (häufig auf den 1. Januar).

Das Referendum

> **Referendum:** *Das Recht des Volkes, über wichtige Beschlüsse des Parlaments selber an der Urne endgültig zu entscheiden.*
> *Referendum ist eigentlich nur ein anderes Wort für Volksabstimmung.*

Das Volk hat zwei Möglichkeiten, bei der Gesetzgebung mitzuentscheiden:
– Mittels Stillschweigen signalisiert das Volk seine Zustimmung zu einem vom Parlament beschlossenen Gesetz.
– Mithilfe des fakultativen Referendums erzwingt das Volk eine Abstimmung über ein vom Parlament beschlossenes Gesetz (siehe unten die Bedingungen).

■ Das fakultative Referendum (BV 141)

Fakultatives Gesetzesreferendum (eingeführt 1874)
Das fakultative Referendum, auch Gesetzesreferendum genannt, setzt den Willen gewisser Bevölkerungsgruppen voraus, durch das Sammeln von Unterschriften eine Abstimmung über ein vom Parlament beschlossenes Gesetz zu verlangen.

Fakultatives Staatsvertragsreferendum (eingeführt 1921)
Gegen völkerrechtliche Verträge, die wichtige Recht setzende Bestimmungen enthalten oder deren Umsetzung den Erlass von Bundesgesetzen erfordert, können 50 000 Stimmberechtigte oder 8 Kantone innerhalb von 100 Tagen das fakultative Referendum ergreifen, auch fakultatives «Staatsvertragsreferendum» genannt.

■ Bedingungen

– Innerhalb von 100 Tagen – gerechnet ab Veröffentlichung im Bundesblatt – müssen mindestens 50 000 Stimmberechtigte (ab 18 Jahren) das Begehren unterschreiben.
Innerhalb dieser Frist von 100 Tagen muss auch die Stimmrechtsbescheinigung erfolgen, d.h. auf den Gemeindekanzleien müssen die Unterschriften auf ihre Rechtmässigkeit überprüft werden. Gültig sind also nur jene Unterschriften, die spätestens am 100. Tag bei der Bundeskanzlei eingetroffen sind, mitsamt den Stimmrechtsbescheinigungen der Gemeinden.
– Innerhalb der gleichen Frist können auch 8 Kantone verlangen, dass ein vom eidgenössischen Parlament verabschiedetes Gesetz vor das Volk kommen muss.
– Auf einem Unterschriftenbogen dürfen nur Stimmberechtigte unterschreiben, die in der auf dem Bogen bezeichneten Gemeinde wohnen. (Stimmberechtige müssen das Schweizer Bürgerrecht haben, volljährig und urteilsfähig sein.)
– Die stimmberechtigte Person muss ihren Namen, Vornamen, das Geburtsdatum und die Wohnadresse handschriftlich und leserlich (möglichst in Blockschrift) auf die Unterschriftenliste schreiben sowie zusätzlich die eigenhändige Unterschrift beifügen (Art. 61, Bundesgesetz über die politischen Rechte).
– Wer Unterschriften fälscht, streicht oder wer mehrfach unterschreibt, macht sich strafbar.

Das Volksmehr allein gibt den Ausschlag über die Annahme oder Ablehnung des Referendums. Abgestimmt wird aber immer über die Rechtsänderung, d.h. wer für die Neuerung ist, muss mit «Ja» stimmen, wer opponiert und das geltende Recht beibehalten will, muss ein «Nein» in die Urne legen.

Wird die Gesetzesänderung vom Volk gutgeheissen, setzt sie in der Regel der Bundesrat auf ein von ihm bestimmtes Datum in Kraft.

→ CiviCampus
→ www.verlag-fuchs.ch/staat

2.3. Rechtsetzung / Rechte und Pflichten

■ Das obligatorische Referendum (BV 140)

Wir unterscheiden zwischen dem obligatorischen Verfassungsreferendum und dem obligatorischen Staatsvertragsreferendum:

Obligatorisches Verfassungsreferendum (eingeführt 1848)
Beschliesst das eidgenössische Parlament von sich aus Änderungen oder Ergänzungen in der Bundesverfassung, müssen die Stimmberechtigten auf jeden Fall darüber entscheiden. Wie immer, wenn die Bundesverfassung geändert oder ergänzt werden soll, ist bei der Abstimmung das doppelte Mehr erforderlich, also das Volks- und das Ständemehr. Nehmen Volk und Stände einen Verfassungsartikel an, tritt er in der Regel sofort in Kraft.

Obligatorisches Staatsvertragsreferendum (eingeführt 1977)
Der Beitritt zu einer internationalen Organisation (z.B. EU, siehe S. 231 ff.) hat den Rang einer Verfassungsänderung. Bei allen Verfassungsänderungen müssen die Stimmberechtigten obligatorisch zur Urne gerufen werden. Für die Zustimmung ist daher das doppelte Mehr erforderlich.

■ Das Referendum, ein gewichtiges Volksrecht

Betrachtet man die Möglichkeit der Einflussnahme bei der Entstehung eines Gesetzes (siehe S. 203), stellt man Folgendes fest:

Unterschiedlichste Gruppierungen können mehrfach (in verschiedensten Phasen) auf das neu zu schaffende Gesetz Einfluss nehmen. Im politischen Alltag wird dieser Einfluss oft massiv ausgeübt. Schon die blosse Drohung einer starken Gruppe, das Referendum zu ergreifen, kann bewirken, dass das Gesetz geändert wird. Aus Furcht, das Gesetz werde zur Abstimmung gebracht und dort vom Volk abgelehnt, werden laufend Kompromisse geschlossen. Manchmal spricht man davon, das Parlament habe dem Gesetz die «Zähne gezogen».

Daraus kann auch der Schluss gezogen werden: Das Referendum ist ein gewichtiges, aber auch folgenschweres politisches Recht.

2.3. Rechtsetzung / Rechte und Pflichten

Die Initiative (auf Bundesebene)

> **Initiative (auch Volksinitiative genannt, BV 139):** *Das Recht des Volkes, neue Artikel und/oder die Änderung oder die Aufhebung bestehender Artikel in der Bundesverfassung anzuregen.*
> **Dieses** *Recht auf Teilrevision der Bundesverfassung besteht seit dem Jahre 1891.*

Auf Bundesebene gibt es zwei Möglichkeiten, eine Volksinitiative einzureichen:

■ Formulierte Initiative

Der genaue Wortlaut des Textes – von den Initianten verfasst – liegt vor. Dies ist der Normalfall (in weit über 95% der Fälle).

■ Allgemeine Anregung

Der genaue Wortlaut des Verfassungstextes fehlt.
Nach Annahme der allgemeinen Anregung durch das Parlament oder das Volk formuliert in der Regel der Bundesrat den konkreten Textentwurf. Es gibt zwei Möglichkeiten:

a) Das Parlament kann den Textvorschlag des Bundesrates unverändert verabschieden und ihn Volk und Ständen zur Annahme empfehlen.
b) Das Parlament kann den Text des Bundesrates abändern. Zur Abstimmung gelangt dann nur der vom Parlament beschlossene Text.

Volk und Stände entscheiden an der Urne über Annahme oder Ablehnung aller ausformulierten Verfassungsänderungen.
Von der allgemeinen Anregung wird äusserst selten Gebrauch gemacht. Seit Inkrafttreten der neuen Bundesverfassung im Jahre 2000 wurde noch nie davon Gebrauch gemacht.

■ Bedingungen

- Innert 18 Monaten – ab Veröffentlichung im Bundesblatt – müssen mindestens 100 000 Stimmberechtigte (ab 18 Jahren) das Begehren unterschreiben.
- Initiativen:
    a) müssen die «Einheit der Materie» (BV 139³) wahren; das heisst, eine Initiative darf nur ein Ziel anstreben. (Im Jahre 1995 haben National- und Ständerat die Initiative der SP «Für weniger Militärausgaben und mehr Friedenspolitik» für ungültig erklärt mit der Begründung, die Verknüpfung von Militär- mit Sozialausgaben verletze das Prinzip der «Einheit der Materie».) und
    b) dürfen nicht gegen zwingende Bestimmungen des Völkerrechts verstossen (BV 139³).

Wird eine dieser beiden Bedingungen verletzt, erklärt die Bundesversammlung die Initiative für ganz oder für teilweise ungültig.
- Die Initiative muss eine Klausel enthalten, die bestimmt, wer das Volksbegehren zurückziehen kann (Bundesgesetz über die politischen Rechte BPR 73a).
- Bei der Abstimmung über eine formulierte Verfassungsinitiative braucht es in jedem Falle das Volks- und das Ständemehr (BV 139a⁴ und 142).
- Auf einem Unterschriftenbogen dürfen nur Stimmberechtigte unterschreiben, die in der auf dem Bogen bezeichneten Gemeinde wohnen. (Stimmberechtigte müssen das Schweizer Bürgerrecht haben, volljährig und urteilsfähig sein.)
- Die Unterschriftenliste muss von Hand ausgefüllt und unterschrieben werden.
- Wer Unterschriften fälscht, streicht oder wer mehrfach unterschreibt, macht sich strafbar.

→ CiviCampus
→ www.verlag-fuchs.ch/staat

2.3. Rechtsetzung / Rechte und Pflichten

◾ Prüfung der Unterschriften

– Die Gemeinden prüfen, ob die Unterzeichnenden stimmberechtigt sind.
– Danach stellt die Bundeskanzlei fest, ob die Anzahl der erforderlichen gültigen Unterschriften erreicht worden ist.

◾ Das Verfahren bei der formulierten Initiative

Sind die erforderlichen Unterschriften zustande gekommen:

1. Schritt: Der Bundesrat	2. Schritt: National- und Ständerat	3. Schritt: Volk und Stände
unterbreitet National- und Ständerat Botschaft und Antrag. Er empfiehlt:	empfehlen dem Volk:	entscheiden an der Urne. Wird die Initiative oder ein allfälliger Gegenentwurf angenommen, dann tritt sie bzw. er in der Regel sofort in Kraft.
der Initiative zustimmen oder	**der Initiative zustimmen** oder	
die Initiative ohne Alternativvorschlag ablehnen oder	**die Initiative ohne Alternativvorschlag ablehnen** oder	
dem vom Bundesrat ausgearbeiteten Gegenentwurf zustimmen	**dem vom Bundesrat oder vom Parlament ausgearbeiteten Gegenentwurf zustimmen**	

Nach Einreichung einer Volksinitiative haben Bundesrat und Parlament 30 Monate Zeit für deren Behandlung: 12 Monate stehen dem Bundesrat und 18 Monate den beiden Räten zur Verfügung. Der Bundesrat muss Volksinitiativen innert 10 Monaten nach der Schlussabstimmung in den Räten Volk und Ständen unterbreiten.

◾ Das doppelte Ja

Gemäss BV 139[6] ist es erlaubt, in einer Doppelabstimmung sowohl zur Initiative als auch zum Gegenentwurf Ja zu sagen. Mit der Stichfrage wird ermittelt, welchen der beiden Texte die Stimmberechtigten vorziehen.
Falls Volk und Ständen nebst der Initiative ein Gegenentwurf unterbreitet wird, sieht der Stimmzettel wie folgt aus:

SCHWEIZERISCHE EIDGENOSSENSCHAFT, VOLKSABSTIMMUNG VOM...

Antwort: «Ja» oder «Nein»
1. Wollen Sie die Volksinitiative «...» annehmen? ☐

Antwort: «Ja» oder «Nein»
2. Wollen Sie den Gegenentwurf der Bundesversammlung vom ... annehmen? ☐

Antwort: Gewünschtes im betreffenden Feld ankreuzen. So: ☒

3. Stichfrage: Falls sowohl die Volksinitiative «...» als auch der Gegenentwurf von Volk und Ständen angenommen werden: Soll die Volksinitiative oder der Gegenentwurf in Kraft treten?

Initiative ☐   Gegenentwurf ☐

NB: Die Fragen 1 und 2 können beide mit «Ja» oder «Nein» beantwortet werden.
Bei Frage 3 darf nur ein Feld angekreuzt werden, sonst gilt die Frage als nicht beantwortet.

2.3. Rechtsetzung / Rechte und Pflichten

Vorstösse aus dem Parlament

■ **Vorstösse aus dem Parlament**
(Gesetzes- und Verfassungsbeschlüsse)

Motion
wird von National- und Ständerat überwiesen

Bundesrat

Departement
– arbeitet den Vorentwurf aus, schickt ihn in die Vernehmlassung und wertet danach die Vernehmlassung aus;
– arbeitet die Botschaft aus

Parlament
– Beratung in den Kommissionen beider Räte, danach
– Beratung in den Räten selbst
– evtl. Differenzbereinigungsverfahren

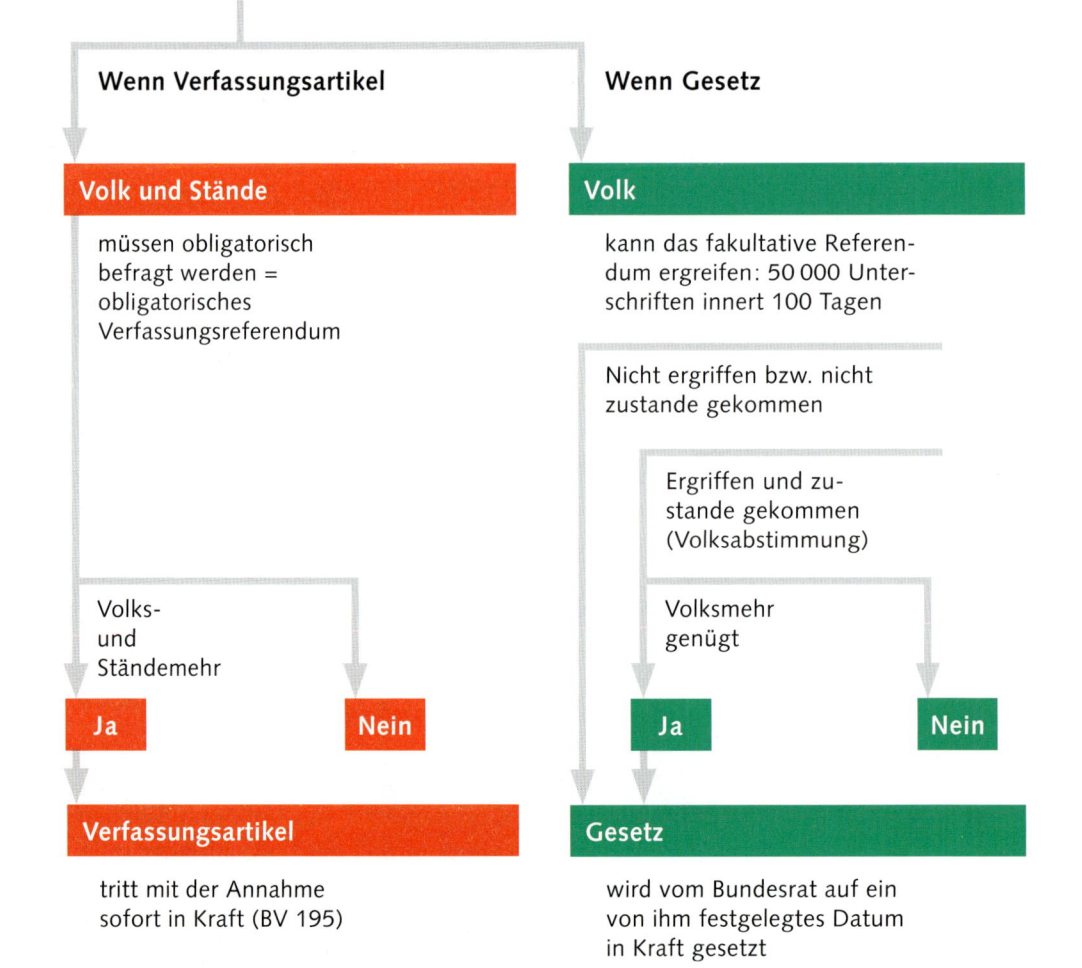

Wenn Verfassungsartikel

Volk und Stände
müssen obligatorisch befragt werden = obligatorisches Verfassungsreferendum

Volks- und Ständemehr

Ja / **Nein**

Verfassungsartikel
tritt mit der Annahme sofort in Kraft (BV 195)

Wenn Gesetz

Volk
kann das fakultative Referendum ergreifen: 50 000 Unterschriften innert 100 Tagen

Nicht ergriffen bzw. nicht zustande gekommen

Ergriffen und zustande gekommen (Volksabstimmung)

Volksmehr genügt

Ja / **Nein**

Gesetz
wird vom Bundesrat auf ein von ihm festgelegtes Datum in Kraft gesetzt

Vorstoss aus dem Volk

■ **Vorstoss aus dem Volk**

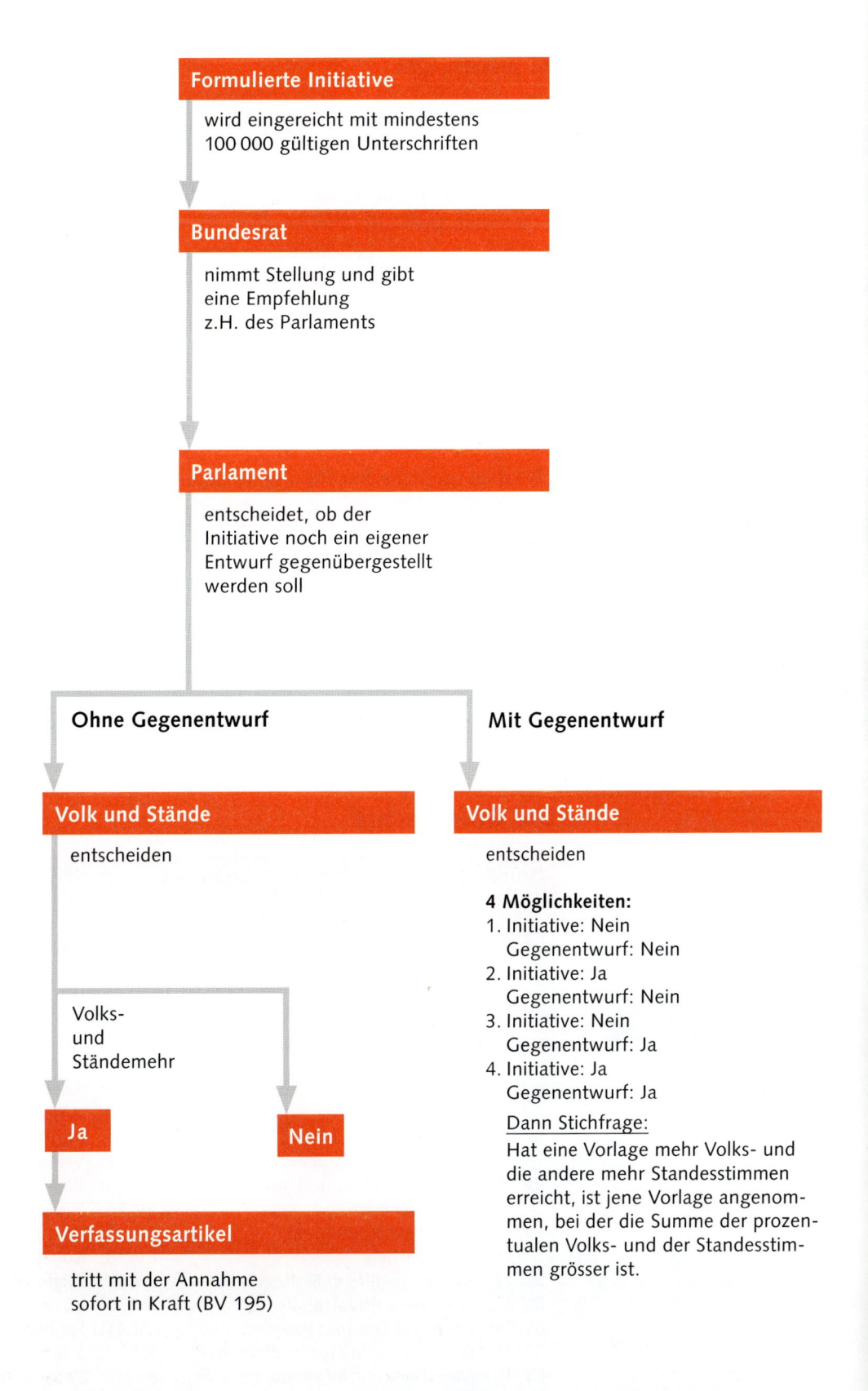

Formulierte Initiative

wird eingereicht mit mindestens 100 000 gültigen Unterschriften

↓

Bundesrat

nimmt Stellung und gibt eine Empfehlung z.H. des Parlaments

↓

Parlament

entscheidet, ob der Initiative noch ein eigener Entwurf gegenübergestellt werden soll

Ohne Gegenentwurf

Volk und Stände

entscheiden

Volks- und Ständemehr

Ja → **Verfassungsartikel**

tritt mit der Annahme sofort in Kraft (BV 195)

Nein

Mit Gegenentwurf

Volk und Stände

entscheiden

4 Möglichkeiten:
1. Initiative: Nein
   Gegenentwurf: Nein
2. Initiative: Ja
   Gegenentwurf: Nein
3. Initiative: Nein
   Gegenentwurf: Ja
4. Initiative: Ja
   Gegenentwurf: Ja

<u>Dann Stichfrage:</u>
Hat eine Vorlage mehr Volks- und die andere mehr Standesstimmen erreicht, ist jene Vorlage angenommen, bei der die Summe der prozentualen Volks- und der Standesstimmen grösser ist.

Es gibt noch die «Allgemeine Anregung» (siehe S. 206). Sie hat aber kaum praktische Bedeutung.

Einteilung der Freiheiten und Rechte (gemäss BV)

■ Die politischen Rechte

Politische Rechte: *Sie räumen Staatsbürgerinnen und Staatsbürgern das Recht ein, im Staat mitzuentscheiden und mitzuwirken.*

Voraussetzungen
Man muss:
– im Besitz des Schweizer Bürgerrechts,
– urteilsfähig und volljährig (18-jährig) sein.

Die politischen Rechte kann nicht ausüben, wer:
– dauerhaft urteilsunfähig ist oder
– durch eine vorsorgebeauftragte Person vertreten wird (siehe S. 65).

BV 34/39/136: Stimm- und Wahlrecht
BV 138/139: Initiativrecht
BV 141: Referendumsrecht

■ Die staatsbürgerlichen Rechte

Staatsbürgerliche Rechte: *Freiheiten und Rechte, die vorab den Schweizer Bürgerinnen und Bürgern vorbehalten sind.*

Voraussetzung
Man muss im Besitz des Schweizer Bürgerrechts sein.

Die drei untenstehenden Artikel beginnen mit: «Schweizerinnen und Schweizer ...» bzw. «Schweizer Bürgerin und Schweizer Bürger ...»

BV 24: Niederlassungsfreiheit
BV 25: Schutz vor Ausweisung, Auslieferung, Ausschaffung
BV 37: Bürgerrechte

■ Die Grundrechte

Grundrechte: *Freiheiten und Rechte, die jede Person für sich beanspruchen kann, unabhängig von der Nationalität, dem Geschlecht, der Sprache, der Religion, der Hautfarbe, der Bildung usw.*

Es sind die grundlegendsten Freiheiten und Rechte eines Menschen, daher auch Menschenrechte genannt. Dafür braucht es keine Voraussetzungen. Allen Menschen stehen diese Rechte zu.

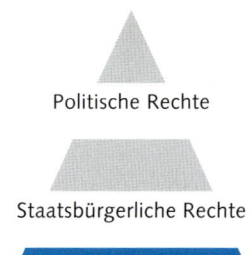

BV 7: Menschenwürde	BV 19: Anspruch auf Grundschulunterricht
BV 8: Rechtsgleichheit	BV 20: Wissenschaftsfreiheit
BV 9: Schutz vor Willkür und Wahrung von Treu und Glauben	BV 21: Kunstfreiheit
	BV 22: Versammlungsfreiheit
BV 10: Recht auf Leben und auf persönliche Freiheit	BV 23: Vereinigungsfreiheit
	BV 26: Eigentumsgarantie
BV 11: Schutz der Kinder und Jugendlichen	BV 27: Wirtschaftsfreiheit
	BV 28: Koalitionsfreiheit
BV 12: Recht auf Hilfe in Notlagen	BV 29: Allgemeine Verfahrensgarantien
BV 13: Schutz der Privatsphäre	BV 30: Gerichtliche Verfahren
BV 14: Recht auf Ehe und Familie	BV 31: Freiheitsentzug
BV 15: Glaubens- und Gewissensfreiheit	BV 32: Strafverfahren
BV 16: Meinungs- und Informationsfreiheit	BV 33: Petitionsrecht
BV 17: Medienfreiheit	BV 35: Verwirklichung der Grundrechte
BV 18: Sprachenfreiheit	BV 36: Einschränkungen von Grundrechten

2.3. Rechtsetzung / Rechte und Pflichten

Die politischen Rechte

Politische Rechte

Staatsbürgerliche Rechte

Grundrechte

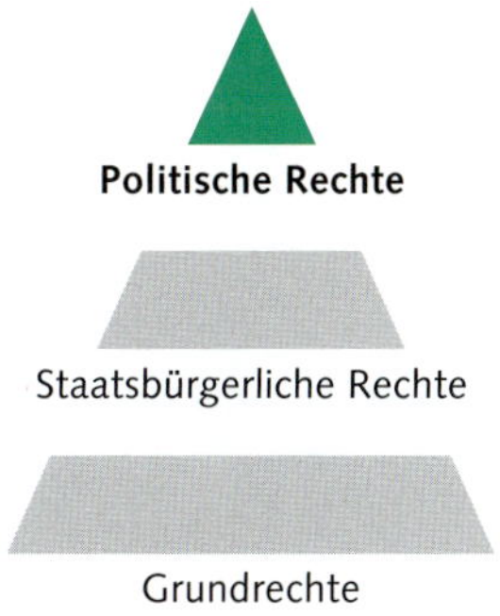

■ BV 34: Politische Rechte

Die politischen Rechte (Stimm- und Wahlrecht, Initiativrecht und Referendumsrecht) sind garantiert. Diese Garantie umfasst:
- die Garantie der geheimen Stimmabgabe
- den Anspruch auf korrekte Formulierung der Abstimmungsfragen
- den Anspruch auf Wahrung der Einheit der Materie
- den Anspruch auf korrekte und zurückhaltende Information durch die Behörden im Vorfeld von Wahlen und Abstimmungen
- das Recht der Bürgerinnen und Bürger, dass kein Wahl- oder Abstimmungsresultat anerkannt wird, das
   - den freien Willen der Stimmenden nicht zuverlässig ausdrückt.
      (*Beispiel:* vorzeitig unbefugte Urnenöffnung und «Durchsickern» des Wahltrends, die zur Mobilisierung der Wählerschaft unterliegender Parteien genutzt werden können) und
   - den freien Willen der Stimmenden verfälscht ausdrückt.
      (*Beispiele:* Urnendiebstahl; Auswechseln von eingeworfenen Stimmzetteln)

Hinweis: Die Bestimmungen über die Zuständigkeit im Bereich des kantonalen Stimm- und Wahlrechts finden sich in Artikel 39 BV, diejenigen über das Stimm- und Wahlrecht auf eidgenössischer Ebene in Artikel 136 BV.

Einschränkungen
- Kantonales oder kommunales Recht kann vorsehen, dass Wahlen oder Abstimmungen an Versammlungen (Landsgemeinde, Gemeindeversammlung) nicht geheim durchgeführt werden.
- Es ist verboten, dass von privater Seite (besonders den Medien) die freie Willensbildung der Bürgerinnen und Bürger beeinflusst wird durch irreführende Angaben, die so spät vorgebracht werden, dass sie nicht mehr widerlegt werden können.

Politische Rechte
- BV 136 Stimm- und Wahlrecht (siehe S. 162)
- BV 138 / 139 Initiativrecht (siehe S. 206 f.)
- BV 141 Referendumsrecht (siehe S. 204 f.)

2.3. Rechtsetzung / Rechte und Pflichten

Die staatsbürgerlichen Rechte

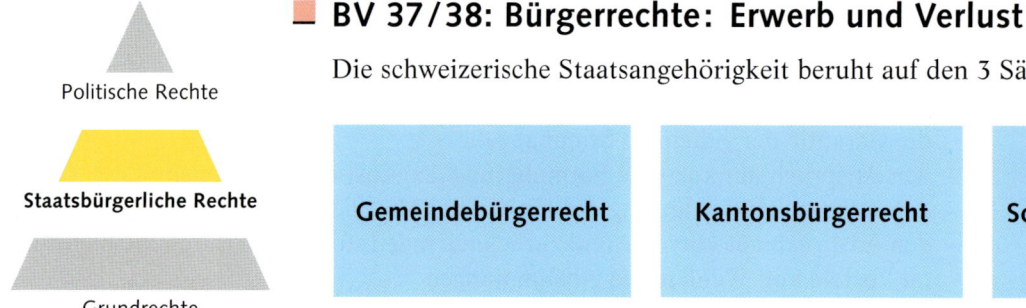

Politische Rechte

Staatsbürgerliche Rechte

Grundrechte

■ BV 37/38: Bürgerrechte: Erwerb und Verlust

Die schweizerische Staatsangehörigkeit beruht auf den 3 Säulen:

| Gemeindebürgerrecht | Kantonsbürgerrecht | Schweizer Bürgerrecht |

Erwerb

Abstammung und Adoption

a) Das Schweizer Bürgerrecht erhalten Kinder, wenn mindestens eines der Eltern im Besitze des Schweizer Bürgerrechts ist, und zwar unabhängig davon, ob die Eltern miteinander verheiratet sind oder nicht.

b) Das Kind einer unverheirateten Ausländerin erhält das Schweizer Bürgerrecht aber nur, wenn der Vater Schweizer ist und er das Kindesverhältnis anerkannt hat oder das Kindesverhälnis gerichtlich festgestellt worden ist.

Ordentliche Einbürgerung (auf Gesuch hin!)

a) Wer eingebürgert werden will, muss 12 Jahre in der Schweiz gewohnt haben.

b) Es wird geprüft, ob diese Person
- sich in die schweizerischen Verhältnisse eingegliedert hat (soziale Integration);
- mit den schweizerischen Lebensgewohnheiten vertraut ist (kulturelle Integration);
- die schweizerische Rechtsordnung beachtet (guter Leumund!);
- die innere und äussere Sicherheit der Schweiz nicht gefährdet.

c) Die zwischen dem 10. und dem 20. Lebensjahr verbrachten Jahre in der Schweiz werden doppelt gezählt.

d) Kantone und Gemeinden stellen weitere Bedingungen auf (z.B. wie viele der 12 Jahre sich die einbürgerungswillige Person im Kanton bzw. in der Gemeinde aufgehalten haben muss).

e) Aufgrund des Einkommens bzw. des Vermögens muss eine Einkaufssumme bezahlt werden. Diese variiert von Kanton zu Kanton erheblich.

Erleichterte Einbürgerung (auf Gesuch hin)

Über eine erleichterte Einbürgerung entscheidet das Eidgenössische Justiz- und Polizeidepartement (EJPD).

a) Ausländerinnen und Ausländer erhalten nach der Heirat mit einem Schweizer bzw. einer Schweizerin auf Gesuch hin das Schweizer Bürgerrecht, wenn folgende drei Voraussetzungen erfüllt sind:
- Sie sind seit 3 Jahren verheiratet und leben mit ihren Partnerinnen bzw. ihren Partnern zusammen.
- Sie haben insgesamt während 5 Jahren in der Schweiz gelebt.
- Vor der Einreichung des Einbürgerungsgesuchs haben sie schon mindestens 1 Jahr in der Schweiz gewohnt.

b) Ist eine ausländische Person mit einer Schweizerin bzw. einem Schweizer verheiratet und lebt das Ehepaar im Ausland oder hat während der Ehe einige Zeit im Ausland gewohnt, so kann sich die ausländische Person erleichtert einbürgern lassen, wenn folgende Voraussetzungen erfüllt sind:
- Das Ehepaar ist seit 6 Jahren miteinander verheiratet und lebt zusammen.
- Die ausländische Person ist mit der Schweiz eng verbunden.

c) Eine Person, die aus dem Schweizer Bürgerrecht entlassen worden ist, kann ein Gesuch um Wiedereinbürgerung stellen, sofern sie seit einem Jahr hier wohnt.

d) BV 38[3] erleichtert die Einbürgerung staatenloser Kinder.

2.3. Rechtsetzung / Rechte und Pflichten

Verlust

Grundsatz
Schweizerinnen und Schweizer dürfen nicht staatenlos werden!

Adoption
Das minderjährige Kind, das von ausländischen Eltern adoptiert wird und dadurch deren Staatsangehörigkeit erwirbt, verliert das Schweizer Bürgerrecht, es sei denn, das Kindesverhältnis zu einem ehemals schweizerischen Elternteil bleibe nach der Adoption bestehen.

Geburt im Ausland
Das Kind eines schweizerischen Elternteils verliert das Schweizer Bürgerrecht, sofern es
– das Doppelbürgerrecht hat,
– im Ausland geboren ist und
– bis zum vollendeten 22. Altersjahr keiner schweizerischen Behörde im In- oder im Ausland gemeldet worden ist.

Verzicht (auf eigenes Begehren hin!)
Bedingungen:
– Man muss im Ausland leben und
– bereits im Besitz einer anderen Staatsangehörigkeit sein oder eine solche zugesichert erhalten haben.

Entzug
Bedingungen:
– Jemand muss im Ausland leben,
– das Doppelbürgerrecht besitzen und
– dem Ansehen der Schweiz schwer geschadet haben (z.B. Landesverrat, schweres Verbrechen).

Nichtigerklärung einer Einbürgerung
Ist die Einbürgerung durch falsche Angaben oder durch Verheimlichung von wichtigen Tatsachen erschlichen worden, kann die Einbürgerung innert 2 Jahren nachdem das Bundesamt davon Kenntnis erhalten hat, spätestens aber innert 8 Jahren nach dem Erwerb des Schweizer Bürgerrechts, für nichtig erklärt werden.

Kein Verlust des Schweizer Bürgerrechts mehr durch Heirat
Heiratet eine Schweizerin einen Ausländer, verliert sie das Schweizer Bürgerrecht nicht mehr.

ALSO, WER SEIN BROT IM FONDUE VERLIERT, WIRD NICHT EINGEBÜRGERT.

2.3. Rechtsetzung / Rechte und Pflichten

■ BV 24: Niederlassungsfreiheit

BV 24 garantiert ausdrücklich nur den Schweizerinnen und Schweizern das Recht, sich an irgendeinem Ort des Landes niederzulassen und aus der Schweiz aus- und jederzeit ungehindert wieder einzureisen. Daraus ergibt sich, dass Gemeinden und Kantone einerseits verpflichtet sind, Schweizer Staatsbürgerinnen und Staatsbürgern zu gestatten, sich auf ihrem Hoheitsgebiet niederzulassen. Andererseits ist es den Gemeinwesen untersagt, den Wegzug in eine andere Gemeinde oder in einen anderen Kanton zu verhindern oder zu erschweren.

Einschränkungen
- Ausländerinnen und Ausländern steht dieses Recht erst zu mit der Erteilung der Niederlassungsbewilligung (Ausweis C).
- Den der Asylgesetzgebung unterworfenen Ausländerinnen und Ausländern steht die Niederlassungsfreiheit nicht zu.
- Beamtinnen und Beamte sowie Lehrerinnen und Lehrer können verpflichtet werden, in jener Gemeinde zu wohnen, in deren Dienst sie stehen.
- Man muss sich innerhalb einer bestimmten Frist am neuen Wohnort anmelden. (Die Frist ist kantonal geregelt, im Kanton Luzern z. B. innert 10 Tagen.)

■ BV 25: Schutz vor Ausweisung, Auslieferung, Ausschaffung

1. Ausweisung bedeutet: Der Staat (ein Gericht) verpflichtet eine Person verbindlich, die Schweiz zu verlassen. Die Ausweisung ist regelmässig mit einem Rückkehrverbot verbunden. Es steht der Verwaltung aber frei, zu einem späteren Zeitpunkt eine Einreise wieder zu bewilligen.

Einschränkung
Schweizer Bürgerinnen und Bürger dürfen nicht aus der Schweiz gewiesen werden.

2. Auslieferung bedeutet: Eine ausländische Behörde ersucht die Schweiz, ihr eine Person aufgrund einer Strafverfolgung oder für den Strafvollzug auszuliefern.

Einschränkungen
- Gemäss Rechtshilfegesetz darf eine Auslieferung nur erfolgen, wenn Gewähr besteht, dass ein allfälliges Todesurteil nicht vollstreckt wird.
- Die Auslieferung straffälliger Personen mit Schweizer Bürgerrecht darf nur mit dem Einverständnis der betroffenen Person erfolgen. Gemäss StGB 6 werden straffällige Schweizerinnen und Schweizer, welche in der Schweiz für eine im Ausland begangene Tat verfolgt werden, in der Schweiz abgeurteilt und verbüssen hier ihre Strafe, sofern die Tat auch in der Schweiz strafbar ist.

3. Ausschaffung ist der zwangsweise Vollzug einer Ausweisung. (Bei Ausschaffung in denjenigen Staat, aus dem die Person in die Schweiz eingereist ist, spricht man von Rückschaffung.)

Einschränkungen
- Die Rückschaffung ist dann verboten, wenn einer Person Folter oder eine andere Art grausamer und unmenschlicher Behandlung oder Bestrafung droht.
- Flüchtlinge dürfen nicht in ein Land zurückgeschafft werden, in dem sie anschliessend verfolgt werden.

Die Grundrechte im Einzelnen

Politische Rechte

Staatsbürgerliche Rechte

Grundrechte

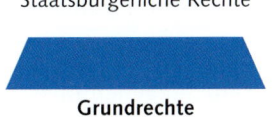

Die Menschen in der Schweiz haben eine Vielzahl von Freiheiten und Rechten. Diese sind aber nicht absolut zu verstehen. Damit nämlich jeder Mensch in grösstmöglicher Freiheit leben kann, müssen die Freiheiten und Rechte eingeschränkt werden.

BV 8: Rechtsgleichheit

Dieser Artikel besagt:
– dass alle Personen (ausländische und schweizerische) vor dem Gesetz gleich sind,
– dass Mann und Frau gleichberechtigt sind.
Keine Person darf aufgrund ihrer Herkunft, ihrer Rasse, ihres Geschlechts, ihres Alters, ihrer Sprache, ihrer sozialen Stellung, ihrer Lebensform, ihrer religiösen, weltanschaulichen oder politischen Überzeugung oder wegen einer körperlichen, geistigen oder psychischen Behinderung diskriminiert werden.

Erlaubte und unerlaubte Kriterien

Es geht vornehmlich um ein allgemeines Gleichbehandlungsgebot, und zwar gleiche Behandlung unter gleichen Voraussetzungen. Man kann nur «Gleiches» mit «Gleichem» vergleichen. «Ungleiches» muss «ungleich» behandelt werden.

BV 8 vermag nicht zu verhindern, dass die Kantone im Rahmen ihrer Selbständigkeit ungleiche Regelungen treffen.
Beispiele: Steuern, Bemessung von Stipendien.

Ausländerinnen und Ausländer haben auf Bundesebene keine politischen und nur eingeschränkt staatsbürgerliche Rechte.

BV 10: Recht auf Leben und auf persönliche Freiheit

– Das Recht auf Leben schützt vorab den Beginn des Lebens, auch wenn die Gesetzgebung und die Rechtsprechung die Frage, ab welchem Zeitpunkt die Schutzwirkung des Rechts beginnt, bis heute nicht allgemeingültig beantwortet haben.
– Bei der Frage, wann das Leben (und damit auch der verfassungsmässige Schutz) endet, stellt das Bundesgericht auf den Hirntod ab.
– Das Recht auf physische Integrität schützt jede Person gegen alle Angriffe auf den menschlichen Körper. Die Körperstrafe und die Todesstrafe in Kriegs- wie auch in Friedenszeiten sind ausnahmslos verboten. Die aktive Sterbehilfe ist in jedem Fall untersagt.
– Das Recht auf physische und psychische Freiheit hat besondere Bedeutung im Bereich der Inhaftierung und des Persönlichkeitsschutzes. Die persönliche Freiheit schliesst auch die Bewegungsfreiheit ein.
– Folter und grausame, unmenschliche oder erniedrigende Behandlungen stellen Eingriffe in die körperliche Integrität dar, die zum Kerngehalt der persönlichen Freiheit gehören.
– Es darf niemand aufgrund von Schulden inhaftiert werden.

Einschränkungen

– Rechtmässige Kriegshandlungen können zum Tod eines Menschen führen.
– Die Polizei kann, wenn es eine Gefahr abzuwenden gilt, im Extremfall den Tod eines Menschen rechtmässig in Kauf nehmen.
– Wer ohne Recht angegriffen oder unmittelbar mit einem Angriff bedroht wird, ist berechtigt, den Angriff abzuwehren (Notwehr, StGB 33).
– In der Schweiz niedergelassene Ausländerinnen und Ausländer sind in der Bewegungsfreiheit eingeschränkt. Sie können angehalten werden, die Schweiz zu verlassen. Andere Einschränkungen sind möglich, wenn die Rückführung nicht möglich ist (z.B. Internierung).

2.3. Rechtsetzung / Rechte und Pflichten

■ BV 13: Schutz der Privatsphäre

Privatleben bedeutet:
- den Anspruch jeder Person, vom Staat nicht an der freien Gestaltung ihres Lebens und ihres Verkehrs mit anderen Personen gehindert zu werden sowie
- die Respektierung eines persönlichen Geheimbereichs.

Das Privatleben ist nicht nur innerhalb privater oder geschlossener Räume geschützt, sondern auch im Freien oder in öffentlichen Räumen.

Die Achtung der Wohnung, des Brief-, des Post- und des Fernmeldegeheimnisses sowie des Datenschutzes werden ausdrücklich in der Verfassung erwähnt.

Staatliche Organe dürfen Personendaten nur bearbeiten, wenn dies notwendig ist, wenn die Bearbeitung zweckgebunden erfolgt und verhältnismässig ist. Der Schutz vor Missbrauch wird durch Einsichts- und Berichtigungsrechte der betroffenen Person sichergestellt.

Einschränkung
Richterliche Behörden dürfen aber etwa zur Aufdeckung von Straftaten anordnen, dass zum Beispiel der Briefverkehr oder Telefongespräche von Tatverdächtigen überwacht oder Wohnungen von der Polizei aufgebrochen werden.

■ BV 14: Recht auf Ehe und Familie

Jedermann darf heiraten und eine Familie gründen.
Das Recht auf Familiengründung schliesst das Recht ein, Kinder zu haben und zu erziehen, sowie das Recht, Kinder zu adoptieren.

Einschränkungen
- Heiratsfähig wird man erst mit dem Erreichen der Volljährigkeit, also mit dem vollendeten 18. Altersjahr, sofern man urteilsfähig ist.
- Als Ehehindernisse nennt ZGB 95 und 96: Verwandtschaft, Stiefkindverhältnis und eine bereits bestehende Ehe einer heiratswilligen Person.
- Wenn es nach dem Nationalrat geht (Februar 2012), sollen Zwangsheiraten nicht mehr toleriert werden. Bis zu 5 Jahre Haft soll eine Person erhalten, die jemanden mit Gewalt oder Drohung nötigt, eine Ehe einzugehen.

■ BV 15: Glaubens- und Gewissensfreiheit

Jede Person hat das Recht,
- ihre eigene religiöse Überzeugung zu haben und sie kundzutun;
- sich zu einem bestimmten Glauben zu bekennen;
- religiöse Gemeinschaften zu bilden;
- persönliche oder gemeinschaftliche Kultushandlungen vorzunehmen.
- Persönliche Kultushandlungen sind das Gebet, die Beichte, die Meditation, das Fasten usw.
- Zu gemeinschaftlichen Kultushandlungen gehören u.a. der Gottesdienst, die Predigt, rituelle Tänze, Prozessionen, das Geläute der Kirchenglocken.

Einschränkungen
- Die Glaubens- und Gewissensfreiheit darf nicht als Vorwand dienen, die Steuerpflicht nicht zu erfüllen.
- Niemand kann gezwungen werden, eine religiöse Handlung vorzunehmen, einer Religionsgemeinschaft beizutreten oder dem Religionsunterricht zu folgen. Daraus folgt, dass der obligatorische Religionsunterricht an Schulen verboten ist.
- Erst mit 16 Jahren kann man die Religionszugehörigkeit selber bestimmen.

2.3. Rechtsetzung / Rechte und Pflichten

■ BV 16: Meinungs- und Informationsfreiheit

- Die Meinungs- und Informationsfreiheit steht allen Personen zu: natürlichen und juristischen, ausländischen und schweizerischen, minderjährigen und volljährigen usw.
- Der Schutzbereich umfasst die Gesamtheit der «Produkte» oder Mitteilungen menschlichen Denkens, seien es Gefühle, Überlegungen, Meinungen, Beobachtungen von Tatsachen, Informationen oder kommerzielle Werbung.
- Geschützt sind alle Mittel, die sich zur Kommunikation eignen: das Wort, die Schrift, die künstlerische Form, Kassetten, Filme, Transparente, Lautsprecher, Ansteckknöpfe, Fahnen, sowie Radio und Fernsehen.
- Die Informationsfreiheit umfasst das Recht, sich frei aus allgemein zugänglichen Quellen zu informieren und Informationen zu verbreiten. Sie umfasst nicht nur die Verbreitung, sondern auch das Recht, Mitteilungen zu empfangen.

Einschränkungen
- Für Nichtniedergelassene gibt es in Bezug auf politische Reden Beschränkungen der Meinungsäusserungsfreiheit.
- Die Grenzen zeigen sich vor allem im Persönlichkeitsschutz. Es wird bestraft, wer gegen folgende Artikel im Strafgesetzbuch verstösst:

> *Beschimpfung (StGB 177)*
>
> *Ehrverletzung und üble Nachrede (StGB 173)*
> (Üble Nachrede: Man schädigt jemandem den Ruf bewusst und ohne zwingende Veranlassung durch «wahre» negative Äusserungen, insbesondere hinsichtlich des Privat- und Familienlebens.)
>
> *Verleumdung (StGB 174)*
> (Man schädigt jemandem den Ruf bewusst und wider besseres Wissen eventuell sogar planmässig durch «unwahre» negative Äusserungen, insbesondere zur Ehrenhaftigkeit.)
>
> *Rassendiskriminierung (StGB 261bis)*
> (Man darf u.a. nicht öffentlich gegen eine Person oder eine Gruppe von Personen wegen ihrer Rasse, Ethnie oder Religion zu Hass oder Diskriminierung aufrufen.)

Personen aber, die in irgendeiner Weise im öffentlichen Leben stehen, geniessen einen geringeren Persönlichkeitsschutz (Cabaret, Zeitschriften usw.).

Weitere Einschränkungen sind:
- Veröffentlichung militärischer Geheimnisse
- Treue- und Schweigepflicht der Beamtinnen und Beamten, der Arbeitnehmerinnen und Arbeitnehmer, der Ärztinnen und Ärzte usw.
- Bank-, Post- und Fernmeldegeheimnis
- Notstandsrecht: Im Interesse der Staatssicherheit und der Neutralität kann der Bundesrat in Krisen- und Kriegszeiten die Pressezensur verhängen.

2.3. Rechtsetzung / Rechte und Pflichten

■ BV 22: Versammlungsfreiheit

- Unter einer Versammlung wird jedes Zusammenkommen mehrerer Menschen während einer bestimmten Zeit und mit dem Zweck, ein gemeinsames Ziel zu verfolgen, verstanden (z.B. für eine Sache demonstrieren).
- Die Versammlungsfreiheit ist die Voraussetzung zur Ausübung der politischen Rechte (siehe auch BV 34). Sie ermöglicht den Meinungsaustausch und die Willensbildung.
- Jede Person hat das Recht,
    - eine Versammlung einzuberufen und diese nach eigenem Gutdünken zu gestalten,
    - sich mit anderen zu versammeln, um ein gemeinsames Ziel zu verfolgen oder zu erreichen, Meinungen auszutauschen und diese der Öffentlichkeit kundzutun.
- Die Versammlungsfreiheit schützt nicht nur politische, sondern auch freundschaftliche, wissenschaftliche, künstlerische, sportliche oder unterhaltende Zusammenkünfte.
- Auch Demonstrationen werden vom Schutzbereich der Meinungs- und Informationsfreiheit sowie der Versammlungsfreiheit erfasst.

Einschränkungen
- Die Versammlungsfreiheit kann nur für friedliche Versammlungen und Demonstrationen angerufen werden.
- Versammlungen auf öffentlichem Grund können für bewilligungspflichtig erklärt werden (damit z.B. verschiedene Versammlungen einander nicht stören).

■ BV 23: Vereinigungsfreiheit

- Die Vereinigungsfreiheit umfasst das Recht,
    - Vereine zu bilden oder sie aufzulösen,
    - Vereinen beizutreten, anzugehören und sich an den Vereinsaktivitäten zu beteiligen.
- Anderseits schliesst sie auch das Recht ein, einem Verein nicht beitreten zu müssen oder ihn verlassen zu können.
- Der Geltungsbereich beschränkt sich auf natürliche Personen, gilt aber auch für Ausländerinnen und Ausländer.

Einschränkungen
- StGB 275ter verbietet die Gründung oder die Zugehörigkeit zu einer rechtswidrigen Vereinigung.
- Die Vereinigungsfreiheit kann nicht für den Schutz krimineller Taten beansprucht werden.

■ BV 26: Eigentumsgarantie

- Das Privateigentum ist geschützt.
- Die Eigentumsgarantie schützt unter anderen auch den Besitz an einer Sache sowie die Rechte des geistigen Eigentums.

Einschränkung
Der Staat kann, sofern ein überwiegendes öffentliches Interesse besteht, Enteignungen vornehmen, muss aber eine Entschädigung oder gleichwertigen Ersatz leisten. Beispiele: Enteignungen beim Bau der Nationalstrassen und bei der Realisierung der Bahn 2000.

BV 27: Wirtschaftsfreiheit

- Unter die Wirtschaftsfreiheit fällt:
    - die freie Wahl des Berufes,
    - die freie Wahl des Arbeitsplatzes sowie
    - die freie Ausübung des Berufes.
- Im Kern garantiert die Wirtschaftsfreiheit
    - die Handels- und Gewerbefreiheit,
    - die Freiheit der privatwirtschaftlichen Erwerbstätigkeit (die unternehmerische Freiheit) sowie
    - die Vertragsfreiheit.
- Darüber hinaus spricht sich die BV für eine grundsätzlich staatsfreie Wirtschaftsordnung aus, die auf dem Gedanken der Privatautonomie beruht und sich an marktwirtschaftlichen Prinzipien orientiert:
    - für ein System des freien Wettbewerbs,
    - für die Wettbewerbsneutralität staatlichen Handelns (z.B. darf der Staat Grossaufträge nicht systematisch der gleichen Firma erteilen.),
    - für den Grundsatz der Einheit des schweizerischen Wirtschaftsraumes (z.B. Verbot der Binnenzölle).

Dem Staat ist es untersagt, Massnahmen zu treffen, die den freien Wettbewerb behindern, um gewisse Gewerbezweige zu sichern oder zu begünstigen bzw. um das Wirtschaftsleben nach einem festen Plan zu lenken.

Einschränkungen

- Als Einschränkungen gelten alle Massnahmen, die getroffen werden:
    - zum Schutz des Lebens und der Gesundheit,
    - zum Schutz sogenannter Polizeigüter (besonders öffentliche Sittlichkeit, Treu und Glauben im Geschäftsverkehr),
    - zur Raumplanung, zur Energiepolitik und zur Umweltpolitik,
    - zur Verhinderung des unlauteren Wettbewerbs.
- Erst wenn Ausländerinnen und Ausländer die Niederlassungsbewilligung erhalten haben, steht ihnen die Wirtschaftsfreiheit ebenfalls zu.
- Weitere Einschränkungen der Wirtschaftsfreiheit sind:
    - *Monopole:* Alleinrechte des Bundes (z.B. Zoll, Münzen und Banknoten)
    - *Regale:* Alleinrechte der Kantone (z.B. Jagd und Fischerei)
    - *Konzessionen:* Genehmigungen durch den Bund (z.B. Radio und Fernsehen, Bahnen)
    - *Patente:* Ermächtigungen, verliehen durch die Kantone (an Lehrerinnen und Lehrer, Ärztinnen und Ärzte usw.)

BV 33: Petitionsrecht

Jedermann hat das Recht, jederzeit den kommunalen, kantonalen oder eidgenössischen Behörden Bittschriften, Gesuche, Vorschläge, Kritiken oder Beschwerden einzureichen, ohne deswegen Unannehmlichkeiten oder rechtliche Nachteile irgendwelcher Art (etwa die Verschärfung der Haftbedingungen eines inhaftierten Petitionärs) befürchten zu müssen.

Einschränkung

Grundsätzlich wäre die Behörde nur verpflichtet, von der Petition Kenntnis zu nehmen und sie entgegenzunehmen. Die Praxis der Behörden geht in der Regel aber über die Verpflichtung der blossen Kenntnisnahme hinaus.
So sehen die politischen Behörden des Bundes vor, dass an die Bundesversammlung, den Bundesrat oder die Bundesverwaltung gerichtete Petitionen zu beantworten sind.

Pflichten

> **Pflicht:** *In der Verfassung verankerte Einschränkung der persönlichen Freiheit.*

Damit wir Menschen miteinander zusammenleben können, braucht es Regeln. Die Bundesverfassung hält einerseits fest, welche Freiheiten und Rechte die Menschen in diesem Staat für sich in Anspruch nehmen können. Wer Rechte hat, muss anderseits aber auch bereit sein, ein gewisses Mass an Pflichten zu übernehmen.
Wir haben in der Schweiz wesentlich mehr Freiheiten und Rechte als Pflichten.

Grundsatz: Kein Recht dispensiert von der Erfüllung der Pflichten.

■ BV 59: Militärdienst oder ziviler Ersatzdienst
- Schweizer Männer sind verpflichtet, Militärdienst oder einen zivilen Ersatzdienst zu leisten, der anderthalbmal so lange dauert wie der Militärdienst.
- Nicht geleisteter Militärdienst oder nicht geleisteter ziviler Ersatzdienst löst die Pflicht zur Zahlung von Militärpflichtersatz aus.

■ BV 61: Dienst im Zivilschutz
- Wer aus gesundheitlichen oder anderen Gründen keinen Militärdienst absolvieren kann, ist verpflichtet, Dienst im Zivilschutz zu leisten.
- Frauen können freiwillig Militärdienst oder Dienst im Zivilschutz leisten.
- Wer Militärdienst, zivilen Ersatzdienst oder im Zivilschutz Dienst leistet, hat Anspruch auf Erwerbsausfallsentschädigung (EO).

■ BV 62: Grundschulpflicht
- Mit dem Grundschulobligatorium wird sichergestellt, dass jedes Kind in den Genuss einer Grundschulbildung kommt.
- Die Schulen fallen grundsätzlich in die alleinige Kompetenz der Kantone (kantonale Schulhoheit).
- Der Grundschulunterricht steht nur unter staatlicher Leitung und Aufsicht.
- An öffentlichen Schulen ist der Schulbesuch für alle Einwohnerinnen und Einwohner unentgeltlich, unabhängig von der Staatszugehörigkeit.
- Der Schuljahresbeginn für die obligatorische Schulpflicht ist verbindlich auf den Herbst festgelegt.

■ BV 128: Steuerpflicht
Dem Recht des Staates, Steuern zu erheben, entspricht automatisch die Pflicht seiner Bürger, Steuern zu bezahlen. Jedermann, der ein Einkommen erzielt oder Vermögen hat, soll die Lasten der Öffentlichkeit tragen helfen.

■ «Unechte Pflichten»
- **Amtspflicht:** Gewisse Kantonsverfassungen bestimmen, dass eine vom Volk in ein öffentliches Amt gewählte Person verpflichtet ist, mindestens eine Amtsperiode zu absolvieren.
- **Gehorsamspflicht:** Jedermann hat die Pflicht, Gesetze und Vorschriften einzuhalten, und soll alles unterlassen, was der Öffentlichkeit schaden könnte.
- **Treuepflicht:** Jedermann hat in der Ausübung seiner Rechte und in der Erfüllung seiner Pflichten nach Treu und Glauben (siehe S. 14) zu handeln.

2.4. Regierungsformen

2.4. Regierungsformen

Die Demokratie

Demokratie: *Volksherrschaft. Das Volk ist oberster Entscheidungsträger im Staat.*

Merkmale der Demokratie:
– Die Macht im Staat geht von der Gesamtheit der Staatsbürgerinnen und Staatsbürger aus (Wahlen, Abstimmungen). Die Staatsgewalt ist aufgeteilt in Parlament, Regierung und Gerichte (Gewaltenteilung).
– Es gilt das Prinzip der Rechtsstaatlichkeit. Dieses umfasst unter anderen:
 – die Garantie der Grundrechte
 – eine unabhängige Rechtsprechung
 – die Rechtsweggarantie
– Alle Bürger haben vor dem Gesetz die gleichen Freiheiten, Rechte und Pflichten.
– Die Freiheiten und Rechte sind vielfältig und durch eine klare Rechtsordnung garantiert.
– Eine Vielzahl von Parteien politisieren demokratisch.

■ Die direkte (reine) Demokratie

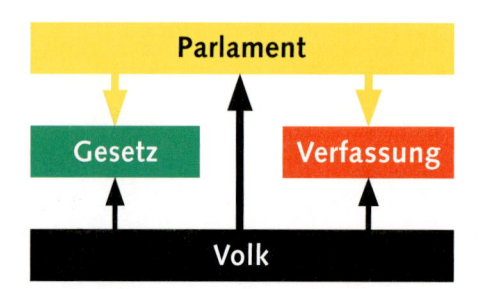

Das Volk wählt seine Abgeordneten und entscheidet über Verfassung und Gesetze endgültig. Das Parlament bereitet die Geschäfte vor.
Beispiel:
Die zwei Landsgemeindekantone in der Schweiz (Appenzell Innerrhoden und Glarus)

■ Die indirekte (repräsentative) Demokratie

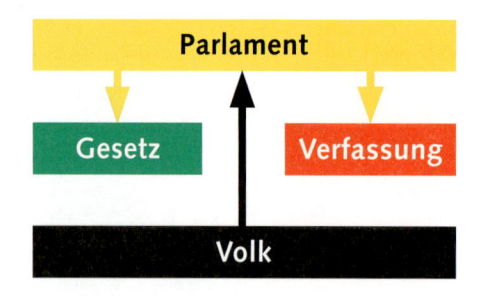

Das Volk wählt seine Abgeordneten (Repräsentantinnen und Repräsentanten). Diese entscheiden allein und endgültig über Verfassung und Gesetze.
Beispiele:
Deutschland, Niederlande, Portugal, Italien, Frankreich

■ Die halbdirekte Demokratie

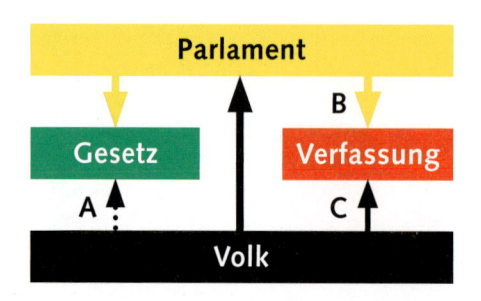

Das Volk wählt nicht nur seine Abgeordneten, sondern hat auch direkte Einflussmöglichkeiten auf die Verfassung und die Gesetzgebung (über Initiative und Referendum).
Beispiel:
Schweizerische Eidgenossenschaft

A *Fakultatives Gesetzesreferendum (siehe S. 204)*
 50 000 Unterschriften in 100 Tagen, Volksmehr
B *Obligatorisches Verfassungsreferendum (siehe S. 205)*
 Volks- und Ständemehr
C *Formulierte Initiative (siehe S. 206)*
 100 000 Unterschriften in 18 Monaten, Volks- und Ständemehr

→ CiviCampus
→ www.verlag-fuchs.ch/staat

2.4. Regierungsformen

Konkordanz- und Konkurrenzdemokratie

Die Konkokordanzdemokratie

Konkordanzdemokratie: *Alle massgeblichen Parteien sind in der Regierung vertreten, was hohe politische Stabilität bringt.*

Die in der Regierung vertretenen politischen Kräfte können sehr unterschiedlich sein. Sie müssen daher versuchen, sich von Fall zu Fall zu einigen und so Lösungen zu finden, die von allen mitgetragen werden können. Es braucht also eine grosse Kompromissbereitschaft. Eine Regierungschefin oder ein Regierungschef fehlt in diesem System (siehe «Kollegialbehörde», S. 182 und «Konkordante Zusammensetzung des Bundesrats», S. 185).

Die Schweizer Konkordanzdemokratie
Die Regierungen auf Bundes-, Kantons- und Gemeindeebene (Bundesrat, Regierungsrat, Gemeinderat) sind aus Mitgliedern verschiedener politischer Parteien zusammengesetzt.
Während auf Bundesebene die Vereinigte Bundesversammlung die Regierung wählt und dabei auf die Stärke der Parteien im Parlament Rücksicht nimmt, entscheidet in den Kantonen und in den Gemeinden das Volk über die Zusammensetzung der Regierung. Dabei spielt nicht selten der freiwillige Proporz: Die grossen Parteien streben in der Regierung eine Sitzzahl an, die etwa ihrer Parteistärke entspricht.

Lösungen als Kompromisse
Die Problemlösung erfolgt in einem breiten, eher langwierigen Prozess des Dialogs, des Verhandelns und des Taktierens. Dabei werden auch laufend Kompromisse geschlossen.

Die Konkurrenzdemokratie

Konkurrenzdemokratie: *Das Parlament ist aufgeteilt in Regierungspartei (oder auch Regierungsparteien) und Opposition.*

In der Konkurrenzdemokratie wird die Regierung entsprechend dem Resultat der Parlamentswahlen gebildet.

Regierungsbildung
Eine oder mehrere Parteien (Koalition) bilden eine Regierung. Alle anderen Parteien sind in der Opposition. Der vom Parlament gewählten Regierung steht ein Regierungschef vor. Er leitet das Kabinett, das sich aus den Ministern zusammensetzt.

Regierung und Opposition
In diesem System arbeiten die Parlamentarier der Regierungsparteien und die Regierung Hand in Hand: Die Regierung bringt die Gesetzesvorschläge, Gesetzesänderungen usw. vor das Parlament, und normalerweise gehen diese dort glatt durch, denn die Zustimmung der Parlamentarier der Regierungsparteien wurde schon vorher in den Fraktionssitzungen ausgehandelt.

Die Opposition kritisiert die Regierung und deren Arbeit und versucht, diese mittels Misstrauensvotum zu stürzen, um selber die Regierungsverantwortung übernehmen zu können. Findet ein Misstrauensvotum eine Mehrheit im Parlament, werden entweder Neuwahlen ausgeschrieben oder die Opposition übernimmt die Regierungsgeschäfte und die Regierungsparteien müssen sich in die Rolle der Opposition schicken.

Beispiel: In Deutschland regieren seit Herbst 2009 die CDU/CSU mit der FDP, während die SPD, die Grünen und «Die Linke» Oppositionspolitik betreiben.

2.4. Regierungsformen

Die Diktatur/Die Monarchie

■ Die Diktatur

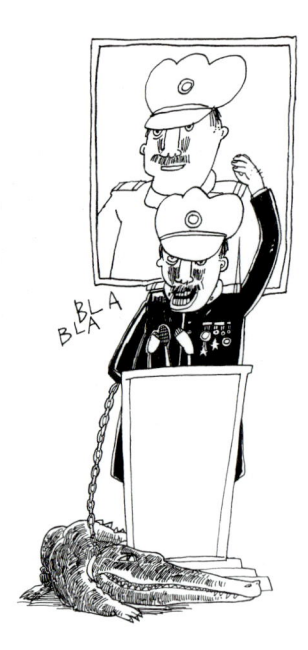

Diktatur: *Gewaltherrschaft. Die Macht im Staat wird von einer Einzelperson («Präsident», «Führer», «General» usw.) oder einer kleinen Gruppe von Personen ausgeübt.*

Merkmale der Diktatur:

Ein Mitbestimmungsrecht des Volkes im politischen Entscheidungsprozess fehlt. Es besteht keine Gewaltenteilung in Parlament, Regierung und Gerichte. Gesetze werden missachtet, und die Grundrechte sind weitgehend eingeschränkt, vor allem die Meinungsäusserungs- und die Versammlungsfreiheit.

Das Volk wird mit verschiedenen Mitteln unterdrückt. (z.B. durch Pressezensur, Verhaftung, Folterung). Scheinwahlen gaukeln nach aussen «Demokratie» vor. Die Massenmedien sind in der Hand der Führung und betreiben Propaganda zu deren Gunsten.

Die Militärdiktatur

Die alleinige Macht liegt bei einem militärischen Führer, oder sie wird von einem Offizierskorps ausgeübt (z.B. Chile 1973–1990, Burma, Pakistan (1999–2008), Nordsudan (seit 1989).

Die Parteidiktatur

Im Staat ist nur eine einzige Partei zugelassen. Die Exponenten dieser Partei sind gleichzeitig Träger der Macht (z.B. Sowjetunion bis 1991, China, Kuba, Nordkorea).

Die Theokratie

Eine religiöse Gruppe übernimmt die Funktion der Partei. In dieser Art der Diktatur sind es religiöse Führerinnen und Führer, die die Macht ausüben (z.B. Iran mit islamischer Verfassung seit 1980).

■ Die Monarchie

Monarchie: *Grundsätzlich Alleinherrschaft einer Person (Monarchin/Monarch), die die Geschicke des Staates lenkt. Die Monarchin/der Monarch kommt auf den Thron entweder durch Erbrecht innerhalb eines bestimmten Geschlechts (Erbmonarchie) oder durch Wahl innerhalb eines bestimmten Kreises von Personen (Wahlmonarchie). Diese Herrschaft wird durch ein von Gott verliehenes Recht legitimiert («Gottesgnadentum») und meistens auf Lebzeiten ausgeübt.*

Man unterscheidet 3 Formen von Monarchien:

Die absolute Monarchie

Ein Monarch herrscht uneingeschränkt. Dies ist mit der Diktatur gleichzusetzen (z.B. Königreich Saudi-Arabien, Emirat Katar, Sultanat Brunei, Wahlmonarchie Vatikanstadt).

Die konstitutionelle Monarchie

Die Herrschaftsgewalt des Monarchen ist durch die Staatsverfassung beschränkt (z.B. Königreiche Bahrain ab 2002, Fürstentümer Liechtenstein und Monaco; Grossherzogtum Luxemburg).

Die parlamentarische Monarchie

Die Monarchin oder der Monarch hat als Staatsoberhaupt nur noch repräsentative Funktionen (z.B. Königreiche Belgien, Dänemark, Grossbritannien, Niederlande, Norwegen, Schweden, Spanien und Thailand; Kaiserreich Japan).

2.5. Die Schweiz und die Welt

Neutralität

> **Neutralität:** *Ein Staat verhält sich neutral, wenn er in einem Krieg zwischen Staaten nicht Partei ergreift. Die Neutralität der Schweiz ist selbst gewählt, dauernd und bewaffnet.*

■ Die Elemente der Neutralität

Das Neutralitätsrecht + Die internationale Lage + Tradition und Geschichte = Die Neutralitätspolitik

Das Neutralitätsrecht: Das Neutralitätsrecht setzt dem Engagement der Neutralen den rechtlichen Rahmen. Verpflichtend sind die Haager Abkommen von 1907. Als wichtigste Pflicht schreibt das Abkommen die Nichtteilnahme an Kriegen zwischen anderen Staaten vor.

Die internationale Lage: Die internationale Lage bestimmt den Handlungsspielraum der Neutralitätspolitik wesentlich mit. Die Neutralität muss lagegerecht gelebt werden. Nur so wird sie verstanden und respektiert.

Tradition und Geschichte: Tradition und Geschichte sind prägende Elemente für die Politik. Die Neutralität wurde im Verlauf der Geschichte für die Schweizer Behörden zu einer aussenpolitischen Maxime. Diese wurde flexibel angepasst und den Interessen des Landes entsprechend angewandt. Aus traditioneller Sicht diente die Neutralität der Schweiz stets auch dazu, den inneren Zusammenhalt des Landes zu sichern.

Die Neutralitätspolitik: Das Neutralitätsrecht, Erwägungen zur internationalen Lage sowie geschichtliche und traditionelle Überlegungen werden in Entscheide umgesetzt. Die Entscheide prägen die Neutralitätspolitik. Sie ist also das Resultat oder die Konsequenz einer eingehenden Lagebeurteilung.

■ Neutralitätsrechtliche Bestimmungen

Neutralitätsrechtlich nicht zulässige Handlungen:
- Der Neutrale darf nicht an einem bewaffneten Konflikt zwischen Staaten teilnehmen, wenn er nicht selber militärisch angegriffen wird.
- Der Neutrale darf keine Kriegspartei militärisch unterstützen.
- In Friedenszeiten darf der Neutrale keine Truppenstützpunkte auf seinem Territorium zulassen und keine Beistandsverpflichtung für den Kriegsfall eingehen, z.B. durch den Beitritt zur NATO.

Neutralitätsrechtlich zulässig sind:
- Teilnahme an friedensunterstützenden Massnahmen und Gewährung von Transitrechten für friedensunterstützende Einsätze, die unter einem Mandat des UNO-Sicherheitsrates oder mit Zustimmung der Konfliktparteien erfolgen.
- Mitgliedschaft in der UNO, im Europarat, in der EU
- Teilnahme an der «Partnerschaft für den Frieden»
- Zusammenarbeit mit anderen Staaten in der militärischen Ausbildung, in der Rüstungsbeschaffung und in der Friedensunterstützung

→ www.verlag-fuchs.ch/staat

Die Neutralitätspolitik der Schweiz

■ Flexible Neutralitätspolitik

Wie die Schweiz ihre Neutralität im Einzelfall handhabt, ist eine politische Frage und wird im konkreten Fall vom Bundesrat entschieden.

Die schweizerische Neutralitätspolitik unterlag im Verlaufe der Geschichte denn auch grossen Schwankungen.

1919
Bewaffnete Eskorten der Schweizer Armee beschützen Warentransporte durch Osteuropa.

1920
Die Schweiz tritt dem Völkerbund bei und beteiligt sich an Wirtschaftssanktionen.

1928
Die erfolglosen Völkerbundssanktionen gegen Italien veranlassen die Schweiz, wieder auf die umfassende Neutralität zurückzukommen.

1939
Zu Beginn des 2. Weltkrieges bekräftigt der Bundesrat die Neutralität und mobilisiert zur Behauptung der Unabhängigkeit die Armee.

1953
Ab 1953 entsendet die Schweiz Beobachter an die Waffenstillstandslinie in Korea.

1990
Die Schweiz beteiligt sich an Wirtschaftssanktionen gegen den Irak. Damit rückt die Schweiz von der umfassenden Neutralität wieder ab.

1995
Die Schweiz gewährt während des Krieges in Bosnien-Herzegowina der internationalen UNO-Friedenstruppe IFOR/SFOR den Transit von Material und Militärpersonen und entsendet Friedenstruppen nach Bosnien (Gelbmützen).

1999
Beim Krieg um den Kosovo erteilt der Bundesrat der NATO keine Bewilligung für Überflüge von Kampfformationen, da kein UNO-Mandat vorliegt. Die Schweiz leistet vor Ort humanitäre Hilfe. Die Armee beteiligt sich daran mit Lufttransporten.

2003
Beim Krieg gegen den Irak, der ohne UNO-Mandat erfolgt, werden Überflüge für militärische Zwecke nicht bewilligt, wohl aber für humanitäre Zwecke und medizinische Evakuationen. Exporte von Rüstungsmaterial an die Krieg führenden Staaten werden nur so weit bewilligt, als sie nicht einen Beitrag zum laufenden Krieg leisten.

(Quelle: Sicherheit durch Kooperation. Eine Informationsbroschüre zum sicherheitspolitischen Bericht 2000 des Bundesrates an die Bundesversammlung)

■ Neutralität beibehalten oder aufgeben?

Die Schweiz hat ihre Neutralität selbst gewählt und kann daher aus eigenem Entschluss wieder auf sie verzichten. Da die Neutralität dazu dient, die äussere Sicherheit der Schweiz zu gewährleisten, darf der Entscheid über die Beibehaltung oder die Abschaffung der Neutralität keine Glaubensfrage sein. Man muss sich die Frage stellen: Welche Mittel können uns die äussere Sicherheit am besten gewähren?

Neutrale und bündnisfreie Staaten in Europa

Schweiz
Neutral seit 1516 bzw. völkerrechtlich anerkannt seit 1815. Grund: Aussenpolitisches Instrument für Kleinstaat; Zusammenhalt des Landes

Irland
Neutral seit 1938. Grund: Distanz zum Nachbarland Grossbritannien

Schweden
Im Jahre 2000 hat Schweden die Neutralität aus der Verfassung gestrichen. Militärisch bleibt das Land aber bündnisfrei.

Österreich
Seit 1955 neutral. 2001 wurde die Neutralität in Bündnisfreiheit umdefiniert.

Finnland
Im Jahre 2001 hat sich Finnland «allianzfrei» erklärt.

Die UNO (Vereinte Nationen)

UNO: *1945 gegründeter Staatenbund mit Sitz in New York*
UNO = United Nations Organisation = Vereinte Nationen
UNO-Charta: *Urkunde, in welcher die Ziele der UNO formuliert sind.*
Der UNO gehören zurzeit 193 von 194 vollständig von der UNO anerkannten souveränen Staaten als Vollmitglieder an. Die UNO kann zwar nicht gesetzgeberisch wirken, hat aber aufgrund der Zwangsgewalt des Sicherheitsrates durchaus die Möglichkeit, Sanktionen zu ergreifen (selbst militärische).

Mitglieder

Mitglied der UNO kann jedes friedliebende Land werden, das die Verpflichtungen der UNO-Charta annimmt und auf Vorschlag des Weltsicherheitsrates von der Generalversammlung mit ²/₃-Mehrheit gewählt wird. Die Mitgliedschaft kann ausgesetzt oder annulliert werden, wenn ein Mitglied die Grundsätze der Charta nicht beachtet. Der Austritt steht jedem Mitglied frei.

2002 wurde die Schweiz das 190. Mitglied der UNO. Seither wurden mit der Demokratischen Republik Timor-Leste (2002), Montenegro (2006) und dem Südsudan (2011) drei weitere Staaten in die UNO aufgenommen.
Nichtmitglied der UNO ist nur noch der Heilige Stuhl (der Staat Vatikanstadt). Taiwan wird von der UNO wie auch von vielen Staaten der Welt diplomatisch nicht anerkannt, da nur die Volksrepublik China als legitime und alleinige Vertreterin Chinas betrachtet wird.
Die UNO-Vollversammlung hat im Juli 1998 Palästina als nicht stimmberechtigtes Mitglied aufgenommen.

Ziele

Die UNO wurde zunächst gegründet, um künftige Generationen vor Kriegen zu bewahren. Gemäss Artikel 1 der UNO-Charta geht es aber ganz allgemein darum,
– den Weltfrieden und die internationale Sicherheit zu wahren (Hauptziel),
– Menschenrechte, Gerechtigkeit und Freiheit zu wahren,
– die internationale Zusammenarbeit zu fördern,
– internationale Probleme in wirtschaftlichen oder humanitären Bereichen zu lösen.

Mittel

– Die Generalversammlung kann an die Adresse der Mitgliedstaaten oder zuhanden des Sicherheitsrates Empfehlungen abgeben, aber von keiner Regierung Massnahmen erzwingen.
– Der Sicherheitsrat kann
    – verbindliche Beschlüsse fassen (sogenannte Resolutionen),
    – Sanktionen (Zwangsmassnahmen) ergreifen, um den internationalen Frieden und die Sicherheit wiederherzustellen. Beispiele sind:
        – 1977: Waffenembargo gegen Südafrika wegen der Apartheidpolitik
        – 1990: Handelsembargo gegen den Irak wegen Einmarsch in Kuwait
        – 1994/95: Bombardierungen serbischer Stellungen in Bosnien durch NATO-Flugzeuge auf Bitten der UNO.
        – 2006 – 2011: Immer schärfere Sanktionen gegen den Iran wegen dessen Atomprogramm.
        – 2011: Libyen Einrichtung einer Flugverbotszone und Massnahmen zum Schutz der Zivilbevölkerung (mit Luftangriffen, aber ohne Bodentruppen).

→ www.verlag-fuchs.ch/staat

2.5. Die Schweiz und die Welt

■ Organe der UNO

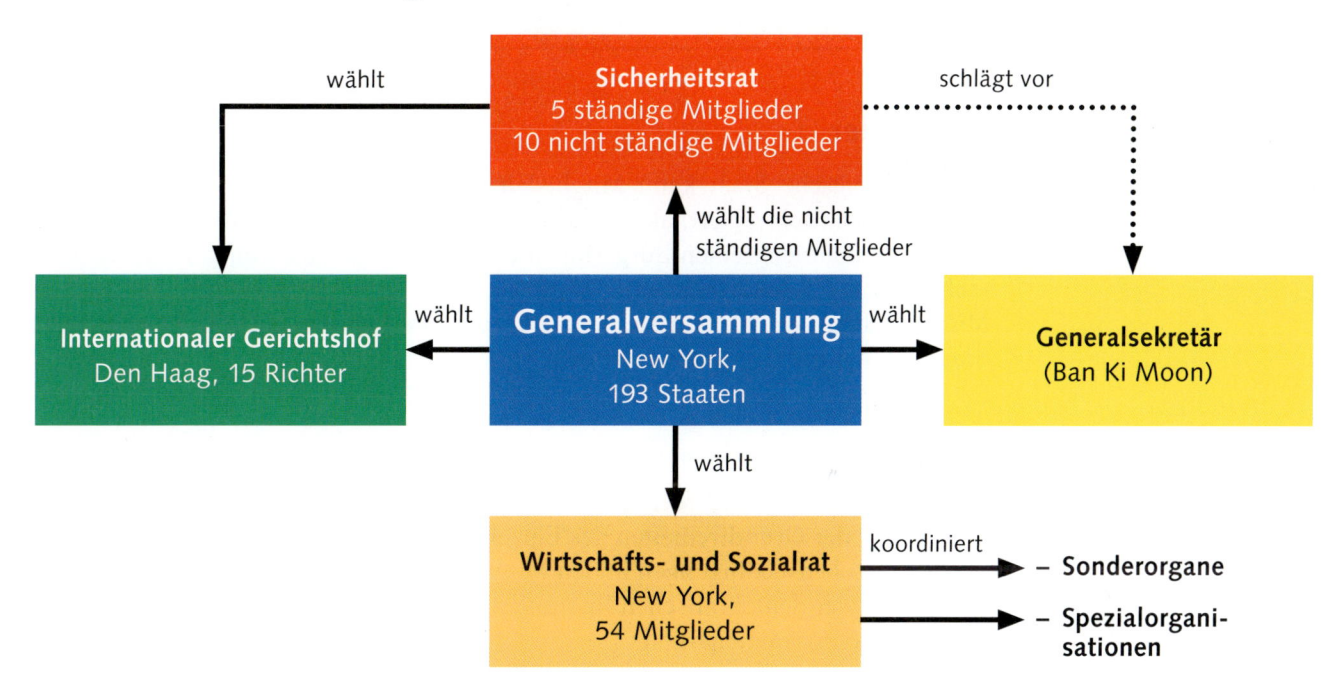

```
                          Sicherheitsrat
              wählt       5 ständige Mitglieder        schlägt vor
         ┌──────────────  10 nicht ständige Mitglieder  ············┐
         │                                                          │
         │                      ↑ wählt die nicht                   │
         ▼                        ständigen Mitglieder              ▼
  Internationaler     wählt   Generalversammlung   wählt    Generalsekretär
  Gerichtshof        ←─────    New York,           ─────→   (Ban Ki Moon)
  Den Haag, 15 Richter         193 Staaten
                                    │ wählt
                                    ▼
                          Wirtschafts- und Sozialrat   koordiniert  – Sonderorgane
                          New York,                    ──────────→
                          54 Mitglieder                              – Spezialorgani-
                                                                       sationen
```

Ban Ki Moon (Südkorea)
Generalsekretär

Die Generalversammlung
- Sie findet einmal jährlich statt.
- Jeder Staat hat eine Stimme.
- Bei wichtigen Fragen braucht es eine $^2/_3$-Mehrheit (= qualifiziertes Mehr).
- Sie erörtert alle Fragen bezüglich Weltfrieden und internationaler Sicherheit.
- Die Generalversammlung kann nur Empfehlungen zuhanden des Sicherheitsrates abgeben. Sie kann aber von keiner Regierung eines Mitgliedstaates irgendwelche Massnahmen erzwingen. Die Empfehlungen haben daher höchstens moralisches Gewicht, weil sie die Meinung der Weltöffentlichkeit zum Ausdruck bringen.
- Sie wählt unter anderen den Generalsekretär oder die Generalsekretärin sowie die 10 nicht ständigen Mitglieder des Sicherheitsrates.

Der Sicherheitsrat
- Er besteht aus 15 Mitgliedern: 5 ständige Mitglieder USA, Russland, China, Frankreich und Grossbritannien, sowie 10 für je zwei Jahre von der Generalversammlung gewählte nicht ständige Mitglieder (5 aus Asien und Afrika, je 2 aus Lateinamerika und Westeuropa und eines aus Osteuropa), wobei in jedem Jahr 5 Mitglieder neu bestimmt werden.
 In der UNO-Charta verpflichten sich alle Mitglieder der Vereinten Nationen, die Entscheidungen des Sicherheitsrates anzunehmen und zu befolgen.
- Er beschliesst Massnahmen bei Gefährdung des Weltfriedens (zum Beispiel Handelsembargo bis hin zu militärischen Massnahmen).
 Ein Beschluss braucht die Zustimmung von mindestens 9 der 15 Mitglieder, wobei jedes der 5 ständigen Mitglieder einen Beschluss mit seinem Veto (veto = ich verbiete) zu Fall bringen kann.
- Er kann Friedenstruppen entsenden (wegen der blauen Helme auch «Blauhelme» genannt), um zum Abbau von Spannungen in einer Krisenregion beizutragen oder um die Trennung gegnerischer Streitkräfte zu garantieren.
- Er kann andere Organisationen/Staaten mit einem Mandat zur Entsendung von Friedenstruppen legitimieren.

Der «Europarat»

> **Europarat:** *1949 gegründete zwischenstaatliche Organisation (Staatenbund) von inzwischen 47 europäischen Staaten mit Sitz in Strassburg.*

■ Mitglieder

Jeder europäische Staat kann Mitglied im Europarat werden, vorausgesetzt, er wird demokratisch regiert, akzeptiert das Prinzip der Rechtsstaatlichkeit (siehe S. 222) und garantiert seinen Bürgerinnen und Bürgern die Wahrung der Menschenrechte und der Grundfreiheiten.
Mit Ausnahme von Weissrussland und Kosovo sind mittlerweile alle europäischen Staaten Mitglieder im Europarat.

■ Ziele

- Achtung der Menschenrechte
- Wahrung der Grundfreiheiten des Einzelnen
- Bessere Lebensbedingungen in den Mitgliedländern
- Stärkung der demokratischen Institutionen
- Kulturelle Zusammenarbeit
- Suche nach Lösungen für die aktuellen gesellschaftlichen Probleme Europas (Fremdenhass, Intoleranz, Umweltverschmutzung, Klonen von Menschen, Aids, Drogen, organisiertes Verbrechen usw.)

■ Mittel

Der Europarat erarbeitet Empfehlungen und Konventionen (Konventionen sind internationale Übereinkommen, Abmachungen).
In gut 200 Konventionen hat sich der Europarat u.a. zu folgenden Themen geäussert: Ausbau der Menschenrechte, Kulturaustausch, Medien, Demokratie auf lokaler und regionaler Ebene, Gesundheitswesen, soziale Fragen, Umweltschutz, Geldwäscherei, Terrorismus, Menschenhandel.

Die zwei bedeutendsten und gewichtigsten Konventionen sind jene über die Menschen- und die Sozialrechte.

■ Die Europäische Menschenrechtskonvention (EMRK)

In ihr sind die Grund- und die Freiheitsrechte völkerrechtlich garantiert. Sie umfasst die wichtigsten unveräusserlichen individuellen Rechte und Freiheiten wie: das Recht auf Freiheit und körperliche Unversehrtheit, das Recht auf freie Wahlen, das Recht auf angemessenes rechtliches Gehör, das Recht auf Leben, das Recht auf freie Meinungsäusserung.
Verboten sind: Folter, Sklaverei, Zwangsarbeit, Ausweisung oder Abschiebung eigener Staatsangehöriger usw.

■ Die Sozialcharta

Im Bereich der wirtschaftlichen und sozialen Grundrechte ist die Europäische Sozialcharta das Gegenstück zur Europäischen Menschenrechtskonvention. Sie garantiert auf der Grundlage der Gleichberechtigung folgende Sozialrechte: das Recht auf sichere und gesunde Arbeitsbedingungen; das Recht auf Arbeit; das Recht der Kinder, Jugendlichen und Arbeitnehmerinnen auf Schutz; das Recht auf Berufsausbildung usw.

→ www.verlag-fuchs.ch/staat

Die Europäische Union (EU)

(Stand: März 2012)

Europäische Union: *1957 gegründete internationale Organisation von inzwischen 27 europäischen Staaten mit gegen 500 Millionen Menschen. Der Hauptsitz ist Brüssel.*

Die Staats- und Regierungschefs der EU haben beschlossen, dass am 1. Juli 2013 Kroatien 28. Mitglied der EU wird. Das kroatische Volk hat dem EU-Beitritt zugestimmt.

EU-27 Mitgliedländer

Seit 1951 6 Kernländer:
1. Belgien mit ● Brüssel
2. Frankreich mit ● Strassburg
3. Italien
4. Luxemburg
5. Niederlande
6. Bundesrepublik Deutschland

Seit 1973:
7. Dänemark
8. Irland
9. Grossbritannien (inkl. Nordirland)

Seit 1981:
10. Griechenland

Seit 1986:
11. Spanien
12. Portugal

Seit 1995:
13. Finnland
14. Österreich
15. Schweden

Seit 2004:
16. Estland
17. Lettland
18. Litauen
19. Malta
20. Polen
21. Slowakei
22. Ungarn
23. Tschechische Republik
24. Zypern
25. Slowenien

Seit 2007:
26. Bulgarien
27. Rumänien

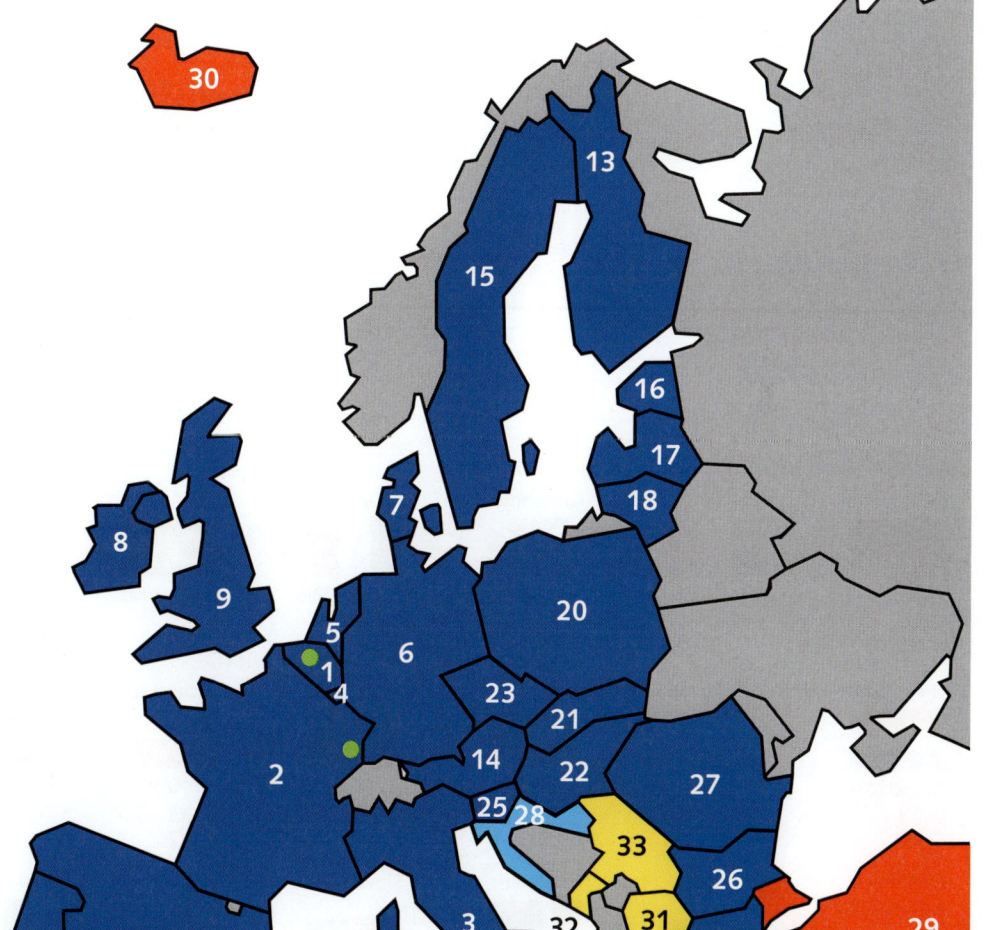

Beitrittskandidaten
(Mit laufenden Beitrittsverhandlungen)
29. Türkei
30. Island

Beitrittskandidaten
(Noch ohne laufende Beitrittsverhandlungen)
31. Mazedonien
32. Montenegro
33. Serbien

Die Schweiz hat zwar 1992 ein Beitrittsgesuch eingereicht. Dieses wurde aber nach dem EWR-Nein im selben Jahr suspendiert. Daher ist die Schweiz aus Sicht der EU ein gewöhnlicher Drittstaat.

→ www.verlag-fuchs.ch/staat

2.5. Die Schweiz und die Welt

Überblick

■ Ziel

Das Hauptziel der EU ist, in Europa die Sicherung des Friedens in Freiheit zu verwirklichen. Dieses Ziel soll zuerst über den Weg der wirtschaftlichen Zusammenarbeit (bis hin zur wirtschaftlichen Vereinigung = Wirtschaftsunion) erreicht werden. In einem weiteren Schritt will man den politischen Zusammenschluss anstreben (politische Union).

■ Das Mehrebenensystem der EU

Die EU ist ein System, das hauptsächlich zwei Ebenen umfasst, die teilweise ineinandergreifen:
1. die supranationale (überstaatliche) Ebene mit den EU-Institutionen,
2. die Ebene der einzelnen EU-Mitgliedländer, auf der nicht nur die Regierungen eine wichtige Rolle spielen, sondern u. a. die Parlamente, die Verbände und die Parteien sowie die Regionen und die Gemeinden.

Institutionen der Europäischen Union

Lenkung	Entscheidungen	Gericht	Beratung	Kontrolle
Europäischer Rat	– Rat der Europäischen Union – Europäische Kommission – Europäisches Parlament	Europäischer Gerichtshof	– Europäischer Wirtschafts- und Sozialausschuss – Ausschuss der Regionen	Europäischer Rechnungshof

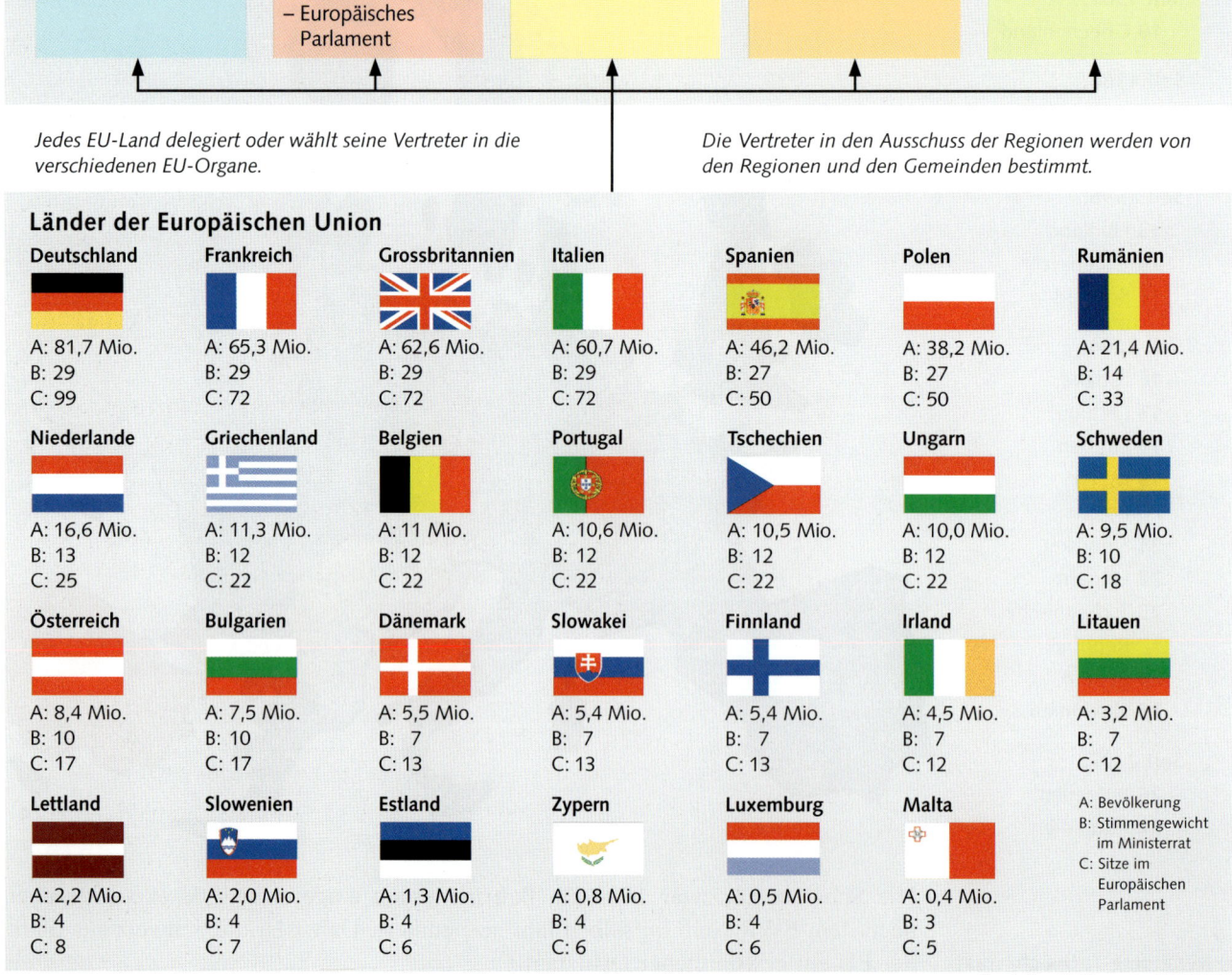

Jedes EU-Land delegiert oder wählt seine Vertreter in die verschiedenen EU-Organe.

Die Vertreter in den Ausschuss der Regionen werden von den Regionen und den Gemeinden bestimmt.

Länder der Europäischen Union

Deutschland
A: 81,7 Mio.
B: 29
C: 99

Frankreich
A: 65,3 Mio.
B: 29
C: 72

Grossbritannien
A: 62,6 Mio.
B: 29
C: 72

Italien
A: 60,7 Mio.
B: 29
C: 72

Spanien
A: 46,2 Mio.
B: 27
C: 50

Polen
A: 38,2 Mio.
B: 27
C: 50

Rumänien
A: 21,4 Mio.
B: 14
C: 33

Niederlande
A: 16,6 Mio.
B: 13
C: 25

Griechenland
A: 11,3 Mio.
B: 12
C: 22

Belgien
A: 11 Mio.
B: 12
C: 22

Portugal
A: 10,6 Mio.
B: 12
C: 22

Tschechien
A: 10,5 Mio.
B: 12
C: 22

Ungarn
A: 10,0 Mio.
B: 12
C: 22

Schweden
A: 9,5 Mio.
B: 10
C: 18

Österreich
A: 8,4 Mio.
B: 10
C: 17

Bulgarien
A: 7,5 Mio.
B: 10
C: 17

Dänemark
A: 5,5 Mio.
B: 7
C: 13

Slowakei
A: 5,4 Mio.
B: 7
C: 13

Finnland
A: 5,4 Mio.
B: 7
C: 13

Irland
A: 4,5 Mio.
B: 7
C: 12

Litauen
A: 3,2 Mio.
B: 7
C: 12

Lettland
A: 2,2 Mio.
B: 4
C: 8

Slowenien
A: 2,0 Mio.
B: 4
C: 7

Estland
A: 1,3 Mio.
B: 4
C: 6

Zypern
A: 0,8 Mio.
B: 4
C: 6

Luxemburg
A: 0,5 Mio.
B: 4
C: 6

Malta
A: 0,4 Mio.
B: 3
C: 5

A: Bevölkerung
B: Stimmengewicht im Ministerrat
C: Sitze im Europäischen Parlament

Stand: Nov. 2011, gemäss EUROSTAT

Die wichtigsten Institutionen der EU

■ Der Europäische Rat

> **Europäischer Rat:** *Er ist das höchste Organ der EU. Er gibt der EU die für ihre Entwicklung erforderlichen Impulse und legt die allgemeinen politischen Zielvorstellungen für diese Entwicklung fest.*

Zusammensetzung

Der Europäische Rat setzt sich zusammen aus:
- 27 Staats- und Regierungschefs: Sie treffen alle wichtigen politischen Entscheidungen und wählen einen ständigen Präsidenten.
- Präsident des Europäischen Rates (Herman Van Rompuy): Seine Amtsdauer beträgt zweieinhalb Jahre (eine einmalige Wiederwahl ist möglich). Der Präsident führt den Vorsitz im Europäischen Rat. Gegen aussen soll er dem Hauptentscheidungsorgan der EU ein Gesicht geben. Er darf an den Abstimmungen nicht teilnehmen.
- Kommissionspräsident (José Manuel Barroso): Auch er ist nicht stimmberechtigt.

■ Rat der Europäischen Union (inoffiziell: Ministerrat)

> **Rat der Europäischen Union:** *Als Vertreter der Mitgliedstaaten beschliesst er alle wesentlichen rechtlichen Erlasse (Verordnungen) und erlässt Richtlinien. Er verfügt über die Kompetenz, Recht zu setzen. (Diese Kompetenz teilt er mit dem Europäischen Parlament.)*
> *Der Rat der Europäischen Union besteht aus den 27 Ministern der EU-Länder.*

Zusammensetzung

Der Rat der Europäischen Union tritt je nach Politikbereich in unterschiedlicher Besetzung in Brüssel zusammen. Geht es zum Beispiel um Fragen der Umwelt, so bilden die Umweltminister aller 27 Mitgliedstaaten den Umweltministerrat. Zudem ist jeweils das zuständige Kommissionsmitglied anwesend.

Alle im Rat der Europäischen Union vertretenen Minister sind befugt, für ihre Regierungen verbindlich zu handeln. Zudem sind die im Rat der Europäischen Union tagenden Minister ihren nationalen Parlamenten sowie ihren Bürgern gegenüber verantwortlich. Dies garantiert die demokratische Verankerung der Beschlüsse des Rats der Europäischen Union.

Aufgaben

Der Rat der Europäischen Union hat sechs zentrale Aufgaben:
- Er verabschiedet europäische Rechtsvorschriften. In vielen Bereichen geschieht dies gemeinsam mit dem Europäischen Parlament.
- Er sorgt für die Koordination in der Wirtschaftspolitik der Mitgliedstaaten.
- Er schliesst internationale Übereinkünfte ab zwischen der EU und einem oder mehreren Staaten oder internationalen Organisationen.
- Er genehmigt zusammen mit dem EU-Parlament den Haushaltsplan der EU.
- Aufgrund der vom Europäischen Rat festgelegten allgemeinen Leitlinien entwickelt er die Gemeinsame Aussen- und Sicherheitspolitik (GASP) der EU.
- Er koordiniert die Zusammenarbeit der nationalen Gerichte und Polizeikräfte in Strafsachen.

Vorsitz im Rat der Europäischen Union

Der Vorsitz im Rat der Europäischen Union wechselt alle 6 Monate. Dies bedeutet, dass alle EU-Staaten abwechselnd jeweils 6 Monate lang für die Tagesordnung des Rates verantwortlich sind. Das Land, das den Vorsitz hat, treibt gesetzgeberische und politische Entscheidungen voran und vermittelt Kompromisse unter den Mitgliedstaaten.

Im Rat für Auswärtige Angelegenheiten hat der Hohe Vertreter der Europäischen Union für Aussen- und Sicherheitspolitik den Vorsitz. Er ist für 5 Jahre gewählt.

Die Europäische Kommission

> **Europäische Kommission:** *Sie ist gleichermassen die Regierung der EU, welche die Beschlüsse des Rats der Europäischen Union und des Europäischen Parlaments umsetzt. Zudem bildet sie innerhalb der EU die Antriebskraft, indem sie Rechtsvorschriften, politische Massnahmen und Aktionsprogramme vorschlägt. Die Kommission besteht aus 27 Mitgliedern (je ein Mitglied pro EU-Land).*

Zusammensetzung

Die Neubesetzung der Kommission erfolgt alle fünf Jahre. (Die Amtszeit der derzeitigen Kommission läuft bis zum 31. Oktober 2014.) Dabei wird folgendermassen vorgegangen: Das Europäische Parlament wählt zuerst den neuen Präsidenten der Kommission auf Vorschlag des Europäischen Rats. Dann bestimmen der designierte Kommissionspräsident und der Europäische Rat die Zusammensetzung der Kommission. Im Folgenden genehmigt das Europäische Parlament in einer Abstimmung das Gesamtgremium der Kommission. Nach der Zustimmung des Parlaments wird die neue Kommission schliesslich vom Rat offiziell ernannt.

Aufgaben

Die Europäische Kommission hat im Wesentlichen vier Aufgaben:
1. dem Parlament und dem Rat der Europäischen Union neue Rechtsvorschriften vorschlagen,
2. die EU-Politik umsetzen und den Haushalt verwalten,
3. gemeinsam mit dem Europäischen Gerichtshof die Einhaltung des europäischen Rechts überwachen,
4. die Europäische Union auf internationaler Ebene vertreten, zum Beispiel durch Aushandeln von Übereinkommen zwischen der EU und anderen Ländern.

Kommissionspräsident

Der Kommissionspräsident spielt nicht nur bei der Wahl der Kommissare eine wichtige Rolle, er entscheidet auch darüber, für welche Politikbereiche die einzelnen Kommissare verantwortlich sind. Er kann diese Zuständigkeiten während seiner Amtszeit gegebenenfalls neu verteilen. Der Präsident hat eine Richtlinienkompetenz in der Kommission und kann selbständig einzelne Kommissare entlassen.

Das Europäische Parlament

> **Europäisches Parlament:** *Es ist die demokratisch gewählte Vertretung und das politische Kontrollorgan der Menschen in der EU. Es ist darüber hinaus am Rechtsetzungsprozess beteiligt, aber es ist nicht die gesetzgebende Institution wie die Parlamente in den einzelnen Staaten. Seine Amtsdauer: 5 Jahre. Das Europäische Parlament zählt grundsätzlich 751 Mitglieder (von 2009 bis 2014 sind es aber nur 736 Mitglieder).*

Aufgaben

1. Eine EU-Norm (Gesetz) kommt nur zustande, wenn der Rat und das Parlament zustimmen. In einigen Bereichen (beispielsweise Landwirtschaft, Wirtschaftspolitik, Visa-und Einwanderungspolitik) hat der der Rat der Europäischen Union die alleinige Rechtsetzungsbefugnis. Er muss aber das Parlament anhören. Zudem ist die Zustimmung des Parlaments bei gewissen wichtigen Entscheidungen (z. B. Beitritt neuer Länder zur EU) erforderlich.
2. Das Parlament übt eine demokratische Kontrolle über die anderen europäischen Organe aus. Es bestimmt bei der Zusammensetzung der Kommission mit und prüft deren Berichte periodisch. Die Parlamentsabgeordneten richten zudem regelmässig Anfragen an den Rat der Europäischen Union.
3. Der EU-Haushalt wird jährlich von Parlament und Rat gemeinsam verabschiedet, und ein Parlamentsausschuss überwacht die Verwendung der Haushaltsmittel.

Die Schweiz und die EU

Die bilateralen Abkommen zwischen der Schweiz und der EU

> **Bilaterales Abkommen:** *Ein Vertrag zwischen zwei Vertragspartnern.*
> **Bilaterales Abkommen Schweiz – EU:** *Abkommen, das zwischen der Schweiz auf der einen Seite und der EU auf der anderen abgeschlossen wurde. (Die EU-Länder treten als Einheit wie ein einziger Staat auf).*

Mit der Ablehnung zum EWR-Beitritt (1992) hat sich die Schweiz für den bilateralen Weg mit der EU entschieden. Bis heute sind gut 20 wichtige Abkommen und über 100 Sekundärabkommen abgeschlossen worden.

Bilaterale I
Sie umfassen 7 Bereiche und wurden vom Schweizer Stimmvolk im Jahre 2000 gutgeheissen: Forschung, freier Personenverkehr, Landverkehr, Landwirtschaft, Luftverkehr, öffentliches Beschaffungswesen, technische Handelshemmnisse.

Bilaterale II
Sie umfassen 9 Dossiers und wurden 2004 unterzeichnet:
Justiz, Polizei, Asyl und Migration (Schengen/Dublin), Zinsbesteuerung, Betrugsbekämpfung, verarbeitete Landwirtschaftsprodukte, Umwelt, Statistik, MEDIA, Ruhegehälter und Bildung/Berufsbildung/Jugend

Rechtliche Auswirkungen eines allfälligen Beitritts

Referendum
a) Wenn die Gemeinschaft abschliessendes Recht setzt (Verordnungen), kann der schweizerische Gesetzgeber (Parlament) kein Recht mehr setzen; folglich kann auch kein Referendum ergriffen werden.
b) Das fakultative Gesetzesreferendum wird aber im Rahmen der EU jedes Mal dann anwendbar sein, wenn die Gemeinschaft Richtlinien erlässt; Richtlinien setzen einen (meist weiten) gesetzlichen Rahmen. Jeder Mitgliedstaat setzt sein Recht innerhalb dieser Richtlinien selber.

Volksinitiative
Eidgenössische Volksinitiativen wären weiterhin möglich. Sollten sie aber dem EU-Recht widersprechen, müssten mit der EU Lösungen gesucht werden. Würde die Schweizer EU-Mitgliedschaft dadurch in Frage gestellt, könnte dies zum Austritt führen.

Bundeshoheit
In jenen Bereichen, in denen die Mitgliedstaaten gemeinsam entscheiden müssen, geht EU-Recht nationalem Recht vor. Die Schweiz könnte ihre Argumente in Brüssel einbringen und mitentscheiden (geteilte Entscheidungskompetenz), wäre dann aber durch die Entscheidung mit der Gemeinschaft gebunden.

Kantonale Hoheit
Die Kantone wären ebenfalls von EU-Kompetenzen tangiert, allerdings in weniger grossem Ausmass. Insofern müssten auch sie Teile ihrer Gesetzgebung dem EU-Recht anpassen; das müssen sie aber auch im Rahmen allfälliger bilateraler Verträge zwischen der Schweiz und der EU, z.B. in den Bereichen der gegenseitigen Anerkennung von Diplomen oder im öffentlichen Beschaffungswesen.

Gerichtsbarkeit
Das Urteil des Europäischen Gerichtshofes hat in all jenen Bereichen Vorrang vor nationaler Rechtsprechung, in denen die EU zuständig ist.

→ www.verlag-fuchs.ch/staat

Freier Personenverkehr

■ Die Bestimmungen des bilateralen Vertrags mit der EU

Schweizer Bürgerinnen und Bürger sind in allen EU-Mitgliedstaaten den EU-Bürgern gleichgestellt.

Schweizerinnen und Schweizer sowie Bürgerinnen und Bürger der EU sollen freien Zugang zu den jeweiligen nationalen Arbeitsmärkten erhalten. Voraussetzung ist, dass sie über einen gültigen Arbeitsvertrag verfügen oder selbständig erwerbend sind oder dass sie ausreichende finanzielle Mittel und eine umfassende Krankenversicherung haben.

Jahresaufenthalter oder Kurzaufenthalter aus den EU-Ländern bekommen u.a. das Recht, sich in der Schweiz frei niederzulassen oder die berufliche Tätigkeit zu wechseln. Die Erwerbstätigen dürfen zudem ihre Familienangehörigen «nachziehen», d.h. diese dürfen beim Erwerbstätigen in der Schweiz leben.

Die Schweizer Bevölkerung hat am 8. Februar 2009 entschieden, dass sie den Vertrag zum freien Personenverkehr ab dem 1. Juni 2009 unbefristet weiterführen will. Zugleich hat sie ihn auf alle 27 EU-Länder ausgeweitet (d.h.: inklusive Rumänien und Bulgarien).

Personenfreizügigkeit für 17 EU-Länder
Seit 2007 gilt die volle Personenfreizügigkeit für die 15 Staaten der «alten» EU (siehe S. 231) sowie für Malta und Zypern. Seither ist die Wohnbevölkerung in der Schweiz infolge der Personenfreizügigkeit jährlich um rund 50 000 Personen angestiegen.

Personenfreizügigkeit für 25 EU-Länder
Das Bundesparlament verlangt vom Bundesrat Massnahmen zur Eindämmung der Zuwanderung, da seit dem 1. Mai 2011 für weitere acht EU-Staaten die volle Personenfreizügigkeit gilt. Es sind dies: Estland, Lettland, Litauen, Polen, Tschechien, die Slowakei, Ungarn und Slowenien.

Personenfreizügigkeit für alle 27 EU-Länder
Die Ausdehnung der Personenfreizügigkeit auf die beiden restlichen EU-Staaten (Bulgarien und Rumänien) erfolgt frühestens im Jahre 2014. Die Schweiz könnte dann noch für weitere drei Jahre die «Ventilklausel» anrufen, falls die Zuwanderung unerwünscht stark sein sollte.

■ Flankierende Massnahmen zum freien Personenverkehr

Um Missbräuche verhindern zu können, wurden die sogenannten flankierenden Massnahmen zum freien Personenverkehr beschlossen. Damit werden die zentralen Bestimmungen zum Schutz der Arbeitnehmer festgelegt. Da das Prinzip der Nichtdiskriminierung gilt, finden die flankierenden Massnahmen auf die Schweizer Bürger und auf die EU-Bürger in gleichem Masse Anwendung.

Im Wesentlichen sind folgende Massnahmen beschlossen worden:
- Gesamtarbeitsverträge können leichter als vorher allgemeinverbindlich erklärt werden, falls die Löhne mehrmals missbräuchlich unterboten wurden.
- Die zuständige Behörde kann Normalarbeitsverträge mit Mindestlöhnen erlassen, wenn keine Gesamtarbeitsverträge vorhanden sind.
- Zusätzlich ist das «Entsendegesetz» in Kraft getreten: Arbeitnehmer eines Unternehmens aus dem EU-Raum, die vorübergehend in die Schweiz zur Arbeit entsandt werden, unterstehen neu den schweizerischen Arbeitsvorschriften (z.B. Mindestlöhne, Gesamtarbeitsverträge, Verordnungen).
- Die Kantone werden verpflichtet, den Arbeitsmarkt durch Inspektoren kontrollieren zu lassen.

Die Nichtregierungsorganisationen (NGOs)

> **Nichtregierungsorganisationen:** *Sind nicht gewinnorientierte Organisationen, die vom Staat unabhängig sind.*

Heute ist die Abkürzung NGO (non-governmental organization) gebräuchlich. Die Organisationen sind lokal, regional, national und international tätig.

Ziele

Umwelt, Entwicklung, soziale Gerechtigkeit, Menschenrechte und Frieden sind ihre wichtigsten Anliegen.
Die Nichtregierungsorganisationen geniessen oft grossen Rückhalt in der Bevölkerung.
Ihren finanziellen Bedarf decken die NGOs hauptsächlich mit Spenden.

Wichtige internationale Nichtregierungsorganisationen

Amnesty International (AI)
Seit ihrer Gründung 1961 setzt sich Amnesty International vor allem für die Gefangenenhilfe und die weltweite Förderung des Menschenrechtsschutzes ein.
Die Arbeit von Amnesty International stützt sich ab auf die «Allgemeine Erklärung der Menschenrechte» der Vereinten Nationen von 1948.

Greenpeace
Nach eigener Aussage weist Greenpeace kreativ und gewaltfrei auf weltweite Umweltprobleme hin und versucht, Lösungen durchzusetzen. Ziel ist eine grüne und friedliche Zukunft für die Erde und das Leben auf ihr in all seiner Vielfalt.
Greenpeace machte immer wieder mit spektakulären Aktionen aufmerksam auf ihr Anliegen.

World Wildlife Fund (WWF)
Der WWF will der weltweiten Zerstörung der Umwelt Einhalt gebieten. Er setzt sich weltweit ein für die Erhaltung der Artenvielfalt, für die nachhaltige Nutzung der Ressourcen, für die Eindämmung der Umweltverschmutzung und gegen ein schädliches Konsumverhalten.

Médecins sans Frontières (Ärzte ohne Grenzen)
Die Organisation leistet medizinische Hilfe in Kriegs- und Krisengebieten. Die meisten Mitarbeitenden sind Ärzte und Krankenpfleger.

Politische Bedeutung

In der heute stark vernetzten und globalisierten Gesellschaft erlangen diese Organisationen zunehmend Bedeutung und einigen Einfluss auf Entscheide staatlicher Organe. Sie sind somit ein ernst zu nehmender politischer und gesellschaftlicher Machtfaktor.
Mit Kampagnen, zum Teil spektakulären Aktionen und gezieltem Lobbyismus setzen sie sich dabei für ihre Anliegen ein.

2.5. Die Schweiz und die Welt

Migration

> **Migration:** *Ist der Überbegriff für freiwillige oder erzwungene Wanderungen von Menschen und Menschengruppen.*

- Menschen, die einzeln oder in Gruppen ihre bisherigen Wohnorte verlassen, um sich an anderen Orten dauerhaft oder zumindest für eine längere Zeit niederzulassen, werden als Migranten bezeichnet. Pendler, Touristen und andere Kurzzeitaufenthalter fallen nicht darunter.
- Vom eigenen Standpunkt aus gesehen, bezeichnet man das Verlassen eines Landes als Emigration, die Einwanderung ins Land als Immigration.
- Gemäss UNO waren weltweit rund 740 Mio. Menschen Binnenmigranten, d.h. sie wanderten in ihrem eigenen Land umher und verliessen es nicht. Nur 75 Mio. der weltweit rund 200 Mio. Migranten zog es in den reichen Norden. Die überwiegende Mehrheit aber wanderte von einem Entwicklungsland ins nächste aus.
- Als Flüchtlinge werden Menschen bezeichnet, die ihre Heimat verlassen müssen, weil sie verfolgt werden und so an Leib und Leben gefährdet sind.

■ Politische Flüchtlinge/Asylanten

> **Flüchtlinge:** *Sind Menschen, die aus «begründeter Furcht vor Verfolgung wegen ihrer Rasse, Religion, Nationalität, Zugehörigkeit zu einer bestimmten sozialen Gruppe oder wegen ihrer politischen Überzeugung» fliehen. (Artikel 1 der Genfer Flüchtlingskonvention von 1951). Diese Menschen könnten nur unter Lebensgefahr in ihr Heimatland zurückkehren.*

Wer aus einem der obgenannten Gründe flieht, gilt als politischer Flüchtling. Flieht er in ein Land, das die Genfer Flüchtlingskonvention unterzeichnet hat (das sind die meisten Staaten der Erde) muss dieser Staat ihm Asyl gewähren.

> **Asyl:** *Aufenthalt, den ein Staat einem Ausländer gewährt, um ihn dauernd oder vorübergehend vor Verfolgung zu schützen.*

■ Wirtschaftsflüchtlinge

Die meisten Migranten verlassen aber aus wirtschaftlichen Gründen ihr Land, weil sie sich im Zielland bessere Arbeits- und Lebensbedingungen versprechen. Sie gelten nicht als Flüchtlinge. Ihnen muss daher auch kein Asyl gewährt werden.

Problematik
Für staatliche Behörden ist es oftmals äusserst schwierig abzuklären, ob eine Person aus politischen oder aus wirtschaftlichen Gründen ihr Land verlassen hat. Noch schwieriger wird es, wenn nicht abgeklärt werden kann, woher eine Person gekommen ist. Sie kann dann nicht in ihr Herkunftsland abgeschoben werden.

■ Wirtschaftlich erwünschte Migration

Es gibt Migranten, die beruflich hoch qualifiziert sind. Diese sind in der Regel in den Aufnahmeländern sehr willkommen. Anderseits gibt es Migranten, die bereit sind, Arbeiten zu verrichten, die von den Einheimischen eher gemieden werden. Auch diese sind im Zielland in der Regel willkommen.
In den wirtschaftlichen Boom-Jahren sind fremde Arbeitskräfte jeweils mehr gefragt als in Rezessionsjahren (siehe S. 300 ff.).

2.5. Die Schweiz und die Welt

■ Die weltweiten Migrationsströme

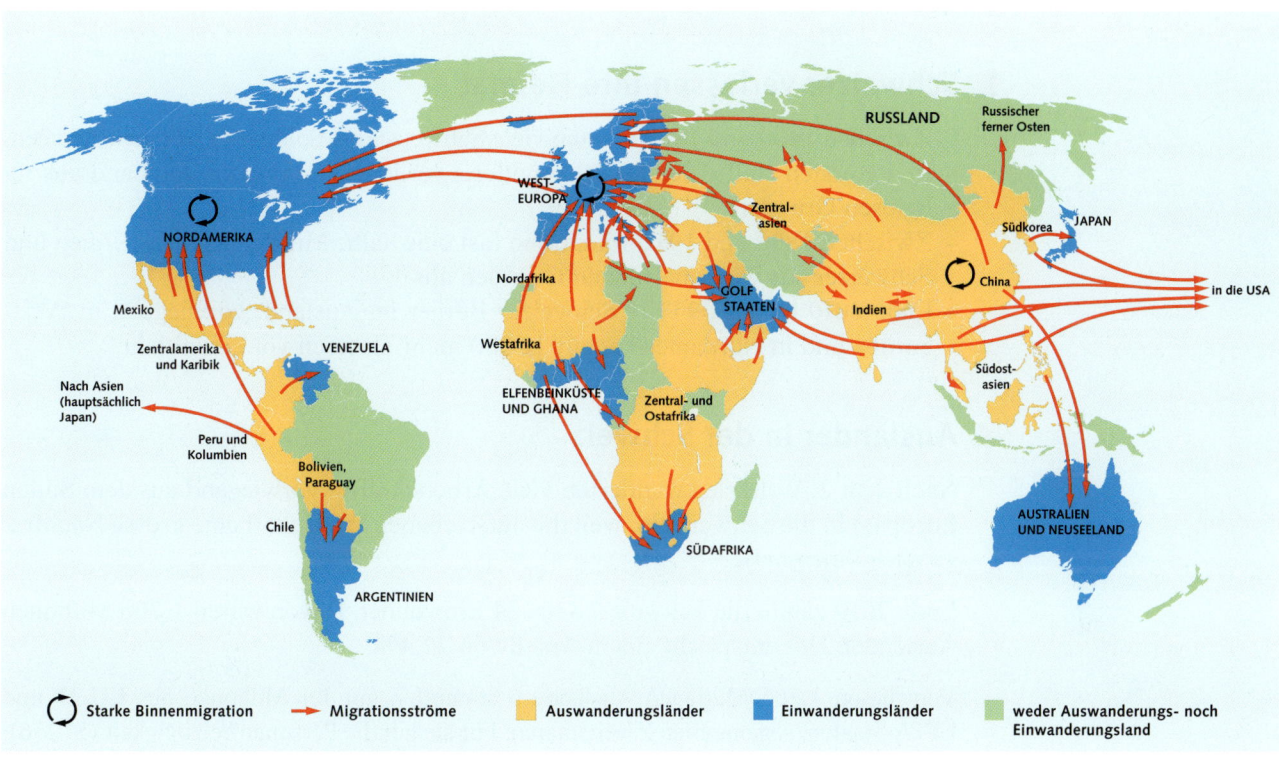

Quelle: Le Monde diplomatique, Atlas der Globalisierung 2009

Die Ursachen von Migration sind vielfältig. Meistens wirken Push- und Pullfaktoren zusammen.

■ Push-Faktoren

Mit Pushfaktoren (Schubfaktoren) werden Bedingungen im Herkunftsland bezeichnet, die von einzelnen Menschen oder von ganzen Gruppen von Menschen als unbefriedigend bis lebensbedrohlich empfunden werden. Ursachen für die Flucht sind:
– Armut
– Überbevölkerung
– bewaffnete Konflikte
– Vertreibungen

Häufig treten mehrere dieser Ursachen gleichzeitig auf, was den Abwanderungsdruck noch erhöht.

■ Pull-Faktoren

Als Pullfaktoren (Sogfaktoren) bezeichnet man die Bedingungen am Zielort, von denen sich Migranten ein besseres Leben versprechen. Die Wahl der Einwanderungsgebiete wird durch die Sogfaktoren bzw. die Pull-Faktoren bestimmt:
– gute Wirtschaftslage, hoher Lebensstandard
– Sicherheit
– Bildungsmöglichkeiten
– günstige Einwanderungsgesetze
– Akzeptanz der einheimischen Bevölkerung

Mittlerweile blüht ein menschenverachtendes Geschäft mit billigen Arbeitskräften und Prostitution, das von professionellen Vermittlern und sogenannten Schleppern betrieben wird.

2.5. Die Schweiz und die Welt

Migration und die Schweiz

In der Geschichte der Schweiz gab es nicht nur Phasen grosser Zuwanderung sondern auch solche starker Auswanderungen.

■ Schweizer verlassen ihre Heimat

- Zwischen 1400 und 1850 dienten viele Schweizer als Söldner in fremden Armeen.
- In der ersten Hälfte des 16. Jahrhunderts verliessen Schweizer das Land aus religiösen Gründen.
- Zwischen 1850 und 1910 wanderten fast eine halbe Million Schweizerinnen und Schweizer aus wirtschaftlichen Gründen aus.
- Ende 2010 lebten 695 101 Schweizer Bürger im Ausland, vorwiegend in Westeuropa und in Nordamerika, gut 10 000 mehr als noch vor einem Jahr.

■ Ausländer in der Schweiz

Nach dem 2. Weltkrieg wanderten viele Arbeitskräfte (vorwiegend aus dem Süden Europas) in die Schweiz ein, weil die aufstrebende Wirtschaft eine grosse Nachfrage nach ihnen hatte.

Ende 2010 zählte die Schweiz 7 870 134 Einwohner. Davon waren 1,766 Millionen Ausländer. Das entspricht einem Anteil von 22,4%.

Von diesen 1,766 Millionen Ausländern stammten gut 1,1 Millionen aus EU-27 und EFTA-Staaten, sogenannten Zweitstaaten. Für sie gilt die Personenfreizügigkeit (S. 236).

■ Ausländische Wohnbevölkerung am 31.12.2010

EU-27 / EFTA-Staaten		1 101 501
– Italien	287 130	
– Deutschland	263 271	
– Portugal	212 586	
– Frankreich	95 643	
– Spanien	64 126	
– Österreich	37 013	
– restliche EU / EFTA-Staaten	141 732	
Balkanstaaten		309 799
– Serbien	121 908	
– Mazedonien	60 116	
– Bosnien und Herzegowina	35 513	
– Kroatien	33 507	
– Kosovo	58 755	
Andere Staaten Europas		21 808
Türkei		71 835
Asien		110 549
Amerika (Nord- und Südamerika)		74 511
Afrika		71 527
Australien / Ozeanien		3 990
Staatenlos / Unbekannt		757
Total ausländische Wohnbevölkerung		**1 766 277**

Länder, die als Zweitstaaten gelten

Länder, die als Drittstaaten gelten

Quelle: BFS, 2011

Ausländische Arbeitskräfte in der Schweiz (Ende 3. Quartal 2011)

Von den 4,732 Millionen Arbeitstätigen waren 1,342 Millionen Ausländer, was einem Ausländeranteil an der erwerbstätigen Bevölkerung von 28,4% entspricht. Die Schweizer Wirtschaft würde ohne ausländische Arbeitskräfte nicht funktionieren. Gebraucht werden vor allem Arbeiter und Hilfskräfte, zum Beispiel für den Bau und die Hotellerie. Gebraucht werden aber auch ausländische Spezialisten: Techniker, Ingenieure, Informatiker, Wissenschaftler, Ärzte, Pflegepersonal usw.

Aufgaben der Politik

Die Schweiz hat eine humanitäre Tradition, bei der sie politische Flüchtlinge aufnimmt und ihnen Asyl gewährt. Diese Tradition wird von den meisten Politikerinnen und Politikern nicht in Frage gestellt.
Weil im Verhältnis zur einheimischen Bevölkerung die Zahl der Ausländer sehr hoch ist und die Schweiz eine unkontrollierte Zuwanderung vermeiden will, ist es Aufgabe der Politik, Massnahmen zu ergreifen.

Um den Zustrom von Asylsuchenden und von unerwünschten Wirtschaftsflüchtlingen (siehe S. 238) zu verringern bzw. unter Kontrolle zu halten, kann die Politik nicht nur strikte Einwanderungsmassnahmen ergreifen, sie kann auch versuchen, die Push-Faktoren (siehe S. 239) in den Herkunftsländern zu verringern, indem
– möglichst in jene Länder investiert wird, aus denen viele Wirtschaftsflüchtlinge kommen könnten, damit der wirtschaftliche Grund wegfällt.
– jene Kräfte in gefährdeten Ländern politisch unterstützt werden, die demokratische Verhältnisse anstreben, um Kriegsflüchtlinge zu vermeiden.

Assimilation und Integration

All jene Ausländer, die rechtmässig in der Schweiz leben und von ihr aufgenommen worden sind, müssen sich bis zu einem gewissen Grad eingliedern.
Wie stark die Eingliederung und die Anpassung gehen müssen, ist jedoch umstritten. Man unterscheidet dabei zwischen Assimilation und Integration.

> **Assimilation:** *Menschen aus einer andern Kultur passen sich völlig der neuen Kultur an. Sie werden wie Einheimische.*

Assimilierte Menschen haben in der Regel keine richtigen Beziehungen mehr zu ihrem Herkunftsland.

> **Integration:** *Menschen aus einer andern Kultur passen sich den Menschen im neuen Kulturraum an.*

Integrierte Ausländer passen sich zwar grundsätzlich an die neue Kultur an, bewahren sich aber auch wichtige Teile der ursprünglichen Kultur (Sprache, Religion usw.).

Soll die Assimilation bzw. die Integration der Ausländer in der Schweiz gelingen, müssen auch von Seiten der Schweiz Anstrengungen in diese Richtung gemacht werden. So sollte z.B. Chancengleichheit herrschen auf dem Lehrstellen-, dem Arbeits- und dem Wohnungsmarkt sowie im Bildungswesen. Auch politische Mitbestimmungsmöglichkeiten können die Integration von Ausländern fördern. In mehreren Kantonen erteilen Kirchgemeinden auch den niedergelassenen Ausländern das Stimm- und Wahlrecht. Die Kantone Waadt, Genf und Appenzell Ausserrhoden (auf Gemeindeebene), Neuenburg und Jura (auf Gemeinde- und zum Teil auf Kantonsebene) räumen Ausländern gar politische Rechte ein.

2.5. Die Schweiz und die Welt 242

Politische Weltkarte

2.5. Die Schweiz und die Welt

2.5. Die Schweiz und die Welt

Politische Europakarte

3.1. Die Volkswirtschaft: Grundlagen

Esther Kessler
Roman Capaul
André Langenegger
Claudio Caduff
Jakob Fuchs
Gregor Schläpfer
Thomas Zeller

3.1. Grundlagen der Volkswirtschaft

Bedürfnisse

> **Bedürfnisse:** *Verlangen des Menschen, einen Mangel zu beheben. Dem Mensch gelingt es nie, all seine Bedürfnisse zu befriedigen.*

Wir Menschen sind nicht vollkommen. Fortwährend fehlt uns etwas. Wir haben Hunger, verspüren Durst, wir frieren oder leiden unter Krankheiten, um nur einige wenige Mangelempfindungen zu nennen. Um uns wieder wohlzufühlen, haben wir stets das Bedürfnis, diese Mängel zu beseitigen.

■ Bedürfnisbefriedigung

> **Bedürfnisbefriedigung:** *Beseitigung einer Mangelempfindung.*

Die Möglichkeit der Bedürfnisbefriedigung wird den meisten Menschen nicht einfach so in den Schoss gelegt. Wir müssen arbeiten, d.h. wirtschaftlich tätig werden, um ein Einkommen zu erzielen. Mithilfe des Geldes (Geld ist volkswirtschaftlich gesehen ein Hilfsmittel) sind wir in der Lage, zunächst lebensnotwendige Bedürfnisse zu befriedigen, um überhaupt existieren zu können. Bleibt dann noch Geld übrig, können wir wahlweise andere, nicht lebensnotwendige Bedürfnisse decken.

■ Bedürfnisarten

1. Individualbedürfnisse

Individualbedürfnisse sind Bedürfnisse, die der einzelne Mensch hat. Bei der Befriedigung dieser Bedürfnisse entsteht eine Rangfolge:

Grundbedürfnisse (Existenzbedürfnisse)	Wahlbedürfnisse
Die Grundbedürfnisse müssen zuerst befriedigt werden, damit der Mensch leben kann.	Aus einem breiten Angebot befriedigt der Mensch wahlweise weitere, nicht lebensnotwendige Bedürfnisse.
Mittel zur Bedürfnisbefriedigung: – Nahrung (Essen und Trinken) – Wohnung – Kleidung – ärztliche Versorgung	Mittel zur Bedürfnisbefriedigung: – Ferien – Auto – Schmuck – Bücher usw.

Der Mensch kann nie all seine Bedürfnisse befriedigen. Er muss eine Auswahl treffen. Diese Auswahl hängt von folgenden Faktoren ab:
– Welche Schwerpunkte setzt der Einzelne?
– Wieviel Einkommen steht dem Einzelnen zur Verfügung?
– Wie sieht die Wirtschafts- und die Versorgungslage seines Landes aus? (Hat er überhaupt die Möglichkeit, sich mit genügend Gütern einzudecken?)

3.1. Grundlagen der Volkswirtschaft

2. Kollektivbedürfnisse

Kollektivbedürfnisse sind Bedürfnisse, welche die Gesellschaft als Ganzes hat. Zwischen den Individual- und den Kollektivbedürfnissen besteht ein Zusammenhang.

Im Folgenden werden die beiden Bedürfnisarten einander gegenübergestellt.

Individualbedürfnisse	Kollektivbedürfnisse
Der Einzelne allein entscheidet, welche Bedürfnisse wann und in welcher Reihenfolge er zu befriedigen gedenkt, wobei er zuerst immer die Existenzbedürfnisse abdeckt. Je mehr Einzelpersonen die gleichen Bedürfnisse befriedigen wollen, desto grösser werden die Probleme für die Gesellschaft. Es entstehen Kollektivbedürfnisse.	Durch die Vielzahl von Menschen mit gleichen Bedürfnissen entstehen neue Bedürfnisse, welche von der Einzelperson nicht mehr allein befriedigt werden können. Wenn die Einkommen steigen, können mehr und mehr Individualbedürfnisse befriedigt werden. Als Folge davon nehmen die Kollektivbedürfnisse zu.

Es gibt viele Individualbedürfnisse, die nur durch gesellschaftliche Anstrengungen befriedigt werden können.

Beispiel: Das Bedürfnis des Individuums nach Mobilität führt zu Kollektivbedürfnissen wie dem Bau von Strassen, von Eisenbahnlinien, von Flughäfen usw.
Viele Folgen der Bedürfnisbefriedigung hat die Gesellschaft zu tragen (z.B. Abfall, Umweltbelastung durch Verkehr).

Aufgabe der Wirtschaft
Es ist Aufgabe der Wirtschaft, eine möglichst grosse Bedürfnisbefriedigung zu ermöglichen, indem sie Güter bereitstellt.

■ Bedürfnispyramide nach Maslow

Der amerikanische Psychologe Abraham Maslow ordnet die menschlichen Bedürfnisse auf einer fünfstufigen Pyramide:

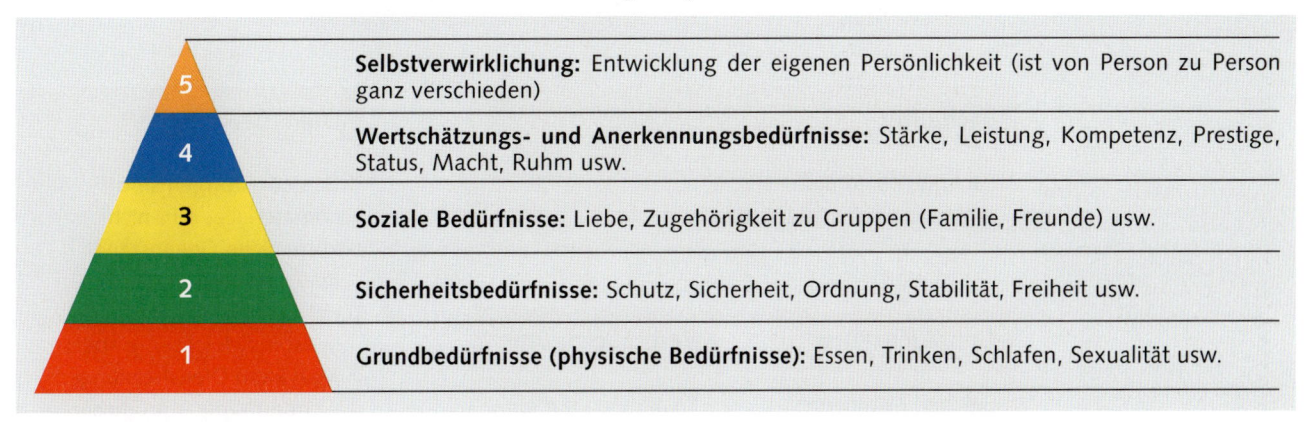

Stufe	Bedürfnis
5	**Selbstverwirklichung:** Entwicklung der eigenen Persönlichkeit (ist von Person zu Person ganz verschieden)
4	**Wertschätzungs- und Anerkennungsbedürfnisse:** Stärke, Leistung, Kompetenz, Prestige, Status, Macht, Ruhm usw.
3	**Soziale Bedürfnisse:** Liebe, Zugehörigkeit zu Gruppen (Familie, Freunde) usw.
2	**Sicherheitsbedürfnisse:** Schutz, Sicherheit, Ordnung, Stabilität, Freiheit usw.
1	**Grundbedürfnisse (physische Bedürfnisse):** Essen, Trinken, Schlafen, Sexualität usw.

Grundsätzlich gilt: Erst wenn das untergeordnete Bedürfnis (z.B. das Grundbedürfnis) befriedigt ist, tritt das nächsthöhere Bedürfnis (z.B. das Sicherheitsbedürfnis) auf.

Maslow bezeichnet die ersten vier Bedürfnisse als Defizitbedürfnisse. Werden sie nicht befriedigt, so entsteht ein Gefühl des Mangels.
Menschen, die nach Befriedigung hoher Bedürfnisse (Wertschätzung und Anerkennung sowie Selbstverwirklichung) streben können, sind gesünder, schlafen besser und leben länger.

3.1. Grundlagen der Volkswirtschaft

Güter zur Bedürfnisbefriedigung

> **Güter:** *Sind Mittel, mit denen Bedürfnisse befriedigt werden.*

Wir unterscheiden zwischen freien Gütern und wirtschaftlichen Gütern.

■ Freie Güter

> **Freie Güter:** *Sind Güter, die den Menschen in ausreichender Menge (weltweit gesehen) frei zur Verfügung stehen. Daraus folgt, dass sie unentgeltlich verfügbar sind.*

Beispiele: Luft, Sonnenlicht, Wind
Der Raubbau an der Natur lässt aber z.B. saubere Luft dennoch immer knapper werden.

■ Wirtschaftliche Güter

> **Wirtschaftliche Güter:** *Sind Güter, die beschränkt vorhanden sind, das heisst, sie reichen nicht aus, um alle Bedürfnisse zu befriedigen.*
> *Weil wirtschaftliche Güter knapp und beschränkt sind, erzielen sie einen Preis.*

Die wirtschaftlichen Güter werden wie folgt unterteilt:

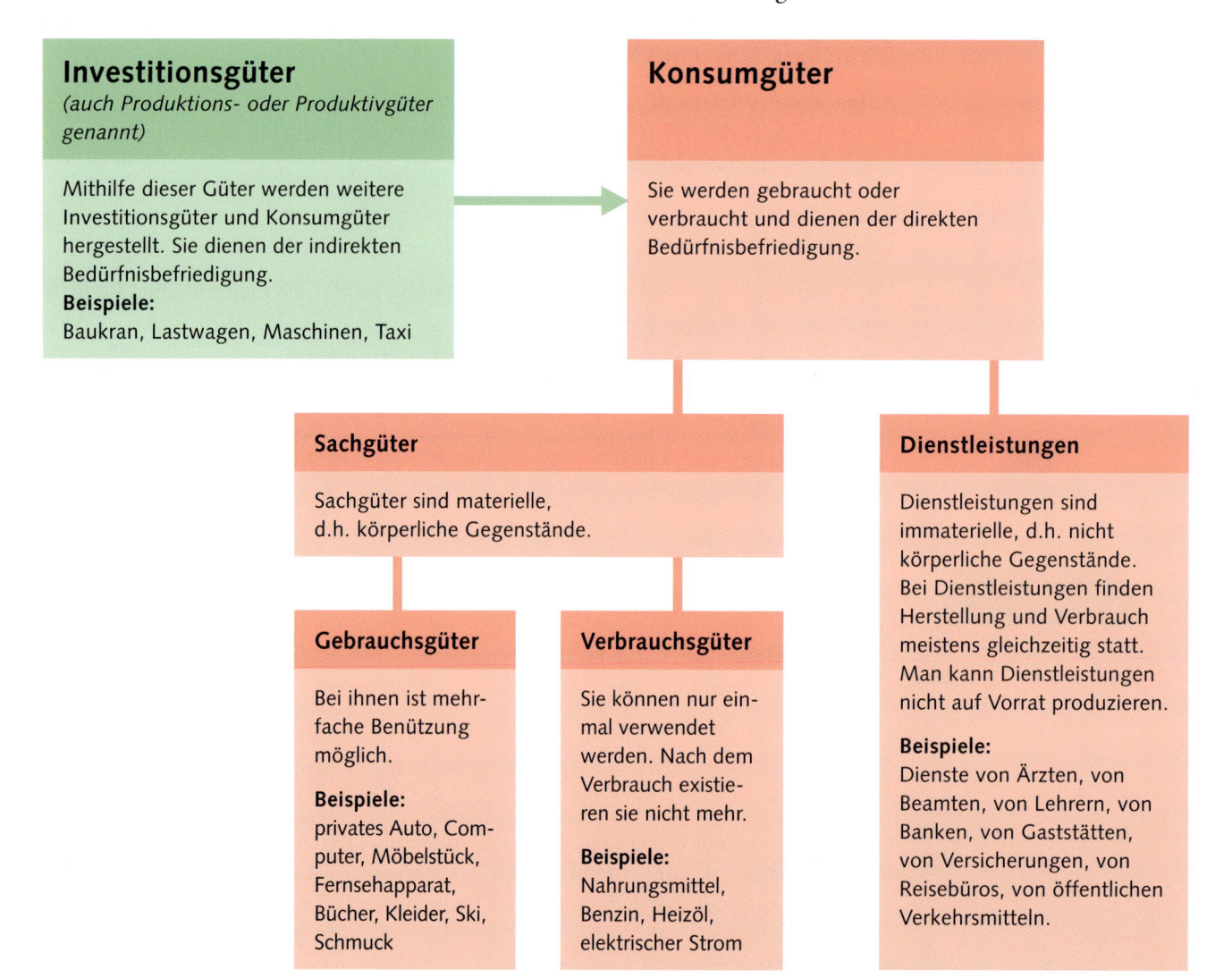

Investitionsgüter
(auch Produktions- oder Produktivgüter genannt)

Mithilfe dieser Güter werden weitere Investitionsgüter und Konsumgüter hergestellt. Sie dienen der indirekten Bedürfnisbefriedigung.
Beispiele:
Baukran, Lastwagen, Maschinen, Taxi

Konsumgüter

Sie werden gebraucht oder verbraucht und dienen der direkten Bedürfnisbefriedigung.

Sachgüter

Sachgüter sind materielle, d.h. körperliche Gegenstände.

Dienstleistungen

Dienstleistungen sind immaterielle, d.h. nicht körperliche Gegenstände. Bei Dienstleistungen finden Herstellung und Verbrauch meistens gleichzeitig statt. Man kann Dienstleistungen nicht auf Vorrat produzieren.

Beispiele:
Dienste von Ärzten, von Beamten, von Lehrern, von Banken, von Gaststätten, von Versicherungen, von Reisebüros, von öffentlichen Verkehrsmitteln.

Gebrauchsgüter

Bei ihnen ist mehrfache Benützung möglich.
Beispiele:
privates Auto, Computer, Möbelstück, Fernsehapparat, Bücher, Kleider, Ski, Schmuck

Verbrauchsgüter

Sie können nur einmal verwendet werden. Nach dem Verbrauch existieren sie nicht mehr.
Beispiele:
Nahrungsmittel, Benzin, Heizöl, elektrischer Strom

Das ökonomische Prinzip

> **Ökonomisches Prinzip:** *Regeln, nach denen sich die privaten Haushalte (Konsumenten) und die Unternehmen (Produzenten) im wirtschaftlichen Geschehen verhalten.*
> *Das ökonomische Prinzip setzt sich aus dem Minimum-, dem Maximum- und dem Optimumprinzip zusammen.*

Die Mittel zur Bedürfnisbefriedigung sind einerseits beschränkt, anderseits sind die Bedürfnisse des Menschen unbegrenzt. Die Knappheit der Mittel verlangt, dass man diese sorgfältig und verantwortungsvoll einsetzt. Man muss sich stets nach dem Nutzen eines Mitteleinsatzes fragen.

Das Minimumprinzip

> **Minimumprinzip:** *Es wird versucht, die vorhandenen Bedürfnisse mit möglichst geringem Mitteleinsatz zu erreichen (z.B. für ein bestimmtes Sachgut möglichst wenig bezahlen müssen).*

Beispiele:
- Jemand (privater Haushalt/Konsument) versucht eine ruhige, helle 4-Zimmer-Wohnung (gegebenes Bedürfnis) zu einem möglichst tiefen Mietzins (Mitteleinsatz) zu finden.
- Die Autohersteller (Unternehmer/Produzenten) wollen den Sicherheitsaspekt (gegebenes Kundenbedürfnis) ihrer Autos verbessern. In jedem Auto sollen Seitenaufprallschutze integriert werden. Dies wollen die Autohersteller mit möglichst wenig Arbeitsstunden (Mitteleinsatz) erreichen.

Das Maximumprinzip

> **Maximumprinzip:** *Mit den vorhandenen Mitteln wird versucht, möglichst viele Bedürfnisse zu befriedigen (z.B. für eine bestimmte Summe Geld möglichst viel erhalten).*

Beispiele:
- Jemand (privater Haushalt/Konsument) hat 1500 Franken (gegebene Mittel) für seine Ferien gespart. Er versucht mit seinem Geld sich möglichst viele Ferienwünsche (Bedürfnisse) zu erfüllen.
- Ein Waschpulverhersteller (Unternehmer/Produzent) hat ein Budget von 2 Millionen Franken (gegebene Mittel) für sein Forscherteam aufgestellt. Die Forscher haben die Aufgabe, das Waschmittel zu verbessern, vor allem sollen dabei die Umweltfreundlichkeit und das Waschergebnis (Bedürfnisse) verbessert werden.

Das Optimumprinzip

> **Optimumprinzip:** *Es wird ein möglichst gutes Verhältnis zwischen Mitteleinsatz (Aufwand) und grösstmöglichem Nutzen (Ertrag) angestrebt. Das Optimumprinzip ist eine Kombination aus dem Minimum- und dem Maximumprinzip.*

Beispiel:
Ein Musikfan versucht beim Kauf einer Stereoanlage das beste Preis-Leistungs-Verhältnis zu erreichen.

3.1. Grundlagen der Volkswirtschaft

Der einfache Wirtschaftskreislauf

Einfacher Wirtschaftskreislauf: *Mithilfe eines Kreislaufs wird vereinfacht dargestellt, wie sich der Tausch von Sachgütern und Dienstleistungen gegen Geld zwischen den Unternehmen (Produzenten) und den privaten Haushalten (Konsumenten) abspielt.*

Um die Zusammenhänge besser erkennbar zu machen, werden beim einfachen Wirtschaftskreislauf nur zwei Gruppen von Wirtschaftsteilnehmern betrachtet, die privaten Haushalte (Konsumenten) und die Unternehmen (Produzenten). Sie bilden gleichsam zwei grosse «Pumpwerke», die den Güterstrom und den Geldstrom antreiben.

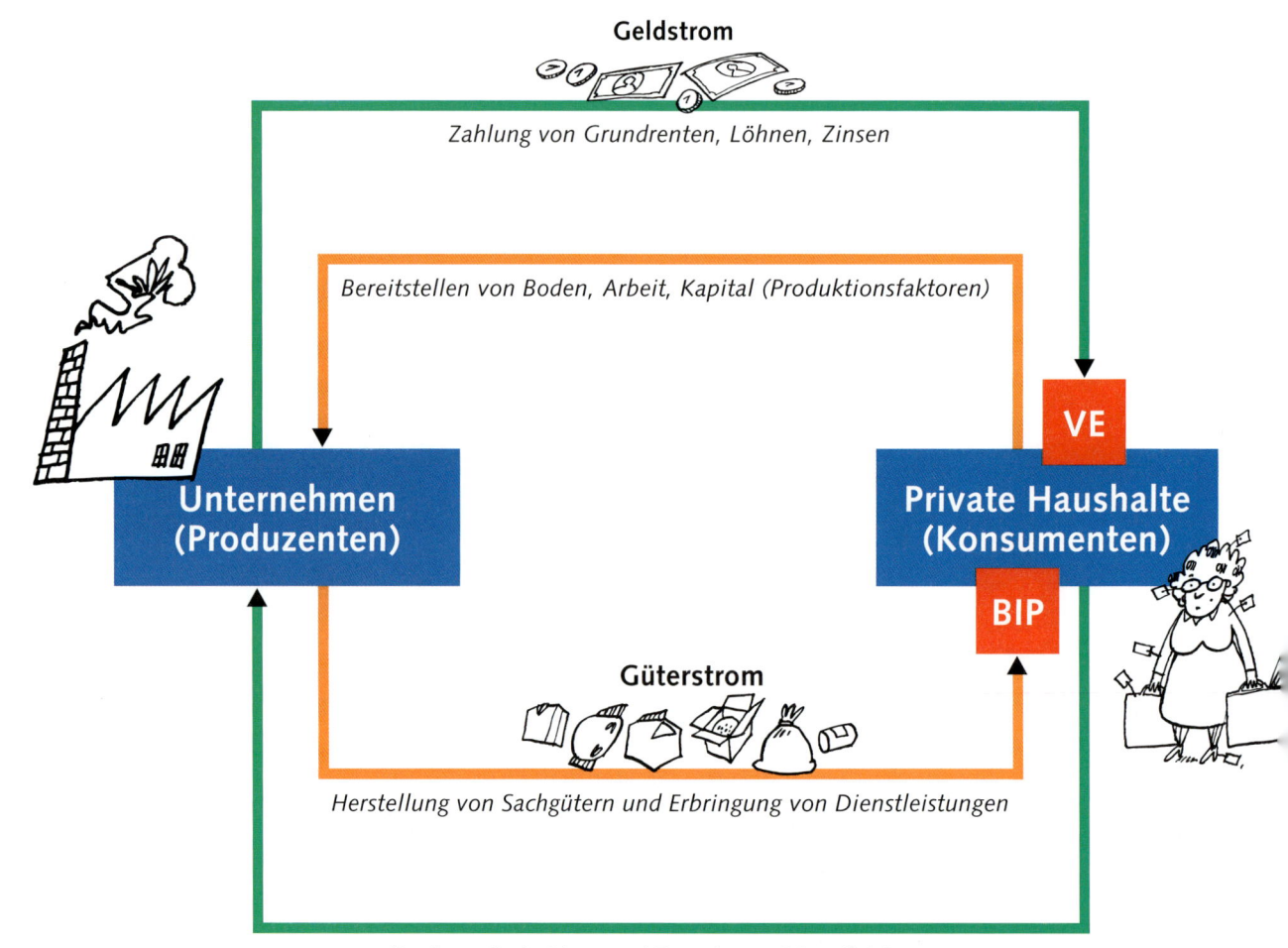

Geldstrom

Zahlung von Grundrenten, Löhnen, Zinsen

Bereitstellen von Boden, Arbeit, Kapital (Produktionsfaktoren)

Unternehmen (Produzenten)

VE

Private Haushalte (Konsumenten)

BIP

Güterstrom

Herstellung von Sachgütern und Erbringung von Dienstleistungen

Kauf von Sachgütern und Erwerb von Dienstleistungen

Wir alle treiben täglich in unterschiedlichen Rollen in diesen Strömen mit (zum Beispiel als Konsument, als Arbeitnehmerin, als Steuerzahler, als Rentnerin, als Stipendienempfänger).

3.1. Grundlagen der Volkswirtschaft

▪ Güterstrom (Gütermenge)

Um Sachgüter herstellen und Dienste leisten zu können, braucht es 3 Produktionsmittel: Boden, Arbeit und Kapital. Die privaten Haushalte stellen sie den Unternehmen zur Verfügung. Diese Produktionsmittel werden auch «Produktionsfaktoren» genannt.

Mithilfe der 3 Produktionsfaktoren können die Unternehmen Sachgüter herstellen und Dienstleistungen erbringen, welche sie auf dem Markt anbieten.

Man kann den Güterstrom messen, indem man sämtliche Sachgüter und Dienstleistungen zusammenzählt, die in einem Jahr in der Volkswirtschaft produziert worden sind. So erhält man das Bruttoinlandprodukt (siehe S. 254).

▪ Geldstrom (Geldmenge)

Um die von den Unternehmen hergestellten Sachgüter und erbrachten Dienstleistungen zu erwerben, benötigen die privaten Haushalte Geld. Die Unternehmen zahlen den privaten Haushalten für die Arbeit Löhne, für das Kapital Zinsen und für die Benützung des Bodens Grundrenten. (Das Wort «Grundrente» ist ein anderes Wort für Bodenzins. Damit keine Verwechslung mit dem Kapitalzins entsteht, wird die Entschädigung für die Benützung des Bodens «Grundrente» genannt.)

Man kann den Geldstrom messen, indem man sämtliche Löhne, Zinsen und Grundrenten zusammenzählt, die in einem Jahr den privaten Haushalten zufliessen. Dann erhält man das Volkseinkommen (siehe S. 258).

▪ Gesetzmässigkeit

Eine Volkswirtschaft befindet sich dann im Gleichgewicht, wenn der Geldstrom (die Geldmenge) gleich gross ist wie der Güterstrom (die Gütermenge). Dieses Gleichgewicht wird in der Realität praktisch nie erreicht. Daher entstehen häufig Störungen wie z.B. Inflation (siehe S. 296 ff.).

▪ Unternehmen/Produzenten

Unternehmen werden auch Produzenten oder Hersteller genannt.
Sie stellen für die Volkswirtschaft Sachgüter her oder erbringen Dienstleistungen.

Jedes Unternehmen (jeder Produzent) ist gleichzeitig immer auch ein privater Haushalt (ein Konsument). Aber nicht jeder private Haushalt ist auch ein Unternehmen.

▪ Private Haushalte/Konsumenten

Die privaten Haushalte werden auch Konsumenten oder Verbraucher genannt. Der Begriff «private Haushalte (Konsumenten)» umfasst alle Wirtschaftssubjekte, die in der Volkswirtschaft Sachgüter und Dienstleistungen nachfragen.

▪ Wirtschaftssubjekte

Der Begriff Wirtschaftssubjekte umfasst
– alle privaten Personen (die privaten Haushalte),
– sämtliche Unternehmen (Produzenten) sowie
– die öffentliche Hand (Bund, Kantone, Gemeinden).

3.1. Grundlagen der Volkswirtschaft

Der erweiterte Wirtschaftskreislauf

Erweiterter Wirtschaftskreislauf: *Nebst den Unternehmen und den privaten Haushalten werden zusätzlich der Staat, die Banken und das Ausland mit in den Kreislauf einbezogen. Dadurch werden der Geld- und der Güterstrom erweitert.*

Der einfache Wirtschaftskreislauf allein genügt nicht, um die komplizierten Geld- und Güterströme in ihrer Gesamtheit darzustellen. Bedeutende Rollen spielen der Staat, die Banken und das Ausland.

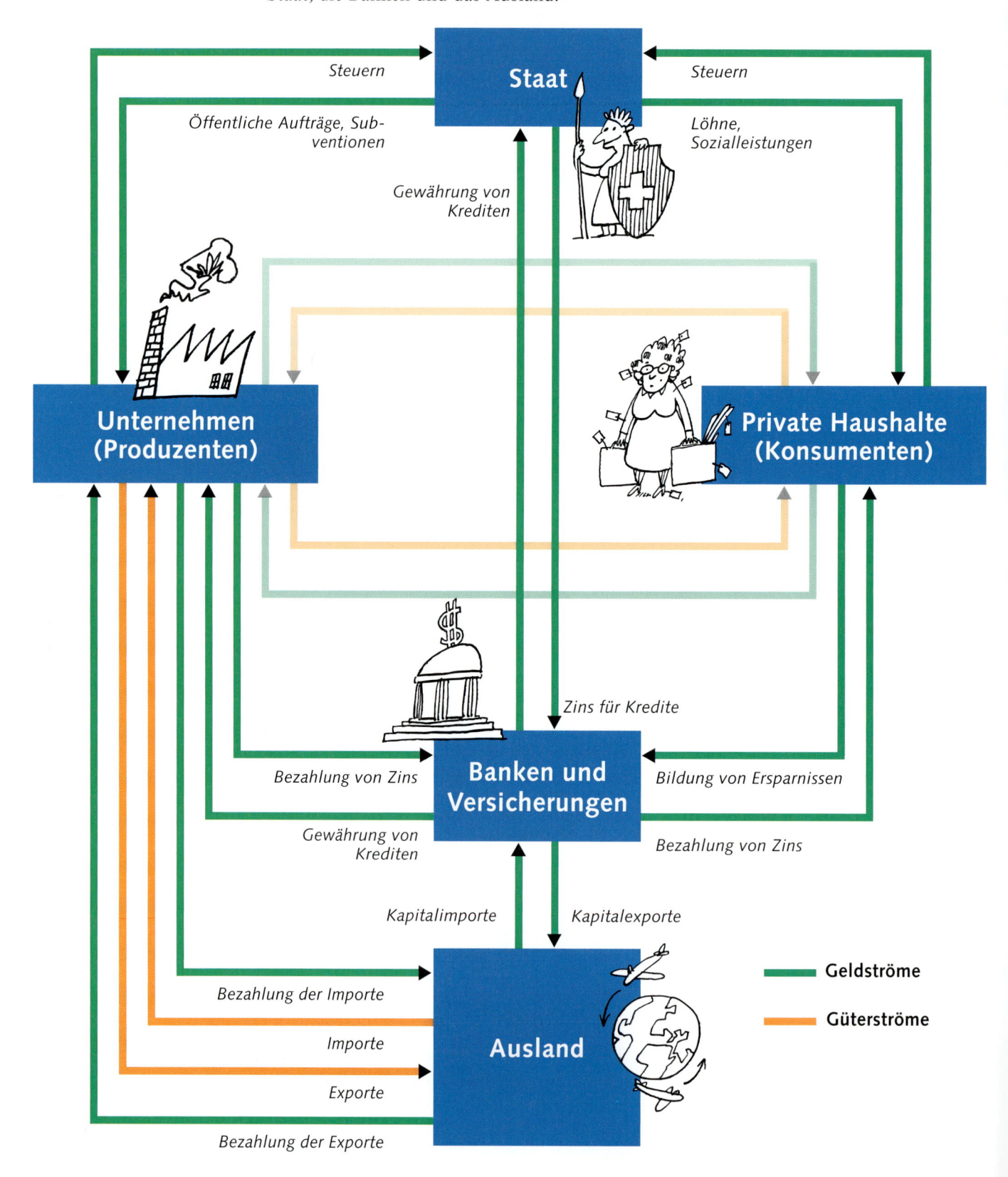

Staat
- Steuern
- Steuern
- Öffentliche Aufträge, Subventionen
- Löhne, Sozialleistungen
- Gewährung von Krediten

Unternehmen (Produzenten) — **Private Haushalte (Konsumenten)**

Banken und Versicherungen
- Zins für Kredite
- Bezahlung von Zins
- Bildung von Ersparnissen
- Gewährung von Krediten
- Bezahlung von Zins

Ausland
- Kapitalimporte
- Kapitalexporte
- Bezahlung der Importe
- Importe
- Exporte
- Bezahlung der Exporte

Legende:
— Geldströme
— Güterströme

3.1. Grundlagen der Volkswirtschaft

Der Staat

Die öffentlichen Haushalte (das sind Bund, Kantone, Gemeinden) erhalten von den privaten Haushalten, den Unternehmen und den Banken Steuern, um damit die zahlreichen öffentlichen Aufgaben zu finanzieren.

Ein Teil der Staatseinnahmen fliesst an die privaten Haushalte in Form von Löhnen (für die Beschäftigten im öffentlichen Dienst) sowie als Kindergeld, Renten und Pensionen oder als Beiträge an die Krankenversicherung usw. zurück.

Aber auch die Unternehmen erhalten Staatsgelder in Form von:
– *öffentlichen Aufträgen*
 (z.B. für den Bau von Schulen, Spitälern, Altersheimen, Strassen)
– *Subventionen*
 (Subventionen sind zweckgebundene staatliche Gelder, womit eine Organisation unterstützt wird, z.B. Bauernbetriebe, Holzindustrie, Frauenhäuser. Diese Gelder müssen nicht mehr zurückgezahlt werden.)
– *Direktzahlungen*
 (Direktzahlungen sind ein Entgelt des Staates für Leistungen, die im Interesse der Allgemeinheit erbracht werden, z.B. für Bauern als Landschaftspfleger oder an Bio-Bauern für umweltgerechtes Produzieren.)

Die Banken und die Versicherungen

Die Banken und die Versicherungen nehmen Spargelder entgegen und bezahlen dafür Zinsen bzw. Gewinnbeteiligungen. Diese Spargelder geben sie in Form von Krediten weiter an die Unternehmen und die privaten Haushalte, aber auch an den Staat. Von ihren Schuldnern verlangen die Banken und die Versicherungen ihrerseits Zinsen. Banken und Versicherungen kooperieren zunehmend miteinander, um die Kunden ganzheitlicher beraten zu können.

Das Ausland

Jede Volkswirtschaft ist mit dem Ausland verflochten. So kaufen die Unternehmen Sachgüter im Ausland (Rohstoffe, Halbfertigfabrikate und Fertigfabrikate). Sie müssen an die ausländischen Lieferanten Zahlungen leisten (Importzahlungen). Die Unternehmen verkaufen aber auch Sachgüter und Dienstleistungen ins Ausland und werden dafür entschädigt (Exporterlöse). Geld- und Güterströme fliessen also auch ins Ausland und vom Ausland ins Inland.

Zentrale Gleichgewichtsbedingungen der Volkswirtschaft

Aus dem erweiterten Wirtschaftskreislauf lassen sich 5 zentrale Bedingungen ableiten, damit die Volkswirtschaft im Gleichgewicht ist:

Güterstrom	=	Geldstrom (siehe S. 250 ff.)
Bruttoinlandprodukt	=	Volkseinkommen (siehe S. 254 ff. + S. 258)
Sparen	=	Investieren (siehe S. 263)
Staatseinnahmen	=	Staatsausgaben
Import	=	Export (siehe S. 305 und 312)

Diese Gleichungen sind stark vereinfachte Kernaussagen, die im Buch weiter hinten (siehe Querverweise) detaillierter ausgeführt werden.

3.1. Grundlagen der Volkswirtschaft

Das Bruttoinlandprodukt (BIP)

> **Bruttoinlandprodukt (BIP):** *Entspricht dem Wert aller Sachgüter und Dienstleistungen, die während eines Jahres im Inland produziert wurden, minus den Vorleistungen, berechnet zu Marktpreisen (Als Marktpreise bezeichnet man die beim Verkauf erzielten Preise.).*
> *Das Bruttoinlandprodukt misst die Wertschöpfung eines Landes (wirtschaftliche Leistung einer Volkswirtschaft).*

Genauso wie ein Unternehmer daran interessiert ist, zu wissen, ob sein Unternehmen wächst, Gewinne erzielt, stagniert oder gar Verluste erleidet, will dies eine Volkswirtschaft als Ganzes auch herausfinden.

Die Berechnung des BIP

Das BIP eines Landes wird folgendermassen berechnet:

+ Bruttoproduktionswert	Der Bruttoproduktionswert entspricht dem Wert aller Sachgüter und Dienstleistungen zu Marktpreisen, die während eines Jahres im Inland produziert wurden.
− Vorleistungen	Die Vorleistungen entsprechen dem Wert aller Sachgüter und Dienstleistungen (Energie, Miete usw.) zu Marktpreisen, die während eines Jahres verbraucht wurden, um andere Güter und Dienstleistungen herzustellen. *Beispiel:* Ein Schreiner fertigt einen Schrank an. Dazu benötigt er Holz. Das Holz ist eine Vorleistung und muss vom Bruttoproduktionswert abgezogen werden. Der Wert des Holzes wurde schon bei der Sägerei erfasst.
= Bruttoinlandprodukt (Wertschöpfung)	Das Bruttoinlandprodukt entspricht dem Wert aller Sachgüter und Dienstleistungen minus den Vorleistungen zu Marktpreisen. Das Bruttoinlandprodukt misst die Wertschöpfung eines Landes (Wertschöpfung = zugeführter Mehrwert). 2010 betrug das BIP der Schweiz CHF 550 Mia. (provisorische Zahl), nachdem es im Jahr 2009 noch mit CHF 535 Mia. ausgewiesen war.

Die Leistungen einer Volkswirtschaft werden am Güterstrom gemessen, Bruttoinlandprodukt genannt.

Das BIP ist heute national wie international die entscheidende Grösse (siehe S. 256 f.).

Im BIP nicht erfasste Leistungen

Es gibt aber Sachgüter und Dienstleistungen, die im Bruttoinlandprodukt nicht erfasst werden:
– Tätigkeiten, die unentgeltlich erbracht werden, z.B. Kindererziehung, Pflege von Familienmitgliedern, Vereinsarbeit
– Schwarzarbeit, die geleistet wird, um Steuern und Sozialleistungen zu vermeiden
– Tätigkeiten, die illegal sind, z.B. der Drogenhandel

Würden diese Tätigkeiten auch berücksichtigt, wäre das Bruttoinlandprodukt grösser.

→ www.verlag-fuchs.ch/vwl

3.1. Grundlagen der Volkswirtschaft

Das Wirtschaftswachstum

> **Wirtschaftswachstum:** *Es zeigt die Veränderung des Bruttoinlandprodukts (BIP) zum Vorjahr.*

Das BIP ist also die geeignete Grösse, um die wirtschaftliche Entwicklung eines Landes aufzuzeigen.

Das Wachstum der Wirtschaft verläuft nicht gleichmässig (linear). Es nimmt manchmal schneller zu, dann stagniert es, oder es bildet sich sogar zurück. Diesen Verlauf nennt man **Konjunktur** (siehe Seite 300 ff.).

Ein Staat kann das Bruttoinlandprodukt über mehrere Jahre hinweg vergleichen und das Wachstum seiner Volkswirtschaft berechnen.

▪ Nominelles und reales Bruttoinlandprodukt

Man unterscheidet:
– die Veränderung des nominellen Bruttoinlandprodukts und
– die Veränderung des realen Bruttoinlandprodukts.

Veränderung des nominellen BIP	Veränderung des realen BIP
– Beim nominellen BIP werden die während eines Jahres produzierten Sachgüter und Dienstleistungen zu laufenden Preisen berechnet. (Laufende Preise sind die im entsprechenden Jahr aktuellen Preise.)	– Beim realen BIP wird berücksichtigt, dass die während eines Jahres produzierten Sachgüter und Dienstleistungen, bezogen auf ein früheres Basisjahr, teurer geworden sind. Durch die Umrechnung auf dieses Basisjahr wird die Teuerung eliminiert. Dadurch kann das Wachstum einer Volkswirtschaft realistischer dargestellt werden.
– Die Veränderung des nominellen BIP, bezogen auf das Vorjahr, zeigt das nominelle Wachstum.	– Die Veränderung des realen BIP im Vergleich zum Vorjahr zeigt das reale Wachstum.
– Beim nominellen Wachstum werden sowohl die Entwicklung der Preise als auch die Entwicklung der Menge (Sachgüter und Dienstleistungen) festgehalten.	– Beim realen Wachstum wird nur die Entwicklung der Menge (Sachgüter und Dienstleistungen) festgehalten.

3.1. Grundlagen der Volkswirtschaft

Das BIP im nationalen Vergleich

Eine Volkswirtschaft kann die Veränderung ihres nominellen und ihres realen BIP entweder in absoluten Zahlen oder in Prozenten darstellen.

Veränderung in absoluten Zahlen

Das nominelle BIP muss um die Teuerung bereinigt werden. Dadurch erhält man das reale BIP. Erst diese Grösse ist aussagekräftig.

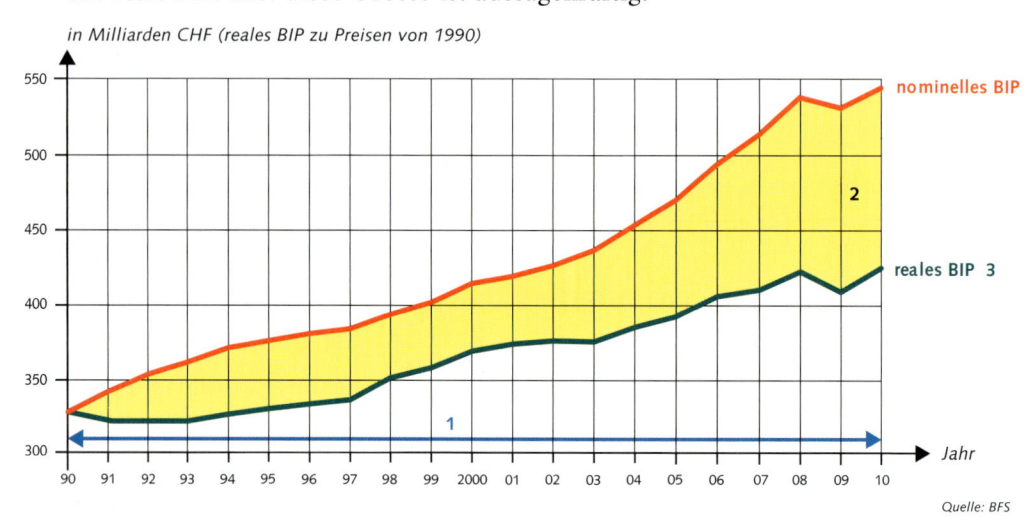

in Milliarden CHF (reales BIP zu Preisen von 1990)

Quelle: BFS

Die Grafik zeigt, dass die rote Kurve (die Veränderung des nominellen BIP) viel steiler ansteigt als die grüne Kurve (die Veränderung des realen BIP).

1 Das nominelle BIP ist von 1990 bis 2008 stetig gewachsen. Im gleichen Zeitraum hat das reale BIP hingegen nicht konstant zugenommen. In den Jahren 1991, 1993 und 2003 hatte die Schweiz ein negatives Wirtschaftswachstum zu verzeichnen, d.h. die Schweizer Wirtschaft hat in diesem Zeitraum weniger Sachgüter und Dienstleistungen bereitgestellt. Der «volkswirtschaftliche Kuchen» schrumpfte. Wegen der Wirtschaftskrise sanken 2009 das nominelle und das reale BIP stark.
2 Die Differenz der beiden Kurven (gelbe) zeigt den Anstieg des Preisniveaus.
3 Wenn man die effektive Veränderung der Leistungen einer Volkswirtschaft beurteilen will, muss man immer die Veränderung des realen BIP betrachten.

Jährliche Veränderung in Prozenten

Häufig wird das Wirtschaftswachstum (die Veränderung des BIP) in Prozenten gemessen. Wenn man von Wirtschaftswachstum spricht, ist normalerweise das reale Wachstum gemeint.

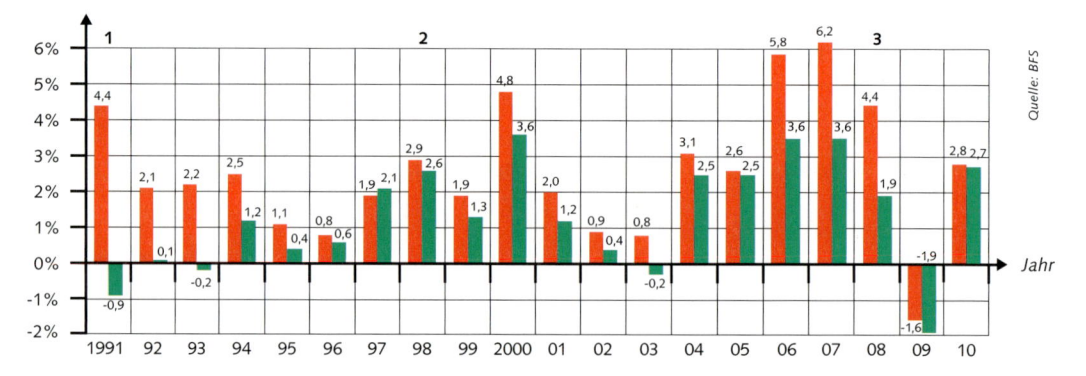

Quelle: BFS

1 1991 nahm das BIP nominell um 4,4% zu, real jedoch verringerte es sich um 0,9%. Dies bedeutet: Die Preise sind in diesem Jahr relativ stark gestiegen.
2 1998 betrug das Wachstum des realen BIP 2,6%. Das sind 0,5% mehr als im Vorjahr.
3 2008 verringerte sich das nominale Wachstum gegenüber 2007 um 1,8% auf 4,4%.

→ www.verlag-fuchs.ch/vwl

3.1. Grundlagen der Volkswirtschaft

Das BIP im internationalen Vergleich

Damit man einzelne Länder miteinander vergleichen kann, ist ein einheitliches System der Datenerfassung notwendig. Das Bruttoinlandprodukt (BIP) wurde von internationalen Organisationen wie den Vereinten Nationen (UNO), der Organisation für wirtschaftliche Entwicklung und Zusammenarbeit (OECD), dem Internationalen Währungsfonds (IWF) und vom Statistischen Amt der Europäischen Gemeinschaften (Eurostat) zur internationalen Vergleichsgrösse erklärt.

Das BIP pro Kopf der Bevölkerung

Nehmen wir an, wir wollen das Bruttoinlandprodukt von Deutschland und jenes der Schweiz miteinander vergleichen. Das Bruttoinlandprodukt von Deutschland beträgt ein Vielfaches desjenigen der Schweiz. Deutschland hat aber auch etliche Millionen mehr Einwohner. Daher dividiert man das Bruttoinlandprodukt, sozusagen den volkswirtschaftlichen Kuchen, durch die Anzahl Einwohner eines Staates. Man erhält die durchschnittliche «Kuchengrösse» pro Einwohner, oder mit dem Fachausdruck, das «Bruttoinlandprodukt (BIP) pro Kopf der Bevölkerung». Erst diese Grösse lässt einen internationalen Vergleich zu.

Damit ist aber noch nichts darüber ausgesagt, ob und wie «gerecht» die «Kuchenstücke» verteilt sind (siehe S. 258, Die Einkommensverteilung).

BIP/Einwohner in US-$ zu Marktpreisen 2010

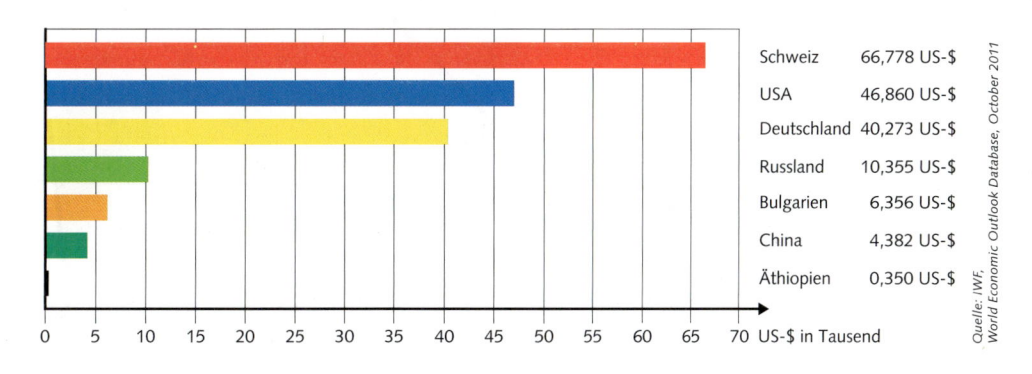

Land	BIP/Einwohner
Schweiz	66,778 US-$
USA	46,860 US-$
Deutschland	40,273 US-$
Russland	10,355 US-$
Bulgarien	6,356 US-$
China	4,382 US-$
Äthiopien	0,350 US-$

Quelle: IWF, World Economic Outlook Database, October 2011

NICE TO KNOW

Das reale Wirtschaftswachstum verschiedener Länder

Man kann die wirtschaftliche Entwicklung einzelner Länder miteinander vergleichen.

Länder mit sehr hohem Wachstum waren im Jahre 2010:
– Indien 11,1%
– China 10,3%
– Brasilien 7,5%

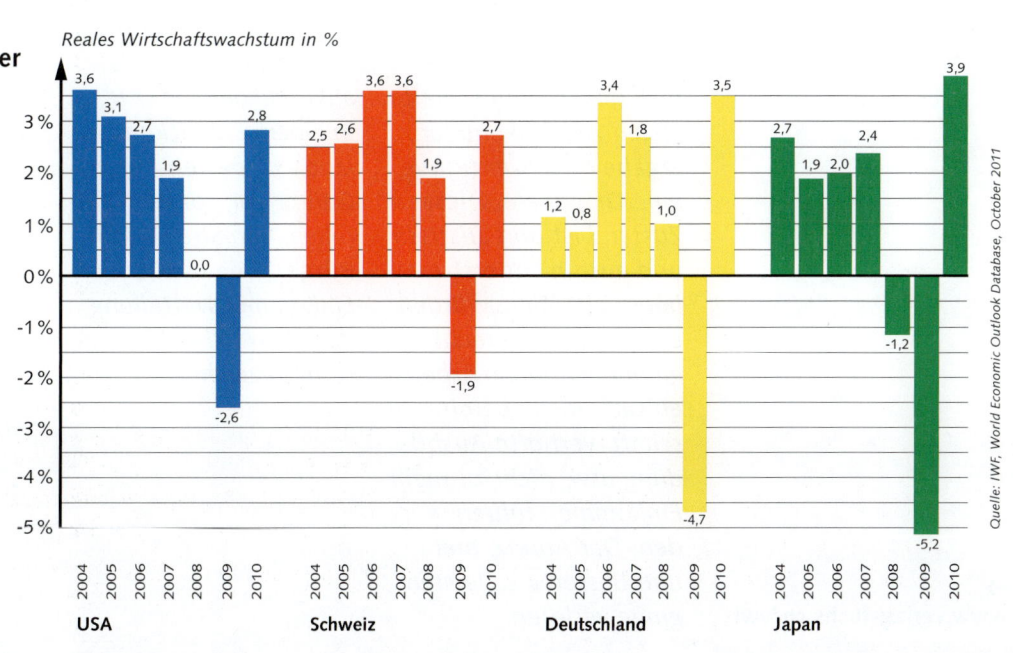

Reales Wirtschaftswachstum in %

USA: 2004: 3,6; 2005: 3,1; 2006: 2,7; 2007: 1,9; 2008: 0,0; 2009: -2,6; 2010: 2,8

Schweiz: 2004: 2,5; 2005: 2,6; 2006: 3,6; 2007: 3,6; 2008: 1,9; 2009: -1,9; 2010: 2,7

Deutschland: 2004: 1,2; 2005: 0,8; 2006: 3,4; 2007: 1,8; 2008: 1,0; 2009: -4,7; 2010: 3,5

Japan: 2004: 2,7; 2005: 1,9; 2006: 2,0; 2007: 2,4; 2008: -1,2; 2009: -5,2; 2010: 3,9

Quelle: IWF, World Economic Outlook Database, October 2011

Das Volkseinkommen (VE)

Volkseinkommen (VE): *Summe aller Einkommen, die im Laufe eines Jahres in einer Volkswirtschaft verdient worden sind.*

Zur Berechnung des Volkseinkommens werden sämtliche in einem Jahr ausbezahlten Löhne (als Entschädigung für die Arbeit), Zinsen (als Entschädigung für das Kapital) und Grundrenten (für die Benützung von Boden) zusammengezählt.

Die Einkommensverteilung

Ob die Einkommen in einer Volkswirtschaft gerecht verteilt sind oder nicht, lässt sich nicht objektiv belegen, weil jede einzelne Person «Gerechtigkeit» anders empfindet. Was für den einen ein gerechtes Einkommen bedeutet, erscheint einem andern als völlig ungerecht.

Dennoch interessiert es, wie die Einkommen in einer Volkswirtschaft verteilt sind. Als nützliche Darstellung dient die «Lorenzkurve»:

Lorenzkurve: *Mithilfe dieser Kurve kann man aufzeigen, wie die Einkommen auf die Einkommensbezüger in einem Land verteilt sind. Die Kurve wurde nach ihrem Erfinder, Lorenz, benannt.*

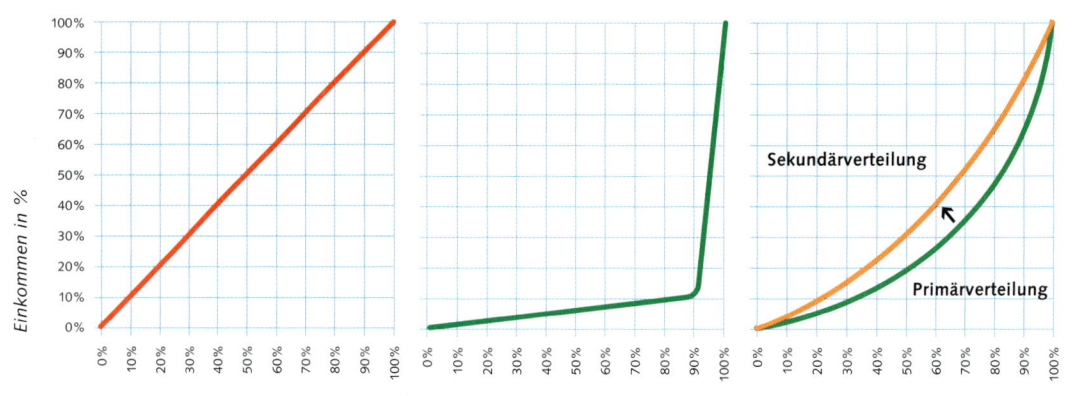

A
Wären die Einkommen in einer Volkswirtschaft völlig gleichmässig verteilt (jedermann erhielte gleich viel Einkommen), ergäbe die Lorenzkurve eine Diagonale. Dieser Zustand ist unrealistisch und auch nicht erstrebenswert. Viele würden es als sehr ungerecht empfinden, wenn Arbeitseinsatz, Risikobereitschaft, vertiefte Ausbildung usw. nicht zu mehr Einkommen führen würden. Der Anreiz, mehr und Besseres zu leisten, ginge verloren.

B
Verfügen aber z.B. 90% der Einkommensbezüger nur gerade über 10% aller Einkommen (z.B. in einem Entwicklungsland), so besteht die Gefahr von sozialen Unruhen, von Streiks, von Bürgerkrieg usw. Diese Einkommensverteilung darf man sicher als ungerecht bezeichnen.

C
Die Staatspolitik ist daher bestrebt, die Kurve in Richtung der Diagonalen zu «drücken» (ohne die Diagonale aber effektiv erreichen zu wollen), damit die Verteilung der Einkommen als möglichst «gerecht» empfunden wird.

In der Schweiz und in vielen anderen Ländern erfolgt dies durch eine «Umverteilung» (z.B. Steuerprogression).

→ www.verlag-fuchs.ch/vwl

3.1. Grundlagen der Volkswirtschaft

Der Produktionsfaktor Boden

Boden: *Für die Wirtschaft ist der Boden einerseits Träger von Nahrungsmitteln und Rohstoffen, anderseits bildet er den Standort für die Betriebe. Der Begriff «Boden» umfasst aber mehr als nur die reine Fläche. Dazu gehören auch das Klima, die geografische Lage, die Bodenbeschaffenheit (Berge, Seen, Flüsse) usw.*

▪ Träger von Nahrungsmitteln und Rohstoffen

– Der Boden bildet die Grundlage für die Land- und die Forstwirtschaft sowie die Fischerei.
– Im Boden sind Rohstoffe verborgen.

▪ Standort für Unternehmen

Der Boden übt einen Einfluss auf die Entwicklung einer Volkswirtschaft aus. Früher waren viele Unternehmen auf einen Standort, an dem Wasserkraft gewonnen werden konnte, angewiesen. Auch die Transportwege der Güter richteten sich nach den Wasserstrassen.

Heute verfügen wir über verschiedene Energiegewinnungsmöglichkeiten (Wasserkraft, Kernkraft, Sonnenenergie) und das Versorgungsnetz ist gut ausgebaut. Auch die Transportmöglichkeiten haben sich verbessert. Die Güter werden mit dem Flugzeug, der Eisenbahn, dem Schiff und dem Lastwagen transportiert. Die Unternehmen können ihre Standorte daher freier wählen. In einer modernen Dienstleistungsgesellschaft sind auch andere Standortfaktoren wie Steuerbelastung und Humankapital (siehe S. 262) wichtig.

▪ Bodenspekulation

Das Bevölkerungswachstum sowie der wachsende Wohlstand steigern die Nachfrage nach Boden. Der Boden ist aber nicht vermehrbar und nicht transportierbar. Daher wird nutzbarer Boden immer knapper. Dies begünstigt die Bodenspekulation, d.h. Personen kaufen Boden, warten, bis er knapper wird, um ihn danach mit grossem Gewinn weiterzuverkaufen.

▪ Raumplanung

Um eine geordnete Aufteilung des Bodens vorzunehmen und einer Zersiedelung vorzubeugen, hat sich der Staat der Raumplanung angenommen (siehe BV 75). Es gibt Orts- und Regionalplanungen sowie eine Landesplanung. Dabei wird der Boden aufgeteilt in Zonen, z.B. in
– Landwirtschaftszonen
– Wohnzonen
– Industrie- und Gewerbezonen
– Erholungszonen
Zu jeder Zone werden gesetzliche Vorschriften erlassen. Das Raumplanungsgesetz (RPG) legt die Grundlagen der optimalen Bodennutzung fest.

▪ Infrastruktur

Unter Infrastruktur versteht man öffentliche Einrichtungen als Voraussetzung für eine moderne Wirtschaft; dabei spielt der Boden eine wichtige Rolle.
Zur Infrastruktur zählen: Strassen, Schulen, Spitäler, Energieversorgung, Kläranlagen usw.

Der Produktionsfaktor Arbeit

Arbeit: *Volkswirtschaftlich versteht man unter Arbeit jede körperliche und geistige Tätigkeit, mit deren Hilfe ein Einkommen erzielt wird.*

Wir unterscheiden zwischen körperlicher und geistiger Arbeit. Die Arbeit gliedert sich in gelernte, angelernte und ungelernte Arbeit.

Für die meisten Menschen ist die Arbeit der einzige Produktionsfaktor, den sie der Volkswirtschaft anbieten können. Sie sind somit auf Arbeit angewiesen. Aus diesem Grund wird die Arbeit vom Staat auch geschützt mittels Arbeitsgesetzen und der Sozialgesetzgebung (AHV, IV, EO, Arbeitslosenversicherung usw.).

Arbeitsproduktivität

Arbeitsproduktivität: *Misst das Verhältnis der eingesetzten Arbeitsstunden zum gesamten Produktionsergebnis.*

Beispiel:
Ein Schreiner arbeitet 8 Stunden pro Tag. In einem Tag baut er 32 Stühle zusammen. Seine Arbeitsproduktivität beträgt 4 Stühle pro Stunde.
Arbeitsproduktivitäten können für verschiedene Zeiteinheiten (pro Stunde, pro Jahr usw.) ermittelt werden.

Automatisierung

Automatisierung (Automation): *Die Einrichtung (Produktionsanlage) steuert sich selbst und der Einsatz von Arbeitskräften wird überflüssig. Die Menschen nehmen nur noch überwachende Tätigkeiten wahr.*

Bei der Automation wird der Faktor Arbeit durch den Faktor Kapital (Maschinen, Computer, Industrieroboter usw.) ersetzt, was hohe Investitionskosten verursacht und die Anforderungen an die Arbeitskräfte erhöht (z.B. höherer Ausbildungsstand oder mehr Verantwortung). Gleichzeitig können die Menschen von eintönigen Arbeiten befreit werden.

Die Automatisierung ist ein Teil der Rationalisierung.

Rationalisierung

Rationalisierung: *Alle Massnahmen, die darauf zielen, mithilfe technischer und organisatorischer Verbesserungen Kosten einzusparen und ein Höchstmass an Leistung zu erzielen. Zur Rationalisierung gehört die Automation, die Arbeitsteilung, die optimale Abstimmung der Arbeitsabläufe usw.*

Je weiter die technischen Kenntnisse gedeihen, desto mehr werden die Unternehmen in die Lage versetzt, durch den Einsatz von Maschinen, Computern und Robotern die Arbeitsproduktivität zu erhöhen. Will man bei reduzierter Arbeitszeit einen gleichbleibenden Lohn bezahlen, muss die Arbeitsproduktivität entsprechend erhöht werden.

Durch die Rationalisierung wird teilweise ein neues Problem geschaffen: Wo finden die «wegrationalisierten» Menschen weitere Arbeit? (siehe S. 264 f., Die 3 Wirtschaftssektoren)

www.verlag-fuchs.ch/vwl

3.1. Grundlagen der Volkswirtschaft

Die Arbeitslosigkeit

Arbeitslosigkeit: *Arbeitsfähige und arbeitswillige Personen sind ohne Beschäftigung, die ihnen ein Einkommen garantiert.*

Auf dem Arbeitsmarkt herrscht dann ein Gleichgewicht, wenn weder Unterbeschäftigung noch Überbeschäftigung besteht. Dieses Gleichgewicht wird in der Realität selten erreicht.
Die Arbeitslosigkeit kann verschiedene Gründe haben:

Sockelarbeitslosigkeit

Die Sockelarbeitslosigkeit entsteht unabhängig von Konjunktur und Jahreszeit. Sie ist immer vorhanden. Man unterscheidet zwei Formen der Sockelarbeitslosigkeit:

Friktionelle Arbeitslosigkeit

Die friktionelle Arbeitslosigkeit (Sucharbeitslosigkeit) entsteht durch Stellenwechsel. Die friktionelle Arbeitslosigkeit ist immer nur von kurzer Dauer und von geringem Ausmass.
Beispiele: Stellensuche des Arbeitnehmers, Konkurse, Verzögerungen bei der Stellenbesetzung

Strukturelle Arbeitslosigkeit

Die strukturelle Arbeitslosigkeit kann dadurch entstehen, dass einzelne Branchen an wirtschaftlicher Bedeutung verlieren oder dass diese vermehrt automatisieren und rationalisieren. Den dadurch freigestellten Arbeitnehmern ist es aber nicht möglich, genügend rasch neue Arbeit zu finden.

Man spricht von struktureller Arbeitslosigkeit:
– wenn es den Arbeitnehmern oder den Unternehmen nicht möglich ist, örtliche Distanzen zu überwinden oder wenn sie dazu zu wenig flexibel sind;
– wenn die Arbeitnehmer nicht fähig oder nicht bereit sind, sich umzuschulen oder sich weiterbilden zu lassen, um in anderen Branchen arbeiten zu können.

Konjunkturelle Arbeitslosigkeit

In Zeiten der Rezession (siehe S. 300 ff., Der Konjunkturzyklus) nimmt aufgrund des Konsumrückgangs und des Rückgangs von Investitionen die Beschäftigung ab. Wenn konjunkturelle Arbeitslosigkeit herrscht, sind meistens alle Branchen (Wirtschaftszweige) davon betroffen.

Saisonale Arbeitslosigkeit

Der Wechsel der Jahreszeiten kann kurzfristig eine Veränderung in der Beschäftigungslage bringen (z.B. Bausektor im Winter).

Entwicklung der Arbeitslosigkeit in der Schweiz (Arbeitslosenbestand am 31.12.2011)

Quelle: BFS

3.1. Grundlagen der Volkswirtschaft

Der Produktionsfaktor Kapital

Kapital: *Alle Mittel (z.B. Maschinen, das Wissen der Arbeitenden, Geld), die eingesetzt werden, um Sachgüter herzustellen und Dienstleistungen zu erbringen.*

Mithilfe von Geld kann man sich leisten:

Sachkapital

Sachkapital: *Umfasst alle Sachgüter und Dienstleistungen, die eine Produktion ermöglichen (Investitionsgüter = Produktionsgüter = Produktivgüter). Sachkapital wird auch Produktivkapital oder Realkapital genannt.*

Beispiele anhand einer Bäckerei
Backstube, Backmaschinen, Laden und Ladeneinrichtungen, Grundprodukte (Mehl, Zucker, Kakao usw.), Arbeitskleider, Putzgeräte usw.

Fähigkeitskapital

Fähigkeitskapital (auch Humankapital genannt): *Umfasst all das Wissen (wie man etwas macht oder machen könnte) und das Können (das erfolgreiche Ausführen dessen, was man weiss). Fähigkeitskapital ist das Know-how.*

Beispiele anhand einer Bäckerei
Einstellen von Arbeitskräften mit dem notwendigen Wissen und Können, Gewährung von Aus- und Weiterbildung.

Geld muss zuerst gespart werden, damit es später in Sachkapital und Fähigkeitskapital investiert werden kann.

Sparen

Sparen: *Heisst, vorübergehend auf einen Teil des Konsums (den Gebrauch des Geldes) zu verzichten.*

Für diesen Verzicht erhält man Zins.

Zins: *Preis für das Zur-Verfügung-Stellen von Kapital. Die Höhe des Zinses (Zinsfuss) wird durch Angebot und Nachfrage bestimmt.*

Zins ist volkswirtschaftlich nichts anderes als die Entschädigung (Belohnung) dafür, dass man vorübergehend auf einen Teil des Konsums verzichtet.

Zusätzlich stellt der Zins das Einkommen für den Produktionsfaktor Kapital dar.

Freiwilliges Sparen

Man unterscheidet:
– *Sparen der privaten Haushalte:*
Banksparen, Versicherungssparen, Wertpapiersparen, Sachwertsparen

– *Sparen der Unternehmen:*
Gewinne werden im Unternehmen zurückbehalten, um Investitionsgüter zu kaufen (sogenannte «Selbstfinanzierung»).

Zwangssparen

Mittels Gesetz (vom Staat verordnet) oder Vertrag (zwischen privaten Haushalten) werden die Einkommensbezüger gezwungen, ihren Konsum einzuschränken.
a) Zahlen von Steuern und von AHV-Beiträgen
b) Zahlen von Krankenkassen- und Nichtberufsunfallversicherungsprämien
c) Zahlen von Pensionskassenbeiträgen (BVG: Berufliches Vorsorgegesetz)
d) Kreditsparen (z.B. Raten für Konsumkredite) usw.

3.1. Grundlagen der Volkswirtschaft

■ Investieren

Investieren: *Mit erspartem Geld werden Produktionsmittel gekauft.*

Man unterscheidet:

Ersatz- und Neuinvestitionen

Ersatzinvestitionen *(auch «Re-Investitionen» genannt)*	**Neuinvestitionen** *(auch «Nettoinvestitionen» genannt)*
Sie ersetzen nur abgeschriebene Anlagen. Es erfolgt kein Wirtschaftswachstum, da die bisherigen Produktionsmöglichkeiten lediglich erhalten bleiben.	Die bisherigen Produktionsmöglichkeiten werden erweitert durch den Kauf zusätzlicher Produktionsmittel. Es erfolgt ein Wirtschaftswachstum und zum Teil auch ein Strukturwandel.

■ Sparen = Investieren (siehe S. 253)

Diese Gleichung will sagen, dass das Sparen und das Investieren untrennbar miteinander verbunden sind.

Wenn nicht gespart wird, können auch keine Investitionen getätigt werden.

und

Wenn keine Investitionen getätigt werden, macht das Sparen keinen Sinn. (Die Banken könnten den Sparern keinen Zins zahlen, weil sie das Geld nicht gegen Zins ausleihen könnten.)

und

Ohne Investitionen gibt es kein Wachstum, und ohne Wachstum wird der Wohlstand nicht grösser.
(«Wohlstand» heisst: Über möglichst viele und hochwertige Güter verfügen können)

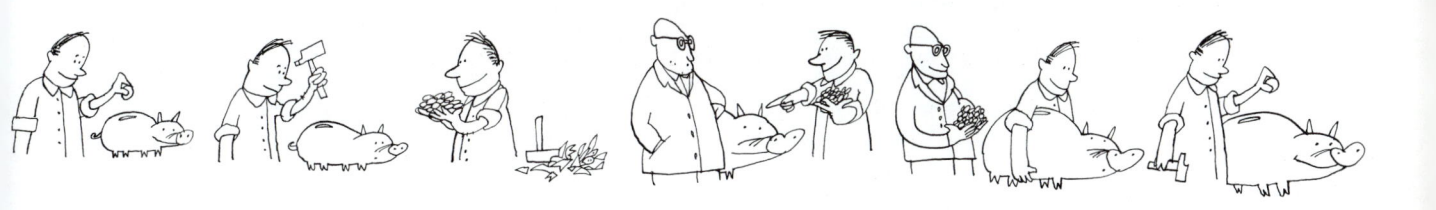

Sparen kleiner als Investieren
Wenn weniger gespart als investiert wird, können nicht alle Investitionen getätigt werden. Die Zinsen werden tendenziell steigen, bis der Kapitalmarkt wieder im Gleichgewicht ist.

Sparen grösser als Investieren
Wenn mehr gespart als investiert wird, können nicht alle Ersparnisse für Investitionen gebraucht werden. Die Zinsen werden tendenziell fallen, bis der Kapitalmarkt wieder im Gleichgewicht ist.

3.1. Grundlagen der Volkswirtschaft

Die 3 Wirtschaftssektoren (Erwerbsstruktur)

Wirtschaftssektoren: *Aufteilung der Erwerbstätigen einer Volkswirtschaft auf 3 Produktionsbereiche.*

Die in einer Volkswirtschaft Erwerbstätigen lassen sich in der Theorie drei Sektoren (Produktionsbereichen) zuordnen:

3 Sektoren

1. Sektor	2. Sektor	3. Sektor
(Primärer Sektor; Urproduktion)	*(Sekundärer Sektor; Güterveredelung, Güterverarbeitung)*	*(Tertiärer Sektor, Dienstleistungen und Verwaltungen)*
In diesem Sektor geht es um die Beschaffung der Güter. Dazu gehören alle Unternehmen, die Sachgüter direkt aus der Natur gewinnen.	Die im primären Sektor beschafften Güter müssen verarbeitet werden.	Güter werden verteilt und verbraucht. Alle Berufe, die nicht eindeutig den ersten beiden Sektoren zugeordnet werden können, werden dem tertiären Sektor zugerechnet.
Zum 1. Sektor zählen: Landwirtschaft, Forstwirtschaft, Jagd und Fischerei sowie die Gewinnung von Bodenschätzen.	Zum 2. Sektor zählen: Industrie, Gewerbebetriebe und Handwerker.	Dazu gehören u.a.: Banken, Versicherungen, Gastgewerbe, Handel, Verwaltungen (des Bundes, der Kantone, der Gemeinden), öffentlicher Verkehr, freie Berufe wie Anwälte, Ärzte, Journalisten.
Dieser Sektor braucht den Einsatz von viel körperlicher Arbeit.	Dieser Sektor benötigt viele Rohstoffe und Maschinen.	Dieser Sektor braucht viele Menschen.
Der 1. Sektor ist arbeitsintensiv.	Der 2. Sektor ist material- und kapitalintensiv.	Der 3. Sektor ist personalintensiv.

Verteilung der Erwerbstätigen in der Schweiz: 1800 bis 2011

1. Juli 2011
4,708 Mio Erwerbstätige:
– *1. Sektor: 3,6%*
– *2. Sektor: 22,4%*
– *3. Sektor: 74,0%*

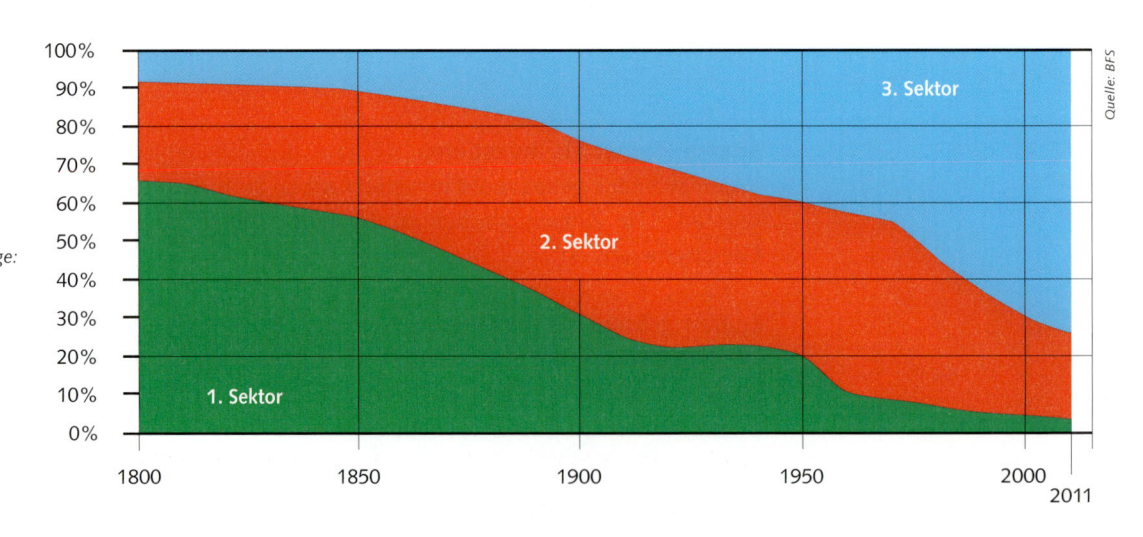

Quelle: BFS

3.1. Grundlagen der Volkswirtschaft

■ Gesetzmässigkeiten

Die Aufteilung der Erwerbstätigen auf die 3 Sektoren lässt Rückschlüsse auf die wirtschaftliche Struktur eines Landes zu:

Agrarwirtschaft

Ist nämlich der weitaus grösste Teil der Erwerbstätigen einer Volkswirtschaft im 1. Sektor beschäftigt und nur wenige im 2. und noch weniger im 3. Sektor, dann handelt es sich um ein Entwicklungsland. Die Bevölkerung ist fast ausschliesslich damit beschäftigt, mit zum Teil einfachsten Hilfsmitteln den eigenen Nahrungsmittelbedarf zu decken. Man spricht von einer Agrarwirtschaft.

Industriewirtschaft

Die zunehmende Mechanisierung in der Landwirtschaft und die Fortschritte bei der Düngung, der Schädlingsbekämpfung usw. erhöhen die Arbeitsproduktivität im 1. Sektor und setzen Arbeitskräfte des 1. Sektors zugunsten des 2. und des 3. Sektors frei. Je mehr Erwerbstätige im 2. und im 3. Sektor tätig sind, desto industrialisierter ist ein Staat. Man spricht auch von einer Industriewirtschaft.

Dienstleistungswirtschaft

Der Einsatz von viel und hoch entwickeltem Sachkapital (Maschinen, Computer, Industrieroboter) erhöht die Arbeitsproduktivität des 2. Sektors und stellt Erwerbstätige aus dem 2. Sektor frei. Da im 1. Sektor kaum weitere Erwerbstätige benötigt werden, steht ihnen nur noch der 3. Sektor, der Dienstleistungssektor, offen.

Sind mehr als 50% der Erwerbstätigen im 3. Sektor tätig, dann handelt es sich um ein hoch entwickeltes Land. Man spricht dann von einer Dienstleistungswirtschaft.

Strukturwandel

Dieser laufende Entwicklungsprozess, ausgelöst durch den technischen Fortschritt, wird Strukturwandel genannt.

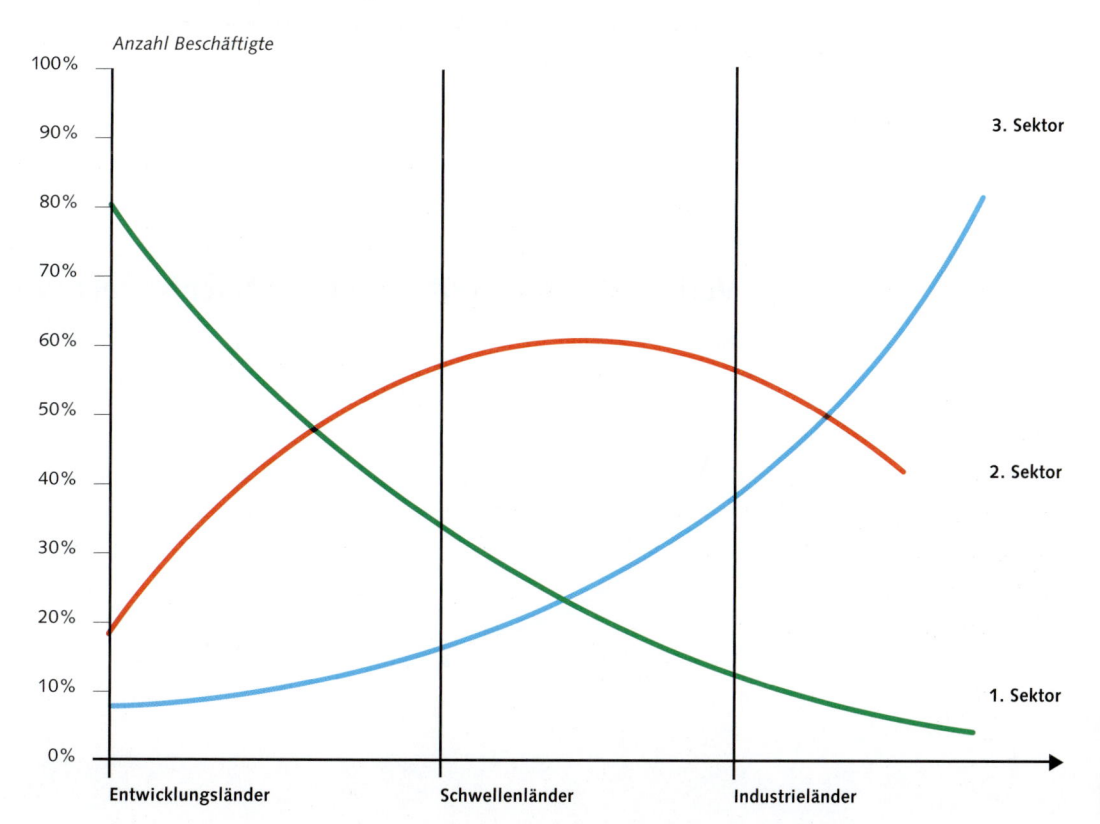

→ www.verlag-fuchs.ch/vwl

Hält man für die einzelnen Länder die Anzahl der Erwerbstätigen in den 3 Sektoren fest, so kann man beobachten, dass sich die Verteilung gemäss der drei Kurven entwickelt.

Der Markt – Die Preisbildung

> **Markt:** *Jeder Ort, an dem Angebot und Nachfrage aufeinandertreffen.*

Beispiele von Märkten:
- Konsummarkt (Gemüseladen, Einkaufszentren usw.)
- Finanz- und Kapitalmarkt (Aktienbörse usw.)
- Arbeitsmarkt (Stellenvermittlungsbüros usw.)

In unserem Wirtschaftssystem übernimmt der Markt bei allen wirtschaftlichen Gütern die Funktion der Preisbildung.

> **Preis:** *Ist der in Geld ausgedrückte Tauschwert für ein Sachgut oder eine Dienstleistung.*

Damit der Markt seine Funktion erfüllen kann, muss Konkurrenz herrschen. Konkurrenz heisst: Viele Anbieter des gleichen Sachgutes und viele Nachfrager nach diesem Sachgut treffen sich auf dem Markt und stehen dort im Wettbewerb zueinander.

■ Preisbildung nach Angebot und Nachfrage

Die Preisbildung auf dem Markt erfolgt aufgrund des Zusammenspiels zwischen Angebot und Nachfrage.

> **Angebot:** *Ist diejenige Menge an Sachgütern und Dienstleistungen, die von den Unternehmen (Produzenten) auf dem Markt zum Verkauf bereitgestellt wird.*

> **Nachfrage:** *Ist der Wille der privaten Haushalte (Konsumenten), Sachgüter und Dienstleistungen zu erwerben, um die Bedürfnisse zu befriedigen.*

Der Preis übernimmt in der freien Marktwirtschaft eine Signalfunktion, indem er anzeigt, dass Sachgüter und Dienstleistungen knapper werden. Der Preis lenkt Angebot und Nachfrage.

■ Verlauf der Angebots- und der Nachfragekurve

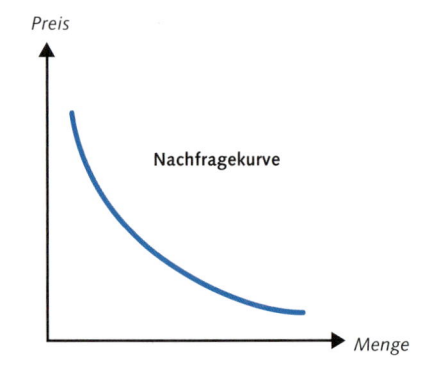

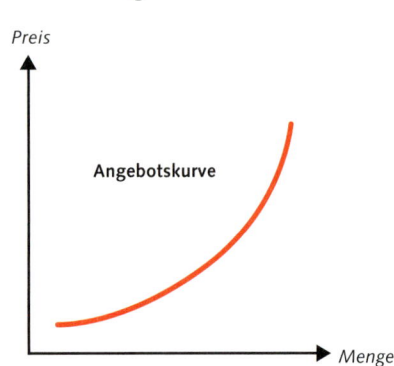

→ www.verlag-fuchs.ch/vwl

3.1. Grundlagen der Volkswirtschaft

■ Der Gleichgewichtspreis

Die Nachfragekurve und die Angebotskurve können im gleichen Diagramm eingezeichnet werden. Der Schnittpunkt der Angebots- und der Nachfragekurve wird «Gleichgewichtspreis» oder «Marktpreis» genannt. Beim Gleichgewichtspreis wird der Markt geräumt, d.h. die angebotene Menge entspricht der nachgefragten Menge.

■ Die angebotene und die nachgefragte Menge

– Wenn der Preis steigt, vergrössern die Anbieter die Menge ihrer Ware auf dem Markt, da die Aussicht auf einen guten Verdienst sehr gross ist.

– Wenn der Preis einer Ware sinkt, sind immer mehr Nachfrager am Kauf dieser Ware interessiert.

– Gleichzeitig sind immer weniger Nachfrager bereit, die Ware zu diesem Preis zu kaufen.

– Gleichzeitig reduzieren die Anbieter ihre Menge, da der erzielte Gewinn kleiner wird.

Wenn die Preise steigen, wird die angebotene Menge grösser, die nachgefragte Menge aber sinkt.

Wenn die Preise sinken, wird die nachgefragte Menge grösser, die angebotene Menge aber sinkt.

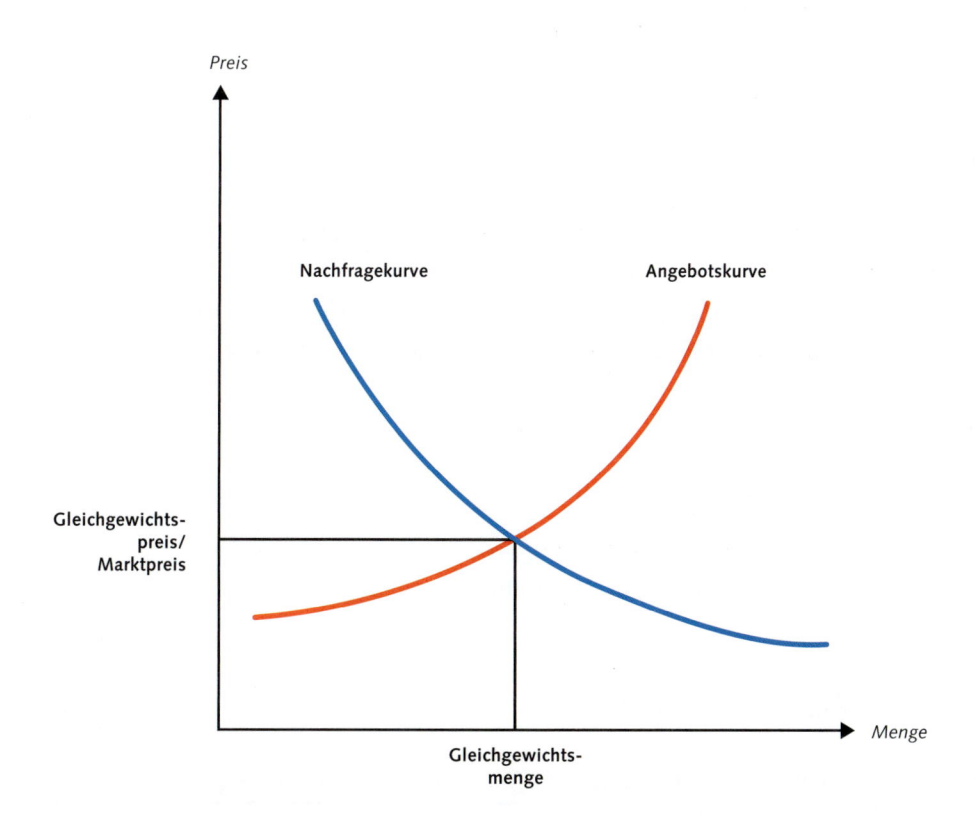

Wirtschaft und Umwelt

▪ Die Umweltgüter

> **Umweltgüter:** *Sind Güter, die uns die Umwelt zur Verfügung stellt, wie Sonne, Atmosphäre, Berge, Seen, Flüsse, Tiere, Pflanzen usw.*

Wir haben die drei Produktionsfaktoren Boden, Arbeit und Kapital kennengelernt. Jeder dieser drei Produktionsfaktoren gehört jemandem, daher hat seine Nutzung einen Preis. Weil man für die Benützung des Bodens eine Grundrente, für die Arbeit einen Lohn und für das Kapital einen Zins zahlen muss, setzt man die Produktionsfaktoren sparsam ein.

Für die Produktion und den Konsum von Sachgütern und Dienstleistungen wird die Umwelt beansprucht. Weil viele Umweltgüter (saubere Luft, die schützende Atmosphäre, die Sonne usw.) aber unentgeltlich genutzt werden können, wird mit ihnen nicht sparsam umgegangen. Zudem entsteht die Illusion, dass sie im Überfluss vorhanden seien.

▪ Nachhaltigkeit

> **Nachhaltigkeit:** *Sie sieht eine Entwicklung vor, welche die Bedürfnisse der heutigen Generation befriedigt, allerdings so, dass künftige Generationen immer noch die Möglichkeit haben, ihre Bedürfnisse befriedigen zu können.*

Nachhaltigkeit ist vor allem in drei Bereichen wichtig:
– Umwelt (z.B. kein Raubbau der natürlichen Ressourcen)
– Wirtschaft (z.B. Verringerung der weltweiten Ungleichheit zwischen armen und reichen Ländern)
– soziale Gerechtigkeit (z.B. gerechte Verteilung von Einkommen und von Vermögen)

▪ Externe Effekte

> **Externe Effekte:** *Sind Auswirkungen einer wirtschaftlichen Tätigkeit, die nicht von den Verursachern getragen werden.*

Es gibt negative oder positive externe Effekte.
Beispiel eines negativen Effekts:
Durch den Lastwagentransport von Tomaten aus Spanien wird die Umwelt mit Schadstoffen belastet.
Beispiel eines positiven Effekts:
Die Abwärme einer Kehrichtverbrennungsanlage kann als Fernwärme genutzt werden.

▪ Externe Kosten

> **Externe Kosten:** *Externe Effekte werden in Geld umgerechnet.*

Die negativen externen Kosten (z.B. Verschlechterung der Luft) werden heute noch meistens von der Allgemeinheit getragen. So bezahlt der Staat mit den eingenommenen Steuern unter anderem Massnahmen zur Verbesserung der Luft.
Der Preis der Sachgüter und der Dienstleistungen beinhaltet demzufolge keine negativen externen Kosten. (Würde der Preis eines Pullovers z.B. die gesamten volkswirtschaftlichen Kosten einschliessen, müsste der Preis um einiges höher liegen.)

Das Verursacherprinzip

Verursacherprinzip: *Dasjenige Wirtschaftssubjekt trägt die negativen externen Kosten, das diese Kosten verursacht.*

Damit der Preis eines Produkts die gesamten volkswirtschaftlichen Kosten einschliesst, müssen die negativen externen Kosten mit einbezogen werden. Dabei soll der Verursacher die gesamten Kosten tragen (BV 74).

Um das Verursacherprinzip anwenden zu können, muss für die Umwelt ein Preis bestimmt werden. Die Kosten der Umweltbelastung müssen vom Verursacher getragen werden. Diese Kosten werden dann in den Preis des Sachgutes oder der Dienstleistung eingerechnet (sogenannte Internalisierung von externen Kosten). Der Preis des Sachgutes oder der Dienstleistung wird somit um die Umweltabgabe (z.B. CO_2-Abgabe) erhöht.

Mit Umweltabgaben (sogenannten Lenkungsmassnahmen) kann der Staat das Verhalten der Wirtschaftssubjekte lenken, ohne Sachgüter und Dienstleistungen zu verbieten und somit in die Entscheidungsfreiheit der Unternehmen bzw. der privaten Haushalte einzugreifen.

Die Energiesteuer

Energiesteuer: *Eine vom Staat auf den Verbrauch von Energie erhobene Steuer. Je mehr Energie verbraucht wird, desto mehr Steuern müssen bezahlt werden.*

Die Unternehmen überwälzen einen Teil dieser Kosten auf die Sachgüter und Dienstleistungen. Daher steigt deren Preis.

Zweck der Energiesteuer
Mit dem Verbrauch der Energie soll sparsamer umgegangen werden, oder man soll auf Sachgüter und Dienstleistungen ausweichen, die weniger Energie benötigen.

Beispiel:
Ein Unternehmen stellt für Getränkedosen Aluminium her, was viel Energie benötigt. Wenn nun die Energie vom Staat besteuert wird, verteuern sich die Produktionskosten für die Herstellung von Aluminium. Der Marktpreis für die Getränkedose steigt. Dadurch nimmt die Nachfrage nach Aluminium ab. Folglich wird auch die Umweltbelastung reduziert.

Die Unternehmen werden nun versuchen, den Energiebedarf zu reduzieren oder gar auf eine umweltfreundlichere Verpackung umzusteigen, damit sie weniger Abgaben bezahlen müssen.

Um die Energiesteuer bzw. die Umweltabgaben zu reduzieren, werden die Unternehmen auch vermehrt Forschung betreiben. Dabei interessiert es sie, wie sich die Umweltabgaben langfristig entwickeln, um ihre Forschung und ihre langfristigen Pläne danach ausrichten zu können. Diese Vorgaben müssen der Staat und die Politik leisten.
Häufig wird der Produktionsstandort eines Unternehmens ins Ausland verlegt, um so der Energiesteuer auszuweichen.

3.1. Grundlagen der Volkswirtschaft

Wirtschaftswachstum – Zielkonflikte

> **Wirtschaftswachstum:** *Zeigt an, wie sich die Leistungen einer Volkswirtschaft verändern. Die Veränderungen können zunehmen (positives Wachstum) oder abnehmen (negatives Wachstum).*

Die Leistungsfähigkeit einer Volkswirtschaft wird mit dem Bruttoinlandprodukt gemessen wird. (Das BIP zeigt die Summe aller Sachgüter und Dienstleistungen, die in einem Jahr im Inland produziert worden sind.) Vergleicht man das BIP mit dem Vorjahr, erhält man die Veränderung. Die reale Veränderung widerspiegelt das reale Wirtschaftswachstum (siehe S. 255).

In den letzten Jahrzehnten hat das Wirtschaftswachstum zu einem allgemeinen Wohlstand geführt.

Jede Volkswirtschaft ist bestrebt, den Wohlstand zu erhöhen. Dadurch entstehen aber Zielkonflikte.

■ 1. Zielkonflikt: Wirtschaftswachstum – Umweltschutz

Wirtschaftswachstum heisst, dass die Produktion von Sachgütern und Dienstleistungen erhöht wird. Wenn die Unternehmen ihre Produktion von Sachgütern und von Dienstleistungen erhöhen, dann benötigen sie z.B. auch mehr Rohstoffe und mehr Energie. Zugleich nehmen die Abfälle und die Schadstoffe aus der Produktion und aus der Entsorgung zu (siehe S. 268, externe Kosten).

■ Lösungsansätze zum 1. Zielkonflikt

Staatliche Massnahmen

Die Umwelt ist ein öffentliches Gut. Bei einem öffentlichen Gut kann niemand vom Konsum ausgeschlossen werden. Wenn z.B. jemand eine Massnahme zur Verbesserung der Luftqualität ergreift, dann profitieren davon auch alle anderen. Aus diesem Grund gibt es keine privaten Anbieter von Massnahmen zum Schutz der Umwelt. Daher ist es vorderhand noch Aufgabe des Staates, die entsprechenden Massnahmen zu ergreifen, um die Umweltbelastung zu reduzieren.

Umweltgesetzgebung
Aufgrund des Umweltschutzgesetzes hat der Bund diverse Verordnungen erlassen: Die Luftreinhalteverordnung, die Verordnung über Schadstoffe im Boden, die Verordnung über umweltgefährdende Stoffe, die Lärmschutzverordnung, die Verordnung über den Verkehr mit Sonderabfällen, die Verordnung über die Umweltverträglichkeitsprüfung, die Verordnung über Getränkeverpackungen, die Technische Verordnung über Abfälle usw.

Einführen des Verursacherprinzips
Eine weitere Möglichkeit, die Umweltbelastung zu reduzieren, besteht darin, dass immer derjenige die Kosten von Umweltbelastungen zu tragen hat, der sie verursacht (siehe S. 269).

Lenkungsabgaben
Der Staat könnte auch Lenkungsabgaben einführen. Wenn etwas die Umwelt schädigt, wird es verteuert (Beispiel: Schwerverkehrsabgabe; Ziel: Verlagerung des Schwerverkehrs auf die Schiene).

Finanzielle Unterstützungen (Subventionen, siehe S. 124)
Wer umweltgerecht produziert (Beispiel: Bio-Bauern) oder wer Forschung zugunsten der Umwelt betreibt (Forschung zur Nutzung von Solar- oder Windenergie), kann vom Staat Beiträge erhalten.

3.1. Grundlagen der Volkswirtschaft

Unternehmerische Massnahmen

Die Unternehmen müssten eigentlich nicht warten, bis sie vom Staat zu einem umweltgerechten Verhalten gezwungen werden. Sie könnten von sich aus innovativ sein, d.h. Produktionsverfahren entwickeln, die die Umwelt weniger stark belasten. Obwohl dies für das Unternehmen anfänglich Mehrkosten bringt, könnte es langfristig davon profitieren, da die Umweltproblematik ein weltweites Problem darstellt und andere Länder früher oder später auch zu umweltschonenderen Produktionsverfahren übergehen müssen.

Private (persönliche) Massnahmen

Nicht unterschätzt werden darf, was der Einzelne zu einem umweltschonenderen Verhalten beitragen kann (im Haushalt, in der Freizeit, beim Benützen des Verkehrsmittels usw.), ohne dass sein Wohlstand bereits stark eingeschränkt wird. Seine Wohlfahrt würde aber gesteigert (siehe S. 272).

2. Zielkonflikt: Wachstum – Umwelt – Arbeitslosigkeit

Die erwerbstätige Bevölkerung beträgt weltweit 3 Milliarden Menschen. Nach Schätzungen der Internationalen Arbeitsorganisation (ILO) sind ungefähr 180 Millionen Menschen arbeitslos. Zudem sind rund 1 Milliarde Menschen unterbeschäftigt, d.h. sie arbeiten unfreiwillig weniger als 100%, oder sie verdienen trotz einer 90%- bis 100%-Stelle deutlich weniger, als zum Leben notwendig ist.

In den ärmeren Ländern sind in den Städten häufig über 50% der erwerbsfähigen Menschen arbeitslos. Diese enorme Arbeitslosigkeit entsteht hauptsächlich durch die starke Landflucht.

Gegner des Wirtschaftswachstums sehen im Wachstum oft nur eine zunehmende Umweltverschmutzung, sie vergessen aber, dass ohne Wachstum mehr Arbeitslosigkeit und somit mehr soziale Probleme entstehen.

Daher muss es das Ziel sein, ein Wirtschaftswachstum zu erreichen, das die Umwelt möglichst wenig belastet. Gefragt sind umweltschonendere Produktionsverfahren, wiederverwendbare bzw. leicht recycelbare Produkte, Autos mit weniger Benzinverbrauch oder Autos ohne Benzinmotoren usw.

«Working poor»

Als «Working poor» werden erwerbstätige Personen bezeichnet, die in einem Haushalt leben, der mindestens über ein volles Erwerbspensum verfügt (d.h. alle Haushaltsmitglieder arbeiten zusammen mindestens 36 Stunden pro Woche). Sie erzielen dennoch kein Einkommen über der Armutsgrenze.

2008 waren in der Schweiz rund 118 000 Personen «Working poor».

3.1. Grundlagen der Volkswirtschaft

Wohlstand – Wohlfahrt

> **Wohlstand:** *Über möglichst viele und hochwertige Güter verfügen können.*

Über viele materielle Sachgüter zu verfügen, macht bekanntlich allein noch nicht glücklich. Zum Wohlbefinden des Menschen gehören auch immaterielle Güter.

> **Wohlfahrt:** *Heisst Lebensqualität und ist der Oberbegriff für alle Massnahmen, die zum Wohlbefinden des Menschen beitragen.*

Zu einer guten Lebensqualität (Wohlfahrt) gehören unter anderem:
– Wohlstand
– Gesundheit
– intakte Umwelt
– soziale Sicherheit
– Freiheit
– Gerechtigkeit

Unser Staat hat das Ziel, die gemeinsame Wohlfahrt zu fördern (BV 2).
Das würde demnach heissen: Der Staat ist besorgt, dass das Schweizervolk über mehr und mehr Wohlstand verfügt, in einer immer gesünderen Umwelt lebt, laufend mehr Sicherheit und mehr Freiheit geniesst und das Gefühl vorherrscht, die Gerechtigkeit im Staat nehme zu usw.

Diese Faktoren stehen aber untereinander teilweise in Zielkonflikten, was die Wohlfahrt wiederum vermindern kann.

▪ Zielkonflikte

– Mehr Wohlstand heisst, immer mehr Sachgüter zu produzieren und zum Kauf anzubieten, was im Konflikt mit der Umwelt steht.

– Eine intaktere Umwelt heisst unter Umständen, dass weniger konsumiert werden dürfte und für Sachgüter und Dienstleistungen, welche die Natur belasten, wesentlich mehr bezahlt werden müsste. Dies wiederum bedeutet, dass der Wohlstand zurückgeht.

– Mehr Wohlstand kann aber auch im Konflikt stehen mit einer besseren Gesundheit. (Zum Beispiel essen wir dank des Wohlstands zu viel, was zu verschiedenen Krankheiten führen kann.)

– Wer mehr Sicherheit will, der kann nicht gleichzeitig mehr Freiheit beanspruchen. Wer z.B. will, dass ihm der Staat einen Arbeitsplatz garantiert, müsste dann auch bereit sein, dass ihm der Staat die Arbeitsstelle und den Arbeitsort zuweist und dass er nicht mehr frei auswählen könnte.

– Mehr Freiheit geht auf Kosten von mehr sozialer Sicherheit. Wer z.B. möglichst wenig Sozialabgaben dem Staat bezahlen will, um über möglichst viele Lohnanteile frei verfügen zu können, dessen Sicherheit wäre im Alter, bei Invalidität usw. weniger gross.

Eine Förderung der Lebensqualität kann daher nur heissen, dass die einzelnen Massnahmen gegeneinander abgewogen werden müssen.

Die Stimmberechtigten sind es, die letztlich darüber entscheiden, was die Lebensqualität in ihrer Volkswirtschaft fördert, sei es durch die Wahl von entsprechenden Abgeordneten, sei es bei der Entscheidung von Sachfragen.

3.1. Grundlagen der Volkswirtschaft

Wirtschaftsordnungen

> **Wirtschaftsordnung:** *Umfasst die Regeln, nach denen die Wirtschaft in einem Land funktionieren soll. Die Wirtschaftsordnung wird im jeweiligen politischen System festgelegt. Die Volkswirtschaft und die Politik stehen in enger Verbindung zueinander.*

In der Demokratie (siehe S. 222) werden diese Regeln von der Gesellschaft und in der Diktatur (siehe S. 224) entweder von einer einzelnen Person oder einer kleinen Personengruppe aufgestellt.

Die freie Marktwirtschaft ist eine mögliche Wirtschaftsordnung. Weiter gibt es die zentrale Planwirtschaft als Gegenpol zur freien Marktwirtschaft sowie viele Zwischenformen, vor allem die soziale Marktwirtschaft.

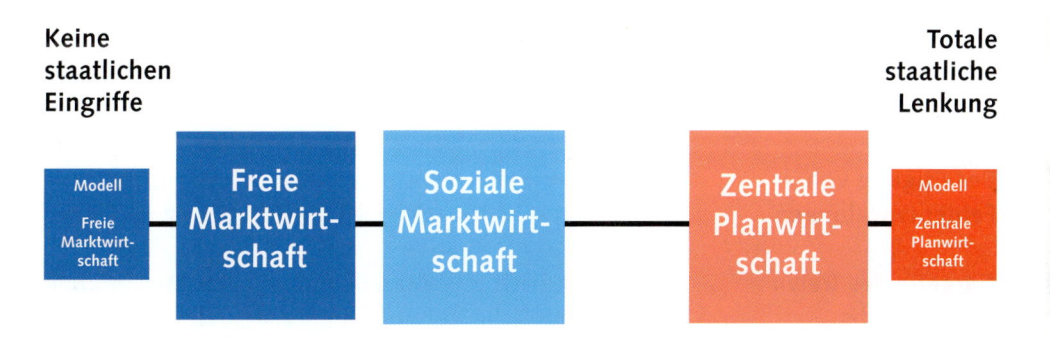

Keine staatlichen Eingriffe — Modell Freie Marktwirtschaft — **Freie Marktwirtschaft** — **Soziale Marktwirtschaft** — **Zentrale Planwirtschaft** — Modell Zentrale Planwirtschaft — **Totale staatliche Lenkung**

In den beiden absoluten Modellformen funktioniert keine Volkswirtschaft auf der Erde. Wer in einem Staat über die Staatsgewalt verfügt, bestimmt, ob die Wirtschaft eher nach marktwirtschaftlichen oder mehr nach planwirtschaftlichen Grundsätzen funktioniert. In der Demokratie spielen dabei die regierenden Parteien die entscheidende Rolle (siehe Konkordanz- und Konkurrenzdemokratie, S. 223).

Bei der sozialen Marktwirtschaft kommt dem Staat die Aufgabe zu, sozial unerwünschte Auswirkungen der freien Marktwirtschaft zu korrigieren. Insbesondere soll er die Rahmenbedingungen für einen funktionsfähigen Wettbewerb schaffen, die Marktmacht der grossen Unternehmen vermindern sowie die Einkommens- und Vermögensverteilung koordinieren. Die soziale Marktwirtschaft steht der freien Marktwirtschaft näher als der zentralen Planwirtschaft. Je nach Nation greift der Staat mehr oder weniger ins Marktgeschehen ein.

Die klassischen westlichen Industrieländer (z.B. USA, Grossbritannien, Deutschland, Frankreich, Italien, die Schweiz usw.) bewegen sich alle zwischen freier Marktwirtschaft und sozialer Marktwirtschaft.

Kuba und Nordkorea sind jene Länder, die ihre Wirtschaft planwirtschaftlich organisieren.

Die soziale Marktwirtschaft

> **Soziale Marktwirtschaft:** *In dieser Wirtschaftsordnung werden die Ideen der freien Marktwirtschaft weitgehend übernommen. Zum Schutz der Schwachen (daher «soziale» Marktwirtschaft) spielt der Staat aber eine lenkende Rolle und greift ins Marktgeschehen ein.*

Die soziale Marktwirtschaft bildet einen «Kompromiss» zwischen freier Marktwirtschaft und zentraler Planwirtschaft. Während im System der freien Marktwirtschaft der Staat praktisch keine Rolle zu spielen hat, ist er bei der zentralen Planwirtschaft allgegenwärtig, die dominierende Kraft. Bei der sozialen Marktwirtschaft tritt der Staat hingegen erst dann auf, wenn das Spiel der freien Kräfte zu Fehlentwicklungen führt oder die Schwächeren Nachteile zu erleiden haben.

Die konkrete Form der sozialen Marktwirtschaft ist das Resultat der politischen Entscheidung des jeweiligen Landes. In der Demokratie spielen dabei politische Parteien und Verbände eine zentrale Rolle (siehe S. 160 f.).

In der Schweiz stützt sich der Staat auf die BV-Artikel 94 ff., welche es ihm erlauben einzugreifen.

Beseitigung von Fehlentwicklungen	Würde der Staat nicht eingreifen, würden Fehlentwicklungen entstehen, die den Menschen schaden (*Beispiel:* Gesetzgebung im Umweltschutz).
Garantie des freien Wettbewerbs	Der Staat trifft z.B. Massnahmen gegen Missbräuche im Kartellwesen. (Kartelle sind vertragliche Vereinbarungen von Unternehmen, die mittels Absprachen den Markt zu beherrschen versuchen; vornehmlich betrifft dies Preis- oder Gebietsabsprachen. Mit der Wettbewerbskommission (WEKO) und dem Preisüberwacher hat der Bund zwei Institutionen geschaffen, die gegen zu hohe Preise und zu wenig Wettbewerb kämpfen (siehe S. 294).
Förderung einzelner Wirtschaftszweige	Der Staat will einzelne Wirtschaftszweige schützen und fördern (z.B. die Landwirtschaft: Um den Bauern ein möglichst faires Einkommen zu garantieren, erfolgen Direktzahlungen, Zahlung von Subventionen, siehe S. 124).
Erreichen von mehr sozialer Gerechtigkeit	Der Staat sorgt für: a) eine gewisse Umverteilung der Einkommen und der Vermögen mittels progressiver Besteuerung oder indem er Subventionen zahlt (siehe S. 258, Einkommensverteilung); b) eine genügende Einkommenssicherung der Erwerbstätigen beim Erreichen der Pensionierung (AHV), bei Invalidität, bei Arbeitslosigkeit, bei Unfall usw.; c) eine kostenlose Grundschulbildung. Zusätzlich finanziert der Staat höhere Schulen weitgehend mit.
Eigenaktivitäten des Staates im Interesse des Gemeinwohls	Da gewisse Aufgaben vom Einzelnen (Privaten) gar nicht mehr ausgeführt werden können, wird der Staat im Interesse des Gemeinwohls aktiv (Beispiele: Bau von Autobahnen, Bau von Kehrichtverbrennungsanlagen, Bau von Spitälern). Die öffentliche Hand (Bund, Kantone und Gemeinden) ist der grösste Auftraggeber in der Volkswirtschaft.
Bestimmung des wirtschaftlichen Kurses durch Regierung und Parlament	Die Rolle, welche der Staat u.a. im Wirtschaftsgeschehen spielen soll, legt in der Demokratie das Volk fest, wenn es das Parlament und somit die Regierung wählt. Eine sozialdemokratische Regierung wird mehr staatliche Eingriffe tätigen als eine liberale (siehe S. 155 ff.).

3.1. Grundlagen der Volkswirtschaft

Magisches Sechseck

Schon seit langer Zeit versucht die Wirtschaftspolitik mithilfe volkswirtschaftlicher Erkenntnisse ihre Ziele zu erreichen. Dabei sind so genannte Vielecke zur Verdeutlichung der verschiedenen Ziele verwendet worden.

Nach der Krise der Dreissigerjahre im letzten Jahrhundert (Deflation, Arbeitslosigkeit) war die Rede vom Dreieck, das aus Vollbeschäftigung, Preisstabilität und dem aussenwirtschaftlichen Gleichgewicht bestand. Im Laufe der Zeit wurde dieses Dreieck mit drei weiteren Zielen erweitert. So werden heute die wesentlichen wirtschaftspolitischen Ziele in einem Sechseck dargestellt. Sie stehen zueinander in einer Wechselwirkung. Da es nicht möglich ist, alle Ziele gleichzeitig zu erreichen, spricht man von einem magischen Sechseck.

> **Magisches Sechseck:** *Bezeichnung für die Unmöglichkeit (Magie = Zauberei), alle sechs Ziele gleichzeitig zu erreichen.*

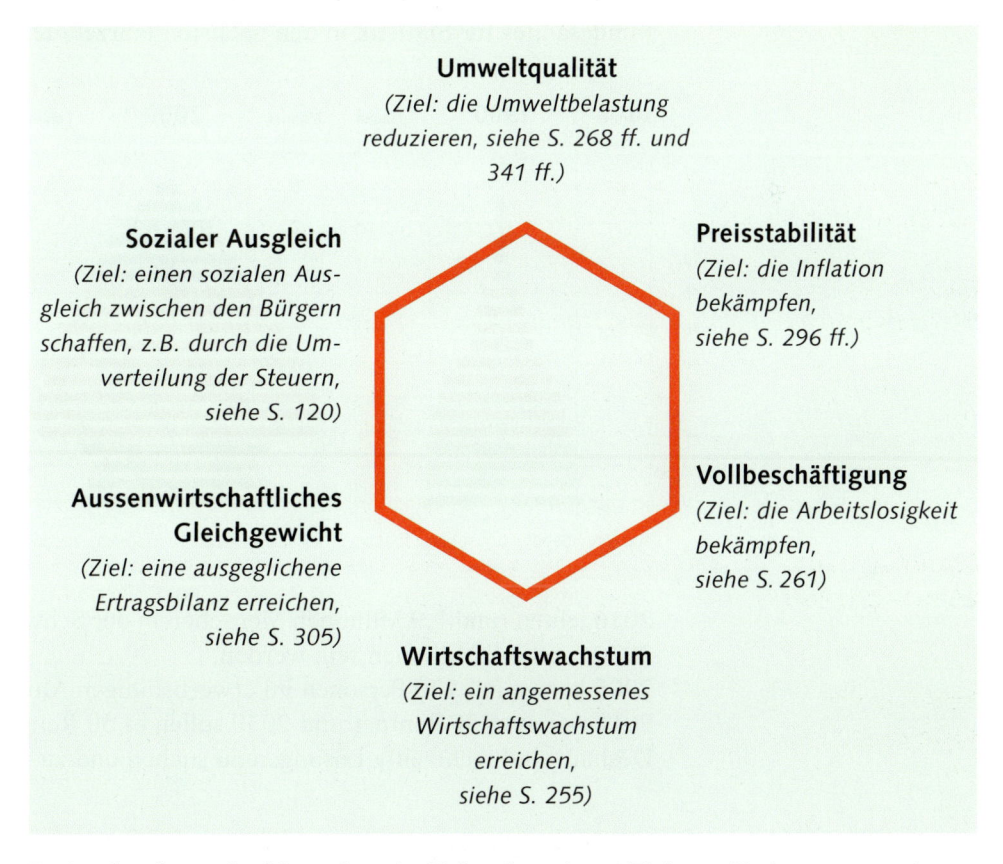

Umweltqualität
(Ziel: die Umweltbelastung reduzieren, siehe S. 268 ff. und 341 ff.)

Sozialer Ausgleich
(Ziel: einen sozialen Ausgleich zwischen den Bürgern schaffen, z.B. durch die Umverteilung der Steuern, siehe S. 120)

Preisstabilität
(Ziel: die Inflation bekämpfen, siehe S. 296 ff.)

Aussenwirtschaftliches Gleichgewicht
(Ziel: eine ausgeglichene Ertragsbilanz erreichen, siehe S. 305)

Vollbeschäftigung
(Ziel: die Arbeitslosigkeit bekämpfen, siehe S. 261)

Wirtschaftswachstum
(Ziel: ein angemessenes Wirtschaftswachstum erreichen, siehe S. 255)

Es ist durchaus denkbar, dass in Zukunft weitere Ziele an Bedeutung gewinnen werden. So ist bereits heute ein ausgeglichener Staatshaushalt sehr wichtig.

■ Beziehung zwischen den Zielen

Bei der Beeinflussung der sechs Ziele können Zielkonflikte, Zielharmonie oder Zielneutralität entstehen.

Zielkonflikt
Die Massnahme für ein Ziel steht im Widerspruch mit einem anderen Ziel.

Zielharmonie
Die Massnahme für ein Ziel begünstigt auch das Erreichen eines anderen Zieles.

Zielneutralität
Die Massnahme für ein Ziel hat keinen Einfluss auf ein anderes Ziel.

3.1. Grundlagen der Volkswirtschaft

Die Finanzierung der AHV

Die Grenzen der Belastbarkeit des Sozialstaates Schweiz zeigen sich in ihrer ganzen Schärfe in der Frage der Finanzierung der AHV.

Einen Grossteil der AHV finanziert die werktätige Bevölkerung zusammen mit den Arbeitgebern durch Lohnprozente. Doch reichen diese Beiträge nicht aus, den AHV-Bezügern eine existenzsichernde Rente zu zahlen. Erst die Subventionen des Bundes an die AHV-Kasse garantieren dieses Verfassungsrecht (BV 111 / 112).

Die Finanzlage der AHV hängt in grossem Masse von der gegenwärtigen Altersstruktur und der zukünftigen demografischen Entwicklung der Schweiz ab. Die Zahl der über 64-Jährigen hat sich seit 1950 mehr als verdoppelt, jene der 80-Jährigen und Älteren sogar gut verdreifacht. Die Zahl der unter 20-Jährigen hat dagegen viel weniger stark zugenommen und ist seit Anfang der 70er-Jahre sogar rückläufig. Dieser Alterungsprozess ist die Folge steigender Lebenserwartung und niedriger Geburtenhäufigkeit. Er wird sich laut den Bevölkerungsszenarien des Bundesamtes für Statistik in den nächsten Jahrzehnten fortsetzen.

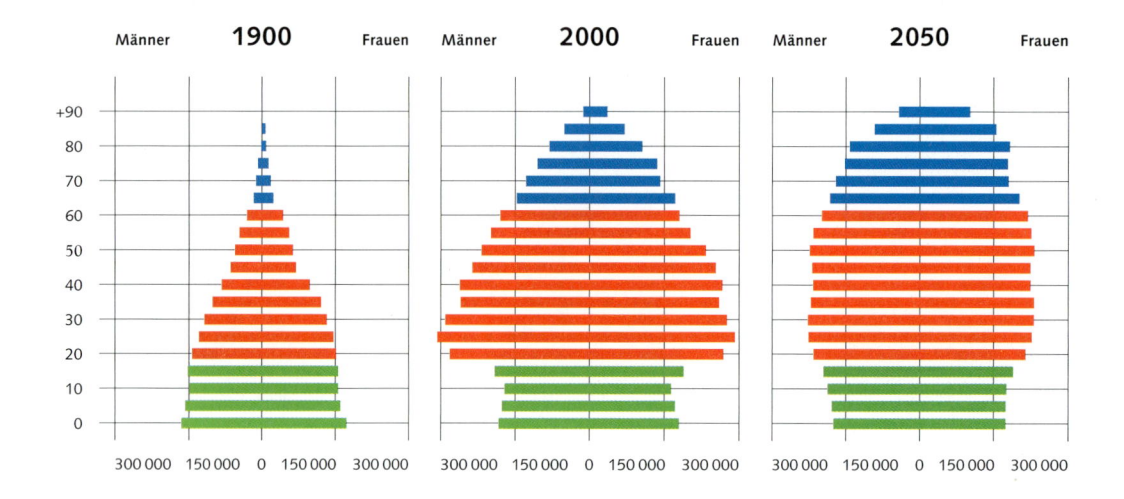

2010 lebten rund 7,9 Millionen Menschen in der Schweiz und man schätzt, dass es 2030 rund 8,7 Millionen sein werden.
2005 kamen auf 100 Personen im erwerbsfähigen Alter (20–64 Jahre) 26 Rentner. 2011 waren es 31 Rentner und 2030 sollen es 50 Rentner sein.
Deshalb sind rechtzeitig Lösungen zu suchen und zu vollziehen.

▪ Lösungsansätze

- Eine Idee lautet, die Mehrwertsteuer und/oder die Lohnprozente zu erhöhen.
- Vor allem von sozialdemokratischer und von grüner Seite wird gefordert, anstelle der Arbeit vermehrt die Energie zu besteuern (siehe S. 269 und 349).
- Eine grosse Mehrheit eher rechtsbürgerlich ausgerichteter Kreise fordert Sparmassnahmen und will die Subventionen an die AHV-Kasse senken, was zu Leistungskürzungen führen würde.
- Ein Ansatz schlägt vor, das AHV-Alter auf 67 Jahre zu erhöhen. Frühpensionierungen müssten mit hohen Rentenkürzungen bezahlt werden.
- Eine utopische Variante sieht vor, die Grenzen der Schweiz für junge, arbeitswillige Ausländer und Ausländerinnen zu öffnen, die aufgrund ihres Alters und ihrer höheren Geburtenhäufigkeit die Altersstruktur der Bevölkerung positiv beeinflussen würden.

3.2. Geld und Konjunktur

3.2. Geld und Konjunktur

Das Geld

> **Geld:** *Ist ein Hilfsmittel, um Sachgüter zu erwerben und Dienstleistungen in Anspruch zu nehmen. Als Geld gilt alles, was jedermann zum Tausch von Sachgütern und von Dienstleistungen akzeptiert.*

Für jede Form von Geld gelten drei Bedingungen: Akzeptanz, Vertrauen in den Wert des Geldes und Knappheit.

◼ Die Aufgaben des Geldes

Geld erfüllt drei Aufgaben. Es ist

Zahlungsmittel	Wertaufbewahrungsmittel	Wertmassstab
→ *zahlen*	→ *sparen*	→ *vergleichen*
Man bezahlt mit Geld.	Man spart mit Geld.	Aufgrund der Preisangaben werden Waren miteinander verglichen.

◼ Der Wert des Geldes

Kaufkraft des Geldes

Der Wert des Geldes wird mit der Kaufkraft gemessen. Die Kaufkraft zeigt, wie viele Sachgüter und Dienstleistungen mit einem Franken gekauft werden können.

Wenn die Preise steigen, nimmt die Kaufkraft ab. Es können also mit einem Franken weniger Sachgüter und Dienstleistungen gekauft werden.	Wenn die Preise sinken, steigt die Kaufkraft. Es können also mit einem Franken mehr Sachgüter und Dienstleistungen gekauft werden.

Binnenwert des Geldes

Der Binnenwert des Geldes gibt an, wie viele inländische Sachgüter und Dienstleistungen z.B. mit 100 Franken gekauft werden können.

Aussenwert des Geldes

Der Aussenwert des Geldes gibt an, wie viele ausländische Sachgüter und Dienstleistungen z.B. mit 100 Franken gekauft werden können. Er zeigt auf, welchen Wert das inländische Geld gegenüber fremdem Geld hat.

◼ Die Formen des Geldes heute

Bargeld

Münzen und Noten sind Bargeld. Das Bargeld spielt heute eine untergeordnete Rolle, besonders seit es die Kredit- und die Bargeldkarten gibt.

Buchgeld

Das Buchgeld wird auch Giralgeld genannt (kommt von Giro = Überweisung).
Beim Buchgeld handelt es sich um Guthaben bei den Banken und der Post, über die der Kunde ständig verfügen kann. Er kann sein Guthaben jederzeit in Bargeld umwandeln. Das Buchgeld besitzt wie das Bargeld eine echte Zahlungsfunktion.
Buchgeld entsteht:
– durch Einzahlung von Bargeld auf ein Konto,
– durch Gutschrift auf einem Konto,
– durch Überweisung (z.B. bargeldlose Lohnzahlung),
– durch Kreditgewährung der Geldinstitute.
Die Bezahlung erfolgt durch das Umbuchen von einem Konto auf ein anderes.

Devisen

Devisen sind Buchgeld in ausländischen Währungen.

3.2. Geld und Konjunktur

Die Börse

> **Börse:** *Ist ein Markt – in erster Linie für Wertpapiere –, auf dem sich das Wertpapier-Angebot und die Wertpapier-Nachfrage treffen; daraus ergibt sich ein Marktpreis, der Aktienkurs.*

■ Wie funktioniert die Börse?

Wer sein Geld in Wertpapiere anlegen will, geht an die Börse. Der Weg an die Börse führt in der Regel über die Bank. Früher existierten in der Schweiz mehrere Börsenplätze (Zürich, Basel, Genf). Heute gibt es nur noch die EBS, die «Elektronische Börse Schweiz».

Der Kunde kann bei seiner Bank Kauf- und Verkaufsaufträge für Aktien erteilen. Die Börsenhändler der Banken geben diese Aufträge an die Elektronische Börse Schweiz weiter. Der Zentralcomputer kann auf diese Weise jeden Moment das Verhältnis von Angebot und Nachfrage erkennen, und der Preis (Aktienkurs) für die gehandelten Wertpapiere wird automatisch bestimmt.

Es ist auch möglich, selber am Computer via Internet Kauf- und Verkaufsaufträge zu erteilen (z.B. via Swissquote).

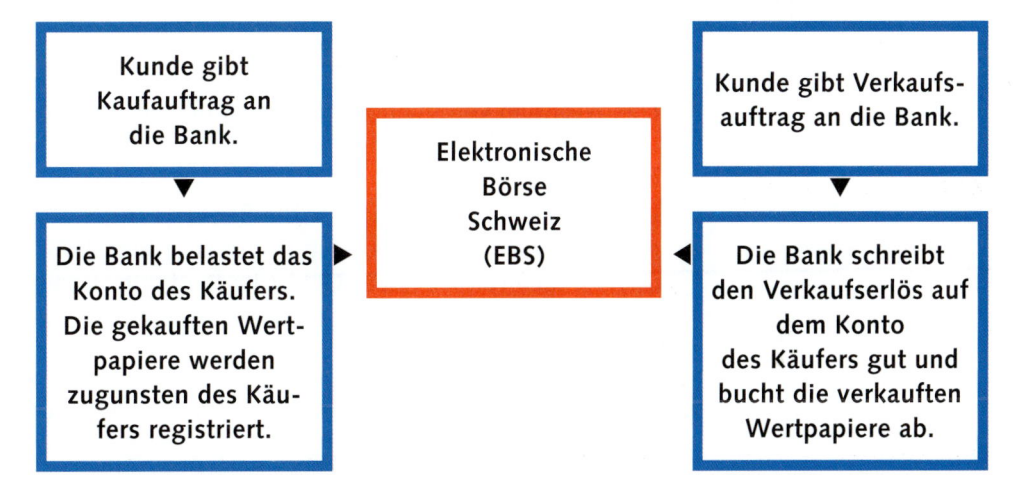

```
Kunde gibt                              Kunde gibt Verkaufs-
Kaufauftrag an                          auftrag an die Bank.
die Bank.              Elektronische
                          Börse
                         Schweiz
Die Bank belastet das     (EBS)         Die Bank schreibt
Konto des Käufers.                      den Verkaufserlös auf
Die gekauften Wert-                     dem Konto
papiere werden                          des Käufers gut und
zugunsten des Käu-                      bucht die verkauften
fers registriert.                       Wertpapiere ab.
```

■ Wie entsteht der Kurs der Wertpapiere?

Die folgenden Faktoren können einen grossen Einfluss auf die Gesamtstimmung an der Börse oder auf einzelne Kurse haben:
- Der Wert eines Unternehmens kann schwanken. Die produzierten Güter sind plötzlich nicht mehr gefragt; das Unternehmen kann sich der wirtschaftlichen Entwicklung nicht anpassen; der Gewinn sinkt und der Wert der Aktien auch.
- Ein politisches Ereignis auf der Welt löst bei den Anlegern Angst aus. Sie stossen Aktien ab.
- Reine Vermutungen und Gerüchte beeinflussen das Verhalten der Anleger.
- Der Regierungswechsel in einem wirtschaftlich starken Land kann den Börsenhandel beeinflussen.
- Kursschwankungen an grossen Börsenplätzen wirken sich auf andere Börsenplätze aus.
- Spekulanten verkleinern mit Massenkäufen das Angebot und verkaufen alles im richtigen Moment zu hohen Preisen. Danach ist das Angebot wieder gross und die Preise fallen.
- Steigende Zinsen für Obligationen erhöhen deren Attraktivität für die Sparer; dadurch verlagern die Sparer das Geld von Aktien in Obligationen. (Bei fallenden Zinsen steigen in der Regel die Aktienkurse.)

3.2. Geld und Konjunktur

Der Wechselkurs

> **Wechselkurs:** *Ist der Preis, zu dem Währungen gegeneinander ausgetauscht werden. Oft wird der Wechselkurs auch «Devisenkurs» genannt.*

■ Die Devisen

Ausländische Währungen werden auch als «Devisen» bezeichnet, wobei dieser Begriff zwei Bedeutungen haben kann.

> **Devisen:**
> a) Devisen sind ausländische Zahlungsmittel ($, £, ¥, € usw.).
> b) Devisen sind im Ausland zahlbare Geldforderungen, welche in ausländischen Währungen beglichen werden müssen. (Beispiel: Eine Schweizer Firma muss in den USA eine Rechnung begleichen, welche auf 130 000 $ lautet.)

■ Der Devisenmarkt

Der Wechselkurs bildet sich auf dem Devisenmarkt.

> **Devisenmarkt:** *Ort, an welchem Devisen (fremde Währungen) gehandelt werden.*

Das Wechseln von inländischem Geld in fremdes und von fremdem Geld in inländisches ist eine Dienstleistung, welche in den meisten Fällen von den Banken erbracht wird.
Der Verdienst liegt darin, dass die Banken für den Ankauf von fremdem Geld (sie nimmt fremdes Geld entgegen und man erhält dafür inländisches Geld) und für den Verkauf von fremdem Geld (die Bank gibt fremdes Geld gegen Zahlung von inländischem) verschiedene «Preise» (Kurse) berechnen.

■ Verkauf und Ankauf von fremden Währungen

Man unterscheidet zwischen:

Verkauf von fremden Währungen (aus der Sicht der Bank)

> **Briefkurs = ich bezahle (Fachsprache: Ask)**
> Dieser Kurs gilt, wenn man inländisches Geld in eine fremde Währung wechselt. Die Bank bietet einem die fremde Währung zu diesem Kurs an.
> Der Briefkurs ist immer höher als der Geldkurs.

An- bzw. Rückkauf von fremden Währungen (aus der Sicht der Bank)

> **Geldkurs = ich erhalte (Fachsprache: Bid)**
> Dieser Kurs ist massgebend, wenn die Banken fremdes Geld entgegennehmen und dafür inländisches Geld zahlen. Die Bank kauft die fremde Währung.

Der Geldkurs ist immer tiefer als der Briefkurs.

In der Schweiz wird angegeben, wie viel man für 1 oder 100 ausländische Geldeinheiten zahlen muss.

Um 1 Euro zu erhalten, müssen z.B. CHF 1.24 (Januar 2012) bezahlt werden.

Mit Ausnahme des Dollars ($), des Pfunds (£) und des Euro (€), bei denen der Kurs auf eine Geldeinheit bezogen ist, wird angegeben, wie viel man für 100 ausländische Geldeinheiten zahlen muss. Um 100 Yen (¥) zu erhalten, muss man z.B. 1.28 CHF (Januar 2012) bezahlen.

3.2. Geld und Konjunktur

◼ Noten und Devisen

Will man sich orientieren, welcher Kurs zurzeit gilt, findet man z.B. in Zeitungen zwei verschiedene Rubriken, genannt «Noten» und «Devisen».

Noten = Wechseln von Bargeld
Der Begriff «Noten» gilt immer, wenn Geld in ausländisches Bargeld gewechselt wird. Folglich gilt der Begriff «Noten», wenn man z.B. ausländisches Geld für eine Ferienreise erwirbt.

Die Spannweite zwischen Ankauf (Geldkurs) und Verkauf (Briefkurs) ist grösser, da die Aufwendungen für die Bank höher sind. Die Bank muss u.a. das Bargeld zinslos aufbewahren und zur Sicherheit des Bargeldes eine Versicherung abschliessen.

Devisen = Wechseln von Buchgeld
Der Begriff «Devisen» gilt immer, wenn kein ausländisches Bargeld ausbezahlt wird. Es handelt sich um Buchgeld. (Beispiel: Es werden 1000 Euro nach München auf ein Konto transferiert.)

Die Spannweite zwischen Ankauf (dem Geldkurs) und Verkauf (dem Briefkurs) ist geringer. Die Aufwendungen für die Bank sind kleiner, weil die Transaktionen getätigt werden können, ohne Bargeld zu verschieben.

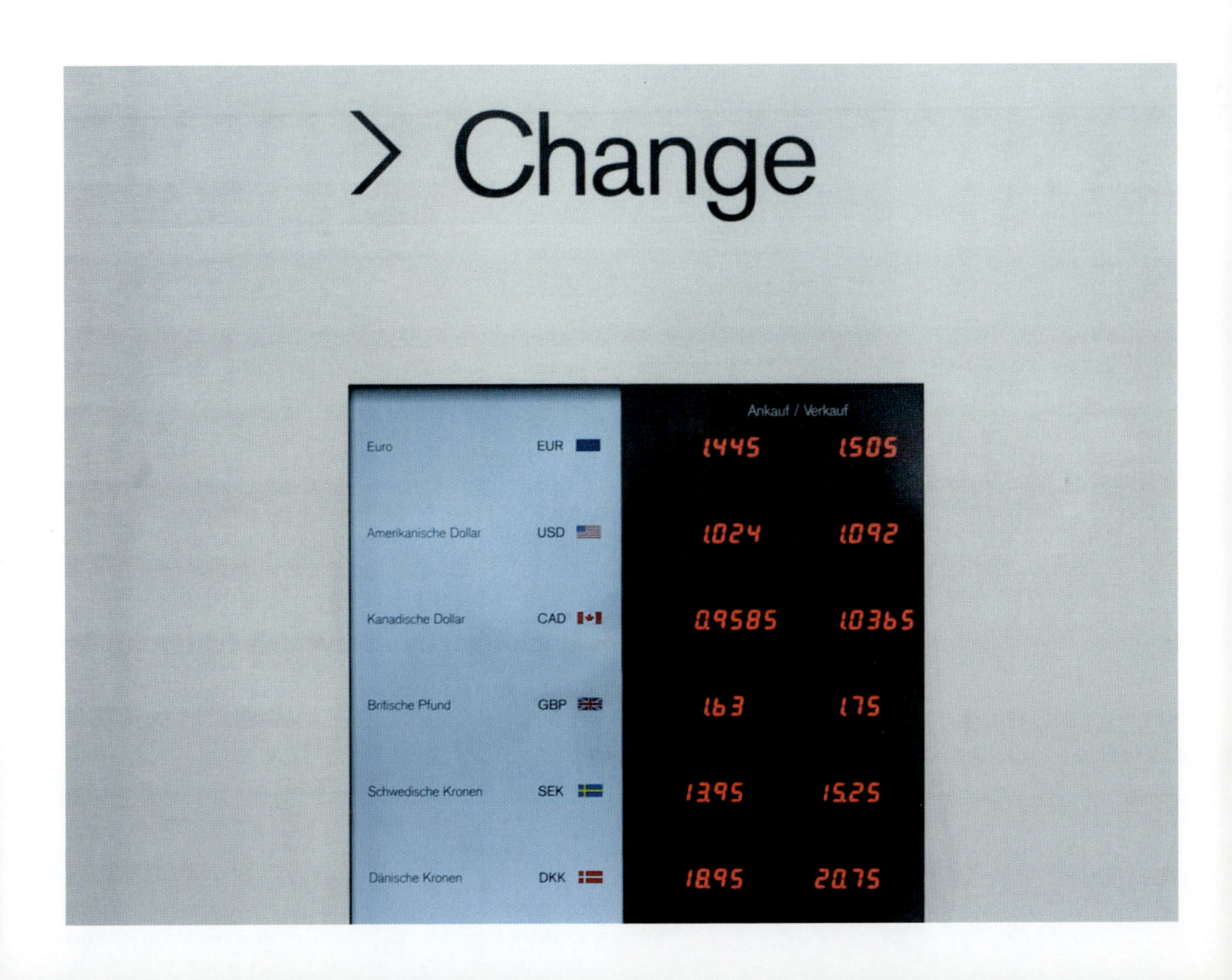

> **Change**

		Ankauf	Verkauf
Euro	EUR	1.445	1.505
Amerikanische Dollar	USD	1.024	1.092
Kanadische Dollar	CAD	0.9585	1.0365
Britische Pfund	GBP	1.63	1.75
Schwedische Kronen	SEK	13.95	15.25
Dänische Kronen	DKK	18.95	20.75

3.2. Geld und Konjunktur

Kursverschlechterung

Die Veränderungen der Devisenpreise bei flexiblen Wechselkursen werden Kursverschlechterung und Kursverbesserung genannt.

> **Kursverschlechterung:** *Die inländische Währung verschlechtert sich, wenn man für eine ausländische Währung zunehmend mehr bezahlen muss.*

Es liegt eine Kursverschlechterung vor, wenn man gestern für 1 Euro CHF 1.20 bezahlte und heute CHF 1.25 bezahlen muss.

Folgen einer Kursverschlechterung des CHF

	Vorteile	Nachteile
Importe		Importe aus den Euro-Ländern werden teurer. Für Waren, welche in € bezahlt werden müssen, benötigt man mehr CHF.
Exporte	Exporte von Sachgütern und Dienstleistungen aus der Schweiz nach den Euro-Ländern nehmen zu. Kunden aus den Euro-Ländern brauchen weniger €, um eine Rechnung in CHF zu bezahlen. In € umgerechnet werden schweizerische Exporte billiger. Unsere Konkurrenzfähigkeit nimmt zu.	
Beschäftigung	Steigende Exporte schaffen im Allgemeinen mehr Arbeitsplätze.	
Fremdenverkehr	Der schweizerische Fremdenverkehr profitiert. Personen aus den Euro-Ländern können mit € in der Schweiz mehr kaufen. Daher werden Ferien in der Schweiz interessanter. Die Beschäftigung in der Tourismusbranche steigt.	Schweizer, die in ein Euro-Land reisen, müssen mehr CHF in € wechseln. Für sie wird der Aufenthalt in diesem Land teurer.
Angelegtes Kapital	Der Wert der Gelder, die von Schweizern in € angelegt worden sind, steigt.	Der Wert der Gelder, die von Personen aus den Euro-Ländern in CHF angelegt worden sind, sinkt.

Massnahme der Nationalbank gegen Kursverschlechterung

Im Notfall interveniert die SNB auf dem Kapitalmarkt, indem sie fremde Währung (z.B. €) verkauft und CHF ankauft. Dadurch verringert sich die Geldmenge an Schweizer Franken. Auswirkungen: Der CHF wird stärker, die Importwirtschaft profitiert, während die Exportwirtschaft benachteiligt wird.

3.2. Geld und Konjunktur

Kursverbesserung

> **Kursverbesserung:** *Die inländische Währung verbessert sich, wenn man für eine ausländische Währung immer weniger bezahlen muss.*

Es liegt eine Kursverbesserung vor, wenn man gestern für 1 Euro CHF 1.31 bezahlte und heute CHF 1.27 bezahlen muss.

■ Folgen einer Kursverbesserung des CHF

	Vorteile	Nachteile
Importe	Importe aus den Euro-Ländern werden billiger. Für Waren, die in € bezahlt werden müssen, benötigt man weniger CHF.	
Exporte		Exporte von Sachgütern und Dienstleistungen aus der Schweiz nach einem Euro-Land nehmen ab. Kunden aus einem Euro-Land brauchen mehr €, um eine Rechnung in CHF zu bezahlen. In € umgerechnet werden Exporte aus der Schweiz teurer. Unsere Konkurrenzfähigkeit nimmt ab.
Beschäftigung		Sinkende Exporte können zu einem Abbau von Arbeitsplätzen führen.
Fremdenverkehr	Schweizer, die in ein Euro-Land reisen, benötigen weniger €. Für sie wird ein Aufenthalt in diesem Land billiger.	Der schweizerische Fremdenverkehr verzeichnet weniger Gäste aus den Euro-Ländern. Personen aus den Euro-Ländern können mit € in der Schweiz weniger kaufen. Daher werden Ferien in der Schweiz für sie weniger interessant. Wenn weniger Leute in der Schweiz Ferien machen, nimmt die Anzahl der Beschäftigten in der Tourismusbranche ab.
Angelegtes Kapital	Der Wert der Gelder, die von Personen aus den Euro-Ländern in CHF angelegt worden sind, steigt.	Der Wert der Gelder, die von Schweizern in € angelegt worden sind, sinkt.

■ Massnahme der Nationalbank gegen Kursverbesserungen

Im Notfall interveniert die SNB auf dem Kapitalmarkt. Sie kauft fremde Währungen (z.B. €) gegen Abgabe von Schweizer Franken. Dadurch weitet sie die Geldmenge an Schweizer Franken aus.

Auswirkungen: Der CHF wird schwächer, die Exportwirtschaft profitiert, während die importierten Güter teurer werden.

Die Banken

Man unterscheidet in der Schweiz zwischen der Schweizerischen Nationalbank und den Schweizer Geschäftsbanken. Zusammen regeln und steuern sie den Geldstrom in der Volkswirtschaft (siehe S. 250 und 252).

Die Schweizerische Nationalbank (SNB)

Schweizerische Nationalbank (auch Zentralbank oder Notenbank genannt): *Ist eine eigenständige staatliche Institution, die aufgrund der Bundesverfassung das Notenmonopol (alleiniges Recht zur Herstellung und zur Herausgabe von Banknoten) hat.*
Die Schweizerische Nationalbank soll eine Geldpolitik führen, die dem Gesamtinteresse der Schweiz dient (BV 99). Sie ist von der Regierung (dem Bundesrat) unabhängig.

– Jede Volkswirtschaft hat eine Nationalbank (z.B. USA: *FED*, EU: *EZB*, siehe S. 310). Die Nationalbanken sind für die Geldpolitik ihres Landes zuständig. Sie haben die Aufgabe, die Geldmenge den Bedürfnissen der Wirtschaft anzupassen, wobei sie beachten müssen, dass einerseits nicht zu viel Geld im Umlauf ist und dass anderseits der Wirtschaft nicht zu wenig Geld zur Verfügung steht.

– In gewissen Ländern sind die Nationalbanken mehr oder weniger von ihren Regierungen abhängig, z.B. in Brasilien oder in Russland. In der Schweiz untersteht die SNB zwar der Aufsicht von politischen Behörden, da sie öffentliche Aufgaben erfüllt, in ihren Entscheidungen ist sie aber frei. Damit wird auch vermieden, dass die SNB zur Finanzierung der Staatsausgaben missbraucht werden könnte.

– Die Nationalbanken versorgen die Geschäftsbanken mit Geld und gewähren ihnen Kredite. Daher werden sie auch als «Bank der Banken» bezeichnet.

Die Geschäftsbanken

Geschäftsbanken: *Sind Institutionen, die sich gewerbsmässig mit Geschäften des Zahlungs- und des Kreditverkehrs befassen. Sie nehmen Geld entgegen (Ersparnisse) und leihen es aus (Kredite).*

– In einer Volkswirtschaft koordinieren die Geschäftsbanken das Zusammentreffen des Geldangebots und der Geldnachfrage.

– Die Geschäftsbanken sorgen zusammen mit der Post für den bargeldlosen Zahlungsverkehr. Sie erbringen Dienstleistungen bei Finanzierungs- und Anlagegeschäften.

3.2. Geld und Konjunktur

Die Schweizerische Nationalbank (SNB)

Gesetzliche Grundlage
Gemäss BV 99 steht dem Bund das Recht zur Herausgabe von Banknoten zu. Der Bund hat dieses Recht aber ausschliesslich der Schweizerischen Nationalbank übertragen. Die Nationalbank hat rein volkswirtschaftliche Aufgaben zu erfüllen, d.h. sie arbeitet nicht gewinnorientiert.

Hauptaufgaben der Nationalbank
Die Schweizerische Nationalbank hat vier wesentliche Aufgaben zu erfüllen:

1. **Den Geldumlauf der Schweiz regeln**
   Die SNB regelt den Bargeldumlauf und sichert die Qualität der Banknoten (d.h. sie zieht einen Teil der abgenutzten Banknoten aus dem Verkehr und gibt neue Noten heraus, ohne dadurch die Geldmenge zu erhöhen).

2. **Den Zahlungsverkehr erleichtern**
   Die SNB hat für den Zahlungsverkehr, welchen die Geschäftsbanken unter sich tätigen, ein einheitliches Abwicklungssystem (das Swiss Interbank Clearing, SIC) geschaffen. Dadurch wurde die Abwicklung des bargeldlosen Zahlungsverkehrs wesentlich erleichtert.

3. **Eine im Gesamtinteresse dienende Geld- und Währungspolitik führen**
   Die SNB versucht mit der Steuerung der Geldversorgung die Inflation niedrig zu halten und anderseits ein stetiges Wirtschaftswachstum zu fördern.

4. **Ein stabiles Finanzsystem fördern**
   Die SNB analysiert die Entwicklungen an den Finanzmärkten. Sie stellt (zusammen mit dem Bund und der Finanzmarktaufsicht, FINMA) Rahmenbedingungen für den Finanzplatz auf und gewährt in letzter Instanz Liquiditätshilfen (Kreditgeberin).

Die SNB berät in Währungsfragen die Bundesbehörden. Vor wichtigen geldpolitischen Entscheiden unterrichtet die SNB den Bundesrat. Häufig stimmen der Bundesrat und die SNB ihre Massnahmen gegenseitig ab.

Organisation
Die Schweizerische Nationalbank ist eine Aktiengesellschaft. Rund 55% des Aktienkapitals sind im Besitz von Kantonen, Kantonalbanken, Gemeinden und anderen öffentlich-rechtlichen Institutionen. Der Bund besitzt keine Aktien. Ungefähr 45% des Aktienkapitals sind im Besitz von Privatpersonen und Unternehmen.

Kunden
Kunden sind die Geschäftsbanken und der Bund.
(Privatpersonen sind keine Kunden der Nationalbank.)

Die schweizerischen Geschäftsbanken

Gesetzliche Grundlage
«Eine Bank bedarf zur Aufnahme ihrer Geschäftstätigkeit einer Bewilligung der eidgenössischen Finanzmarktaufsicht (FINMA);...» (Art. 3 des Bundesgesetzes über die Banken und Sparkassen). Die FINMA ist das Aufsichtsorgan des Bundes. Der Bundesrat wählt die Mitglieder der FINMA. Die FINMA erteilt die Bewilligung, wenn die Voraussetzungen wie Mindestreserven, Liquiditätsvorschriften (finanzielle Mittel) usw. gegeben sind.

Haupttätigkeiten der Geschäftsbanken

1. **Passivgeschäfte**
   - Spareinlagen und Festgelder entgegennehmen
   - Kassaobligationen herausgeben
   - Sichteinlagen tätigen

2. **Aktivgeschäfte**
   - Kredite an Unternehmen und Privatpersonen gewähren
   - Hypothekargeschäfte tätigen (Finanzierung von Immobilien)

3. **Übrige Dienstleistungen**
   - Zahlungsverkehr im In- und mit dem Ausland abwickeln
   - Wertschriften an- und verkaufen (z.B. Aktien und Anleihensobligationen) usw.
   - Vermögen verwalten

Nicht alle Banken bieten sämtliche Geschäfte an.

Organisation der Geschäftsbanken
Die Geschäftsbanken können in unterschiedlichen Rechtsformen bestehen. Es gibt zum Beispiel:
- Aktiengesellschaften: Berner Kantonalbank, UBS (Union Bank of Switzerland), CS (Credit Suisse),
- Genossenschaften: Raiffeisenbanken,
- öffentlich-rechtliche Anstalten: gewisse Kantonalbanken.

Kunden
Kunden sind Privatpersonen, Unternehmen, die Kantone und der Bund.

3.2. Geld und Konjunktur

Geldanlagen

Wer mehr Geld verdient, als er ausgibt, steht vor der Frage, wo und in welcher Form er sein überschüssiges Geld aufbewahren, anlegen oder vermehren soll. Es gibt viele Möglichkeiten, Geld aufzubewahren und damit Vermögen zu bilden. Wertpapiere können u.a. als geeignetes Wertaufbewahrungsmittel dienen.

> **Wertpapiere:** *sind Urkunden, die mit einer bestimmten Leistung oder einem bestimmten Geldwert verbunden sind.*

Ein Konzertbillett berechtigt beispielsweise zum Eintritt ins Konzert, ein Büchergutschein zum Bezug von Büchern in der Höhe der Gutschrift oder eine Aktie zur Teilhabe am Unternehmen und dessen Gewinn. Geht eine Urkunde verloren, geht grundsätzlich auch das darin verbriefte Recht verloren. Eine solche Urkunde wird nach OR 965 Wertpapier genannt.

Wenn es um Wertpapiere wie Obligationen, Aktien oder Anlagefonds geht, spricht man auch von Wertschriften oder ganz allgemein von Geldanlagen. Im heutigen Wertschriftengeschäft ist es nicht mehr üblich, dass sich die Urkunde im physischen Besitz des Eigentümers befindet. An der Börse gehandelte Wertpapiere werden bei der «Schweizerischen Effekten und Giro AG» (SEGA / Intersettle) zentral eingelagert.

▪ Das magische Dreieck der Geldanlage

Anleger wollen ihr Geld so anlegen, dass es sicher aufbewahrt wird, einen Ertrag abwirft und innert nützlicher Frist verfügbar ist. Sicherheit, Rendite und Verfügbarkeit sind denn auch die wichtigsten Beurteilungskriterien eines jeden Anlagegeschäftes. Sie werden als das sogenannte «Magische Dreieck der Geldanlage» bezeichnet.

Sicherheit: Damit ist der Werterhalt des eingesetzten Kapitals sowie die regelmässige Zahlung fälliger Zinserträge gemeint.

Rendite: Darunter versteht man den Ertrag, den man mit einer bestimmten Anlageform erzielt.

Verfügbarkeit: Das ist die Schnelligkeit, mit der man aus der Anlage wieder aussteigen kann.

▪ Chance und Risiken von Geldanlagen

Bei jeder Geldanlage besitzt man die Chance, dass sich der Wert des eingesetzten Kapitals vermehrt. Die Risiken bestehen darin, dass der Wert abnimmt oder gänzlich verloren geht.

Betrachtet man eine Geldanlage besonders unter dem Aspekt der Sicherheit, sind die nachstehend beschriebenen Risiken besonders zu beachten:

Bonitätsrisiko — Wird ein Schuldner zahlungsunfähig oder geht er gar Konkurs, kann dies den teilweisen oder den ganzen Verlust des angelegten Kapitals bedeuten.

Geldwertrisiko — Ist die Inflationsrate höher als der Ertrag, den die Geldanlage abwirft, verkleinert sich der Wert (die Kaufkraft) des eingesetzten Kapitals.

Börsenkursrisiko — Sinkt der Marktwert einer Anlage (z.B. der Kurs eines an der Börse gehandelten Wertpapiers), verkleinert sich das Vermögen oder es geht ganz verloren (vergleiche Obligationen und Aktien der ehemaligen Swissair).

3.2. Geld und Konjunktur

Unternehmensrisiko	Mit Aktien beteiligt sich der Aktionär am wirtschaftlichen Erfolg bzw. Misserfolg eines Unternehmens. Beim Konkurs eines Unternehmens kann dies zum vollständigen Verlust des angelegten Kapitals führen.
Zinsrisiko	Veränderungen des Zinsniveaus an den Geld- und Kapitalmärkten können direkte Auswirkungen auf die Kurse von festverzinslichen Werten haben.
Währungsrisiko / Devisenrisiko	Sinkende Devisenkurse verkleinern den Wert einer Geldanlage, die in einer Fremdwährung getätigt worden ist.

Wichtige Geldanlageformen in der Übersicht

Anlageform	Sicherheit	Risiken	Rendite	Verfügbarkeit
Sparstrumpf	keine	Diebstahl, Brand	keine	hoch
Sparkonto	hoch	Geldwert, Bonität	gering	mittel
Kassenobligationen	hoch	Bonität, Geldwert, Zins	mittel	mittel
Anleihensobligationen	mittel/hoch	Bonität, Geldwert, Börsenkurs, Zins	mittel	hoch
Aktien (Blue Chips)	mittel	Börsenkurs, Unternehmen	mittel/hoch	hoch
Anlagefonds-Anteilscheine Schwergewicht: Aktien	mittel	Börsenkurs, Unternehmen	mittel/hoch	mittel
Anlagefonds-Anteilscheine gemischt: Obligationen, Aktien, Immobilien-, Rohstofffonds usw.	mittel/hoch	Bonität, Geldwert, Börsenkurs, Zins, Unternehmen, Währung	mittel	mittel
Hedgefonds	mittel/gering	Bonität, Geldwert, Börsenkurs, Zins, Unternehmen, Währung	mittel bis sehr hoch	mittel
Sparen 3	hoch	Geldwert	gering/mittel	– ab Pensionsalter – mit Aufnahme selbstständiger Tätigkeit – bei Auswanderung
Termingeld	hoch	Geldwert, Zins, Bonität	mittel	mittel
Festgeld	hoch	Geldwert, Zins, Bonität	mittel	mittel
Callgeld	hoch	Geldwert, Bonität	mittel	hoch
Anleihen in Fremdwährungen	mittel	Währung, Bonität, Geldwert, Börsenkurs, Zins	mittel	hoch
Kapital-Lebensversicherungen	hoch	Geldwert	mittel/hoch	Rückkaufswert
Immobilien (Häuser)	hoch	Sachwertverlust, Katastrophen	mittel	mittel
Edelmetalle (Gold, Silber usw.)	mittel	Marktwert	gering	hoch
Kunst, Antiquitäten	gering	Diebstahl, Brand, Marktwert	keine/gering	gering

«Man soll nicht alle Eier in den gleichen Korb legen!» Ein kluger Anleger sollte wissen, dass jede Anlageart mit Risiken verbunden ist. Es ist deshalb wichtig, Anlagen zu streuen und Risiken zu verteilen. Diese Anlagestrategie bezeichnet man als Diversifikation (Aufteilung). Damit geht man zwar mehr einzelne Risiken ein, kann aber das Gesamtrisiko erheblich verringern. Setzt ein Anleger seine Gelder zu einseitig ein, geht er ein sogenanntes «Klumpenrisiko» ein.

3.2. Geld und Konjunktur

Geldanlageformen

Die nachfolgenden Anlageformen gelten sowohl für Private wie auch für Betriebe. Falls für Betriebe andere Begriffe existieren, werden diese angegeben.

■ Sparstrumpf/Kasse

Das Bargeld bewahrt man an einem möglichst sicheren Ort zu Hause auf.

Vorteil Man hat jederzeit Zugriff auf die Ersparnisse.

Nachteile
- Bei einem Brand oder Diebstahl geht man das Risiko eines Totalverlustes ein. (Normalerweise ist Bargeld nur bis ca. CHF 2000.– versichert.)
- Man erhält auf den Ersparnissen keinen Zins.
- Weil die Preise für Sachgüter und Dienstleistungen über einen längeren Zeitraum üblicherweise steigen, kann man sich mit dem Ersparten immer weniger leisten. Man erleidet also einen Verlust des Realwertes.

■ Bankkonto/Postkonto

a) Privatkonto/Kontokorrent (nur für Betriebe) bzw. Postkonto

Diese Konti dienen vor allem dem Zahlungsverkehr. Man lässt sich den Lohn und andere Einzahlungen auf dieses Konto gutschreiben. Rechnungen bezahlt man mittels Vergütungsauftrag, der auch übers Internet übermittelt werden kann. Für regelmässig wiederkehrende Ausgaben (z. B. Miete oder Prämie Krankenversicherung) kann man der Bank bzw. der Post einen Dauerauftrag erteilen.

Vorteile
- Die Sicherheit ist sehr hoch.
- Zudem kann man bei vielen Geldinstituten jeden Monat maximal CHF 100 000.– beziehen, d.h. man kann praktisch jederzeit über sein gesamtes Guthaben verfügen.
- Bei einem Kontokorrent kann das Unternehmen jederzeit über sein ganzes Guthaben verfügen.
- Eine Maestro Karte oder eine Postfinance Card Direct ermöglicht den Bargeldbezug an einem Bancomaten (oder Postomaten) auch ausserhalb der Öffnungszeiten. Zudem kann man in vielen Geschäften mit diesen Karten bezahlen. Dabei werden einem die Beträge direkt dem Konto belastet.

Nachteile
- Die Zinserträge sind relativ gering.
- Je nach Geldinstitut sind die Spesen (z. B. für Kontoführung, ausgeführte Vergütungen, Geldbezüge an fremden Bancomaten) ziemlich hoch.

b) Sparkonto (nur für Private)

Dieses eignet sich zum eher kurzfristigen Sparen.

Vorteil gegenüber Lohnkonto:
Die Zinssätze sind höher.

Nachteile gegenüber Lohnkonto:
- Die Rückzugsmöglichkeiten sind eingeschränkt. Diese sind je nach Bank unterschiedlich hoch (z. B. CHF 50 000.– pro Kalenderjahr).
- Es ist nicht möglich, Zahlungsaufträge über das Sparkonto abzuwickeln.

c) Einlegerschutz bei Banken (Konkursprivileg)

Der Einlegerschutz (siehe auch S. 144) gilt neu für alle Arten von Konten und für deponierte Kassenobligationen. Er beträgt maximal CHF 100 000.– pro Kunde (nicht pro Konto). Dieser Maximalbetrag wird von der Schweizerischen Bankiervereinigung garantiert und nach der Zahlungsunfähigkeit einer Bank möglichst bald ausbezahlt. Beträge, die über dieser Limite liegen, fallen in die 3. Konkursklasse. Diese Forderungen sind unter Umständen nur teilweise gedeckt.

3.2. Geld und Konjunktur

■ Obligationen (Forderungspapiere)

a) Kassenobligation / Termingeld

Das ist ein Forderungspapier gegenüber einer Bank.
Der Bank wird für eine bestimmte Zeit (2 bis 8 Jahre) eine gewisse Summe (mindestens CHF 1000.–) zur Verfügung gestellt. Nach Ablauf der vereinbarten Zeit wird das Geld zurückbezahlt. Beim Kaufabschluss wird auch der während der Laufzeit gleichbleibende Jahreszins festgelegt.

Kassenobligationen werden immer häufiger durch Termingelder abgelöst. Im Unterschied zu Kassenobligationen sind dies keine Wertpapiere, die in ein Depot eingebucht werden. Ein Termingeld wird wie ein Konto geführt, auf dem ein gewisser Betrag gesperrt wurde. Es entstehen keine Depotkosten. Schuldner ist wie auch bei der Kassenobligation die Bank. Termingelder verringern somit die Abwicklungskosten.

Vorteil
– Im Moment des Kaufs erhält man einen höheren Zinssatz als beim Sparkonto.

Nachteile
– Während der Laufzeit kann man über sein Geld nicht verfügen.
- Steigt während der Laufzeit das generelle Zinsniveau an, kann es sein, dass man mit einer Obligation schliesslich weniger Zins erhält als auf einem Sparkonto.

b) Anleihensobligation

Im Gegensatz zur Kassenobligation stellt die Anleihensobligation ein Forderungspapier gegenüber einem Unternehmen (z.B. ABB) und nicht gegenüber einer Bank dar. Die Wahrscheinlichkeit, dass man bei einem allfälligen Konkurs des Unternehmens das investierte Kapital verliert, ist sehr gross (siehe Swissair). Anleihensobligationen werden teilweise an der Börse gehandelt.

Für mittlere und grössere Betriebe (wie auch für vermögende Privatpersonen) stehen noch zusätzliche Anlageformen zur Verfügung:

■ Festgeld

Ähnlich wie beim Termingeld wird der Bank ein gewisser Betrag für eine feste Zeit zur Verfügung gestellt. Festgelder weisen jedoch eine kürzere Laufzeit (1 bis 12 Monate) auf und werden daher auch geringer verzinst. Der minimale Anlagebetrag ist normalerweise CHF 100 000.–.
Es bestehen dieselben Vor- und Nachteile wie beim Termingeld.

■ Callgeld

Muss das Geld noch schneller zur Verfügung stehen und ist dennoch eine höhere Verzinsung als beim Sparkonto erwünscht, gibt es die Möglichkeit vom Callgeld. Dabei wird ebenfall ein Geldbetrag der Bank zur Verfügung gestellt. Dieser Betrag kann jedoch jederzeit innerhalb von 48 Stunden zurückgerufen werden.

Vorteile
– Der Zinssatz passt sich flexibel den Geldmarktverhältnissen an.
– Das Geld steht innerhalb von 48 Stunden wieder zur Verfügung.
– Der Zinssatz ist höher als beim Sparkonto.

Nachteile
– Je nach Bank muss ein Mindestkapital von CHF 100 000.– bis CHF 1 Million zur Verfügung gestellt werden.
– Der Zinssatz ist tiefer als beim Festgeld.

▪ Aktien (Beteiligungspapiere)

Mit dem Kauf von Aktien gehört einem ein Teil des Unternehmens. Man hat an der Generalversammlung ein Stimmrecht, z.B. bei der Wahl des Verwaltungsrates oder bei der Gewinnverwendung. Oft wird ein Teil des Unternehmensgewinns an die Aktionäre verteilt (Dividende). Bei den Aktien hofft man jedoch nicht auf eine möglichst hohe Dividende, sondern man spekuliert darauf, dass der Aktienkurs steigt und damit Kursgewinne erzielt werden können.

Aktien kann man nicht selber an der Börse kaufen oder verkaufen. Dazu muss man einer Bank den Auftrag geben. Dabei fallen Spesen an, sogenannte Courtagen (pro Transaktion CHF 20.– bis CHF 120.–).

Anlagehorizont:
Wer in Aktien investieren will, braucht einen Anlagehorizont von 10 bis 15 Jahren, d.h. man muss während dieser Zeit auf das Geld verzichten können.

Vorteil Mit Aktien kann eine hohe Rendite erzielt werden.

Nachteile
– Aktienkurse sind praktisch unmöglich vorauszusagen. Entsprechend hoch ist das Kursrisiko.
– Bei einem Konkurs des Unternehmens droht der Totalverlust des eingesetzten Kapitals.
– Die Spesen (Courtagen, Depotgebühren) sind relativ hoch.

▪ Anlagefonds-Anteilscheine

Ein Fonds ist mit einem Korb zu vergleichen, in dem viele verschiedene Aktien und/oder Anleihensobligationen sind. Je nach Fonds ist die Zusammensetzung sehr unterschiedlich. Diese reicht von Fonds, die ausschliesslich aus verschiedenen Anleihensobligationen bestehen, bis zu reinen Aktienfonds. Der Käufer erwirbt einen Anteil an diesem Korb.

Anlagehorizont:
Bei einem Fonds sollte man mindestens während 8 bis 10 Jahren auf sein Geld verzichten können.

Vorteile
– Durch die Diversifikation wird das Risiko minimiert.
– Es gibt praktisch für jedes Bedürfnis einen geeigneten Fonds.

Nachteil Die Verwaltungskosten sind oft nicht transparent und können sehr hoch ausfallen.

▪ Hedgefonds

Hedgefonds wollen unabhängig von der Börsenentwicklung einen positiven Ertrag erzielen und werden daher zur Diversifikation (Risikostreuung) verwendet. Es werden Anlagen getätigt, die herkömmlichen Fonds nicht erlaubt sind, z.B. Finanzierung der Anlagen durch Kredite, Verkauf einer Aktie auf einen bestimmten Termin, die man noch gar nicht besitzt, sogenannte Leerverkäufe.

Vorteil
– Es ist möglich, eine sehr hohe Rendite zu erzielen, auch wenn sich die Börse negativ entwickelt.

Nachteile
– Die Anlage birgt ein sehr hohes Verlustrisiko.
– Die Verwaltungskosten sind oft nicht transparent und können hoch ausfallen.

3.2. Geld und Konjunktur

Kontoauszug

Je nach Bankinstitut erhalten die Inhaber der Konten Ende Monat einen Kontoauszug mit der Auflistung des Zahlungsverkehrs während der monatlichen Rechnungsperiode.

Prinzipiell ist ein Konto eine Tabelle mit beliebig vielen Zeilen und Spalten. Die wichtigsten drei Spalten werden mit

- Einnahmen / Gutschrift,
- Ausgaben / Belastung und
- Saldo (Kontostand) bezeichnet.

In diesen Spalten werden die Geldbeträge verbucht. Diese drei Spalten werden durch Hilfsspalten ergänzt, die Informationen wie die Valuta (Buchungsdatum) und erläuternde Texte (Zahlung an wen, evtl. wofür) enthalten.

Das Konto wird durch eine Kontonummer identifiziert und vom Bankinstitut verwaltet.

■ Beispiel eines Kontoauszugs

BEZB Bezirksbank AG BEZB AG, Postfach
Postfach 1850
CH-8058 Zürich **8**

Für Auskünfte **9**

Herr Fritz Dober
Bahnhofstr 23 **1**
6353 Weggis

BEZB Privatkonto
Konto Nr. 14-7223-8 **10**
MwSt.-Nr.

Kontoauszug 01.04.2012 – 30.04.2012

Ihr Konto auf einen Blick

Anfangssaldo			4542.00
Total Gutschriften		5685.30	
Total Belastungen	2529.95		
Schlusssaldo			7697.35

Datum	Informationen	Belastung	Gutschrift	Valuta	Saldo
		2	**3**	**4**	**5**
01.04.12	Anfangssaldo			01.04.09	4542.00
	Vergütung swisscom	124.45		01.04.09	4417.55
04.04.12	Zahlung Stadt Luzern	244.95		04.04.09	4172.60
18.04.12	Bezug Bancomat	300.00		18.04.09	3872.60
25.04.12	Saläreingang		5685.30	25.04.09	9557.90
28.04.12	Lastschrift Visa	260.55		28.04.09	9297.35
30.04.12	Dauerauftrag Immohai	1600.00		30.04.09	7697.35
	Spesen Kontoführung **6**	0.00			
	Umsatztotal	2529.95	5685.30		
30.04.12	Schlusssaldo			**7**	7697.35

1 Adresse des Kunden
2 Belastungen (Geldbeträge, die dem Konto abgezogen werden)
3 Gutschriften (Geldbeträge, die auf das Konto eingehen)
4 Valuta: Datum, von dem aus Zinsgutschriften oder Zinsbelastungen laufen
5 Saldokolonne, Kontostand an diesem Datum
6 Spesenbelastung für die Dienstleistungen der Bank (je nach Kontostand und Bankinstitut werden Gebühren verlangt oder nicht)
7 Schlusssaldo (Kontostand Ende Monat)
8 Adresse der Bank
9 Name der Kontaktperson bei der Bank
10 Kontonummer des Kunden und evtl. weitere Kennnummern für die Bank

3.2. Geld und Konjunktur

Geld ausgeben: Direkte Zahlung (Debitkarte)

Unter direkter Bezahlung versteht man, dass die Geldbelastung gleichzeitig mit dem Kauf der Ware oder dem Kauf der Dienstleistung erfolgt.

■ Barzahlung

Die Barzahlung war für lange Zeit die einzige Möglichkeit der Bezahlung mittels Geld. Bei der Barzahlung wurden früher Münzen und werden heute Noten und Münzen gegen Güter oder Dienstleistungen getauscht.

Vorteil
– Die Schuld kann ohne Verursachung von Spesen sofort beglichen werden.

Nachteil
– Es besteht das Risiko, dass das Geld gestohlen wird oder verloren geht.

■ Bezahlung mit Maestro-Karte oder Postfinance Card Direct

Viele Banken bieten für den bargeldlosen Zahlungsverkehr eine Maestro-Karte an. Dabei handelt es sich um eine Debitkarte, d.h. der geschuldete Geldbetrag wird umgehend beim Bankkonto abgebucht.
Die Postfinance nennt diese Karte «Postfinance Card Direct». Mittels Maestro-Karten oder der Postfinance Card Direct kann in der Schweiz und in immer mehr Geschäften auf der ganzen Welt bargeldlos bezahlt werden. Zudem ermöglichen diese Karten den Bargeldbezug an allen Bancomaten und Postomaten in der Schweiz sowie an unzähligen Geldautomaten weltweit.

Vorteile
– Der bargeldlose Zahlungsverkehr und der geheime PIN bieten mehr Sicherheit.
– Die monatliche Höchstgrenze für Geldbezüge kann individuell angepasst werden.
– Pro Tag kann man mit der Maestro-Karte maximal CHF 5000.– (davon am Bankomat maximal CHF 1000.–) und mit der Postfinance Card Direct maximal CHF 1000.– beziehen.

Nachteil
– Bei unachtsamem Gebrauch kann ein Dieb die gesamte Monatslimite abheben, da eine Verbindung zu einem Konto besteht.

■ Bezahlung mit CASH-Karte

Viele Maestro-Karten beinhalten auch eine CASH-Funktion. Mittels der CASH-Funktion kann an den Schweizer Geldautomaten ein Geldbetrag (zwischen CHF 20.– und CHF 300.–) vom Konto auf den CASH-Chip geladen werden. Die Postfinance bietet eine separate CASH-Karte an. CASH ersetzt die Münzen und wird bei Kleinbeträgen, z.B. in Parkgaragen, an Kiosken eingesetzt. Dabei wird der zu bezahlende Betrag direkt vom Chip abgebucht.

Vorteil
– Kleingeld ist nicht mehr nötig.

Nachteile
– Beim Verlust der Karte ist auch das auf den Chip geladene Geld verloren.
– Für den Bezug des CASH-Geldes ist kein PIN erforderlich.

Geld ausgeben: Indirekte Zahlung

Die Bezahlung der Waren oder Dienstleistungen erfolgt nicht beim Kauf der Ware. Der Geldbetrag wird zu einem späteren bzw. früheren Zeitpunkt dem Konto belastet.

Kreditkarte

Mit Kreditkarten (Visa, Mastercard, American Express usw.) kann weltweit bargeldlos bezahlt werden. Im Gegensatz zur Debitkarte (Maestro-Karte oder PostFinance Card Direct) wird hier der Betrag nicht sofort dem Konto belastet. Man erhält Ende Monat eine Abrechnung und überweist dann den offenen Betrag.

Vorteile
– Man kann bargeldlos bezahlen (Sicherheit: Unterschrift oder ein PIN).
– Der geschuldete Betrag muss erst Ende Monat bezahlt werden.

Nachteil
Die Kreditkartenfirmen gewähren einen Kredit nur für kurze Zeit.

Prepaid-Kreditkarte

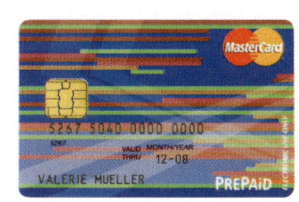

Die Prepaid-Karte ist ideal für Menschen, die aufgrund ihrer finanziellen Situation keine Kreditkarte erhalten (z. B. wegen fehlenden regelmässigen Einkommens). Man kann per Banküberweisung die Karte mit dem gewünschten Betrag aufladen und damit weltweit wie mit einer herkömmlichen Kreditkarte bezahlen.

Vorteile
– Man kann nie einen grösseren Betrag abbuchen, als auf der Karte befindlich ist.
– Man kann online shoppen und z. B. Billigflüge über das Internet buchen.

Nachteile
– Für die Karte wird meist eine geringe Jahresgebühr erhoben.
– Diese Karten werden von den alten Kartenterminals nicht angenommen.

Travel-Cash-Karte für Ferienreisende

Die Travel-Cash-Karte ist eine Weiterentwicklung der Travelers Cheques. Mit Travel Cash kann weltweit an mehr als 1,5 Millionen Bancomaten Lokalwährung bezogen und in über 11 Millionen Geschäften bargeldlos bezahlt werden. Man erhält diese Prepaid-Karte bei zahlreichen Banken, der PostFinance und den Wechselbüros der SBB und kann sie dort mit Euro, US-Dollar oder Schweizer Franken aufladen.
Man kann nur das ausgeben, was vorher auf die Karte geladen wurde. Es besteht keine Verbindung zu einem Konto.

Vorteile
– Grosse Sicherheit: Bei Verlust oder Diebstahl wird die Travel-Cash-Karte samt Restwert weltweit kostenlos ersetzt.
– Weltweiter Bargeldbezug
– Einfache Wiederaufladung

Nachteil
Das Kartenguthaben wird nicht verzinst.

Kundenkarte

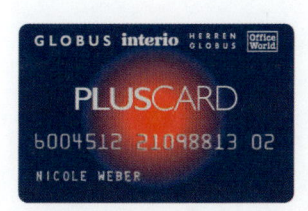

Bezahlt werden kann mittels Kundenkarten nur, wenn es sich um sogenannte Geschäftskreditkarten handelt. Dabei werden Kreditkarten nicht von den Banken, sondern von Geschäften (z. B. Manor) herausgegeben. Sie folgen aber dem gleichen Prinzip wie die Kreditkarten.

3.2. Geld und Konjunktur

Der Landesindex der Konsumentenpreise

> **Landesindex der Konsumentenpreise (LIK):** *Ist ein Massstab, der die allgemeine Preisentwicklung von all jenen Sachgütern und Dienstleistungen aufzeigt, welche für die privaten Haushalte von Bedeutung sind.*

Preisstatistik

Der Landesindex ist eine Preisstatistik. Mit diesem Index werden die Preise für Konsumausgaben gemessen. Deshalb werden z.B. für die Ermittlung der Teuerung im Gesundheitswesen nicht die Krankenkassenprämien berücksichtigt, sondern die Arzt-, Zahnarzt- und Spitaltarife sowie die Preise für Medikamente.

Ermittlung der Preisstatistik

Zur Ermittlung eines Preisindexes braucht es drei Elemente:
- den Warenkorb (die Verbrauchsgewohnheiten der Konsumenten müssen zunächst ermittelt werden.)
- die Preiserhebung (jemand muss die Preisentwicklung mitverfolgen und festhalten.)
- den Berechnungsmodus (die Preisänderungen müssen gewichtet werden.)

Es werden aber nicht alle Ausgaben, welche die privaten Haushalte tätigen, vom Index der Konsumentenpreise direkt erfasst. So fehlen die Ausgaben für Versicherungen (u.a. Krankenkassenprämien usw.), für Unterhaltsbeiträge, für Geldspenden und für die Steuern.

Der Warenkorb

> **Warenkorb:** *Beinhaltet sämtliche Sachgüter und Dienstleistungen, die der Berechnung des Index der Konsumentenpreise dienen, z.B. Nahrungsmittel, Kleider, Wohnungsmiete.*
> *Ein Warenkorb ist das Abbild von Waren und Dienstleistungen, die ein Schweizer Durchschnittshaushalt konsumiert.*

Verbrauchserhebung

Es ist das Ziel, den privaten Konsum möglichst genau in einem Warenkorb abzubilden. Um den Warenkorb zusammenzustellen und zu gewichten, wird eine Verbrauchserhebung vorgenommen.

Die Verbrauchserhebung gibt Auskunft, wie ein durchschnittlicher Schweizer Haushalt sein Einkommen in einem Jahr verwendet.

Wettbewerbskommission (WEKO)/Preisüberwacher

	Wettbewerbskommission	**Preisüberwacher**
Gewählt durch	Bundesrat	Bundesrat
Tätigkeitsgebiet	– Schutz des Wettbewerbs – Bekämpfung von schädlichen Kartellen und Preisabsprachen – Fusionskontrolle – Verhinderung staatlicher Wettbewerbsbeschränkungen	– Überwachung der Preise von marktmächtigen Unternehmen und Monopolen sowie administrierter Preise und Gebühren von öffentlichen Unternehmen – schreitet ein bei missbräuchlichen Preisen
Sanktionen	– verfügt gegen Firmen, die Wettbewerb unzulässig beschränken – Empfehlungen und Stellungnahmen an politische Behörden – kann Bussen aussprechen	– unterbreitet Preis- und Politikempfehlungen – kann Preissenkung verfügen

Quelle: WEKO, Preisüberwacher, NZZ am Sonntag, 18.2.07

Der ab 2000 gültige Warenkorb

Im Jahre 2000 wurde der Landesindex überarbeitet: Es fand u.a. eine Ausweitung der Hauptgruppen von 9 auf 12 statt und diese wurden neu gewichtet. Im Dezember 2010 (Basis Dezember 2010 = 100) wurde der Warenkorb wiederum neu gewichtet.

	2008	2010	2011	2012
Nahrungsmittel und alkoholfreie Getränke	11,1%	11,00%	10,64%	10,31%
Alkoholische Getränke und Tabak	1,8%	1,75%	1,80%	1,76%
Bekleidung und Schuhe	4,4%	4,45%	4,20%	4,08%
Wohnen und Energie	25,2%	25,75%	26,29%	26,16%
Hausrat und laufende Haushaltführung	4,8%	4,65%	4,72%	4,75%
Gesundheitspflege	14,5%	13,85%	14,15%	14,63%
Verkehr	11,3%	11,00%	10,83%	10,83%
Nachrichtenübermittlung	2,9%	2,80%	2,88%	2,94%
Freizeit und Kultur	10,6%	10,40%	9,86%	9,56%
Erziehung und Unterricht	0,7%	0,70%	0,67%	0,68%
Restaurants und Hotels	8,1%	8,45%	8,70%	8,84%
Sonstige Waren und Dienstleistungen	4,6%	5,20%	5,26%	5,46%
(Quelle: BFS)	100%	100%	100%	100%

■ Die Datenerfassung

- Das Marktforschungsinstitut IHA und das Bundesamt für Statistik führen die Haushaltsbudgeterhebungen (HABE) durch.
- Der Warenkorb erfährt jedes Jahr eine neue Gewichtung. Dadurch können die sich laufend verändernden Marktsituationen und Konsumgewohnheiten berücksichtigt werden.
- In der gesamten Schweiz werden an rund 3000 Verkaufsstellen monatlich rund 35 000 Preise erfasst.
- Bei rund 3000 aus dem Telefonverzeichnis zufällig ausgewählten Haushalten werden die Ausgaben detailliert erhoben und zu einer durchschnittlichen Ausgabenstruktur hochgerechnet.

■ Die Gewichtungen

- Die verschiedenen Waren- und Dienstleistungsgruppen sind unterschiedlich gewichtet. Steigen beispielsweise die Mietzinse, schlägt sich das im Index kräftiger nieder, als wenn Früchte teurer werden.
- Innerhalb jeder Gruppe werden wiederum Gewichtungen vorgenommen. Es fällt z.B. stärker ins Gewicht, wenn Milch oder Brot teurer werden, als wenn für Orangen oder Straussenfilets mehr bezahlt werden muss.

Das Bundesamt für Statistik ist bestrebt, eine möglichst weitgehende Übereinstimmung mit dem Konsumentenpreisindex der Europäischen Union zu erreichen. Erst dadurch wird es möglich sein, die Preisentwicklung in der Schweiz mit jener in der EU zu vergleichen.

■ Teuerungsausgleich

Bei Lohnverhandlungen bzw. beim Entscheid für Rentenerhöhungen wird der Landesindex der Konsumentenpreise als Massstab für den Teuerungsausgleich herbeigezogen. Falls der Teuerungsausgleich nicht gewährt werden sollte, sinkt die Kaufkraft der Einkommen, d. h. Arbeitnehmer und Rentner könnten sich weniger leisten.

3.2. Geld und Konjunktur

Geldwertstörung: Inflation

> **Geldwertstörung:** *Die Kaufkraft des Geldes ist gestört.*

Wenn der Geldstrom und der Güterstrom um die gleichen Beträge zu- oder abnehmen, bleibt die Wirtschaft immer noch im Gleichgewicht. Das Gleichgewicht wird dann gestört, wenn die beiden Ströme nicht mehr übereinstimmen.

Man unterscheidet bei den Geldwertstörungen zwischen Inflation und Deflation. (Die Deflation wird in diesem Buch nicht speziell behandelt, da sie das Gegenteil der Inflation ist.)

Die Inflation

> **Inflation:** *Anhaltender Anstieg des allgemeinen Preisniveaus. Der Wert des Geldes sinkt.*

Inflation kommt vom lateinischen Wort «inflare», was «aufblähen» heisst. Bei einer Inflation bläht sich die Geldmenge im Verhältnis zur Gütermenge auf, womit die Geldmenge grösser wird als die Gütermenge.

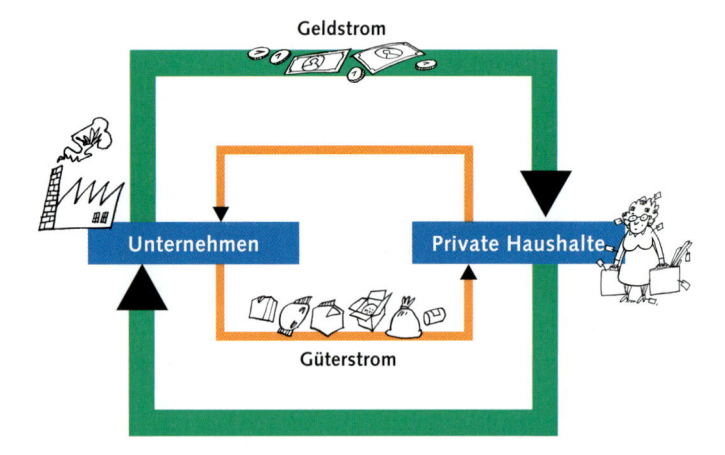

Für die gleiche Summe Geld erhält man weniger Sachgüter und Dienstleistungen. Anders ausgedrückt: Für die gleiche Menge Sachgüter und Dienstleistungen muss man mehr Geld zahlen. Somit sinkt die Kaufkraft des Geldes. Die Preise steigen.

Die Wahrscheinlichkeit, dass ein solcher Prozess allgemeiner Preissteigerungen eintritt, ist dann besonders gross, wenn:
– die Unternehmen in ihren Produktionsmöglichkeiten ausgelastet sind oder
– Vollbeschäftigung herrscht oder
– die Geldmenge gleichzeitig steigt.

Gefahren der Inflation

– Sinkt die Kaufkraft des Lohnes ständig, sind davon untere und mittlere Einkommensschichten besonders stark betroffen.
– Familien und Rentner mit kleinem Einkommen können zum Teil die teuren Güter für den täglichen Bedarf nicht mehr bezahlen, während hohe Einkommen den Kaufkraftverlust des Geldes eher verschmerzen.
– Durch die Geldentwertung verlieren auch die Ersparnisse an Wert.
– Hält der Prozess der Teuerung über längere Zeit an, kann dies die sozialen Gegensätze verschärfen, zu politischen Unruhen führen und das Vertrauen in das Funktionieren der Wirtschaft zerstören.

3.2. Geld und Konjunktur 297

Ursachen der Inflation

■ Inflation von der Geldseite her

Erhöhung der Geldmenge durch die Nationalbank

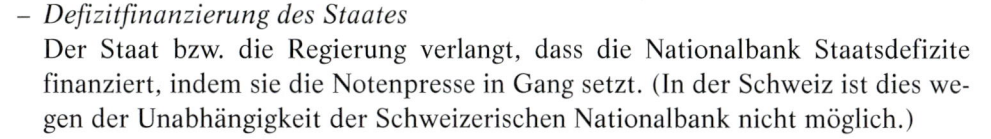

- *Defizitfinanzierung des Staates*
  Der Staat bzw. die Regierung verlangt, dass die Nationalbank Staatsdefizite finanziert, indem sie die Notenpresse in Gang setzt. (In der Schweiz ist dies wegen der Unabhängigkeit der Schweizerischen Nationalbank nicht möglich.)

- *Stützungskäufe*
  Wenn z.B. der Dollar gegenüber dem Schweizer Franken übermässig an Wert verliert, werden unsere Produkte auf dem Weltmarkt zu teuer. Um die Exportwirtschaft nicht in eine schwierige Lage zu bringen, erfolgen sogenannte Stützungskäufe. Die Nationalbank kauft z.B. grosse Mengen an Dollar auf und bezahlt mit Schweizer Franken. Dadurch hat sich die Geldmenge (der Geldstrom) vergrössert.

- *Zu lockere Geldpolitik der Nationalbank*
  Die Nationalbank weitet die Geldmenge als Folge einer zu lockeren Geldpolitik übermässig aus.

Erhöhung der Geldmenge durch die Geschäftsbanken (Geldschöpfung)

Weil die Wirtschaftslage optimistisch eingeschätzt wird, stellen die Unternehmen und die privaten Haushalte viele Kreditbegehren an die Geschäftsbanken. Durch die Kreditvergabe wird die Geldmenge ausgeweitet.
Die Geschäftsbanken können durch die Kreditvergabe zusätzliches Buchgeld schaffen.

Erhöhung der Umlaufgeschwindigkeit

Umlaufgeschwindigkeit: *Gibt an, wie häufig eine Geldeinheit (zum Beispiel innerhalb eines Jahres) verwendet wird, um Sachgüter und Dienstleistungen zu finanzieren.*

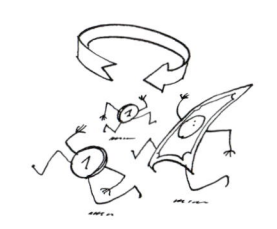

Wenn die Geld- und die Gütermenge gleich bleiben, die Umlaufgeschwindigkeit des Geldes sich aber erhöht, steigt das Preisniveau.

Je schneller das Geld die Hand wechselt, desto eher entsteht die Illusion, dass sich mehr Geld im Umlauf befindet. Die Unternehmen wollen davon profitieren. Die Preise werden erhöht.

Die Umlaufgeschwindigkeit hängt vor allem von den Zahlungsgewohnheiten ab. Das Vertrauen, welches man in eine Währung hat, beeinflusst, wie schnell das Geld weitergegeben wird.

Die Fishersche Verkehrsgleichung

$$M \times U = BIP \times P$$
Geldstrom = Güterstrom

M: Geldmenge
U: Umlaufgeschwindigkeit
BIP: Bruttoinlandprodukt
P: Preisniveau

Diese Gleichung zeigt auf, dass diese vier Grössen in einem engen Zusammenhang stehen. Die SNB kann nur einen Teil des Geldstroms beeinflussen (siehe S. 250 ff.).

3.2. Geld und Konjunktur

■ Inflation von der Güterseite her

Verringerung der Gütermenge

- Wenn die Arbeitszeit verkürzt wird, der Lohn aber gleich bleibt und die Leistung (mittels Rationalisierungsmassnahmen) nicht gesteigert werden kann, dann führt dies zu einem Rückgang der Produktion von Sachgütern.
- Bei Missernten geht der Ertrag aus dem Boden zurück. Ganz verheerend sind die Auswirkungen für Staaten mit Monokulturen. (Die Einnahmen dieser Staaten hängen ganz besonders von einem Ernteprodukt ab, z.B. von Kaffee.)
- Fallen etliche Arbeitstage aus, z.B. aufgrund von Streiks, vermindert dies die Produktion von Gütern.
- Als Folge von Kriegen werden Arbeitskräfte an die Kriegsfront beordert und somit dem Wirtschaftsprozess entzogen. Zudem werden in einem Krieg Produktionsanlagen und Infrastrukturen zerstört.

■ Weitere Ursachen der Inflation

Nachfrageinflation

Ein allgemeiner Gütermangel kann entstehen, wenn die gesamtwirtschaftliche Nachfrage nach Sachgütern und Dienstleistungen überdurchschnittlich zunimmt (z.B. Bund, Kantone und Gemeinden vergeben viele und grosse Aufträge oder die Unternehmen investieren sehr viel). Dieser Gütermangel verursacht Preissteigerungen.

Angebotsinflation

Wenn die Produktionskosten für die Unternehmen steigen (z.B. höhere Steuern, höhere Löhne, teurere Rohstoffe) oder die Unternehmen höhere Gewinne realisieren wollen, dann steigen die Preise für die Sachgüter und die Dienstleistungen. Dadurch entsteht Inflation (Angebotsinflation).

Lohn-Preis-Spirale

Lohn-Preis-Spirale: *Ist ein Prozess, bei dem sich die Erhöhung der Löhne auf die Preise und die gestiegenen Preise sich wiederum auf die Löhne auswirken.*

In der Hochkonjunktur werden z.B. Lohnerhöhungen gewährt, die über die Produktivitätssteigerung hinausgehen. Dadurch erhöhen sich die Lohnkosten im Unternehmen. Die erhöhten Lohnkosten bewirken, dass sich die Preise für die Sachgüter und Dienstleistungen erhöhen. Dies führt zu einem Steigen des Landesindex der Konsumentenpreise. Die Löhne steigen erneut. Dadurch ist die Lohn-Preis-Spirale in Gang gesetzt worden.

Importierte Inflation

Im Ausland sind Sachgüter teurer geworden. Sobald solche verteuerten Sachgüter importiert werden (Import von Rohstoffen, Halbfertigprodukten und Endprodukten), steigen die Preise für diese Sachgüter im Inland.

Gründe für steigende Preise im Ausland:
- Im Ausland herrscht eine höhere Inflation als im Inland. Folglich steigen die Preise für Sachgüter und Dienstleistungen im Ausland stärker an.
- Die ausländische Währung wird teurer (ihr Kurs steigt gegenüber der inländischen Währung), dann werden ausländische Sachgüter und Dienstleistungen für das Inland teurer. Dies wird auch «wechselkursinduzierte Inflation» genannt.

Folgen der Inflation

◼ Vorteile geniessen

Eigentümer — Die Sachwerte (Liegenschaften, wertvolle Gegenstände usw.) haben die Eigenschaft, wertbeständig zu sein. Daher erfolgt während der galoppierenden Inflation eine Flucht in die Sachwerte. Dadurch erhöht sich aber der Preis dieser Sachgüter, weil die Nachfrage steigt.

Schuldner — Die Schulden werden real kleiner. Zwar bleibt die Schuldsumme gleich (zum Beispiel CHF 50 000.–), aber da die Einkommen sich laufend erhöhen, fällt es immer leichter, die Schuld zurückzuzahlen.

Der Staat — Höhere Einkommen führen zu höheren Steuereinnahmen und die Staatsschuld verringert sich.

Unternehmen — Weil die privaten Haushalte in die Sachwerte fliehen, können die Unternehmen mehr produzieren, ihre Produktionskapazitäten voll auslasten und höhere Gewinne erzielen.

◼ Nachteile erleiden

Arbeitnehmer — Die Kaufkraft des Lohnes nimmt ab und die Arbeitnehmer sind darauf angewiesen, dass ihnen die Teuerung voll ausgeglichen wird. Da Lohnanpassungen meistens jährlich nur einmal erfolgen, hinken die Löhne immer der Teuerung nach. Wird den Arbeitnehmern die Teuerung ausgeglichen, so verfügen sie zwar nicht über mehr Kaufkraft, rutschen aber in eine höhere Steuereinkommensklasse und müssen nun mehr Steuern bezahlen (kalte Progression).

Gläubiger — Da das Geld an Wert verliert, vermindert sich der Wert der Darlehen ebenfalls.

Rentner — Die Kaufkraft der Rente (AHV, Pensionskasse) nimmt ab. Eine allfällige Anpassung an die Teuerung erfolgt verspätet.

Sparer — Die Kaufkraft der Ersparnisse nimmt ab. Wenn der Zinssatz auf einem Sparkonto 4% und die Inflation 1% beträgt, dann ist der reale Zinsertrag nur 3%. Ist die Inflationsrate sogar höher als der ausbezahlte Zins, nimmt der Wert der Ersparnisse ab. Es erfolgt erst recht eine Flucht in die Sachwerte.

Konjunktur und Konjunkturzyklus

> **Konjunktur:** *Widerspiegelt die Gesamtsituation einer Volkswirtschaft. Sie bezeichnet den schwankenden Verlauf der Wirtschaft bzw. des Wirtschaftswachstums. Das Wirtschaftswachstum wird anhand des realen Bruttoinlandsproduktes gemessen.*

> **Konjunkturzyklus:** *Es wird ein Zeitraum (eine ganz bestimmte Phase) der Wirtschaftsentwicklung betrachtet, entweder eine Periode von einem Wellental zum nächsten Wellental oder von einem Wellenberg zum nächsten Wellenberg.*

Die Wirtschaftsentwicklung kann man mittels einer wellenförmig verlaufenden Kurve darstellen, genannt Konjunkturzyklus.

In der Realität folgt die Konjunktur aber nur bedingt den Gesetzen des Konjunkturzyklus. Untersuchungen haben gezeigt, dass sich die einzelnen Phasen des Konjunkturzyklus bezüglich ihrer Länge (Zeitdauer) und ihrer Intensität (Ausschlag nach oben und nach unten) unterscheiden.

In der Schweiz werden die Konjunkturzyklen anhand der jährlichen Veränderungsraten des Bruttoinlandproduktes gemessen.

Hauptelemente des Konjunkturzyklus

Die Hauptelemente des Konjunkturzyklus sind:
– der Konjunkturaufschwung (mit der eigentlichen Erholung und der Hochkonjunktur) und
– der Konjunkturabschwung (mit der Rezession und der Depression)

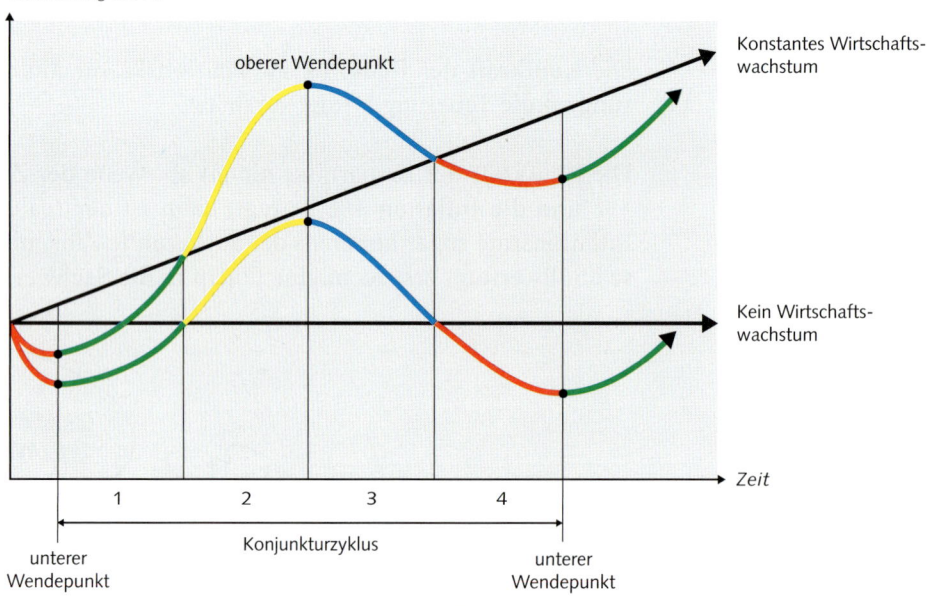

1 = Aufschwung / Erholung   3 = Abschwung / Rezession
2 = Hochkonjunktur / Boom   4 = Depression / Krise

Würde die Wirtschaft gleichmässig wachsen (d.h. eine konstante Wachstumsrate des BIP), käme dies der abgebildeten Geraden (konstantes Wirtschaftswachstum) gleich.

Würde die Wirtschaft nicht wachsen (d.h. wäre das BIP immer genau gleich gross), käme dies der abgebildeten Geraden (kein Wirtschaftswachstum) gleich.

→ www.verlag-fuchs.ch/vwl

3.2. Geld und Konjunktur

■ Konjunkturaufschwung

Das Wirtschaftswachstum nimmt zu.
Bei den nachfolgenden Beschreibungen handelt es sich um **Tendenzen**.

	Aufschwung (Erholung)	**Hochkonjunktur (Boom)**
Zukunftsaussichten	Es herrscht eine optimistische Stimmung.	Die Zukunftsaussichten sind euphorisch.
Nachfrage	Die Nachfrage nach Sachgütern und Dienstleistungen nimmt zu.	Die Nachfrage nach Sachgütern und Dienstleistungen ist sehr gross. Die Produktion und der Absatz erreichen einen Höchststand.
Angebot	Die Produktion wird ausgeweitet.	Die Produktionsanlagen sind voll ausgelastet.
Preise	Die Preise der Sachgüter und Dienstleistungen steigen.	Die Preise steigen stark an.
Investitionen	Die Investitionen werden ausgeweitet. Die Gewinnerwartungen der Unternehmen nehmen zu.	Die Gewinnerwartungen sind weiterhin sehr günstig. Daher erhöhen die Unternehmen die Investitionen.
Zinsen	Das Kreditvolumen der Banken ist nicht ausgeschöpft. Zu Beginn des Aufschwungs können Unternehmen noch zu niedrigen Zinsen Kredite beziehen. Mit fortschreitendem Aufschwung steigen die Zinsen für die Kredite.	Es herrschen hohe Zinsen für Kredite, da die Geldnachfrage grösser ist als das Geldangebot. Die Banken haben ihre Kreditmöglichkeiten ausgeschöpft.
Beschäftigungslage	Es werden neue Arbeitsplätze geschaffen.	Es herrscht ein Mangel an Arbeitskräften. Es werden viele Überstunden geleistet.
Löhne / Gewinne	Die Löhne der Arbeitnehmer und die Gewinne der Unternehmen nehmen zu.	Die Löhne der Arbeitnehmer steigen immer noch. Die Gewinne der Unternehmen sind sehr gross.
Sparverhalten der privaten Haushalte	Die privaten Haushalte sparen weniger, da die Zukunftsaussichten gut sind. Es wird mit höheren Einkommen gerechnet.	Die privaten Haushalte sparen sehr wenig.

3.2. Geld und Konjunktur

■ Konjunkturabschwung

Das Wirtschaftswachstum nimmt ab.
Bei den nachfolgenden Beschreibungen handelt es sich um **Tendenzen**.

	Abschwung (Rezession)	**Depression (Krise)**
Zukunftsaussichten	Es herrscht eine unsichere Stimmung.	Es herrscht eine allgemein pessimistische Stimmung.
Nachfrage	Die Nachfrage nach Sachgütern und Dienstleistungen nimmt ab.	Die Nachfrage nach Sachgütern und Dienstleistungen ist sehr gering.
Angebot	Die Produktion wird vermindert.	Die Produktion wird weiter vermindert. Die Produktionsanlagen werden zum Teil nicht genutzt.
Preise	Die Preise der Sachgüter und Dienstleistungen stagnieren oder nehmen ab.	Mit fortschreitendem Abschwung sinken die Preise für Sachgüter und Dienstleistungen.
Investitionen	Die Unternehmen investieren weniger. Es werden höchstens noch Ersatzinvestitionen getätigt.	Die Unternehmen tätigen sehr wenige Investitionen.
Zinsen	Die Geldnachfrage sinkt, folglich sinken auch die Zinssätze.	Es herrschen niedrige Zinsen, da das Geldangebot grösser ist als die Geldnachfrage.
Beschäftigungslage	Es werden Arbeitskräfte abgebaut oder nicht mehr ersetzt, was einem Abbau gleichkommt.	Die Wirtschaft wird durch hohe Arbeitslosigkeit geplagt. Es werden vermehrt Unternehmen stillgelegt.
Löhne/Gewinne	Die Löhne stagnieren und die Gewinne nehmen ab.	Die Löhne der Arbeitnehmer sind tief. Die Gewinnaussichten der Unternehmen sind schlecht. Häufig werden Verluste erzielt.
Sparverhalten der privaten Haushalte	Die privaten Haushalte sparen vermehrt, da die Zukunftsaussichten unsicher sind und mit Lohnkürzungen oder mit Kurzarbeit gerechnet oder gar Arbeitslosigkeit befürchtet wird.	Die privaten Haushalte sparen vermehrt, da sie z.B. Angst vor der Arbeitslosigkeit haben.

■ Die Finanzpolitik (auch Fiskalpolitik genannt)

Die öffentliche Hand (Bund, Kantone, Gemeinden) sollte sich bei ihrer Ausgaben- und Einnahmenpolitik konjunkturgerecht, das heisst antizyklisch, verhalten.

Antizyklisches Verhalten: *Finanzpolitische Massnahmen, mit denen genau das Gegenteil von dem gemacht wird, was sich im Konjunkturzyklus abspielt.*

In Zeiten der Hochkonjunktur nehmen die Steuereinnahmen zu. Als grösster Auftraggeber in einer Volkswirtschaft sollte die öffentliche Hand in dieser Phase jedoch mit Ausgaben und Aufträgen zurückhaltend sein, um die Wirtschaftsentwicklung nicht noch zusätzlich anzuheizen. Sie sollte ihre Ausgaben verkleinern und einen Budgetüberschuss erzielen.
In Zeiten der Rezession/Depression sollte sie das während der Hochkonjunktur ersparte Geld einsetzen, um mit öffentlichen Aufträgen, Steuersenkungen und Subventionen den Unternehmen zu helfen und so die Wirtschaft wieder anzukurbeln.

3.3. Wirtschaftsbeziehungen nach aussen

3.3. Wirtschaftsbeziehungen nach aussen

Die Globalisierung der Wirtschaft

> **Globalisierung:** *Ist die zunehmende weltumspannende Verflechtung in Wirtschaft, Politik, Kultur, Information und Kommunikation.*
> *(globalisieren = auf die ganze Welt ausrichten)*

Die zunehmende weltweite Verflechtung der Wirtschaft, der Kulturen, der Informationen und der Politik stellt eine bedeutende Entwicklung in der Menschheitsgeschichte dar.

■ Die Globalisierung der Wirtschaft

Die Volkswirtschaft interessiert sich vor allem für den wirtschaftlichen Bereich.

Die Wirtschaft vermag problemlos nationale Grenzen zu überwinden (durch Fusionen, Gründung von Tochtergesellschaften usw.). Und die Wirtschaft ist sehr flexibel. Daher verschmelzen heute die Weltmärkte mehr und mehr. Es findet ein weltweiter Konkurrenzkampf statt.

Um auf den Weltmärkten präsent zu sein und bestehen zu können, sehen sich die Unternehmungen gezwungen, zu wachsen oder sich mit anderen Unternehmen zusammenzuschliessen.

Es gibt schweizerische Unternehmen, die nur noch einen kleinen Teil ihres Umsatzes in der Schweiz erwirtschaften. (Beispiel: Die Zementgruppe Holcim, weltweit grösstes Unternehmen in diesem Markt, erwirtschaftet im Inlandgeschäft nur noch 5%, den Rest in der übrigen Welt.)

Finanzmärkte (Kapital)

Die bedeutendste Globalisierung hat auf den Finanzmärkten stattgefunden, weil das Kapital relativ einfach in verschiedene Länder transferiert werden kann.

Beispiel: Schweizerische Kapitalanleger können von höheren Zinsen profitieren, indem sie ihr Geld auf ausländischen Kapitalmärkten anlegen. Das Risiko der einzelnen Kapitalanlagen auf den internationalen Kapitalmärkten muss aber abgewogen werden.

Problem: Geht es einer Wirtschaft schlechter (z.B. Griechenland, Spanien, Italien, USA), reagieren die Kapitalanleger panikartig und sie ziehen ihr Kapital im grossen Stil zurück. Dadurch verschärft sich die wirtschaftliche Krise im entsprechenden Land. Diese Krise kann augenblicklich auf andere nicht so sichere Finanzplätze übergreifen.

Arbeitsmärkte (Arbeit)

Im Gegensatz zu den Finanzmärkten ist der Arbeitsmarkt stärker auf die einzelne Volkswirtschaft begrenzt. Von den Arbeitnehmern wird aber vermehrt Mobilität verlangt, da die Unternehmen weltweit tätig sind.

Durch die Globalisierung hat sich die Konkurrenz unter den Arbeitnehmern weltweit verschärft. Für qualifizierte Arbeitskräfte haben sich die Möglichkeiten verbessert, im Ausland zu arbeiten.

Gütermärkte

Die offensichtlichste Art der Globalisierung ist der weltweit schnelle Austausch von Sachgütern und Dienstleistungen. Diese werden häufig nicht mehr in der Schweiz produziert und dann exportiert, sondern im Ausland hergestellt, wo vor allem die Lohnkosten tiefer sind.
(Die im Ausland von schweizerischen Unternehmen produzierten Sachgüter und Dienstleistungen übersteigen wertmässig die gesamten Exporte der Schweiz.)

Die Zahlungsbilanz

Um eine bessere Übersicht zu erhalten, wird die Zahlungsbilanz in verschiedene Teilbilanzen aufgegliedert.

Handelsbilanz
Sie stellt die Exporte (Ausfuhren von Sachgütern) den Importen (Einfuhren von Sachgütern) gegenüber. Wird mehr exportiert als importiert, so entsteht in der Handelsbilanz ein Überschuss, im andern Fall ein Defizit.
(2010 stammten 77,5% aller Importe aus den 27 EU-Staaten und 62,0% aller Exporte gingen dorthin. Die Schweiz ist somit von der EU abhängig, siehe S. 312.)

Dienstleistungsbilanz
Sie stellt die Einnahmen von exportierten Dienstleistungen und die Ausgaben für importierte Dienstleistungen einander gegenüber. Die Dienstleistungen umfassen u.a. den Fremdenverkehr, Bankdienstleistungen, Versicherungs- und Transportgeschäfte. Die Schweiz weist in der Dienstleistungsbilanz traditionell einen Überschuss auf, der aber voraussichtlich im Jahre 2009 geringer ausfallen wird.

Bilanz der Arbeits- und Kapitaleinkommen
a) Es werden die Arbeitseinkommen von Grenzgängern erfasst.
   Da in der Schweiz mehr ausländische Grenzgänger arbeiten als Schweizer im benachbarten Ausland, entsteht bei den Arbeitseinkommen ein Defizit.
b) Zudem erfasst man sämtliche Erträge (z.B. Zinsen) von Kapitalien, welche von einzelnen Schweizern oder Schweizer Unternehmen im Ausland investiert worden sind, sowie die Zinsen, welche für ausländische Guthaben bezahlt werden müssen, die in der Schweiz investiert worden sind. Bei den Kapitaleinkommen erzielt die Schweiz jeweils einen grossen Überschuss.

Die Bilanz der Arbeits- und Kapitaleinkommen weist für die Schweiz im Normalfall einen Überschuss auf (Ausnahme: 2008 resultierte erstmals ein Defizit).

Bilanz der laufenden Übertragungen
Berücksichtigt werden hier die von Ausländern in der Schweiz verdienten Einkommen, welche diese nicht mehr in der Schweiz ausgeben, sondern ins Ausland überweisen, sowie Gelder aus der AHV und der Pensionskasse, welche den in ihre Heimatländer zurückgekehrten Ausländern ausbezahlt werden.
Gelder für die Entwicklungshilfe und für internationale Organisationen werden ebenfalls in dieser Bilanz erfasst. Üblicherweise resultiert für die Schweiz in der Bilanz der laufenden Übertragungen ein Defizit.

Ertragsbilanz
   Die Handelsbilanz
 + die Dienstleistungsbilanz
 + die Bilanz der Arbeits- und der Kapitaleinkommen
 + die Bilanz der laufenden Übertragungen
 = Ertragsbilanz

Die Schweiz weist in ihrer Ertragsbilanz einen Überschuss auf. Sie exportiert insgesamt mehr Sachgüter, Dienstleistungen, Arbeits- und Kapitaleinkommen, als sie importiert.

Zahlungsbilanz

Ertragsbilanz + Kapitalverkehrsbilanz = Zahlungsbilanz.

Einfach ausgedrückt, erfordert jede Verbuchung bei einer der vier Bilanzen (Handelsbilanz, Dienstleistungsbilanz, Bilanz der Arbeits- und der Kapitaleinkommen und Bilanz der laufenden Übertragungen) eine Gegenbuchung in der Kapitalverkehrsbilanz. Daher ist die Zahlungsbilanz als Ganzes immer ausgeglichen.

3.3. Wirtschaftsbeziehungen nach aussen

Die WTO (Die Welthandelsorganisation)

> **WTO:** *(World Trade Organization = Welthandelsorganisation) basiert auf einem 1995 in Kraft getretenen völkerrechtlichen Vertrag. Die WTO ist eine internationale Organisation.*
> *Der WTO gehören zurzeit 157 Staaten (Stand 1.1.2012) an (u.a. auch die Schweiz). Die Mitgliedstaaten decken über 90% des Welthandels ab.*
> *Sitz ist Genf.*

■ Die Ziele der WTO

- Den weltweiten Handel mit Sachgütern und Dienstleistungen regeln
- Den freien Welthandel garantieren
- Handelsschikanen abbauen
- Faire Spielregeln im Welthandel schaffen

■ Die 3 Funktionen der WTO

Rechtlich gesehen ist die WTO die «Strassenverkehrsordnung des Welthandels». Wer das Vertragswerk verletzt, muss dafür «bezahlen» und die Verletzung aufgeben oder in Form von Handelszugeständnissen dem Geschädigten Ersatz leisten.

Wirtschaftlich gesehen dient die WTO der schrittweisen Liberalisierung des Welthandels.

Politisch gesehen ist die WTO eine Plattform für die Zusammenarbeit zwischen Staaten und Regierungen und ermöglicht die friedliche Beilegung von Differenzen im Handelsbereich zwischen einzelnen WTO-Mitgliedstaaten.

■ Aufgaben der WTO

Die WTO verwaltet internationale Handelsverträge und stellt ein Forum dar für die Weiterentwicklung bestehender und die Verhandlung neuer Verträge im Bereich des Welthandelsrechts. Dank des WTO-Streitschlichtungsverfahrens besitzen die WTO-Regeln gegenüber den Vertragsparteien auch Verbindlichkeit. Zudem werden in der WTO gegenseitig die Handelspolitiken der Mitgliedländer überprüft (Trade Policy Review).

→ www.verlag-fuchs.ch/vwl

DIE SCHRITTWEISE LIBERALISIERUNG DES WELTHANDELS

3.3. Wirtschaftsbeziehungen nach aussen

■ Die 3 Pfeiler der WTO

Die WTO bildet die Dachorganisation für
- das Güter- und Zollabkommen (GATT),
- das Dienstleistungsabkommen (GATS) sowie
- das Abkommen über geistiges Eigentum (TRIPS)

Nebst diesen drei für die WTO-Mitglieder verbindlichen Abkommen gibt es auch noch Abkommen, denen nur ein Teil der WTO-Mitglieder beigetreten sind, z.B. das WTO-Abkommen über das Öffentliche Beschaffungswesen (zurzeit 40 Mitglieder, u.a. auch die Schweiz).

WTO

Güter- und Zollabkommen (GATT)

Die Landwirtschaft wird vom Vertragswerk erfasst.
Das Agrarabkommen führt zu einer Verbesserung der gegenseitigen Marktzutrittsmöglichkeiten, zu einem Abbau der staatlichen Unterstützung und zu einer Verminderung der Exportsubventionen.

Zölle auf Industriegütern werden abgebaut.
Die Zölle wurden um mehr als 30 % abgebaut. Dadurch werden Importe günstiger und Exporte erleichtert. Bei gewissen Produkten gelang es gar, die Zölle vollständig zu eliminieren (Pharmaprodukte, medizinische Ausrüstungen, Baumaschinen usw.).

Handelsverzerrungen werden abgebaut.
Gegen Produkte, die unter den Produktionskosten verkauft werden (sogenanntes «Dumping») und gegen subventionierte Produkte (der Staat verbilligt bestimmte Produkte mit Subventionen, damit sie auf dem Weltmarkt konkurrenzfähiger sind) können Massnahmen getroffen werden.

Technische Vorschriften, die den Handel behindern, werden vermehrt harmonisiert.
Die technischen Normen in den unterschiedlichen Ländern sollen vereinheitlicht werden. Sicherheitsnormen, welche in unterschiedlichen Ländern das gleiche Niveau haben, sollen gegenseitig anerkannt werden.

Dienstleistungsabkommen (GATS)

Um eine möglichst grosse Übereinstimmung mit dem Warenhandel zu erreichen, wurden grundsätzlich alle Bereich der Dienstleistungswirtschaft dem Abkommen unterstellt (u.a. freie Berufe, Baugewerbe, Telekommunikation, Finanzdienstleistungen, Transport). Die gegenwärtig geltenden Verpflichtungen im Finanzdienstleistungsbereich (Banken-, Versicherungs- und Wertpapierdienstleistungen) wurden 1997 ausgehandelt.

Abkommen über geistiges Eigentum (TRIPS)

Ziel des Übereinkommens über handelsbezogene Aspekte der Rechte des geistigen Eigentums (TRIPS) ist es, den Schutz des geistigen Eigentums weltweit zu harmonisieren und zu verstärken. Dadurch sollen Handelshemmnisse abgebaut werden. Das TRIPS enthält einen internationalen Mindeststandard, den die WTO-Mitglieder in ihren nationalen Rechtsordnungen gewähren müssen.

3.3. Wirtschaftsbeziehungen nach aussen

Die Entwicklungszusammenarbeit

> **Entwicklungszusammenarbeit:** *Umfasst alle Leistungen von Industrieländern an Entwicklungsländer mit dem Ziel, die Lebensbedingungen in den Entwicklungsländern zu verbessern.*

Oberstes Ziel der Entwicklungszusammenarbeit ist die «Hilfe zur Selbsthilfe».

> **Entwicklungsland:** *Bezeichnung für ein Land*
> – mit einem niedrigen Pro-Kopf-Einkommen
> – mit vielen Analphabeten bzw. niedrigen Einschulungsraten
> – mit niedrigem Kalorienverbrauch pro Kopf
> – mit einer schlechten medizinischen Versorgung
> – mit einem explodierenden Bevölkerungswachstum
> – mit einer hohen Säuglingssterblichkeit und niedriger Lebenserwartung

Diese Kriterien treffen vorwiegend auf viele Staaten in Afrika, Asien, Mittel- und Südamerika zu.

Durch die fortschreitende Globalisierung werden das Gefälle zwischen Arm und Reich und die gegenseitige Abhängigkeit verstärkt. Daher ist die Entwicklungszusammenarbeit ein wichtiger Ausdruck der Solidarität mit den Ärmsten dieser Welt.

Die Entwicklungszusammenarbeit des Bundes

Die Entwicklungszusammenarbeit ist ein wichtiger Bestandteil der schweizerischen Aussenpolitik. 1994 stellte der Bundesrat ein neues Leitbild für die Entwicklungspolitik auf mit vier Hauptzielen:

Ziele
- Wahrung und Förderung von Frieden und Sicherheit; Förderung der Menschenrechte; Demokratie und Rechtsstaat
- Förderung der Wohlfahrt und bessere Rahmenbedingungen für ein nachhaltiges Wachstum
- Erhöhung der sozialen Gerechtigkeit
- Schutz der natürlichen Lebensgrundlagen

Mittel

Der Bundesrat setzt 4 Mittel ein, um die Entwicklungszusammenarbeit zu fördern:
- die Technische Zusammenarbeit: Projekte, die unter schweizerischer Aufsicht durchgeführt, überwacht und finanziert werden (z.B. Bau einer Käserei)
- die Finanzhilfe: Kredite zu besonders günstigen Bedingungen und Beiträge à fonds perdu (diese müssen nicht zurückbezahlt werden)
- wirtschafts- und handelspolitische Massnahmen: Hilfe an die Entwicklungsländer durch verstärkte Handelsbeziehungen (z.B. Gewährung günstigerer Zollbedingungen)
- die humanitäre Hilfe: Lieferung von Nahrungsmitteln, Medikamenten, Zelten usw.

Leistungen

Im Jahre 2010 betrug die öffentliche Entwicklungshilfe der Schweiz 2,4 Milliarden Franken. Dies entspricht einem Anteil von 0,41% des BIP. Damit befindet sich die Schweiz im Mittelfeld. Im Jahre 1970 legte die UNO 0,7% des BIPs als gewünschtes Ziel für die Entwicklungshilfe fest. Im Jahre 2010 erreichten nur Norwegen, Luxemburg, Schweden, Dänemark und die Niederlande dieses Ziel. *(Quelle: DEZA)*.

Private Hilfswerke sammeln etwa 1 Milliarde Franken pro Jahr. In dieser Milliarde sind Spenden für gemeinnützige Organisationen im Inland wie auch Spenden an die Entwicklungs- und die Katastrophenhilfe im Ausland zusammengefasst. Die von Privaten unentgeltlich geleistete Arbeit zugunsten von Bedürftigen wird zusätzlich auf eine weitere Milliarde Franken geschätzt.

→ www.verlag-fuchs.ch/vwl

Der EU–Binnenmarkt

> **Binnenmarkt:** *Der Binnenmarkt umfasst einen einheitlichen Raum, in dem 4 Grundfreiheiten gewährleistet sind, nämlich:*
> - *freier Warenverkehr*
> - *freier Dienstleistungsverkehr*
> - *freier Personenverkehr*
> - *freier Kapitalverkehr*

Ein Binnenmarkt ist wirtschaftlich gesehen ein einziges Land.
Wenn z.B. Teigwaren aus Rom nach Venedig verkauft werden, ist dies Binnenhandel. Werden die Teigwaren von Italien nach Deutschland verkauft, war dies früher Aussenhandel (= Export und Import). Im EU-Binnenmarkt handelt es sich aber wiederum um einen Binnenhandel.

Die 4 Grundfreiheiten im Binnenmarkt

Freier Warenverkehr

– Der freie Verkehr von Waren ist dann sichergestellt, wenn Zölle und Zollformalitäten sowie die mengenmässigen Beschränkungen von Waren wegfallen. Die Zollunion ist die Voraussetzung für einen freien Warenverkehr.

> **Zollunion:** *Staaten betreiben in Bezug auf Zölle und Kontingente eine einheitliche Handelspolitik:*
> *a) Massnahme nach innen:* Unter den beteiligten Volkswirtschaften werden die Zölle und die Kontingente (Beschränkungen der Menge) abgeschafft.
> *b) Massnahme nach aussen:* Gegenüber Drittstaaten werden einheitliche Zölle und Kontingente erhoben.

– Ebenfalls hat man für die Steuer auf Waren (z.B. Mehrwertsteuer) einen einheitlichen Mindestsatz von zur Zeit 15% festgelegt. Die einzelnen Länder dürfen aber einen höheren Satz erheben.
– Die technischen Vorschriften (z.B. gesundheitliche Vorschriften für Lebensmittel) wurden weitgehend durch neue EU-Vorschriften ersetzt.
– Die technischen Anforderungen an ein Produkt wurden durch die EU klar definiert.

Freier Personenverkehr

Der freie Personenverkehr (siehe auch S. 236) beinhaltet:
– die freie Einreise in ein EU-Land und die freie Ausreise aus einem EU-Land,
– der freie Aufenthalt in einem EU-Land,
– das freie Wohnrecht in einem EU-Land,
– die Niederlassungsfreiheit und
– die freie Wahl des Arbeitsplatzes in jedem Mitgliedland der EU.

Die Arbeitnehmer, die Selbständigerwerbenden, die Rentner, die Studenten und die Nichterwerbstätigen können sich irgendwo in der Europäischen Union niederlassen, sofern sie über genügend finanzielle Mittel verfügen, um ihren Lebensunterhalt und eine ausreichende Krankenversicherung bezahlen zu können.

In der EU wurden Regelungen getroffen für eine gegenseitige Anerkennung von Diplomen und sonstigen Qualifikationsnachweisen. Damit wird der freie Berufszugang im gesamten Binnenmarkt ermöglicht.

Freier Dienstleistungsverkehr

Sämtliche Dienstleistungen dürfen in jedem EU-Land angeboten werden. Beschränkungen sind nicht mehr zulässig.

Freier Kapitalverkehr

Das Kapital kann in allen EU-Ländern ungehindert transferiert werden. Die Kapitalanleger können sich überall in der EU die günstigsten Möglichkeiten auswählen.

Die Europäische Währungsunion (EWU)

> **Währungsunion:** *Raum mit einer einheitlichen Währung.*
> **Europäische Währungsunion (EWU):** *Raum von zurzeit 17 (Stand 1.1.2012) von 27 EU-Staaten, welche den Euro als einheitliche Währung führen.*

Mitglieder

Anfang 2002 wurde der Euro als gemeinsame Währung in 12 Mitgliedstaaten der EU eingeführt, und zwar in Belgien, Deutschland, Finnland, Frankreich, Griechenland, Irland, Italien, Luxemburg, den Niederlanden, Österreich, Portugal und Spanien. 2007 führte Slowenien als 13. EU-Land den Euro ein und 2008 vollzogen Zypern und Malta diesen Schritt. 2009 wurde die Slowakei als 16. und 2011 Estland als 17. Land Mitglied des EWU.

Dänemark und Schweden (Volksentscheide) sowie Grossbritannien stehen freiwillig abseits. Die neuen EU-Länder können noch nicht dabei sein.

So wie ein einzelner Staat zur Durchführung seiner Geld- und Währungspolitik eine Nationalbank hat, bedürfen die 17 Euro-Länder einer Zentralbank, welche die geld- und währungspolitischen Aufgaben der Währungsunion erfüllt.

Alle Nachbarn der Schweiz (ausgenommen Liechtenstein) haben den Euro eingeführt. Zudem sind die 17 Euro-Länder die wichtigsten Handelspartner der Schweiz. Die Einführung des Euro bringt der Schweiz Vor- und Nachteile.

Die Europäische Zentralbank (EZB)

> **Die Europäische Zentralbank (EZB):** *Ist eine eigenständige Institution, die in der europäischen Währungsunion die geldpolitischen Aufgaben erfüllt. Der Vertrag von Maastricht sichert der Europäischen Zentralbank die notwendige Unabhängigkeit zu, damit diese die geldpolitischen Aufgaben wahrnehmen kann. Sitz ist Frankfurt.*

Die Europäische Zentralbank hat die Aufgaben:
- die 17 Mitgliedstaaten mit Geld zu versorgen (die EZB verfügt über das Notenmonopol),
- die Geldmenge zu steuern (oberstes Ziel ist die Preisstabilität) und
- eine gemeinsame Wechselkurspolitik zu betreiben.

Der Einfluss des Euro auf die Schweiz

- Die schweizerische Industrie hat bei Exporten von Investitionsgütern eine starke Stellung und profitiert vom Erneuerungs- und Rationalisierungsschub, der im EWU-Raum aufgrund des erhöhten Wettbewerbs erfolgt.
- Die schweizerischen Konsumenten werden zu Nutzniessern des Euro gehören. Wegen des Preisdrucks kann man damit rechnen, dass die Preise für Autos, Heimelektronik, Haushalteinrichtung, Bekleidung und Bücher fallen.
- Der verschärfte Wettbewerb dämpft den konjunkturellen Preisauftrieb.
- Die Einführung des Euros führt tendenziell zu verstärktem Wettbewerb in den 17 Euro-Ländern. Dies erhöht auch den Wettbewerbsdruck auf die Schweizer Unternehmen.
- Der erhöhte Wettbewerbsdruck in der Schweiz bewirkt mehr Innovationen.

Für die Schweiz ist es sehr wichtig, dass der Euro stabil und stark bleibt.

3.3. Wirtschaftsbeziehungen nach aussen

Ein starker Euro

Wenn eine Währung stabil und gefragt ist, spricht man von einer starken Währung. Jedermann hat Vertrauen in die Währung. Der Binnenwert und der Aussenwert einer starken Währung bleiben von kleinen Schwankungen abgesehen konstant.

Beispiele von starken Währungen:
– amerikanischer Dollar
– Euro
– Schweizer Franken

Vorteile
– Die Nachfrage nach CHF nimmt nicht zu. Folglich findet keine Aufwertung des Schweizer Frankens statt.
– Die von der Schweiz exportierten Güter und Dienstleistungen bleiben konkurrenzfähig.
– Schweizerische Unternehmen, die in die Euro-Länder exportieren, müssen nur noch eine Währung (Euro) verwalten.

Nachteile
– Die aus dem EU-Raum importierten Sachgüter und Dienstleistungen werden tendenziell teurer. (Das betrifft z.B. Sachgüter aus Ländern mit bisher starken Kursschwankungen, siehe S. 298, importierte Inflation.)
– Für uns werden Ferien im EU-Raum teurer.

Massnahmen der SNB
– Die Schweizerische Nationalbank wird versuchen, den Wechselkurs des Euro stabil zu halten.
– Ein starker Euro erfordert keine weiteren Massnahmen der SNB.

Ein schwacher Euro

Wenn eine Währung instabil und nicht gefragt ist bzw. abgestossen wird, spricht man von einer schwachen Währung. Da kein Vertrauen besteht, erfolgt die Flucht in eine starke Währung.

Beispiele von schwachen Währungen:
– Cedi (Ghana)
– Belarus-Rubel (Weissrussland)
– Irak-Dinar

Vorteile
– Die Sachgüter und die Dienstleistungen aus dem EU-Raum werden tendenziell billiger.
– Es wird für uns günstiger, im Euro-Raum Ferien zu machen.

Nachteile
– Die Nachfrage nach CHF nimmt zu. Dadurch findet eine Aufwertung des Schweizer Frankens statt.
– Durch die Aufwertung des Schweizer Frankens werden die schweizerischen Sachgüter und Dienstleistungen (Exportgüter) für das Ausland teurer. Folglich können die schweizerische Unternehmen weniger exportieren.

Massnahmen der SNB
– Die Schweizerische Nationalbank wird versuchen, der Aufwertung des Schweizer Frankens entgegenzuwirken, indem sie die Geldmenge vergrössert. Durch die Erhöhung der Geldmenge entstehen aber wieder Inflationstendenzen.
(Die jüngsten Beispiele aus den Jahren 2010/2011 zeigen, dass diese Massnahme nicht immer wirkt.)
– Die letzte aller Massnahmen wäre, den Schweizer Franken an den Euro zu binden. Dadurch würde die SNB die Möglichkeit verlieren, eine eigenständige Geldpolitik zu betreiben und sie müsste die möglicherweise schlechte Geldpolitik der Europäischen Zentralbank übernehmen.

Handelsverhältnis Schweiz – EU

■ Die wichtigsten Handelspartner der Schweiz

2010: Warenimporte in die Schweiz   CHF 183,5 Mrd.
Davon:
1. Deutschland   31,9%
2. Italien   10,2%
3. Frankreich   8,5%
4. USA   5,4%
5. Niederlande   4,5%
6. Österreich   4,3%

2010: Warenexporte aus der Schweiz   CHF 203,5 Mrd.
Davon:
1. Deutschland   19,3%
2. USA   10,1%
3. Italien   7,9%
4. Frankreich   7,7%
5. Grossbritannien 5,9%
6. China   3,7%

Quelle: BFS 2012

■ Die Bedeutung der EU-27 für die Schweiz

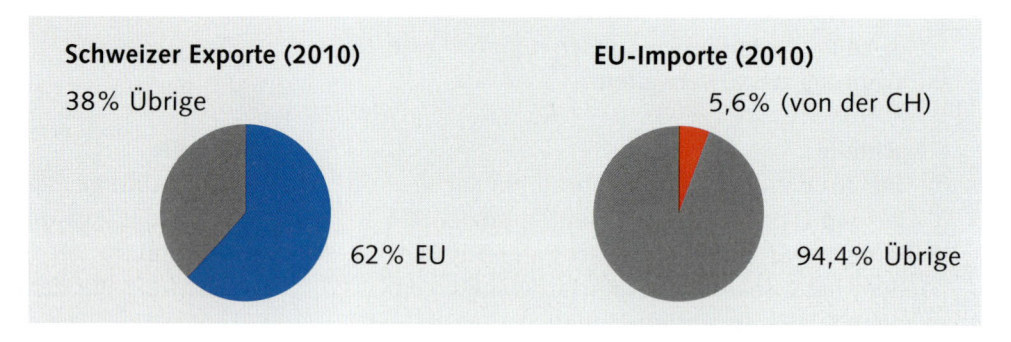

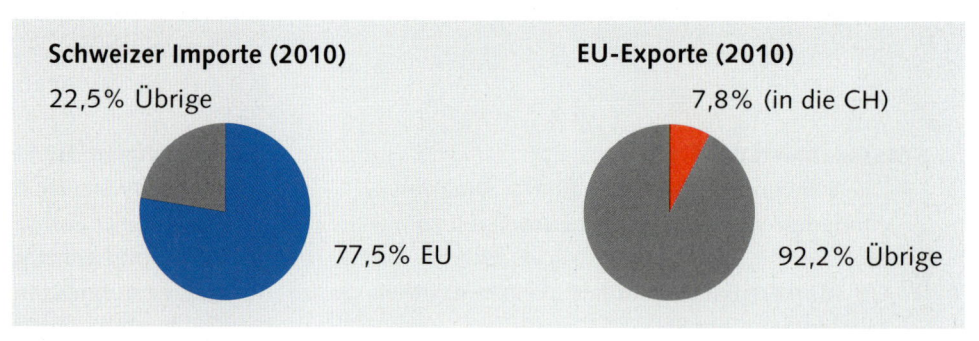

Schweizer Exporte (2010)
38% Übrige
62% EU

EU-Importe (2010)
5,6% (von der CH)
94,4% Übrige

Schweizer Importe (2010)
22,5% Übrige
77,5% EU

EU-Exporte (2010)
7,8% (in die CH)
92,2% Übrige

Die Gegenüberstellungen zeigen:
– Der Handel mit den EU-Ländern ist für die Schweiz von existenzieller Bedeutung.
– Aus diesem Grund muss die Schweiz EU-Normen übernehmen und sich der EU anpassen, ob es ihr gefällt oder nicht. Als Nichtmitglied der EU hat sie zu diesen EU-Normen jedoch nichts zu sagen.
– Die Schweiz ist für die EU zwar nicht existenziell wichtig, aber dennoch, gemessen an der Grösse der Schweiz, von einiger Bedeutung.
– Zudem spielt die Schweiz nicht für alle EU-Länder die gleich wichtige Rolle. Für unsere direkten Nachbarn ist die Schweiz von erheblicher Bedeutung, speziell für Deutschland (siehe oben: Rangfolge der Handelspartner).

3.4. Das Unternehmen

Das Unternehmensmodell

Unternehmensmodell: *Ist eine mehr oder weniger vereinfachte Darstellung eines Unternehmens. Es gibt also nie die vollständige Realität wieder.*

Auch wenn Modelle vereinfacht darstellen, sind sie doch wertvolle Hilfen, um die komplexe Wirklichkeit besser verständlich zu machen. Ein solches Modell ist das von H. Ulrich entwickelte Unternehmensmodell, das hier vereinfacht dargestellt wird.

Das Unternehmen und seine Umweltbereiche

Die gesamte Umwelt, in der sich ein Unternehmen befindet, kann in fünf Bereiche unterteilt werden. Jeder dieser Bereiche löst zentrale Anliegen aus und beeinflusst dadurch das Unternehmen in seinen Tätigkeiten und Entscheidungsprozessen.
Die Reihenfolge dieser Umwelten ist zufällig gewählt und soll nicht hierarchisch interpretiert werden.

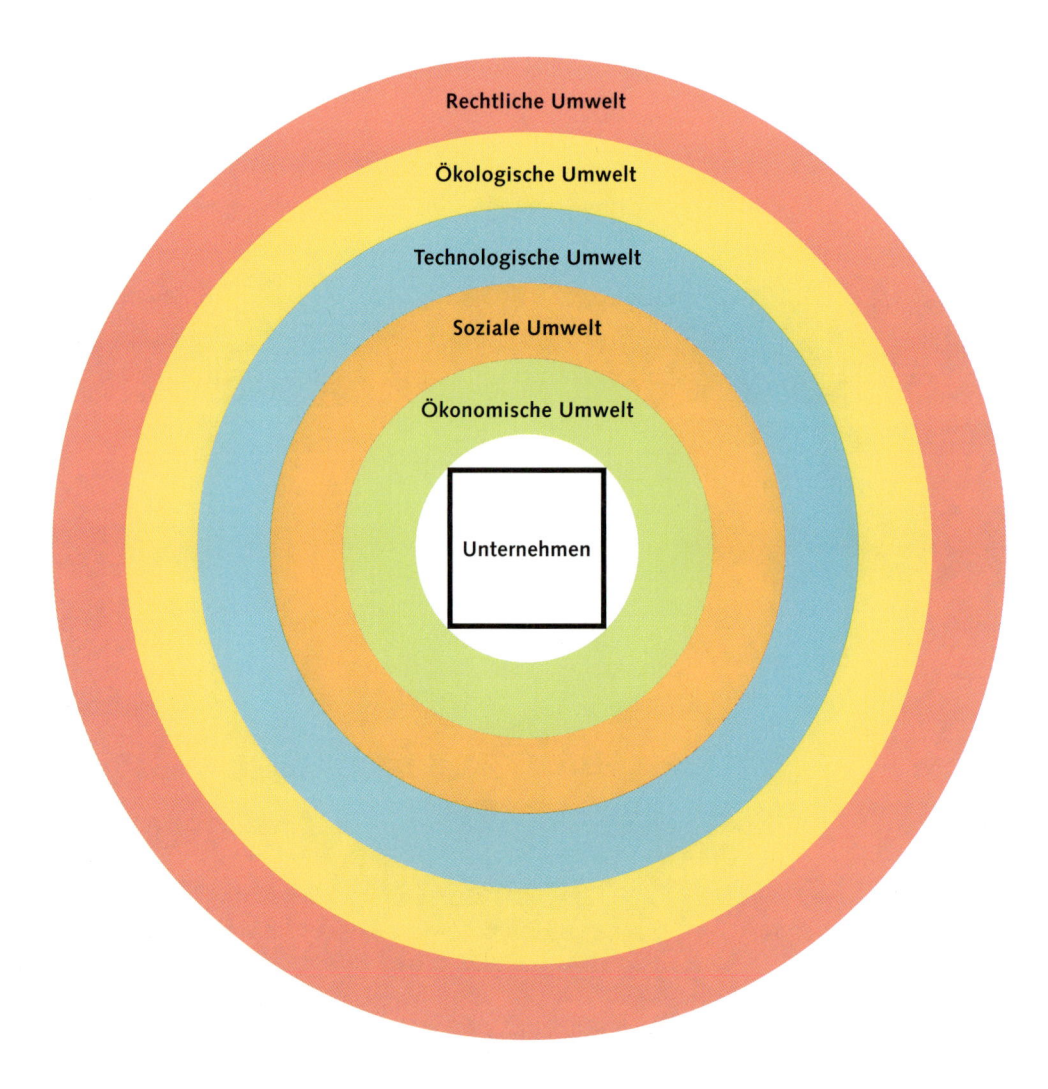

- Rechtliche Umwelt
- Ökologische Umwelt
- Technologische Umwelt
- Soziale Umwelt
- Ökonomische Umwelt
- Unternehmen

3.4. Das Unternehmen

Die ökonomische Umwelt

Das Unternehmen ist immer Teil einer Volkswirtschaft und deshalb von der wirtschaftlichen Entwicklung eines Landes, eines Kontinents oder sogar von der ganzen Welt abhängig. Diese Entwicklungen können von einem einzelnen Unternehmen praktisch nicht beeinflusst werden.

Beispiele:
- Aufgrund einer Inflationstendenz erhöht die Nationalbank den Leitzinssatz.
- Die öffentliche Hand, der grösste Auftraggeber der Schweiz, senkt aus sparpolitischen Gründen die Ausgaben.
- Ein Konjunkturabschwung in den USA hat eine Kursverschlechterung des Dollars zur Folge.
- In der Schweiz herrscht eine relativ hohe Arbeitslosigkeit.

Deshalb ist es für jedes Unternehmen von Bedeutung, sich anhand von Daten über den aktuellen und den zu erwartenden Zustand der Volkswirtschaft ein Bild zu machen, um angemessene Strategien festzulegen.

Die soziale Umwelt

Der Mensch als Individuum und zugleich Teil der Gesellschaft steht hier im Mittelpunkt. Werte und Normen sind einem dauernden Wandel unterworfen. Diesen gesellschaftlichen Veränderungen müssen auch die Unternehmen Rechnung tragen.

Beispiel:
Die Familie mit der traditionellen Rollenverteilung wird durch vielfältige Alternativen konkurrenziert. Häufiger Wunsch nach Teilzeitarbeitsstellen, Einrichtungen für Kinderbetreuung usw. sind die Folgen.

Die technologische Umwelt

Die Forschung wartet in sehr kurzen Zeitabständen mit neuen Ergebnissen auf, der technologische Fortschritt ist nicht aufzuhalten. Um mit der Konkurrenz Schritt halten zu können, müssen Unternehmen innovativ sein. Dies bedingt oft kapitalintensive Investitionen bzw. viele Eigenmittel müssen in die Entwicklung gesteckt werden.

Beispiel:
Der Auftritt im Internet mittels einer Homepage ist für ein Unternehmen zu einem Muss geworden.

Die ökologische Umwelt

Im Zentrum dieses Bereichs steht die Natur mit ihren beschränkten Ressourcen. Auch bisher freie Güter (z.B. sauberes Wasser, reine Luft) entwickeln sich mehr und mehr zu knappen Gütern. Umweltschädigende Einflüsse müssen aufgrund rechtlicher Bestimmungen oder des Drucks der privaten Unternehmen für teures Geld eliminiert bzw. vermieden werden.

Beispiel:
Einführung einer Entsorgungsgebühr beim Kauf elektronischer Geräte.

Die rechtliche Umwelt

Von den Unternehmen wird erwartet, dass sie sich an die Gesetze halten. Da unsere Rechtsordnung kein starres Gebilde ist, sondern aufgrund der Entwicklungen verändert und erneuert wird, müssen sich die Unternehmen den neuen Normen anpassen.

Beispiele:
- Datenschutz
- Internationaler Handel
- Arbeitsrecht

3.4. Das Unternehmen

Das Unternehmen und seine Anspruchsgruppen

Anspruchsgruppen: *Gruppen, die unterschiedlichste Erwartungen und Ansprüche an ein Unternehmen haben.*

Diese Erwartungen und Ansprüche sind einem dauernden Wandel unterworfen und müssen von der Unternehmensleitung erfasst und beobachtet werden.

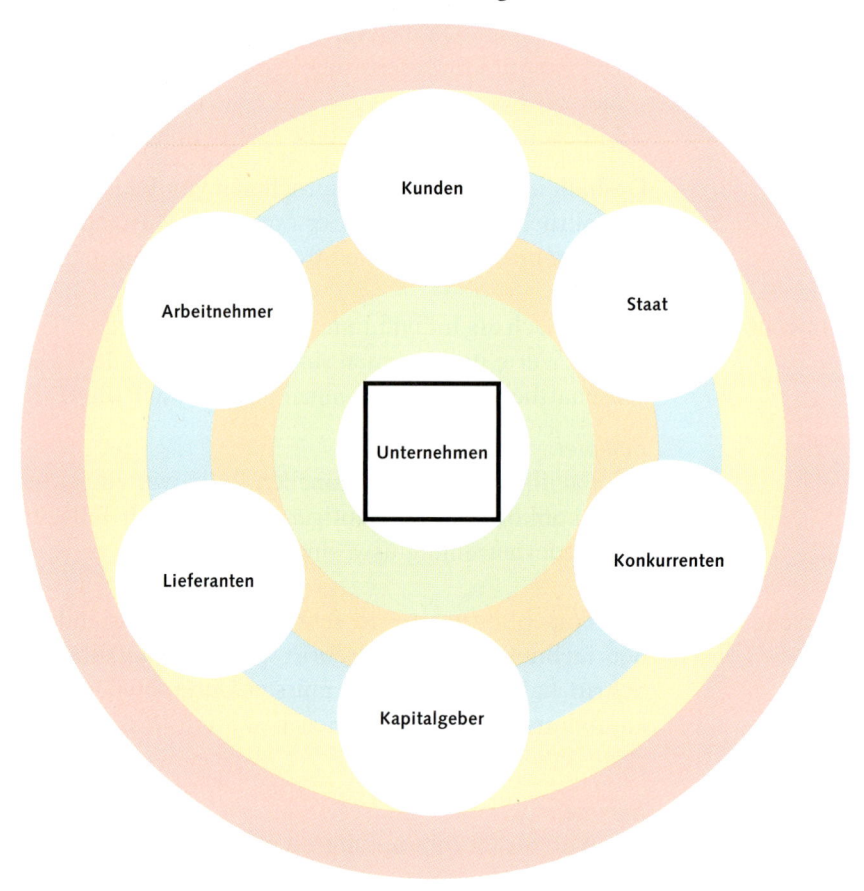

```
                    Kunden

    Arbeitnehmer                Staat

                  Unternehmen

    Lieferanten                 Konkurrenten

                  Kapitalgeber
```

Erwartungen der verschiedenen Anspruchsgruppen

Arbeitnehmer
Hohes Einkommen, sicherer Arbeitsplatz, gute Arbeitsbedingungen, angenehmes Arbeitsklima, Weiterbildungsmöglichkeiten, Mitspracherecht

Lieferanten
Regelmässige und grosse Bestellungen, gute Konditionen, pünktliche Zahlung

Kapitalgeber
Sicherheit, hohe Verzinsung des eingesetzten Kapitals, Vermögenszuwachs

Konkurrenten
Faires Verhalten, Kooperation (z.B. beim Betrieb einer Einkaufsgenossenschaft)

Staat
Steuereinnahmen, Erhöhung der Attraktivität einer Region, Angebot an Arbeitsplätzen (dies zieht Arbeitnehmer an, was wiederum höhere Steuereinnahmen zur Folge hat)

Kunden
Qualitativ hochstehende Produkte, günstige Angebote, kompetente Beratung, guter Service, Neuheiten

Zielkonflikte eines Unternehmens

Die unterschiedlichen Ansprüche und Erwartungen der Anspruchsgruppen und der Umweltsphären haben zur Folge, dass ein Unternehmen dauernd verschiedenen Zielkonflikten ausgesetzt ist. Diese Konflikte stellen die Unternehmensleitung täglich vor schwierige Entscheidungssituationen.

Häufige Zielkonflikte sind:

■ Kunden ↔ Kunden

Die Kunden haben Anspruch auf kompetente Beratung und gute Serviceleistungen. Dies setzt geschultes Personal und ein umfangreiches Ersatzteillager voraus. Beides belastet die Ausgabenseite eines Unternehmens. Trotzdem erwarten die Kunden preisgünstige Produkte.

■ Arbeitnehmer ↔ Kunden

Die Arbeitnehmer erwarten ein hohes Einkommen. Hohe Lohnkosten verteuern die Produktion. Die Kunden hingegen wollen möglichst preisgünstig einkaufen.

■ Lieferanten ↔ Kunden

Die Lieferanten fordern hohe Preise. Teure Rohstoffe erhöhen die Herstellungskosten. Die Kunden erwarten billige Produkte.

■ Kapitalgeber ↔ Arbeitnehmer

Die Kapitalgeber erwarten eine hohe Rendite ihres investierten Kapitals. Die Verzinsung des Kapitals erfolgt aus dem Gewinn des Unternehmens. In vielen Unternehmen machen die Lohnkosten einen sehr grossen Anteil am Gesamtaufwand aus. Hohe Lohnkosten vermindern den Gewinn und somit die Verzinsung des Kapitals.

■ Arbeitnehmer ↔ Technologie

Die Arbeitnehmer verlangen einen sicheren Arbeitsplatz und ein Mitspracherecht. Demokratische Entscheidungsfindungen dauern häufig länger als verordnete. Die schnellen technischen Fortschritte ziehen häufig Umstrukturierungen und Rationalisierungen nach sich, oft verbunden mit Personalabbau.

■ Technologie ↔ Gesellschaft

Der technologische Wandel zwingt die Unternehmen zu innovativem Verhalten, um konkurrenzfähig zu bleiben. Die Neuerungen können durch die Rechtsordnung behindert oder gar verunmöglicht werden.

3.4. Das Unternehmen

Das Unternehmen: Teil der Volkswirtschaft

Unternehmen: *Ist eine wirtschaftliche Organisation, die ein Geschäft ausübt.*

Unternehmen werden unterteilt in:
- Private Unternehmen (gehören normalerweise einem oder mehreren Eigentümern und streben in der Regel die Maximierung des Gewinns an)
- Öffentliche Unternehmen (gehören dem Staat – der Gemeinde, dem Kanton oder dem Bund – und sie versorgen die Wirtschaftssubjekte mit öffentlichen Gütern)
- Gemischtwirtschaftliche Unternehmen

Grundsätzlich funktioniert jedes Unternehmen nach dem gleichen Prinzip: Es erhält einen Input in Form von Einkäufen. Unter Einsatz der Produktionsfaktoren (Boden, Arbeit, Kapital) versucht es, den Wert des Produktes zu steigern und dieses anschliessend wieder zu verkaufen.

Die Wertschöpfung

Wertschöpfung (im betriebswirtschaftlichen Sinn): *Ist der Beitrag, den jedes einzelne Unternehmen im Inland zum Volkseinkommen beisteuert.*

Die Unternehmen sind einer Vielzahl von Märkten ausgesetzt:
- Der Beschaffungsmarkt besteht aus dem Rohstoffmarkt, wo Rohstoffe oder Halbfabrikate gekauft werden, aus dem Arbeitsmarkt, wo Arbeitskräfte rekrutiert werden, aus dem Finanzmarkt, wo Geldmittel beschafft werden, usw.
- Auf dem Absatzmarkt werden Produkte an Käufer, Konsumenten oder Wiederverkäufer veräussert.

Auf jedem Markt herrscht Konkurrenz.

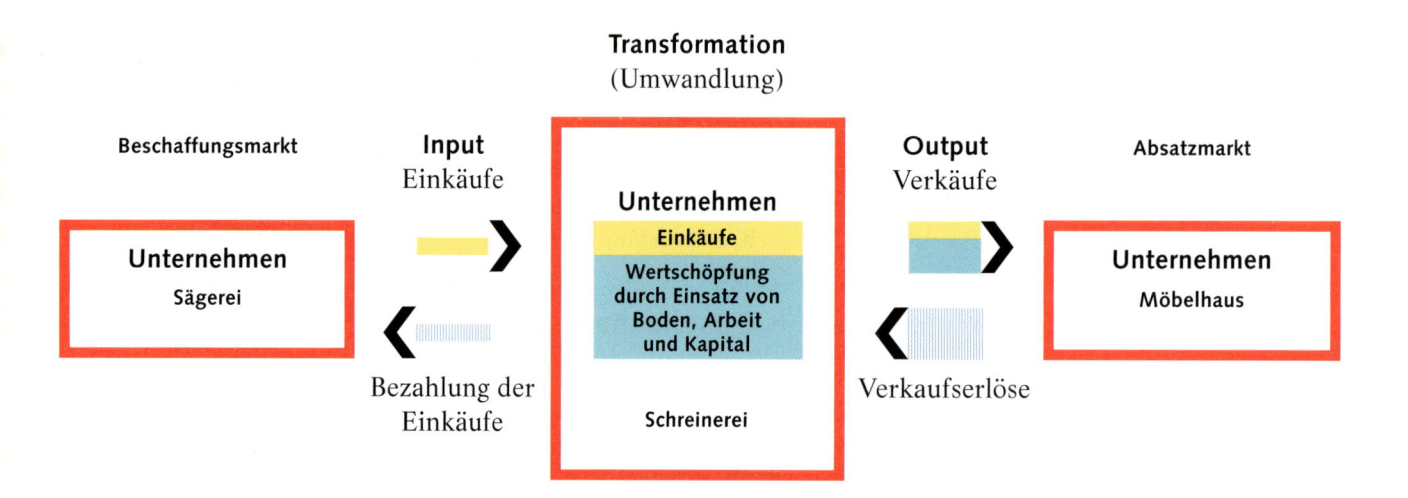

Transformation
(Umwandlung)

Beschaffungsmarkt	Input Einkäufe	Unternehmen	Output Verkäufe	Absatzmarkt
Unternehmen Sägerei	→ ← Bezahlung der Einkäufe	Einkäufe / Wertschöpfung durch Einsatz von Boden, Arbeit und Kapital / Schreinerei	→ ← Verkaufserlöse	Unternehmen Möbelhaus

Beispiel

Eine Schreinerei kauft von einer Sägerei Holz und bezahlt dafür einen Preis. Die Arbeiter dieser Schreinerei (Produktionsfaktor Arbeit) stellen mithilfe von Maschinen (Produktionsfaktor Kapital) in den Räumlichkeiten der Schreinerei (Produktionsfaktor Boden) aus dem Holz Stühle her. Diese Stühle werden nun an ein Möbelhaus verkauft. Aus dem Verkaufserlös bezahlt das Unternehmen das Holz der Sägerei sowie die Entschädigungen für den Einsatz der Produktionsfaktoren.

4. Ethik

Claudio Caduff
Thomas von Burg

4.1. Grundlagen

Begriffe

■ Ethik

Die Menschen sollen untereinander als Gemeinschaft gut zusammenleben können – in der Familie, in der Schule, in verschiedenen Gruppen, am Arbeitsplatz, in einem Dorf, in einer Stadt, in einem Land oder auf der ganzen Welt.
Dazu reichen jedoch Gesetze, Verbote und Gebote nicht aus. Es bedarf auch einer guten persönlichen, inneren Einstellung jedes Einzelnen, die das Handeln entsprechend leiten sollte.

> **Ethik:** *In ihr wird über Grundsätze der Moral, über ihre Begründung (worauf basiert diese?) und über ihre Anwendung nachgedacht.*

Ethik bezieht sich immer auf Fragen, die alle Menschen betreffen. Es geht also um die Frage, wie wir leben sollen. Konkret: Was darf ich tun? Wie soll ich mich verhalten? usw.

Auch wenn die Ethik sich mit menschlichem Handeln beschäftigt, so ist sie keine Handlungstheorie. Es geht ihr vielmehr um solche Handlungen, die als moralisch bezeichnet werden können. In diesem Zusammenhang beschäftigt sie sich mit Begriffen wie Moral, Werte, Freiheit und Gerechtigkeit.

Die angewandte Ethik setzt sich ihrerseits mit moralischen Fragen in speziellen Lebensbereichen auseinander (siehe S. 326 ff.).

■ Moral

Der Begriff Moral kann sich auf die Gesellschaft oder auf die einzelnen Menschen beziehen.

> **Moral in der Gesellschaft:** *Sie umfasst alle Werte und Normen, die das zwischenmenschliche Verhalten bestimmen (z.B. dass man grundsätzlich Achtung vor den Mitmenschen hat).*
> **Moral für den Einzelnen:** *Sie bestimmt das persönliche Verhalten aufgrund individueller Werte (z.B. dass ich meine Eltern im Alter pflegen werde).*

Bei der Moral stehen also Normen und Werte im Zentrum.

■ Moralische Normen

> **Moralische Normen:** *Sie sind verbindliche moralische Forderungen, was sein und was gelten soll. Sie legen also fest, wie Werte zu realisieren sind.*

Beispiel:
Die modernen Menschenrechte sind allgemeingültige Normen. Ihnen liegt u. a. die Norm «Alle Menschen sind gleich» zugrunde.

Nicht zu verwechseln sind die moralischen Normen mit anderen Normen, bei denen es sich um verbindliche Bestimmungen handelt (gesetzliche Normen, Industrienormen usw.).

4.1. Grundlagen

■ Werte

> **Werte:** *Sie sind ein Orientierungsmassstab, an dem Menschen ihr Handeln ausrichten.*

In unterschiedlichen Kulturen gibt es verschiedene Werte mit unterschiedlichen Bedeutungen.

Wertepluralismus
In früheren Zeiten gaben autoritäre Instanzen wie die Kirche und der Staat den Menschen eine Vielzahl von verbindlichen Werten vor. In den heutigen pluralistischen Gesellschaften der westlichen Welt gelten Werte jedoch zunehmend als etwas Persönliches. Die Menschen entwickeln aus sich heraus ihre eigenen Werte, die vor allem ihren persönlichen Bedürfnissen entsprechen. Darum spricht man heute auch vom Wertepluralismus. Dennoch gibt es bei uns Werte, die allgemein gelten (z.B. Ehrlichkeit, Fürsorge).

Bevorzugte Werte junger Berufslernender
Eine Untersuchung zu den bevorzugten Werten von jungen Berufslernenden in der Schweiz hat ergeben, dass vier Werte für beinahe alle von grosser Bedeutung sind:
– wahre Freundschaft
– Fröhlichkeit
– Ehrlichkeit
– Offenheit

Vier weitere Werte sind für viele, wenn auch nicht für alle, bedeutend: Frieden in der Welt, Fürsorge in der Familie, Hilfsbereitschaft, erfüllte Liebe.
Folgende Tugenden aus früheren Zeiten sind mittlerweile ohne grosse Bedeutung: Disziplin, Gehorsamkeit, Leistungsbereitschaft und Weisheit.

4.1. Grundlagen

Freiheit

In der Moral spielt die Freiheit eine grosse Rolle.

■ Moral und Handlungsfreiheit

Moralisches und unmoralisches Handeln ist nur möglich, wenn ein Mensch ein bestimmtes Mass an Freiheit besitzt, d.h. wenn er aus verschiedenen Handlungsmöglichkeiten auswählen kann.

Beispiele:
– Wenn eine gesunde Frau während einer Autofahrt am Steuer einen Hirnschlag erleidet und dabei einen Unfall verursacht, bei dem eine vierköpfige Familie stirbt, dann wird ihr niemand unmoralisches Handeln vorwerfen können.
Die Frau hatte weder eine bewusste Entscheidung gefällt noch hatte sie aus einer möglichen Zahl von Handlungsalternativen auswählen können.

– Wenn ein verzweifelter Geschäftsmann vor dem Konkurs sich das Leben nimmt, indem er in einen entgegenfahrenden Lastwagen fährt, dann ist dies unmoralisch, weil er damit dem Lastwagenfahrer schwere körperliche und/oder psychische Schäden verursacht.
Der Geschäftsmann hatte sich frei für diese Form des Selbstmordes mit unfreiwilliger Beteiligung anderer Menschen entschieden. Er hätte aber auch andere Formen des Freitodes wählen können.

■ Negative und positive Freiheit

> **Negative Freiheit:** *Sie ist der Bereich des Menschen, in dem er unbehindert ist von Eingriffen von aussen und in dem er tun und lassen kann, was er will.*

Bei der negativen Freiheit spricht man oft auch von der «Freiheit von...» (äusserem Zwang).

Liberalismus
Verfechter der negativen Freiheit betonen besonders die Rechte des Individuums gegenüber dem Staat. Freiheit bedeutet für sie vor allem Schutz vor Eingriffen des Staates. Auch die Wirtschaftsfreiheit wird vor allem als möglichst geringe Einflussnahme des Staates (z.B. Arbeitsrecht, Steuern) verstanden. Diese Position wird als liberal bezeichnet.

> **Positive Freiheit:** *Sie ermöglicht dem Menschen die Gestaltung seines Lebens in einer Gemeinschaft.*

Die positive Freiheit wird häufig als «Freiheit zu...» (einem selbstbestimmten Leben) bezeichnet.

Diese beiden Verständnisse von Freiheit spielen in der politischen Diskussion eine bedeutende Rolle.

Kommunitarismus
Für Anhänger der positiven Freiheit steht das Leben in der Gemeinschaft im Vordergrund. Dieses Leben schränkt zwar das Individuum ein, doch durch ein grosses Mitbestimmungsrecht gewinnt man viel (positive) Freiheit. Hier gilt ein starker, von allen mitgestalteter Staat (der z.B. für die sozial Schwachen sorgt) als ideale Gemeinschaft. Dies ist die kommunitaristische Haltung (d.h. Gemeinsinn und soziale Tugenden stehen im Vordergrund).

4.1. Grundlagen

Gerechtigkeit

Gerechtigkeit ist ein Begriff, der sich nicht auf das Gesetz beschränkt. Die Gerechtigkeit ist ein zentrales Element der Ethik.

> **Gerechtigkeit:** *Ist eine Grundhaltung, wonach jemand Richtig und Falsch sorgfältig abwägt und danach handelt.*

Gerechtigkeit spielt in vielen Bereichen eine wichtige Rolle, unter anderem in der Rechtsprechung, im gesellschaftlichen Leben und im Sport.

■ Gerechtigkeit in der Rechtsprechung

Recht und Gerechtigkeit sind nicht das Gleiche, aber das eine ist ohne das andere nicht denkbar: Solange Gerechtigkeit in Gesetzen nicht festgeschrieben wird, ist sie unverbindlich; und Gesetze, die ungerecht sind, darf es in einem Rechtsstaat nicht geben.
Beispiel: Die Bundesverfassung enthält zwar den Begriff Gerechtigkeit nicht. Doch die in Artikel 7 bis 34 garantierten Grundrechte für alle Menschen sind die staatliche Sicherung von Gerechtigkeit. Und nach Artikel 2 setzt sich die Schweiz «für eine friedliche und *gerechte* internationale Ordnung» ein.

■ Gerechtigkeit im gesellschaftlichen Leben

Die soziale Gerechtigkeit wird in verschiedene Bereiche unterteilt:

Chancengerechtigkeit — Nach dem Prinzip der Chancengerechtigkeit soll jeder Mensch dieselben Chancen und Möglichkeiten haben, am politischen (z.B. an Wahlen), am wirtschaftlichen (z.B. als Aktionär) und am gesellschaftlichen Leben (z.B. an kulturellen Anlässen) teilzunehmen.
Beispiel: Ganz wichtig ist die Chancengerechtigkeit in der Bildung: Es sollten alle Kinder entsprechend ihren Begabungen und Fähigkeiten in der Schule gefördert werden.

Chancengleichheit — Die Chancengleichheit gibt allen Menschen das Recht auf eine gerechte Verteilung von Zugangs- und Lebenschancen (z.B. medizinische Versorgung).
Beispiel: Das in den Menschenrechten festgehaltene Diskriminierungsverbot aufgrund des Geschlechtes, der Religion oder der Herkunft garantiert die Chancengleichheit.

Verteilgerechtigkeit — Grundsätzlich heisst Verteilgerechtigkeit: Alle erhalten gleich viel. In unserer Gesellschaft besteht diese Gerechtigkeit nicht. Dennoch gibt es im sozialen Ausgleich Elemente der Verteilgerechtigkeit.
Beispiel: Über die Steuern nimmt der Staat jenen, die viel verdienen und besitzen, einen Teil davon weg, um es jenen zu geben, die schlechter gestellt sind. Dahinter liegt die Grundidee des Sozialstaates, wonach jedem Menschen zumindest eine existenzsichernde Grundversorgung zusteht (Prinzip der Umverteilung).

■ Gerechtigkeit im Sport

Im Sport wird anstelle des Wortes Gerechtigkeit der englische Begriff «Fairness» verwendet. Er bedeutet, dass man sich im Spiel an die Regeln hält, den Gegner achtet und anständig spielt. Es gibt im Sport auch viele ungeschriebene Fairness-Regeln.
Beispiel: Im Curling verlangt es die Fairness, dass ein unabsichtlich verschobener eigener Stein vom Feld genommen wird, auch wenn die Gegner und die Schiedsrichter den Verstoss nicht bemerkt haben.

4.1. Grundlagen

Ethische Grundprinzipien

Menschen sind geleichzeitig Individuen und soziale Wesen. Daraus ergeben sich im täglichen Zusammenleben immer wieder Konflikte zwischen den eigenen, persönlichen Interessen und jenen der Mitmenschen.

Seit es Menschen gibt, haben sich Denker mit diesem Problem auseinandergesetzt, und es entstanden moralische Regeln bzw. Prinzipien, die als Leitlinien für gutes Handeln und Verhalten dienen.

Im Folgenden werden sechs dieser Prinzipen kurz erläutert.

■ Das Prinzip der goldenen Regel

> **Prinzip der goldenen Regel:** *Behandle deine Mitmenschen so, wie du auch von ihnen behandelt werden möchtest.*

Dieses Prinzip der Nächstenliebe (siehe S. 336) gibt es praktisch in allen Kulturen und Religionen. Nicht selten wird es in einer negativen Form ausgedrückt, z.B. im gereimten Sprichwort, das auf die Luther-Bibel zurückgeht: «Was du nicht willst, dass man dir tu, das füg auch keinem anderen zu.»

Die goldene Regel bezieht sich auf keine konkreten Situationen und sie setzt voraus, dass alle Menschen dieselben Interessen und Abneigungen haben.

■ Das kategorische Prinzip

> **Kategorisches Prinzip:** *Handle nur nach Grundsätzen, die allgemein (z.B. als Gesetze) für alle gelten könnten.*

Das kategorische Prinzip wurde vom deutschen Philosophen Immanuel Kant (1724–1804) formuliert. Es baut auf die Vernunft des Menschen, ist unabhängig von konkreten Inhalten und dient als Mittel zur moralischen Überprüfung von Handlungen und Normen.

Immanuel Kant (1724–1804)

Im Gegensatz zu anderen bewertet das kategorische Prinzip nur die Absicht und den Willen des Handelnden. Sind diese gut, so ist auch die Handlung gut, lautet die Schlussfolgerung von Kant.

■ Das Nützlichkeitsprinzip

> **Nützlichkeitsprinzip:** *Handle so, dass du unter den möglichen Alternativen jene wählst, die am meisten Interessen befriedigt.*

Grundsätzlich geht es nach diesem Prinzip, das von den beiden englischen Philosophen Jeremy Bentham (1748–1832) und John Stuart Mill (1806–1873) systematisiert wurde, um das grösstmöglich Glück für die grösstmögliche Anzahl von Menschen. Hier stehen also im Gegensatz zum kategorischen Prinzip die Folgen des Handelns im Vordergrund.

Jeremy Bentham (1748–1832)

Offen bleiben die Fragen, was denn das wahres Glück für den Menschen ist und wie nach diesem Prinzip die Interessen von Minderheiten gewahrt werden können.

Das Gerechtigkeitsprinzip

Gerechtigkeitsprinzip: *Handle als Stärkerer so, dass du auch die Interessen der Schwächeren berücksichtigst.*

Es war besonders der amerikanische Philosoph John Rawls (1921–2002), der die Bedeutung der Gerechtigkeit in der Gesellschaft hervorhob. Bei seinem Prinzip geht es vor allem auch um gerechte Verfahren. Dabei stehen zwei Prinzipien im Vordergrund:
– Jeder Mensch hat den gleichen Anspruch auf ein System gleicher Grundfreiheiten. Diese Grundfreiheiten sind mit den Freiheiten für alle vereinbar.
– Soziale und wirtschaftliche Ungleichheiten müssen so gestaltet sein, dass sie den am wenigsten begünstigten Angehörigen der Gesellschaft den grössten Vorteil bringen.

Mit Hilfe eines Gedankenspiels, dem «Schleier des Nichtwissens», erläutert Rawls seine Vorstellung einer gerechten Gesellschaft: Menschen entscheiden in einer fiktiven Entscheidungssituation über die Gesellschaftsordnung, gleichzeitig wissen sie aber nicht, welche Position (z.B. als Chefarzt oder als Langzeitarbeitsloser) sie in ihr einnehmen.

John Rawls (1921–2002)

Das Verantwortungsprinzip

Verantwortungsprinzip: *Handle so, dass das menschliche Leben auch für die Zukunft nicht gefährdet wird.*

Das vom deutschen Philosophen Hans Jonas (1903–1993) vertretene Prinzip beurteilt menschliches Handeln aus der Sicht der Folgen für die Zukunft bzw. für die Nachwelt. Während die Handlungen der Menschen in früheren Zeiten nur ganz bescheidene und lokale Auswirkungen auf die Umwelt hatten, verursacht die moderne Technik nicht selten globale Auswirkungen, die zudem kaum mehr rückgängig zu machen sind.

Mit dem Prinzip der Verantwortung eng verknüpft ist das Prinzip der Nachhaltigkeit. Es besagt: Der Mensch soll so handeln, dass die Lebenschancen zukünftiger Generationen nicht beeinträchtigt werden. Dies betrifft vor allem den ökologischen, den ökonomischen und den sozialen Bereich.

Hans Jonas (1903–1993)

Das Konsensprinzip

Konsensprinzip: *Handle nach solchen Grundsätzen, mit denen alle von deiner Handlung betroffenen Menschen einverstanden sind.*

Voraussetzung für das Konsensprinzip ist der Diskurs, d.h. das Aushandeln. Nach Jürgen Habermas (*1929) soll dieses Prinzip in allen öffentlichen (politischen und sozialen) Konflikten zur Anwendung kommen.

Dazu müssen einige Bedingungen erfüllt werden: Vernünftiges Argumentieren setzt mündige, gleichberechtigte Gesprächspartner voraus, und diese anerkennen einander gegenseitig. Weiter müssen sich alle Betroffenen am Diskurs beteiligen, und ein Entscheid erfordert die Zustimmung aller.

Die Grundlage des Konsensprinzips bilden die Menschenrechte, die allgemeine Gültigkeit haben und nicht zur Diskussion stehen.

*Jürgen Habermas (*1929)*

Angewandte Ethik

> **Angewandte Ethik:** *Sie beschäftigt sich mit der Anwendung von Werten und von moralischen Normen auf konkrete moralische Konfliktfälle und Entscheidungen.*

Oft spricht man auch von praktischer Ethik. Diese lässt sich in viele Untergebiete aufteilen.

Ordnung der angewandten Ethik

Am besten ordnet man die vielen Untergebiete nach vier Hauptthemen:

Thema	Untergebiet
Natur	Umweltethik (ökologische Ethik)
Leben	Bioethik, Medizinethik, Tierethik
Verantwortung	Berufsethik, Gen-Ethik, Medienethik, Technikethik, Wissenschaftsethik, pädagogische Ethik
Gleichheit/Gerechtigkeit	Geschlechterethik, Rechtsethik, Wirtschaftsethik, Sozialethik

Nachfolgend werden einige der Untergebiete mit ihren wichtigsten Fragestellungen vorgestellt.

Thema: Natur

Umweltethik

Die ökologische Ethik hat in den letzten dreissig Jahren stark an Bedeutung zugenommen. Grund dafür ist die vielfältige, weltweite Bedrohung durch Umweltverschmutzung, Treibhauseffekt, Ozonloch usw.
Der Mensch als ein Wesen, das seine Umwelt stark verändert, muss sich folgende Fragen stellen:
– Wie soll man mit Umweltverschmutzung umgehen?
– Sind Industrialisierung und Wirtschaftswachstum mit dem Schutz der Umwelt vereinbar?
– Dürfen wir Müll in die Dritte Welt exportieren? Dürfen wir ihn im Meer, tief in der Erde (Atommüll) oder im Weltall entsorgen?
– Wie viel Energieverbrauch pro Kopf ist vernünftig?

Thema: Leben

Bioethik

In der Bioethik wird die richtige Handlungsweise des Menschen gegenüber dem Leben allgemein diskutiert:
– Ist das Aussterben von Pflanzen bedenklich?
– Wie wichtig ist die Erhaltung der Artenvielfalt (Biodiversität)?
– Können Pflanzen empfinden?
– Dürfen wir Tiere schlachten und essen?

4.2. Angewandte Ethik

Medizinethik

Früher war die Medizinethik auf das Arzt-Patienten-Verhältnis beschränkt. Heute sind es auch allgemeine Fragen zum Umgang mit Kranken, zum Umgang mit dem Sterben und dem Tod, zur Organtransplantation und zur Fortpflanzungsmedizin, die zu Diskussionen Anlass geben:

- Soll der Patient immer für sich entscheiden oder soll der Arzt als Experte selbständig entscheiden?
- Ist der Verzicht auf Nahrung und Flüssigkeit auf Verlangen des Patienten passive oder aktive Sterbehilfe?
- Darf die Abgabe von Medikamenten aus Kostengründen verweigert werden?
- Welche Art Sterbehilfe darf von einem Menschen im Voraus bestimmt werden?
- Ist Beihilfe zum Selbstmord erlaubt?
- Sind Hirntote (alle messbaren Hirnfunktionen sind vollständig ausgefallen, obwohl der Kreislauf noch künstlich erhalten wird) Lebende oder Tote?
- Ist aktive Sterbehilfe bei schwerstbehinderten Neugeborenen erlaubt?
- Ist die Organentnahme nur nach schriftlicher Vorausverfügung des Spenders zulässig?
- Wie stellt man eine gerechte Verteilung der gespendeten Organe sicher?
- Unter welchen Bedingungen ist künstliche Befruchtung vertretbar?
- Dürfen Leihmütter die befruchteten Eier anderer Frauen austragen?
- Ist die gezielte Geschlechtswahl des zukünftigen Kindes erlaubt?
- Ist ein Schwangerschaftsabbruch zulässig (Selbstbestimmungsrecht der Frau) oder verletzt er das Recht auf Leben des Ungeborenen?
- Ist Embryonenforschung erlaubt?
- In welcher Reihenfolge sollen Patienten behandelt werden (z.B. im Notfall)?
- Wie wird medizinische Grundversorgung bestimmt?
- Was gilt als Zusatzversorgung, die nicht allen zusteht?

■ Thema: Verantwortung

Wissenschaftsethik

Wissenschaftler werden bei ihrer Berufsausübung oft vor ethische Probleme gestellt:
- Soll das wissenschaftliche Wissen allen oder nur einer kleinen Gruppe zugänglich gemacht werden?
- Sollen Wissenschaftler in ihren Forschungen beschränkt werden?
- Sind Wissenschaftler verantwortlich für die Verwendung ihrer Entdeckungen (durch andere)?
- Soll alles erforscht werden, was möglich ist?

Technikethik

Neue technische Produkte haben oft auch negative Folgen, die erst nach einer grossen Verbreitung erkannt werden. Daraus ergeben sich auch ethische Fragen:
- Soll die Einführung von neuen Technologien dem Markt überlassen werden?
- Sollen nur neue Produkte zugelassen werden, die im Störfall keine dramatischen Schäden anrichten?
- Müssen technische Neuerungen so gestaltet sein, dass sie im Falle erkennbarer Fehlentwicklungen ohne bleibende Folgen zurückgenommen werden können?

Gen-Ethik
In der Gen-Ethik wird die Frage nach den Eingriffen in das Erbgut diskutiert:
- Sollen genetisch veränderte Pflanzen freigesetzt werden?
- Ist das Klonen von Tieren zulässig?
- Sollen Embryonen zur Stammzellenforschung verwendet werden?
- Ist es moralisch zu verantworten, dass in die Eizellen von Versuchstieren Gene eingepflanzt werden, die beim Menschen Krebs erzeugen, um an den entwickelten Tieren diese Krebsarten zu studieren?

Medienethik
Für die Medien steht neben der Wahrhaftigkeit immer auch die Frage im Zentrum, was verbreitet werden darf:
- Wo überwiegt der Persönlichkeitsschutz und wo ist das Informationsbedürfnis der Allgemeinheit wichtiger?
- Ist der sogenannte Checkbuchjournalismus (Informationen gegen Bezahlung der Informanten) zulässig?
- Dürfen Bilder von Hinrichtungen gezeigt werden?
- Mit welchen Bildern wird tatsächlich informiert und welche Bilder befriedigen lediglich die Sensationslust?

Thema: Gleichheit / Gerechtigkeit

Geschlechterethik
Die Gleichberechtigung ist heute unbestritten, dennoch gibt es nach wie vor ungeklärte Fragen:
- In welchen Bereichen des Lebens soll die Gleichheit der Geschlechter gelten, in welchen nicht?
- Sind Kulturen und Religionen, welche die Gleichheit der Geschlechter verneinen, abzulehnen?
- Soll die Bibel in Zukunft nur noch in gerechter Sprache, die beide Geschlechter gleich behandelt, gelesen werden?
- Wann gilt Werbung als sexistisch und verletzt somit die Würde der Frau bzw. jene des Mannes?
- Ist Prostitution immer auch Ausbeutung?

Wirtschafts- und Sozialethik
Die Wirtschaftsethik und die Sozialethik hängen sehr eng zusammen, denn wirtschaftliche Tätigkeit und sozialer Status sind eng miteinander verbunden:
- Was ist ein gerechter Lohn?
- Lassen sich Jahreslöhne in zweistelliger Millionenhöhe rechtfertigen?
- Gibt es Grenzen für das wirtschaftliche Gewinnstreben?
- Dürfen Besitzende allein über die Verwendung ihres Besitzes bestimmen?
- Ist die Entlassung von Arbeitskräften zur reinen Gewinnsteigerung zulässig?
- Darf der Staat die Wirtschaftsfreiheit des Einzelnen begrenzen?
- Darf der Staat Güter umverteilen, d.h. den Besitzenden (über Steuern) Geld nehmen und dieses Geld Bedürftigen geben?
- Welches sind die Grenzen der Selbstverantwortung?
- Hat jeder Mensch ein Recht auf staatliche existenzielle Grundversorgung, auch wenn er aus Faulheit nicht für sich sorgt?
- Müssen erwachsene Kinder finanziell für ihre Not leidenden Eltern einstehen?
- Darf man Kinder von Eltern trennen, die nicht für ihre Kinder sorgen können?
- Was wiegt mehr: Die Freiheit des Einzelnen oder die Gemeinschaft?

4.2. Angewandte Ethik

Moralische Dilemmas

> **Moralisches Dilemma:** *Dies ist ein moralischer Konflikt, in dem Menschen unausweichlich mit einer Entscheidung mindestens einen moralischen Wert verletzen müssen, um einem anderen moralischen Wert nachzuleben.*

Klassisch für ein Dilemma ist die berühmte Situation mit dem Rettungsboot: Im Boot befinden sich drei Personen, obwohl es nur Platz für zwei hat. Das Dilemma besteht nun darin, dass entweder eine Person geopfert wird oder dass alle drei untergehen.

Wichtig an solchen Dilemmas ist, dass wir ihnen nicht ausweichen können: Wie auch immer wir uns verhalten, wir verletzen mindestens einen unserer Werte.

Wir müssen uns immer wieder solchen Situationen stellen. Wichtig dabei ist, dass wir ob diesem inneren Konflikt nicht verzweifeln, sondern dass wir uns nach gutem Überlegen für eine Handlung und die dahinterstehenden Werte entscheiden.

Beispiel: Autounfall

Ein junger Medizinstudent sieht nachts auf einer abgelegenen Landstrasse die Opfer eines schrecklichen Verkehrsunfalls, der sich soeben ereignet haben muss.
Der junge Mann entscheidet sich anzuhalten. Grund dafür ist nicht so sehr die Angst vor der Strafe wegen unterlassener Hilfeleistung. Vielmehr veranlassen ihn moralische Beweggründe anzuhalten und Hilfe zu leisten. Ein solcher Wert ist für ihn: «Man muss in Not geratenen Menschen helfen.»
Zuerst verschafft sich der Autofahrer einen Überblick: Der Unfall, in den zwei Autos verwickelt sind, hat fünf Menschen verletzt: Eine offensichtlich muslimische schwangere Frau mit ihrem Ehemann, ein etwa zehnjähriges Mädchen, einen knapp 20-Jährigen und einen alten Mann.
Sehr rasch erkennt der Student, dass die Lage verzweifelt ist: Er hat sein Mobiltelefon zu Hause vergessen. Es gibt keine Möglichkeit, Hilfe zu holen. Die Wahrscheinlichkeit, dass um die späte Nachtstunde ein anderes Auto auf der abgelegenen Strasse vorbeifährt, ist ausserordentlich gering. Das nächste Spital ist etwa eine Autostunde entfernt. Alle Opfer sind so schwer verletzt, dass sie nach der Einschätzung des Medizinstudenten ohne ärztliche Versorgung kaum eine Stunde überleben. In seinem kleinen Auto kann der Helfer höchstens zwei Verletzte ins Spital im nächstgelegenen Ort fahren.

Dilemma: Wer soll gerettet, wer zurückgelassen werden?
In diesem Beispiel steht der Student vor dem Dilemma, dass der für ihn wichtige Wert «Rette Menschenleben» nicht für alle Opfer gelten kann. Schlimmer noch: Mit der Entscheidung, zwei Menschen das Leben zu retten, entscheidet er sich gleichzeitig dafür, drei Menschen sterben zu lassen.
Auch kann der junge Mann nicht lange überlegen, sonst besteht die Gefahr, dass zu viel Zeit verstreicht, bis zumindest zwei Opfer im Spital behandelt werden können.
Wie immer sich der Helfer entscheidet, es gibt vernünftige Gründe für den getroffenen Entscheid. Andrerseits gibt es auch gute Gründe für eine andere Wahl. Leider geht es hier nicht um eine Geschmackssache, sondern um Leben und Tod.

4.2. Angewandte Ethik

Das Gewissen

> **Gewissen:** *Ist die Fähigkeit des Menschen, sich selbst, sein Wollen und sein Verhalten am Massstab von Gut und Böse zu prüfen und zu bewerten.*

Das Gewissen eines Menschen entwickelt sich im Laufe seiner Lebensjahre und nährt sich aus seinen bewussten und unbewussten Erfahrungen.

Gesetze, Regeln, Gebote und Verbote reichen nicht, damit man ein gutes Leben führen kann. Der Mensch braucht ein inneres Bewusstsein, wie er sein Handeln beurteilen soll – das Gewissen. Dabei drängt es ihn, bestimmte Handlungen zu tun oder zu lassen. Normalerweise fühlt man sich gut, wenn man nach seinem Gewissen handelt, bzw. man fühlt sich schlecht, wenn man sich entgegen seinem Gewissen verhalten hat.

Handeln oder Verhalten kann zu einem reinen Gewissen führen. Ein schlechtes Gewissen kann jedoch einen Gewissenskonflikt oder sogar Gewissensbisse und Schuldgefühle verursachen.

Beispiele:
– Einige haben ein schlechtes Gewissen, wenn sie mit dem Flugzeug nach Übersee in den Urlaub reisen, weil damit die Umwelt und das Klima belastet werden. Andere sehen darin kein Problem.
– Einige haben ein schlechtes Gewissen, wenn sie Bananen oder Kaffeebohnen kaufen, weil beim Anbau dieser Erzeugnisse angeblich Menschen ausgenutzt werden. Sie kaufen nach Möglichkeit Max-Havelaar-Produkte. Andere kümmern sich nicht darum.
– Einige werden beim Lügen rot oder können dem Gesprächspartner nicht in die Augen schauen. Sie geraten in einen Gewissenskonflikt. Andere lügen wie gedruckt, ohne dass man ihnen etwas anmerkt.

Gewissen und Wehrpflicht

Dass das Gewissen etwas Persönliches und Individuelles ist, zeigt das Beispiel der Wehrpflicht. Lange hat der Gesetzgeber diesem Umstand nicht genügend Rechnung getragen. Etliche Militärdienstverweigerer kamen ins Gefängnis. Erst seit 1996 ist es in der Schweiz möglich, aus Gewissensgründen anstelle des Militärdienstes Zivildienst oder unbewaffneten Militärdienst zu leisten.

Die 5 Weltreligionen

Jede der 5 Weltreligionen nimmt für sich in Anspruch, das menschliche Zusammenleben durch Gesetze, Gebote und Verheissungen zu regeln. Ihr Ziel ist, dass die Menschen glücklich miteinander zusammenleben können. So vertreten sie denn auch zum Teil gleichlautende oder ähnliche Werte, die das Zusammenleben der Menschen erst ermöglichen.

Nachfolgend werden die Religionen in der Reihenfolge der kulturellen Nähe zu uns aufgeführt.

Das Christentum

Gründung
Diese Religion wurde von Christus (etwa 0 – 33 nach Christus) und seinen Aposteln gegründet. Christus ist der Sohn Gottes, auch Messias (Gesalbter, Erlöser) genannt.

Verbreitung
Mit weltweit rund 2,1 Milliarden Gläubigen ist das Christentum die grösste Religionsgemeinschaft.
Die Christen unterteilen sich in römisch-katholische, orthodoxe, protestantische, anglikanische und freikirchliche.

Merkmale
Das Christentum ist eine Ein-Gott-Religion. Nach der Überlieferung zog Jesus, der Sohn Gottes, in den drei letzten Jahren seines Lebens in Palästina (in Israel) umher, predigte und wirkte Wunder. Er wurde gekreuzigt. Die Christen glauben, dass Gott seinen Sohn von den Toten zum ewigen Leben erweckt hat.

Lehre (Grundlagen)
Nach christlichem Glauben besteht eine Dreieinigkeit: Gott der Vater, Jesus (Sohn Gottes) und der Heilige Geist. Diese Dreiheit bildet eine Einheit.
Für die Christen ist die Bibel die Heilige Schrift. Christus selber hat kein Wort aufgeschrieben. Seine Lehre und sein Leben sind in den vier Evangelien überliefert, die das in Griechisch geschriebene Neue Testament bilden. Das Alte Testament (vor Christi Geburt entstanden) und in Hebräisch abgefasst, ist für die Christen wie für die Juden eine heilige Schrift.
Gemäss der Bibel gibt es ein irdisches, zeitlich beschränktes Leben und ein ewiges, unvergängliches Leben nach dem Tod.

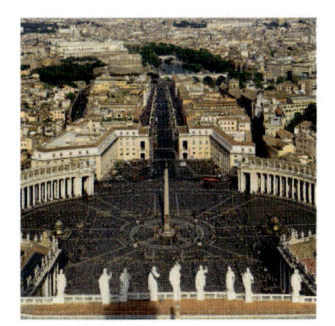

St. Petersplatz im Vatikan in Rom

Wichtige Texte für das Christentum

– Du sollst den Herrn, Deinen Gott lieben mit Deinem ganzen Herzen und mit Deiner ganzen Seele und mit all Deinen Gedanken. Dies ist das grösste und erste Gebot. Das zweite ist ihm gleich: Du sollst Deinen Nächsten lieben wie Dich selbst. (Matthäus 22, 37–39)

– Wer Dich auf die rechte Backe schlägt, dem biete auch die andere dar, und dem, der gegen Dich den Richter anruft und Dir den Rock nehmen will, dem lass auch den Mantel, und wer Dich nötigt, eine Meile weit zu gehen, mit dem gehe zwei. Gib dem, der Dich bittet, und wende Dich nicht von dem ab, der von Dir borgen will. (Matthäus 5, 39–42)

– Wer gross sein will unter Euch, der soll Euer Diener sein; und wer unter Euch der Erste sein will, der soll aller Knecht sein. (Markus 10, 43–44)

– Geben ist seliger als nehmen. (Apostelgeschichte 20, 35)

Das Judentum ✡

Klagemauer in Jerusalem

Gründung
Nach der Überlieferung entstand das Judentum etwa 1400 vor Christus. Es ist besonders durch Moses geprägt, durch den die Israeliten am Berg Sinai Gottes Gebote, die Tora, erhalten haben. Das Judentum gilt als älteste Weltreligion.

Verbreitung
Weltweit zählt man rund 14 Millionen Mitglieder, davon 5,7 Millionen in den USA und 5,1 Millionen in Israel.

Merkmale
Die jüdische Religion ist eine Ein-Gott-Religion. Ihr Gott ist der Schöpfer des Universums.

Lehre (Grundlagen)
Das Judentum gründet im Glauben an den einen Gott, der das Volk Israel unter der Führung Moses aus der ägyptischen Knechtschaft befreit hat.

Die Hebräische Bibel umfasst 3 Elemente: Das Hauptelement ist die Tora (entspricht den ersten 5 Büchern Mose im Alten Testament). Die beiden anderen Elemente sind Newiim (Propheten) und Ketuwim (Erzählungen). Von den Christen wird die Hebräische Bibel als Altes Testament bezeichnet.
Anders als die Christen sind die Juden der Ansicht, der Messias (der Erlöser) komme erst noch, und zwar am «Ende aller Tage».

Die Juden haben im Gegensatz zum Christentum und zum Islam auf das Missionieren von Andersgläubigen verzichtet. Nach Ansicht des Judentums können auch Angehörige anderer Religionen Anteil am Leben nach dem Tode haben, vorausgesetzt, sie haben ein moralisches Leben geführt.

Die Zehn Gebote des Judentums

Ich bin der Herr, Dein Gott.
1. Du sollst keine anderen Götter neben mir haben.
2. Du sollst Dir kein Gottesbild machen.
3. Du sollst den Namen des Herrn, Deines Gottes, nicht missbrauchen.
   Gedenke des Sabbattages, dass Du ihn heilig haltest.
4. Ehre Deinen Vater und Deine Mutter.
5. Du sollst nicht töten.
6. Du sollst nicht ehebrechen.
7. Du sollst nicht stehlen.
8. Du sollst nicht falsches Zeugnis reden wider Deinen Nächsten.
9. Du sollst nicht begehren nach dem Hause Deines Nächsten.
10. Du sollst nicht begehren nach dem Weibe Deines Nächsten, nach seinem Sklaven oder Sklavin, nach seinem Rinde oder seinem Esel, noch irgendetwas, was Dein Nächster hat.
    (Exodus 20,1–21)

Der Islam ☪

Kaaba in Mekka

Gründung
Der Überlieferung nach hat der Prophet Mohammed (571 – 632 nach Christus) den Islam gegründet. Der Islam ist die jüngste der Weltreligionen.

Verbreitung
Es gibt rund 1,3 Milliarden Muslime, die vorwiegend im Mittleren Osten, in der Türkei, in Afrika, in Südostasien, in Indien und in Zentralasien leben.

Merkmale
Der Islam (Islam heisst Unterwerfung, aber auch Hingabe an Gott) ist eine Ein-Gott-Religion.
Die Muslime haben sich in Glaubensrichtungen aufgespalten. Die wichtigsten beiden sind die Sunniten (gegen 90%) und die Schiiten (vor allem im Iran, im Jemen und im Irak).
Bei den Sunniten heisst der oberste Führer «Kalif». Er wird von seinen Anhängern aufgrund seiner Führungsfähigkeiten gewählt (er ist ein weltlicher Führer der Religionsgemeinschaft), während bei den Schiiten der oberste Führer – ein Imam – als rechtmässiger Nachfolger Mohammeds gilt. Er stellt im Glauben der Schiiten ein unfehlbares geistliches Oberhaupt dar.

Lehre (Grundlagen)
Die dem Propheten Mohammed vom Engel Gabriel offenbarten Einsichten sind im Koran niedergeschrieben. Der Koran ist für die Moslems das göttliche Wort. Der Islam kennt keine Trennung von Kirche und Staat.

Ein Moslem verpflichtet sich, an 6 Grundsätze zu glauben: an den einzigen Gott (Allah), an die heiligen Bücher (Koran und andere), an die Engel, an die Propheten (Abraham, Moses, Jesus und Mohammed), an das jüngste Gericht sowie an das Leben nach dem Tod und an die göttlichen Vorherbestimmungen.
5 Pflichten des Korans muss jeder Muslim erfüllen: das Glaubensbekenntnis, das Gebet (fünfmal pro Tag), das Almosengeben, das Einhalten des Fastenmonats Ramadan und die mindestens einmal im Leben durchgeführte Pilgerreise nach Mekka.

Der islamische Pflichtenkodex

Im Namen des barmherzigen und gnädigen Gottes.
Setz nicht dem einen Gott einen anderen Gott zur Seite.
Und Dein Herr hat bestimmt, dass Ihr ihm allein dienen sollt.
Und zu den Eltern sollst Du gut sein.
Und gib dem Verwandten, was ihm zusteht, ebenso dem Armen und dem, der unterwegs ist.
Und tötet nicht Eure Kinder aus Furcht vor Verarmung.
Und tötet niemand, den Gott zu töten verboten hat.
Und lasset Euch nicht auf Unzucht ein.
Und tastet das Vermögen der Waisen nicht an.
Und erfüllt die Verpflichtung, die Ihr eingeht.
Und gebt, wenn Ihr zumesst, volles Mass und wägt mit der richtigen Waage.
Und geh nicht einer Sache nach, von der Du kein Wissen hast.
Und schreite nicht ausgelassen auf der Erde einher.
(Koran, Sure 17,22-38)

Der Hinduismus ॐ

Gründung
Der Hinduismus wurde etwa 2000 –1000 vor Christus durch die vier Veden (die heiligen Schriften des Hinduismus) gegründet.

Verbreitung
Er ist mit rund 900 Millionen Mitgliedern die drittgrösste Religionsgemeinschaft. Diese Religion ist vorwiegend in Indien zu finden.

Merkmale
Es gibt keinen eigentlichen Religionsgründer, aber Millionen von Göttern. Der Hinduismus umfasst eine vielfältige Sammlung verschiedener Kulte und religiöser Vorstellungen. Er vertritt daher keine einheitliche Lehre. Die meisten Hindus glauben an einen Gott, an etwas Absolutes. Dies verbinden sie – je nach Richtung – mit einer ganz bestimmten Gestalt, etwa mit Shiva (der Gütige), mit Vishnu (der Erhalter) oder mit Shakti (die weibliche Urkraft des Universums).

Lehre (Grundlagen)
Nach Ansicht der Hinduisten besteht das Leben in einem endlosen Rad von Wiedergeburten. Die Seele ist ewig und durchläuft nach dem Gesetz des Karmas viele irdische Existenzen. Karma heisst, dass alle guten oder schlechten Taten des jetzigen Lebens eine Auswirkung auf das nächste haben.

Die vier Veden gelten als die heiligen Schriften. Äusserst populär ist das Bhagavad-Gita (ein wichtiger Leitfaden humanistischer Ethik).
Im Gegensatz zu den anderen Weltreligionen kann man nicht zum Hinduismus konvertieren (übertreten). Mitglied der hinduistischen Gesellschaft kann nur sein, wer in eine Kaste hineingeboren worden ist. Diese Kasten stellen die hinduistische Gesellschaftsordnung dar: Brahmanen sind Priester, Kshatriyas sind Adlige, Vaishyas Kaufleute und Sudras Arbeiter. Auf der untersten Stufe der Gesellschaft stehen die Kastenlosen, die Unberührbaren.

Tempel in Trincomalee in Sri Lanka

Die vier klassischen Lebensziele eines Hindus

- Das Streben nach Nützlichem und der Erwerb von Wohlstand (artha)
- Das Streben nach Angenehmem und nach Sinnengenuss (kama)
- Das Bemühen um Rechtschaffenheit und um Tugend (dharma)
- Das Streben nach Erlösung oder nach geistiger Befreiung (moksha)

Tugenden des Yoga-Weges

- Gewaltlosigkeit, Nichtverletzen (a-himsa)
- Wahrhaftigkeit (satya)
- Nichtstehlen (a-steya)
- Keuschheit, reiner Lebenswandel (brahmacharya)
- Begierdelosigkeit (a-parigraha)
- Man sollte nicht nehmen, was anderen gehört, das ist eine ewige Verpflichtung. (aus dem Mahabharata)

4.3. Die 5 Weltreligionen

■ Der Buddhismus ☸

Gründung

Gautama Siddharta (etwa 560–480 vor Christus) gilt als Gründer des Buddhismus.

Verbreitung

Auf der Welt gibt es über 400 Millionen Buddhisten, aufgeteilt in Schulen des Theravada (Sri Lanka, Burma, Thailand, Kambodscha, Laos) und des Mahayana (Vietnam, China, Korea, Japan, Tibet).

Merkmale

Gautama Siddharta hatte Mühe mit dem Hinduismus, in dem er aufgewachsen war. Die unzähligen Gottheiten im Hinduismus störten ihn ebenso wie das ihm ungerecht erscheinende Kastensystem.

Man kann nur Buddhist werden, wenn man die drei Juwelen annimmt: Buddha (der «Erleuchtete»), Dharma (die Lehre Buddhas) und Sangha (die Mönchsgemeinschaft).

Der Buddhismus unterscheidet sich von den Ein-Gott-Religionen (Judentum, Christentum und Islam) grundlegend, weil die buddhistische Lehre weder einen allmächtigen Gott noch eine ewige Seele kennt. Vom Hinduismus unterscheidet er sich, weil es für ihn kein Kastensystem gibt.

Lehre (Grundlagen)

Ziel der Buddhisten ist es, sich vom ewigen Kreislauf des Leidens zu befreien, indem sie sich moralisch gut verhalten, Tugenden pflegen, Mitgefühl und Weisheit entwickeln und Meditation praktizieren.

Siddharta Gautama lehrte in den «Vier Edlen Wahrheiten» die Einsicht in die Ursache menschlichen Leidens und zeigte mit dem «Achten Pfad» einen Weg zur Überwindung des Leidens auf. Durch diese Einsicht wurde Siddharta Gautama zu Buddha, zum Erleuchteten. Nach dem buddhistischen Glauben herrscht im Nirvana der Zustand vollständiger Freiheit. Man ist befreit vom Leid, also z.B. von Hass oder von Gier. An Karma und Wiedergeburt (Reinkarnation) glauben sowohl die Buddhisten wie die Hinduisten.

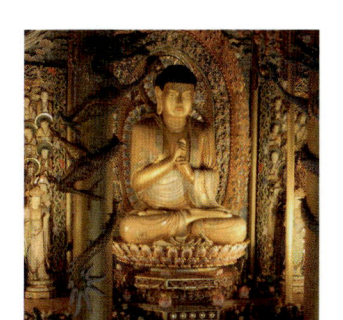

Buddha-Statue in einem Tempel in Jejudo, Süd-Korea

Die fünf Grundgebote des Buddhismus

Ich gelobe, mich des Tötens zu enthalten.
Ich gelobe, mich des Stehlens zu enthalten.
Ich gelobe, mich des unrechten Wandels in Sinneslust zu enthalten.
Ich gelobe, mich des Lügens zu enthalten.
Ich gelobe, mich des Rausches zu enthalten.

Das Lassen allen Übeltuns

Beschäftigung mit gutem Werk,
Reinigung des eigenen Sinns,
Das ist, was der Buddha lehrt.
(Dhammapada 183)

Goldene Regel/Weltethos

■ Die «Goldene Regel» in den Weltreligionen

Die meisten Religionen kennen eine oder mehrere goldene Regeln. Darunter versteht man einen wichtigen Leitspruch oder ein markantes Motto, welches einen grossen Teil der moralischen Verpflichtungen in einem Satz zusammenfasst.

Judentum
Du sollst Deine Nächsten lieben wie dich selbst.
(Leviticus 19, 18)

Hinduismus
Man soll sich gegenüber anderen nicht in der Weise benehmen, die für einen selbst unangenehm ist, das ist das Wesen der Moral.
(Sutrakritanga)

Buddhismus
Ein Zustand, der nicht angenehm oder erfreulich für mich ist, soll es auch nicht für einen anderen sein. Wie kann ich einen Zustand einem anderen zumuten, der nicht angenehm oder erfreulich für mich ist.
(Samyutte Nikaya V)

Christentum
Alles, was ihr wollt, das euch die Menschen tun, das tut auch Ihr ihnen ebenso.
(Matthäus, 7,2; Lukas 6, 31)

Islam
Keiner von Euch ist ein Gläubiger, solange er nicht seinem Bruder wünscht, was er sich selber wünscht.
(Aussprüche Mohammeds)

■ Das Weltethos

Das von Professor Hans Küng vorgelegte Projekt Weltethos wird von vier Grundüberzeugungen und Grundweisungen getragen. Sie wurzeln im Prinzip der Humanität und der Goldenen Regel. Heute sind sie interkulturell und global anerkannt.

Vision
1. Kein Friede zwischen den Nationen ohne Friede zwischen den Religionen!
2. Kein Friede zwischen den Religionen ohne Dialog zwischen den Religionen!
3. Kein Dialog zwischen Religionen ohne globale ethische Standards!
4. Kein Überleben unseres Globus ohne ein globales Ethos, ein Weltethos, getragen von religiösen und nicht-religiösen Menschen!

Prinzipien
1. Menschenwürde: Jeden Menschen menschlich behandeln!
2. Goldene Regel: Was du willst, das man dir tu', das tue auch dem Andern!

Grundweisungen
1. Verpflichtung auf eine Kultur der Gewaltlosigkeit und der Ehrfurcht vor allem Leben
2. Verpflichtung auf eine Kultur der Solidarität und eine gerechte Wirtschaftsordnung
3. Verpflichtung auf eine Kultur der Toleranz und ein Leben in Wahrhaftigkeit
4. Verpflichtung auf eine Kultur der Gleichberechtigung und die Partnerschaft von Mann und Frau

5. Ökologie

Christina Mihajlovic-Wachter
Claudio Caduff

5.1. Grundlagen

Begriffe

■ Ökologie

> **Ökologie:** *Sie beschäftigt sich mit den komplexen Wechselbeziehungen der Lebewesen untereinander und zu ihrer unbelebten Umgebung (zu ihrem Lebensraum).*

Der moderne Mensch verändert die Umwelt in sehr starkem Masse: Bergbau, Landwirtschaft, Industrie, Städtebau usw. und der damit verbundene Verbrauch von Energie und Stoffen (chemische Elemente und Verbindungen) geschehen in grossem Massstab. Damit werden Eigenschaften der Umgebung verändert. Dies hat schwer abschätzbare Folgen für die Pflanzen, für die Tiere und für den Menschen selbst.

■ Ökosystem

> **Ökosystem:** *Zeigt die wechselseitigen komplexen Beziehungen zwischen einer bestimmten Lebensgemeinschaft (Biozönose) und deren Lebensraum (Biotop).*

Ökosysteme sind keine abgeschlossenen Systeme. So können z.B. die Grenzen zwischen dem Waldökosystem und dem Wiesenökosystem nicht genau festgelegt werden.
Der Begriff Ökosystem wird zum einen abstrakt verwendet, man spricht z.B. vom Ökosystem See. Andrerseits spricht man z.B. konkret vom Ökosystem Zugersee. Die Gesamtheit aller Ökosysteme auf der Erde nennt man Öko- oder Biosphäre.

■ Stoffkreislauf

> **Stoffkreislauf:** *Er bezeichnet einen Kreislauf von chemischen Verbindungen, die über eine Reihe von Prozessen und Formen wieder zu ihren Ursprungsstoffen werden.*

Es gibt viele verschiedene Stoffkreisläufe in Ökosystemen. Für das Leben wichtig sind der Wasserstoff-, der Sauerstoff-, der Kohlenstoff-, der Stickstoff-, der Schwefel- und der Phosphorkreislauf.

In den Kreisläufen der Biosphäre ergänzen sich Prozesse gegenseitig so, dass kein Rest entsteht. Man spricht daher von geschlossenen Kreisläufen.

Beispiel:
Über den Nährstoffkreislauf gelangen Stoffe von den Produzenten (Pflanzen) zu den Konsumenten (Menschen, Tiere). Von den Konsumenten gelangen sie an die Destruenten (Bakterien, Pilze) und von diesen gehen die Stoffe wieder zu den Produzenten (Pflanzen).
Durch menschliche Tätigkeiten (z.B. Abholzung von Tropenwäldern) werden die Stoffkreisläufe häufig aufgebrochen.

■ Nachhaltigkeit

> **Nachhaltigkeit:** *Sie umschreibt allgemein den sorgfältigen Umgang mit den Ressourcen. Abbauen und Nachwachsen der Ressourcen sollten im Gleichgewicht stehen, so dass der Lebensraum seine Funktionen, z.B. Bereitstellung von Nahrung und sauberem Trinkwasser, weiterhin erfüllen kann.*

Nachhaltige Produktionsmethoden und Lebensweisen basieren auf möglichst geringem Ressourcenverlust.

5.1. Grundlagen

Beeinträchtigte Aspekte: Ursachen/Folgen

Das natürliche Umfeld des Menschen ist vielfältig beeinträchtigt.

Aspekt	Ursache	Folgen
Luft	– Verbrennung von Treibstoffen – Verbrennung von Haushalt- und Industrieabfällen – Herstellungsprozesse (z.B. chemische Industrie, Stahlindustrie)	– Bildung von Ozon an wärmeren Tagen in der bodennahen Luftschicht (Atemwegserkrankungen bei Mensch und Tier, Schädigung der Pflanzen) – Bildung von Feinstaub (Atemwegs- und Krebserkrankungen) – Ozonabbau in der Atmosphäre, verstärkte UV-Strahlung (Hautkrebs)
Boden	– Versiegelung (z.B. Strassen, Gebäude) – Abholzung – Einsatz von schweren Maschinen – Transport von Schadstoffen über die Luft und Ablagerung im Boden	– Geringere landwirtschaftliche Erträge – Bodenerosion (erhöhte Überschwemmungsgefahr) – Bodenverdichtung (Abnahme der Fruchtbarkeit, erschwerte Wasseraufnahme – Abnahme der Bodenfruchtbarkeit
Wasser	– übermässiger Wasserverbrauch – Verschmutzung der Wasserreserven	– Absinken des Grundwasserspiegels (Austrocknung des Bodens) – Zunahme der Wüsten – Schädigung von Wasserpflanzen und Wassertieren
Biodiversität	– Zerstörung von Lebensräumen (z.B. durch Überbauung, Monokulturen) – Klimaveränderung – Übernutzung	– Verschwinden von Arten und deren Lebensräume – Verringerung der genetischen Vielfalt
Klima	– Verbrennung fossiler Brennstoffe – Abholzen von Wäldern – intensive Nutzung in der Landwirtschaft (z.B. Viehzucht)	Klimaerwärmung durch Treibhauseffekt (mehr Stürme, Überschwemmungen, Abschmelzen des Polareises und der Gletscher, Wüstenbildung usw.)
Abfall/Littering	Herstellung und Konsum von zu vielen und nicht nachhaltig produzierten Gütern (Energie, Nahrung, Kleidung, Bauten usw.)	– Verlust von Rohstoffen/Ressourcen – Beeinträchtigung von Boden, Wasser und Luft (z.B. durch Verbrennung)
Lärm	– Verkehr (Strassen-, Schienen- und Luftverkehr) – Industrie	Lärmbelastung (Schlafstörungen, Konzentrationsschwächen, verminderte Lernfähigkeit bei Kindern usw.)
Elektrosmog	– Hochspannungsleitungen – Eisenbahnfahrleitungen – elektrische Geräte – Mobilfunkantennen – Radio- und Fernsehsender – Radaranlagen – Mikrowellenöfen	Elektrostrahlungen (Nervosität, Schlafstörungen, Gliederschmerzen usw.)

5.1. Grundlagen

Ökobilanz und Energieeffizienz

▪ Ökobilanz

> **Ökobilanz:** *Sie ist eine Methode zur Abschätzung der Auswirkungen eines Produkts während seiner gesamten Lebensdauer auf die Umwelt.*

Bei der Ökobilanz werden der Energie- und der Rohstoffverbrauch sowie die Schadstoffemissionen bei der Herstellung, beim Gebrauch und bei der Entsorgung des Produkts berücksichtigt.
Die Erstellung einer detaillierten Ökobilanz ist eine sehr aufwendige Angelegenheit. Deshalb beschränkt man sich oft auf die Ermittlung des Energieverbrauchs für die Herstellung und für die Betriebsphase.

▪ Graue Energie und Energieeffizienz

> **Graue Energie:** *Dies ist die Energiemenge, die für die Herstellung, den Transport und die Lagerung (inkl. aller Vorprodukte) sowie die Entsorgung eines Produkts verbraucht wird.*

Beispiel
In 1 kg Schokolade oder in 1 kg Papier stecken 2,5 KWh Graue Energie. Das entspricht etwa der Energiemenge, mit der ein sparsamer Kühlschrank in einem 2-Personen-Haushalt während zehn Tagen betrieben werden kann (Annahme: Gesamtenergieverbrauch in einem Jahr 90 KWh).

Graue Energie ist ein wesentliches Element zur Berechnung der Energieeffizienz.

> **Energieeffizienz:** *Allgemein zeigt sie das Verhältnis zwischen der Energie, die in einem Energieträger vorkommt (z.B. Kohle, Holz, Erdöl) und der Energie, die daraus gewonnen wird (z.B. Heizenergie in einem Haus).*

Die Energieeffizienz wird auch für die Umwandlung einer Energieform in eine andere Energieform verwendet (z.B. Umwandlung des elektrischen Stroms in Lichtenergie).

Beispiel
Bei der Gebäudeheizung kann man verschiedene Energieformen (z.B. Holz, Öl, Gas) miteinander vergleichen. Dabei ist bei der Energiebilanz alles zu berechnen, von der Gewinnung des Rohstoffs über den Transport bis zur Verfügbarkeit beim Nutzer.

▪ Öko-Labels (Gütesiegel)

Produkte aus Herstellungsprozessen, die die Belastungen für die Umwelt gering halten, können sogenannte Ökolabels erhalten. Auf der Website www.labelinfo.ch werden die Labels stets nachgeführt.

Nahrungsmittel-Label   *Büroelektronik, Büroökologie*   *Bau-Label*   *Strom-Label*

5.1. Grundlagen

Ressourcenverbrauch und Abfall

Die moderne Konsumgesellschaft verbraucht viele Ressourcen (Erdöl, Erze, Holz, Boden, Wasser usw.). Heute werden bereits mehr Ressourcen verbraucht als die Natur im gleichen Zeitraum nachliefern kann. Bei Fortschreiten dieser nicht nachhaltigen Nutzung werden viele Stoffe für die kommenden Generationen immer knapper. Ausserdem entstehen bei der Herstellung und Nutzung von Gütern Stoffe, die sich in der Luft, im Boden und in den Gewässern anreichern und das ökologische Gleichgewicht verschieben.

Beispiel
Für die Produktion von Kunststoffen für Ess- und Trinkbehälter werden vor allem Erdölderivate verwendet. Bei der Verbrennung entstehen Schadstoffe wie zum Beispiel Kohlendioxid und Dioxine, die sich in der Atmosphäre und im Boden anreichern. Dadurch wird einerseits ein nicht nachwachsender Rohstoff verbraucht (Erdöl), anderseits werden die Lebensgrundlagen gefährdet.

Ökologischer Fussabdruck – Mass für Ressourcenverbrauch

Der ökologische Fussabdruck zeigt auf, wie hoch der Naturverbrauch zur Bedürfnisbefriedigung der Menschen ist. Dabei wird berechnet, wie viel produktive Fläche der Erde (Ackerland, Weide, Wald, Flüsse usw.) durchschnittlich ein Mensch für seine Nahrung, für die Energie, für das Wohnen und für andere Sachgüter, aber auch zum Abbau seines Abfalls verbraucht.

Beispiel
Würden alle Staaten aufgrund des Lebensstils und der eingesetzten Energieträger die Ressourcen so stark beanspruchen wie die Schweiz, benötigte man fast 3 Erdplaneten (3 Fussabdrücke). Mehr als 5 Planeten würde man für die USA und die Vereinigten Arabischen Emirate brauchen. In Staaten wie Indien und Bangladesh liegt der ökologische Fussabdruck bei rund einem halben Planeten. Weltweit benötigen wir durchschnittlich 1,2 Planeten. Das heisst, dass sich ohne Massnahmen zur Ressourcenschonung die Lebensbedingungen für nachfolgende Generationen weiter verschlechtern, da nicht mehr genügend Ressourcen vorhanden sind.

Die Abfalldaten der Schweiz (2010, bei einer Bevölkerung von 7 867 000)

Abfalltyp	Gesamtmenge	Jährliche Menge pro Kopf	Entsorgungstechnik in der Schweiz	Bemerkung
Siedlungsabfall (Hauhalt und Gewerbe)	5 561 000 t	706 kg	– Verbrennung (~50%) – Recycling (~50%)	– Klassische Alltagsabfälle – Papier, Glas, PET – Elektronikschrott – Grünabfälle usw.
Bauabfall (ohne Aushub)	11 900 000 t	1512 kg	– Verwertung auf Baustellen – Recycling – Deponierung (Sondermüll) – Verbrennung	– Betonabbruch – Ausbauasphalt – Strassenaufbruch – brennbare Bauabfälle – Holz, Metalle usw.
Sonderabfall (Abfall, der eine besondere Behandlung benötigt)	1 836 690 t (Erhebung/Schätzung: 2009)	236 kg	– Recycling – Chem.-physik. Behandlung – Verbrennung – Deponierung – Export	– Filterschlämme – verunreinigtes Erdreich – Schredderabfälle – Lösungsmittel – usw.
Klärschlamm	210 000 t	27 kg	– Verbrennung – Verwendung in der Landwirtschaft	Schadstoffbelastungen
TOTAL	19 507 690 t	2481 kg		Quelle: BAFU, 2011

5.1. Grundlagen

Die Abfallstrategie in der Schweiz

Weil der Raum für Deponien in der Schweiz immer knapper wurde, verabschiedete der Bund 1986 das heute noch gültige Abfallleitbild mit den folgenden drei Eckpfeilern:
- Abfallvermeidung
- Abfallverminderung
- Abfallentsorgung mit möglichst geringer Auswirkung auf die Umwelt

Abfallvermeidung

Ziel ist es, Abfall möglichst zu vermeiden, indem vor allem Produkte hergestellt werden, die völlig verbraucht werden können. Zudem sollte darauf geachtet werden, dass dort, wo Abfall unvermeidlich ist, dieser möglichst gering gehalten wird (z.B. bei der Verpackung).

Als Instrument der Abfallvermeidung wird zunehmend das Verursacherprinzip angewendet.

> **Verursacherprinzip:** *Die Kosten der Umweltfolgen sind vom Hersteller und/oder vom Konsumenten eines Produkts zu tragen (Abfallgebühren, Pfandabgaben auf Flaschen und Dosen, CO_2-Abgabe usw.).*

Abfallverminderung

Hier steht im Vordergrund, die Schadstoffe in den Produkten und in den Herstellungsprozessen zu vermindern. Zur Verminderung des Abfalls werden Produkte und Stoffe, die durch eine entsprechende Wiederaufbereitung rezyklierbar oder wiederverwendbar sind, getrennt gesammelt.

Beispiele:
- Durch den Ersatz von Cadmium und Quecksilber mit anderen Stoffen können Batterien und Akkus später einfacher verwertet werden.
- Die Bleichung mit Wasserstoffperoxid ist bei der Papierherstellung viel weniger umweltbelastend als die Verwendung von Chlorbleiche.

> **Rezyklieren:** *Durch eine Aufbereitung kann das entsorgte Material wieder für das gleiche Produkt oder für andere Zwecke verwendet werden.*

Beispiel:
Aus den PET-Getränkeflaschen wird PET-Granulat hergestellt, das zur Herstellung neuer PET-Flaschen oder für Textilfasern verwendet wird.

Durch Rezyklieren wird die Abfallmenge reduziert und gleichzeitig werden Ressourcen (in diesem Fall Erdöl) geschont. Allerdings wird für die Aufbereitung auch Energie benötigt und zum Teil werden auch zusätzliche (neue) Rohstoffe beigefügt (Grund: Konsumentenansprüche ans Produkt).

> **Weiterverwendung:** *Das Material wird so aufbereitet, dass es erneut verwendet werden kann.*

Beispiele:
- Weiterverwendung in ursprünglicher Funktion: Weinflaschen
- Weiterverwendung in einer neuen Funktion: Aus Lastwagenblachen werden Schultertaschen.

5.1. Grundlagen

■ Rezyklierbare Haushaltsabfälle

In der Schweiz werden schon heute im internationalen Vergleich viele Haushaltsabfälle separat entsorgt und rezykliert oder weiterverwendet. Dennoch können die Quoten auch bei uns noch gesteigert werden.
Folgende Abfälle sollten konsequent getrennt entsorgt werden:

- Altpapier
- Karton
- Grünabfall
- Glas
- PET (z.B. Flaschen)
- Elektrische und elektronische Geräte
- Textilien (z.B. Kleider)
- Weissblech (z.B. Konservendosen)
- Aluminium (z.B. Getränkedosen)
- Batterien und Ladegeräte

■ Abfallentsorgung

Basierend auf dem eidg. Gewässerschutzgesetz und auf dem eidg. Umweltschutzgesetz regeln mehrere Verordnungen die fachgerechte Entsorgung der verschiedenen Abfälle (Siedlungsabfälle, Sonderabfälle, Bauabfälle, Klärschlamm usw.).

Altlasten

Altlasten sind Flächen (Deponien, Industrie- und Gewerbestandorte, Tankstellen usw.), die überdurchschnittlich mit Schadstoffen belastet sind. Jeder Kanton führt ein Altlastenregister (Altlastenkataster).
In der Schweiz gibt es etwa 10 000 belastete Standorte. Bis ins Jahr 2025 müssen 4000 dieser Standorte von den Schadstoffen befreit werden, da diese eine grosse Gefahr für Mensch und Umwelt darstellen (z.B. Auswaschung und Versickerung von Schadstoffen ins Grundwasser).

■ Littering

Immer mehr Getränke- und Take-away-Verpackungen und andere Abfälle landen auf den Strassen, auf öffentlichen Plätzen oder in der Natur anstatt im Abfalleimer. Dieses als Littering bezeichnete Verhalten vieler Menschen führt zu stark erhöhten Reinigungskosten für den Staat.

Die Ursachen dieses achtlosen Wegwerfens sind vielfältig. Auffallend ist, dass dabei Abfälle von Take-away-Mahlzeiten wie Getränkedosen, Glas- oder PET-Flaschen sowie Essensverpackungen aus Karton, Papier und Kunststoff 52% des am Boden liegenden Mülls ausmachen. Ebenfalls gross ist der Anteil der Gratiszeitungen.

→ www.littering.ch

5.2. Energie und Klima

Die Energieträger

	Kernenergie (Atomenergie)	erneuerbare Energien/ alternative Energien
Vorrat	– weniger lang als Kohle	
Abbau/Bereitstellung	– geringe Konzentrationen von Uran erfordern grossen Tagbau (für wenig Uran muss viel Erdmaterial umgesetzt werden) – Anreicherung ist mit hohem Energieaufwand verbunden	– Wasserkraft direkt zu Strom – Wind direkt zu Strom – Sonne direkt zu Strom oder Wärme – Geothermie (Erdwärme) zu Strom oder Wärme – Holz, hauptsächlich zur Wärmeerzeugung durch Verbrennung – Biomasse (Mais, Chinaschilf, Ölpflanzen), mit Verarbeitung zu Kraftstoffen – Wasserstoff (aus klimaneutraler Produktion)
Folgen beim Abbau	– grosser Flächenbedarf bei der Gewinnung von Uran und Thorium – radioaktive Emissionen durch Abraumhalden (Radon)	– Verbauung von Flüssen – Landverlust durch Stauseen – Geringe Restwassermengen in Bergbächen und -flüssen – verstärkte Erdbebengefahr bei Geothermie – Luftverschmutzung duch Holzverbrennung – Monokulturen bei grossflächigem Anbau von Biomasse; ferner Umweltbelastung (vor allem Boden, Wasser) durch den Einsatz von Düngemitteln und Pestiziden
Auf dem Weg zur Verwendung	– lange Transportwege (Kanada, Australien, Russland) – Risiko beim Transport der Brennelemente zu den Aufbereitungsstätten – Mitverarbeitung von Plutonium bei der Brennstoffherstellung – Risiko von Spaltproduktfreisetzung bei Unfällen	– Einspeisung ins bestehende Stromnetz anspruchsvoll
sonstige Folgen und Bemerkungen	– problematische Entsorgung der verbrauchten Brennelemente – grosse spezifische Energiedichte – eingeschränkte Portabilität (Transportfähigkeit)	– eher geringe spezifische Energiedichte (mit Ausnahme von Wasserstoff) – CO_2-emissionenneutral – eingeschränkte Portabilität (Transportfähigkeit)

5.2. Energie und Klima

FOSSILE ENERGIETRÄGER

Erdgas	Erdöl	Stein- und Braunkohle
– um 100 Jahre	– weniger als 100 Jahre; – Peak Oil (= jährliches Fördermaximum): eventuell bereits um 2009	– für 100 Jahre und mehr
– Offshore- und Festlandgewinnung	– Offshore- oder Festlandgewinnung – Senkung der Erdoberfläche	– Untertagebau und Tagbau – grosse unterirdische Kavernen und dadurch Bodenabsenkung – Berghalden
– Methangasemission (Treibhauseffekt)	– Methangasemission (Treibhauseffekt)	– hoher Wasserverbrauch sowie Grundwasserverunreinigung – Grundwasserabsenkung – Methangasemissionen – grosser Flächenbedarf
– grosser Energiebedarf für den Transport über Pipeline, für Verdichter und für die Verflüssigung	– risikoreicher Transport (Tanker, Pipeline)	– einfach zu lagern und zu transportieren (lange Transportwege auf dem Wasser, zum Beispiel bezieht Europa Kohle aus Australien)
– zunehmende Wichtigkeit in der Industrie und im Haushalt – Treibhausgase – mittlere Energiedichte – kleine bis mittlere Portabilität (Transportfähigkeit)	– grosse weltpolitische Wichtigkeit – Treibhausgase – gegenwärtige Hauptanwendung weltweit als Treibstoff und in der Chemie – hohe Energiedichte – hohe Transportfähigkeit der Erdölprodukte (z.B. Benzin, Diesel)	– oftmals Bedarf, die Verbrennungsgase (Schwefeldioxid, Wasserstoffschwefel) zu behandeln – CO_2-Emissionen (Treibhausgase) – mittlere bis grosse Energiedichte

Energieverbrauch

▪ Die Energieträger in der Welt und in der Schweiz

Global wird der Energiebedarf zu 80% durch die Verbrennung fossiler Brennstoffe (Kohle, Erdöl, Erdgas) gedeckt. In der Schweiz liegt dieser Anteil bei zirka 60%. Prognosen sagen, dass angesichts des anhaltenden Bevölkerungs- und Wirtschaftswachtums der globale Energieverbrauch um etwa 1,2% pro Jahr (2010–2055) zunehmen wird.

Der Anteil der erneuerbaren Energien liegt in der Schweiz gegenüber dem Weltdurchschnitt höher. Für die Elektrizitätsversorgung stützt sich die Schweiz vor allem auf die Wasserkraftnutzung, während weltweit die elektrische Energie vor allem aus der Verbrennung von Kohle gewonnen wird.

▪ Die Anteile der Energieträger in der Welt (2010)

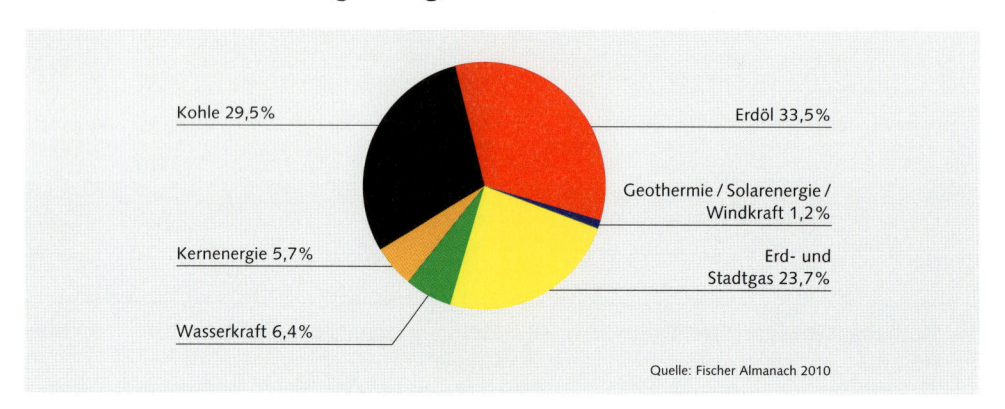

Kohle 29,5%
Erdöl 33,5%
Geothermie / Solarenergie / Windkraft 1,2%
Kernenergie 5,7%
Erd- und Stadtgas 23,7%
Wasserkraft 6,4%

Quelle: Fischer Almanach 2010

▪ Die Anteile der Energieträger in der Schweiz (Primärenergie 2010)

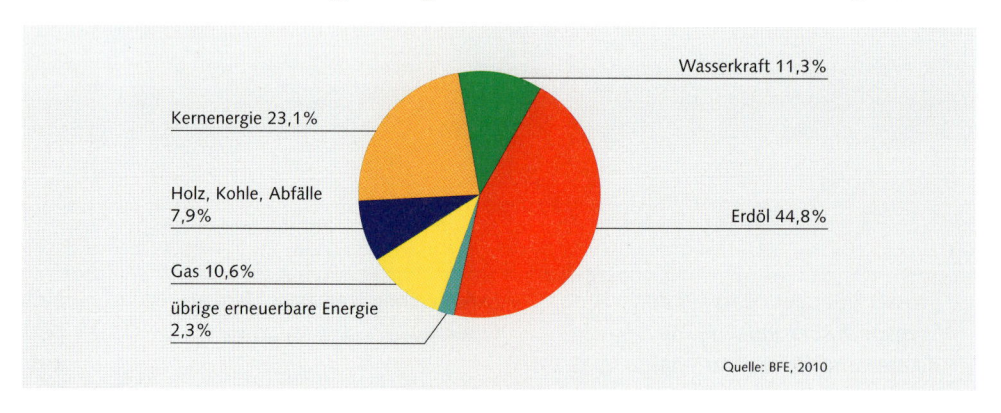

Wasserkraft 11,3%
Kernenergie 23,1%
Holz, Kohle, Abfälle 7,9%
Erdöl 44,8%
Gas 10,6%
übrige erneuerbare Energie 2,3%

Quelle: BFE, 2010

▪ Energieverbrauch nach Verbrauchergruppen (in der Schweiz)

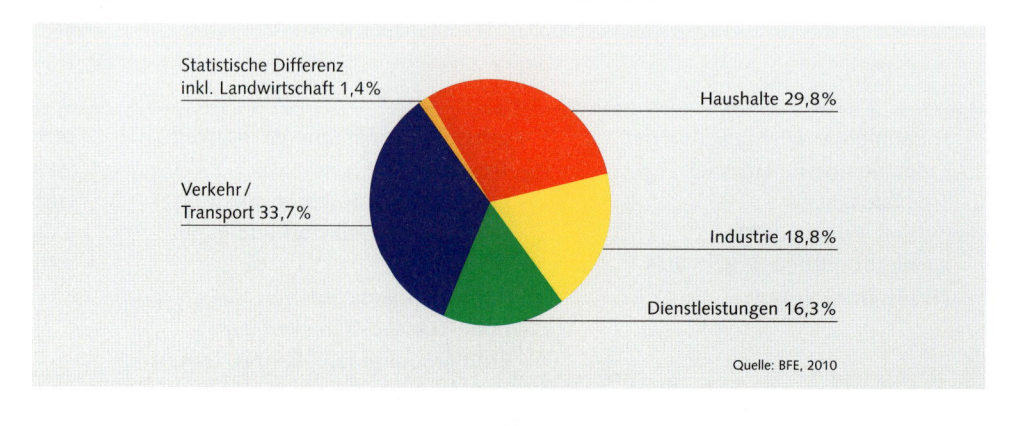

Statistische Differenz inkl. Landwirtschaft 1,4%
Haushalte 29,8%
Verkehr / Transport 33,7%
Industrie 18,8%
Dienstleistungen 16,3%

Quelle: BFE, 2010

Der Treibhauseffekt

> **Treibhauseffekt:** *Treibhausgase (Kohlenstoffdioxid, Methan, Wasserdampf usw.) bewirken, dass die Wärme von der Atmosphäre verstärkt zurückgehalten wird.*

Nicht alle von der Erdoberfläche reflektierten Sonnenstrahlen können als Wärmestrahlen ins kalte Weltall entweichen. Sie verbleiben in der Erdatmosphäre und erwärmen diese. Wie in einem Treibhaus oder in einem an der Sonne stehen gelassenen Auto kommt es zur Erwärmung der Luft.

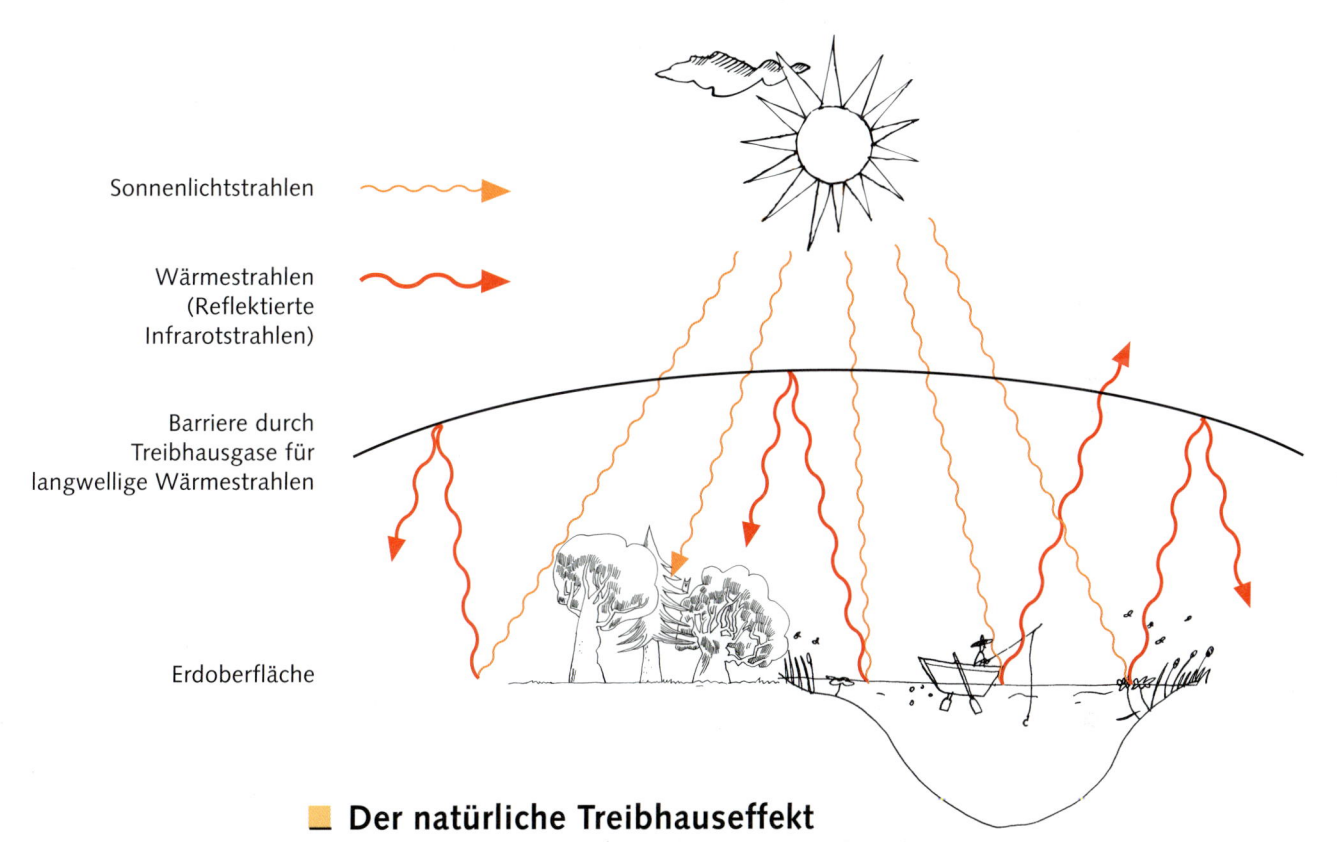

Sonnenlichtstrahlen

Wärmestrahlen (Reflektierte Infrarotstrahlen)

Barriere durch Treibhausgase für langwellige Wärmestrahlen

Erdoberfläche

■ Der natürliche Treibhauseffekt

Auf der Erde gibt es einen natürlichen Treibhauseffekt. Dafür verantwortlich ist in erster Linie der Wasserdampf in der Atmosphäre. In geringerem Masse trägt auch das atmosphärische Kohlenstoffdioxid (CO_2) dazu bei.
Nur dank diesem natürlichen Treibhauseffekt ist Leben auf der Erde überhaupt möglich. Ohne ihn läge die durchschnittliche Temperatur auf der Erde bei etwa 15 °C unter null.

■ Der durch den Menschen verursachte Treibhauseffekt

Menschliche Tätigkeiten führen dazu, dass vermehrt Treibhausgase in die Atmosphäre gelangen:
– Durch die Verbrennung von fossilen Brennstoffen (Kohle, Erdöl, Erdgas) und durch das Abholzen der Regenwälder wird die CO_2-Konzentration in der Atmosphäre erhöht. Die starke weltweite Zunahme des Energieverbrauchs führt also direkt zu einer Verstärkung des Treibhauseffektes (In der Schweiz macht dies 85% der Treibhausgase aus.).
– Durch landwirtschaftlichen Anbau wird das Treibhausgas Methan freigesetzt. Hauptsächlich sind die Rinderzucht und der Reisanbau dafür verantwortlich. Damit wirkt sich das rasante Bevölkerungswachstum und der weltweit wachsende Fleischkonsum auch direkt auf den Treibhauseffekt aus: Mehr Menschen brauchen mehr Nahrungsmittel, und dies vergrössert den Methananteil in der Atmosphäre.
– Weitere Treibhausgase sind Lachgas (N_2O) und synthetische Treibhausgase.

5.2. Energie und Klima

Die Erwärmung der Erde

Die Zunahme der globalen Temperatur

Der Zusammenhang zwischen der CO_2-Konzentration in der Atmosphäre und der Erwärmung wird von Wissenschaftlern kaum noch bestritten.

Temperaturveränderung der letzten 1000 Jahre relativ zum Mittel 1961–1990 (Nordhemisphäre)

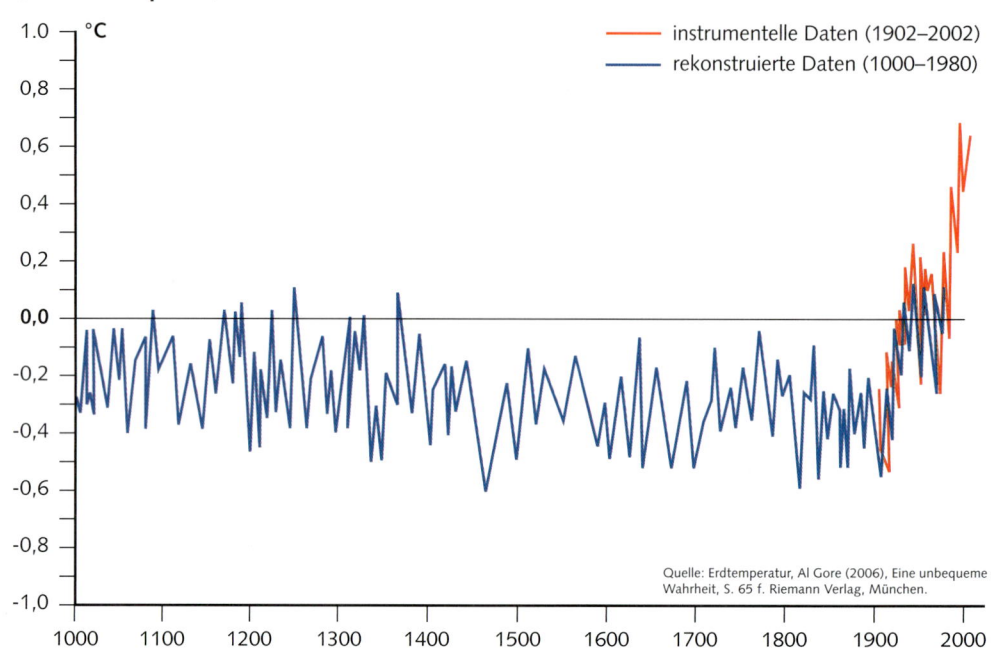

- instrumentelle Daten (1902–2002)
- rekonstruierte Daten (1000–1980)

Quelle: Erdtemperatur, Al Gore (2006), Eine unbequeme Wahrheit, S. 65 f. Riemann Verlag, München.

Die durchschnittliche Temperatur der Jahre 1961–1990 wurde in den Jahren 1979 bis 2002 immer überschritten. Das heisst, die Zunahme des Kohlendioxidgehalts in der Atmosphäre beginnt sich erst jetzt spürbar aufs Klima auszuwirken.

Folgen der Erwärmung

Die globalen Folgen der Erwärmung sind bereits gut untersucht. Insbesondere drohen in vielen Gebieten der Welt Klimaveränderungen mit zum Teil schwerwiegenden Folgen für die Menschen.
- Die Verfügbarkeit von Wasser wird sich in vielen Regionen verändern. Allgemein werden Regionen, die heute bereits an Wasserknappheit leiden, in Zukunft noch weniger Wasser zu Verfügung haben.
- Die Gletscher gehen weiter zurück und die Schneebedeckung nimmt ab. Die Polkappen schmelzen weiter ab.
- Zahlreiche Tier- und Pflanzenarten sind infolge zu langsamer Anpassungsfähigkeit gefährdet.
- Anfangs global steigende Erträge der Landwirtschaft werden bei einem stärkeren Temperaturanstieg (1–3 °C) abnehmen.
- Das Grundwasser wird zunehmend versalzt durch den Anstieg des Meeresspiegels und die Überflutungsgefahr von Küstengebieten nimmt zu.
- Die räumliche Verbreitung von temperaturabhängigen Krankheitsüberträgern bzw. -erregern verändert sich.
- Wirtschaftliche und soziale Kosten nehmen in Gebieten mit einer Zunahme an Extremereignissen (Starkniederschläge, Dürren, Hitzewellen, Stürme, Überschwemmungen, Erdrutsche usw.) zu.

Massnahmen zum Klimaschutz

Internationale Zusammenarbeit im Bereich Klimaschutz

Die Folgen des Klimawandels sind global. Deshalb sind internationale Abkommen notwendig.

Der Umweltgipfel in Rio de Janeiro
1992 wurde die wichtigste Vereinbarung zum Klimaschutz, die Klimarahmenkonvention (KRK), auf dem Umweltgipfel in Rio de Janeiro von mehr als 150 Staaten unterzeichnet. Mit diesem Abkommen sollten die Treibhausgaskonzentrationen in der Atmosphäre auf einem Niveau stabilisiert werden, das eine gefährliche Störung des Klimasystems verhindert.

Das Kyoto-Protokoll und weitere Abkommen
1997 unterzeichneten die Vertragsstaaten der Klimarahmenkonvention das Kyoto-Protokoll. Kernstück des Kyoto-Protokolls war die Verpflichtung der Unterzeichnerstaaten, die CO_2-Emmissionen bis ins Jahr 2012 durchschnittlich um 5,2% unter das Niveau von 1990 zu senken.
An verschieden darauf folgenden internationalen Konferenzen (z.B. Kopenhagen, Cancun) wurde versucht, die Verpflichtungen der Staaten für die Zeit nach dem Auslauf des Kyoto-Protokolls (2012) fortzuführen.

Instrumente zur Reduktion der CO_2-Emissionen

Um die Treibhausgasemissionen zu reduzieren, wurden verschiedene Massnahmen entwickelt. Die Wahl und die erfolgreiche Umsetzung der Massnahmen ist von verschiedenen Faktoren abhängig (Bildung, politischer Wille, wirtschaftliche Situation, finanzielle Mittel usw.).
– Energiesteuer
– CO_2-Abgabe auf Treib- und Brennstoffen
– Subventionierung von Gebäudesanierungen
– Subventionierung von öffentlichen Verkehrsmitteln
– Subventionierung von Forschung und Entwicklung und des Einsatzes von energiesparenden Technologien
– Einsatz von Technologien, die CO_2 in den Boden pumpen (CO_2-Speicherung)
– Äufnung eines internationalen Klimafonds («Grüner Klimafonds») zur Unterstützung von Klimaprogrammen in Entwicklungsländern

Die Klima- und die Energiepolitik der Schweiz

Mit der Genehmigung des Kyoto-Protokolls hat sich auch die Schweiz verpflichtet, die Treibhausgase bis ins Jahr 2012 um 8% gegenüber 1990 zu reduzieren. Um dies zu erreichen, trat im Mai 2000 das CO_2-Gesetz in Kraft. Dieses bildet die Grundlage für verschiedene freiwillige Massnahmen (z.B. Klimarappen der Erdölbranche) und staatliche Massnahmen (CO_2-Lenkungsabgabe auf Brennstoffe). Diese bisher ergriffenen Massnahmen führten aber nicht zur notwendigen Reduktion des CO_2-Verbrauchs.
Nach dem Atomkraftunglück in Fukujiama (Japan) hat die Energie- und Klimapolitik in der Schweiz eine neue Wende genommen. Der beschlossene, schrittweise Ausstieg aus der Atomenergie und die gleichzeitige Erfüllung der Reduktionsziele bezüglich CO_2-Ausstoss machen die konsequente Umsetzung des 1999 in Kraft getretene Energiegesetzes (Förderung der sparsamen Energienutzung sowie Förderung der einheimischen und erneuerbaren Energien) notwendig.

5.3. Die natürlichen Lebensbedingungen der Menschen

Luft

▪ Luftschadstoffe

> **Luftschadstoffe:** *Sind Stoffe, die über die Luft in die Umwelt gelangen. Sie haben direkte schädliche Auswirkungen auf Pflanzen und auf die Gesundheit von Mensch und Tier sowie auf die Umwelt.*

Emission, Transmission und Immission von Stoffen
Im Zusammenhang mit der Untersuchung der Auswirkungen von Schadstoffen sind die Vorgänge Emission, Transmission und Immission wichtig:

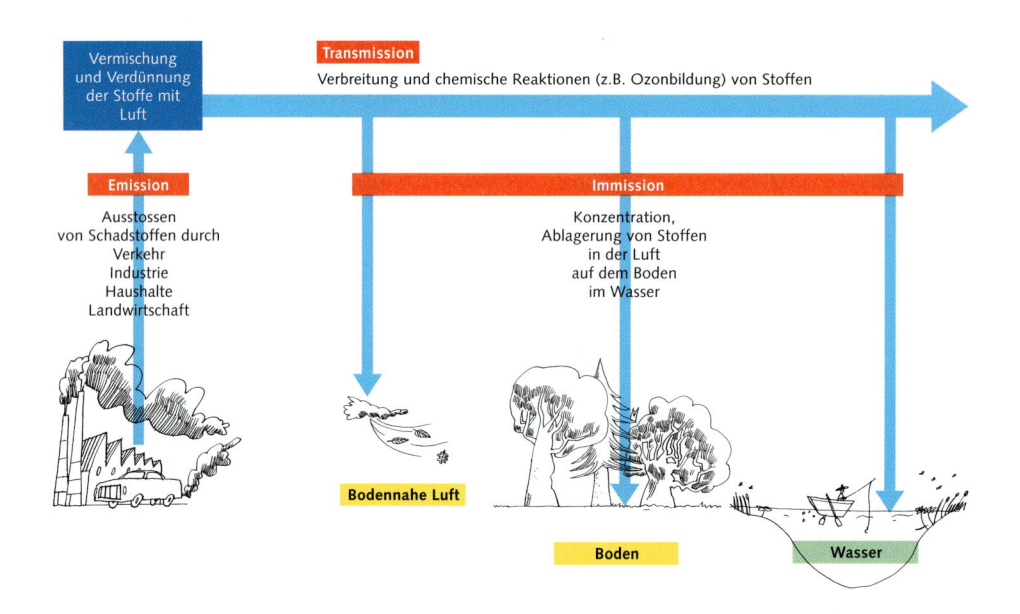

Vermischung und Verdünnung der Stoffe mit Luft

Transmission — Verbreitung und chemische Reaktionen (z.B. Ozonbildung) von Stoffen

Emission — Ausstossen von Schadstoffen durch Verkehr, Industrie, Haushalte, Landwirtschaft

Immission — Konzentration, Ablagerung von Stoffen in der Luft, auf dem Boden, im Wasser

Bodennahe Luft — Boden — Wasser

Die Messung der Luftqualität in der Schweiz und europaweit
In städtischen und ländlichen Gebieten werden die Feinstaub-, Stickoxid-, Schwefeloxid- und Ozonkonzentrationen täglich gemessen. Mit diesen Daten kann der aktuelle Stand und die Entwicklung des Luftzustands beobachtet werden.

Überschreitung der Immissionsgrenzwerte
Die Schweiz kennt wie viele Länder verschiedene Grenzwerte für Schadstoffe. Diese Grenzwerte werden durch die Politik festgelegt und sind oft Kompromisse zwischen wirtschaftlichen und ökologischen Interessen. Dies erklärt auch, warum in den verschiedenen Ländern oft unterschiedliche Grenzwerte gelten.
Die Luftreinhalteverordnung enthält Grenzwerte für die einzelnen Luftschadstoffe. Werden diese Grenzwerte überschritten, so ergreifen der Bund und die Kantone Massnahmen zur Reduktion der Emissionen (Beispiel: Temporeduktion beim Strassenverkehr zur Verminderung des Feinstaubs).

Kosten der Luftverschmutzung
Die Kosten, welche die Luftverschmutzung jährlich in der Schweiz verursacht, liegen im Milliardenbereich (z.B. menschliche Gesundheit, Schäden an Gebäuden und Materialien).
Diese Kosten werden nur zu einem geringen Teil von den Verursachern (z.B. Staat, Haushalte, Industrie, Verkehr, Landwirtschaft) getragen.

Die wichtigsten Luftemissionen

Die Luft wird durch viele verschiedene Stoffe belastet.

Emission	Entstehung	Quellen	Folgen
Feinstaub	– Bei Produktionsprozessen – Bei Verbrennungsprozessen – Bei mechanischen Prozessen (Abrieb)	– Industrie / Gewerbe (Baustellen) – Verkehr – Land- und Forstwirtschaft	– Erkrankungen der Atemwege und des Herz-Kreislauf-Systems – Zunahme der Sterblichkeit und des Krebsrisikos – Weitere Belastungen für den Menschen über die Nahrungskette (Pflanzen-Tiere-Mensch)
Flüchtige organische Verbindungen	– Bei Verdunsten von Lösungsmitteln und Treibstoffen – Bei der unvollständigen Verbrennung	– Industrie, Gewerbe – Strassenverkehr	Leukämie durch Benzol
Stickoxide (NO_x)	Beim Verbrennen von Brenn- und Treibstoffen (bei hohen Verbrennungstemperaturen)	– Strassenverkehr – Ölfeuerung – Kehrichtverbrennungsanlage	– Erkrankung der Atemwege – Schädigung von Pflanzen und empfindlicher Ökosysteme bei gleichzeitiger kombinierter Einwirkung mehrerer Schadstoffe
Schwefeldioxid (SO_2)	Beim Verbrennen von schwefelhaltigen Brenn- und Treibstoffen	Industrie- und Hausfeuerungen	– Erkrankung der Atemwege – Schädigung der Pflanzen und empfindlicher Ökosysteme – Schädigung von Bauwerken und Materialien
Ammoniak (NH_3)	Beim Lagern und Ausbringen von Hofdünger (hauptsächlich Gülle)	Nutztierhaltung in der Landwirtschaft	Versauerung und Überdüngung der Böden mit schädlichen Folgen für die Ökosysteme

Ozon
Unter der Einwirkung von Sonnenlicht entsteht aus Stickoxiden (Schadstoff aus der Verbrennung von Brenn- und Treibstoffen) und aus flüchtigen organischen Verbindungen (VOC-Schadstoff aus Industrie und Gewerbe) Ozon (O_3).
Ozon reizt die Schleimhaut der Atemwege und vermindert die Leistungsfähigkeit der Lunge. Zudem schädigt es die Pflanzen.

Das Ozonloch in der Stratosphäre
Das Ozonloch (Abbau der Ozonschicht in der Stratosphäre) hat nichts mit dem bodennahen Reizgas Ozon zu tun. Sogenannte Treibgase (FCKW-Gase aus Gewerbe und Industrie) schädigen die Ozonschicht in der Stratosphäre. Die Schutzwirkung der Ozonschicht verringert sich, wodurch vermehrt UV-Strahlen von der Sonne auf die Erde gelangen und dort Menschen (z.B. Hautkrebs), Tiere und Pflanzen schädigen.
Eine internationale Konferenz hat die Herstellung und die Verwendung von FCKW-Gasen ab dem Jahr 2000 verboten. Doch die früher ausgestossenen Treibgase werden noch über längere Zeit die Ozonschicht schädigen, da sie eine mittlere Verweildauer von etwa 50 bis 150 Jahren haben.

5.3. Die natürlichen Lebensbedingungen der Menschen

■ Massnahmen des Einzelnen zur Verbesserung der Luftqualität

Die folgenden, auch ökonomisch sinnvollen, Massnahmen führen zu einer Verbesserung der Luftqualität. Gleichzeitig bewirken die Massnahmen eine Verminderung der CO_2-Konzentration in der Luft, womit auch ein persönlicher Beitrag zum weltweiten Klimaschutz geleistet werden kann.

Fortbewegung	Heizung	Arbeitsplatz	Haushalt/Konsum
– Unnötige Fahrten vermeiden – Ferien in der Nähe planen – Öfter zu Fuss gehen, Velo fahren – Öffentlichen Verkehr benutzen – Fahrgemeinschaften bilden – Tempo drosseln (Ecodriving)	– Raumtemperatur senken (in den Wohnräumen auf 19 – 21 °C, in den Schlafzimmern auf 16 – 18 °C) – Nur kurz und kräftig lüften (3 bis 5 Minuten mit Durchzug) – Fenster, Türen und Fassaden besser isolieren – Nachts die Läden schliessen – Heizung richtig warten	– Recycling fördern – Emissionsarme Stoffe einsetzen (z.B. schadstoffarme Lacke statt herkömmliche Dispersionsfarben) – Umweltfreundliche Technologien einsetzen – Energie sparen (Strom, Heizöl, Erdgas)	– Abfall vermeiden (schon beim Einkaufen darauf achten) – Recycling fördern – Abfälle separat sammeln – Organische Abfälle kompostieren – Sondermüll fachgerecht entsorgen (Batterien, Altöl, Leuchtstofflampen, Lösungsmittel) – Regionale Produkte (ohne lange Transportwege) kaufen – Lösungsmittelfreie Farben, Lacke, Reinigungsmittel, Spraydosen und Holzschutzmittel verwenden

Wasser

Der globale Wasserkreislauf (Modell)

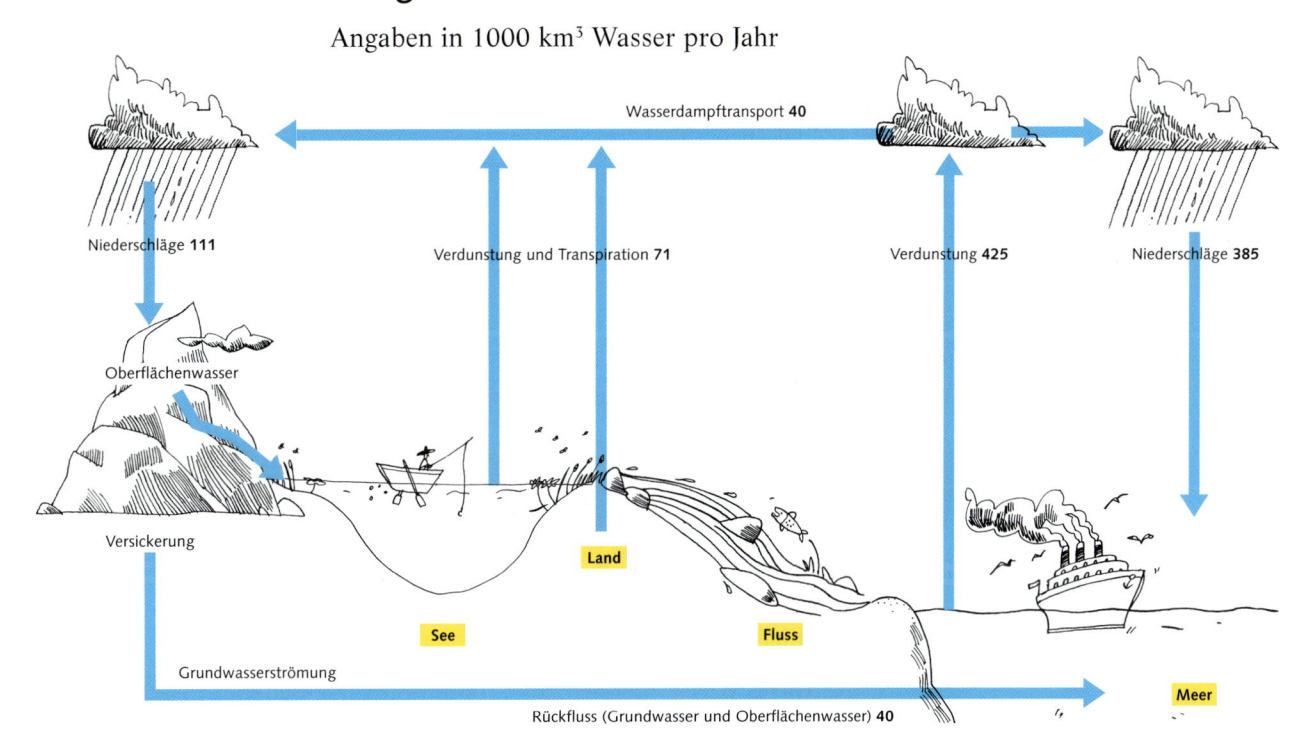

Angaben in 1000 km³ Wasser pro Jahr

Wasserdampftransport **40**
Niederschläge **111**
Verdunstung und Transpiration **71**
Verdunstung **425**
Niederschläge **385**
Oberflächenwasser
Versickerung
Grundwasserströmung
Rückfluss (Grundwasser und Oberflächenwasser) **40**
See — Land — Fluss — Meer

Quelle: Abgeändert von Horst Bickel, Bernhard Knauer, Inge Kornberg (2006), Natura, Biologie für Gymnasien, Teil Ökologie. Ernst Klett Verlag GmbH, Stuttgart.

Das Wasser zirkuliert in einem von der Sonne angetriebenen Kreislauf zwischen den Ozeanen, der Atmosphäre und dem Land.

Etwa 97% des Wassers auf der Erde befinden sich in den Ozeanen. Nur 2,6% ist Süsswasser. Davon befindet sich ein Grossteil im Eis auf den Polkappen, in Gletschern in den Gebirgen und als Grundwasser, wo es für die Lebewesen nicht einfach genutzt werden kann. Nur 0,014% der Gesamtwassermenge ist in Flüssen, Seen und in der Bodenfeuchtigkeit für die Landlebewesen zugänglich.

Rund 425 000 Kubikkilometer Wasser verdunsten jährlich über den Ozeanen. Etwa 40 000 Kubikkilometer davon werden mit dem Wind zum Festland transportiert und gehen dort in Form von Tau, Regen und Schnee nieder. Der jährliche Transport des Wassers vom Land zurück in die Ozeane über Flüsse und Grundwasser beträgt auch 40 000 Kubikkilometer, womit ein riesiger, dauernd strömender Wasserkreislauf geschlossen ist.

Infolge der Klimaerwärmung verdunstet mehr Wasser. In der Folge kommt es zu mehr Niederschlägen und mehr Überschwemmungen.

Niederschläge in der Schweiz

Für die Schweiz sind Daten zum Klima vorhanden, die zeigen, dass in den vergangenen 100 Jahren die Niederschläge im Winter um bis zu 30% zugenommen haben und hohe Niederschlagsintensitäten im Herbst und Winter markant häufiger geworden sind.

Dies wird von der Bevölkerung kaum wahrgenommen, da nach einem ersten Unwetter (z.B. 1987 in der Innerschweiz) die Schutzmassnahmen gegen hohe Niederschlagsmengen verbessert werden. Somit wird die Wahrscheinlichkeit für nachfolgende Überschwemmungen trotz zunehmenden Niederschlagsmengen und Niederschlagsintensitäten herabgesetzt.

5.3. Die natürlichen Lebensbedingungen der Menschen

■ Die Nutzung des Süsswassers

Rund 70% des Süsswassers wird weltweit zur Bewässerung der landwirtschaftlichen Kulturen gebraucht. Die Anteile für die Industie und die Haushalte betragen rund 20% bzw. 10%. Bereits heute haben einige Länder (darunter China, Indien und die USA), in denen zusammen fast die Hälfte der Weltbevölkerung lebt, eine negative Wasserbilanz. Das heisst, die Süsswassernutzung ist grösser als die Wassermenge, die der Wasserkreislauf ständig nachliefert.
– private Haushalte 8%
– Industrie 23%
– Landwirtschaft 69%

■ Virtuelles Wasser («verborgenes» Wasser)

> **Virtuelles Wasser:** *Darunter versteht man jene saubere Trinkwassermenge, die bei der Erzeugung eines Produkts verbraucht, verdunstet oder verschmutzt wird.*

Diese Mengen sind je nach Anbaugebiet (regenreiche Gebiete oder Trockengebiete) und Einsatz der Technologie (Wasser sparende moderne oder veraltete Technologien) unterschiedlich.

Durchschnittliche Wassermengen zur Produktion verschiedener Produkte:

1 Tasse Tee 35 l	1 kg Rindfleisch 15 000 l	1 durchschnittlicher PKW 20 000 – 300 000 l
1 Tasse Kaffee 140 l	1 kg Papier 750 l	
1 kg Weizen 1100 l	1 Mikrochip (~2g) 32 l	Quelle: Institute for Water Education der UNESCO, 2008
1 kg Reis 3 000 – 5 000 l	1 Baumwoll-T-Shirt 2 000 l	

■ Nachhaltige Wassernutzung

Damit nachfolgenden Generationen genügend sauberes Süsswasser zur Verfügung steht, muss versucht werden, das weltweit vorhandene Wasser möglichst sparsam zu nutzen und eine Anreicherung von Schadstoffen zu verhindern. Weltweit haben heute 1,5 Milliarden Menschen keinen Zugang zu sauberem Trinkwasser und zirka 10 000 Menschen sterben täglich an Wassermangel.

■ Beeinträchtigung der Wasserqualität

Wassertyp	Beeinträchtigung durch	Folgen
Seen, Flüsse, Bäche	– Luftschadstoffe – Oberflächlichen Abfluss (Pestizide, Düngemittel) – Wasser aus der Kläranlage (neuartige Chemikalien wie Antibiotika und Hormone)	– Veränderung in der Zusammensetzung der Tier- und Pflanzenarten (Aussterben von einzelnen Arten) – Akutes Fischsterben
Ozeane	– Die belasteten Flüsse – Die Erhöhung des CO_2-Gehalts in der Luft führt auch zu einem Konzentrationsanstieg des CO_2 im Meer – Die Erwärmung führt zu Veränderungen in der Zusammensetzung der Arten (Haie wandern aus dem Atlantik ins Mittelmeer)	– Stoffe häufen sich am Meeresgrund (abgestorbenes pflanzliches Plankton) – Schädliche Stoffe gelangen über den Fischverzehr (die Nahrungskette) zum Menschen – Durch die Versauerung gehen verschiedene Lebewesen zugrunde (z.B. die sehr empfindlichen Korallenriffe)
Grundwasser	Auswaschung und Versickerung von Schadstoffen aus dem Boden	– Quellen sind verunreinigt und können nicht als Trinkwasser genutzt werden. – Aufnahme der Schadstoffe durch die Pflanzen (Pestizide)

5.3. Die natürlichen Lebensbedingungen der Menschen

Boden

■ Die Entstehung und die Entwicklung von Böden

Boden entsteht aus der Verwitterung und aus der Umwandlung von Gestein unterschiedlicher Herkunft. Unter Mitwirkung der Bodenlebewesen und der Pflanzenwurzeln sind bei uns seit der letzten Eiszeit Böden von bis zu maximal 1,50 m Dicke entstanden. Für eine landwirtschaftliche Nutzung sind nicht alle Böden in gleichem Ausmass geeignet.

■ Funktionen des Bodens

Grundlage für die Nahrungsmittelproduktion

Auf guten (sogenannt fruchtbaren) Böden kann die Landwirtschaft mit einem minimalen Energieaufwand hohe Ernteerträge erwirtschaften. Solche Böden liegen in der Schweiz im Mittelland und sie besitzen unzählige – allerdings von Auge kaum sichtbare – Lebewesen (Bakterien, Fliegenlarven, Pilzfäden usw.).
Der übermässige Einsatz schwerer Landmaschinen bei nicht optimalen Witterungsverhältnissen führt zu Verdichtungen im Boden. Infolge der gestörten Luftzufuhr kommt es zu Wachstumsstörungen bei den Pflanzen.

Aufnahme und Filterung des Niederschlagswassers

Der Boden nimmt die Niederschläge wie ein Schwamm auf und wirkt gleichzeitig als Reinigungsfilter für die im Regen enthaltenen Luftschadstoffe. Die Schadstoffe werden im Boden wie in einem Teesieb zurückgehalten.
In der Schweiz spielen insbesondere die ganzjährig durchwurzelten und humusreichen Waldböden eine wichtige Rolle für die gute Qualität des Grundwassers.

Lebensraum unzähliger Lebewesen

Eine zentrale Funktion kommt dem Boden als Lebensraum und Lebensgrundlage für Bakterien, Pilze, Tiere und Pflanzen zu. Durch die Vielfalt der Lebewesen verfügt er über eine grosse Biodiversität. In jedem Gramm Erde gibt es Millionen von Lebewesen!
Boden ist ein wichtiger Faktor im ständigen Nährstoffkreislauf und Energiefluss des Ökosystems. In ihm werden verschiedenste Stoffe gefiltert, gereinigt, gespeichert, um- und abgebaut.

■ Die Beeinträchtigung des Bodens

Quantitative Beeinträchtigung

Eine nicht bodenschonende landwirtschaftliche Produktionsweise (schwere Maschinen, Dünger- und Pestizideinsätze), aber auch die Luftverschmutzung führen zum Teil zu einer Verminderung der Fruchtbarkeit der Böden.
Folgende Schädigungen stehen im Vordergrund:
– Erosion (z.B. Erdrutsche nach heftigen Niederschlägen, nach Abholzung)
– Verdichtung (durch Befahren mit schweren Landwirtschaftsmaschinen)
– Versauerung der Böden (z.B. durch Stickstoff-Überdüngung)
– Anreicherung von Schadstoffen (z.B. durch Schwermetalle)
– Verunreinigung des Grundwassers (z.B. Auswaschung von Nitrat)
– Versalzung infolge Austrocknung (z.B. schlechte Bewässerungstechnik in der Landwirtschaft)

Qualitative Beeinträchtigung

Die geltende Gesetzgebung (Bundesverfassung, Raumplanungsgesetz) führt dazu, dass immer noch bester Landwirtschaftsboden überbaut werden kann. In der Schweiz wird pro Sekunde ein Quadratmeter Boden neu überbaut.

Die ökologischen Folgen sind:
– Verminderung der Speicherung und der Filterung des Niederschlagswassers
– Zerstörung von Lebensraum für Pflanzen und Tiere
– höherer Energieverbrauch beim Import von Nahrungsmitteln

Biodiversität

> **Biodiversität:** Bedeutet «biologische Vielfalt». Man spricht von Artenvielfalt, der genetischen Vielfalt oder der Vielfalt des Lebens ganz allgemein.

Zur Biodiversität gehören Tiere, Pflanzen, Pilze und Mikroorganismen, Ökosysteme und Landschaften – und auch der Mensch.

Nutzen

Biodiversität ist in verschiedener Hinsicht von Bedeutung. Sehr wichtig ist die Schutzfunktion: Je grösser die Vielfalt ist, desto mehr Möglichkeiten bestehen zum Beispiel, einen Schadenerreger in der Landwirtschaft in Schach zu halten. Deshalb ist es wichtig, dass in der Land- und in der Forstwirtschaft nicht nur eine Sorte (Monokultur), sondern verschiedene Sorten von Nutzpflanzen angebaut werden. Eine grosse Bedeutung hat die genetische Vielfalt vor allem auch im Zusammenhang mit der Gewinnung von Wirkstoffen für Medikamente sowie als Reservoir für die landwirtschaftliche Züchtung.

Artenvielfalt und Ursachen für das Aussterben

Etwa 1,75 Millionen Arten von Lebewesen sind weltweit bekannt. In der Schweiz gibt es rund 3000 Farn- und Blütenpflanzenarten sowie schätzungsweise 40 000 Tierarten. Hinzu kommen gut 1000 bekannte Moos- und 800 Flechten- sowie rund 5000 Pilzarten.
Arten sterben tausend Mal häufiger aus infolge von Eingriffen in die Ökosysteme als auf natürliche Art.

Die wichtigsten Ursachen für das Aussterben der Arten sind:
– die Zerstörung und die Veränderung von Lebensräumen (z.B. durch Strassenbau, künstliche Beleuchtung; in den Tropen vor allem durch Abholzung der Wälder)
– globale Klimaveränderungen (in der Antarktis z.B. die Bedrohung des Eisbären, bei uns der Rückgang verschiedener hochalpiner Pflanzenarten)
– Verschmutzung der Umwelt (z.B. Wasser, Boden)
– das Einführen exotischer Arten, die als Räuber (z.B. Haifische im Mittelmeer), als Konkurrenten oder als Krankheitserreger einheimische Arten bedrohen.

Die Zerstörung der tropischen Regenwälder (vor allem in Lateinamerika und in Südostasien) beeinträchtigt die globale Vielfalt am meisten. Zwar bedecken die tropischen Regenwälder nur etwa 7% der Erdoberfläche, sie enthalten aber vermutlich mehr als 50% der Tier- und Pflanzenarten.

Übereinkommen über die biologische Vielfalt

Das Übereinkommen über die biologische Vielfalt (CBD/Convention on Biological Diversity) ist das erste völkerrechtlich verbindliche internationale Abkommen, das den Schutz der Biodiversität global und umfassend behandelt. Diese Konvention wurde im Rahmen des Weltgipfels in Rio de Janeiro 1992 verabschiedet.

Die drei Ziele der Konvention sind:
– die Erhaltung der biologischen Vielfalt
– die nachhaltige Nutzung von Teilen der biologischen Vielfalt
– die ausgewogene und gerechte Aufteilung der sich aus der Nutzung von genetischen Ressourcen ergebenden Vorteile.

6. Gesundheit

Max Eder

Gesundheit

> **Gesundheit:** *Ist ein Zustand des körperlichen, geistigen und sozialen Wohlergehens und nicht nur das Fehlen von Krankheiten oder Gebrechen. (Definition nach WHO)*

In den industrialisierten Ländern sind die meisten Menschen von Geburt an gesund. Daher wissen sie die Gesundheit meist erst dann zu schätzen, wenn sie krank werden. Dann können sie sich ein Leben ohne Gesundheit nicht mehr vorstellen. Nicht umsonst heisst es im Sprichwort «Gesundheit ist nicht alles, aber alles ist nichts ohne Gesundheit».

Trotz dieser Erkenntnis wird in unserer Gesellschaft mit der Gesundheit oft nicht gerade vorsichtig umgegangen.

■ Gesundheit und tägliches Verhalten

Gewisse Gesundheits-Faktoren sind gegeben, andere kann man selber beeinflussen.

Körperliche Faktoren:

– Erbliche Voraussetzungen	Der einzige Faktor, der nicht durch das eigene Verhalten beeinflussbar ist, sind die erblichen Voraussetzungen, die ein Menschen von Geburt an mit sich bringt.
– Ernährung	Eine ausgewogene, vielseitige Ernährung ist wichtig.
– Kleidung	Die von der Mode diktierte Kleidung ist oft zu eng und zu wenig warm, was zu gesundheitlichen Problemen führen kann.
– Schlaf, Erholung	Das Schlaf- und Erholungsbedürfnis ist zwar bei jedem Menschen anders. Dennoch muss auf genügend Schlaf und Erholung geachtet werden.
– Bewegung, Sport	Viel Bewegung im Alltag fördert die Gesundheit.
– Natürliche Umwelt	Gute Luft, sauberes Wasser, Licht und Ruhe stärken das Immunsystem und damit die Gesundheit.
– Künstliche Umwelt	Räume ohne Elektrosmog, rauchfreie Lokale (auch private) usw. fördern die Gesundheit des Einzelnen.

Seelisch-soziale Faktoren:

– Liebe	Geliebt werden und lieben können in Familie und in der Partnerschaft löst Spannungen.
– Anerkennung	Bestätigung am Arbeitsplatz und im Kollegenkreis durch Lob und aufbauende Kritik gehören zu einem guten Arbeitsklima, was sich auch auf die Gesundheit auswirkt.
– Gruppenzwang	Manches Verhalten in der Gruppe unterliegt einem Zwang. Dieser Druck belastet die persönliche Freiheit und ist ungesund.

Diese Liste ist keineswegs vollständig. Durch ein gezieltes Beachten dieser Faktoren kann die Gesundheit jedoch gefördert werden.

Tipp: *Folgende Adressen geben Hinweise für ein gesundes Leben:*
  www.bag.admin.ch *Bundesamt für Gesundheit*
  www.bfu.ch *Beratungsstelle für Unfallverhütung*
  www.sprechzimmer.ch *Informationen im Pharma- und Healthcare-Bereich*

Stress

> **Stress:** *Ist grundsätzlich der Antrieb des Menschen zu einer Handlung, um ein Bedürfnis zu befriedigen.*

Stress wird in Eustress (positiver Stress) und Disstress (negativer Stress) aufgeteilt.

Eustress	Disstress
Die Anforderung einer Aufgabe wird als Herausforderung, freudige Erregung aufgenommen. Man ist überzeugt, die Situation erfolgreich zu meistern.	Die Anforderung oder Situation wird als zu gross angesehen. Man glaubt, der Belastung nicht gewachsen zu sein. Man fühlt sich hilflos.

Entscheidend ist immer, wie man eine Situation einschätzt. Je mehr Fähigkeiten ein Mensch in Bezug auf die entsprechende Anforderung hat, desto weniger wird er die Situation als «negativ-stressig» empfinden.
In der Umgangssprache wird heute «Stress» vorwiegend mit «Disstress» gleichgesetzt.

Disstress wird hervorgerufen durch die Angst, etwas nicht schaffen zu können. Er wird nicht von Ereignissen hervorgerufen, sondern von der Einschätzung der Ereignisse durch die Person selbst.

■ Stressoren

Stressoren sind die Faktoren, die Stress (Disstress) auslösen. Dazu gehören z.B.:

- hohe Erwartungen von aussen
- familiäre Probleme
- eigene hohe Ansprüche
- Dauerlärm
- Angst
- Krankheit
- Lampenfieber
- Minderwertigkeitsgefühle
- Behinderungen (Stau im Verkehr)
- Neid, Missgunst

Der Wechsel zwischen Anspannung und Entspannung ist im Leben wichtig. Wenn das Leben jedoch über weite Strecken aus Anspannung besteht, können daraus unmittelbare oder sogar dauerhafte gesundheitliche Störungen entstehen.

Unmittelbare Stressreaktionen	Dauerhafte Störungen
– Zittern – Zähneknirschen – erhöhter Puls – Schwitzen – Gereiztheit – Konzentrationsmangel – Gefühl der Unfähigkeit	– Verspanntheit – Leistungsabfall – dauerhafte Kopfschmerzen – Verdauungsprobleme – Schwindel – Bluthochdruck – Nervenzuckungen

■ Stressmanagement und Stressbewältigung

Wichtig ist vor allem, dass man die Stressoren erkennt, die einen beeinflussen. So kann man ihnen auch besser begegnen, indem man z.B.

- positiv denkt,
- sich keine zu hohen Ziele setzt,
- gewisse Stressquellen ausschaltet (laute Musik, Unordnung),
- sich genügend Bewegung verschafft,
- die eigenen Grenzen akzeptiert,
- sich gesund ernährt,
- für genügend Schlaf sorgt,
- einmal eine Pause macht und
- grosse Aufgaben in kleine zerlegt.

Tipp: www.feelok.ch *Stressprogramm*

6. Gesundheit

Sucht und suchtgeprägte Verhaltensweisen

> **Sucht:** *Seelischer, eventuell auch körperlicher Zustand, der dadurch charakterisiert ist, dass ein dringendes Verlangen oder unbezwingbares Bedürfnis besteht, sich die entsprechende Substanz fortgesetzt, in steigender Dosierung periodisch zuzuführen. (Definition nach WHO)*

■ Vom Genuss zur Sucht

Der Weg zur Sucht erfolgt in der Regel in Etappen. Viele Drogen werden anfänglich als Genussmittel konsumiert. Die Übergänge von Genuss, Gewöhnung, Missbrauch und Sucht sind fliessend und bauen auch nicht unbedingt aufeinander auf. Aus diesem Grunde ist die Gefahr sehr gross, unbemerkt süchtig zu werden.

Der Weg zur Sucht

Einleitende Phase	**Genuss**	– gelegentlicher Konsum – kurzfristig angenehme Wirkung
Grenz-Phase	**Gewöhnung**	– wiederholter Konsum – psychische Bindung
Kritische Phase	**Missbrauch**	– zu häufiger Konsum – grössere Mengen – häufiger Missbrauch
Chronische Phase	**Sucht** (Abhängigkeit)	– immer grössere Mengen – kürzere Zeitabstände – Entzugserscheinungen

Die unkontrollierte Einnahme von Medikamenten (z.B. Schmerztabletten, Schlaftabletten) oder von Muskelaufbaupräparaten kann ebenso süchtig machen. Der auslösende Faktor ist kein Genussempfinden sondern das Erreichen von körperlichem Wohlbefinden.

■ Legale und illegale Drogen

Wir unterscheiden zwischen:

Legale Drogen	Tabak, Nikotin, Alkohol, Schmerzmittel, Beruhigungsmittel, andere Medikamente, Koffein, usw.
Illegale Drogen	Cannabis (Marihuana, Hanf, Haschisch), Ecstasy, LSD, Kokain, Heroin, usw.

Ob es sich nun um legale (gesetzlich erlaubte) oder illegale (gesetzlich unerlaubte) Drogen oder Suchtstoffe handelt, der Weg zur Sucht ist der gleiche.

Tipp: *Ein Test, ob man süchtig ist oder nicht, kann so vorgenommen werden: Gelingt es einem, einen Monat lang ohne die Droge oder die suchtgeprägte Verhaltensweise zu leben und verspürt man dabei weder körperliche noch seelische Probleme, dann ist man wohl nicht süchtig.*

www.sprechzimmer.ch	*Informationen im Pharma- und Healthcare-Bereich*
www.drogcom.de	*Drogenlexikon*
www.sva-ispa.ch	*Schweiz. Fachstelle für Alkohol und andere Drogen*

Suchtgeprägte Verhaltensweisen

Sucht wird fast immer mit irgendwelchen Suchtstoffen (Drogen) in Verbindung gebracht. Dabei wird vergessen, dass es auch suchtgeprägte, suchtartige oder zwanghafte Verhaltensweisen oder Tätigkeiten gibt, die den Menschen ebenso unter Druck setzen können wie Drogen.

> **Suchtgeprägte Verhaltensweisen:** *Zwanghaftes Verhalten ohne Einnahme von Suchtstoffen.*

Stark verbreitete, suchtgeprägte Verhaltensweisen sind: Arbeits-, Reinigungs-, Internet-, Game-, Kauf-, Ess-, Fernseh-, Spielsucht (um Geld) usw.

Auswirkungen einer Sucht

Ein süchtiger Mensch wird körperlich und seelisch von der Sucht betroffen.
– Der Lebensinhalt ändert sich.
– Der ganze Körper wird geschädigt.
– Alles dreht sich um das Suchtmittel.
– Jede Motivation geht verloren.
– Beziehungen geraten aus dem Blickfeld.
– Die Sucht kann tödlich enden.
– Die Sucht kann auch zum finanziellen Ruin führen.

Süchte haben auch viele negative Auswirkungen für die Gesellschaft:
– Die Verluste für die Wirtschaft durch Arbeitsausfälle sind riesig.
– Die Kosten aus drogenbedingten Unfällen trägt die Gemeinschaft.
– Arbeitsunfähige Drogenkonsumenten fallen dem Steuerzahler zur Last.
– Gesundheits- und Therapiekosten bezahlen die Mitmenschen.

Staatliche Drogenpolitik – das Vier-Säulen-Modell

Die Politik bemüht sich sehr stark, die Drogen- und Suchtproblematik unter Kontrolle zu bringen. Mit dem Vier-Säulen-Modell zur Drogenbekämpfung erzielte sie auch schon Erfolge.

1. Prävention (Vorbeugung)	2. Therapie	3. Risikominderung und Überlebenshilfe	4. Repression (Unterdrückung)
– Gesundheit der Jugendlichen fördern	– Beim Entzug helfen	– Gegen AIDS, Hepatitis usw. vorbeugen	– Den Drogenhandel bekämpfen
– Verantwortung des Einzelnen festigen	– Psychologische und medizinische Unterstützung anbieten	– Zur Therapie ermutigen	– Strassenhandel und Bildung von Drogenszenen einschränken
– Zukunftsperspektiven eröffnen	– Ersatzmedikamente zur Verfügung stellen	– Anlauf- und Beratungsstellen schaffen	– International mit der Polizei zusammenarbeiten
– Probleme ohne Drogen lösen	– Das Nachholen der Ausbildung fördern	– Sterile Spritzen verteilen und verkaufen	– Dealende Ausländer ausweisen
– Information über Drogen fördern	– Geschützte Wohn- und Arbeitsplätze schaffen	– Beschäftigungsprogramme anbieten	– Das Betäubungsmittelgesetz ausbauen

6. Gesundheit

Alkohol

> **Alkohol:** *Ist eine wasserhelle Flüssigkeit mit einem Siedepunkt von 78,3 °C und einem Schmelzpunkt von minus 114,5 °C, die für Menschen eine berauschende Wirkung hat.*

Alkoholische Getränke sind seit Jahrtausenden bekannt. Die Sumerer brauten schon im 3. Jahrtausend vor Christus Bier. Griechen und Römer bevorzugten Wein. Die Chinesen stellten alkoholische Getränke aus Reis her. Die Germanen tranken Bier und Met (Honigwein).
Bier galt bis ins 16. Jahrhundert als ein Grundnahrungsmittel.

Jugendliche und Alkohol

Der Alkoholkonsum Jugendlicher hat sich in den letzten Jahren verändert. Dabei hat nicht nur die Zahl der Jugendlichen, die trinken, zugenommen, sondern auch die Menge alkoholischer Getränke, die konsumiert wird.
Es gehört in gewissen Kreisen jugendlicher Leute «zum guten Ton», sich zu besaufen. Es werden Trinker-Partys organisiert. Diese enden nicht selten in Massenbesäufnissen.

Konsummotive

Eine Vielzahl von Gründen ist dafür verantwortlich, dass Jugendliche zum Alkohol greifen.

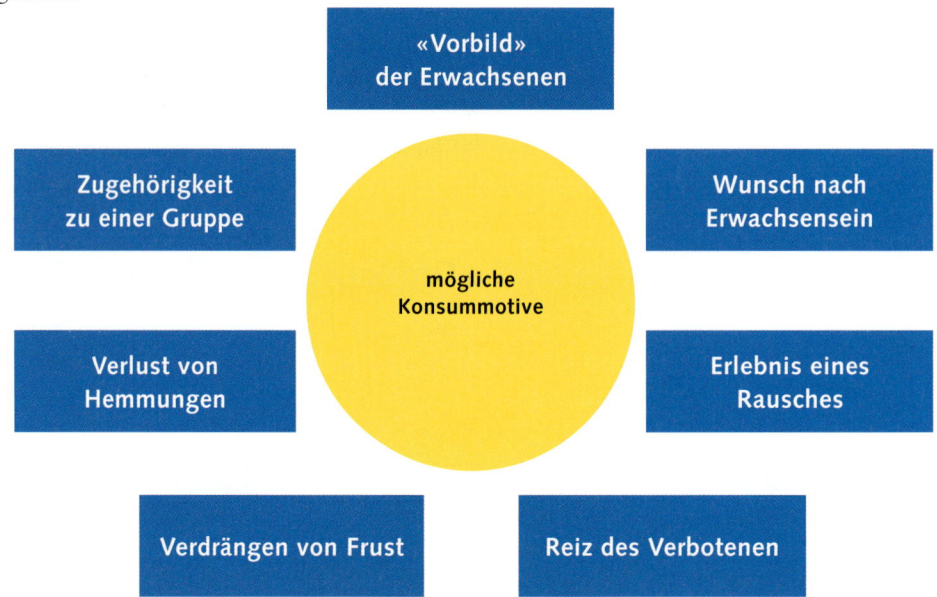

mögliche Konsummotive:
- «Vorbild» der Erwachsenen
- Wunsch nach Erwachsensein
- Erlebnis eines Rausches
- Reiz des Verbotenen
- Verdrängen von Frust
- Verlust von Hemmungen
- Zugehörigkeit zu einer Gruppe

Gesetzliche Grundlagen

Die Jugendschutzgesetze verbieten den Verkauf von:
– Alcopops, Spirituosen und Aperitifs an unter 18-Jährige
– Wein, Bier und gegorenen Most an unter 16-Jährige
– Das Personal darf einen Ausweis mit Altersangabe verlangen.

Tipp: www.alkohol.schwarz-netz.de
www.sfa-ispa.ch *Schweiz. Fachstelle für Alkohol und andere Drogen*

Wirkungen des Alkohols

Der Alkohol gelangt sehr rasch über die Schleimhäute ins Blut. Innerhalb einer Stunde werden zirka 0,15‰ Alkohol abgebaut, d.h. bei einem Blutalkoholgehalt von 1,5‰ dauert es 10 Stunden. Diese Vorgänge können mit keinem Mittel ausgetrickst werden.

Der Alkoholkonsum beeinflusst die körperlichen und die geistigen Funktionen. Mit steigendem Alkoholgehalt vermindert sich das Sehvermögen, die Konzentrationsfähigkeit, das Reaktionsvermögen, die Einschätzung von Distanzen, das Gleichgewichtsvermögen und vieles mehr. Diese Einschränkungen werden vor allem im Strassenverkehr gefährlich, und dies nicht nur für Autofahrer.

Auf die Individuen hat der Alkohol sehr unterschiedliche Wirkungen. Gewisse Personen werden aggressiv und gewalttätig, andere ruhig und schläfrig, wieder andere beklagen Übelkeit und müssen gar erbrechen. In extremen Fällen kann man das Bewusstsein verlieren und es kann auch der Tod eintreten.

Da der Gehalt an Körperflüssigkeit bei Frauen kleiner ist (zirka 55%) als bei Männern (zirka 68%), konzentriert sich die konsumierte Menge Alkohol bei Frauen auf weniger Flüssigkeit und der Promillegehalt im Blut steigt bei gleicher Menge Alkohol höher als bei Männern.

Risiken des Alkoholkonsums

Verschiedene Faktoren beeinflussen die Wirkung und damit auch die Risiken beim Konsum von Alkohol. Körpergewicht, Alter, Menge, Trinkgeschwindigkeit usw. wirken sich bei jedem Menschen unterschiedlich aus. Grundsätzlich sind jedoch mehr oder weniger die folgenden Risiken des Alkoholmissbrauchs für alle gleich.

Risken	Risiken bei akutem Alkoholmissbrauch	Risiken bei chronischem Alkoholmissbrauch
Körperliche Risiken	– Unfallgefahr – Alkoholvergiftung	Schädigung fast aller Organe (ganz besonders der Leber)
Psychische Risiken	– Selbstüberschätzung – Enthemmung – Unterschätzung von Gefahren	– Abhängigkeit – psychische Probleme – Persönlichkeitsveränderungen
Risiken für die Umgebung	– Unfallgefahr – Gewalttätigkeit – Ausfälligkeit gegenüber Mitmenschen	– Probleme in der Familie – Probleme am Arbeitsplatz – Probleme in der Gesellschaft

Tabelle nach SFA

Der Alkohol im Strassenverkehr

Wer angetrunken fährt, muss mit folgenden Strafen und Massnahmen rechnen:

Alkoholgehalt	Freiheitsstrafe / Geldstrafe	Ausweisentzug
0,5‰ – 0,79‰	1 Tag bis 3 Monate / Busse	Verwarnung / bis 1 Monat
0,8‰ oder mehr	3 Tage bis 3 Jahre / Busse	mindestens 3 Monate

Das minimale Strafmass gilt für das Fahren in angetrunkenem Zustand. Im Wiederholungsfalle oder wenn gleichzeitig weitere Verkehrsvorschriften verletzt werden (Rotlicht überfahren, zu schnelles Fahren usw.), verschärft sich das Strafmass.

6. Gesundheit

Rauchen

> **Rauchen:** *Ist das Inhalieren von Tabakrauch, der durch das Verbrennen tabakhaltiger Erzeugnisse, z.B. Zigaretten, Zigarillos, entsteht.*
> *Zigarren und Pfeifen werden eigentlich «gepafft» (nicht inhaliert). In der Umgangssprache wird aber auch hier vom Rauchen gesprochen.*

Als Columbus die Tabakpflanze von Amerika nach Europa gebracht hatte, verbreitete sich das Rauchen sehr schnell über ganz Europa. Das Tabakrauchen wurde auch als Heilmittel gegen verschiedene Krankheiten gepriesen und gleichzeitig als Teufelszeug verflucht.

Ursachen für den Tabakkonsum

Gründe für den Tabakkonsum sind die gleichen wie jene beim Konsum anderer Suchtstoffe.

- Neugierde
- Gruppendruck (Man will dabei sein.)
- Genuss, aber auch Stress
- Erwachsene als Vorbilder
- Bluff, Angeberei
- Probleme in der Familie, am Arbeitsplatz

Risikofaktoren und Wirkung

Die Liste der Risikofaktoren für Raucher wird jedes Jahr länger. Im Zigarettenrauch können etwa 4 800 Schadstoffe nachgewiesen werden. Davon sind 70 krebserregend. Krebs ist jedoch nur ein Risikofaktor. Blutkreislauf-Krankheiten und ihre Begleiterscheinungen sind mindestens ebenso dramatisch.
Rauchen verursacht vor allem folgende Krankheiten:

- Rachen-, Kehlkopf-, Speiseröhren-, Lungen-, Bauchspeicheldrüsenkrebs
- Chronische Bronchitis, Asthma, Raucherhusten
- Durchblutungsstörungen (Hirnschlag, Herzinfarkt, Fuss- und Beinamputation)
- Potenzstörungen

Entwöhnung vom Rauchen

Viel wird über die Entwöhnung gesprochen. Es existieren auch sehr viele Rezepte. Die Praxis aber zeigt, dass eine Entwöhnung nicht leicht fällt. Eine mögliche Hilfe könnte das Phönix 10-Punkte-Programm sein. Man findet es unter:
www.focus.de /gesundheit /gesundleben / nichtrauchen /schritte

Prävention

Um die Bevölkerung (Aktiv- und Passivraucher) vor zu viel Rauch zu schützen, haben Bund und Kantone verschiedene Vorschriften erlassen und weitere sind geplant:
- In öffentlichen Gebäuden und in Restaurants, Bars, Diskotheken soll nur noch in abgetrennten Zonen geraucht werden dürfen (Schutz der Passivraucher).
- Werbung für Tabakwaren ist in Kinos und in der Nähe von Schulen verboten.
- Tabakwaren dürfen nicht mehr an Jugendliche verkauft werden.
- Zigarettenautomaten sind nur noch mit Jetons bedienbar, die nicht an Jugendliche verkauft werden dürfen.
- Auf den Packungen sind Hinweise auf die gesundheitlichen Folgen des Rauchens gedruckt.

Kiffen, Cannabis-Konsum

> **Kiffen:** *Ist der Konsum von Rauschhanf (Cannabis, Haschisch, Marihuana) durch Rauchen.*

Laut Betäubungsmittelgesetz (BetmG 81d) ist der Konsum und der Anbau von Cannabis (auch für den Eigenbedarf) verboten.

■ Ursachen für den Cannabis-Konsum

Die Gründe für den Konsum von Cannabis sind die gleichen wie für den Konsum von Tabak, wobei beim Cannabis der Reiz des Verbotenen stärker zu gewichten ist.

■ Wirkungen beim Cannabis-Konsum

Aus medizinischer Sicht macht Cannabis im Gegensatz zu Alkohol und Nikotin körperlich nicht abhängig. Aus diesem Grund meinen viele, dass Cannabis weniger gefährlich ist als der Konsum von Alkohol oder Nikotin.

In psychischer Hinsicht sieht es anders aus. Da die Wirkstoffe der Cannabisprodukte sehr angenehm sind, ist das Gewöhnungspotenzial gross. Der Konsument will gar nicht mehr verzichten. Er wird psychisch vom Stoff abhängig.

Bei übermässigem Cannabis-Konsum kennt man folgende Wirkungen:
– Gefühle und Stimmungen werden gedämpft oder verstärkt.
– Reaktions- und Konzentrationsvermögen werden herabgesetzt. Dies bedeutet Gefahr beim Autofahren und bei der Bedienung von Maschinen.
– Die Leistung des Kurzzeitgedächtnisses lässt nach (Lernschwierigkeiten).
– Die Atemwege und Atemorgane werden bis zu hundert Mal (!) stärker geschädigt als beim Tabak-Rauchen.

Regelmässiges und starkes Kiffen bewirken zudem:
– einen plötzlichen, starken Leistungsabfall (am Arbeitsplatz, in der Schule)
– Rückzug in sich selbst
– ein starkes Bedürfnis nach Entspannung und Schlaf

Tipp:	
www.sfa-ispa.ch	Schweiz. Fachstelle für Alkohol und andere Drogen
www.at-schweiz.ch	Arbeitsgemeinschaft Tabakprävention
www.rauchenschadet.ch	Bundesamt für Gesundheit (BAG)
www.krebsliga.ch	Krebsliga Schweiz

Ess-Störungen

Wir unterscheiden zwei Arten: Die Magersucht und die Ess-Brechsucht.

■ Magersucht

Magersucht: *Ist eine Ess-Störung, die vor allem Mädchen und junge Frauen im Alter von 12 bis 25 Jahren betrifft. Die Betroffenen verweigern die Nahrungsaufnahme fast ganz und unternehmen alles, um abzunehmen.*

Magersucht beginnt oft vor oder in der Pubertät. In jüngster Zeit hat sich die Altersgrenze jedoch nach unten verschoben. Betroffen von der Magersucht sind zirka 1% der jungen Frauen und 0,1% der jungen Männer. Die Dunkelziffer ist jedoch hoch.

Ursachen
Ursachen für diese Krankheit sind in verschiedenen Bereichen zu finden:

– Familie	Überforderung, Überbehütung, Konfliktvermeidung
– Werbung	Schlankheitswahn in der Mode, Models als Vorbilder
– Biologische Bedingungen	Störungen im Sättigungsgefühl oder im Magen-Darm-Trakt
– Persönlichkeit	Mangelndes Selbstbewusstsein, Angst vor Versagen, Angst vor dem Erwachsenwerden, Trennungserlebnisse

Auswirkungen
Sie können im körperlichen und/oder im seelischen Bereich auftreten.

– Körperlich	Der Mangel an notwendigen Mineralien, wie Kochsalz, Magnesium, Kalium, sowie fehlende Vitamine führen zu Herzrhythmusstörungen, Muskelkrämpfen, Kreislaufstörungen, Nervenschädigungen, Knochenschwund usw.
– Seelisch	Angstzustände, Depressionen, Abweisen von Hilfe oder gewisse Zwangsverhalten verunmöglichen oft eine normale Lebensweise.

Therapien gibt es heute viele. Je früher Hilfe einsetzt, desto eher ist ein Heilungserfolg möglich. Die Einsicht und die Mithilfe der betroffenen Person ist wichtig.

■ Ess-Brechsucht (Bulimie)

Ess-Brechsucht: *Ist eine Ess-Störung. Fressanfälle ohne Kontrolle der Menge und des Sättigungsgefühls wechseln ab mit Erbrechen, mit der Einnahme von Abführmitteln und von harntreibenden Mitteln sowie von tagelangem Fasten.*

Gemäss einer Studie der Universität Zürich im Jahre 2011 (im Auftrage des Bundesamtes für Gesundheit, BAG) leiden 4,1% der Schweizer Bevölkerung an Diätwahn, an Ess-Brech-Sucht oder an periodischen Fressanfällen. 10% der Kranken sterben daran. Die Quote der Ess-Brech-Süchtigen ist in der Schweiz fast dreimal so hoch wie in Deutschland. Ungefähr ein Drittel der Fälle betrifft Männer.
Die Studie kommt zum Schluss, dass Personen mit chronischen Essstörungen dringend Angebote wie eine Unterstützung beim Einkaufen oder beim Kochen sowie Ess- und Wohngruppen benötigen.

Ursachen, Wirkungen und Therapien sind sehr ähnlich denen der Magersucht.

Tipp: *Informationen und Anlaufstellen: www.netzwerk-essstoerungen.ch*

7. Anhang

Korrespondenz

> **Korrespondenz:** *Bezeichnung für den schriftlichen Austausch von Mitteilungen.*

Geschäftskorrespondenz

In der Geschäftswelt werden nach Möglichkeit moderne elektronische Kommunikationsmittel eingesetzt. Das geschriebene Wort hat aber auch im Geschäftsverkehr mehr Gewicht als das gesprochene.

- Abmachungen werden genauer eingehalten.
- Bei Meinungsverschiedenheiten dient der Brief als sichere Grundlage oder vor Gericht als Beweis.
- Schriftlichkeit gibt dem Absender und dem Empfänger mehr Sicherheit und Klarheit.
- Für gewisse Briefe (z.B. Kündigung einer Mietwohnung) schreibt das Gesetz sogar die schriftliche Form vor.

Aufbau eines Geschäftsbriefes

Einen Geschäftsbrief schreibt man, weil man ein Ziel erreichen will. Ein klarer inhaltlicher Aufbau ist dazu erforderlich.
Der Inhalt eines solchen Briefes besteht nebst dem Titel aus vier Textbausteinen.

1. Anlass	Warum schreibe ich? Was veranlasst mich zu schreiben? Hier nehme ich Bezug auf eine Situation, eine Ausgangslage.
2. Absicht	Was will ich mit dem Brief erreichen? Die Absicht oder das Ziel muss klar und verständlich beschrieben werden.
3. Begründung	Wie will ich meine Absicht begründen? Überzeugend begründete Absichten erreichen ihr Ziel eher.
4. Schlusssatz	Ein Schlusssatz rundet den Brief ab.

Die Reihenfolge dieser vier Teile ist nicht zwingend. Logischerweise steht der Anlass jedoch am Anfang.

Nicht jeder Geschäftsbrief besteht aus vier Teilen. Es gibt auch dreiteilige Briefe. Was sicher nicht fehlen darf, ist die Absicht.

Sprache und Stil

- Ein Brief wird kurz, bündig, sachlich, präzise und höflich geschrieben. Der Stil soll aber nicht allzu trocken wirken.
- Der Empfänger muss sofort erkennen können, welche Absicht der Absender verfolgt.
- Der Text muss frei von orthografischen und grammatikalischen Fehlern sein.
- Höflichkeitspronomen wie «Sie», «Ihnen», «Ihr» werden grossgeschrieben.
- «Du», «Deiner» usw. können gross- oder kleingeschrieben werden.

Regeln für die Form des Geschäftsbriefes

Für Geschäftsbriefe gibt es verschiedene Darstellungsarten (siehe S. 372 f.). Viele Firmen verwenden eigene Layouts. Im Folgenden wird jene Form verwendet, die Privatleute im Geschäftsverkehr anwenden.

Linksbündiges Schema (mit Computer geschrieben)

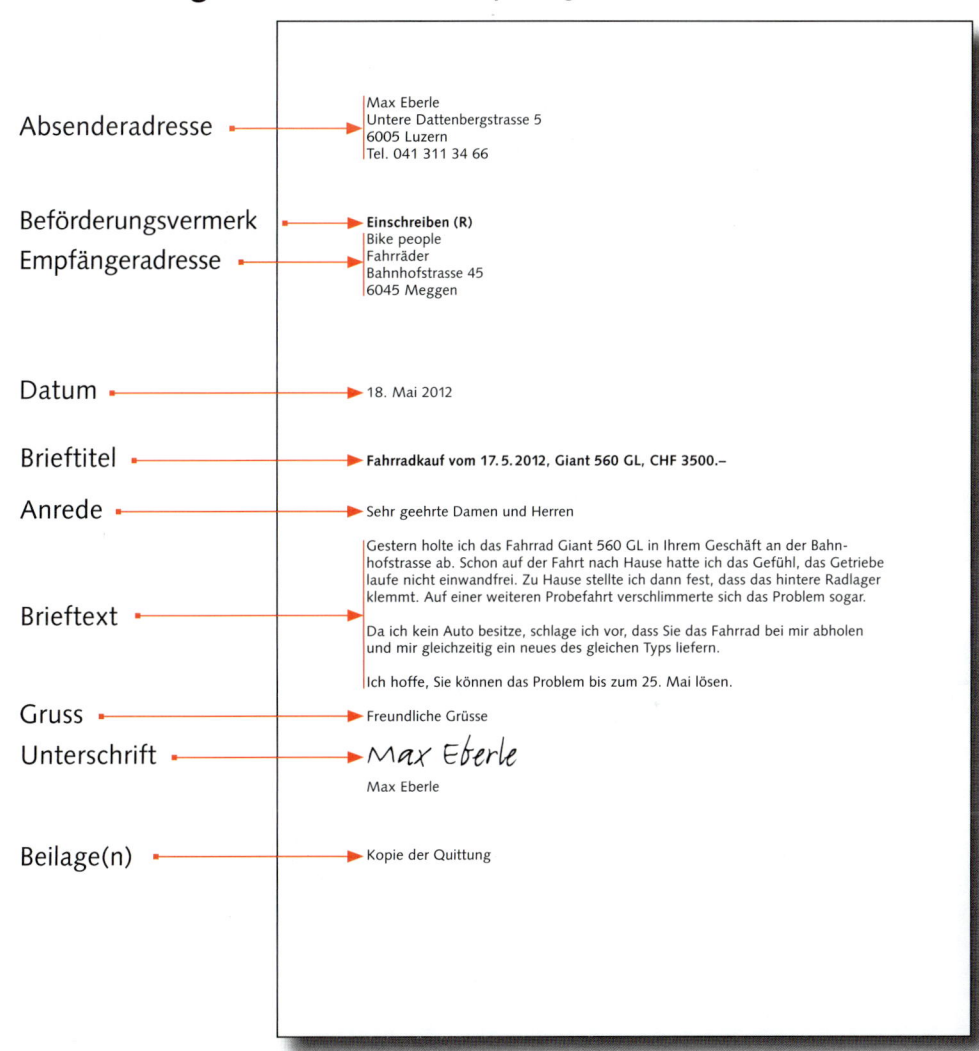

Absenderadresse
Max Eberle
Untere Dattenbergstrasse 5
6005 Luzern
Tel. 041 311 34 66

Beförderungsvermerk
Einschreiben (R)

Empfängeradresse
Bike people
Fahrräder
Bahnhofstrasse 45
6045 Meggen

Datum
18. Mai 2012

Brieftitel
Fahrradkauf vom 17. 5. 2012, Giant 560 GL, CHF 3500.–

Anrede
Sehr geehrte Damen und Herren

Brieftext
Gestern holte ich das Fahrrad Giant 560 GL in Ihrem Geschäft an der Bahnhofstrasse ab. Schon auf der Fahrt nach Hause hatte ich das Gefühl, das Getriebe laufe nicht einwandfrei. Zu Hause stellte ich dann fest, dass das hintere Radlager klemmt. Auf einer weiteren Probefahrt verschlimmerte sich das Problem sogar.

Da ich kein Auto besitze, schlage ich vor, dass Sie das Fahrrad bei mir abholen und mir gleichzeitig ein neues des gleichen Typs liefern.

Ich hoffe, Sie können das Problem bis zum 25. Mai lösen.

Gruss
Freundliche Grüsse

Unterschrift
Max Eberle
Max Eberle

Beilage(n)
Kopie der Quittung

Papier	Man verwendet ein sauberes, unlinertes A4-Blatt. Findet der Brief nicht auf einer Seite Platz, muss ein zusätzliches Blatt Papier verwendet werden (die Rückseite eines Geschäftbriefs bleibt immer leer!).
Ränder	– oben und unten mindestens 2,5 cm – links 3,0 cm – rechts 2,5 cm
Abstände	Zwischen den einzelnen Teilen des Briefes werden Abstände gemacht. Je nach Textlänge dienen die Abstände dazu, dem Brief ein ansprechendes Aussehen zu geben.
Absenderadresse	– Vorname, Name (ohne Herr oder Frau) – Adresse, PLZ, Ort (nicht unterstreichen) – Telefon, Fax oder E-Mail-Adresse (heute üblich für Rückfragen)

7. Anhang

Datum	Der Ort muss vor dem Datum nicht wiederholt werden. Der Monat soll ausgeschrieben (keine Abkürzung) oder mit einer Ordnungszahl bezeichnet werden.
Beförderungsvermerke	– **Einschreiben (R)**: bedeutet erhöhte Sicherheit, z.B. wenn Fristen und Termine eingehalten werden müssen. Zudem haftet die Post generell bis CHF 500.–, falls der Inhalt von Wert ist. Der Empfänger muss den Empfang schriftlich bestätigen. – **Express**: bedeutet besondere Dringlichkeit
Empfängeradresse	Der Empfänger wird mit «Herr» oder «Frau» angeschrieben. Diese Anrede steht nicht auf der gleichen Zeile wie der Name. Ausnahme: Die Anschrift der Firma erfolgt zuerst. *Herr* *Schindler AG* *Jan Bühler* *Herr Jan Bühler* *Bahnhofstrasse 9* *Zugerstrasse 13* *6353 Weggis* *6030 Ebikon* Die Postleitzahl und die Ortschaft werden nicht unterstrichen.
Brieftitel	Der Brieftitel gibt ganz kurz an, worum es im Brief geht. Darum ist es wichtig, dass er treffend gewählt wird. Der Brieftitel wird nicht unterstrichen, aber fett ausgezeichnet.
Anrede	Steht der Name einer Einzelperson in der Empfängeradresse, gehört eine persönliche Anrede zum Brief. – *Sehr geehrter Herr Bühler* – *Guten Tag, Frau Holenstein* Ist der Brief unpersönlich adressiert, ist eine allgemeine Anrede üblich. – *Sehr geehrte Damen und Herren* – *Guten Tag* (ist heute auch in unpersönlichen Geschäftsbriefen zu finden)
Text	Der Text ist sauber geschrieben und wird in Abschnitte gegliedert. Korrekturen sind nicht erlaubt. Der Ton ist immer freundlich. Der Schlusssatz ist immer ein ganzer Satz. Beispiele sind: – *Wir danken Ihnen für Ihre Bemühungen.* – *Wir hoffen, dass die Angelegenheit bis am 3. November 2011 erledigt werden kann, und danken Ihnen für Ihr Verständnis.*
Gruss	– *Freundliche Grüsse* – *Freundlicher Gruss*
Unterschrift	Die Unterschrift muss leserlich sein.
Beilagen	Das Wort «Beilagen» ist überflüssig. Die Bemerkung «Beilagen erwähnt» gehört in keinen Brief. Beispiele sind: – *Kopie Schulzeugnis der Berufsfachschule* – *Kopie Arztrechnung*

Beschriftung der Couverts

Damit ein Brief rechtzeitig ankommt, muss der Briefumschlag korrekt beschriftet werden.

Weil die Lesemaschinen der Post nicht alle Schriftarten erkennen können, sind folgende Schriften zu vermeiden:

– negative Schriften (weiss auf dunklem Hintergrund) **Hans Schweizer**

– Zierschriften (verschnörkelte Schriften) *Hans Schweizer*

– Kursivschriften (schräg gestellte Schriften) *Hans Schweizer*

– gebrochene Schriften (alte Frakturschriften) 𝔥𝔞𝔫𝔰 𝔖𝔠𝔥𝔴𝔢𝔦𝔷𝔢𝔯

Briefumschlag

Bei der Beschriftung des Briefumschlags soll man sich an die Einteilung halten, die von der Post vorgegeben wird.

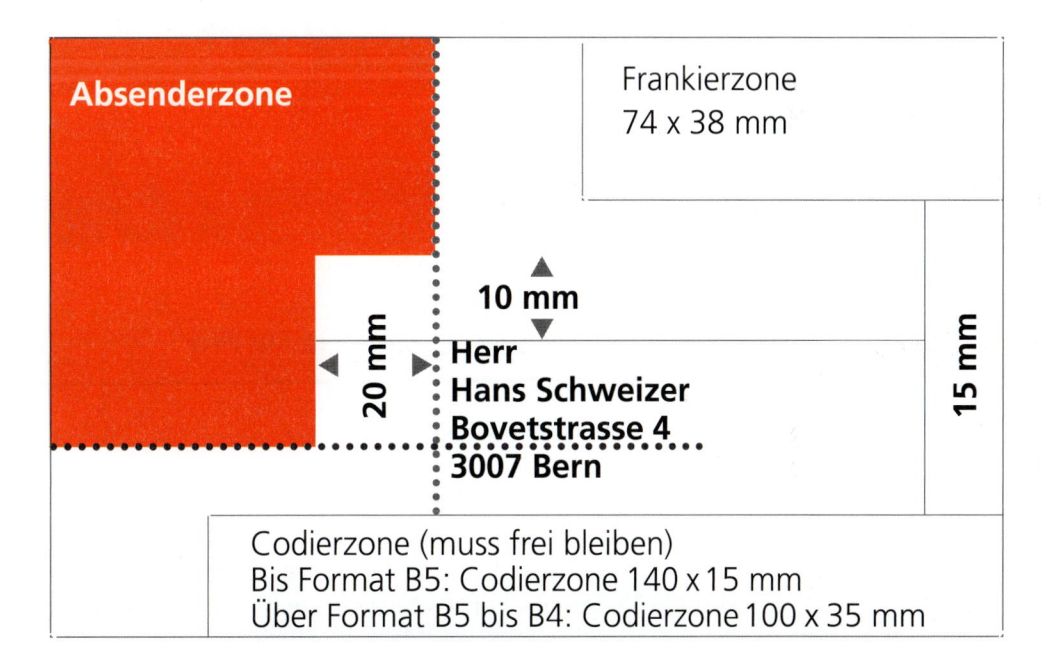

Absenderzone	Frankierzone 74 x 38 mm
	10 mm / 20 mm / 15 mm Herr Hans Schweizer Bovetstrasse 4 3007 Bern
	Codierzone (muss frei bleiben) Bis Format B5: Codierzone 140 x 15 mm Über Format B5 bis B4: Codierzone 100 x 35 mm

■ Mit Computer geschriebener Brief (Couvert mit Sichtfenster rechts)

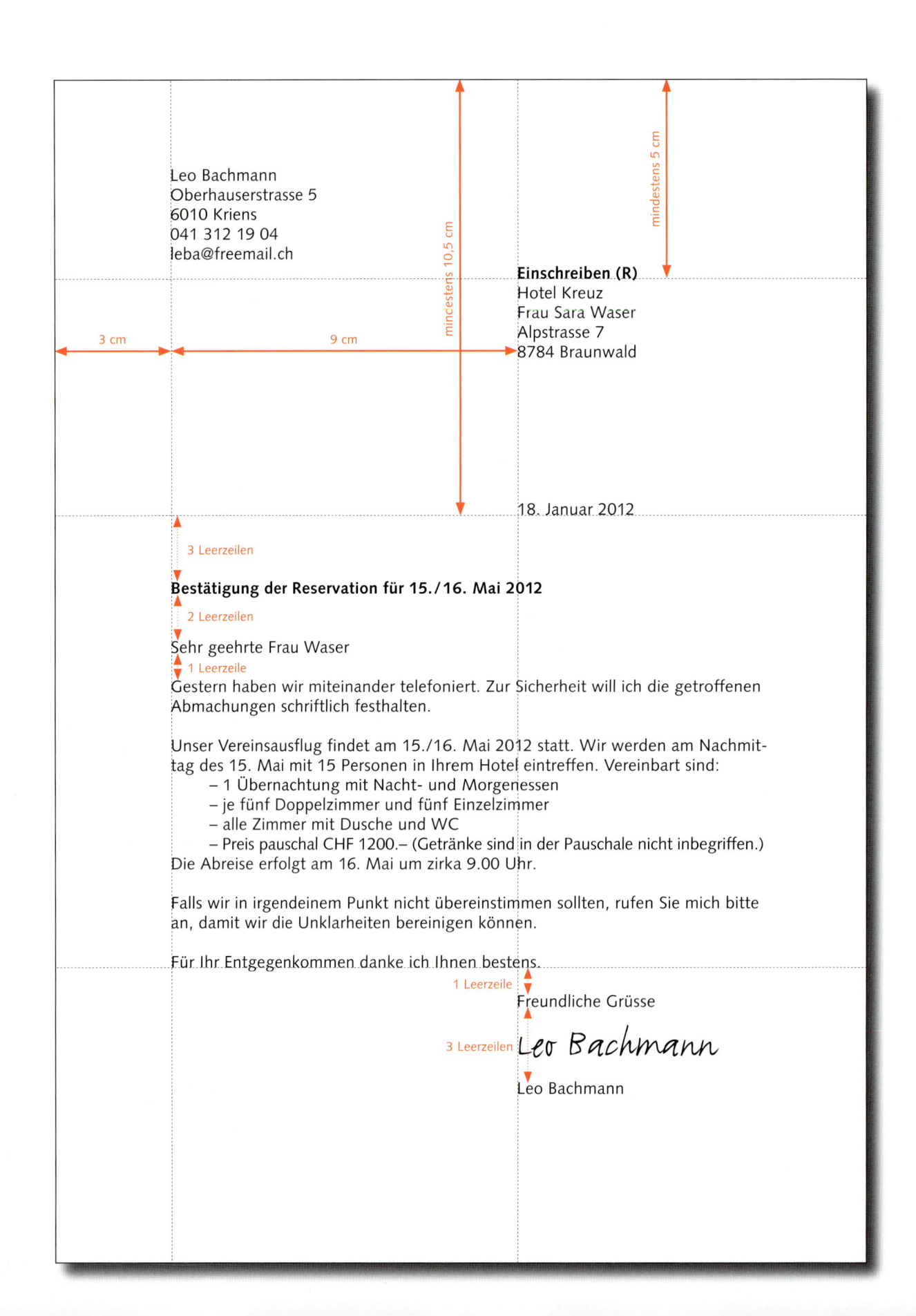

Leo Bachmann
Oberhauserstrasse 5
6010 Kriens
041 312 19 04
leba@freemail.ch

Einschreiben (R)
Hotel Kreuz
Frau Sara Waser
Alpstrasse 7
8784 Braunwald

3 cm | 9 cm | mindestens 10,5 cm | mindestens 5 cm

18. Januar 2012

3 Leerzeilen

Bestätigung der Reservation für 15./16. Mai 2012

2 Leerzeilen

Sehr geehrte Frau Waser

1 Leerzeile

Gestern haben wir miteinander telefoniert. Zur Sicherheit will ich die getroffenen Abmachungen schriftlich festhalten.

Unser Vereinsausflug findet am 15./16. Mai 2012 statt. Wir werden am Nachmittag des 15. Mai mit 15 Personen in Ihrem Hotel eintreffen. Vereinbart sind:
- 1 Übernachtung mit Nacht- und Morgenessen
- je fünf Doppelzimmer und fünf Einzelzimmer
- alle Zimmer mit Dusche und WC
- Preis pauschal CHF 1200.– (Getränke sind in der Pauschale nicht inbegriffen.)

Die Abreise erfolgt am 16. Mai um zirka 9.00 Uhr.

Falls wir in irgendeinem Punkt nicht übereinstimmen sollten, rufen Sie mich bitte an, damit wir die Unklarheiten bereinigen können.

Für Ihr Entgegenkommen danke ich Ihnen bestens.

1 Leerzeile

Freundliche Grüsse

3 Leerzeilen *Leo Bachmann*

Leo Bachmann

■ Handgeschriebener Geschäftsbrief

Beim handgeschriebenen Geschäftsbrief wird in der Regel zwischen den Textblöcken 1 Leerzeile gemacht.

Thomas Luder
Mühlebergstrasse 15
8953 Dietikon

24. März 2012

Einschreiben (R)
Herr
Lucien Manser
Alpenstrasse 77
8053 Zürich

Kündigung der Mietwohnung per 30. Juni 2012

Sehr geehrter Herr Manser

Hiermit teile ich Ihnen mit, dass ich die 2-Zimmer-Wohnung an der Mühlebergstrasse 15 unter Einhaltung der ordentlichen Kündigungsfrist auf den ortsüblichen Kündigungstermin (30. Juni 2012) kündige.

Ich werde demnächst heiraten und habe bereits eine grössere Wohnung in der näheren Umgebung gefunden, die auch unserem Nachwuchs ausreichend Platz bietet.

Ich bitte Sie, mir möglichst früh mitzuteilen, wie die Wohnungsübergabe und allfällige Besichtigungstermine für Nachmieter organisiert werden sollen.

Für das angenehme Mietverhältnis bedanke ich mich bei Ihnen.

Freundliche Grüsse

Thomas Luder

Die grafische Darstellung

> **Grafische Darstellung:** *Visualisieren von Informationen durch das Zeichnen von Linien, Kreisen, Balken, Säulen oder Farbflächen. Somit können Daten schneller überblickt und in eine Beziehung zueinander gebracht werden.*

■ Das Kreisdiagramm (Kuchendiagramm)

Darstellung von Teilen eines Ganzen

Der Kreis wird verwendet, wenn man einzelne Anteile eines Ganzen, häufig in Prozenten, darstellen will. Es werden somit die Verhältnisse der einzelnen Bestandteile zueinander aufgezeigt. Der Kreis vermittelt dem Betrachter das Gefühl der Vollständigkeit.

Aus diesem Grund eignet er sich besonders gut für die Darstellung der Teile eines Ganzen (z.B. sämtliche Ausgaben eines Staates).

Exportländer eines Unternehmens

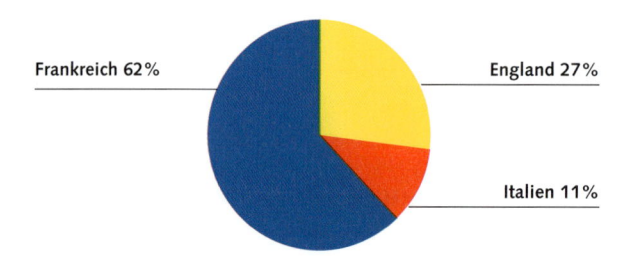

- Frankreich 62%
- England 27%
- Italien 11%

Beispiel: Ein Unternehmen exportiert nach England 27% seiner Produkte, nach Italien 11% und nach Frankreich 62%. Im Kreisdiagramm kann dargestellt werden, wie gross der Anteil an den Produkten ist, die das Unternehmen in diese drei Länder exportiert.

■ Das Balkendiagramm (Säulendiagramm)

Darstellung von Rangfolgen

Beim Balkendiagramm oder beim Säulendiagramm werden absolute Zahlen miteinander verglichen (z.B. der Export verschiedener Länder in Milliarden $).
Das Balkendiagramm und das Säulendiagramm sind identisch. Der einzige Unterschied besteht darin, dass die Darstellung beim Balkendiagramm horizontal und beim Säulendiagramm vertikal ist.

Das Balkendiagramm wird häufig gewählt, um eine Rangfolge darzustellen.

BIP in Mrd. US-$ im Jahre 2010

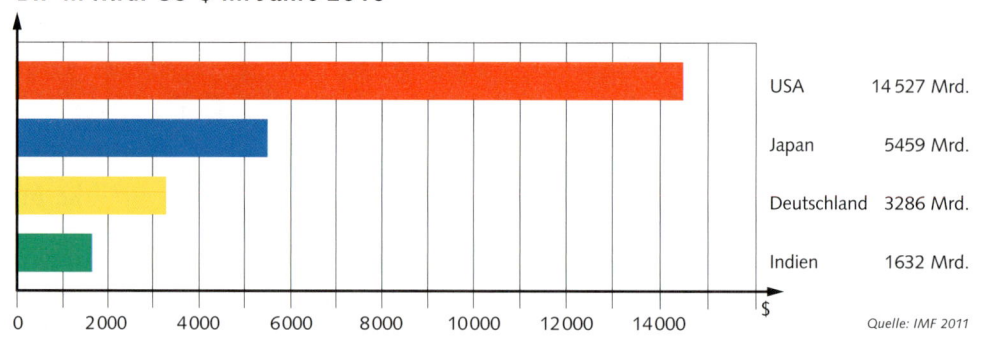

Land	BIP
USA	14 527 Mrd.
Japan	5 459 Mrd.
Deutschland	3 286 Mrd.
Indien	1 632 Mrd.

Quelle: IMF 2011

Beispiel: Damit man das Bruttoinlandprodukt verschiedener Länder vergleichen kann, trägt man die absoluten Zahlen (z.B. BIP in Mrd. US-$) in ein Balkendiagramm ein. Dabei entsteht eine Rangordnung. Damit eine sinnvolle Aussage möglich wird, muss das Bruttoinlandprodukt in den einzelnen Ländern nach den gleichen Grundsätzen berechnet werden.

7. Anhang

Darstellung von Entwicklungen

Das Kurvendiagramm (Liniendiagramm)

Das Kurvendiagramm wird am häufigsten eingesetzt.
In ein Kurvendiagramm können auch mehrere Kurven eingezeichnet werden. Dadurch lassen sich die Kurven miteinander vergleichen.
Es muss aber darauf geachtet werden, dass nicht zu viele Kurven in ein Diagramm gezeichnet werden, da sonst die Übersicht verloren geht.
Das Kurvendiagramm kann eine Entwicklung gut darstellen.

Inflationsrate in der Schweiz

Beispiel: Um die Entwicklung der Inflationsraten darzustellen, wird ein Kurvendiagramm gewählt.

- 1980 betrug die Inflation 4%. Im folgenden Jahr erreichte sie sogar mehr als 6%. Mit Ausnahme des Jahres 1985 sank darauf die Inflation und erreichte 1986 einen Wert von unter 1%.
- Von 1986 bis 1991 stieg die Inflation stark an bis auf 5,9%. Danach fiel sie, ausgenommen in den Zeitspannen 1994–95, 1998–99 und 1999–2000.
- Ende 2011 betrug die Inflationsrate 0,2%.

■ Die Veränderung der Darstellung (Manipulation)

Es muss beachtet werden, dass grafische Darstellungen sehr einfach missbraucht werden können, um den Betrachter absichtlich irrezuführen (zu manipulieren).

Beispiel: Die Umsatzkurve eines Unternehmens vermittelt einen anderen Eindruck, je nachdem, wie man die Einteilung der Achsen verändert.

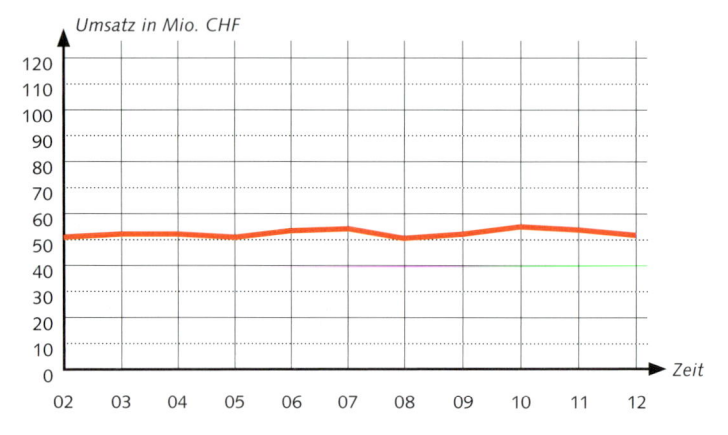

*Realität:
Der Umsatz bleibt während mehreren Jahren relativ konstant.*

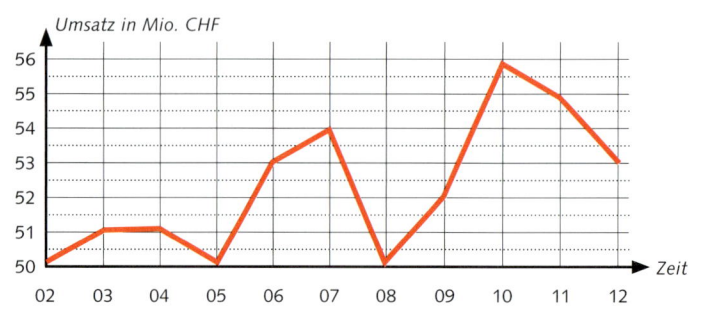

Die Einteilung der vertikalen Achse beginnt nicht mehr bei 0. Der Eindruck entsteht, als hätte es viel grössere Umsatzschwankungen gegeben.

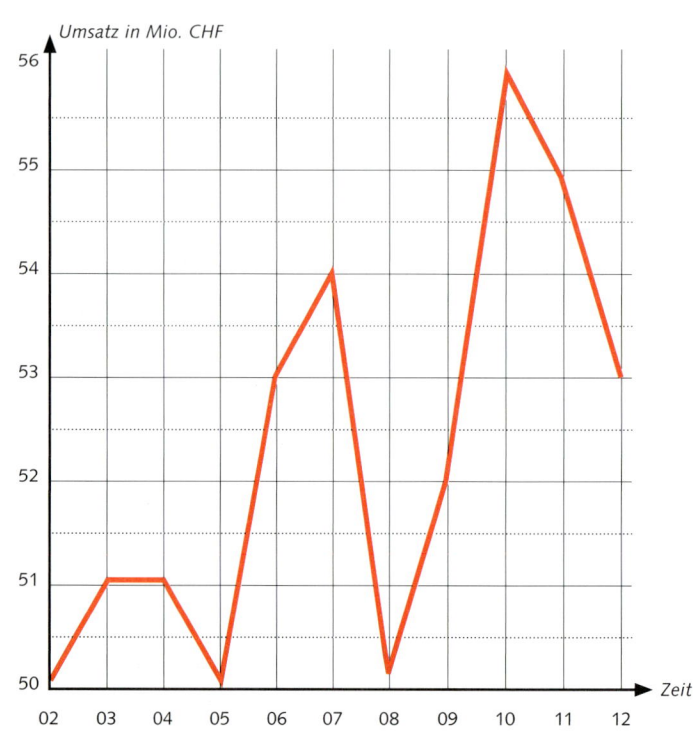

Die Einteilungen der vertikalen Achse sind vergrössert worden. Dadurch sind die Ausschläge noch markanter. Der Eindruck entsteht, als hätte es gewaltige Umsatzschwankungen gegeben.

Die Wahl der Achseneinheit ist daher sehr entscheidend. Wer eine Grafik liest, muss sich zuerst fragen, ob die Einteilung der Achsen sinnvoll gewählt worden ist. Die gleiche Feststellung trifft auf das Säulen- und das Balkendiagramm zu.

Sachwortregister

Symbole
1. Säule (Staatliche Vorsorge) **136**, 137, 146
2. Säule (Berufliche Vorsorge) **142**, 146
3. Säule (Selbstvorsorge) **144**, 146

A
Abfall 339, **341**, **342**, 343
Abredeversicherung 135
absolutes Mehr 163, 164
Adoption 51, 54, 60, **63**
Aktie 287, **290**
aktives Wahlrecht 162
Alkohol 362, 363, 365
Allgemeine Versicherungsbedingungen (AVB) 128
Allgemeinverbindlicherklärung (AVE) 44
alternative Energie 344
Alters- und Hinterlassenenversicherung (AHV) 59, **136**, 146, 276
Amnesty International (AI) 237
Amt für Berufsbildung 28, 29
Amtsgericht 173, 191, **196**
Amt (Verwaltungseinheit im Kanton) 173, **196**
anfechtbarer Vertrag 20
Anfrage (Kauf) 76
Angebot 76, 77, **266**
Angebotsinflation 298
Anleihensobligation 287, 289
Annahmeverzug (Kauf) 78
Anspruchsgruppe 316
antizyklisches Verhalten 302
Antrag (beim Kauf) 76
Antragsdelikt 194
Arbeit (Volkswirtschaft) 250, 251, 258, **260**, 268
Arbeitgeberverband 44, 160
Arbeitnehmerverband 44, 160
Arbeitsbestätigung 39
Arbeitsgericht 189
Arbeitsgesetz (ArG) 28, 31, 45, **46**
Arbeitslosenentschädigung 134, 140
Arbeitslosenversicherung (ALV) 41, **140**
Arbeitslosigkeit 140, **261**, 271
Arbeitsplatz (Kaufvertrag) 82
Arbeitsproduktivität 260, 265
Arbeitsvertrag **25**, 100
Arbeitszeitvorschrift 47
Arbeitszeugnis 39
Artenvielfalt (Biodiversität) 356
Assimilation 241
Asyl 238
Attest 27
Aufbewahrung (Quittung) 80
Aufsichtskommission 179
Auftrag (einfacher) 98, 100
Ausland **252**, 253
Ausländer/in 240, 241
Auslieferung 214
Ausschaffung 214
Aussenpolitik 183
Aussenwert (Geld) 278
Ausweisung 214
Automatisierung 260

B
Balkendiagramm 374
Bank **252**, 253, 263, 280, **284**, 289
Bankkonto 288
Bargeld 278, 281
Barkauf 81
Barkredit 85, **86**, 97
Barzahlung 292
Bedürfnis 246, 248, 249, 268
Bedürfnisbefriedigung 246, 247, 248, 249
Bedürfnispyramide (Maslow) 247
Begleitbeistandschaft **65**, 66
Begnadigung 180
Beistandschaft 64, **65**, 66
Beitragslücke (AHV) 136
Beratungsstelle (Budget) 96
berufliche Vorsorge (BVG) 59, **142**, 146
Berufsbildungsgesetz (BBG) 28, 172
Berufsbildungssystem 26
Berufskrankheit 134
Berufslehre 28
Berufsmaturität (BM) 26, **27**, 29
Berufsunfall (BU) 41, **133**, 134
Berufung (Gericht) 191
Beschäftigungspflicht 35, 38
Beschimpfung 217
beschränkte Handlungsunfähigkeit 17
Beschwerde (Steuern) 122
Beschwerde (Zivilprozess) 191
Besitz 75, 81
Bestellung 77
Betreibung 81, 89, 92
Betreibungsamt 90
Betreuungsvertrag 64
Beurkundung (öffentliche) **19**, 56, 84
bewegliche Sache 104
Beweislast 14
Bewerbung 32, 33
Bezirksgericht **173**, 191, 196
Bezirk (Verwaltungseinheit im Kanton) **173**, 196
Bilanz der Arbeits- und Kapitaleinkommen 305
Bilanz der laufenden Übertragungen 305
bilaterales Abkommen 235
Binnenmarkt 309
Binnenwert (Geld) 278
Biodiversität (Artenvielfalt) 339, **356**
Boden 250, 251, 258, **259**, 339, 341, **355**
Bodenspekulation 259
Bodenzins (Grundrente) 251
Bonus-Malus (Versicherung) 150
Boom (Konjunktur) 301
Börse 279
Botschaft (Gesetzgebung) **203**, 208
Brauch 11
Brief (Geschäftsbrief) 368, 369, 372, 373
Briefkurs 280, 281
Bruttoinlandprodukt (BIP) 251, 253, **254**, 255, 257, 270, 300
Buchgeld **278**, 281, 297
Buddhismus 335, 336
Budget 94, 95, 96, 97, 177
Bulimie 366
Bund 115, 173, 177, 196, 197
Bundesanwalt/Bundesanwältin 180
Bundesanwaltschaft 190
Bundesblatt 203, 204, 206
Bundesfinanzen **123**, 183

Sachwortregister

Bundesgericht *164*, **173**, *180*, **190**, *191*, *215*
Bundeskanzler/in *164*, *180*, **184**, *186*
Bundespräsident/in *164*, *180*, **184**, *186*
Bundesrat *164*, **173**, *180*, **181**, *182*, *183*, *184*, *185*, *186*
Bundesstaat **170**, *196*
Bundesstrafgericht 190
Bundesverfassung (BV) *163*, **172**, *175*, **202**, *203*, *205*
Bundesversammlung *173*, **174**, *177*, *181*, *183*, *185*
Bundesverwaltung 177, **186**
Bundesverwaltungsgericht 190
Bürgerblock 159
Bürgerlich-Demokratische Partei (BDP) **158**, *159*, *176*, *178*, *179*, *185*, *187*
bürgerliche Partei 159
Bürgerrecht 55, *63*, **212**, **213**
Busse 121, **193**, **194**
BVG (berufliches Vorsorgegesetz) **142**, *146*

C

Christentum **331**, *336*
Christlich-demokratische Volkspartei (CVP) **157**, *159*, *176*, *178*, *179*, *185*, *187*
Christlichsoziale Partei (CSP) **159**, *176*, *178*, *179*
CO_2 *344*, *345*, **347**, *348*, *349*, *352*, *354*
Couvert **371**, *372*

D

Darlehen 103
Darstellung (grafische) **374**, *376*
Debitkarte 292
definitiver Entwurf (Gesetzgebung) 203
Dekret 202
Deliktsfähigkeit 17
Demokratie *196*, *200*, **222**, *273*, *274*
Demonstration 218
Departement **182**, *184*, *186*, *187*, *208*
Departementalprinzip 182
Depression *300*, **302**
Devisen *278*, **280**, *281*
Devisenmarkt 280
Dienstleistung **248**, *250*, *251*, *253*, *254*, *255*, *264*
Dienstleistungsbilanz 305
Dienstleistungsverkehr 309
Differenzbereinigung 203, *208*
Diktatur **224**, *273*
Dilemma (moralisches) 329
direkte Bundessteuer 116, *120*
direkte Demokratie 222
direkte Steuern 116
Direktion (= Departement) 182
dispositives Recht (nicht zwingendes Recht) **13**, *31*
doppeltes «Ja» 207
doppeltes Mehr **163**, *205*
Doppelversicherung 149
Drei-Säulen-Konzept 146
Drittperson (Haftpflichtversicherung) 147
Drittstaat 240
Drogenpolitik 361
duales Berufsbildungssystem 26
Dumping 307

E

Ehe **54**, *55*, *56*, *57*, *58*, *59*, *216*
Ehefreiheit 54
Ehevertrag **56**, *58*, *69*

Ehrverletzung 217
Eidg. Departement des Innern (EDI) 187
Eidg. Departement für auswärtige Angelegenheiten (EDA) 187
Eidg. Departement für Umwelt, Verkehr, Energie und Kommunikation (UVEK) 187
Eidg. Departement für Verteidigung, Bevölkerungsschutz und Sport (VBS) 187
Eidg. Finanzdepartement (EFD) 187
Eidg. Justiz- und Polizeidepartement (EJPD) **187**, *212*
Eidg. Räte 174, *176*
Eidg. Volkswirtschaftsdepartement (EVD) 187
Eigengut *56*, **57**, *58*, *69*
eigenhändiges Testament 71
Eigentum **75**, *76*, *77*, *81*, *82*, *84*, *100*
Eigentumsgarantie 218
Einbürgerung *212*, *213*
einfacher Auftrag **98**, *100*
einfacher Wirtschaftskreislauf 250
einfache Schriftlichkeit 19
Einheitsstaat 170
Einigungskonferenz 179, *203*
Einkommensteuer *116*, **118**
Einkommensverteilung 258
Einlegerschutz (sparen) 91, **288**
Einnahmen (des Bundes) 123
Einschreiben (R) 369, **370**, *372*, *373*
Einsprache (Steuern) 122
Einwohnerrat 165, **173**, *200*
Einzelarbeitsvertrag (EAV) *25*, **31**, *34*, *44*, *45*
EL (Ergänzungsleistung) 146
elterliche Sorge 59, **61**, *66*
Eltern 55, **60**, *61*, *62*, *63*, *66*, *68*, *70*
Emigration 238
Energie 344, *345*, *346*
Energieeffizienz 340
Energiesteuer 269
Enteignung 218
Enterbung 70
Entstehung eines Gesetzes 183, **203**, *205*
Entwicklungsland *265*, **308**
Entwicklungszusammenarbeit 308
Erbanteil 68, *69*, **70**
Erbe **67**, *70*, *71*
Erblasser 71
Erbrecht 67
Erbschaft 62, *67*, **68**, *69*, *71*
Erbvertrag **67**, **71**
E-Recruiting 33
Ergänzungsleistung (EL) *136*, **138**, *146*
Errungenschaft *56*, **57**, *58*, *69*
Errungenschaftsbeteiligung **56**, *57*
Ersatzdienst (ziviler) 139, **220**
Ersatzinvestition 263
Ersatzlieferung 79
Ersatzmieter 109
Erstreckung des Mietverhältnisses 112
Ertragsbilanz 305
Erwachsenenschutz **64**, *65*, *66*
Erwachsenenschutzbehörde **64**, *66*
erweiterter Wirtschaftskreislauf 252
Erwerbsersatzordnung (EO) *41*, **139**
Erwerbsstruktur 264
Ess-Brechsucht 366
Ess-Störung 366
Ethik *320*, *323*, **326**
ethisches Grundprinzip 324
EU-Mitgliedländer 232

Sachwortregister

Euro (EUR) 282, 283, **310**, **311**
Europäische Kommission (EU) 232, **234**
Europäische Menschenrechtskonvention (EMRK) 230
Europäische Sozialcharta 230
Europäische Union (EU) 226, **231**, 232, 233, 235, 309, 312
Europäische Währungsunion (EWU) 310
Europäische Zentralbank (EZB) 310
Europäischer Gerichtshof (EU) 232, 235
Europäischer Gerichtshof für Menschenrechte (Europarat) 190
Europäischer Rat (EU) 232, **233**
Europäisches Parlament (EU) 232, **234**
Europakarte 244
Europarat 226, **230**
Evangelische Volkspartei (EVP) **159**, 176, 178, 179
Exekutive **173**, 196
Existenzbedürfnis 246
Existenzminimum 93
Export 253, 282, 283, **305**, 312
externe Kosten **268**, 269
externer Effekt 268

F

Fachgericht 189
Fähigkeitskapital 262
Fähigkeitszeugnis 27
Fahrniskauf 76
fakultatives Gesetzesreferendum 202, **204**, 208, 222, 235
fakultatives Staatsvertragsreferendum 204
Familie **51**, 65, 216
Familienausgleichskasse (FAK) 143
Familienname **55**, 63
Faustpfand 89
Ferien 39
Finanzierungsleasing 88
Finanzierungsrechnung 123
Finanzmarktaufsicht (FINMA) 285
Finderlohn 12
Flüchtling **238**, 241
Föderalismus 170, **171**
formgebundener Vertrag 19
formloser Vertrag 19
Fortsetzungsbegehren (Betreibung) 90, 91
Fraktion **178**, 179
Franchise **131**, 133
freie Marktwirtschaft **273**, 274
freie Quote 70
freier Personenverkehr 236
freies Gut 248
freie Vorsorge 3b 144, 146
Freiheiten **210**, 215, 220, 222
Freiheit (in der Moral) 322
Freiheitsstrafe 121, **193**, **194**
Freisinnig-Demokratische Partei.Die Liberalen (FDP) **156**, 159, 176, 178, 179, 185, 187
freiwilliges Sparen 262
Freizügigkeit 130
Friedenspflicht 44
Friedensrichter/in **173**, 191, 200
fristlose Kündigung (Arbeitsvertrag) 43
Fürsorgepflicht **38**, 46
fürsorgerische Unterbringung 65, **66**

G

Garantie 78
Gattungskauf **75**, 77, 79
Gebäudeversicherung 148

Gebrauch 103, 104
Gebrauchsgut 248
Gebrauchsleihe 103
Gebrauchsüberlassung 103
Gegenentwurf 207, 209
Gehorsamspflicht 220
Geld 97, 262, 263, **278**, 284, **286**, 292, 293, 296
Geldkurs **280**, 281
Geldmenge **251**, 284, 296, 297
Geldpolitik 284
Geldproblem 97
Geldschöpfung 297
Geldstrafe 193, 194
Geldstrom 250, **251**, 252, 253, 284, 296, 297
Geldwertstörung 296
Gemeinde 115, **173**, 196, **200**, 204, 206, 207, 212, 214, 223
Gemeindebehörde 200
Gemeindeversammlung 173, 200
General 180
Generalsekretär 229
Generalversammlung (UNO) 228, **229**
Gerechtigkeit **323**, 325
Gericht **173**, **188**, 190, 194, 196
Gesamtarbeitsvertrag (GAV) 25, 31, 42, **44**, 236
Geschäftsbank **284**, 285, 297
Geschäftsbrief 368, **369**, 372, 373
Geschäftsfähigkeit 17
geschriebenes Recht **12**, 13, 14
Gesetz 172, 173, 177, 188, **202**, **203**, 204, 205, 208, 222, 330
gesetzlicher Vertreter **28**, 62
Gesundheit 358
Gewährleistung (Garantie) 78
Gewaltenteilung **173**, 224
Gewerkschaft 160
Gewissen 330
Gewohnheitsrecht 12
Glaubens- und Gewissensfreiheit 216
Gleichgewichtspreis 267
Globalisierung 304
grafische Darstellung **374**, 376
Gratifikation 37
Graue Energie 340
Greenpeace 237
grobe Fahrlässigkeit 147
Grosser Rat 165, **173**, 196, 198, 199, 202
Grundbedürfnis 246
Grundbuch 84
Grundpfand 89, 91
Grundrecht **210**, 215, 222
Grundrente (Bodenzins) 250, 251, 258, 268
Grundschulpflicht 220
Grundstückkauf 84
Grundversicherung (Krankenkasse) 130
Grüne Partei der Schweiz (GPS) **157**, 159, 176, 178, 179
Grünliberale Partei (glp) **158**, 159, 176, 178, 179
Gut 247, **248**
Gütergemeinschaft 56
Gütermenge 251, 296, 298
Güterrecht 56
Güterstand 56
Güterstrom 250, **251**, 252, 253, 254, 296
Gütertrennung 56

Sachwortregister

H
Haftpflichtversicherung 126, **147**
Haftung 35, 55, **147**
Halbamtsparlament 174
halbdirekte Demokratie 222
Handelsbilanz 305
Handelsregister 89
Handkauf 81
Handlungsfähigkeit 16, **17**, 65, 71
handlungsunfähig 64, 65
Hausarzt-Modell 132
Haushaltsbudget 94
Hauskauf 84
Hausratversicherung 148
Haustür (Kaufvertrag) 82
Hedgefond 287, 290
Heimatschein 54
Heirat **54**, 57, 58, 212, 213
Hinduismus 334, 335, 336
HMO-Modell 132
Hochkonjunktur 298, 300, **301**, 302
Humankapital 259, 262

I
Immigration 238
Immobilie 104, 287
Importe 253, 282, 283, **305**, 312
indirekte Demokratie 222
indirekte Steuern 116
Individualbedürfnis **246**, 247
Industrieland 265
Inflation 120, **296**, 297, 298, 299
Informationsfreiheit 217
Informationsstelle für Konsumkredite (IKO) 85
Infrastruktur 259
Initiative (Volksrecht) **206**, 207, 209
Insolvenzentschädigung 141
Instanz (Gericht) **191**, 196
Integration 241
Integritätsentschädigung 135
Internationaler Gerichtshof (UNO) 229
Internet (Kaufvertrag) 83
Invalidenversicherung (IV) 41, **137**, 146
Invalidität 137
investieren 253, **263**
Investitionsgut **248**, 262
Islam 333, 336

J
Jahresfranchise **131**, 133
Judentum 332, 336
Judikative **173**, 196
Jugendarbeit 39
Jugendgericht 189
Jugendstrafrecht 195
Jugendurlaub 39
juristische Person 17, 89, 115

K
kalte Progression 120
Kandidatenstimme 165, 166
Kanton 163, 173, 175, **196**, 197
Kantonsbehörde 196
Kantonsgericht **173**, 191, 196
Kantonsrat 165, **173**, 196, 202

Kantonsverfassung 196, 202
Kapital 250, 251, 258, 260, **262**, 268, 318
Kapitaldeckungsverfahren 142
Kapitalverkehr 309
Karenzfrist 132
Kartell 274
Kaskoversicherung 148
Kassenobligation 287, 289
Kauf 76, **81**, 82, 83
Kaufkraft **278**, 296, 299
Kaufvertrag **76**, 79, 100
Kauf Zug um Zug 74
Kausalhaftung 147
Kaution 105
kiffen 365
Kind 53, **60**, **61**, **62**, 63, 212, 216
Kinderzulage 41
Kindesrecht 60
Kindesschutzbehörde 61, 62, 64, **66**
Kindesvermögen 62
kirchliche Trauung 54
Klage 191, 192
Klima 339, 348, **349**, 353
Koalition 223
Kollegialbehörde 182
Kollegialsystem 182
Kollektivbedürfnis 247
Kollokationsplan 91
Kommission 178, **179**, 203, 208
Kompetenzstück 92
Kompromiss **152**, 223, 274
Konjunktur 255, 261, **300**
Konjunkturaufschwung 300
Konjunkturzyklus 300
Konkordanz 185
Konkordanzdemokratie 223
Konkordat 196
Konkubinat **52**, 53
Konkubinatsvertrag 52
Konkurrenzdemokratie 223
Konkurrenz (Volkswirtschaft) 266, 318
Konkurs 91
Konkursprivileg 288
Konsensprinzip 325
konservativ 159
Konsument 250, **251**, 252
Konsumgut 248
Konsumkreditgesetz (KKG) 85
Kontoauszug 291
Konzession 219
Korrespondenz 368, 369, 372, 373
Kosten (externe) 268, 269
Krankenkasse 130
Krankentaggeldversicherung 41, **131**
Krankenversicherung 129, **130**, 132, 133, 135, 138
Krankheit 130
Kreditkarte 293
Kreditkauf **81**, 82
Kreis (Verwaltungseinheit im Kanton) **173**, 196
Kreisdiagramm 374
Kuchendiagramm 374
Kultushandlung 216
kumulieren **166**, 167
Kundenkarte 293
Kündigung (Arbeitsvertrag) **42**, 43
Kündigung (Grundversicherung, Krankenkasse) 133
Kündigung (Miete) **109**, 110

Sachwortregister

Kündigungsfrist (Arbeitsvertrag) 42
Kündigungsfrist (Miete) 109
Kündigungstermin (Arbeitsvertrag) 42
Kündigungstermin (Miete) 109
Kündigung (Zusatzversicherung, Krankenkasse) 133
Kursverbesserung 283
Kursverschlechterung 282
Kurvendiagramm 375
Kurzarbeit 140, **141**

L

Landesindex der Konsumentenpreise (LIK) **294**, *298*
Landrat 165, **173**, *196, 198, 199, 202*
Landsgemeinde **173**, *175, 196, 222*
Leasingvertrag *85*, **88**
Lebenslauf 32
Lebensversicherung 145, 146
leere Liste 166
Lega dei Ticinesi (LEGA) 159, 176, 178, 179
Legislative **173**, *196*
Legislaturperiode *174, 181, 183*
Lehrvertrag *25,* **28**, **29**, *30*
Leihe **103**
Lenkungsabgabe 270
letztwillige Verfügung (Testament) **71**
liberal 159
Liefermahnung 78
Lieferverzug 78
Liniendiagramm 375
Links-Rechts-Schema 159
Littering 343
Lobby 160
Lohn *37, 62, 250, 251, 258, 298*
Lohnabrechnung 29, 37, **40**
Lohnfortzahlung **38**
Lohn-Preis-Spirale 298
Lorenzkurve 258
Lösen von Rechtsfällen 21, 22
Luft *339, 341,* **350**, *351, 352, 355*
Luftschadstoff **350**

M

Maestro-Karte 292
Magersucht **366**
magisches Sechseck **275**
Mahnung 78, 80
Majorz **164**
Majorzwahlverfahren **164**, *168, 175, 185*
Mangel 78, 79, 100, 105, 106, 110
mangelhafte Ware 79
Mängelrüge **79**, *110*
Manipulation 154, **376**
Markt (Volkswirtschaft) *266, 274, 279, 318*
Marktpreis 254, 267
Massenmedien *153,* **154**, *224*
Maximumprinzip **249**
Medienfreiheit 152
Mehrwertsteuer (MWST) *116,* **117**
Meinungspluralismus 153
Meinungs- und Informationsfreiheit 152, **217**
Menschenrecht *210, 230, 237, 325*
Menschenrechtskonvention 230
Miete **104**, *105, 107, 108, 111*
Mieterschutz **111**
Mieterverband 110
Mietgericht 189

Mietkauf **82**
Mietkautionsversicherung 105
Migration **238**, *239, 240*
Militärdienst 133, 139, **220**
Militärdiktatur 224
Militärversicherung (MV) **143**
minderjährig 16
Minderung (Preisminderung) 79
Mindestlohn 45
Minimumprinzip **249**
Misstrauensvotum 223
Mitgliedländer (EU) 231
Mitwirkungsbeistandschaft 65, 66
Mobiliarversicherung 148
Monarchie **224**
Monopol 219
Moral *11,* **320**, *322*
moralische Norm **320**
moralisches Dilemma **329**
Motorfahrzeugversicherung 150
Mouvement Citoyens Genevois (MCG) **159**, *176, 178*
Mutter **53**, *59,* **60**

N

Nachfrage **266**
Nachfrageinflation 298
Nachhaltigkeit **268**, *325,* **338**, *343, 356*
Nachlass **67**, *68, 69, 70, 71, 72*
Nachsteuer 121
Nachtarbeit **48**
Nationalbank 297
Nationalrat *173,* **175**, *176, 177, 178, 179, 198, 199, 202, 203, 207*
Nationalratspräsident/in **175**, *180*
natürliche Person **17**, *65, 115*
Neuinvestition 263
Neutralität **217**, *226*
Neuwert 149
Nichtberufsunfall (NBU) *133,* **134**, *135*
nicht bestellte Ware 83
nichtiger Vertrag **20**
Nichtregierungsorganisation (NGO) **237**
nicht zwingendes Recht **13**, *31*
Niederlassungsbewilligung 214, 219
Niederlassungsfreiheit 214
nominelles Bruttoinlandprodukt (BIP) 255, 256
Normalarbeitsvertrag (NAV) *25,* **31**, **45**, *236*
Notar **19**, *71, 84*
Notenbank 284
Nutzen und Gefahr 77
Nützlichkeitsprinzip 324

O

Obergericht **173**, *191, 196*
Obligation (Forderungspapier) 289
Obligation (Vertrag) 18
Obligationenrecht (OR) **18**, *19, 31, 172*
obligatorisches Staatsvertragsreferendum 205
obligatorisches Verfassungsreferendum **205**, *208, 222*
öffentliche Beurkundung **19**, *56, 84*
öffentliche Hand 115, 251, 302
öffentliche Meinung **154**
öffentliches Recht **13**, *130*
öffentliches Testament 71
Offerte 76, 77
Offizialdelikt 194

Sachwortregister

Ökobilanz 340
Ökologie 338
ökonomisches Prinzip 249
Ökosystem 338, 356
OPEC-Staaten 171
Opposition 223
Optimumprinzip 249
ordentlicher Güterstand 56, 57
ordentliches Gericht 189
Ortsgebrauch 12
Ozon 351

P
Pacht 103
panaschieren 166, 167
Parlament 173, 183, 186, 196, 198, 199, 206, 209, 222
Parteidiktatur 224
Partei (politische) 155, 159, 161, 176, 178
Parteistimme 165, 166, 168
Partnerschaft für den Frieden (PfP) 226
passives Wahlrecht 162
Patientenverfügung 64
Pensionskasse (BVG) 41, 59, 142, 146
Personalblatt 32
Personenfreizügigkeit 240
Personenrecht 16
Personenverkehr 236, 309
Personenversicherung 126, 129
persönliche Freiheit 215
Petitionsrecht 219
Pfändung 90
Pflicht 220, 222
Pflichtteil 70, 71
Planwirtschaft 273, 274
Pluralismus 152
Police 128
Politik 152, 153, 160, 173, 241
politischer Pluralismus 152
politisches Recht 162, 205, 210, 211, 218
Polizei 72, 188, 192, 215, 216
Postfinance Card Direct 292
Präjudiz 12
Prämie 128, 133
Prämienverbilligung 132
Preis 266, 267, 280, 294, 296
Preisüberwacher 274, 294
Prepaid-Kreditkarte 293
primärer Sektor 264
private Vorsorge 144
privater Haushalt 250, 251, 252, 253, 294, 297
privates (ziviles) Recht 13, 15, 131
Privathaftpflichtversicherung 110, 147
Privatkonkurs 92
Probezeit 30, 34, 42
Produktionsfaktor 250, 251, 259, 260, 262, 268, 318
Produktionsgut (= Produktivgut) 248, 262
Produzent 250, 251, 252
Progression 120
progressiv (politisch) 159
Proporz 164, 165, 168, 223
Proporzwahlverfahren 165, 166, 168, 175, 200
Prozess (Gericht) 188

Q
qualifizierte Schriftlichkeit 19
qualifiziertes Mehr 163
Quellensteuer 116
Quittung (Zahlungsbestätigung) 80

R
Rassendiskriminierung 217
Rat der Europäischen Union 232, **233**
Rationalisierung 260
rauchen 364
Raumplanung 259
reales Bruttoinlandprodukt (BIP) 255, 256
Rechnung 80
Recht 11, 12, 13, 15, 323
Recht auf Leben 215
Rechte 210, 215, 220, 222
Rechtsanwendung 173, 196
Rechtserlass 202
Rechtsetzung 173, 183, 196
Rechtsfähigkeit 16
Rechtsfall 21
Rechtsgleichheit 14, **215**
Rechtsgrundsatz 14
Rechtslehre 12
Rechtsmittel (Gericht) 191
Rechtsordnung 11, 222
Rechtsprechung 12, 173, **188**, 196, 222
Rechtsquelle 12, 14
Rechtsschutz 150
Rechtsvorschlag (Betreibung) 90
Referendum 204, 205, 211
Regierungsrat (Staatsrat) 164, **173**, 182, 191, 196, 198, 199
Regionales Arbeitsvermittlungszentrum (RAV) 140
Registereintrag 19
Reglement 202
Regress 147, 150
Rekurs (Steuer) 122
relatives Mehr 163, 164
Religion 61, 324, **331**
religiöse Volljährigkeit 16
Rezession 300, 302
rezyklieren 342
richterliches Ermessen 14
Rückkaufswert 145
Rücktrittsrecht 85, 86, 87

S
Sachgut 248, 250, 251
Sachkapital 262, 265
Sachversicherung 126, 148, 149
Säule 3a 91, **144**
Säule 3b 144
Säulendiagramm 374
Schadstoffemission 340
Schaufensterauslage 76
Scheidung 55, 58, **59**, 69
Schlechtwetterentschädigung 141
Schlichtungsbehörde (Gericht) 111, **173**, 191, 200
Schlichtungsbehörde (Miete) 104, **112**
Schriftlichkeit 19
Schuldenfalle 93
Schulpflicht 16
Schwangerschaft **38**, **43**, 48
Schweigepflicht 35

Sachwortregister

Schweizer Bürgerrecht 212, 213, 214
Schweizerische Nationalbank (SNB) 213, 282, 283, **284**, 285, 297, 311
Schweizerische Volkspartei (SVP) **155**, 159, 176, 178, 179, 185, 187
Schweizer Karte 197
Schwellenland 265
sekundärer Sektor 264
Selbstbehalt 131
Selbstvorsorge (3. Säule) 146
Session 174
Sicherheitsrat (UNO) 228
Sitte 11
SNB (Schweizerische Nationalbank) 282, 283, **284**, 285, 297, 311
Solidaritätsprinzip 127, *139*
Sonntagsarbeit 48
Sorgfaltspflicht (Arbeit) 35
Sorgfaltspflicht (Miete) 108
Souverän 162
sozial 159
Sozialdemokratische Partei (SP) **156**, *159, 176, 178, 179, 185*
soziale Marktwirtschaft 273, **274**
Sozialversicherung 129
sparen **95**, *253*, **262**, *263*
Sparen 3 287
Sperrfrist 43
Spesen 36
Spezieskauf 75, *77, 79*
Staat 170, *222, 252,* **253**
Staatenbund 171, *228*
staatliche Vorsorge (1. Säule) 146
Staatsanwaltschaft 191, 192
staatsbürgerliches Recht 210, *212, 215*
Staatsform 170
Staatsgewalt **173**, *222, 273*
Staatsrat (Regierungsrat) 164
Staatsrechnung 183
Staatsvertrag 196
Ständemehr 163
Ständerat 164, **173**, **175**, *176, 177, 179*
Ständerat/Ständerätin 178
Stand (= Kanton) 163, **196**
Steueramnestie 121
steuerbares Einkommen 118
steuerbares Vermögen 119
Steuerbetrug 121
Steuerhinterziehung *117,* **121**
Steuerhoheit 115
Steuern 115, *116, 117, 118, 119, 121*
Steuerpflicht 115, *216,* **220**
Steuerprogression 120
Steuerstundungsgesuch 122
stille Wahl 164
stimmen 162, *196*
Stimm- und Wahlrecht 16, **162**, *211*
Stoffkreislauf 338
Strafe 194
Strafgericht 189
Strafprozess 188, *191*
Strafrahmen 193
Strafsteuer 121
Straftat 193, *216*
Stress 359
Strukturwandel 265

Stundungsgesuch 122
Subvention 124, *253*
Sucht 360, *361*

T

Taggeld (bei Lohnausfall) 135
Täuschung 20
Teilkaskoversicherung 148
tertiärer Sektor 264
Testament 17, 67, **71**, *72*
Teuerung 120, 255, **294**, **296**, *299*
Theokratie 224
Tod 16, 55, 58, 69, **72**, *215*
Tod des Mieters 109
Todesfallrisiko-Versicherung 145
Trauung 54, 55
Treibhauseffekt 347
Treuepflicht (Arbeit) 35
Treu und Glauben **14**, *30, 112*

U

Überstundenarbeit 36
Übertretung 193
Überversicherung 149
üble Nachrede 217
umfassende Beistandschaft 65
Umlageverfahren 136, 137
Umlaufgeschwindigkeit 297
Umverteilung 120, 274
Umweltgut 268
Umweltschutz 270
unbestellte Ware 76
Unfall 130, 133, **134**, *135*
Unfallversicherung **134**, *135*
UNO (Vereinte Nationen) 226, **228**, *229*
Untermiete 107
Unternehmen 250, **251**, *252, 253, 314,* **318**
Unternehmensmodell 314
Unterversicherung 149
urkundsberechtigte Person **19**, *71*
Urproduktion 264
Urteilsfähigkeit 16, *17*
Urteilsunfähigkeit 65, 66
UVG (Unfallversicherungsgesetz) 134

V

Vater 53, 60
Verantwortungsprinzip 325
Verband 152, **160**, *161, 203, 274*
Verbrauchsgut 248
Verbrechen 193
Verein 218
Vereinigte Bundesversammlung 164, **180**, *184, 185, 186, 190*
Vereinigungsfreiheit 218
Vereinte Nationen (UNO) 226, *228, 229*
Verfassung 202, *208, 209, 222*
verfügbare Quote 70
Vergehen 193
Verjährung (Steuern) 121
Verjährung (Strafrecht) 193
Verkehrs-Rechtsschutz 150
Verleumdung 217
Verlobung 54
Verlustschein 89, 92

Sachwortregister

Vermittler/in 173, 191, 200
Vermögenssteuer 119
Vernehmlassung 160, 161, 203, 208
Veröffentlichung 19
Verordnung 183, **202**
Verrechnungssteuer (VST) 116, **117**
Versammlungsfreiheit 218
Verschuldenshaftung 147
Verschuldung 93
Versicherer 128
Versicherter 128
Versicherung 127, 252, **253**
Versicherungsgericht 189
Vertrag 19, 20
Vertretungsbeistandschaft 65, 66
Verursacherprinzip 269, 270, **342**
Verwaltung 186
Verwaltungsgericht 189
Verwaltungsprozess **188**, 191
Verwandte 54, **67**
Verzugszins 80
Volk 209, **222**, 223
Volkseinkommen (VE) 250, 251, 253, **258**
Volksinitiative 206, 207, 235
Volksmehr 163, 202, 204, 208, 222
Volks- und Ständemehr 163, 206, 208, 209, 222
Volkswirtschaft 318
Volljährigkeit 16, 17
Vollkaskoversicherung 88, **148**
Vorbehalt (Krankenversicherung) 132
Vorentwurf 203, 208
Vormund 62, **66**
Vorsorgeauftrag 64
Vorstellungsgespräch 33
Vorstoss (aus dem Parlament) 178

W

Wachstum 300
Wahlbedürfnis 246
Wahlen **160**, 161, 162, 175, 178, 180
wählen 162
Wahlzettel 166, 167
Währung 280
Währungsunion 310
Wandelung 79
Warenkorb **294**, 295
Warenverkehr 309
Wasser 339, **353**, 354
Wechselkurs 280
Wehrpflicht 16, **330**
Weltethos 336
Welthandelsorganisation (WTO) **306**, 307
Weltkarte 242
Werbefahrt (Kaufvertrag) 82
Werkvertrag **99**, 100
Wertaufbewahrungsmittel 278
Werte 321
Wertmassstab 278
Wertpapier 279, **286**
Wertschöpfung (betriebswirtschaftlich) 318
Wettbewerbskommission (WEKO) 274, **294**
Widerrufsrecht 82, 86, 87
wirtschaftliches Gut 248
Wirtschaftsfreiheit 219
Wirtschaftskreislauf 250, 252
Wirtschaftsordnung 273, 274

Wirtschaftssektor 264
Wirtschaftssubjekt 251
Wirtschaftswachstum 255, 256, 263, **270**, 271, 301, 302
Wohlfahrt 271, **272**
Wohlstand 259, 263, 270, 271, **272**
Wohnungsmiete **105**, 109
Wohnungsübergabe 106
Working poor 271
World Wildlife Fund (WWF) 237

Z

Zahlungsbefehl 89, 90
Zahlungsbilanz 305
Zahlungsrückstand (Miete) 107
Zahlungsverzug 80
Zauberformel 185
Zeitwert 149
zentrale Planwirtschaft 273
Zentralismus 170
Zins 250, 251, 258, **262**, 263, 268
ziviler Ersatzdienst 139, **220**
ziviles Recht **13**, 15
Zivilfall 192
Zivilgericht 189
Zivilgesetzbuch (ZGB) **15**, 172
Zivilprozess **188**, 191
Zivilschutz 139, **220**
Zivilstandsamt 53, **54**, 55, 72
Zollunion 309
Zusatzstimme **165**, 166, 168
Zusatzversicherung (Krankenkasse) 131
Zwangssparen 262
zwingendes Recht **13**, 45

Digitale Ausgabe des Buches «Staat/Volkswirtschaft/Recht»

Staat/Volkswirtschaft/Recht

Zugangs-Code

Registrieren Sie sich auf der Seite **http://verlag-fuchs.ch/grundwissen**

Ihr Zugangs-Code zur Online-Version dieses Buches lautet:

> prfEoLx9

Für die Registration benötigen Sie den Zugangs-Code nur einmal.

http://verlag-fuchs.ch/grundwissen